普通高校经济管理类应用型本科系列规划教材

企业物流管理

主　编／王晓艳
副主编／范荣华　刘景东

中国科学技术大学出版社

内 容 简 介

本书结合当前国内外企业物流管理理论与实践的最新成果,对企业物流管理的知识体系进行了整合与优化,以"应用"为主旨,强调理论与实践的融合,注重对学习者应用创新能力的培养。本书按照企业物流系统生命周期的思想来构建理论知识体系,其主要内容包括企业物流管理的规划(企业物流战略规划—企业物流组织规划—企业物流系统规划与设计)、企业物流管理的运营(企业供应物流管理—企业生产物流管理—企业销售物流管理—企业回收与废弃物流管理—企业物流信息管理)和企业物流管理的控制(企业物流质量管理—企业物流成本管理—企业物流绩效管理)。本书还提供了丰富的企业物流管理案例和一系列的实践项目以及形式多样的思考与练习题,供学习者使用。

本书可以作为高等院校物流管理、物流工程、工业工程、工商管理及相关专业的教材,也可以作为工商企业及物流企业管理人员和技术人员的学习参考书。

图书在版编目(CIP)数据

企业物流管理/王晓艳主编. —合肥:中国科学技术大学出版社,2016.8
ISBN 978-7-312-03877-8

Ⅰ.企… Ⅱ.王… Ⅲ.企业管理—物流—物质管理 Ⅳ.F273.4

中国版本图书馆 CIP 数据核字(2016)第 163483 号

出版	中国科学技术大学出版社 安徽省合肥市金寨路 96 号,230026 http://press.ustc.edu.cn
印刷	安徽国文彩印有限公司
发行	中国科学技术大学出版社
经销	全国新华书店
开本	787 mm×1092 mm　1/16
印张	28.5
字数	712 千
版次	2016 年 8 月第 1 版
印次	2016 年 8 月第 1 次印刷
定价	56.00 元

前　言

物流是经济运行的润滑剂和加速剂。物流业已经成为支撑我国国民经济发展的动脉和基础性、战略性产业,是21世纪的黄金产业之一,呼唤着更多的物流人才加入。从发展趋势来看,如何培养适应经济社会发展需求的应用创新型物流人才已成为各类高等教育亟需解决的一个新课题。

企业物流是以企业经营为核心的物流活动,是具体的、微观物流活动,是社会物流的基础。企业物流管理是企业管理的重要组成部分,它依据物资实体流动规律,应用管理学的基本原理和方法,对生产和流通企业在经营活动中所发生的采购、运输、仓储、配送、装卸和搬运等物流活动进行计划、组织、指挥、协调和控制。近年来,科技与经济的发展推动了企业物流管理理论的丰富与实践的创新,产生了众多新颖的企业物流管理理念和方法。

企业物流管理是物流专业的核心课程之一,正确地理解和掌握企业物流管理理论、技术和方法,对提高物流活动的效率和效益及提升物流服务质量具有重要意义。结合当前国内外企业物流管理理论与实践的最新成果,本书对企业物流管理的知识体系进行了整合与优化,以"应用"为主旨,重点在于培养学习者解决企业物流管理实践问题的能力和综合管理素质,力求结构合理、内容丰富、语言流畅、实践性强。

本书具有以下特点:

(1) 内容丰富,逻辑性强。本书对企业物流管理知识体系的构建,按照企业物流系统生命周期的思想,从企业物流管理的规划(企业物流战略规划—企业物流组织规划—企业物流系统规划与设计),到企业物流管理的运营(企业供应物流管理—企业生产物流管理—企业销售物流管理—企业回收与废弃物流管理—企业物流信息管理),再到企业物流管理的控制(企业物流质量管理—企业物流成本管理—企业物流绩效管理),将企业物流管理活动有机地组织起来,连接成一个整体,而且各章之间都有内在的逻辑联系。与其他相关图书相比,本书增加了企业物流系统规划与设计、企业物流质量管理和企业物流成本管理等知识,丰富了研究内容。

(2) 理论联系实践,强化应用性。本书注重跟踪企业物流管理领域发展前沿的理论和实践,并重视对物流技术、工具和方法的使用,强化对学习者应用创新能力的培养。各章内容从"案例—理论—方法—实践"的维度进行设计,理论紧密联系实践,环环相扣。本书提供了大量不同类型的企业物流管理案例,供学习者参考,提供思维上的启迪;同时还设计了一系列的实践和实验项目以及形式多样的思考与练习题,以供学习者练习和训练,便于其对所学知识的巩固和物流实践能力的培养。

(3) 确保了准确性,提升了可读性。本书力求概念准确,素材翔实,逻辑严谨,数据可靠,结构合理;提供了大量的实践案例、丰富的知识资料、多彩的应用实例,以供学习者阅读,从而增加了阅读的趣味性和可读性。

本书由合肥学院、安徽大学、淮北师范大学、南阳理工学院、惠州学院和铜陵学院等高校多年从事物流管理教学与科研工作的教师共同编写。合肥学院王晓艳教授担任本书的主编,负责全书的结构安排和最后统稿,南阳理工学院的范荣华和安徽大学的刘景东为副主编。全书共设四篇12章,具体分工如下:第1、6章由王晓艳编写,第2、3章由范荣华编写,第5、7章由刘景东编写,第4章由刘征编写,第8章由李晓征编写,第9章由刘玉编写,第10章由李蓉编写,第11章由胡晓宇编写,第12章由疏蕾编写。中国烟草总公司胡红春博士从企业物流实践的角度对本书提出了编写建议,在此表示感谢!感谢参加本书编写和审稿的各位老师,他们为本书的出版付出了大量卓有成效的辛勤劳动。

本书编写过程中直接或间接地借鉴和吸收了国内外大量专家、学者的研究成果,引用了其中的相关概念及国内外一些企业的实例,并通过互联网引用了一些网站信息和相关报道资料,已尽可能在教材中列出。在此,对这些文献资料的作者表示衷心的感谢!同时,对由于作者疏忽而没有列出其研究成果的专家学者,在此表示诚挚的歉意。

由于编者的学识和实践知识所限,书中难免有疏漏和不妥之处,恳请广大读者批评指正。联系邮箱:wxy274@126.com。

编 者

2016 年 6 月

目 录

前言 ………………………………………………………………………………（ⅰ）

第1篇 绪 论

第1章 企业物流管理概论 …………………………………………………（3）
1.1 企业物流概述 ……………………………………………………………（5）
1.2 企业物流管理概述 ………………………………………………………（17）
1.3 企业物流管理的现状与发展 ……………………………………………（25）
1.4 企业物流管理研究 ………………………………………………………（31）

第2篇 企业物流管理的规划

第2章 企业物流战略 ………………………………………………………（43）
2.1 企业物流战略概述 ………………………………………………………（45）
2.2 企业物流战略规划 ………………………………………………………（48）
2.3 企业物流战略选择 ………………………………………………………（51）
2.4 企业物流战略的实施与控制 ……………………………………………（62）

第3章 企业物流组织 ………………………………………………………（71）
3.1 企业物流组织概述 ………………………………………………………（73）
3.2 企业物流组织结构的类型 ………………………………………………（78）
3.3 企业物流组织设计 ………………………………………………………（83）
3.4 企业物流组织的创新与发展 ……………………………………………（86）

第4章 企业物流系统规划与设计 …………………………………………（93）
4.1 企业物流系统规划与设计概述 …………………………………………（95）
4.2 企业生产物流系统规划与设计 …………………………………………（100）
4.3 企业仓储与配送系统规划与设计 ………………………………………（119）
4.4 企业运输系统规划与设计 ………………………………………………（133）
4.5 企业逆向物流系统规划与设计 …………………………………………（140）

第5章 企业供应物流管理 …………………………………………………（149）
5.1 供应物流管理概述 ………………………………………………………（151）
5.2 供应计划 …………………………………………………………………（157）
5.3 采购物流管理 ……………………………………………………………（162）
5.4 储存管理与库存控制 ……………………………………………………（168）

5.5　供料管理 ··· (183)
第6章　企业生产物流管理 ·· (193)
　　6.1　企业生产物流管理概述 ·· (196)
　　6.2　企业生产物流的组织 ·· (200)
　　6.3　不同生产类型的生产物流特征与管理 ··· (212)
　　6.4　企业生产物流的计划与控制 ··· (220)
第7章　企业销售物流管理 ·· (249)
　　7.1　企业销售物流管理概述 ·· (251)
　　7.2　销售订单管理 ·· (254)
　　7.3　销售配送管理 ·· (264)
　　7.4　销售运输管理 ·· (267)
　　7.5　物流服务管理 ·· (282)
第8章　企业回收与废弃物物流管理 ·· (297)
　　8.1　企业回收物流管理 ·· (299)
　　8.2　废弃物物流管理 ··· (308)
　　8.3　企业回收与废弃物物流管理实践 ·· (312)
第9章　企业物流信息管理 ·· (317)
　　9.1　企业物流信息管理概述 ·· (319)
　　9.2　企业物流信息系统 ·· (325)
　　9.3　电子商务环境下企业物流信息管理的解决方案 ·· (342)

第3篇　企业物流管理的运营

第10章　企业物流质量管理 ··· (357)
　　10.1　企业物流质量管理概述 ··· (359)
　　10.2　企业物流过程质量控制和质量保证 ·· (364)
　　10.3　企业物流质量持续改进 ··· (369)

第4篇　企业物流管理的控制

第11章　企业物流成本管理 ··· (389)
　　11.1　企业物流成本管理概述 ··· (391)
　　11.2　企业物流成本的计算和处理方法 ··· (399)
　　11.3　企业物流成本的分析、预测与决策 ·· (410)
　　11.4　企业物流成本的控制 ·· (415)
第12章　企业物流绩效管理 ··· (421)
　　12.1　企业物流绩效管理概述 ··· (423)
　　12.2　企业物流绩效评价 ··· (425)
　　12.3　企业物流绩效管理方法 ··· (438)
　　12.4　通过变革改善企业物流绩效 ··· (445)

第1篇 绪 论

第 1 章　企业物流管理概论

【本章教学要点】

知 识 要 点	掌握程度	相 关 知 识
物流与企业物流的知识	掌握	物流的概念、企业物流的概念、企业物流的分类、企业物流的发展阶段、企业物流的内容、企业物流的结构、企业物流的特征
企业物流管理的基础知识	重点掌握	企业物流管理的概念、内容、目标和特征，企业物流合理化的原则
企业物流管理现状及发展	了解	我国企业物流管理的现状、发展新趋势
企业物流管理研究	基本掌握	企业物流管理研究应遵循的基本观点、研究方法

【本章能力要求】

能 力 要 点	掌握程度	应 用 能 力
企业物流的结构	掌握	能够分析不同类型企业物流系统的水平结构和垂直结构
企业物流管理的目标	掌握	依据目标科学设计企业物流系统，管理和评价企业物流系统运营情况
企业物流合理化的原则	重点掌握	能够遵循企业物流合理化的原则来设计和评价企业物流系统，解决企业物流管理中的具体问题
企业物流管理的研究方法	基本掌握	具备运用合适的方法来研究企业物流管理理论和实践的能力

【本章知识架构】

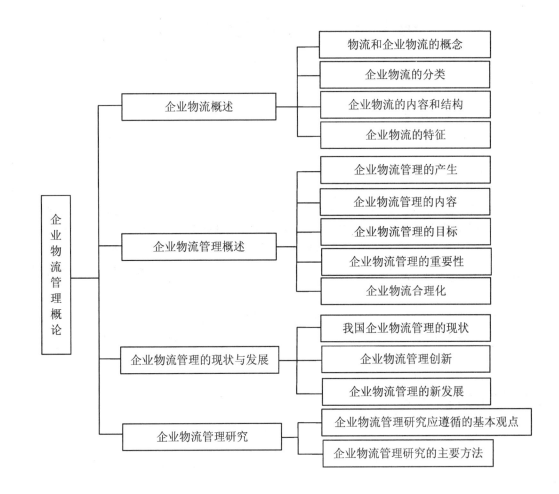

 导入案例

青岛啤酒：企业物流的提升策略

"喝啤酒就喝新鲜的青岛啤酒"，这不是一句空洞的广告词，背后支撑它的是青岛啤酒高效的物流运作。作为快销行业，产销之间的平衡是最重要的问题，为此青岛总部定制信息系统，根据瓶装厂最大产能及区域历史销售和预测数据进行供求匹配，希望在充分利用产能的同时使物流成本最低。目前，青岛啤酒在物流信息化、搬运装卸集装化、储位精细化、设施布局科学化等方面走出了一条符合自身特色的物流管理之路。

深圳青岛啤酒朝日有限公司主要生产纯生品牌，其产品辐射全国。深圳青啤这些年一直在努力提升物流效率，并取得了一定成效，在仓容利用率、仓储管理系统化及减少搬运装卸集装化中间环节方面都给业内提供了可供借鉴的经验。如今，深圳青啤的年库存周转率达30次以上，平均库存周期为11天，13个人管理着24 000平方米的成品仓库，响应客户需求率达到98%。但是,深圳青啤仍面临诸多挑战,比如华南地区的生产部与销售部是分离的,这样的布局就使信息传递需要经过多个环节,那么,如何规避"长鞭效应"及如何提高产销协同将会成为严峻的问题;在企业信息化的过程中,面对经销商和批发商实力及管理能力参差不齐的现状,推行全程的产品追溯系统也存在困难;另外,由于工厂所处的地理位置及早期规划等原因,工厂没有设计装卸货台,集装箱装箱过程仍需人工辅助,在物流环节仍规避不了对高强度体力的依赖。

深圳青啤要想进一步提升物流效率,满足高速增长的年产量的需求,上述问题就必须得到有效的解决。

(资料来源:申明江. 青岛啤酒:企业物流的提升策略[N]. 现代物流报,2014-02-10.)

思考:

(1) 青岛啤酒在企业物流提升上采取了哪些策略?目前还存在哪些问题?你有好的解决措施吗?

(2) 你认为企业物流包括哪些内容?

1.1 企业物流概述

1.1.1 物流和企业物流的概念

1.1.1.1 物流的产生

现代文明开始以来,物流就已经存在了,它算不上是什么新生事物。在当今,实现最佳的物流,已成为企业管理中最激动人心和最富挑战意义的活动之一,那么我们应当如何理解物流这个既古老而又现代的概念呢?

【资料1.1 小资料】

物流活动的早期文献记载

1918年,英国犹尼里佛的利费哈姆勋爵成立了"即时送货股份有限公司"。该公司的宗旨是在全国范围内把商品及时送到批发商、零售商以及用户的手中。这一举动被一些物流学者誉为"物流活动的早期文献记载"。

"物流"一词的英文原词是 Physical Distribution,最早出现在美国。1901年,美国的约翰·F·格鲁威尔(John F. Crowell)在政府报告《工业委员会关于农产品配送报告》中提及配送的成本及其影响因素,最早论述了对农产品流通产生影响的各种因素和费用。随后,1905年,美国少校琼斯·贝克尔(Chauncey B. Baker)提出军事物流(Logistics),认为"那个与军备的移动和供应相关的战争艺术的分支就叫物流"。1915年,阿奇·萧(Arch W. Shaw)在《市场分销中的若干问题》(Some Problem in Market Distribution)一书中,从市场营销的角度提出"物流是与创造需求不同的一个问题",并指出"物流经过时间和空间的转移会产生附加价值"。

1927年,拉尔夫·布素迪(Ralph Borsodi)在《流通时代》一书中,用 Logistics 来称呼"物流",为物流概念的产生奠定了基础。1929年,著名的营销学专家弗莱德·E·克拉克(Fred

E. Clark)将物流纳入市场营销的研究范围之中。

物流的概念产生以后,经过了缓慢的、长期的发展时期,直到二战期间,盟军为解决军需品及时供给问题,物流才得到迅猛的发展。所谓"兵马未动,粮草先行",体现的就是军事家重要的"后勤"战略思想,它主要强调军队在作战时,如何才能以最快的速度、最高的效率,安全无误地将武器、弹药以及军队吃、住、行等所有必需物资按要求供给前线。要做到这一点,就必须要有一整套科学的军队后勤供应管理系统,包括军需品的订货、生产计划制定、购进、库存管理、配给、运输以及通信等。

二战后,"物流"这一概念被广泛应用于经济领域。1962年,著名经济管理学家彼得·德鲁克(Peter Drucker)在《财富》杂志上,以"经济领域的黑暗大陆"为题,讨论了物流这一领域,首次明确提出物流是节约成本的最后领域,并将其视为企业的"第三利润源泉"。

【资料1.2 小资料】

> 日本在1964年开始使用"物流"这一概念。我国使用"物流"一词始于1979年。1989年4月,第八届国际物流会议在北京召开,从此,"物流"一词的使用开始日益普遍。

1.1.1.2 物流的概念

随着人们对物流认识的不断深入,物流概念的内涵和外延也在不断地发生变化。

2003年,美国物流管理协会(Council of Logistics Management,CLM)对物流的定义为:物流是供应链活动的一部分,是为满足顾客需要对商品、服务及相关信息从产地到消费地高效、低成本流动和储存而进行的计划、执行和控制过程(Logistics is that part of the supply chain process that plans, implements, and controls the efficient, effective forward and reverse flow and storage of goods, services, and related information between the point of origin and the point of consumption in order to meet customers' requirements.)。

1994年,欧洲物流协会(European Logistics Association, ELA)认为:物流是在一个系统内对人员和(或)商品的运输、安排以及与此相关的支持活动的计划、执行和控制,以达到特定的目的。

1981年,日本综合研究所编著的《物流手册》对物流的定义是:物流是物质资料从供应者向需求者的物理性转移,是创造时间性、空间性价值的经济活动。从物流的范畴来看,它包括包装、装卸、保管、库存管理、流通加工、运输、配送等活动。

1996年,中国台湾物流协会对物流的定义是:物流是一种物的实体流通活动的行为,在流通过程中,通过管理程序有效地结合运输、仓储、包装、流通加工、资讯等相关物流机能性活动创造价值,以满足顾客及社会性需求。

我国国家标准《物流术语》(GB/T 18354—2006),对物流的定义是:物流是物品从供应地向接受地的实体流动过程。根据实际需要,将运输、储存、装卸、搬运、包装、流通加工、配送、信息处理等基本功能实施有机结合。

尽管物流的概念至今尚未统一,但对物流本质的认识基本上是一致的。一是,物流是由一系列创造时间价值和空间价值的活动组成的;二是,物流活动是为了满足顾客的需求;三是,这些活动包括运输、仓储、包装、流通加工及信息等;四是,物流是供应链的一个组成部分。

【资料 1.3 小知识】

> 中国物流与采购联合会(China Federation of Logistics & Purchasing,CFLP),是经国务院批准设立的中国唯一一个物流与采购行业综合性社团组织,总部设在北京。联合会的主要任务是推动中国物流业的发展,推动政府与企业采购事业的发展,推动生产资料流通领域的改革与发展,完成政府委托交办事项。
>
> 美国物流管理协会成立于 1963 年,是由全球最有影响的物流管理者、教育者、实践者组成的专业性组织。2005 年 1 月 1 日,美国物流管理协会正式更名为美国供应链管理专业协会(Council of Supply Chain Management Professionals,CSCMP)。这意味着,在美国物流管理已经全部融入供应链管理,而且在企业中的地位日益显著。

1.1.1.3 企业物流的概念和内涵

1. 企业物流的概念

其实,在人类进入文明社会时物流活动就已客观存在,企业也一直不断地从事搬运—储存(运输—存储)等功能性活动。从概念上来说,企业物流(Enterprise Logistics)经历了从 Physical Distribution(实物分销)到 Logistics(后勤、物流)两个重要时期,并且随着经济的发展,企业物流的概念不断地被进化和完善。

美国物流管理协会认为,企业物流是研究对原材料、半成品、产成品、服务以及相关信息从供应始点到消费终点的流动与存储进行有效计划、实施和控制,以满足客户需要的科学。

1992 年,日本后勤系统协会(Japan Institute of Logistics Systems,JILS)将物流改称为"后勤",认为后勤是一种对原材料、半成品和成品的有效率流动进行计划、实施和管理,它同时协调供应、生产和销售各部门的利益,最终达到满足客户需求的目的。

我国国家标准《物流术语》(GB/T 18354—2006),对企业物流的定义是:生产和流通企业在经营活动中所发生的物流活动。

我国物流专家王之泰认为,企业物流是以企业经营为核心的物流活动,是具体的、微观的物流活动的典型领域。

我国物流专家崔介何认为,企业物流是指在企业生产经营过程中,物品从原材料供应,经过生产加工,到产成品和销售,以及伴随着生产消费过程中所产生的废弃物的回收及再利用的完整循环过程。

我国物流专家赵启兰认为,企业物流是生产和流通企业在其生产经营过程中,物品从采购、供应、生产、销售以及废弃物的回收及再利用所发生的物流活动,包括供应物流、生产物流、销售物流、回收物流以及废弃物物流等活动。

2. 企业物流的内涵和范畴

企业物流是以企业经营为核心的物流活动,一般可以分为企业内部物流和企业外部物流。企业内部物流是指在企业生产经营活动过程中所发生的物流的实体流动及其相关活动,如加工、检验、搬运、储存、包装、装卸、配送等物流活动。企业外部物流是指企业生产经营活动中与其所处的供应链节点企业之间所发生的物流活动,如采购、运输、配送、回收和废弃物处理等物流活动。

企业物流从企业角度研究与之有关的物流活动,是具体的、微观的物流活动的典型领域。社会物流是企业外部物流活动的总称。社会物流研究在生产过程中随之(流通领域)发生的物流活动,研究国民经济中的物流活动,因此带有综合性、宏观性和广泛性。企业物是社会物流的基础,社会物流是企业物流赖以生存的外部条件。只有企业物流之间有"物"不断地流动,社会物流才能联动起来。企业物流又是社会物流系统网络中的一个子系统和网络上的一个个节点,只有将社会物流和企业物流联系起来,才能构成完整的物流网络体系。企业物流活动与社会物流活动所涉及的领域如图 1.1 所示。

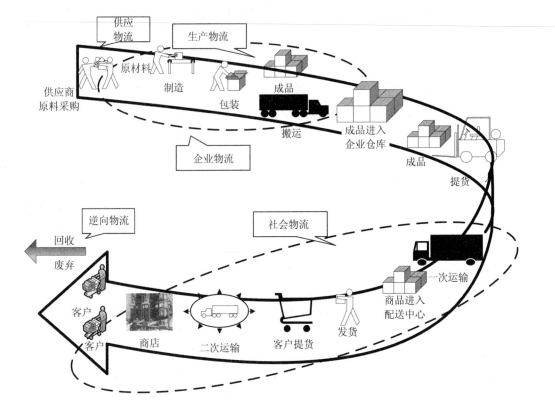

图 1.1　企业物流活动与社会物流活动所涉及的领域[①]

企业物流包括对整个企业的物流成本、客户服务水平和企业投资收益的权衡取舍。具体而言,即是通常所言的 7R:在恰当的时间(Right Time)、恰当的地点(Right Place)以恰当的成本(Right Cost)、恰当的条件(Right Condition)得到恰当的数量(Right Quantity)的恰当产品(Right Product)和将恰当数量的恰当产品提供给恰当的客户(Right Customer)。

【资料 1.4　小思考】

生产制造企业和零售企业的物流活动分别涉及哪些领域?

1.1.1.4　企业物流的发展阶段

早期实践中,企业物流各项活动是分散管理的,后来,协调管理物流相关活动的理念被普遍接受,最早提出协调物流管理会带来收益的图书出现在 1961 年[②],但协调物流管理的思想可以追溯到 1844 年以前。随着企业物流理论和实践的进一步发展,企业管理者逐渐认识

---

① 孔继利. 企业物流管理[M]. 北京:北京大学出版社,2012:6.
② Smykay E W, Bowersox D J, Mossman F H. Physical Distribution Management: Logistics Problems of the Firm [M]. New York: Macmillan, 1961.

到企业物流能增加产品和服务价值,且物流增加的价值对提高顾客满意度和实现销售十分重要。

美国等发达国家企业物流的发展过程大致可以分为以下三个阶段:产品物流阶段、综合物流阶段和供应链管理物流阶段[1]。具体如表1.1所示。

表1.1 企业物流发展阶段的演变

阶 段	时 间	特 征
产品物流阶段(又称产品配送阶段)	20世纪60年代初至70年代后期	注重产品到消费者的物流环节
综合物流阶段	20世纪70年代中后期至80年代后期	集中表现为原材料物流和产品物流的融合
供应链管理物流阶段	20世纪90年代初至今	企业将着眼点放开至物流活动的整个过程,关注整个供应链

物流是一项十分复杂但又十分重要的企业管理活动,其跨度之大、功能范围之广是其他任何活动所无法比拟的。20世纪90年代以来,越来越多的企业正在改变传统的物流体制,逐渐向现代物流与供应链管理方向发展,"物流"和"供应链"如今已成为企业寻求长远发展、增强竞争力的主要源泉。

【资料1.5 小思考】

结合表1.1,分析当前我国企业物流的发展处于哪个阶段。

1.1.2 企业物流的分类

1.1.2.1 按企业性质不同分类

按照企业性质不同,企业物流可以分为生产企业物流和流通企业物流两大类。其中,生产企业物流主要包括工业生产企业物流和农业生产企业物流,流通企业物流主要包括批发企业物流和零售企业物流。

1. 生产企业物流

生产企业物流是以购买生产所需的原材料、零部件和设备为起点,经过生产加工成产成品,以销售给顾客为终点的全过程。根据生产企业物流活动产生的各个经营领域和环节,可以将其划分为:供应物流、生产物流、销售物流、回收物流、废弃物物流等活动。

工业生产企业种类非常多,物流活动有一定的差异,按主体物流活动区别,可大体分为以下四种类型[2]:

① 供应物流突出的类型。这种企业物流系统的供应物流比较复杂,供应物流组织的操作难度较大,而其他物流较为简单。例如,采取外协方式生产的汽车制造、大型机械装备制造等工业企业就是属于这种类型。一辆汽车需要几千甚至上万个零部件,这些零部件可能来自全球各地,因此,供应物流涉及的范围广、品种多、难度大、成本高,但一辆汽车完成生产环节后,其销售物流便相对简单了。

---

[1] 隋鑫. 企业物流管理[M]. 北京:中国物流出版社,2010:24.
[2] 赵启兰. 企业物流管理[M]. 北京:机械工业出版社,2012:11-12.

②生产物流突出的类型。这类企业物流系统的生产物流突出,供应和销售物流较为简单。如冶金、化工、炼油等生产企业。生产冶金产品的工业企业,其供应物料是大宗矿山,销售物料是大宗冶金产品,而从矿石原料转化为产品的生产过程及伴随的物流过程都很复杂。

③销售物流突出的类型。如很多小商品、小五金类生产企业,大宗购进原材料,生产过程也不复杂,但销售却遍及全国或全球,这类企业属于销售物流突出的类型。另外,如玻璃、化工危险品等,虽然生产物流也比较复杂,但其销售物流难度更大,问题更严重,因而也属于销售物流突出的类型。

④废弃物物流突出的类型。有些工业企业的废弃物物流特别突出,如选煤、造纸、印染等,如何处理废弃物物流对企业的生存和发展起到了决定性的影响。

农业生产企业物流主要有农业种植企业物流和农业加工企业物流两种类型。农业加工企业的性质及对应的物流与工业生产企业的是相同的。农业种植企业的物流是农业生产企业物流的代表,其供应、生产、销售和废弃物流有其特殊性。

① 供应物流。以组织农业生产资料的物流为主要内容,这种物流与工业企业供应物流类似,没有大的特殊性。

② 生产物流。农业种植业的生产物流与工业企业生产物流差异较大,主要区别有:种植业生产物流的对象不需要像工业企业生产物流的对象那样反复被搬运、装卸和存储;种植业一个周期的生产物流活动停滞时间长且运动时间短,而工业企业的生产物流几乎是不停滞的;一般情况下,工业企业生产物流周期较短,而种植业生产物流周期长且有季节性。

③ 销售物流。以组织农产品的销售为主要内容。粮食、棉花等农产品销售物流的最大特点是:储存保管条件要求较高,储存量大且时间长。尤其是生鲜、冷冻产品,对销售物流的运输、储存保管条件要求更高。

④ 废弃物流。种植业废弃物物流的流量相应要高于甚至远高于其销售物流流量。种植业废弃物物流的处理非常重要,处理得好,既保护了环境,又可以实现资源循环再利用;若处理不好,可能会给环境带来较大的危害,如焚烧秸秆。

2. 流通企业物流

流通企业物流是指以从事商品流通的企业和专门从事实物流通的企业的物流。流通企业物流可分为采购物流、流通企业内部物流和销售物流三种形式。采购物流是流通企业组织货源,将物资从生产厂家集中到流通部门的物流。流通企业内部物流,包括流通企业内部的储存、保管、装卸、运送、加工等各项物流活动。销售物流是流通企业将物资转移到消费者手中的物流活动,如批发企业的物流和零售企业的物流。

① 批发企业的物流。是指以批发据点为核心,由批发经营活动所派生的物流活动。这一物流活动对批发的投入是组织大量物流活动的运进,产出是组织总量相同物流对象的运出,但是批量变小,批次变多。在批发点中的转换是包装形态及包装批量的转换,以及经过其他流通加工作业产生的附加值增加。

② 零售企业的物流。是以零售商店据点为核心,以实现零售销售为主体的物流活动。零售企业的类型有:多品种零售企业、专用品零售企业、连锁型零售企业、直销企业和网络零售企业等。

【资料1.6 小思考】

从事物流运输业务的公司属于商品流通企业吗?

1.1.2.2 按物流活动的主体分类

按物流活动的主体进行分类,企业物流可以分为企业自营物流、第三方物流、物流联盟物流、第四方物流和专业子公司物流等。

第三方物流、物流联盟物流和第四方物流均属于企业物流外包,它们的区别在于外包业务中企业之间的合作程度存在差异。在物流外包过程中,企业之间的合作既可能是一次性买卖关系,也可能是长期的协议关系,还可能是共享系统的战略联盟关系。图1.2说明了这些外包关系。

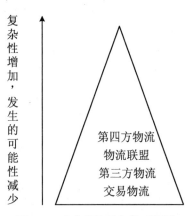

图1.2　企业物流外包关系图谱

1. 企业自营物流

企业自营物流主要指企业拥有一个自我服务的物流体系,自备库场、运力和人员等。

自营物流实际上是企业物流的纵向一体化行为,企业通过自营物流直接支配物流资产,控制物流职能,保证货物畅通和顾客服务质量,从而有利于保持企业和顾客的长期关系,并有利于企业掌握对顾客的控制权。此外,企业通过自营物流,可以更好地防止企业商业秘密的外泄和扩散。尽管如此,对于自营物流企业仍然应该审慎对待,这是因为自营物流需要大量的资金购买物流设备、建设物流仓库和构建物流网络,这不仅会分散企业的资金,影响核心能力的构建,而且这些资金一般占用率较高,并且投资回收期较长。

2. 企业物流外包

第三方物流是指企业利用一家外部的物流公司完成其全部或部分物流职能。物流联盟是以物流为合作基础的企业战略联盟,它是指两个或多个企业之间,为了实现自己物流战略目标,通过各种协议、契约而结成的优势互补、风险共担、利益共享的松散型网络组织。第四方物流是指一个物流集成商,它调集和管理自己的以及具有互补性的物流服务提供商的资源、能力和技术,以提供一个综合的物流解决方案。

在物流服务走向专业化、综合化和网络化的过程中,企业物流外包,不需要内部维持设备、人员来满足需求,从而使固定成本转化为可变成本,为企业减负;企业物流外包,利用物流服务商的规模化和专业化优势,可以降低库存、提高商品周转率,降低或分散一部分风险由物流服务商承担。

3. 专业子公司物流

专业子公司物流是一种将自营与外包特性相结合的组织形式,一般是指将物流运作职能从企业母体中剥离出来,成立一个独立的物流子公司。它与母公司之间的关系是服务与被服务的关系,以专业化的管理为母公司提供专业化的物流服务。

【资料1.7 小资料】

20世纪70年代以来,日本的一些厂商,如东芝物流、富士物流等都是作为子公司而设立的。2000年1月美的集团通过控股成立了安得物流公司,把物流业务剥离出来。安得物流公司作为美的集团一个独立子公司,同时也作为专业物流公司向外发展业务。

1.1.3 企业物流的内容和结构

1.1.3.1 企业物流的内容

企业经营活动的基本结构是:输入—转换—输出,物流活动便是伴随着企业经营活动而发生的,贯穿于企业的整个运营过程,其主要内容包括以下几个方面:

① 采购。采购活动是企业物流之源,没有采购,企业就无物可流。采购地点、采购数量、采购周期直接影响到企业原料物流的运输方式、运输成本、存储方式和存储成本。

② 运输。运输是企业物流活动中非常重要的一个环节,也是企业物流活动最为直接的表现形式。这是因为企业原材料的购进和产成品分销都需要通过运输来实现物品的实体流动。

③ 存储。存储包括两个既独立又有密切联系的物流活动:库存管理与仓储。购进的原料和生产的产成品均需临时储存和保管。仓库和配送中心的选址、数量、空间布局和大小等决策均与存储活动有关。

④ 物料搬运。物料搬运的距离、次数,采用的搬运设备和技术等直接影响到企业的仓库作业效率、生产效率。同样,规划合理的生产空间、设施和设备布局可以减少物料搬运的次数和距离,提升搬运效率。

⑤ 需求预测。规划和控制企业物流活动需要准确预测企业产品和服务的数量、时间等。对备货型生产企业来说,准确预测需求更加重要。需求预测与企业的库存控制、运输计划和仓库装卸计划等物流活动关系密切。

⑥ 订单处理。订单处理是指客户订单周期内所涉及的所有活动,包括订单准备、订单传输、订单录入、订单履行和订单状态报告。订单处理的效率直接影响到产品的订货周期,进而影响到客户服务的满意度。

⑦ 生产计划。当今企业生产中,生产计划与物流的关系越来越密切。计划是龙头,是指挥棒,物料依据计划在流动,但生产计划的实现又依赖于企业物流的能力和效率。

⑧ 包装。运输方式的选择直接影响到产品的包装要求。一般来说,水运和铁路运输引起货损的可能性比较大,因此需要增加包装费用。

⑨ 客户服务。企业物流活动的存储、运输、分拨等决策都取决于客户服务要求。

企业物流活动内容还包括工厂和仓库选址、产品维修与服务支持、回收物品处理、废弃物品处理等。当然,不同类型的企业或企业物流运营的模式不同,其物流活动不一定会涉及上述的所有内容。比如流通企业的物流不涉及生产计划。

【资料1.8 小资料】

美国物流管理协会提出的物流管理包含的内容有：

客户服务(Customer Service)*
需求预测(Demand Forecasting)
分拨(Distribution Communication)
库存控制(Inventory Control)*
物料搬运(Material Handling)
订单处理(Order Processing)*
零部件和服务支持(Parts and Service Support)
工厂和仓库选址(区位分析)(Plants and Warehouse Site Selection(Location Analysis))
采购(Purchasing)
包装(Packaging)
回收产品的处理(Return Goods Handling)
废弃物处理(Salvage and Scrap Disposal)
运输管理(Traffic and Transportation)*
仓储管理(Warehousing and Storage)

注：标*的为关键物流活动，其余为支持性物流活动。

1.1.3.2 企业物流的结构

企业物流的结构包括水平结构和垂直结构两种。

1. 企业物流的水平结构

企业物流系统中最为典型的就是生产企业物流系统。根据企业物流活动发生的先后次序，可以将生产企业物流活动划分为供应物流、生产物流、销售物流、回收物流和废弃物物流五个部分，其中生产物流处于中心地位，供应物流和销售物流是生产过程物流的外延部分（上伸和下延），它们受企业外部环境影响较大。生产企业物流活动的水平结构如图1.3所示。

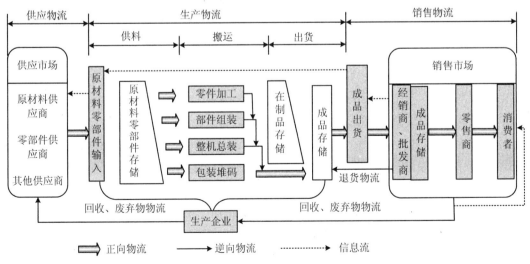

图1.3 生产企业物流的水平结构图

(1) 供应物流(Supply Logistics)

供应物流是指为企业提供原材料、零部件或其他物品时所发生的物流活动。这种物流活动对企业正常高效的生产起着重大作用,它是保证企业生产经营活动正常进行的前提条件。供应物流具体包括企业生产经营活动所需一切生产资料的采购、进货运输、仓储、库存管理、用料管理和供料等。其中,采购是供应物流与社会物流的衔接点,供料是供应物流与生产物流的衔接点。库存管理是企业供应物流的核心。通过库存控制,指导供应物流的合理运行;同时,完成购入生产资料的接货、验收、保管、保养等任务。供应物流包括两个部分:根据企业生产经营计划,组织生产物资外购并运送到本企业的外部采购物流(实现物资的空间价值)和组织企业仓库将生产物料送达生产岗位的企业内部供料物流(实现物资的时间价值),如图 1.4 所示。

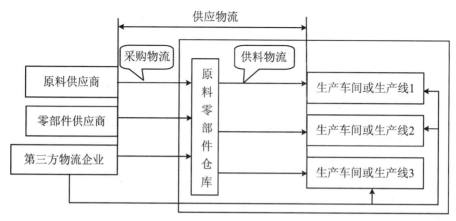

图 1.4　生产企业供应物流结构图

(2) 生产物流(Production Logistics)

生产物流是指生产过程中发生的涉及原材料、在制品、半成品、产成品等所进行的物流活动。生产物流是企业物流的核心,这种物流活动是伴随着整个生产过程的,实际上已构成了生产过程的一部分。生产物流活动包括企业生产中各种半成品、成品在企业内不同空间的转移、存放,以及产成品的包装、存放、发运和回收等。不同的生产过程有不同的生产物流构成。影响生产物流构成的主要因素有企业的生产类型、生产规模、生产工艺、专业化和协作水平以及技术管理水平。生产物流还与环境有着密切的关系,深受环境的影响。根据企业规模不同,生产物流可以分为工序内部物流、企业内部物流(厂区物流)、企业之间的物流和生产组织之间的物流。

【资料 1.9　小实例】

汽车企业的生产物流是非常复杂的。图 1.5 为某汽车企业生产主机厂的生产物流概况图。

(3) 销售物流(Distribution Logistics)

销售物流是指企业产品销售过程中所发生的物流活动。它包括成品的存储与库存管理、订单处理、发货运输、终端配送、销售退货和客户服务等活动。销售物流是企业物流的终点,同时又是社会物流的起点。销售物流的空间范围很大,这是销售物流的难度所在。销售物流是服务于客户的物流,其运行的优劣对企业物流经济效益的影响非常大,是企业物流研

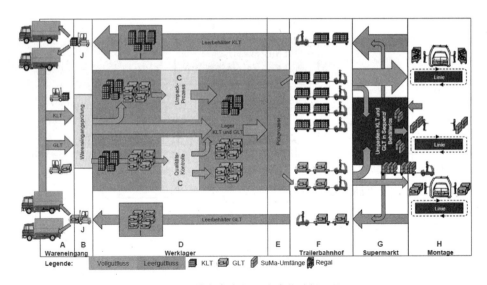

图 1.5 某汽车主机厂生产物流概况图

究和改进的重点。

(4) 回收物流(Returned Logistics)

回收物流是指企业在供应、生产和销售活动中,不合格物品的返修、退货以及周转使用的包装容器从需方返回到供方所引发的物流活动。回收物流中物料从供应链的下游向上游运动,回收物流属于逆向物流(Reverse Logistics)。

(5) 废弃物物流(Waste Material Logistics)

废弃物物流是企业在生产和销售过程中,以及用户在使用过程中所产生的、基本或完全失去原有使用价值的物品,根据实际需要进行收集、分类、加工、包装、搬运、储存等,并分送到专门处理场所的物流活动。对不能回收利用的废弃物,要通过销毁、掩埋等方式处理。企业在生产经营过程中,要尽可能减少废弃物的排放量,在排放前要对废弃物进行预处理,并做好废弃物的最终处理,以减轻环境的负担和压力。

流通企业一般不生产具体的产品,其物流活动不包括生产物流。根据流通企业物流活动发生的先后次序,可以将流通企业物流活动划分为采购物流、销售物流、回收物流和废弃物物流四个部分。

2. 企业物流的垂直结构

根据企业物流活动的不同功能和作用,可以把企业物流从高到低划分为管理层、控制层和作业层三个层次。企业物流就是通过这三个层次的协调配合而实现其总体功能的。其层次结构如图 1.6 所示。

(1) 管理层

对整个企业物流系统进行统一的计划、实施和控制。其主要内容有物流系统战略规划、物流系统控制及绩效评定,以形成有效的反馈约束机制和激励机制。

(2) 控制层

对企业物流过程的控制,主要包括订单处理、顾客服务、库存计划与控制、生产计划与控制、物料管理和采购等。

(3) 作业层

完成物料在企业生产经营过程中的时间和空间转移,主要包括发货与进货运输、物料搬运、包装、仓储和流通加工等。

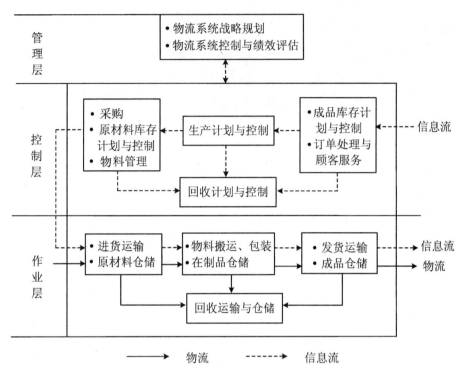

图 1.6 企业物流的垂直结构

1.1.4 企业物流的特征

供应物流和销售物流是企业物流向外的两个延伸,其特征和社会物流比较相近。生产物流是企业物流的核心,真正反映企业物流特征的是企业内部生产物流。和社会物流相比,企业生产物流具有以下特征:

① 企业物流是以实现加工附加价值为主的经济活动,社会物流是以实现时间价值和空间价值为主的经济活动。这是企业物流最本质的特征。企业物流在一个相对较小的空间内完成,物料不断地被加工,产生了价值增值,但物料空间转移消耗不大,产生空间价值也不大。同样,企业内部的储存是为了保证生产,而不是像社会储存那样主要为了追求利润,因此,其时间价值不但不高,反而会降低企业的经营效率和效益。

② 企业物流的主要功能要素是搬运活动,社会物流的主要功能要素是运输、存储和配送。生产型企业物料流转的主要手段是搬运,在不断搬运过程中,物料不断地被加工,改变了形态。流通型企业的内部物流,也是通过不断地搬运来完成分货、拣选、配货等活动的。因此,物料的有序流转是生产物流的关键特征。

③ 企业物流的运行具有伴生性和工艺过程性。企业生产物流往往是生产过程的一个组成部分或一个伴生部分,其物流的流向、流量和流速均取决于企业生产工艺、生产流程和生产装备。因此,企业物流很难与生产分开而形成独立的系统,特别是企业内部的生产物流更是如此。企业内部只有局部的物流活动和生产工艺过程可分开,如仓库的储存活动、收货物流活动、车间或分厂之间的运输活动等。

④ 企业生产物流具有连续性。企业内部所有生产作业点和作业区域被企业生产物流

这条动态的"线"有机地连接成一个整体。企业生产物流在这个有机体内稳定、连续地流动，从而完成了企业生产运营活动。

⑤ 企业物流成本具有二律背反性。企业物流运营中往往是一方成本降低了，另一方成本增大了，即存在"二律背反"现象。如追求较低的库存水平，必然要增加运输频次，牺牲运输成本；追求包装费用的节省，会影响其在运输、保管过程中的保护功能和方便功能，从而造成经济损失。企业物流管理肩负着"降低企业物流成本"和"提高物流服务水平"两大任务，两者本身就是对立统一关系。因此，企业物流管理中要有整体物流的概念，要追求物流总成本最低，而不是局部物流成本最低。

【资料1.10 小知识】

二律背反又称为效益背反。效益背反是指一种物流活动的高成本，会因另一种物流活动成本的降低或效益的提高而抵消的相互作用关系。

1.2 企业物流管理概述

1.2.1 企业物流管理的产生

从宏观、中观和微观三个不同层次，可以将管理科学划分为理论管理学、基础管理学和应用管理学。企业管理和物流管理都是属于微观层次的应用管理学。

20世纪初在泰勒"科学管理"学说的指导下，企业产生了三大基本职能：市场营销、生产运营和财务管理，物流管理并没有被列入其中。此时，物流业务分散在采购、制造和市场营销等部门，各部门各司其职。采购经理关心的是供应商的选择、采购谈判，希望获得尽可能低的采购价格，而忽略了采购产品的质量和采购批量，采购价格上的节约往往被高额的原料库存费用所抵消；制造经理感兴趣的是生产计划的稳定性、连续性和批量生产，因此，维持了大量的在制品库存；销售经理考虑更多的是保证供货、扩大销量，而不关注成品仓库的选址和数量、库存量的控制、运输方式的选择等，这往往造成了大量的物流费用和成品库存。可见，20世纪初的"物流黑洞"吞噬了企业大量的利润。

后来，随着新的管理技术和管理理念的不断出现，物流管理越来越受到企业的关注和重视，逐渐把企业的物流管理当作一个战略新视角。经历了近百年的发展，近年来，物流管理已经成为现代企业战略管理的一个新的着眼点。企业物流管理的发展历程如表1.2所示。

表1.2 企业物流管理的发展历程

时间	20世纪初	20世纪40年代	20世纪60年代	20世纪80年代	21世纪初
主要特征	没有独立的物流业务部分，物流分散在采购、制造和市场营销等部门	随着系统论的产生，人们开始用系统的观点来解决分散在各环节中的大量库存问题	对物流管理有了一定的认识，物料管理和配送管理开始受到企业的关注	企业的输入、输出及市场和制造环节的物流业务被集成起来，物流管理真正受到企业重视	企业物流管理已经成为现代企业战略管理的一个新的着眼点

我国国家标准《物流术语》(GB/T 18354—2006)中,对物流管理(Logistics Management)的定义是:物流管理指为了以合适的物流成本达到用户满意的服务水平,对正向及反向的物流活动过程及相关信息进行的计划、组织、协调与控制。

企业物流管理是企业管理的重要组成部分,它是指依据物资实体流动规律,应用管理学的基本原理和方法,对生产和流通企业在经营活动中所发生的采购、运输、仓储、配送、装卸和搬运等物流活动进行计划、组织、指挥、协调和控制。在保证用户所满意的服务水平的前提下,实现物流成本的最小化,提高物流效率和企业经济效益,这也是现代企业物流管理的根本任务。

【资料1.11 小资料】

对于物流管理的演变过程,国际上权威的物流学者鲍尔索克斯教授作出了如下精辟的总结:

20世纪50年代前,强调运输效率;
20世纪50年代,强调物流成本、客户服务;
20世纪60年代,强调综合外包;
20世纪70年代,强调运作整合、质量;
20世纪80年代,强调财务表现和运作优化;
20世纪90年代,强调客户关系和企业延伸;
21世纪后,开始强调供应链管理。

1.2.2 企业物流管理的内容

企业物流管理的内容涉及物流的很多领域,不同类型企业,其物流管理所包含的活动和侧重点也有所不同。目前,企业物流管理的内容主要包括以下四个方面:对物流活动中诸要素的管理;对物流系统中诸要素的管理;对物流活动中具体职能的管理;对物流过程的管理。

1. 对物流活动中诸要素的管理

从物流活动要素的角度出发,企业物流管理的内容包括:搬运装卸管理、仓储管理、运输管理、包装管理、流通加工管理、配送管理、物流信息管理和客户服务管理等。如图1.7所示。

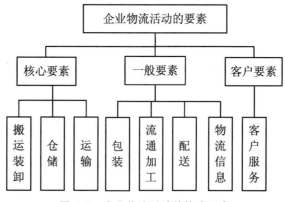

图1.7 企业物流活动的构成要素

(1) 搬运装卸管理

企业物流管理中，搬运装卸管理与运输管理、仓储管理一样重要，它们都是企业物流活动的核心要素。不论是生产型企业还是流通型企业，都是通过搬运活动来实现物料的有序流转的。搬运装卸管理的主要内容包括搬运装卸系统的设计、搬运装卸设备的规划与配置、搬运装卸作业的组织等。

(2) 客户服务管理

客户服务管理主要是对企业物流活动相关服务的组织、监督和考核，如调查和分析顾客对物流活动的反映，确定最佳的物流服务水平，制定顾客所需的物流服务项目等。企业物流活动，特别是销售物流活动与顾客联系密切，会直接影响到顾客对企业的满意度，因此，客户服务管理非常重要。

2. 对物流系统中诸要素的管理

企业物流系统是企业系统中的一个子系统，从系统的角度来看，企业物流管理的内容包括人的管理、物的管理、财的管理、设备管理、方法管理和信息管理等。

(1) 人的管理

人力资源是物流系统中最活跃、最重要的要素。对人的管理包括企业物流人力资源的规划与开发、招聘与录用、培训与指导、绩效和薪酬管理等。

(2) 物的管理

物是物流活动的客体，即物料实体。物的管理贯穿于企业物流活动的始终，涉及物流活动的诸要素。

(3) 财的管理

财的管理主要是指如何降低企业物流成本，提高企业经济效益。它是企业物流管理的主要目标之一，也是企业物流管理的出发点和归宿。财的管理主要包括企业物流成本的核算与控制、物流经济效益指标体系的建立、提高物流经济效益的方法、物流资金的筹措与合理使用等。

(4) 设备管理

设备管理主要包括搬运、装卸、包装、储存等物流设备的选型和优化；物流设备的维护、保养和更新改造等。

(5) 方法管理

方法管理的主要内容有：各种物流新技术的研究与推广普及；现代企业物流管理方法的应用等。

(6) 信息管理

信息是企业物流系统的神经中枢，只有做到有效地处理并及时传输物流信息，才能对企业物流系统中的人、物、财、设备和方法这五个要素进行有效的管理。

3. 对物流活动中具体职能的管理

物流活动从职能上划分，主要包括物流计划管理、物流质量管理、物流技术管理和物流经济管理。

(1) 物流计划管理

物流计划管理是对物料供应、生产、销售和回收整个过程的每个环节进行计划的编制、执行、修正和监督的过程，包括原料供应计划、供料上线计划、产成品配送计划、废旧物料的回收计划，以及原料和产成品的库存计划等。物流计划管理是企业物流管理的首要职能。

（2）物流质量管理

物流质量管理包括物流服务质量、物流工作质量、物流工程质量等的管理。较高的物流质量管理水平有利于提升客户的满意度和企业的竞争力，因此，物流质量管理是企业物流管理的重要职能。

（3）物流技术管理

物流技术管理包括物流硬技术和物流软技术的管理。物流硬技术的管理就是对物流设施和设备的管理。物流软技术管理包括对物流技术的开发、应用、推广和引进，物流作业流程的制定和完善，物流技术文件和技术情报的管理，物流技术人员的培训和开发等。物流技术管理是企业物流管理工作的依托。

（4）物流经济管理

物流经济管理包括各种物流费用的核算与控制，物流价格的确定和管理，各种物流活动的经济核算、分析等。物流经济管理是企业物流管理的核心职能。

4. 对物流过程的管理

企业物流过程管理包括企业供应物流管理、生产物流管理、销售物流管理、回收和废弃物物流管理。

1.2.3 企业物流管理的目标

在物流管理中必须正确处理好服务与成本两者之间的关系，合理兼顾两方面的需要。从物流服务的角度来看，物流系统提供的服务水平和服务标准越高越好，而从企业经济效益的角度来看，物流成本的耗费越低越好，这样就在高水平的物流服务和低水平的物流成本之间产生了矛盾。当管理中的两个目标不能同时实现时，可以用效率系统的概念来进行综合分析，即能以最低的物流成本达到所要求的物流服务水平的物流系统就是一个有效率的系统。

企业物流管理的目标是在尽可能低的总物流成本下实现所期望的服务水平，即寻求服务优势和成本优势之间的动态平衡，并由此创造企业在竞争中的战略优势。企业物流管理的目标主要表现在降低物流成本、减少资金占用、提高服务水平和提升竞争优势四个方面。

企业物流管理的目标的达成可以通过以下三个阶段来实现：

首先，优化企业的物流管理，提升各项物流活动的合理性和效率化水平，将物流成本降至最低。

其次，在经历了降低物流成本的阶段之后，物流管理的任务开始进入促进企业收益增长的阶段，即通过向客户提供满意的物流服务，带动销售收入的增长。物流系统的目的，已不只是局限在物流费用的最小化上，而是通过提供最为适宜的物流服务，实现收益费用比的最大化。

第三阶段是企业物流的战略管理阶段，即从长远的和战略的观点思考物流在企业经营中的定位，将物流作为提高企业竞争能力的战略资源，使物流管理成为供应链管理的重要内容。

【资料 1.12 小应用】

钢铁企业物流管理的目标

> 钢铁行业作为资源密集型产业,其多渠道的大宗原材料、燃料、冶金辅助料及备品备件的采购特征和大批量、多品种的产品多分销网络成了与其他行业不同的物流管理体系,其运作模式和管理思想更加符合供应链管理环境下的物流管理。钢铁企业物流管理的目的一般有五点:降低物流成本,提高产品的市场竞争力;保障正常的生产供给和产品销售渠道畅通;规范进厂物流、厂内物流、出厂物流,全面提高企业投入、产出的总体运营效率,降低库存、盘活资金;通过供应链物流管理提高企业的市场反应速度,提升企业的市场竞争力;树立企业良好的内、外部物流形象。

1.2.4 企业物流管理的重要性

1. 科学的物流管理是降低企业成本、获取利润的一个重要手段

根据国际货币基金组织的研究,当前物流成本平均约占全球国内生产总值的 12%。据估计,对企业而言,物流成本占销售额的比重从 4% 到 30% 甚至更大。据中国物流与采购联合会统计,2013 年中国重点工业、批发和零售业企业物流成本比上年增长 10.1%,增幅同比回落 1.9 个百分点;2013 年工业、批发和零售业企业物流成本占销售额的比例(物流费用率)为 8.4%,比上年下降 0.15 个百分点;2013 年我国工业、批发和零售业企业物流费用率仍高于日本 3.6 个百分点。因此,企业的物流成本依然很高,但降低物流成本就可以增加价值,将取得的收益传递给客户和股东,任何一个企业的发展都离不开物流这一环节,科学的物流管理,有利于人力、物力和财力的最优配置,为企业的发展节约成本。

2. 物流管理能够有效地提升企业的竞争力,战略意义重大

面对激烈的市场竞争,越来越多的企业开始关注客户服务,去主动靠近顾客,并以顾客的需求和利益为中心,最大限度地满足顾客的需求。顾客服务成为企业竞争力重要表现。作为顾客服务主要构成部分的物流服务,则成为企业提升竞争力的关键。特别是随着网络技术的发展,企业间的竞争已突破了地域的限制,竞争的中心逐步转移为物流服务的竞争。目前许多大型制造业、零售业的跨国公司,为争夺全球市场,把物流服务作为自己的竞争优势,同时,也从高效率、优质的顾客服务中获得巨额利润。

随着经济全球化进程的不断加深,企业更多地从全球视角来看待经营,世界各国的全球化和国际化都极大地依赖于物流管理水平和管理成本。此时,物流成本,特别是运输成本在企业总成本构成中所占的比重越来越大,物流管理在企业里起着越来越重要的作用。例如,如果企业为了降低成本,从国外购进生产原材料或在国外设厂生产产品,原材料和劳动力成本可能降低,但由于运输和库存成本的增加,物流成本将上升。如图 1.8 所示,从低成本的海外供应商采购和从高成本的本地供应商采购的比较来看,原材料、劳动力和管理费用下降,物流成本和关税上升,结果可能会导致利润增加,但如果物流管理不好,也可能会导致利润减少。因此,完善的物流管理是保证企业全球化运营的一个重要因素。

当管理者认识到物流是企业成本的重要组成部分,且不同的物流决策会导致客户服务水平的差异时,管理者就会有效地利用它进入新市场,增加市场份额或增加利润。这对企业来说,战略意义重大。如沃尔玛就是以物流管理为竞争战略的核心,并成为全球最大的零售企业的。

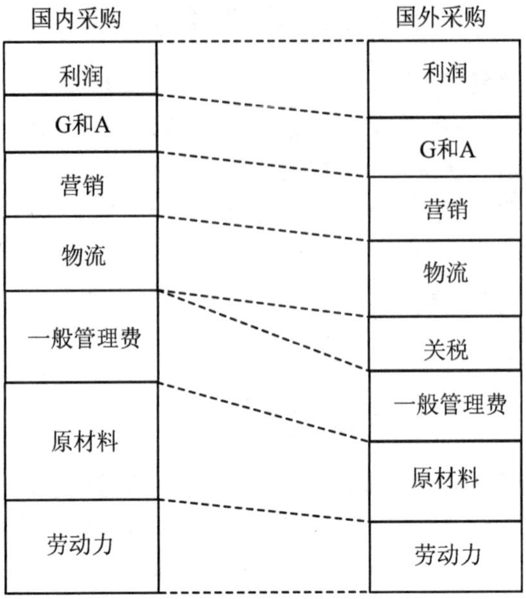

国内采购	国外采购
利润	利润
G和A	G和A
营销	营销
物流	物流
一般管理费	关税
原材料	一般管理费
	原材料
劳动力	劳动力

图1.8[①]　从低成本的海外供应商采购和从高成本的本地供应商采购的经济收益比较

3. 企业物流管理能显著增加顾客价值

物流是创造价值的活动——为企业的客户、供应商和股东创造价值。物流的价值表现为时间、空间和加工附加价值。通常,企业创造产品和服务有四种价值:形态价值、时间价值、空间价值和占有价值。物流直接创造了时间价值和空间价值。形态价值是通过将投入转化增值为产出,即将原材料生产加工成产品创造出来的。在这个转化过程中,物流也起到了很大的作用。占有价值是营销、技术和财务部门创造的。因此,四种价值中的三项都是物流管理者的责任范畴。

只有当顾客在他希望进行消费的时间和地点拥有产品和服务时,产品和服务才有价值,物流活动必须要为顾客在恰当的时间、恰当的地点提供恰当的产品和服务。目前,物流日益成为企业越来越重要的价值增值过程。

4. 物流管理在企业管理体系中占有重要的地位,是企业协调各种管理的核心

物流是企业的生命线,在企业发展的任何一个环节,都离不开物流的支持,物流就如同一条线,贯穿于企业发展的始终。[②] 如果说企业的采购、供应、生产和销售等部门的管理是"点",那么企业的物流管理就是"线",通过物流管理将企业管理的各个组成部分有机的联系起来,使企业的整体结构得到优化。失去了物流管理这条"生命线"的衔接,企业的各个组成部分就无法进行顺畅的运转。只有企业的物流管理在各个方面都得到优化,才能够真正地发挥好企业物流管理这条"线"的作用,从而真正地将企业的其他管理部分联系起来,最终促进企业管理体系的建立和健全。

---

① Kearney A T. International Logistics: Battleground of the '90s[M]. Chicgo,1988.
② 于航.企业发展中物流管理所起到的作用探讨[J].赤子,2015(5):141.

1.2.5 企业物流合理化

1.2.5.1 企业物流合理化的概念

物流合理化是物流管理追求的总目标。它是对物流设备配置和物流活动组织进行调整改进，实现物流系统整体优化的过程。它具体表现在兼顾成本与服务上，即以尽可能低的物流成本，获得可以接受的物流服务，或以可以接受的物流成本达到尽可能高的服务水平。

企业物流合理化就是指企业物流活动中各要素、各环节、各功能之间的优化组合，协调运行，以适应和促进经济发展，从而取得最佳效益的一种经济准则，即在一定的条件下，使企业物流系统的运行速度最快，资源消耗最低，服务最优，效率最高，对各种物流要素的组合带有规范性、综合性的合理标志。企业物流合理化包括物流过程合理化、物流结构合理化和物流体制合理化。

【资料 1.13 小知识】

> 物流结构既指物流网点的布局构成，也泛指物流各个环节（装卸、运输、仓储、加工、包装、发送等）的组合情况。物流网点在空间上的布局，在很大程度上影响物流的路线、方向和流程。而物流各环节的内部结构模式又直接影响着物流运行的成效。

物流合理化的一个基本标准就是"均衡"。物流合理化是不求极限但求均衡，均衡造就合理。在企业物流管理实践中，把握好物流合理化的原则和均衡的思想，有利于防止"只见树木，不见森林"，做到不仅要注意局部的优化，更要注重整体的均衡。物流合理化对企业的可持续发展意义重大。合理的企业物流可以降低物流费用、减少产品成本，缩短生产周期、加快资金周转，压缩库存、减少流动资金的占用，进而提高整个企业的管理水平。

1.2.5.2 企业物流合理化的原则

企业物流合理化的原则是建立在物流系统低成本、高效率、高效益的基础上的，主要包括以下内容[1]：

(1) 近距离原则

运输与装卸搬运只能增加产品成本，而不会增加产品价值，因此，在条件允许的情况下，应使物流流动的距离最短，以减少运输与装卸搬运量。

【资料 1.14 小实例】

> 物流合理化的范围极广，做法很多。比如海尔集团的两个国际物流中心，全部建在海尔工业园区内，与海尔产品配套的大部分零部件生产企业，都集中在一处。这不仅提高了库存周转和配送效率，也大幅度节省了运输费用。试想一想，如果一种零部件生产工厂与装配厂的距离多出一公里，那么，几百种零部件，一个月、一年乃至十年时间要浪费多少运输距离和费用！

(2) 优先原则

在进行物流系统的规划与设计时，应将彼此之间物流量大的设施与设备布置得近一些，而物流量小的设施与设备可以布置得远一些。

---

[1] 孔继利. 企业物流管理[M]. 北京：北京大学出版社，2012：24-26.

(3) 避免迂回和倒流原则

迂回与倒流严重影响物流系统的效率和效益,甚至干扰生产过程的顺利进行,必须使其降到最低程度。

(4) 在制品库存最小原则

企业生产过程中的在制品并没有完成其价值,是一种浪费,应维持在最低库存水平。

(5) 集装单元化和标准化搬运原则

物流过程中使用的各种托盘、货架等,要符合集装单元化和标准化原则,以提高装卸搬运的效率、物料活性指数、装卸搬运质量、物流系统机械化和自动化水平。

(6) 简化搬运原则

装卸搬运作业应尽量简化,环节尽量少,以提高装卸搬运效率和物流系统的可靠性,减少装卸搬运中造成的物料破损。利用物料自身的重力进行物料搬运是最经济的方法。

(7) 合理提高物料活性指数原则

物料活性指数是指在装卸搬运作业中的物料进行装卸搬运作业的难易程度。在条件允许的情况下,应尽量提高其活性指数。

根据物料所处的状态,即物料装卸搬运的难易程度,物料活性指数可以分为不同的级别,如图1.9所示。

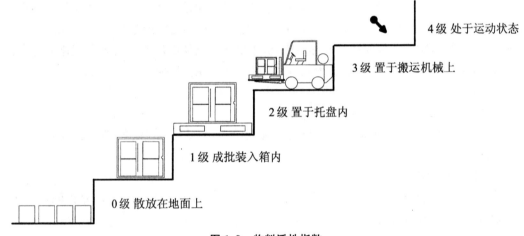

图1.9　物料活性指数

【资料1.15　小思考】

现实中,物料活性指数是不是越高越好?

(8) 合理提高搬运机械化水平原则

机械化装备可以提高装卸搬运的质量和效率。实际运营中,应根据物流量、物流的距离以及资金等合理地选择装卸搬运装备。物流量小且距离短,选择简单搬运设备;物流量小但距离长,选择简单运输设备;物流量大但距离短,选择复杂搬运设备;物流量大且距离长,选择复杂运输设备。

(9) 人机工程原则

进行物流系统的设计、规划和布局时,要运用人机工程原则,使操作省力、安全高效。

（10）提高自动化和信息化水平原则

装卸搬运自动化和信息化是物流现代化的重要标志。因此，在条件具备的情况下，可以应用信息技术整合企业物流资源，提高企业物流系统的自动化水平。

（11）系统化原则

要做到不仅注意局部的优化，更要注重整体的均衡，使整个物流系统达到最优化状态。

（12）柔性化原则

物流系统要具备柔性特征以适应不断调整和变动的需要。

（13）满足生产工艺和管理要求原则

企业物流系统首先要满足生产工艺和生产管理的要求，并与其他系统相互协调、相互配合，使生产系统发挥出最大的价值。

（14）满足环境要求原则

企业物流系统的规划、设计和改造，应符合可持续发展战略思路和绿色制造的要求，与其他系统相互协调，绝不能为了追求物流系统的效益而损害环境。

【资料1.16 小实例】

布鲁克林酿酒厂销售物流合理化

布鲁克林酿酒厂虽然在美国还没有成为名牌企业，但在日本却已经开辟了一个每年200亿美元销售额的市场。这个销售目标的实现，主要归功于该公司开展的销售物流合理化改善项目。

（1）选择最佳航运承运人。布鲁克林酿酒厂选定日本金刚砂航运公司为其唯一的航运承运人。金刚砂公司向布鲁克林酿酒厂提供了增值服务。金刚砂公司在其国际机场的终点站交付啤酒，并在飞往东京的航班上制定运输计划，金刚砂公司通过其日本报关行办理清关手续。这些服务有利于保证产品到达日本市场时完全符合对保鲜度的要求。

（2）减少物流时间。航空运输保证了在啤酒酿造后的1周内就将啤酒从酿酒厂直接运送到日本顾客手中，保证了啤酒的新鲜度，而海运发货则需要40天。采用空运的新鲜啤酒的定价高于海运装运啤酒价格的5倍，因此，公司获得了极高的利润。

（3）改善包装。通过装运小桶装啤酒而不是瓶装啤酒来降低运输成本。小桶装减少了因玻璃破碎而使啤酒受损的机会，同时，小桶装啤酒对保护性包装的要求也比较低，这又进一步降低了成本。

1.3 企业物流管理的现状与发展

1.3.1 我国企业物流管理的现状

与西方发达国家相比，我国物流业起步较晚，物流成本占GDP的比重仍然过高，社会物流整体效益差。由于管理体制改革的落后，我国大部分企业物流的发展仍然处于"小、多、散、弱"的状态，普遍存在经营分散、功能单一、自动化程度低、布局不合理、技术含量不高、企业横向联合薄弱、服务意识和服务质量不尽如人意等问题，难以满足社会化物流的需要。具体表现在以下几个方面①：

1. 传统的管理理念和管理机制影响着企业物流效率的提高

受传统计划经济体制的影响，我国相当多的企业仍然保留着"大而全""小而全""产、供、销一体化""仓储运输一条龙"的经营组织方式，物流组织活动主要依靠企业内部组织的自我服务完成，采购、仓储和配送等职能未能进行充分整合，无法实行一体化的内部供应链管理，不利于社会化专业分工。这种分散的、低水平的管理活动必然会导致物流成本责任主体不清，物流管理效益难以实现。

2. 企业对物流服务的认识不够全面和深刻

随着经济的发展，顾客对物流服务的要求越来越个性化、多样化，物流服务已成为企业销售差别化战略的重要一环。可是我国的许多企业在制定物流服务要素和服务水准时，将有限的物流服务资源平均分给所有的顾客和所有的产品，往往影响到具体的物流服务绩效以及由此带来的顾客满意度。另外，物流服务管理仅由物流部门单独进行以及对物流服务的实施情况没有定时进行检查等都影响了物流服务的价值实现。

3. 企业物流管理的手段落后

首先，我国企业物流的基础设施还不够完善。旧有仓储设施，功能单一，设备陈旧，作业效率较低，作业质量不高，难以适应现代物流产业运营的需要。其次，由于物流基础设施和装备水平不高，没有统一、规范的标准，致使物品在运输、装卸、仓储环节中难以实现一体化、全过程的流动。再有，目前我国物流领域中现代信息技术应用和普及程度还不高，发展也不平衡，企业间信息还不能完全对接，难以实现物流企业与用户间的联网和供应链管理等。在企业物流管理上，有的企业还停留在纸笔时代，有些企业虽然配备了电脑，但还没有形成系统，更没有形成网络，同时在物流运作中也缺乏对 EDI、个人电脑、人工智能专家系统、通信、条形码、扫描等先进信息技术的广泛应用，物流作业自动化水平不高。

中国互联网络信息中心(CNNIC)2014 年调查结果显示，认为"送货耗时，渠道不畅是网上物流最大问题"的人数比例呈上升趋势，这说明物流技术水平和物流管理的滞后、物流配送体系不完善与物流发展之间的矛盾日益明显，并开始引起越来越多的关注。

4. 企业物流的信息化程度不高

当前，我国仍有很多企业由于缺少信息技术的支持，物流信息本身也被分割在不同环节和不同职能部门之中。信息分散、信息处理能力低，其结果是上下游企业之间以供应链为基础的物流流程优化和物流功能整合无法开展，造成物流活动的重复操作、准确性差、应对市场需求变化的快速反应能力难以形成等。这不仅影响每一个企业的物流运作效率，增加物流开支和资源占用，而且直接影响供应链的整体竞争能力。

5. 企业物流人才匮乏

随着中国加入 WTO 以及世界制造中心逐步形成，全球采购与全球销售形成庞大的国际物流系统，企业需要的是精通进出口贸易、海关业务、电子商务、采购系统、供应链管理、国际法的复合型物流人才。但是与现代物流在国民经济以及地区经济中的重要作用和其发展速度相比，我国的物流教育和人才培养相对滞后，不仅数量不够，而且结构单一，远远满足不了社会的需求。特别是复合型物流人才紧缺，已对我国物流业现代化建设形成制约。

---

① http://www.56products.com/News/2014-9-29/0IDGH4AEFGA5GD4461.html.

1.3.2 企业物流管理创新

管理要有所创新,尤其是企业的物流管理,要有针对性地进行,根据企业的发展方向、行业的发展情况和企业间的竞争情况,对企业的物流管理进行详细的规划和创新,以此来促使企业物流管理有章可循。企业物流管理创新主要包括物流管理理念创新、物流管理模式创新、物流管理技术创新和物流管理战略创新四个方面的内容。

1. 企业物流管理理念创新

物流理念是企业物流活动的指南,物流管理创新的灵魂是物流理念的创新。对于企业的物流管理来说,需要不断地引进各种先进的管理经验和管理思维,使世界上先进的管理理念与企业的管理现状相融合,促进企业物流管理在理念上得到创新。例如,生产制造企业选择物流外包就是管理理念的创新。

2. 企业物流管理模式创新[①]

完善的企业物流管理模式对于企业来说是十分重要的,通过管理模式的创新,最终促进企业物流系统的创新,为企业赢利保驾护航。从目前来看,企业物流在管理模式上有很多种,比较典型的代表有一体化的物流管理模式、精益化的物流管理模式、服务导向的物流管理模式,这些物流模式的创新在很大程度上能够提高物流管理水平,在一定程度上降低了物流管理的成本,同时也在最大限度上满足了客户的需求。比如说"精益化物流管理模式",它在很大程度上减少了企业备货所需要的时间,同时,通过不断改善服务,也最大限度地满足了消费者的需求。再如"服务导向的物流管理模式",这种模式的物流管理不仅仅考虑到消费者的需求,还将市场竞争环境和市场竞争格局的变化考虑到其中,从综合的角度去思考物流管理客观存在的问题,通过从企业物流管理的实际问题出发,对物流管理所处环境的分析,从而获取最佳的管理途径和管理方案。

3. 企业物流管理技术创新

物流现代化管理最重要的是通过信息管理来实现,应用现代信息技术、网络技术和电子商务技术改变传统企业物流管理,实现物流管理信息化、网络化。通过电子商务技术,完成整个商流、信息流和资金流的运作,这样可以达到缩短运作周期,降低运作成本,提高产品综合竞争力。物流管理技术创新途径主要表现在:积极采用高科技物流设施设备,利用信息网络技术优化供应链管理,以物流管理信息化带动物流管理现代化。

4. 企业物流管理战略创新

从当今企业的物流管理战略来看,"即时物流战略"和"一体化物流战略"在市场经济环境中成为企业进行物流管理的一大亮点。所谓"即时物流战略",其重点落实在"即时"上,既包括采购的即时,也包括销售的即时,通过这种恰当、标准的时间计算,为企业获得最大的利润空间。

物流管理的创新对于企业来说无疑是个机遇,通过物流管理的创新,能够促进企业在复杂的经济环境竞争中获得一席之地,随着经济的不断发展及环境的不断变化,企业的物流管理也面临着前所未有的挑战。

---

① 黄捷.企业物流管理的创新与应用[J].现代企业文化,2013(7):90-91.

1.3.3 企业物流管理的新发展

1.3.3.1 一体化物流管理

企业一体化物流管理,是运用综合、系统的观点,将从原材料供应到产成品分拨的整个供应链作为统一的流程,对物流的所有功能进行统一管理,形成为客户提供多个物流服务的最终解决方案。它充分考虑整个物流过程及影响此过程的各种环境因素,对商品的实物流动进行整体规划和运行,实现整个系统的最优化。

企业物流一体化的模式主要有三种:物流垂直一体化模式、物流水平一体化模式和基于第三方物流的一体化模式。

1. 物流垂直一体化模式

物流垂直一体化模式要求企业将提供产品或运输服务等的供货商和用户纳入管理范围,并作为物流管理的一项中心内容。对于那些物流规模大、实力强、管理水平高、物流信息化程度高的企业有必要也有可能通过自营的方式对原材料、在制品和产成品等物料在企业内外流动的全过程做出系统化的管理。垂直一体化物流要求企业利用自身条件建立和发展与供货商和用户的合作关系,形成联合力量,赢得竞争优势。物流垂直一体化具体运作模式如图1.10所示。

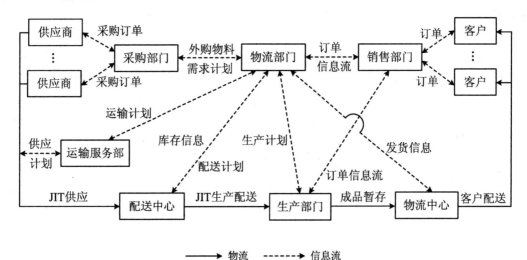

图1.10 物流垂直一体化运作模式

基于自营的物流垂直一体化模式最大的优势在于企业能对整个供应链有较多的控制权,不会因为环境的变化而丧失抢占市场的主动权,其次是易与其他环节密切配合与衔接,全力专注于服务本企业。不利之处在于物流设施、设备、信息系统的投资庞大,而且物流组织管理复杂性较大。

2. 物流水平一体化模式

物流水平一体化指通过同一行业中多个企业在物流方面的合作而获得规模经济效益和物流效率。例如,不同的企业可以用同样的装运方式进行不同类型商品的共同运输。当物流范围相近,而某个时间内物流量较少时,几个企业同时分别进行物流操作显然不经济。于是就出现了一个企业在装运本企业商品的同时,也装运其他企业商品。从企业经济效益上看,它降低了企业物流成本;从社会效益来看,它减少了社会物流过程的重复劳动。显然,不同商品的物流过程不仅在空间上是矛盾的,而且在时间上也是有差异的。要解决这些矛盾和差异,必须依靠掌握大量物流需求和物流供应能力信息的信息中心。此外,实现物流水平一体化的另一个重要的条件,就是要有大量的企业参与并且有大量的商品存在,这时企业间的合作才能提高物流效益。当然,产品配送方式的集成化和标准化等问题也是不能忽视的。

3. 基于第三方物流的一体化模式

基于第三方物流的一体化模式是物流垂直一体化与物流水平一体化的综合体。随着第三方物流服务功能的不断完善,企业越来越多地将物流业务外包给第三方物流,让第三方物流服务商对企业的内外物流进行一体化的管理。基于第三方物流的一体化具体运作模式如图 1.11 所示。

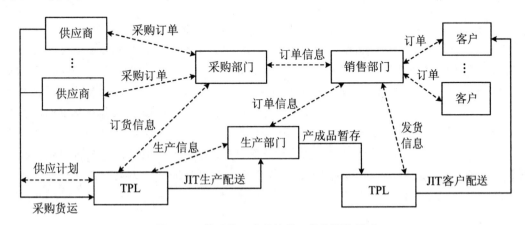

图 1.11 基于第三方物流的一体化运作模式

本模式的特点是企业与一体化的第三方物流企业结成长期稳定的战略联盟,签订物流服务合同,整合双方的信息系统,使其处于同一信息平台上。在充分沟通协调的基础上由第三方物流服务商全面负责企业的物流运营管理。但这种物流外包模式也会使企业失去对物流活动的控制力,削弱了企业与用户的联系。

1.3.3.2 共同化物流管理

在日益激烈的竞争中,对于中小企业来说,建立自己的物流配送中心或单个企业来组织运输,不仅不能降低其物流成本,反而有可能增加成本。在这种情况下,就产生了物流共同化。企业物流共同化是指通过建立企业间的合作,共建物流体系,来解决单一企业对物流系统投资不经济或运作低效率等问题。共同化物流管理可以改进物流服务质量,提高运行效率,降低风险和运营成本,节约社会资源,实现全面协调发展。因此,物流的共同化也是企业物流管理发展的一个新趋势。

1.3.3.3 全球化物流管理

全球化物流管理就是按照国际分工的原则,利用国际化的物流网络、物流设施和物流技术,实现货物在国际上的流动和交换,以促进区域经济的发展和世界经济的优化配置。全球化物流是市场全球化发展的必然需求。随着市场的全球化和竞争的全球化,全球跨国企业相应而生。这些企业为了实现竞争优势和增进盈利,在全球范围内配置和利用资源,必须协调其生产和流通活动。通过在全球范围进行生产制造的集中配置和规模经济效果来降低生产成本,但可能导致物流成本大幅增加,而且增加了物流活动的复杂性和风险性。因此,协调和整合全球供应链物流活动,平衡全球供应链的采购成本、库存成本和运输成本等的全球化物流管理就显得越来越重要。

1.3.3.4 社会化物流管理

企业将资源集中到主营的核心业务,将辅助性的非核心的物流业务部分或全部外包给第三方物流企业不失为一种战略选择。物流的社会化使企业可以利用的物流资源成级数倍增长,经过整合的社会物流资源减少了企业自身的投资成本,提高了物流设施的利用率,优化了资源配置,节约了物流费用。如风神汽车将其供应物流、生产物流和销售物流等辅助功能均外包给专业的汽车物流服务商——风神物流有限公司,这大大降低了风神汽车的物流成本,提高了其运营效率和效益。

【资料1.17 小实例】

在菜鸟网络刚刚成立之际,阿里巴巴就已经与中国邮政正式合作,建立智能骨干网(China Smart Logistic Network,CSN),申通、圆通、中通、韵达等快递公司通过菜鸟网络向社会大众开放。社会化物流是阿里一直追求的发展方向,而"天网"物流宝+"地网"CSN+阿里服务站,组成了阿里大纵深的立体式物流战略。目前,正在热传的阿里物流计划包括了七类合作伙伴,即提供物流园区建设、管理的基础设施投资者;提供流程、作业标准的服务提供商;提供运输、配送服务的运输、配送服务商;提供技术支持和数据接口的ISV管理软件服务商;提供各种包材、包装设计方案的包装材料供应商;提供加工、售后服务的流通加工服务提供商;提供流通融资服务的流通融资服务提供商。阿里物流计划为电子商务企业解决物流配送难题提供了很好的思路。

1.3.3.5 绿色物流管理

绿色物流管理是指为了实现绿色物流目标,以绿色消费需求为导向,运用现代绿色物流理论对绿色生产和绿色流通领域的物流活动进行计划、组织、协调与控制,而形成有效、快速绿色商品流动体系的绿色经济管理活动过程。绿色物流管理以可持续发展、生态经济学和生态伦理学的思想为理论基础,从环境角度对物流体系进行改进,形成物流与环境之间相辅相成的推动和制约关系,在抑制物流对环境造成危害的同时达到环境与物流的共生,建立起环境共生型的物流管理系统。绿色物流管理的内容包括:绿色供应物流管理、绿色生产物流管理、绿色包装物流管理、绿色储存物流管理、绿色运输物流管理、绿色装卸搬运物流管理和绿色流通加工物流管理等。

1.3.3.6 精益物流管理

精益物流起源于精益制造,是运用精益思想对物流活动进行管理。精益物流的根本目的就是要消除物流活动中的浪费现象。企业物流活动中的浪费现象很多,常见的有:不满意的顾客服务、无需求造成的积压和多余的库存、实际不需要的流通加工程序、不必要的物料移动、因供应链上游不能按时交货或提供服务而等候、提供顾客不需要的服务等。努力消除这些浪费现象是精益物流最重要的内容。

精益物流从顾客的角度而不是从企业或职能部门的角度来研究什么可以产生价值;按整个价值流来确定供应、生产和配送产品中所有必需的步骤和活动;创造无中断、无绕道、无等待、无回流的增值活动流;及时创造仅由顾客拉动的价值;不断消除浪费,追求完善。精益物流作为一种全新的现代管理思想,它所强调的客户至上、及时准确、整体优化、不断改善与勇于创新的理念,符合企业物流的发展趋势。

1.3.3.7 物流管理信息化

市场的瞬息万变要求企业提高快速反应能力,以信息和网络技术为支撑的信息化管理成为了企业参与市场竞争的一个必不可少的条件。物流管理信息化主要是指建立高效畅通的物流信息系统,实现从物流决策、业务流程、客户服务的全程信息化,对物流进行科学管理。物流管理信息化是物流信息化的重要内容之一。物流信息系统增强了物流信息的透明度和共享性,使企业与上下游节点形成紧密的物流联盟,从而大大提高企业物流服务的水平。

在企业物流信息系统的建设中,一方面要重视新的信息技术的应用,提高信息技术的水平,另一方面也要重视物流信息系统和物流管理的互动,既要根据企业自身的物流管理流程来选择适合的物流信息系统,也要通过物流信息系统来优化和再造自己的物流管理流程。

在高效的供应链管理中,特别强调链内信息共享,上下游作业计划协同,因此企业物流供应链管理信息系统也必须符合供应链的核心要求,离散型信息系统、孤岛型信息系统已不符合现代供应链和物流发展的要求,企业物流信息化发展的趋势必然是"一体化、集约化、智能化和操作便捷化"。譬如,在中国的汽车运输中,离散的社会运输车辆较多,如果各离散的社会车辆间不能实现信息共享,那么运输的资源不能进行有效整合和利用,往往会造成车辆配载效率问题、线路优化问题、空驶率问题、安全问题,还有恶性竞价问题、行业规范问题、多式联运的衔接与协同问题等。

【资料1.18 小实例】

> 例如,有一批海尔家电销售到苏州苏宁电器,用集装箱装运,从青岛CDC发货,终点是苏州苏宁电器,物流系统接到此销售单,由调度决定运输方式。在时间允许的条件下,选择运输成本最低的模式。在此选择多式联运方式,青岛到上海采用海运,上海到苏州采用集卡运输,这样成本最低。调度确定后,下达此订单,在LMS系统中,CDC会接到此销售订单的出库通知单,青岛海运调度部会接到对应的海运运输委托单,上海的分支机构的公路运输调度部也会收到对应的公路运输委托单。各部门按照自己的职责范围,对此销售订单在指定的时间内执行各自的物流业务操作,并记录操作过程的相关信息。苏州苏宁电器确认收货后,物流系统记录回单信息,此销售订单配套的物流作业完成,相关的费用也结算出,系统产生有关的应收应付账款,并发送到关联的系统中。当然也可选择铁路运输或公路运输,不同的运输方式所需时间不同,发生的费用也大不相同。订单执行全过程及成本可被跟踪查询,为企业物流管理、货主和客户提供一个实时的监控手段。

1.4 企业物流管理研究

物流管理本身有跨学科、跨功能、体系结构松散的特征。企业物流管理作为企业管理学的一个分支,拥有特定的研究对象、研究理论和研究观点。作为综合性的应用学科,企业物流管理也有相应的研究方法。研究企业物流管理必须以物流实践为基础,广泛吸纳已有的经验,以系统学的思想方法为指导,采用恰当方式使整体效果最为满意或达到最佳。

1.4.1 企业物流管理研究应遵循的基本观点

系统论是研究企业物流管理的基本思想方法。企业物流管理研究是将企业物流看成一个系统,用系统学的思想方法确立企业物流管理的研究方向,分析研究企业物流管理的深层次问题。企业物流活动系统涉及的因素众多,它们相互依赖、相互作用因而其关系比较复杂。企业物流管理的研究应遵循以下基本观点[①]:

(1) 系统的观点

系统论是物流系统分析的基本理论。物流是服务于社会生产和生活的,它总是与其他事物相互联系、相互作用。物流系统是人工化系统,研究物流一体化管理必须采用系统的观点。例如,考察物流系统要用总物流费用的方法。选择研究课题、分析存在问题,发现其内在规律和进行系统优化的途径和方法,都应当使整体效果最为满意或达到最佳效益。

(2) 均衡的观点

进行物流系统设计、运作和管理,常常遇到两难选择,通常称之为"二律背反"现象,诸如物流质量与成本、服务水平与资源耗费、内向物流成本与外向物流成本、运输批量与库存量、预防鉴定成本与内外部故障成本、效率与效益、经济与环保等的权衡。需要在比较、交替作用过程中进行均衡与选择,选择的基本依据是系统整体绩效最佳。

(3) 发展的观点

现代技术在发展中不断完善,不会停留在一个水平上,物流环节的集成和实践活动及系统运行同样如此。因此,对企业物流系统的理论和实践研究也要本着发展的观点,实时把握物流发展的前沿。

(4) 融合的观点

企业物流管理是综合性学科,既不能完全采用理论经济学的抽象推理、定性论证的方法,也不能完全采用技术科学经常采用的技术设计、实验、推导的方法,而应该兼收并蓄,相互融合,注重多学科知识的融合,并与物流战略研究、物流系统规划、组织设计等有机结合起来。

(5) 实践的观点

企业物流管理是应用型学科,国内外的企业物流实践是深入研究的基础,因此,要注意理论联系实际,注重实际操作、现场指挥、沟通协调、全程监控,物流过程的细节往往决定系统的成败。要结合中国国情,进行理论和实践相结合的研究。

(6) 超前的观点

企业物流管理依据的技术发展很快,实践需紧紧跟着现代技术的发展。虽然中国在某些现代技术应用领域还落后于一些发达国家,但是,在排除社会属性的影响下,结合中国国情,研究一些发达国家企业物流的成功或失败实践案例,会给我们今后的实践提供可参考的事实依据。而且,现代电子信息技术的应用使我们完全有可能采用跳跃式的发展模式或途径,即抛掉即将过时的部分而直接采用最新、最适用的技术是完全可行的。所以,超前研究的观点是必要的。

学习和研究企业物流管理的理论应保持一定的超前性,注重实践性,才能对我国不同层次的物流实践活动有一定的指导作用。

1.4.2 企业物流管理研究的主要方法

物流管理是个综合学科,可以从多个视角研究,研究者从不同的角度入手,可使用不同

---

① 孔继利. 企业物流管理[M]. 北京:北京大学出版社,2012:24-26.

的方法,制定不同的技术路线。有时,为了解决一个复杂的问题,还要同时用到多种方法。物流问题的特点是结构性不强,框架松散,且是纷繁复杂的真实管理问题,所以物流管理常使用多学科和跨功能的方法进行研究,同时还要紧密结合现实世界的研究背景。企业物流管理理论需要运用综合集成方法、总物流成本法、案例分析研究法、定量分析与定性分析相结合方法等方法和工具进行研究。

1. 综合集成方法

综合集成方法是采用多种研究框架、方法互补的研究方法。它既是软科学研究的一般方法论,也是物流系统研究的具体方法。解决物流系统的规划、战略、政策、措施等问题涉及范围较广,就物流系统而言,存在物流系统中的灰色性、隐变量、隐结构、软约束、模糊性、群体认识的分散性等问题。在对同一物流系统规划决策和运行中,群体中的个体认识往往不一致,需要特定的组织、程序及方法集中正确的意见。为解决上述问题,运用综合集成法研究物流系统规划、设计、运行与组织往往带有一定的艺术性。

2. 总物流成本法

总物流成本法是以物流系统各个环节的总成本节约作为研究的决策准则的。因此,需要结合系统的观点、均衡的观点,从整个物流系统出发,从整个物流系统价值增值的角度,均衡各个不同物流功能环节的资源分配,均衡物流质量与成本、效率与效益、局部与总体的关系。诸如利用计划评审技术设计运输方案,利用里程节约法制定配送方案,都要运用物流系统总成本研究方法。运输方案的设计涉及不同运输工具的选择,需要在时间、成本等方面进行比较分析,寻求订货周期最短、总费用最低的方案。其中所涉及物流方案设计的作业项目、运输工具、技术设备等的选择和应用,也应当从时间、费用比较的关键线路,具有缓冲时间的非关键线路中作比较。例如,在不改变关键线路的前提下,减少资源的投入,这些都可以以订货周期及其总费用作为决策依据。

3. 案例分析研究法

案例分析研究法实质上是一种行之有效的、以个别案例作为背景及以具体实践经验研究为主的方法。这种方法形象具体,容易调动研究者的主动性思维和分析激情,有利于提高实战模拟和操作能力。成功的案例往往能给人们在许多模仿中进行创造的想象空间。每一个案例往往有其特定的背景,既用于实践中的模仿,也要在实践中结合具体情况进行分析、改造和创新。案例研究方法能给我们提供很多具体的启示、指导或可借鉴的模式,在此基础上,应用数理统计学的统计推断方法,如假设检验可以作为对案例研究方法缺陷的补充。

4. 定量分析与定性分析相结合方法

在研究企业物流管理理论中既有质的规定,又有量的规定。在物流系统质与量的分析中,定性分析是基础,它一般决定着物流战略研究的方向,在定性分析中结合定量分析,进一步提高了物流系统设计的合理性,两者交互使用,可以使分析、决策的结论更为科学、可靠。也可以认为"定性是粗略的定量,定量是精确的定性"。从所研究的问题深度来看,常常是先有定性,后有定量,定性是基础,定量是拓展,符合人们探索科学(观察—理解—概念—相关性—量化分析—内部结构认识)由表及里的认识过程。

本章小节

企业物流管理的理论和实践在国外发达国家已经有80多年的历史,在供应链管理思想中具有举足轻重的地位。本章主要介绍了企业物流、企业物流管理、企业物流管理现状和发展、企业物流管理研究方法等基本内容。

企业物流是生产和流通企业在其生产经营过程中,物品从采购供应、生产、销售以及废弃物的回收及再利用所发生的物流活动。企业物流是以企业经营为核心的物流活动,一般可以分为企业内部物流和企业外部物流。按照企业性质不同,企业物流可以分为生产企业物流和流通企业物流两大类。企业物流的结构包括企业物流的水平结构和垂直结构。生产企业物流活动的水平结构包括:供应物流、生产物流、销售物流、回收物流和废弃物物流。企业物流的垂直结构从高到低划分为管理层、控制层和作业层三个层次。

企业物流管理是指依据物流运行规律,应用管理学的基本原理和方法,对生产和流通企业在经营活动中所发生的采购、运输、仓储、配送、装卸和搬运等物流活动进行计划、组织、控制和协调的活动。企业物流管理的内容主要包括:对物流活动中诸要素的管理;对物流系统中诸要素的管理;对物流活动中具体职能的管理;对物流过程的管理。企业物流管理的目标是在尽可能低的总物流成本下实现所期望的服务水平,即寻求服务优势和成本优势之间的动态平衡,并由此创造企业在竞争中的战略优势。

企业物流合理化就是指企业物流活动中各要素、各环节、各功能之间的优化组合,协调运行,以适应和促进经济发展从而取得最佳效益的一种经济准则。企业物流合理化包括物流过程合理化、物流结构合理化和物流体制合理化。

企业物流管理思想和理论正在向一体化物流管理、共同化物流管理、全球化物流管理、社会化物流管理、绿色物流管理、精益物流管理和物流管理信息化等方向发展。

物流管理本身有跨学科、跨功能、体系结构松散的特征。企业物流管理作为企业管理学的一个分支,拥有特定的研究对象、研究理论和研究观点。作为综合性的应用学科,企业物流管理也有相应的研究方法。

【关键词】

企业物流(Enterprise Logistics)　企业物流管理(Enterprise Logistics Management)　供应物流(Supply Logistics)　生产物流(Production Logistics)　销售物流(Distribution Logistics)　回收物流(Returned Logistics)　废弃物物流(Waste Material Logistics)　物流合理化(Logistics Rationalization)

 案例分析

2013年我国重点企业物流现状统计调查报告

根据《社会物流统计报表制度》要求,国家发展改革委、国家统计局和中国物流与采购联合会对2013年全国重点工业、批发和零售业企业物流状况进行了统计调查。

1. 调查样本概况

本次调查共收到1 069家企业资料,其中工业企业401家,占37%;批发和零售业企业125家,占12%;物流企业543家,占51%。

2. 工业、批发和零售业企业物流情况

2013年工业、批发和零售业企业销售总额保持平稳较快增长,物流成本增速持续回落,企业物流外包比例提高,物流费用率有所下降,物流效率有所提升。

(1) 企业物流规模平稳较快增长

2013年工业、批发和零售业企业销售总额比上年增长10.4%，增幅同比回落0.5个百分点。其中，工业企业销售总额增长9.3%，批发和零售业企业销售总额增长11.4%，增幅分别回落0.5个和0.8个百分点。尽管企业销售总额增幅小幅回落，但仍保持平稳较快增长。从物流实物量看，2013年工业、批发和零售业企业货运量比上年增长11.3%，增幅同比回落1.3个百分点。其中，工业企业货运量增长11.8%，增幅回落0.3个百分点；批发和零售业企业货运量增长9.1%，增幅回落4.8个百分点。2006~2013年工业、批发和零售业企业销售额增长和货运量增长情况如图1.12、图1.13所示。

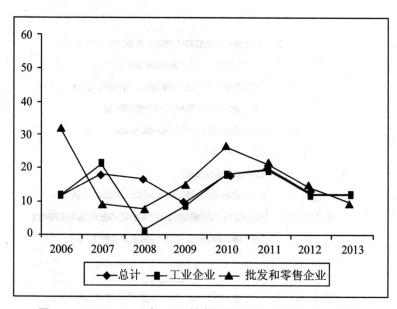

图1.12　2006~2013年工业、批发和零售业企业销售额增长情况

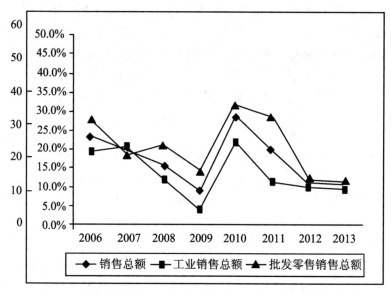

图1.13　2006~2013年工业、批发和零售业企业货运量增长情况

(2) 物流成本增速持续回落

2013年工业、批发和零售业企业物流成本比上年增长10.1%,增幅同比回落1.9个百分点,连续三年回落。其中,运输成本增长9.0%,增幅回落0.2个百分点;管理成本增长12.5%,增幅提高0.2个百分点;保管成本增长10.3%,增幅回落1.7个百分点。在保管成本中,仓储成本增长9.9%,增幅回落1.6个百分点;利息成本增长3.9%,增幅回落8.8个百分点。2013年工业、批发和零售业企业物流成本中,运输成本占47.9%,比上年降低2.3个百分点;保管成本占36.0%,比上年提高2.3个百分点;管理成本占16.1%,与上年持平。2013年工业、批发和零售业企业物流成本增长情况如图1.14所示。

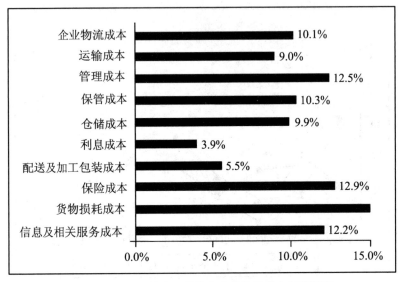

图1.14 工业、批发和零售业企业物流成本增长情况

(3) 物流费用率有所下降

2013年工业、批发和零售业企业物流费用率为8.4%,比上年下降0.15个百分点。其中,工业企业物流费用率为9.1%,下降0.14个百分点;批发和零售业企业物流费用率为7.8%,与上年基本持平。总体上看,近年来我国工业、批发和零售业企业物流费用率呈下降趋势,2013年比2008年下降了0.9个百分点。然而,与发达国家相比,2013年我国工业、批发和零售业企业物流费用率仍高于日本3.6个百分点。2013年工业、批发和零售业企业物流费用率和物流费用率情况如图1.15、图1.16所示。

(4) 物流外包比例持续提高

2013年工业、批发和零售业企业对外支付的物流成本比上年增长13.5%,占企业物流成本的62.9%,同比提高1.9个百分点。从不同登记注册类型看,港澳台商投资企业、外商投资企业物流外包比例明显较高,分别高于全部调查企业14.6个百分点和10.6个百分点;内资企业物流外包比例为57.2%,在内资企业中,私营企业物流外包比例高于其他内资企业,为62.4%。运输外包比例处于较高水平。从物流运输量看,2013年工业、批发和零售业企业委托代理货运量比上年增长11.6%,占货运量的79.6%。企业运输外包比例仍处于较高水平。仓储保管外包比例有所下降。从仓储面积看,工业、批发和零售业企业平均仓储面积为4.9万平方米,其中:自有仓储面积2.0万平方米,租用仓储面积2.9万平方米,租用仓储面积占比为59.9%,比上年同期下降4.7个百分点。从不同登记注册类型看,港澳台商投

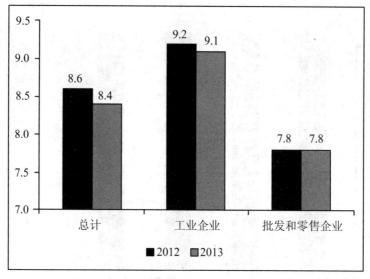

图1.15 工业、批发和零售业企业物流费用率情况

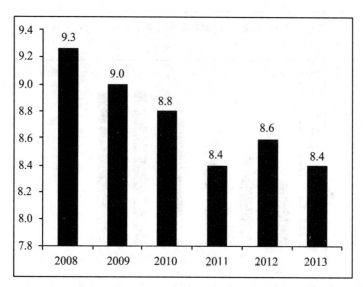

图1.16 2006~2013年工业、批发和零售业企业物流费用率情况

资企业、外商投资企业仓储外包比例明显较高为68.8%,内资企业为59.8%,其中国有企业仅为22.4%。2006~2013年工业、批发和零售业企业对外支付物流成本占比和委托代理货运量占比情况如图1.17、图1.18所示。

思考:

(1) 根据案例现状,分析当前我国重点企业物流经营管理现状及存在的主要问题,并思考如何解决这些问题。

(2) 与发达国家相比,我国企业物流费用率较高,这说明了什么?结合企业物流管理的目标,思考如何降低企业物流费用率。

(3) 近年来,我国重点企业对外支付物流成本逐年增长,但增长的幅度不大,这说明了什么?

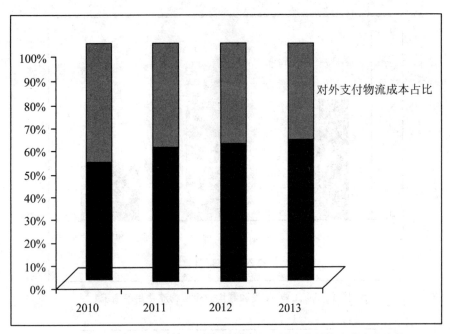

图 1.17　2006～2013 年工业、批发和零售业企业对外支付物流成本占比情况

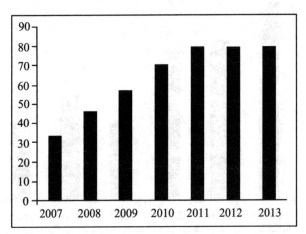

图 1.18　2006～2013 年工业、批发和零售业企业委托代理货运量占比情况

【思考与练习题】

1. 选择题

（1）（　　）是指生产和流通企业在其生产经营过程中，物品从采购供应、生产、销售以及废弃物的回收及再利用所发生的物流活动。

A. 企业物流　　　B. 社会物流　　　C. 宏观物流　　　D. 微观物流

（2）企业物流的垂直结构从高到低划分为（　　）、（　　）和（　　）三个层次。

A. 管理层　　　B. 控制层　　　C. 作业层　　　D. 战略层

（3）企业物流合理化包括（　　）。

A. 物流过程合理化　　　　　　B. 物流结构合理化

C. 物流体制合理化　　　　　　D. 物流组织合理化

(4) 企业物流管理属于（　　）管理学。
A. 应用　　　B. 理论　　　C. 基础　　　D. 以上表述都对
(5) 企业物流管理研究应遵循的基本观点包括（　　）。
A. 均衡的观点　　B. 系统的观点　　C. 融合的观点　　D. 实践的观点

2. 判断题

(1) 企业物流是以企业经营为核心的物流活动，一般可以分为企业内部物流和企业外部物流。（　　）
(2) 按照企业所处的行业不同，企业物流可以分为生产企业物流和流通企业物流两大类。（　　）
(3) 流通企业物流活动的水平结构包括：供应物流、生产物流、销售物流、回收物流和废弃物物流。（　　）
(4) 企业物流管理的目标是在尽可能低的总物流成本下实现所期望的服务水平，即寻求服务优势和成本优势之间的动态平衡，并由此创造企业在竞争中的战略优势。（　　）
(5) 企业物流合理化就是指企业物流活动中各要素、各环节、各功能之间的优化组合及协调运行，以适应和促进经济发展从而取得最佳效益的一种经济准则。（　　）

3. 简答题

(1) 简述企业物流管理的产生与发展过程。
(2) 企业物流管理的关键活动包括哪些？分析其对以下机构的重要性：① 海尔冰箱生产商；② 医院；③ 华联超市；④ 快餐连锁店；⑤ 阿里巴巴。
(3) 企业物流合理化的原则包括哪些？
(4) 画出生产企业物流的水平结构图。
(5) 企业物流管理的重要性体现在哪些方面？

4. 思考题

(1) 通过文献研究法，分别了解一家生产企业和流通企业物流管理的现状、存在的问题，并提出改善建议。
(2) 分析企业物流管理思想和理论未来的发展趋势。
(3) 在你心目中，下列国家和地区企业物流管理实践应该是怎样的？试进行说明。
① 美国；② 中国；③ 欧盟；④ 中国台湾；⑤ 澳大利亚；⑥ 南非；⑦ 巴西；⑧ 印度。

某企业物流管理的内容、流程和结构分析

实训目的：了解企业物流管理所涉及的主要内容，掌握企业物流活动的流程，学会绘制企业物流的结构图。

实训内容：了解该企业物流管理所涉及的主要内容，分析该企业物流活动的流程，并绘制该企业物流的水平结构和垂直结构图。

实训要求：学生以小组为单位，每组5～7人，每组推荐一个组长；每组自由选择当地的一家企业作为调研对象；了解被调研企业的性质、经营范围、主营产品、所处的产业环境和宏观环境；通过文献分析法、实地调查法、采访和观察法等，收集、整理该企业物流管理所涉及的主要内容、企业物流活动的流程、企业物流的水平结构和垂直结构，并分析其物流流程上存在哪些问题，物流系统的设计与管理是否符合企业物流合理化的基本原则，对于存在的问题及不合理之处，提出改善建议；以小组为单位将上述调研、分析及改进建议形成一个完整的调研分析报告。

第 2 篇　企业物流管理的规划

第 2 章　企业物流战略

【本章教学要点】

知 识 要 点	掌握程度	相 关 知 识
企业战略	了解	企业战略的含义和层次
企业物流战略规划	掌握	企业物流战略规划层次、企业物流战略规划主要领域、企业物流战略规划的动因
企业物流战略选择	重点掌握	企业物流战略选择的原则、几种新型的企业物流战略、物流外包战略的选择
企业物流战略的实施	熟悉	企业物流战略实施的内容、企业物流战略实施的方法、企业物流战略资源的配置
企业物流战略的控制	熟悉	企业物流战略控制的定义、标准、特点和步骤

【本章能力要求】

能 力 要 点	掌握程度	应 用 能 力
企业物流战略规划	掌握	具备进行企业物流战略规划的基本能力
企业物流战略选择	重点掌握	能够根据企业物流战略选择的原则，对企业物流战略进行选择
企业物流战略的实施	重点掌握	能够根据物流战略实施的内容选择合适的实施方法；具备对物流战略资源的合理配置能力
企业物流战略的控制	掌握	能够根据物流战略控制的标准和步骤对企业物流战略的实施进行控制

【本章知识架构】

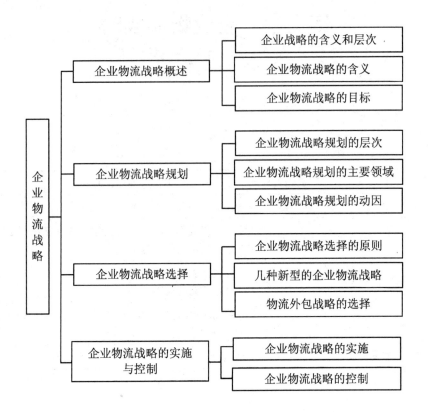

 导入案例

国分株式会社的物流战略

国分株式会社(以下简称国分)是日本一家知名的批发企业,自1712年创业以来,已有三百多年的历史,年营业额达8 000亿日元。批发企业的成功在很大程度上取决于物流管理的成功,国分在确定其中长期战略规划时,将物流摆在了最为重要的位置,不仅在组织管理层中明确了物流管理者的责任,而且还赋予物流管理者更大的责任权限。

在物流节点的设置安排上,国分的长远规划是在全国建立自己的物流网络,它将物流节点进行了分类,并规划出短期物流节点设置的计划。在物流人才培养上,国分确立了物流人才战略规划,通过定期的集中教育和设定管理指标的计数管理系统而实现其目标。在物流合作企业的选择上,国分正在探索寻找新伙伴的途径,方法之一就是成立拥有运输执照的子公司,走行业化或业务协作之路;而如何建立低成本高效率的配送体制来满足顾客的愿望,以及使从生产到消费的总成本最低等则是今后的重要课题。同许多企业一样,国分也意识到物流信息技术对当今企业竞争成功的重要性,因此国分的战略规划还包括对物流的信息化、智能化、电子化的建设,目的是提升国分的物流管理效率。

国分正是根据自身发展的需要,制定了适于企业发展的物流战略,并考虑长期战略与短期战略的利益平衡,保证企业良好运转的。

(资料来源:张理,梁丽梅.现代企业物流管理[M].2版.北京:中国水利水电出版社,2014:21.)

思考:

(1) 你了解企业战略规划在企业管理中的重要作用吗?

(2) 你认为企业物流的战略规划应包括哪些方面的基本内容?

现代企业的外部市场环境的变化和新型营销体制的出现,已成为现代企业在物流战略上不断求新、求变,追求竞争优势的压力和动力,如准时供应制、限时配送制、订单生产制等新型企业物流运作方式也在企业中逐渐得到普及。在这一背景下,企业该如何根据自身的经营特点适时、有效地开展物流战略成为现代企业谋求长远发展的重大课题。本章在对企业战略以及企业物流战略进行概述的基础上,阐述了企业物流战略规划、企业物流战略选择以及企业物流战略的实施与控制。

2.1 企业物流战略概述

2.1.1 企业战略的含义和层次

"战略"一词来自于希腊语,其含义是"将军指挥军队的艺术"。在我国可追溯到《孙子兵法》。伟大领袖毛泽东曾说过:"战略问题是研究战略全局的规律性的东西""研究全局性的战略指导规律是战略学的任务"。由此可见,战略研究来源于军事。长期以来,虽然人们一直在争论军事战略原理对于企业的普遍适用性,但是军事战略对企业管理有着重要的借鉴作用这一理念已逐渐被越来越多的人所承认。[1]

战略管理作为企业管理的一个科学分析工具,并不是一个简单的概念,理解它要用多维的视角。回顾不同学派的重要研究成果,我们看到,战略是要确定企业的使命和目标、活动程序、资源配置方案;战略是一种计划、一种模式、一种定位、一种观念和一种计谋;是获得竞争优势,是对内外环境的积极反应。

在企业的经营管理中,"战略"一词用来描述一个组织计划如何实现其目标和使命。

2.1.1.1 企业战略的含义

企业战略是以企业未来为主导,为了建立和维持持久的竞争优势而做出的有关全局的重大筹划和谋略。企业要把未来的生存和发展问题作为制定战略的出发点和归宿,战略应为企业确定一个明确、长远的目标;企业要未雨绸缪,主动适应环境所带来的挑战,战略的实质是帮助企业建立和维持持久的竞争优势。企业战略的特征如下:

(1) 全局性

影响企业全面发展的关键问题是战略问题。全局性还意味着要处理好整体利益和局部利益的关系。

---

[1] 魏兆中.企业物流管理[M].北京:科学出版社,2007:46.

(2) 长期性和稳定性

评估战略的一个重要标准是看其是否有助于实现组织的长期目标和保证长期的利益最大化,这是与一般战术和业务计划的区别。战略的调整不应过于频繁,如果不能保证相对稳定,不仅难以实现长期目标,还会降低组织的凝聚力和效率。

(3) 适应性

战略目标要简单明确,同时又不能僵化和具体,要保持适当的张力。当外部环境或内部资源发生变化时,可以通过战术调整来适应这种变化,而不至于做很大的战略变更。

2.1.1.2 企业战略的层次

企业战略是一个分层次的逻辑结构,它可分为三个层次:公司战略(Corporate Strategy)、经营战略(Business Strategy)或竞争战略、职能战略(Functional Strategy)。这三个层次的战略都是与从事多元化经营的公司组织机构相对应的,如图2.1所示。

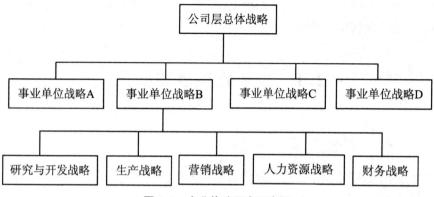

图2.1　企业战略层次示意图

1. 公司战略

公司战略又称总体战略,是企业最高层次的战略,见图2.1的第一层。公司战略关系到企业未来的发展方向。它需要根据企业的目标,选择企业可以竞争的经营领域,合理配置企业经营所必需的资源,使各项经营业务相互支持、相互协调,如在海外建厂、在劳动成本低的国家建立海外制造业务的决策。这个层次的战略要回答以下问题:"公司的使命及方针是什么?""公司总体目标是什么?""公司应该采取什么样的战略态势?""应该有什么样的事业组合?""各种事业地位如何?"等。

2. 经营战略

经营战略属于支持战略,见图2.1的第二层,即在公司层战略的指导下,为保证完成公司制定的战略规划而制定的战略计划。公司的经营战略常作为二级战略被称作经营战略或竞争战略。经营战略涉及各业务单位的主管及辅助人员,这些经理人员的主要任务是将公司战略所包括的企业目标、发展方向和措施具体化,形成本业务单位具体的竞争与经营战略。如推出新产品或服务、建立研究与开发团队等。

3. 职能战略

职能战略是职能部门为支撑经营战略而制定的本职能部门的战略,见图2.1的第三层,主要涉及企业内各职能部门,如营销、质量、财务、物流和生产等,如何更好地为各级战略服务,从而提高组织效率。它要回答的问题是:为支持和配合经营战略,本部门应该采取什么行动?

2.1.2 企业物流战略的含义

【资料2.1 小知识】

在《爱丽丝漫游奇境记》中，爱丽丝问咧嘴傻笑的柴郡猫："请告诉我，从这儿出发我该走哪条路？""那多半要看你想去哪儿了。"猫说。

未来学家托夫勒指出："对没有战略的企业来说，就像是在险恶气候中飞行的飞机，始终在气流中颠簸，在暴风雪中沉浮，最后很可能迷失方向。"

通用电气公司的看法是在其所服务的每个市场争第一或第二，否则就退出该市场，这就是所谓领导者战略。

（资料来源：孔继利.企业物流管理[M].北京：北京大学出版社，2014:38.）

企业战略是企业为实现长期经营目标，适应经营环境变化而制定的一种具有指导性的经营规划。

企业物流战略（Logistics Strategy）是企业为实现其经营目标，通过对企业外部环境和内部资源的分析，针对企业物流目标而制定的、较长期的、全局性的重大物流发展决策，是企业指导物流活动更为具体、操作性更强的行动指南。它作为企业战略的组成部分，必须服从于企业战略的要求，与之相一致。[①]

企业物流战略是企业物流管理决策层的一项重要工作。选择好的物流战略和制订好的企业战略一样，需要很多创造性过程，创新思维往往能带来更有力的竞争优势。

【资料2.2 小思考】

思考一下你自己的"战略"是什么？打算采取什么方法、手段和措施实现自己的发展战略？

一般而言，企业物流战略具有四大特征：

（1）目的性

现代企业物流发展战略的制订与实施服务于一个明确的目的，那就是引导现代企业在不断变化着的竞争环境里谋求生存和发展。

（2）长期性

战略的长期性就是在环境分析和科学预测的基础上展望未来，为现代企业谋求长期发展的目标与对策。

（3）竞争性

现代企业物流发展战略必须面对未来进行全局性设计和谋划，所以应设计现代企业的竞争战略以保持企业竞争优势，从而使战略具有对抗性、战斗性。

（4）系统性

任何战略都有一个系统的模式，既要有一定的战略目标，又要有实现这一目标的途径和方针，还要制定政策和规划，使企业物流发展战略构成一个战略网络体系。

2.1.3 企业物流战略的目标

企业物流战略的目标与企业物流管理的目标是一致的，即在保证物流服务水平的前提

[①] 赵启兰.企业物流管理[M].北京：机械工业出版社，2014:30.

下,实现物流成本的最低化。具体而言,可通过以下几个目标的实现来达到:

① 维持企业长期物流供应的稳定性、低成本、高效率。
② 为企业产品谋求良好的竞争优势。
③ 针对环境的变化为企业整体战略提供预警和功能范围内的应变力。
④ 以企业整体战略为目标,追求与生产销售系统良好的协调性。

基于以上四点,有人提出企业物流战略有四个目标:降低成本、减少投资、改进服务和提升竞争力。

1. 降低成本

降低成本战略实施的目标是将搬运、运输和存储相关的可变成本降到最低。实施这一战略目标通常要评价各备选的行动方案,比如在不同的仓库选址中进行选择或者在不同的运输方式中进行选择,以形成最佳战略。服务水平一般保持不变,与此同时,需要找出成本最低的方案。利润最大化是该战略的首要目标。

2. 减少投资

战略实施的目标是实现物流系统的投资最小化。减少投资战略的根本出发点是投资回报的最大化。例如,为避免仓储活动而直接将产品送达客户,放弃自有仓库选择公共仓库,选择及时供给的办法而不采用储备库存的办法,或者是利用第三方物流供应商提供的物流服务。与需要高额投资的物流战略相比,这些战略可能导致可变成本增加,尽管如此,但投资回报率会提高。

3. 改进服务

改进服务战略目标基于认为企业收入取决于所提供的物流服务水平。尽管提高物流服务水平将大幅度提高物流成本,但收入的增长可能会超过成本的上涨。

4. 提升竞争力

在市场经济条件下,企业的物流战略是企业在一定时期内的市场定位、产品定位、利润定位、资源定位、技术定位、战略定位的整合。企业只有具备一个完善而科学的发展战略,并对企业发展战略随时组织实施、校正和管理,确保企业的发展战略科学合理和切实可行,才能为企业培养核心竞争力提供最基本的条件。

总之,企业物流战略作为企业总体战略的重要部分,要服从于企业目标和一定的顾客服务水平,企业总体战略决定了其在市场上的竞争能力。

2.2　企业物流战略规划

2.2.1　企业物流战略规划的层次

物流战略规划是有层次的,涉及三个:战略层次(Strategic Planning)、战术层次(Tactical Planning)和运作层次(Operational Planning)。物流战略规划各层次之间在时间跨度上有明显区别,战略层次是长期的、具有指导性的,是时间跨度通常超过一年的决策;战术层次是中期的,是一般短于一年的决策;运作层次是短期的,是每天或者每小时都要频繁进行的决策。决策的重点在于如何利用战略规划的物流渠道快速、有效地进行物流作业。

表 2.1 说明了不同规划期的若干典型问题①。

表 2.1 战略、战术和运作层次举例

决策类型	决策层次		
	战略层次	战术层次	运作层次
选址决策	仓库、工厂、中转站的数量、规模和位置	—	—
库存决策	存货点和库存控制方法	安全库存的水平	补货数量和时间
运输决策	运输方式的选择	临时租用运输设备	运输线路,发货安排
订单处理决策	订单录入、传输和订单处理系统的设计	—	—
客户服务	设定服务标准	决定客户订单的处理顺序	加急送货
存储决策	选择搬运设备,设计仓库布局	季节性存储空间选择,充分利用自己存储空间	拣货和再存储
采购决策	发展与供应商的关系	洽谈合同,选择供应商,先期购买	发出订单,加急供货

2.2.2 企业物流战略规划的主要领域

物流战略规划主要解决四个方面的问题:库存决策战略、运输战略、设施选址战略和客户服务目标。除了设定所需的客户服务目标(客户服务目标取决于其他三方面的战略设计)之外,物流战略规划可以用物流决策三角形表示。这些领域是相互联系的,应该作为整体进行规划。物流决策三角形如图 2.2 所示。②

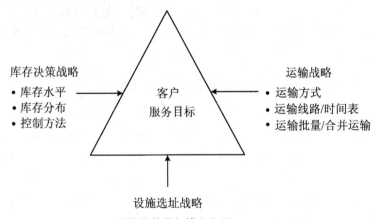

图 2.2 物流决策三角形

---

① 孔继利.企业物流管理[M].北京:北京大学出版社,2014:42.
② 孔继利.企业物流管理[M].北京:北京大学出版社,2014:43.

物流战略规划主要解决四个方面的问题：客户服务、设施选址战略、存货战略和运输战略。

1. 客户服务

客户服务水平的决策比任何其他因素对系统设计的影响都要大。如果服务水平定得较低，可以在较少的存储地点集中存货，选用较廉价的运输方式；如果服务水平定得较高，则相反。但当服务水平接近上限时，物流成本的上升比服务水平上升得更快。因此，物流战略规划的首要任务是确定客户服务水平。

2. 设施选址战略

存货地点及供货地点的地理分布构成物流战略规划的基本框架。其内容主要包括确定设施的数量、地理位置、规模并分配各设施所服务的市场范围，这样就确定了产品到市场之间的路线。好的设施选址应考虑所有的产品移动过程及相关成本，包括从工厂、供应商或港口经中途存储点，然后到达客户所在地的产品移动过程及成本。采用不同渠道满足客户需求，其总的物流成本是不同的，如直接由工厂供货、供货商或港口供货，或经选定的存储点供货等方法，物流成本是有差别的。寻求成本最低的配送方案或利润最高的配送方案是选址战略的核心。

3. 库存战略

库存战略是指库存管理的方式，基本上可以分为将存货分配（推动）到存储点与通过补货自发拉动库存的两种战略。其他方面的决策内容还包括产品系列中的不同品种分别选在工厂、地区性仓库或基层仓库存放，以及运用各种方法来管理存货的库存水平。由于企业采用的具体存货战略政策将影响设施选址决策，所以必须在物流战略规划中予以考虑。

4. 运输战略

运输战略包括运输方式、运输批量、运输时间以及路线的选择。这些决策受仓库与客户以及仓库与工厂之间距离的影响，反过来又会影响设施选址决策；库存水平也会通过影响运输批量进而影响运输决策。

客户服务、设施选址战略、库存战略和运输战略是物流战略规划的主要内容，因为这些决策都会影响企业的赢利能力、现金流和投资回报率。其中每个决策都与其他决策互相联系，规划时必须对各决策之间存在的权衡关系予以考虑。①

2.2.3　企业物流战略规划的动因

规划过程中的第一个问题就是什么时候应该进行规划。如果当前还没有物流系统，如新企业或产品系列中的新品种，显然需要进行物流战略规划。然而，大多数情况下，物流系统已经存在，需要决定的是修改现有系统与继续运行旧有系统（尽管现有系统可能并非最优的设计）孰是孰非的问题。在进行实际规划之前，我们对此无法给出明确的答案。但我们可以提出企业物流战略规划的一般动因，这些动因包括五个核心方面：需求变动、客户服务、产品特征、物流成本和定价策略。

1. 需求变动

不仅需求的水平极大地影响着物流网络的结构，需求的地理分布也一样。通常，企业在国内某一个区域的销售会比其他区域增长或下降得更快。虽然从整个系统的总需求水平来看，可能只要在当前设施的基础上略微进行扩建或压缩，然而，需求分布的巨大变化可能要

---

① 赵启兰. 企业物流管理[M]. 北京：机械工业出版社，2014：32.

求在需求增长较快的地区建造新的仓库或工厂,而在市场增长缓慢或萎缩的地区,则可能要关闭设施。每年几个百分点的异常增长,往往就足以说明需要对物流网络进行重新规划。

2. 客户服务

客户服务的内容很广,包括库存可得率、送货速度、订单履行的速度和准确性。随着客户服务水平的提高,与这些因素相关的成本会以更快的速率增长。因此,分拨成本受客户服务水平的影响很大,尤其是当客户服务水平已经很高时。

由于竞争的压力、政策的修改或主观确定的服务目标已不同于制定物流战略最初所依据的目标,物流服务水平发生了改变,这时企业通常需要重新制定物流战略。但是,如果服务水平本身很低,变化的幅度也很小,也不一定需要重新规划物流战略。

3. 产品特征

物流成本受某些产品特征影响很大,比如产品的重量、规格(体积)、价值和风险。在物流渠道中,类似产品特征可以因包装设计或产品储运过程中的完工状态而发生改变。例如,将货物拆散运输可以极大地影响产品的重量-体积比和与之相关的运输和存储费率。由于变化产品特征可以极大地改变物流组合中的某一项成本,而对其他各项成本影响很小,所以可能形成物流系统内新的成本平衡点。因此,当产品特征发生大的变化时,重新规划物流系统就可能是有益的。

4. 物流成本

企业实物供给、实物分拨过程中产生的成本往往决定着物流系统重新规划的频率。如果其他因素都相同,那么生产高价值产品(如机床或计算机)的企业由于物流成本只占总成本的很小比重,企业很可能并不关心物流战略是否优化。然而,对于像生产带包装的工业化产品或食品这样物流成本很高的企业,物流战略将是其关注的重点。由于物流成本很高,即使多次重构物流系统只带来稍许改进,也会引起物流成本大幅度下降。

5. 定价策略

商品采购或销售的定价政策发生变化,也会影响物流战略,主要是因为定价政策决定了买方/卖方是否承担某些物流活动的责任。供应商定价由出厂价格(不含运输成本)改为运到价格(含运输成本)一般意味着采购企业无需负责提供或安排内向物流。同样,定价策略也影响着商品所有权的转移和分拨渠道内运输责任的划分。

不论价格机制如何影响定价,成本都可以通过物流渠道进行转移,然而,还是有一些企业会根据它们直接负担的成本进行物流系统规划。如果按照企业的定价政策,由客户支付商品运费,那么,只要没有来自客户的压力要求增加网点,企业在制定战略时就不会设置较多的网点。由于运输成本在物流总成本中举足轻重,定价策略的改变一般会导致物流战略的重构。

当上述某一个或几个方面发生变化时,企业就应该考虑重新规划物流战略。下面,我们来看一看选择企业物流战略时一些有用的原则和理念。

2.3 企业物流战略选择

2.3.1 企业物流战略选择的原则

企业物流战略选择的基本原则包括客户服务驱动原则、总成本最优原则、多样化分拨原则、混合战略原则、延迟原则、合并原则和标准化原则。

1. 客户服务驱动原则

在当今消费者占主导的客户经济时代，企业的一切经济活动必须时刻以客户为中心。客户服务驱动原则要求企业在进行内部供应链物流规划设计时应以客户为中心，站在客户的立场看问题，要考虑给客户提供时间、地点和交易上的方便，尽可能增大产品或服务的额外附加价值，从而提高客户的满意度和忠诚度。因此，企业物流规划应该首先识别客户的服务需求，然后定义客户服务目标，再进行物流系统设计。[①]

2. 总成本最优原则

企业物流管理在操作层面上出现的许多问题都是由于没有把某项具体决策的所有影响都考虑进去，在某个领域内所做的决策常会在其他的领域产生出乎意料的后果。例如，关于产品运输政策的调整，可能会影响产品库存持有成本；产品外包装设计的改变会对运输成本和产品的运输、仓储质量维护等产生直接的影响。同样地，以提高生产效率为目的的生产进度的改变会导致产成品库存的波动，从而影响到客户服务。由于各种物流活动成本的变化模式常常表现出相互冲突的特征，因此在进行企业供应链物流规划时，应追求系统总成本最优，而不能是单项成本最优；不能只考虑到某个部门、某项物流活动的效益，而应该追求供应链系统整体的总效益。

3. 多样化分拨原则

不要对所有产品提供同样水平的客户服务，这是物流规划的一条基本原则。一般的企业分拨多种产品，因此要面对各种产品不同的客户服务要求、不同的产品特征、不同销售水平，也就意味着企业要在同一产品系列内采用多种分拨战略。管理者正是利用这一原则，对产品进行粗略分类，比如按销量分为高、中、低三组，并分别确定不同的库存水平。这一原则偶尔也应用于库存地点的选择。如果企业的每一个库存地点都存放所有品种的产品，或许可以简化管理，但这一战略否认了不同产品及其成本的内在差异，将导致过高的分拨成本。

【资料2.3　小应用】

某大型海产品制造商在圣路易斯建了一座仓库。选择该地点是因为运输成本最低。随后的研究考虑了库存合并对运输成本的影响，结果表明仓库的最佳位置在芝加哥。更加全面地进行分析后得出的成本差异巨大，为此，公司卖掉已建造了一半的仓库，将库存转移到芝加哥。

改进战略首先要区分那些经仓库运送的产品和从工厂、供货商或其他供货来源直接运到客户手中的产品。由于运输费率的结构对整车运输有利，所以首先应按运输批量区分产品。订购大量产品的客户可以直接供货，其他的则由仓库供货。

对于那些由仓库供货的产品，应按存储地点进行分组。销售快的产品应放在位于物流渠道最前沿的基层仓库中。销量中等的产品应存放在数量较少的地区性仓库中。销售慢的产品则放在工厂等中心存储点。结果，每个存储点都包含不同的产品组合。

（资料来源：Ballou R H. 企业物流管理：供应链的规划、组织和控制[M]. 王晓东，等，译. 北京：机械工业出版社，2015：36-37.）

[①] 魏兆中. 企业物流管理[M]. 北京：科学出版社，2007：56.

多样化分拨不仅适用于批量产品,还可用于其他情况,如正常的客户订单和保留的订单可以采用不同的分拨渠道。正常的分拨渠道是由仓库供货、履行订单等构成的。出现缺货时,就启用备用的分拨系统,由第二个存储点供货,使用更快捷的运输方式克服运送距离增加带来的不利影响。同样,还有其他很多例子可以说明多个分拨渠道比单一渠道情况下的总分拨成本更低。

【资料 2.4 小应用】

某小型专业化工企业生产多种金属防腐涂料。所有的产品都在同一地点生产。一项关于分拨网络的研究建议该公司采用与以往不同的分拨模式,即所有构成整车批量的产品直接从工厂运到客户所在地。所有的大订单(占企业销量的前 10%)也由工厂直接向客户供货。其他运输批量小的产品,则从工厂或两个具有战略性选址的仓库运出。这一多样化分拨战略为企业节约了 20% 的分拨成本,同时保持了现有的物流客户服务水平。

(资料来源:Ballou R. H. 企业物流管理:供应链的规划、组织和控制[M]. 王晓东,等,译. 北京:机械工业出版社,2015:37.)

4. 混合战略原则

混合战略概念与多样化分拨战略类似:混合分拨战略的成本会比纯粹的或单一战略的成本更低。虽然单一战略可以获得规模经济效益,简化管理,但如果不同品种产品的体积、重量、订单的规模、销量和客户服务要求差异巨大,就会出现不经济的情况。混合战略使企业针对不同产品分别确立最优战略,这样往往比在所有产品类别之间取平均后制定的单一的全球性战略成本要低。

【资料 2.5 小应用】

某药品和杂货零售商因一项零售店并购计划导致销售额急剧上升,需要扩大分拨系统以满足需要。一种系统设计是利用六个仓库供应全美约 1 000 家分店。公司的战略是全部使用自有仓库和车辆为各分店提供高水平的服务。扩建计划需要新建 700 万美元的仓库,用来缓解超负荷运转的仓库供给能力不足的问题,该仓库主要供应匹兹堡附近的市场,利用了最先进的搬运、存储设备和流程降低成本。管理层已经同意了这一战略,且已开始寻找修建新仓库的地点。

此时,公司又进行了另一项网络设计研究。结果表明虽然匹兹堡仓库的设施运营成本提高,但新建仓库节约的成本不足以补偿 700 万美元的投资。虽然这一研究很有价值,但仍没解决公司需要额外存储空间的问题。

有人向分拨副总裁建议采用混合战略。除使用自有仓库之外,部分地利用公共(租借)仓库,这样做的总成本比全部使用自有仓库的总成本要低。于是,企业将部分体积大的产品转移至附近的公共仓库,然后安装新设备,腾出足够的自有空间以满足可预见的需求。新设备成本为 20 万美元,利用两个仓库供货每年约带来额外的运输费用 10 万美元。这样,企业就成功地避免了实行单一或纯粹分拨战略而可能导致的 700 万美元的巨额投资。

(资料来源:Ballou R H. 企业物流管理:供应链的规划、组织和控制[M]. 王晓东,等,译. 北京:机械工业出版社,2015:37-38.)

5. 延迟原则

延迟原则可以概括为:分拨过程中运输的时间和最终产品的加工时间应推迟到收到客

户订单之后。这一思想避免了企业根据预测在需求没有实际产生的时候运输产品(时间推迟)以及根据对最终产品款式的预测生产不同款式的产品(样式推迟)。

辛恩(Zinn)和鲍尔索克斯(Bowersox)将延迟分成五种情形,向那些对这些原则的运用感兴趣的企业提出建议。其中有四种是形态延迟(贴标签、包装、组装和生产),另一种是时间延迟。他们的建议归纳在表2.2之中。当企业生产具有表2.2中所列的属性时,应用延迟战略将收到效益。

表2.2 可能对延迟原则感兴趣的企业类型

延迟种类	可能感兴趣的企业
贴标签①	以不同品牌销售同一产品的企业
	产品单位价值高的企业
	产品价值波动大的企业
包装①	以几种规格的包装销售同一产品的企业
	产品单位价值高的企业
	产品销量波动大的企业
组装①	销售不同样式产品的企业
	所销售的产品若在组装前运输,体积将大大减少的企业
	产品单位价值高的企业
	产品销量波动大的企业
生产①	所销售产品的大部分原材料随处可得的企业
	产品单位价值高的企业
	产品销量波动大的企业
时间②	产品单位价值高的企业
	有众多分拨仓库的企业
	产品销量波动大的企业

注:① 形态延迟;② 时间延迟。

【资料2.6 小实例】

杰西潘尼公司(J C Penny)定期在邮购商品目录零售中使用时间延迟战略,从相对较少的几个仓库发出所订购的产品。

戴尔(Dell)电脑公司是一家生产个人电脑的企业,它接收邮寄的和网上的订单,并按照顾客从现有选项中挑选出的组合方案来配置微机,从而实现样式延迟战略。

宣威-威廉斯公司(Sherwin-Williams)是零售油漆的商店,它们用较少的几种基本颜色调制出各种颜色的油漆,提供给消费者,而不是存储已经调制好的各种颜色的油漆(样式延迟)。

钢铁服务中心将标准形状和规格的钢铁制品切割成客户所需形状、规格的产品(样式延迟)。

延迟是惠普DeskJet Plus产品设计时的关键要素——设计与最终按多个市场区域订制、分拨和运送产品之间关系密切。

SW是一家生产绘图软件的公司,在其美国总部开发产品。为节约运输和库存成本,该公司将写有软件的母盘运往欧洲进行复制,最终完成为欧洲市场的定制过程。

(资料来源:Ballou R H. 企业物流管理:供应链的规划、组织和控制[M]. 王晓东,等,译. 北京:机械工业出版社,2015:39-40.)

【资料2.7 小应用】

斯塔基斯特食品公司(Star Kist Foods)是一家生产金枪鱼罐头的企业,它改变了分拨战略以利用延迟原则,降低库存水平。该公司以前在加利福尼亚的罐头厂包装金枪鱼,其包装的产品中既有公司的标签,也有工厂自己的标签。随后产品被运往基层仓库储存。由于库容很小,无法储存作为原料的金枪鱼,所以在装罐的时候必须决定两种最终产品各占的比重。两种标签下的最终产品没有质量差别。

该企业在东海岸建了一个贴标签的车间来服务东部市场。先将金枪鱼包装在没有标签的罐头里,称做"白罐头",随后运到东海岸仓库。随着市场对最终产品的需求越来越明确,企业在"白罐头(Brights)"上贴标签,然后送到客户手中。由于避免了某种特定标签的产品存货过多或过少的情况,以此降低了库存。

(资料来源:Ballou R H. 企业物流管理:供应链的规划、组织和控制[M]. 王晓东,等,译. 北京:机械工业出版社,2015:40.)

6. 合并原则

战略规划中,将小运输批量合并成大批量(合并运输或拼货)的经济效果非常明显,其产生的原因是现行的运输成本-费率结构中存在大量规模经济。管理人员可以利用这个概念来改进战略。例如,到达仓库的客户订单可以和稍后到达的订单合并在一起。这样做可以使平均运输批量增大,进而降低平均的单位货物运输成本。但需要平衡由于运送时间延长而可能造成的客户服务水平下降与订单合并、成本节约之间的利害关系。

通常当运量较小时,合并原则对制定战略是最有用的,即运输运量越小,合并后的收益就越大。

【资料2.8 小应用】

某公司在纽约州的罗切斯特建有一个主仓库,为美国东部的一些日用品商店提供服务。商品包括来自上千家供应商的许多小批量采购的商品。为减少运输成本,公司在主要供货商所在地建立了合并运输的货站,通知供货商将公司采购的货物运往集运站。当货物累计到一整车时,企业自己的卡车就会将商品由集运站运到主仓库。这样做避免了以小批量长距离将货物运到主仓库,避免了昂贵的单位运费。

(资料来源:Ballou R H. 企业物流管理:供应链的规划、组织和控制[M]. 王晓东,等,译. 北京:机械工业出版社,2015:40.)

7. 标准化原则

物流渠道提供多样化的服务也有代价。产品品种的增加会提高库存,减小运输批量。

即使总需求不变,在原有产品系列中增加一个与现有某品种类似的新品种也会使综合产品的总库存水平增加40%,甚至更多。战略制定的核心问题就是如何为市场提供多样化的产品以满足客户需求,同时,又不使物流成本显著增加。标准化和延迟战略的综合运用常常可以有效解决这一问题。

生产中的标准化可以通过可替换的零配件、模块化的产品和给同样产品贴加不同品牌的标签而实现。这样可以有效地控制供应渠道中必须处理的零部件、供给品和原材料的种类。通过延迟也可以控制分拨渠道中产品多样化的弊端。例如,汽车制造商可以通过在销售地增加种类或使各选项具有可替换性以及为同样的基本元件创立多个品牌,从而创造出无数种类的产品,同时不增加库存。服装制造商不会去存储众多客户需要的确切号码的服装,而是通过改动标准尺寸的产品来满足消费者要求。①

2.3.2 几种新型的企业物流战略

1. 绿色物流战略

近年来,环境问题日益引起重视,越来越多的企业开始重视环境问题。由于在其他战略相同的情况下,很难显示出企业战略的差异性,特别是给客户带来的视觉和感知的差异性,绿色物流在物流领域才能得以盛行。

采用绿色物流战略时主要需要考虑以下几方面:通过使用绿色材料、循环材料减少环境污染;在供应商及材料的评价与选择上,要考虑环境因素以及产品的整个寿命周期对环境的影响;在生产、销售、物流过程中,要实行绿色生产、绿色营销;面向环境,设计绿色产品;通过生产流程再造和重新设计物流系统减少对环境的污染,减少物资消耗;通过实施ISO14001环境管理体系标准、ISO9001质量管理体系标准及环境与质量审核体系,建立和完善环境与质量管理体系;倡导和促进公众与企业供应链的各个环节重视环境保护,以实现绿色物流和绿色经营。实施绿色物流战略后,虽然从短期来看它可能不会给企业带来明显的回报,但是它有助于树立企业的良好形象,会得到政府和社会各界的许可与支持。谁先实现绿色物流和绿色经营,谁就会占据竞争优势,得到丰厚回报,实现可持续发展。②

2. 精益物流战略

没有一个组织能完全避免物流这部分的成本,因此最好的选择是让成本越低越好,合理的目标是将物流成本最小化,同时确保客户所能接受的服务水平,这种方法一般称为精益物流。精益物流战略的目标是用较少的资源来降低成本,如利用人力、空间、设备、时间等来进行各种操作,有效组织材料的流动,杜绝浪费,使用最短的前置期,最终达到库存和成本最小化的目标。

早期的精益操作始于发动机工业,最初由丰田公司领导。此项工作主要致力于"精益制造",效果非常好,于是又推广至其他领域,最终发展成为"精益企业"。具体可总结为以下五个主要原则:

① 价值策划。一种产品,使它的价值满足客户的想法。
② 价值流程。设计制造此产品的最佳方案。
③ 价值流动。通过供应链管理使得材料顺畅流动。

---

① Ballou R H. 企业物流管理:供应链的规划、组织和控制[M]. 王晓东,等,译. 北京:机械工业出版社,2015:36-41.
② 李棻,陈铭,钱炳. 供应链与物流管理[M]. 北京:电子工业出版社,2015:105.

④ 按需生产。只有客户需要时才会生产产品。
⑤ 完美目标。不断提高,尽量实现精益运营。

第一个原则"价值策划"确立了目标,为如何追加最终客户产品的价值指明了方向。第二个原则"价值流程",设计了制造此种产品的方案,并且对供应链提出了明确的要求。最后三个原则直接与供应链相关。第三个原则"价值流动",给出了有效的物料流动,做到杜绝浪费,减少中止期、滞留期。第四个原则"按需生产",表明了怎样克服困难来控制物料流动。第五个原则"完美目标",论述了管理要不断寻求改进,体现了管理优先的主题。一般认为,该原则还应包括不断辨别和消除浪费等方面。

罗伯特·汤森(Robert Townsend)说:"所有的组织至少浪费了50%的资源(包括人力、精力、空间和时间)。"在不断向前发展的同时,丰田公司发现了以下供应链中最容易发生浪费的六个方面:

① 质量太差,不能使内部客户或外部客户满意;
② 生产水平或能力低下,生产不出目前需要的产品;
③ 拥有不必要的、过于复杂的或费时的操作过程;
④ 因操作开始或结束、设备维修等情况引起的停工时间;
⑤ 在操作过程中,产品进行了不必要的、长期的移动;
⑥ 库存太多,增加了成本。

精益战略的目的就是寻找消除浪费的途径,典型的方法是对目前的操作进行详细分析,取消不增加价值的操作,消除耽搁,简化过程,降低复杂性,通过高科技提高效率,寻找规模经济,在客户附近选址来节省运费,以此除去供应链中不必要的环节。

值得注意的一点是,低成本并不一定是精益操作。精益操作在使用较少资源的同时还维持着同等水平的客户服务,而不仅仅是单纯地使成本最小化。也有人认为,精益操作在汽车工业的大批量生产中取得了巨大成效,然而对于其他供应链来说,并不一定是这样,尤其是在变化和不确定的情况下,精益操作可能不会起作用,所以还有一种以敏捷为基础的灵活战略。

3. 快速反应物流战略

快速反应(Quick Response,QR)是一种通过在零售商及供应商之间改进库存速度的通力合作,以及时满足客户的购买需求的控制技术。QR是通过对特定产品的零售控制和跨越供应链分享的信息来进行的,它可以保证正确的产品类别在何时、何地被要求时即可使用。信息共享促进了零售商与制造商之间的QR程序。例如,为代替15~30天订货周期的运作,一个QR程序能在6天或更少的天数里补充零售库存。有了快速、可靠的订货反应,供应商就能够按照要求进行存货,从而可促进货物的周转并提高可用性。

4. 及时物流战略

及时物流战略指根据最终客户交货期的要求,进行物资的及时采购、及时生产、及时运输和及时交货,实现整个过程"一个流"和"无缝链接"的一种物流战略。该战略强调的是物流时间和零库存要求,但可能会牺牲生产和运输的规模经济性,适合于客户的个性化需求,采用的是多品种、小批量、柔性生产方式,还需要中心企业与供应商有很好的合作。这种物流战略很显然适用于以客户要求为首要目标的反应式竞争战略。对于实施成本领先战略的企业来说,及时战略可能是不合适的,因为它意味着以牺牲成本为代价,包括牺牲供应商的成本。单独就物流运作来说,其成本可能也是不经济的,必须同其他物流战略混合使用才能降低物流成本,发挥该战略的优势。

5. 共同化物流战略

共同化物流战略是指相同或不同行业的企业之间为了有效地开展物流服务,降低由多样化和及时配送所产生的高额物流成本,形成一种通过物流中心的集中处理实现低成本物流的系统,从而达成协调、统一运营机制的一种物流战略。共同化物流战略有两种基本形式,一是在保留各企业原有配送中心的前提下,对某些商品进行集中配送和处理;二是各企业放弃自建的配送中心,通过共同配送中心的建立来实现物流管理的效率性和集中化。这种战略既实现了物流集中处理的规模经济性,又能有效维护各企业的利益及实施经营战略。

共同化物流战略的主要目标是降低物流成本。它完全建立在企业相互合作的基础上,需要企业之间进行很好的协调与合作,一旦配送时间、地点、设施、批量等出现矛盾,就有可能影响企业的生产运作和客户的需求,也会影响企业之间的合作关系。因此,该战略具有较大的信用风险,通常适用于中小企业。

6. 一体化物流战略

一体化物流战略是指企业先利用自己在服务功能、技术设备和市场上的优势,根据物资流动的方向,使企业不断地向深度和广度发展的一种物流战略。在现有业务的基础上或是进行横向扩展,实现规模的扩大;或是进行纵向扩展,整合生产和销售企业的物流系统和物流功能,实现在同一物流价值链上的延长。

一体化物流战略整合不同业务单位的物流功能,使外部市场活动内部化,提高规模化经营水平,从而使企业和客户以较少的投入实现更加专业化的生产和更高的物流效率。

一体化物流战略可分为横向一体化和纵向一体化。

横向一体化战略是指企业兼并或整合其他物流企业达到规模扩张,在规模经济性明显的产业中使企业获取充分的规模经济,从而大幅降低成本,取得更大的竞争优势。同时,减少竞争对手的数量,扩大自己的市场份额,增强企业在未来市场中的竞争优势。

纵向一体化战略是企业经营在业务链上的延伸。纵向一体化主要是指企业向自己业务链的前方发展而采取相应的战略措施。纵向一体化使企业更接近其客户,甚至完全承担起其物流任务,作为客户整个经营系统的重要组成部分。企业通过进入物流价值链上游或下游可以节约相关交易成本,更好地为客户服务,提高协同效率,从而取得一体化的经济效益。

如德国国营邮政出资11.4亿美元并购了美国大型的陆上运输企业AEI,把自己的航空运输网与AEI在美国的运输物流网合并统一,增强了竞争力。美国的UPS并购了挑战航空公司,将自己在美国最大的物流运输网与挑战航空公司在南美洲的物流网相结合,实现南北美洲两个大陆一体化的整体物流网络。[①]

7. 全球化物流战略

国际化已经成为众多企业发展的目标,而且越来越多的企业通过成功经营来不断扩大规模,并将企业生产、销售等经营活动的着眼点放在了全球,从更宏观的角度来考虑企业的发展,这也就导致相当数量的大型跨国企业的出现。这些企业的出现不仅使消费者可以在世界上的任何地方都可以买到相同品牌的产品,而且这个趋势也推进了企业产品的核心部件和主体部分标准化的进程。这些跨国型企业要想取得竞争优势,获取超额利润,就必须在全球范围内进行资源的配置和利用——在全球范围内选择生产基地和供应源安排企业的生

---

① 张理,梁丽梅.现代企业物流管理[M].2版.北京:中国水利水电出版社,2014:24.

产活动,通过采购、生产、营销等方面的全球化实现资源的最佳利用,形成最优的规模效益。

从全球化物流战略的实践看,主要存在三种形式的发展:全球化采购和生产;生产企业与专业"第三方物流"企业的同步全球化;国际运输企业之间的结盟。

全球化采购和生产。许多知名跨国企业(如戴尔公司、波音公司等)都采用了全球生产方式——选择在全球劳动力成本最低的地区建设制造工厂,并将最终产品所需的各种零部件生产基地分布于全球,标准化零部件在企业总部进行组装,最后再运往全球各地。像沃尔玛、家乐福等公司也都实行了全球采购,保证企业可以在相同质量的条件下,获得最低的采购价格。

生产企业与专业"第三方物流"企业的同步全球化。"第三方物流"企业根据自己主要客户企业的发展战略,安排自己的发展战略,"第三方物流"企业的发展原则有助于推动全球化物流的协同发展。比如,马士基物流公司为宜家公司进行全球采购和配送的管理工作,宜家公司开拓中国市场后,马士基物流公司也迅速进入中国专业物流市场,服务于其客户——宜家公司在中国的采购与配送。

国际运输企业之间的结盟。任何企业想要在全球范围内覆盖自己的运输网络都需要投入大量的人力、物力和财力。但是运输企业的国际结盟却给这个看似不可能的事情一个实现的机会。运输企业的联合使它们在世界各地的运输网络可能连成一个覆盖全球的运输网。航运业中已经开始有企业进行航线的联合,实现环球运输。

2.3.3 物流外包战略的选择[①]

2.3.3.1 外包决策

物流外包,即生产或销售等企业为集中精力增强核心竞争能力,而将其物流业务以合同的方式委托于专业的物流公司(第三方物流,3PL)运作。这种外包是一种长期的、战略的、相互渗透的、互利互惠的业务委托和合约执行方式。导致企业物流外包的原因很多,如降低成本、削减人员、专注于核心专长、缩短产品开发与生产周期等,其中也有为数不少的企业是为了获取外部某些工艺技术与诀窍。一般认为,物流外包战略的选择需要遵循的具体步骤如下:

1. 对物流系统是否构成企业的核心能力进行判定

对物流外包进行决策时,首先建立企业流程图,同时要考虑物流系统是否构成企业的核心能力,一般可从以下几个方面进行判定:

① 它们是否高度影响企业业务流程?
② 它们是否需要相对先进的技术,采用此种技术能使公司在行业中领先?
③ 它们在短期内是否不能为其他企业所模仿?

如能得到肯定的回答,则就断定物流系统在战略上处于重要地位。

2. 对物流系统功能战略性进行判定

由于物流系统是多功能的集合,各功能的重要性和相对能力在系统中是不平衡的,因此,还要对各功能进行分析。某项功能是否具有战略意义,关键是看它的替代性。如替代性很弱,很少有物流公司能完成或很难完成,几乎只有本企业才具备这项功能。这种情况下,企业就应保护好、发展好该项功能,使其保持旺盛;反之,若物流企业也能完成该项功能或物

---

① 朱迎春.生产企业物流外包决策分析[D].上海:上海交通大学,2007:26-27.

流子系统对企业而言并非很重要,那就需要从企业物流能力的角度决定是自营还是外包了。

3. 对物流设施和资金能力进行判定

如果企业不具备满足一定的顾客服务水平所需的物流设施和资金的能力,就进行外包。在外包时采用何种服务,是租赁公共物流服务还是组建物流联盟,这就要由物流子系统对企业成功的重要性来决定。在物流子系统构成企业战略子系统的情况下,为保证物流的连续性,就应该与物流公司签订长期合同,由物流公司根据企业流程提供定制服务,即实施物流外包;而在物流子系统不构成企业战略子系统的情况下,采用何种服务方式就要在顾客服务水平与成本之间寻找平衡点了。

4. 对物流成本能力进行判定

具备了物流能力,并不意味着企业一定要自营物流,还要与第三方物流公司比较在满足一定的顾客服务水平下,谁的成本更低,只有在企业的相对成本较低的情况下,选择自营的方式才有利;如不然,企业应把该项功能分化出去,实行物流外包。如果物流子系统是企业的非战略系统,企业还应寻找合作伙伴,向其出售物流服务,以免资源浪费。

企业到底怎样运作物流,是自营、外包还是市场化经营,应从物流的战略重要性考虑企业的组织设计,一般情况下,物流在企业的战略重要性越高,就越趋向内部运作,否则就应考虑外包或市场化运作。事实上,资产的专用性低与战略重要性未必直接相关;专用性高和物流的战略重要性、企业的核心能力也未必直接相关。有时物流资产的专用性虽低,但有可能事关企业的生存,在这种情况下,组织设计应以战略重要性为依据。有时物流资产的专用性很高,但却不是企业的核心能力;或物流在企业的战略重要性很高,但不是企业的核心能力,此时,组织设计应以是否是企业的核心能力为依据,因为核心能力是决定企业竞争力的关键要素。再者,即使资产的专用性高或物流的战略重要性高,通过与外部企业建立起共担风险、互惠互利的密切的合作关系,仍然可以降低外包风险和减少交易费用。因此,当在资产的专用性、战略重要性和核心能力相冲突的情况下,企业在考虑组织设计时,应首先考虑企业的核心能力,其次考虑企业的战略重要性,再考虑资产的专用性(即交易费用),最终考虑社会因素。

2.3.3.2 企业物流外包成本的确定

成本与费用是影响企业物流策略的又一重要因素。很容易理解,当企业自营物流的成本与费用远高于外部物流,企业自营物流的可能性就很小。高出比例越大,自营合理性就越小。

因此,在选择是自营还是物流外包时,必须分别弄清两种物流模式的成本情况。在选择和设计物流模式时,要对各物流模式的总成本加以论证,最后选择成本最小的物流模式。

基于以上对各影响因素的分析可以看到,首要考虑企业核心能力和对物流的管理能力;其次,物流环节在企业中的战略地位是企业选择外购或自营策略的影响因素;再次要比较企业本身的物流特点和外部物流公司的实际情况;最后还要考虑各物流模式在成本费用上的比较,得出适合本企业的物流模式决策。

一般而言,每一个特定的物流系统都包括由仓库数量、区位、规模、运输政策、存货政策及顾客服务水平等构成的一组决策。每一个可能的物流方案都隐含着一套总成本,数学公式如下:

$$D = L + T + S + W + P + C \tag{2.1}$$

式中,D 为物流系统总成本,L 为批量成本,包括物料加工费用和采购费用;T 为系统的总运输成本;S 为库存维持成本,包括库存管理费用、包装费用及返工费;W 为系统的总仓储费用;P 为订单处理和信息费用,指订单处理和物流活动中广泛交流等问题所发生的费用;C 为顾客服务费用,包括缺货损失费用、降价损失费用和丧失潜在顾客的机会成本。

2.3.3.3 物流外包时应注意的几个问题

近年来,许多企业期望通过物流外包来提升企业效率。为了防止物流外包流于形式或失败,企业实施物流外包时需要注意以下几点:

(1) 做好外包规划

专业、合格的物流顾问是企业物流外包的核心技术人员。企业应该聘请专业的物流顾问来进行物流外包项目的设计和规划,分析企业需要从第三方物流公司得到什么,制定衡量绩效的标准和方法。

(2) 严格筛选物流供应商

一个企业的外包业务,可能许多第三方物流公司经过努力最终都能完成,但是问题在于并不是所有能完成这种业务的第三方物流公司都适合该企业的企业文化,都能高效率、高质量地完成企业的外包任务。在选择供应商时,首先,尽量收集社会上第三方物流公司的信息,逐个评价其实力、信誉、从业经验等,把那些明显不符合要求的物流公司排除在外;然后进行筛选,在深入分析可选第三方物流公司的管理深度和幅度、战略导向、财务状况、信息技术支持能力、自身的可塑性和兼容性、相同领域的从业经验、市场信誉等基础上,通过综合比选,最终确定符合条件的合作伙伴。

(3) 制定具体的、详细的、具有可操作性的工作范围

工作范围即物流服务要求明细,它对服务的环节、作业方式、作业时间、服务费用等细节作出明确的规定。工作范围的制定是物流外包最重要的一个环节,它是决定物流外包成败的关键要素之一。

(4) 协助物流供应商认识企业

视物流供应商的人员为内部人员,一般需要与物流供应商分享公司的业务计划,让其了解公司的目标及任务,因为对于一个对企业一无所知的人来说,很难要求其能有良好的表现。

(5) 建立冲突处理方案

与物流供应商的合作关系并不总是一帆风顺的,其实若能确切地表达彼此的看法,公司将从中获益良多。所以为避免冲突的发生,事前就应该规划出当冲突发生时双方如何处理的方案,一旦有一方的需求不能得到满足,即可加以引用并借此改进彼此的关系。

(6) 动态监控

市场需求千变万化,外包后要进行动态监控,发现问题应及时解决。

(7) 明确制定评估标准

实施外包是一个长期的过程,在此过程中,需要不断地对外包活动进行考核,使每个步骤都能达到预期目的。当建立合作关系后,应依据既定合约,充分沟通协商、详细列举绩效考核标准,并对此达成一致。绩效评估和衡量机制不是一成不变的,应该不断更新以适应企业总体战略的需要,促进战略的逐步实施和创造竞争优势。绩效考核标准应立足实际,不能过高而使物流供应商无法达到。同时要有可操作性,标准应该包含影响企业发展的所有重要因素。良好的工作业绩应该受到肯定和奖励,因为物流供应商或企业内部职能部门即使对所做的工作有自豪感,也同样需要得到承认和好评。

制定合理的评估标准能够促使物流供应商的核心能力得到长期、持续、稳定的发展。

2.4 企业物流战略的实施与控制

2.4.1 企业物流战略的实施

2.4.1.1 企业物流战略实施的内容

1. 总体物流战略说明

总体物流战略说明,即说明什么是企业的总体物流战略,为什么做这些选择,实现此战略将会给企业带来什么样的重大发展机遇。这种说明还包括总体物流战略目标和实现总体物流战略的方针政策。被说明的物流战略目标是总体物流战略所预期的未来的目的地。对这些目的地除可以定量加以描述,也可以定性地进行描述。

2. 企业分阶段物流目标

分阶段物流目标是企业向总目标前进时,欲达到的有时间限制的里程碑。一般需要对分阶段目标加以尽可能具体且定量的阐述,这也是保障实现物流总目标的依据。企业的分阶段物流目标常常与具体的行动计划和项目捆绑在一起,而这些行动计划与项目均为达成总目标的具体工具。

3. 企业物流战略的行动计划和项目

行动计划是组织为实施其物流战略而进行的一系列资源重组活动的汇总。各种行动计划往往通过具体的项目(通过具体的活动来进行资源分配以实现企业总目标)来实施。

4. 企业物流的资源配置

物流战略计划的实施需要设备、资金、人力资源等。因此,对各种行动计划的物流资源配置的优先程度应在战略计划系统中得到明确规定。物流战略计划系统应指明在实施物流战略中需要的各种资源。并且,所有必要的资源,在尽可能的情况下应该折算成货币价值,并以预算和财务计划的方式表达出来。预算及财务计划对理解物流战略计划系统来说具有重要意义。

5. 企业组织结构的物流战略调整及物流战略子系统的接口协调

为了实现企业的物流战略目标,必须以相应的组织结构来适应企业物流战略发展的要求。由于企业物流战略需要适应动态发展的环境,因此,组织结构必须要具备相当的动态弹性。另外,企业物流战略计划系统往往包括若干子系统。如何协调、控制这些子系统,以及计划系统对这些子系统间接口处的管理、控制均应相当明确。

6. 应变计划

有效的物流战略计划系统要求一个企业必须具备较强的适应环境的能力。要获得这种能力,就要有相应的应变计划作为保障。要看到各种可能条件在一定时间内所可能发生的突如其来的变化,不能仓促应战。[①]

2.4.1.2 企业物流战略实施的方法

1. 指令型

这种方法的特点是由高层管理人员或者其委托者制定战略,并且由下属实施主要任务,

---

① 黄福华,邓胜前.现代企业物流管理[M].北京:科学出版社,2013:45-46.

高层往往不参与实施。优点是在原有战略或常规战略变化的条件下,企业实施物流战略时不需要有较大的变化,实施的结果也就比较明显。缺陷是不利于调动企业职工的积极性。

2. 转化型

这种方法也称变革型,其特点是高层管理人员重点研究如何在企业内实施物流战略,并且要为有效地实施战略而设计适当的行政管理系统。因此要进行一系列变革和转化,如建立新的物流组织结构、优化物流业务流程等,以增加战略成功的机会。这种方法的优点是从企业行为角度出发考虑战略实施问题,可以实施较为困难的战略。缺点也很明显,一是企业的变革和转换可能来不及适应环境的变化;二是企业的内部流程可能由于经常处于变革中而变得不稳定甚至无所适从;三是高层主管的时间精力被牵制而不利于企业物流战略管理。

3. 合作型

这种方法的特点是战略制定者充分调动各方面的积极性,各方在战略制定中可以充分发表自己的意见和方案,战略制定者实际上是一个协调员的角色。这种方法的优点是决策的科学性和民主性,充分调动人员的积极性。不足之处在于:一是讨论时间可能过长甚至争执不下以致错过战略机会;二是战略的稳定性和全局性容易受到职能部门倾向性和局部性的影响。

4. 文化型

文化型方法扩大了合作型合作的范围,可以将企业基层的职工也包括进来。企业的战略制定者主要倡导企业使命、价值观,并引导员工建立正确的价值、态度取向,然后鼓励企业职工根据企业使命去设计自己的工作活动,甚至让个人做决策。这种方法能够集思广益,充分调动人员积极性,但是其前提是企业要有良好的文化氛围,要求职工有较高的素质,受过较好的教育,否则很难使企业战略获得成功。

5. 增长型

为了使企业获得更好的发展,企业高层管理人员鼓励中下层管理人员制定与实施自己的战略,不存在灌输。这种方法集中了来自实践第一线的管理人员的经验与智慧,而高层管理人员只是在这些战略中做出自己的判断,并不将自己的意见强加在下级身上。

企业物流战略实施的各种方法有自己的特点和优势劣势,关键是要根据企业自身的情况选择合理的战略实施方法。例如,员工素质低时,采用指挥型方法;员工素质高时,采用文化型方法和增长型方法;企业经营环境稳定时,采用指挥型或转化型方法等。此外,企业规模大小、经营范围宽窄、企业发展阶段等都是影响战略实施方法的因素。

2.4.1.3 企业物流战略资源的配置

资源配置是企业物流战略实施的重要内容。在企业的物流战略实施过程中,必须对所属资源进行优化配置。

企业物流战略资源是指企业用于物流战略行动及其计划推行的人力、物力、财力等的总和。具体来讲,战略资源包括采购与供应实力、生产能力和产品实力、财务能力、人力资源实力、物流技术开发实力、物流管理实力以及对时间、物流信息等无形资源的把握能力。

企业物流战略资源的分配是指按物流战略资源配置的原则方案,对企业所属物流战略资源进行的具体分配。企业在推进战略过程中所需要的物流战略转换往往就是通过资源分配的变化来实现的。企业物流战略资源的分配一般分为人力资源和资金的分配两种。

1. 人力资源的分配

人力资源的分配一般有三个内容:

① 为各个物流战略岗位配备管理和技术人才,特别是关键物流岗位上关键人物的选择;

② 为物流战略实施建立人才及技能的储备,不断为物流战略实施输送有效的人才;

③ 在物流战略实施过程中,注意整个队伍综合力量的搭配和权衡。

2. 物流资金的分配

企业中一般采取预算的方法来分配物流资金资源。而预算是一种通过财务指标或数量指标来显示企业目标的方法。物流战略的资金分配文件通常采取以下几种现代预算方式:

(1) 零基预算(即一切从零开始的预算)

它不是根据上年度的预算编制,而是将一切经营活动都从彻底的成本-效益分析开始,以防止预算无效。

(2) 规划预算

它是按照规划项目而非职能来分配物流资源。规划预算的期限较长,常与项目规划期同步,以便直接考察一项规划对资源的需求和成效。

(3) 灵活预算

它允许费用随产出指标而变动,因而有较好的弹性。

此外,企业组织结构是实施物流战略的一项重要工具,一个好的企业物流战略还需要通过与其相适应的组织结构去完成。还有一点在物流战略实施过程中也是很重要的,就是企业文化。它既可以成为物流战略的推动因素,又可能对物流战略的执行起抵触作用。

2.4.2 企业物流战略的控制

2.4.2.1 企业物流战略控制的定义

企业物流战略控制就是指企业物流战略管理者和一些参与物流战略实施的管理者,依据战略计划的目标和行动方案,对战略的实施状况进行全面的评价,发现偏差并纠正偏差的活动。明确而有效的控制不仅可能纠正偏差,而且还可能确立新的目标,提出新的计划,改变组织结构以及在指导和领导方法上作出巨大转变。企业物流战略控制行动可能会产生两种结果:一是物流战略的顺利进行;二是物流战略的结构性调整或新物流战略的采用。

2.4.2.2 企业物流战略控制的标准

从根本上来说,企业物流战略控制的标准是企业的使命和长期基本目标。在物流战略实施中,必须按照企业物流战略控制的标准去控制物流活动。不过使命和目标是未来的、长期的、综合的,而控制是现实的、及时的、具体的。物流战略控制必须借助战略实施的体系。在物流战略实施的体系中,已将企业使命和目标分解为企业各个部门在各个战略时期的目标和行为准则,这些具体的目标和行为准则就是物流战略控制的依据和标准。

2.4.2.3 企业物流战略控制的特点

企业物流战略控制与经营控制有不同的特点。从时间上看企业物流战略控制属于事前控制。物流战略控制注重的是还没有发生的重大事件,是控制未来,是向前看;同时,物流战略控制常常涉及新的业务或对现有业务将要进行的调整,因而面临着许多不确定因素。物流战略控制是把实际工作中预测的结果与标准进行比较,然后决定采取什么纠正行动。

整个过程的纠正措施,都是以预测而不是以最终后果为基础的。所以,企业物流战略控制的最大特点是战略控制中的目标结果和预测结果都是未来的东西,而纠正行动开始在事件发生之前,整个控制过程是以预测而不是最终结果为基础的。企业物流战略控制的这一特点,使它面临四个难题:从开始行动到预期结果之间时间间隔长,代价也高,在着手控制时,往往经验不足;预测结果时,不确定因素很多,同时外部环境的变化可能扰乱预测;长期动荡不定的形势,可能导致目标和物流战略的改变;由于预测常带主观性,工作难以实现客观评价。

这些问题使得物流战略控制在实践中遇到很多问题,如:评价什么?在什么时候评价?怎样把种种效应变为预测?物流战略是否需要改变?纠正行动的设想从哪里来?怎样才能使计划的改变无损士气?上述问题是企业物流战略管理者必须回答的问题。[①]

2.4.2.4 企业物流战略控制的步骤

企业物流战略控制过程大致有四个基本步骤:制定衡量、评价战略实施状况的标准;衡量、评价物流战略实施的成效;将衡量评价所得结果及时反馈到战略决策机构;采取相应的纠正措施。

1. 制定衡量、评价战略实施状况的标准

用于控制过程的衡量、评价标准是根据制定战略计划的前提假设和战略计划本身来确定的。因此在制定衡量、评价标准时,首先要弄清楚制定战略计划的前提假设,其中包括对组织文化、组织环境、市场变化趋势、竞争对手等的分析和估计。其次,要了解物流战略计划的进展状况和各个时期所要达到的目标。由于战略计划的前提条件和计划本身的详尽程度、复杂程度不同,在制定衡量、评价标准时需要将前提假设和战略计划具体化、数据化,使衡量和评价过程能准确顺利地得到实施。评价标准包括定性的和定量的两种。

(1)定性的评价标准

这主要是指对企业内外部环境、市场动态、竞争状况、资源供给状况等变化趋势的粗略的定性估计。如果这些环境状况和资源供给趋势未能按预先估计的那样发展,也就是说,这些前提假设未被较好地满足,那么在此前提条件下制定出来的物流战略计划和目标是不适合的或者是过时的。

这种根据定性评价标准来衡量企业的物流战略决策是否与形势变化相符合、是否已过时的过程,称为定性评价过程。要想明确回答怎样确定企业的战略决策是否仍然适合所处的环境和怎样确定物流战略决策是否过时等问题,物流战略决策者们就必须对企业所处的环境和市场变化趋势有明确的了解。至少要弄清下面几个问题:一是对企业实施战略目标影响最大的关键因素,诸如人力、物力、财力资源;二是企业在制定战略目标和计划时所遵循的基本假设前提有哪些,这些前提假设在战略实施过程中是否始终具备;三是在实施物流战略时,企业内外部环境的新的变化。企业战略目标是否能适应这种变化;市场变化趋势,如市场需求趋势、资源的供给趋势、物流战略目标的实施对市场需求和资源供给有什么新的要求。企业决策者通过对上述问题的思考、分析、判断,就可以很明确地知道组织的物流战略目标是否合适或过时。

这个过程要求决策者具有较强的综合、分析、判断能力,能准确地把握好形势的变化并做出相应的决策。这一过程实施起来比较困难,但决策者切不可忽视。

(2)定量的评价标准

定量标准就是数量化了的标准。与定性标准相比,决策者们更热衷于运用定量的标准来衡量、评价企业实施物流战略所取得的成效。因为定量标准用起来方便,一目了然,可以

---

① 黄福华,邓胜前.现代企业物流管理[M].北京:科学出版社,2013:48-49

帮助决策者迅速、明确地知道物流战略实施的进程和所取得的成效。

定量标准的制定要求企业物流决策者将计划和目标以及各个时期所要达到的各种指标数量化。对于企业的物流战略计划和战略目标可以从以下几个方面去考虑：赢利情况；物流战略实施过程中企业要实现的利润（营业额、投资回收额、纯利等）；市场状况、市场的需求状况和变动趋势，以及物流战略实施过程中所要实现的产量、合格率、资源的利用率等的数字说明；行业地位，企业决策部门评比过程中在行业中的名次。

定量标准是根据往年的经验、需求状况进行判断和估计，运用统计规律推测未来的变化趋势而制定出来的。而这种根据过去经验推测得出的标准，有时会因为环境的变化而变得不适宜。如果用这种不适宜的标准来衡量战略实施结果，显然毫无意义，有时甚至是有害的。因此企业决策者一定要注意定量标准的准确性。另一个值得注意的问题是定量标准有时会导致组织的决策者以及那些物流战略经营单位的领导者或物流战略实施的执行者追求短期利益。此外，定量标准还有可能把决策者的注意力吸引到数据分析方面，而忽视那些不能计量的信息。

2. 衡量、评价物流战略实施的成效

物流战略控制过程的第二步是运用制定的标准衡量企业战略实施的成效，掌握物流战略实施的状况、取得的成效、与预计目标的差距，估计战略实施的发展趋势。

根据确定的标准，特别是定量标准来衡量、评价企业物流战略的实施进程是比较容易的。困难的是决策者如何决定在什么时候、什么地点以及以什么方式、采用怎样的方法对战略实施过程进行评价。过多或过少的评价都不利于对物流战略实施的有效控制。困难的是那些无法计量的现象（有时甚至是微小的变化）却可能产生深远的影响。决策者必须给予充分的重视。一个卓有远见、经验丰富的决策者能根据自身的经验，对这种现象进行恰如其分的分析、判断，从而推测出企业在物流战略实施过程中可能会出现的偏差以及发展趋势，以便及早地采取预防措施，避免企业蒙受损失。而缺乏远见和经验的决策者常常会因面临这种困难而使企业战略实施过程达不到预计的目的。

3. 信息反馈

信息反馈是将通过衡量和评价所获得的信息，及时地传递给有关决策者，这里所指的有关的决策者是指对物流战略实施负有责任并具有相应权力的决策者。

信息反馈是必不可少的。因为没有信息反馈过程，企业物流决策者就无法准确、及时地得到信息，而不能获得所需要的信息，企业物流管理者就无法采取有效的行动或做出合乎实际需要的决策。

4. 实施纠正措施

物流战略方案实施过程发生偏差是正常现象，完全没有偏差是不可能的。当偏差在允许的范围内时，可以不采取纠正措施；当发生的偏差可能危及物流战略计划和物流战略目标实现时，应当采取纠正措施。当客观环境和主观条件发生了很大变化，由此而发生的偏差难于纠正，或采取纠正措施需要投入很多财力、物力、人力和时间，使纠正的花费大于偏差的损失时，也不必采取纠正措施。当决定采取纠正措施时，实际上又开始了新的一轮决策过程。

本章小节

本章主要介绍了有关企业战略的含义和层次、企业物流战略的含义和目标、企业物流战略规划层次、企业物流战略规划主要领域、企业物流战略规划的动因、企业物流战略选择的原则、几种新型的企业物流战略、物流外包战略的选择以及企业物流战略的实施和控制等基本内容。

企业物流战略目标是：降低成本、减少投资、改进服务、提升竞争力。物流战略规划涉及三个层次：战略层次、战术层次和运作层次。企业物流战略规划主要领域是库存决策战略、运输战略、设施选址战略和客户服务目标。企业物流战略规划的动因一般包括五个核心方面：需求、客户服务、产品特征、物流成本和定价策略。企业物流战略选择的基本原则包括客户服务驱动原则、总成本最优原则、多样化分拨原则、混合战略原则、延迟原则、合并原则和标准化原则。比较新型的企业物流战略有：绿色物流战略、精益物流战略、快速反应物流战略、及时物流战略、协同化物流战略、一体化物流战略和全球化物流战略。本章还介绍了在物流外包实施过程中应注意的问题以及物流战略的实施与控制。

【关键词】

战略规划(Strategic Planning)　企业物流战略(Corporate Logistics Strategy)　公司战略(Corporate Strategy)　战术层次(Tactical Planning)　职能战略(Functional Strategy)　运作层次(Operational Planning)　快速反应(Quick Response)

案例分析

日本菱食公司物流发展战略

1. 日本菱食公司基本情况

日本株式会社菱食公司是1979年由日本三菱商社的四个食品加工批发企业合并而成的，现发展成为综合食品批发商，主要经营调料、罐头、面等干物产品，饮料、冷冻产品、酒类和宠物食品等。菱食公司的现代化物流系统已经成为获取竞争优势的源泉，"新物流""新经营"和"新管理"已经成为构筑日本菱食公司核心能力的三大支柱。

2. 日本菱食公司物流发展战略环境与目标

菱食公司的总体发展战略追求"以消费者为基点的流通系统"，将自己定位于"作为连接消费与生产的创造价值的桥梁"。菱食公司物流发展战略目标就是通过垂直联盟与合作有效地将从生产商出货到零售店的上货有机地联系在一起，真正实现产、销、物三者的结合。

菱食公司物流战略建立在市场环境变化的分析基础上。菱食公司作为食品加工批发企业逐步向全方位商品批发和服务经营转变。针对零售业要求在单品管理和物流管理上能充分适应柔性化、及时反应的经营特点，菱食公司通过综合性的物流服务，以商品单品管理为主线，帮助零售业实行场所和店内促销管理，从而使物流服务的内涵大大扩展。

菱食公司物流战略建立在公司经营发展需要的基础上。菱食公司商品经营的品种在原有的加工食品基础上，向酒类、冷冻食品以及奶制品的备货和配送方向发展。菱食公司的品种多样化经营不是针对所有零售企业普遍开展的，而是着力于针对特定零售连锁店开展适应性的多品种经营，从而真正实现特性、定制化的物流服务。

菱食公司战略建立在公司新兴服务体系上。菱食公司在物流和信息服务上，为充分实现对零售业的支持，推行了"综合物流"体制，统一为满足同一零售商的不同批发和生产企业提供全面的物流服务。为此，菱食公司同意各供货方利用自己的物流网络，统一由该物流中心处理不同来源的商品,然后实行对店铺的集中配送和其他物流服务。

菱食公司物流战略建立在公司内部优势上。菱食公司积极帮助零售企业实行单品管理和店内促销管理,为零售企业提高经营业绩提供建议和帮助,为此,利用集中物流所产生的信息集中优势,对各店铺的商品销售动向进行分析,进而指导零售企业。主要通过商品空间的分析(包括销售数据的比较,商品类别的卖场分配,单品发展动向研究,导入信用卡分析,新产品信息收集、反馈,店铺间销售情况的比较和货架管理等)和店内促销管理(包括销售比率分析、销售建议、货单建议、价格分析、终端设计分析、现金分析和 TVCM 信息分析等),为零售企业导入信用卡和进货提供决策基准,同时对其卖场分区管理和货架管理,以及销售促进计划的制定给予积极的支持。

3. 日本菱食公司物流发展战略内容

① 商品多样化物流战略。菱食公司从众多的量贩店中选取最具有竞争力的企业作为自己的服务对象,并根据顾客企业的经营特征和需要,扩充自己的物流网络,尽可能多地从事针对顾客企业的多商品经营。菱食公司还积极地通过接纳其他企业的产品来开展综合物流管理,进一步推动点心、日杂、生鲜等产品的进货。

② 服务系统化物流战略。一是积极向具有全国经营规模的量贩店开展物流服务,服务的形式既包括自己直接经营,又包括为其他批发企业或生产企业提供服务。二是积极为地域量贩店开展物流服务,菱食公司对量贩店开展更为特色化、地方化的物流服务,甚至还为地域量贩店建立专用物流中心,以取得在特定市场的经营优势,全面开展综合物流服务。

③ 合作专业化物流战略。菱食公司在 1993 年就开展了针对神奈川县著名连锁超市相铁洛圣的综合物流服务,相铁洛圣的所有加工食品和相关产品全部从菱食进货。

1997 年菱食公司开始为日本东北地区最大的 SM 连锁有限公司开展综合物流服务,并建立了专用物流中心向各店铺配送全部商品。

4. 日本菱食公司物流发展战略措施

① 强化物流作业的效率。菱食公司在运行时,会产生很多针对零售店铺的各种各样的作业,这就要求菱食公司必须规定好各种作业流程,以顺应零售店铺经营的需要,从而帮助零售店铺提高商品作业效率。

② 简化物流运作的环节。通常零售企业进货时需要进行验货,需要耗费大量的人力和时间。菱食公司严格控制服务质量,把配送损失降到最低程度,取得零售商的信任,并在长期合作的基础上,实行免检进货。

③ 完善物流中心运作体系。在菱食公司中起着连接单品大量运输和面向零售企业分拣组合配送并具体开展物流活动的环节是物流中心。菱食公司专门针对特定零售商建立了专用物流中心。

④ 建立高效信息管理系统。菱食公司建立了高效的现代化信息管理系统,不仅有助于物流管理效率的提高,而且更能发挥菱食公司对零售经营的支持和帮助。1985 年菱食公司开发了 TOMAS 信息管理系统,将菱食公司的信息中心与相关企业、FDC、RDC 等连接一起,实行效率化的信息管理和共享。同时利用 EDI 与零售企业连接,积极地发挥对零售业的定时定量配送、防止配送差错、订货管理以及鲜度管理等作用。与生产商则通过 VAN 进行连接,实现效率化的商品订货管理。

1995 年,菱食公司进一步发展和建立了 NEW-TOMAS 信息管理,不仅能随时知晓菱食公司出货商品按不同地域、不同店铺划分的销售动向和价格动向,而且还能预测数周后销售发展的趋势。利用该系统还能得到零售连锁店的 POS 数据,通过对数据的灵活使用和分析,菱食公司能确切地掌握各店铺、各卖场的特点,从而使其能针对各店铺的特点进行有效的备货或提出商品陈列的建议。

(资源来源:黄福华,邓胜前.现代企业物流管理[M].北京:科学出版社,2013:53-56.)

思考

菱食公司是如何制定物流战略的?其制定物流战略的依据是什么?

【思考与练习题】

1. 选择题

(1) 企业物流战略具有(　　)的特征。
A. 指导性、长远性和稳定性　　　　B. 操作性、长远性和持续性
C. 可控性、即时性和稳定性　　　　D. 目的性、长期性、竞争性和系统性

(2) 根据决策内容的特点,企业战略可以划分为三个层次(　　)。
A. 职能级战略　　　　　　　　　　B. 业务战略或竞争战略
C. 公司级战略　　　　　　　　　　D. 一体化战略

(3) 企业物流战略目标有(　　)。
A. 降低成本　　B. 减少资本　　C. 改进服务　　D. 提升竞争力

(4) 下列(　　)不属于企业物流战略规划的制约因素。
A. 供给变动　　B. 客户服务　　C. 产品特征　　D. 物流成本

2. 判断题

(1) 物流战略属于公司级战略。(　　)

(2) 物流战略包含在公司整体战略之中,因此构建物流战略不仅要考虑公司整体的组织目标,而且要考虑生产、营销、财务等部门的相关战略。(　　)

(3) 企业物流战略的目标和企业物流管理的目标是不一致的。(　　)

(4) 物流战略主要解决四个方面的问题:客户服务、设施选址战略、存货战略和运输战略。(　　)

3. 简答题

(1) 什么是现代企业物流战略?
(2) 现代企业物流战略的目标有哪些?
(3) 企业物流战略规划层次有哪些?
(4) 企业物流战略规划的一般动因是什么?
(5) 现代企业物流战略的实施方法有哪些?
(6) 现代企业物流战略的控制步骤是什么?
(7) 企业物流战略规划主要领域有哪些?

应用训练

某企业物流战略的分析

实训目的:了解该企业物流战略的相关内容,掌握该企业制定战略的相关过程。

实训内容:调研某企业的物流战略,并对该物流战略定位进行分析,提出改进的方案或

建议。

实训要求：首先，将学生进行分组，每五人一组；各组成员自行联系，并调研当地生产或流通企业，分析目前该企业所处的产业环境以及采取的相应企业战略；针对企业发展的相关制约因素，分析该企业物流战略在企业战略中的层次和作用，并分析该物流战略定位的合理之处以及不太合理的地方，并提出本组认为合理的物流战略方案；针对本组的分析和设计结果，与企业管理人员沟通，听取他们对分析结果的建议，之后改进相应的方案，如此反复直至得到管理人员的认可为止。每个小组将上述调研、分析、改进物流战略的内容形成一个完整的分析报告。

第 3 章　企业物流组织

【本章教学要点】

知 识 要 点	掌握程度	相 关 知 识
企业物流组织概述	掌握	企业物流组织的演变过程、企业物流组织的概念、企业物流组织存在的必要性
企业物流组织结构的类型	掌握	直线型物流组织形式、参谋型物流组织形式、直线参谋型物流组织形式、事业部型物流组织形式、矩阵型物流组织形式、物流子公司型物流组织形式
企业物流组织设计	重点掌握	企业物流组织设计应考虑的有关因素、企业物流组织设计的步骤、企业物流组织设计的原则
企业物流组织的创新与发展	理解	企业物流组织创新趋势、企业物流组织的发展

【本章能力要求】

能 力 要 点	掌握程度	应 用 能 力
企业物流组织结构的类型	掌握	能够结合具体的企业,根据所学理论选择合适的企业物流组织结构
企业物流组织设计	重点掌握	能够结合具体的企业依据所学理论对其物流组织进行设计
企业物流组织的创新与发展	掌握	能以专业的创新思维,对具体的企业物流组织进行设计

【本章知识架构】

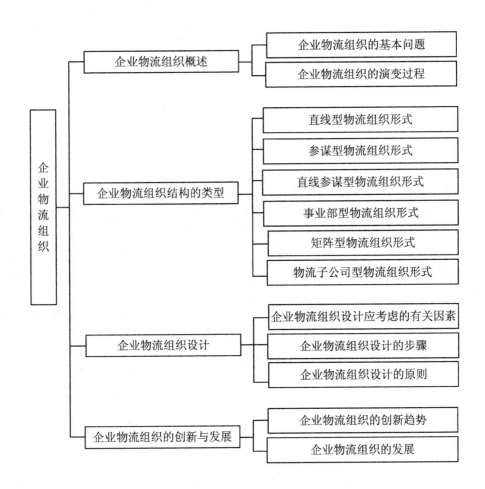

 导入案例

为了在竞争异常激烈的电信设备市场上生存和发展,华为实施了集成供应链计划(ISC)。在重整供应链过程中,华为对公司的组织机构进行了相应的调整:把原来的生产部、计划部、采购部、进出口部、认证部、外协合作部、发货部、仓储部全部合并,成立了一个统一管理供应链业务的部门,叫作"供应链管理部",由公司的高级副总裁担任部门总裁。这个部门的设置并不是简单地把分散在不同系统的部门合并起来,或者换一个名称,而是把供应链管理当作了公司降低成本、库存,提高供货质量、资金周转率、供货速度以及工程质量的有效手段。

此外,ISC 流程要求把管理的范围延伸到公司之外的整个供应链的各个环节,在确保公司核心竞争力的前提下,把非核心环节外包给社会上的专业公司。2000 年以后,华为逐步把生产部门、后勤服务部门、基础培训以及工程安装、调试、维护、软件开发等很多环节外包了出去,减少了部门工作量。

据华为的供应链顾问介绍,在重整供应链之前,华为的治理水平与业内其他公司相比存在较大的差距。经过内部整合,缩短管理战线,重整供应链,华为的订单及时交货率、库存周转率都有大幅提升,订单履行周期大大缩短,提高了效率及供应的灵活性,从而可以更好地满足客户需求。

(资料来源:张理,梁丽梅.现代企业物流管理[M].2版.北京:中国水利水电出版社,2014:208.)

思考:

合理有效的企业组织结构是任何企业发展的组织基础,华为顺应市场发展需要,对组织机构进行有效整合,取得良好效果。你认为企业组织机构对企业生存与发展有哪些影响?

当代著名管理大师彼得·F·德鲁克说过,一个好的组织机构本身并不创造好的业绩,就好比一部完善的宪法并不能保证产生伟大的总统、严谨的法律或者是一个道德的社会。但无论个别的管理者多么优秀,没有好的组织结构也不可能创造出好的业绩。因此,改善组织结构通常能够提高整体绩效。

物流是企业的一项重要的活动,它贯穿于产品的流动过程之中,从原材料采购到成品分销这一全过程,物流不仅横跨企业的各部门,而且越过了企业的边界,将企业与上游和下游的企业连接起来。因此,毫无疑问,合理的物流组织对于现代企业的发展和竞争能力的发挥起着非常重要的作用。任何企业在复杂多变的市场环境下要整合现代物流要素,都必须努力解决如何进行组织这个问题。因此,本章将探讨企业物流组织方面的相关问题。

3.1 企业物流组织概述

3.1.1 企业物流组织的基本问题

3.1.1.1 企业物流组织的概念

组织是在共同目标指导下协同工作的人群所构成的社会实体单位,它又是通过分工协调配合人们行为的组合活动过程。因此组织可以说是相对动态的组合活动和相对静态的人群社会实体单位的统一。

企业物流组织是现代物流管理的重要组成部分,是指企业内一个以物流管理中枢部门为核心,把责任和权限进行分解组合,以履行物流管理各项职能所形成的一定的组合结构。

3.1.1.2 企业物流组织存在的必要性

对任何一个企业而言,组织化的目的是协调企业内部各种不同的活动,使企业各种经营活动达到整体最优。所有的企业都有一定的物流活动,物流管理对企业的重要性也可能各不相同,但是,无论什么企业,一个有效的物流组织都是十分必要的。

1. 分工和协调的需要

传统的组织方式是把企业活动分为财务职能、运作职能和营销职能三个部分。所有的活动对于一个企业而言都是相互影响、相互关联的,把它们分归不同的部门虽然可以使得管理幅度合理,促进工作效率,但也造成了部门之间的冲突。从物流的角度看,这三种职能的基本目标与物流的目标是有所差异的,这种差异可能导致这几个职能部门间物流活动的冲突。如图 3.1 所示。

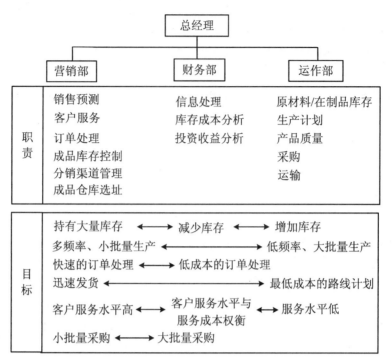

图 3.1 典型职能部门组织的物流活动

从图 3.1 可以看出,对于一个企业,营销职能的基本职责是使销售收入最大化,运作职能的职责是追求最低生产成本,财务职能则是以最小资本取得最大化投资收益,这些目标之间的冲突就可能使得物流系统不能实现最优化运作,影响企业的总体效率。尽管这些部门之间相互妥协可能取得一些进展,但最佳的物流成本与服务间的均衡在企业里却很难实现。为了便于分立的物流活动决策之间相互协作,就需要更为合理的组织形式。

【资料 3.1 小观察】

围绕物流问题,某纸品制造商遇到了典型公司面临的销售部门与生产部门之间的冲突。该公司生产和销售各种纸制品,如购物袋、商业包装纸、卫生纸和餐巾纸。销售量一般都很大,有的客户一次订 30 个车皮。公司的组织机构围绕营销和生产目标设置。

由于营销和生产部门之间缺乏协调,销售人员单方面向客户承诺在他们需要的时候送货,而极少考虑生产计划安排。如果在重要的交货日不能交货,销售部门就会为订单向生产部门施加压力。其中哲理很简单:"使劲挤葡萄,籽就会出来。"另一方面,有些订单到达生产部门手中时,已经超过了交货日期;生产计划经常性的调整,导致机器启动费用高居不下,催得不急的订单就会拖得更久等;这些往往会使生产部门承受巨大压力。由于供求之间缺乏协调,越来越多的客户表示不满,某些客户甚至威胁要去寻求其他的货源。

(资料来源:Ballou R H. 企业物流管理:供应链的规划、组织和控制[M]. 2 版. 王晓东,等,译. 北京:机械工业出版社,2014:548.)

2. 明确管理权责的需要

传统企业中,物流管理的一些重要环节,如运输和库存管理是作为主要职能部门如市场部、生产部和财务部下面的分部门来单独运作的。这意味着物流活动的各管理人员分别负责部门活动,如运输经理负责运输方式选择、承运人选择及协商价格等,而不负责库存活动,在直线组织中,这些经理的上司通常是负责某一地区的经理;相类似,库存管理通常是作为工厂层次的运营管理的一部分或作为一个销售区域内市场管理的一部分来独立进行的,因此,库存要么是用来提高制造的效率,要么是用来支撑客户服务的。在这种安排下,各物流活动分别作为成本中心进行管理,主要目的就是控制支出,很难从系统的角度预计和成功地进行职能间的权衡。

为了使产品按计划生产、运输并且在必要的时候便于重新计划,物流活动的组织就应该合理确定必要的权利和责任。当企业的目标集中在高水平客户服务和客户满意度时,物流管理的职责分配就显得尤为必要。实现一定的客户服务水平以及所需的服务成本之间的均衡对一个企业的运作十分重要,必须有人总体负责整个产品生产和流通的过程。管理者需要对整个供应链——从原材料到最终的消费有全面认识的能力,这是一项很复杂的任务。在实际的操作中,为了控制和管理的方便,订货处理、运输和存储等职能往往都有专人负责,而协调他们之间的关系也需要专门的管理人员来负责。只有当从整体来平衡这些职能的运作时,企业才能达到较高的效率。[1]

【资料3.2 小实例】

微型工具公司(Micro-kits)的一种产品——现场维修个人电脑硬件所使用的工具包——主要通过三种渠道进行销售:① 零售店;② 客户邮购;③ 批发商。该厂从供应商那里购买零配件,然后运到工厂进行组装,再把成品运到分拨中心,由分拨中心负责销售订单的履行。有人提议建立适时管理(JIT)系统以提高实物供应渠道和生产中的运作效率。

人们利用计算机模拟整个物流和生产过程,结果表明使用适时管理系统可以大大改善现有作业水平即:毛利可提高106%,库存周转次数可从7.2∶1提高到7.8∶1,渠道的提前期可从以前的24.2天减少为13.7天。

但是,这种看法并不全面。若以一体化的观点统一规划实物分拨和实物供应的整个过程,还可能有进一步的收获,毛利率可以再提高6%,库存周转次数可从7.8∶1增加到16.3∶1,提前期可从13.7天缩短到8.9天。

正是一体化管理为企业带来的这些利益,促使企业在组织结构设置中兼顾实物供应活动和实物分拨活动。

(资料来源:Ballou R H. 企业物流管理:供应链的规划、组织和控制[M]. 2版. 王晓东,等,译. 北京:机械工业出版社,2015:550.)

3.1.2 企业物流组织的演变过程

20世纪60年代,钱德勒(Chandler)出版的《战略与结构》一书,提出环境决定战略,组织结构要服从企业战略的思想。根据西方国家物流发展的历史和实践,企业物流组织的演进经历了职能分离、职能聚合、过程整合和供应链联盟四个阶段[2]。

---

[1] 张理,梁丽梅. 现代企业物流管理[M]. 2版. 北京:中国水利水电出版社,2014:208-209.
[2] 孔继利. 企业物流管理[M]. 北京:北京大学出版社,2014:53-56.

1. 职能分离阶段

在20世纪50年代以前,物流观念还处于萌芽阶段,各个物流活动分散于企业不同的职能部门,物流作为一种辅助性和支持性的工作不被企业所重视。此时企业物流组织结构处于职能分离阶段,如图3.2所示。

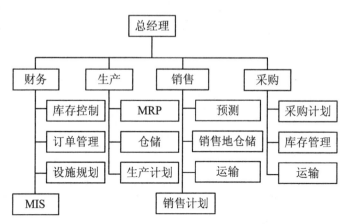

图 3.2 职能分离阶段的物流组织结构

在这个阶段,由于物流的组织职能常常被分割到整个公司,即各个物流职能分别分布在财务、生产、销售和采购等部门中,这种分割局面意味着在执行物流各方面的工作时缺乏职能部门之间的协调,从而导致重复和浪费,并且由于各职能部门之间的权力和责任界限是模糊的,所以信息经常会失真或者延迟。同时,各部门有限的职责使得管理者往往只追求本部门效率的提高,不可能顾及整个组织范围内成本的降低,从而导致企业成本居高不下。

2. 职能聚合阶段

20世纪60年代以后,物流得到了快速的发展。这一时期很多企业为了进行有效的成本集中管理,将物流管理分为物资管理和配送管理两个功能。这个阶段本身又有两个时期。第一个时期的组织表现为物资配送和物料管理已完全被分离出去,即企业里有一个或两个物流运作集中点的出现,这是最初的一种功能分离;第二个阶段最早出现在20世纪60年代晚期至20世纪70年代早期,这一时期的重要性在于"物流"被单独地挑选出来,并被提升到一个更高的组织层次。"物流"被作为企业的一种核心能力,而被提升到组织更高地位的关键是"物料管理"还是"物资配送",则通常取决于企业主要业务的性质。职能聚合阶段的物流组织结构如图3.3所示。

职能聚合阶段的优势主要体现在以下三个方面:

(1)将物流定位在一个更高、更可见的组织层次上,增强了其战略影响力和沟通协调能力。

(2)物流部门下面又有各分部门的职能划分,既保证了整个部门的命令和指挥的统一性,又保证了各分部门的权力和责任的明确性。

(3)由于物流活动可以在整合的基础上进行计划和协调,因此可以开发地区之间小范围的协同运作。

3. 过程整合阶段

自20世纪80年代以来是物流信息化阶段。知识经济和现代信息技术特别是网络技术的发展为物流发展提供了强有力的支撑,物流向信息化、网络化、智能化方向发展。物流管

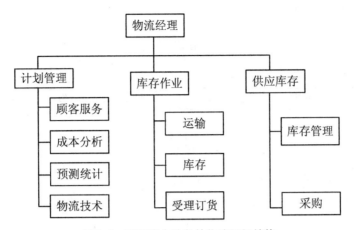

图 3.3 职能聚合阶段的物流组织结构

理的重点开始由职能转换到过程上,并关注物流能力在创造客户价值的整个过程中所发挥的作用。过程整合阶段的物流组织结构如图 3.4 所示。

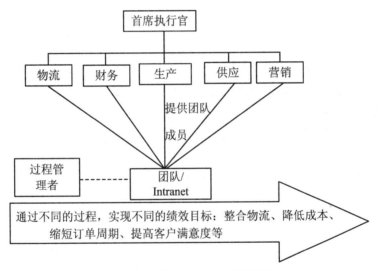

图 3.4 过程整合阶段的物流组织结构

过程整合的优势主要体现在以下三个方面:

① 可以针对不同的物流绩效目标组成不同的过程整合工作小组,其组织结构和组织成员是根据需求变动的,具有灵活性和多样性。

② 基于过程整合的运作贯通了整个物流流程,各部门衔接紧密,加快了物流和信息流的流动速度,减少了信息失真和延误,从而最终降低物流成本。

③ 由于职能聚集有建立权力集团的嫌疑而遭到众多反对,所以把重点转化到过程上,从而减少了将职能转换到无所不包的组织单位中的压力。

4. 供应链联盟阶段

随着供应链思想的逐步发展,企业物流组织结构也正在转变为供应链联盟结构,即组织开始从总公司占支配地位的结构转变为联盟、共享服务,以及业务外包等实体的网络结构,其实质是从原来单个企业内部的物流过程整合扩展到企业外部多个企业间的物流过程整合。供应链动态联盟结构如图3.5所示。

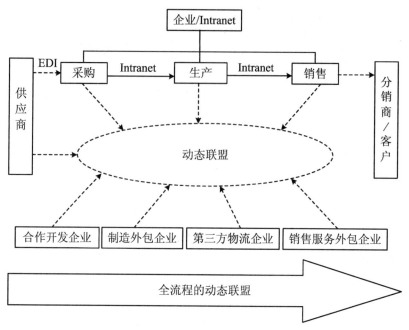

图3.5 供应链动态联盟结构

对企业物流组织结构演变规律的总结见表3.1。

表3.1 企业物流组织结构演变规律

时　期	物流组织结构	物流发展	企业管理技术	信息技术
20世纪50年代以前	职能分离	物流观念萌芽	小规模、强调责任和分工的管理	独立大型主机
20世纪50年代至80年代	职能聚合	物流管理战略化	大规模、垂直一体化、强调命令和控制的管理	集中微型机（PC机）
20世纪80年代至21世纪初	过程整合	物流管理过程化	小规模、分解、强调过程效率和核心竞争力的管理	局域网/互联网（Intranet/Internet）
21世纪初之后	供应链动态联盟	供应链管理	全球化、系统一体化、强调协同和战略的管理	局域网/互联网（Intranet/Internet）

3.2　企业物流组织结构的类型

企业处在不同的发展阶段时，每个企业都需要根据自身的规模、战略、技术和生产方式来选择切实可行的物流组织结构的形式。结合企业的具体实践，下面介绍几种比较典型的物流组织结构的类型：直线型、参谋型、直线参谋型、事业部型、矩阵型和物流子公司型[①]。

---

① 孔继利. 企业物流管理[M]. 北京：北京大学出版社，2014：56-59.

3.2.1 直线型物流组织形式

直线型物流组织形式是一种简单的组织形式,它的特点是不存在职能分工,物流管理的指挥和监督职能基本上是完全由行政负责人独自执行的,各种物流部门的职位均按直线排列,下属只接受上级领导的指挥,物流经理对所有的物流活动具有管理权和指挥权的物流组织结构。物流经理不仅对所有的物流活动负责,而且对企业物流质量、物流成本和物流绩效的控制负责。在这种结构中,物流管理的各要素不再作为其他职能部门的从属职能而存在,物流部门与其他部门处于并列地位。在解决企业部门之间的冲突时,物流经理可以和其他各部门经理平等磋商,共同为企业的总体目标服务。当物流活动对企业的经营较为重要时,企业一般会采用这种模式。直线型物流组织形式如图3.6所示。

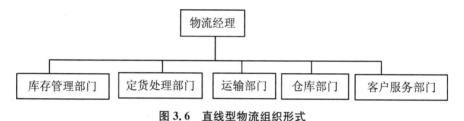

图 3.6　直线型物流组织形式

直线型物流组织形式具有以下特点:

① 优点:机构简单、权力集中、命令统一、决策迅速,有利于集中领导和统一指挥;物流经理全权负责所有的物流活动,互相牵连、相互推诿的现象不会存在,效率高、职权明晰。

② 缺点:所有管理职能都集中在一个人身上,需要全能型的管理者,决策风险比较大。

3.2.2 参谋型物流组织形式

参谋型物流组织形式是一种按照职能来进行规划的组织形式,这种组织结构只把有关物流活动的参谋职能单独抽取出来,由物流经理负责管理,基本的物流活动仍分散留在各部门进行。物流经理在这种结构中只是起到参谋作用,负责与其他职能部门的协调合作,而没有最终的决策权。这种组织结构适合刚开始实施综合物流管理的企业采用。参谋型物流组织形式如图3.7所示。

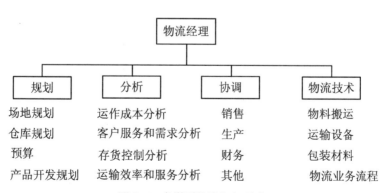

图 3.7　参谋型物流组织形式

参谋型物流组织形式的好处在于能够在较短的时期内,使企业经营顺利地采用最新的物流管理手段,因此往往作为一种过渡型的组织形式。

3.2.3 直线参谋型物流组织形式

直线参谋型物流组织形式是一种物流经理对业务部门和职能部门均实行垂直领导,均具有指挥权和命令权的组织形式。物流经理全权负责所有的物流活动,对业务运作和整体物流的规划、分析、协调等均实行垂直式领导。在直线参模型物流组织形式中,将物流部门分成两层,处于第一层的是物流参谋部门,其职责是对现有的物流系统进行分析、规划和设计,并向相关负责人提出改进意见;处于第二层的是物流业务部门,负责物流业务的日常运作和管理。第一层的物流参谋部门对第二层的物流业务部门没有管理权和指挥权,只起到检查和监督的作用。直线参谋型物流组织形式如图 3.8 所示。

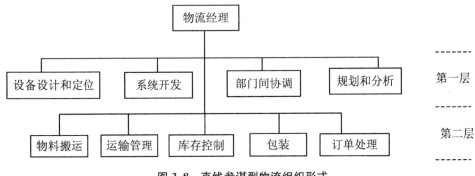

图 3.8　直线参谋型物流组织形式

直线参谋型物流组织形式具有以下特点:

① 优点:既保持了直线型物流组织形式集中统一指挥的优点,同时又吸收了参谋型物流组织形式发挥专业管理职能作用的长处,从而能够做到指挥权集中,决策迅速,分工细密,责任明确。在外部环境变化不大的情况下,易于发挥组织的集团效率。

② 缺点:不同的直线部门和参谋部门之间的目标不容易统一,增加了高层管理人员的协调工作。

3.2.4 事业部型物流组织形式

事业部型物流组织形式是指对内部具有独立运营的对象实行分权管理的一种组织形式,物流活动的管理被分配到各个事业部单独进行。在事业部型物流组织形式中,处于第一层的部门仍然是参谋部门,起到规划、设计和提出改进意见的作用,而第二层的部门是根据不同的服务对象或者不同的专业特长划分的业务部门,这些业务部门实行自治管理、自负盈亏。事业部型物流组织形式如图 3.9 所示。

事业部型物流组织形式具有以下特点:

① 优点:既保持了公司管理的灵活性和适应性,同时又发挥了各事业部的主动性和积极性,有助于不同物流事业部之间进行竞争,克服组织的僵化。

② 缺点:各事业部往往只重视眼前的利益,本位主义严重。

3.2.5 矩阵型物流组织形式

矩阵型物流组织形式是由纵横两套管理系统组成的组织形式。企业为了完成某项任务或目标,从直线职能制的纵向职能系统中抽调专业人员,组成临时或较长期的专门的项目小

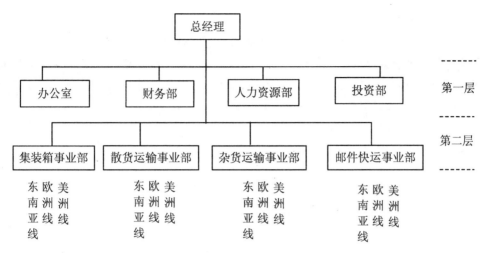

图 3.9 事业部型物流组织形式

组,由小组进行横向系统联系,协同各有关部门的活动,并有权指挥参与规划的工作人员。小组成员接受双重领导,但以横向为主,任务完成后便各自回原部门。

【资料 3.3 小资料】

矩阵型物流组织形式是由美国学者丹尼尔·W·蒂海斯和罗伯特·L·泰勒于1972年提出的。它的设计原理是将物流作为思考问题的一种角度和方法,而不把它作为企业内的另一种功能。

矩阵型物流组织形式如图 3.10 所示。

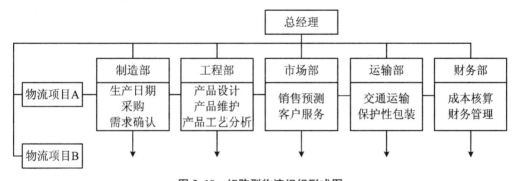

图 3.10 矩阵型物流组织形式图

矩阵型物流组织形式具有以下特点:

① 优点:物流部门作为一个负责中心,允许其基于目标进行管理,可以提高物流运作效率;这种形式比较灵活,适合于任何企业的各种需求;可以允许物流经理对物流进行一体化的规划和设计,提高物流的整合效应。

② 缺点:由于采取双轨制管理,职权关系受纵横两个方向的控制,所以可能会导致某些冲突和不协调。

【资料 3.4 小实例】

联合设备公司(United Fixtures)生产管道装置和设备,其销售额约为8 000万美元。这家公司设立了一个分拨部门以解决物流问题。新上任的分拨部经理对销售和市场副总裁负责,其部门目标是确定客户服务标准,并协调该服务标准与配送计划、生产计划之间的关系。

以前,销售部门为了取悦大客户的要求直接将企业生产的产品从工厂运出,但生产管理部门却常常跟不上进度。新部门成立以来,很快就发现了企业的这一瓶颈约束,并着手建立一套系统以更好地协调订单录入、生产计划、基层仓储和运输之间的关系,以满足客户的要求。

与此同时,为了迎合客户的口味,销售人员又制订出了新方案,从而打乱了生产计划,采购人员则不停地抱怨新的生产计划对原材料需求的波动太大,情况进一步复杂化。

尽管新部门的成立给运输成本和准时送货带来了积极的影响,但是仍有不少问题存在。例如,公司里大多数与物料流动有关或参与物料流动系统的职能部门认为分拨部门只对改善产成品的分拨系统有兴趣;而分拨经理也因无权控制成品库存心存不满;企业的生产副总裁负责企业库存管理,而且并不打算放弃产成品库存的控制权。

经提议,公司同意采用矩阵型组织形式,该做法已取得了实质性的进展,但在权力共享问题上遇到了一些障碍。公司已任命了一名负责原材料管理的执行副总裁来帮助协调各职能部门的关系。这个职位手下没有大量员工,也不要求各部门向他汇报,但由于他显赫的头衔和得体的处事方式,他和他的两个助手成功地实施了其他职能部门未能实现的全方位协调管理。

尽管矩阵结构是一种有效的组织形式,但必须认识到它也会造成权力、责任界定不清,由此引发的冲突也难以解决。当然,对于某些公司来说,这种介于完全非正式组织和严格正规化组织之间的形式,仍不失为一个不错的选择。

(资料来源:DeHayes D W, Tayor R L. Making Logistics Work in Firm[J]. Business Horizons,1972:38-45.)

3.2.6 物流子公司型物流组织形式

企业物流管理组织的设置,有在企业内部或在企业外部的差别,企业除了对内部物流功能进行整合外,还有另一种选择,即在外部设置物流管理组织——物流子公司。物流子公司(或称物流管理公司)是企业物流管理组织的一种新形式,其特点是物流一部分从原企业中分离出来,作为一个独立公司,专门负责物流工作。物流子公司处于能够代替母体企业物流部门全部或部分组织的地位,把企业物流管理组织"另外公司化"。

企业物流管理采用物流子公司型,与企业内的物流组织相比,具有以下几方面的优点:

① 物流费用明确化。物流单独公司化,物流费用的核算便简单而明确了,同时,母体企业也容易以交易方式来控制物流成本。更进一步,企业的物流不但可以作为费用控制中心,而且还可以作为利润中心来进行管理。

② 能减少阻碍物流改善的因素。作为独立的子公司,物流的合理化就容易通过市场交易的手段得以完成,回避了外界对物流的冲击。

③ 能提高企业物流人员的工作积极性,也有利于对物流人员的选拔和培养,还有利于推动物流设备的更新。

④ 能扩大物流活动的领域。物流子公司是从母体企业独立出来的法人,其工作对象跟内部物流部门相比要更加广泛得多。例如,与其他企业的物流共同化、开拓多方物流业务等。这符合把物流作为一种经营的发展要求。

3.3 企业物流组织设计

3.3.1 企业物流组织设计应考虑的有关因素

1. 企业所属行业类型的差异性因素

不同类型的企业,物流管理的侧重点不同,物流管理组织的结构设计也相应各有特点。例如,原材料生产型的企业是其他企业原材料的供应者,其产品种类虽然一般较少,但通常是大批量装卸和运输,因此,一般要成立正式的物流管理部门与之适应;销售型的企业没有生产活动,其经营集中在销售和物流活动上,一般从分布广泛的供应商采购商品并通常相对集中在较小的领域内零售商品,主要的物流活动有采购运输、库存控制、仓储、订货处理及销售运输等。对这类企业,物流组织极为重要,而且组织结构主要以销售运输为重点。

2. 企业的战略因素

企业组织是帮助企业管理者实现管理目标的手段。因为目标产生于组织的总战略,因此,组织的设计应该与企业的战略紧密配合,特别是组织结构应当服从企业战略。如果一个企业的战略发生了重大调整,毫无疑问,组织的结构就需要作相应的变动以适应和支持新的战略。

【资料3.5 小资料】

(1) 生产运作战略

生产运作战略的目标是以最大效率将处于原材料状态的货物通过加工转化为产成品。与之相应的组织设计关注的重点是那些产生成本的经营活动,如采购、生产计划、库存管理、运输、订单处理等活动将被集中起来,进行统一管理。

(2) 市场战略

追求市场战略的企业会以客户服务为导向,销售和物流也要与之相协调。与之相应的组织机构是将那些与销售客户服务和物流客户服务直接相关的经营活动集中在一起,经常向同一位主管人员汇报。其组织结构可能超越各经营部门的范围,以实现较高的客户服务水平。当然,物流成本也可能不处于最低水平。

(3) 信息战略

追求信息战略的企业一般有大规模的下游经销商和分销组织网络,拥有大量库存。在这一分散的网络中协调物流活动是首要目标,而信息是良好管理的关键环节。为确保得到信息,组织结构将会超越各职能部门、分支机构以及经营部门的范围。

(资料来源:孔继利.企业物流管理[M].北京:北京大学出版社,2014:61.)

3. 企业的规模因素

企业规模的大小对企业的组织结构有明显的影响作用。例如,大型企业的组织比小型企业的组织应倾向于具有更高程度的专业化和横向、纵向的分化,规章条例也更多。而小型企业的组织结构就显得简单,通常只需两三个纵向层次,形成扁平的模式,员工管理相对灵活。对于规模大的企业,目前流行一种新形式的组织设计,把组织设计的侧重点放到顾客需要或工作过程方面,用跨职能的项目小组取代僵硬的部门设置,在提高效率方面发挥了作用。

4. 企业的技术因素

以追求利润为目标的企业(特别是生产制造企业),都需要采取一定的技术,将投入转换为产出。这些企业在进行组织设计时,不可忽视技术对组织结构提出的要求。经研究表明,制造业的组织并不存在一种最好的方式,单件生产和连续性生产,采用有机式结构最为有效;而大量生产企业若与机械式结构相匹配,则是最为有效的。研究还表明,越是常规的技术,结构就越应该标准化,即采用机械式的组织结构;越是非常规的技术,结构就越应该是有机式的。

5. 企业的环境因素

企业环境也是组织结构设计的一个主要影响力量。从本质上说,较稳定的企业环境,采用机械式组织更为有效;而动态的、不确定的环境,则采用有机式组织更佳。由于现今企业面临的竞争压力增大,企业环境也不似从前稳定,故企业物流组织应该能够对环境的变化作出有益于企业运行的反应,设计要充分体现出柔性。

总之,企业物流管理组织设计一定要从企业的实际出发,综合考虑企业的规模、产权制度、生产经营特点、企业组织形态及实际管理水平等多种因素,以建立最适宜的组织。物流管理组织的调整,要适应企业经营方式变革和企业内部管理向集约化转换的需要。

3.3.2 企业物流组织设计的步骤

设计企业物流组织时,可以采用下面的步骤:
① 研究公司的战略目标;
② 确定与公司结构相融合的职能部门;
③ 定义自己所负责的部门职责;
④ 熟知自己的管理模式;
⑤ 确定自身的适应性;
⑥ 了解自己的支持系统;
⑦ 制订既满足个人又满足公司目标的计划。

其中,第一个步骤确保物流部门的长远方向和公司目标相一致;第二步骤使职能部门设置与公司结构相对应也是十分重要的,除非整个公司的结构需要重新设计;第三个步骤界定职责是必要的,因为物流活动的横向性质有时会产生混淆;第四个步骤要求管理者认识到自己的态度和行动将怎样影响其下属的适应变化;第五个步骤中的灵活性可以确保组织适应将来的变化;第六个步骤了解自己的支持系统,有助于准确知道新系统能干什么和不能干什么;最后一步保证使用者接受新系统,因为使用者在实施过程中的抵触会迅速导致失败。[①]

3.3.3 企业物流组织设计的原则

在企业物流组织建立过程中,应从具体情况出发,根据物流管理的总体需要,体现专业

---

① 赵启兰.企业物流管理[M].北京:机械工业出版社,2014:90.

职能管理部门合理分工、密切协作的原则，使其成为一个有秩序、高效率的物流管理组织体系。具体来说，建立与健全物流管理组织必须遵循下述基本原则：

1. 有效性原则

有效性原则是企业组织基本原则的核心，是衡量组织机构合理与否的基础。

有效性原则要求企业组织必须是有效率的。物流组织的效率表现为组织内各部门均有明确的职责范围，节约人力、节约时间，有利于发挥管理人员和业务人员的积极性。

有效性原则要求物流组织在实现物流活动的目标方面是富有成效的。有效性原则要贯穿在物流组织的动态过程中，组织机构要反映物流管理的目标和规划，要能适应企业内部条件和外部环境的变化，并随之选择最有利的目标，保证目标实现。物流组织的结构形式、机构的设置及其改善，都要以是否有利于推进物流合理化这一目标的实现为衡量标准。

2. 合理管理幅度原则

管理幅度是指一名管理者能够直接而有效地管理其下属的可能人数和业务范围，它表现为管理组织的水平状态和组织体系内部各层次的横向分工。管理幅度与管理层次密切相关，管理幅度大就可以减少管理层次；反之，则要增加管理层次。

管理幅度的合理性是一个十分复杂的问题。因为管理幅度大小涉及许多因素，如管理者及下属人员素质，管理活动的复杂程度，管理机构各部门在空间上的分散程度等。管理幅度过大，会造成管理者顾此失彼，同时因为管理层次少而导致事无巨细、鞭长莫及；反之，则必然会增加管理层次，造成机构庞杂，增加管理上的人力、财力支出，并会导致部门之间的沟通及协调复杂化。因此，合理管理幅度原则一方面要求适当划分物流管理层次，精简机构；另一方面要求适当确定每个层次管理者的管辖范围，保证管理的直接有效性。

3. 职责与职权对等原则

无论是管理组织的纵向环节还是横向环节，都必须贯彻职责与职权对等原则。职责即职位的责任。职位是指组织机构中的位置，它是组织内纵向分工与横向分工的结合点，在组织内职责是单位之间的连接环，把组织机构的职责连接起来，就是组织的责任体系。如果一个组织没有明确的职责，这个组织就不牢固。

4. 协调原则

物流管理的协调原则是指物流管理各层次之间的纵向协调、物流系统各职能要素之间和部门之间的横向协调。在物理管理中，横向协调更为重要。

改善物流企业组织的横向协调关系可以采取下列措施：

① 建立职能管理横向工作流程，使业务管理工作标准化；

② 将职能相近的部门组织成系统，如供、运、需一体化；

③ 建立横向综合管理机构。

5. 稳定与适应结合原则

企业组织的结构要有一定的稳定性，即相对稳定的组织结构、权责关系和规章制度，有利于生产经营活动的有序进行和提高效率；同时，组织结构又必须有一定的适应性和灵活性，以适应迅速发生的外部环境和内部条件的变化。

3.4 企业物流组织的创新与发展

3.4.1 企业物流组织的创新趋势

1. 由分散化向内部一体化转变

20世纪80年代后,欧美等发达国家就开始出现了企业内部的一体化物流组织。它是指在一个高层物流经理的领导下,统一所有的物流功能和运作,将采购、储运、配送、物料管理等物流的每一个领域组合构成一体化运作的组织单元,形成总的企业内部一体化物流框架。尽管这种一体化组织存在着机构较大而复杂、组织灵活性低等一些弊端,但是对于涉及部门和环节较多的物流系统而言,则表现出更多的优越性。它有利于统一企业物流资源、避免浪费、发挥物流整体优势,有利于从战略的高度系统地考虑和规划企业物流问题,整合物流管理、协调物流操作,提高物流运作的效率和效益。

2. 由职能化向过程化转变

20世纪90年代以来,企业组织进入了一个重构的时代。物流管理也由重视功能转变为重视过程,通过"管理过程而非功能"提高物流效率成为整合物流的核心。物流组织开始由功能一体化结构向以过程为导向的水平结构转变,强调以物流过程为中心的组织构建方式,将物流纳入企业的流程再造中,不再简单地按照仓储、运输、流通加工等物流职能设置部门,而是根据企业原材料、零部件、半成品和产成品的流向和流动过程,将物流同新产品开发、生产制造、客户服务等有机结合,注重物流和信息流的融合,围绕企业总体目标和物流具体目标设计组织结构。物流过程化组织能够跨越企业的各职能部门、地区部门,甚至于企业之间而有效地组织物流活动,其组织形式是多样化的,如矩阵型、项目型、团队型等。

3. 由垂直化向扁平化转变

由于垂直化组织拥有庞大的中层结构,使其僵化而缺少柔性。通过精简中间管理层、改善沟通、消除机构臃肿,实现物流组织结构的扁平化。物流组织的扁平化可以采取直接压缩组织结构的办法,但是由于管理层次的减少必然会扩大管理跨度,管理跨度又因管理的内容、管理人员的素质等因素而受到限制,为了实现管理跨度和管理层次的最佳组合,采取上述矩阵型等组织形式是物流组织扁平化的有效方法。

4. 由固定化向柔性化转变

组织柔性化的目的在于充分利用组织资源,增强企业对复杂多变的动态环境的适应能力。例如,物流工作团队就是为了实现某一物流目标,而把在不同领域工作、具有不同知识和技能的人集中于特定的团体之中,而形成组织结构灵活便捷、能伸能缩、动态柔性的物流组织,这种柔性组织将表现出更大的优越性。

5. 由实体化向虚拟化发展

虚拟物流组织具有快速响应市场变化的能力,组织灵活性强,易于分散物流风险,易于企业抓住有利的物流机会,有利于企业利用外部物流资源,使之专注于物流核心业务,而将非核心业务外包给虚拟成员企业,从而提高本企业的核心竞争力。例如,企业间为实现特定的物流目标而采取联合与合作等形式建立的物流联盟组织,就是一种有效的虚拟型物流组织。它可以使物流资产发挥更大的作用,降低物流费用,实现企业间的双赢或多赢。

6. 由单体化向网络化发展

随着经济全球化、网络化和市场化的日益加剧,企业物流组织必然会向网络化发展,以使企业能够充分利用内外部物流资源来快速响应市场需求,有效提高其竞争力。物流网络组织是将单个实体或虚拟物流组织以网络的形式联合在一起,它是以联合物流专业化资产、共享物流过程控制和完成共同物流目的为基本特性的组织管理形式。它可以是实体组织,也可以是虚拟网络组织;可以是企业或企业集团内部的物流网络组织,也可以是企业外部网络组织。

上述是对企业物流组织创新趋势的一般性分析,企业要根据自身的情况和所处的外部环境,确定物流组织创新的方向和具体形式。[①]

3.4.2 企业物流组织的发展

现代社会的一个趋势是走向综合化。分工虽然使效率空前提高,但分工过细也使协调工作空前复杂。因此,当前管理领域正经历着一场世界范围内对传统层级式管理的根本变革,这种变革在组织管理上表现为流程型组织、虚拟型组织、学习型组织和面向供应链的组织等新型组织形式的发展,其对物流管理的影响已日益凸显。

1. 流程型物流组织

在以流程为中心的企业里,企业的基本组成单位是不同的流程,不存在刚性的部门,每个流程都由专门流程主持人负责控制,由各类专业人员组成的团队负责实施,流程成为一种可以真实观察、控制和调整的过程。流程型物流组织模式围绕着企业的关键业务流程来组织员工、进行指标评估和系统评价,将属于同一企业流程内的物流工作合并为一个整体,使流程内的步骤按自然的顺序进行,工作间断而连续。

这种以流程为基础的物流组织结构,强调把物流活动作为增值链来管理,强调物流作为一个综合系统,强调物流效率,而且,物流组织以"流"定位,更容易实施所需要的物流重组。

一般来说,流程型物流组织的创建可以从以下几个方面进行:

(1) 设置流程经理

所谓流程经理就是管理一个完整物流流程的最高负责人。对流程经理而言,不仅要有激励、协调的作用,而且应有实际的工作安排、人员调动、奖惩的权利。

(2) 新型职能部门的存在

虽然在同一个流程中,不同领域的人相互沟通与了解以创造出新的机会,可同一领域的人之间的交流也是很重要的。而新型职能部门正好为同一职能、不同流程的人员提供了交流的机会。当然,在新的组织结构中,职能部门的重要性已退位于流程之后,不再占有主导地位,它更多地转变为激励、协调、培训等。

(3) 注重人力资源的开发

基于流程的企业组织中,在信息技术的支持下,执行人员被授予更多的决策权,并且使多个工作汇总为一个,以提高效率。这对人员的素质要求更高,因而人力资源的开发和应用更显得重要。

2. 学习型物流组织

在学习型组织中,组织内的每个成员都有责任鉴别和解决问题,使组织能持续不断地改

[①] 赵启兰. 企业物流管理[M]. 北京:机械工业出版社,2014:85.

进和增强能力。学习型组织的目标是解决问题,从而区别于以效率为目标的传统型组织。在学习型组织中,员工在基于知识的结构内部能持续地学习,并能鉴别和解决属于其活动领域内的问题。员工能理解客户的需求,并通常以组建团队的方式,联合各个领域的专家,形成自主式、智能型的团队,以迎合客户的需求。

在学习型组织中,结构不再是以往的直线型或矩阵型,而是趋向于一种扁平化的网络组织结构,人员之间信息和命令的传达也不再是层层下达,而是通过网络,变得非常方便和直接,权力也更有可能分散,甚至形成员工共同决策的新的决策方式。

学习型组织的条件非常苛刻,组织内部必须全面实现信息化管理,组织内部人员素质必须较高,并能有独特的组织文化,还要有英明的处于核心层的领导,并能有紧急决策的能力。

3. 虚拟型物流组织

虚拟型组织是指两个以上的独立实体,为迅速向市场提供产品和服务而在一定的时间内结成的动态联盟。它不具有法人资格,也没有固定的组织层次和内部命令系统,而是一种开放的组织结构,因此可以在拥有充分信息的条件下,从众多的组织中通过竞争招标或自由选择等方式精选出合作伙伴,迅速形成各专业领域中的独特优势,实现对外部资源的整合利用,从而以强大的结构成本优势和机动性完成单个企业难以承担的市场功能。

虚拟型组织是一个以机会为基础的各种核心能力的统一体,通过整合各成员的资源、技术、市场机会而形成的。因此,合作是其生存的基础。由于虚拟型组织突破了以内部组织制度为基础的传统的管理方法,各成员又保持原有的风格,因此虚拟型组织成员的协调合作必须形成一种强烈的依赖关系,使信任成为分享成功的必要条件。

4. 面向供应链的物流组织

供应链管理是一种纵横一体化的集成化管理模式,强调核心企业与相关企业的协作关系。它通过信息共享、技术扩散、资源优化配置和有效的价值链激励机制等方法体现经营一体化。

随着供应链管理和物流一体化战略的兴起,企业开始将管理的注意力转向企业之间的关系。企业物流管理需要超越现有组织结构的界限,将供应商和用户纳入管理范围,作为物流管理的一项中心工作,有利于物流的自身条件的建立和与供应商和客户之间的合作关系的发展,形成一种联合力量,以赢得竞争优势。[①]

根据供应链管理的特点,实施战略联盟是一种很有前途的组织形式,也是企业面向供应链的物流组织发展的一个方向。在供应商与客户之间,同行业企业之间,相关行业企业之间,甚至不相关行业的企业之间,都可能在物流领域实现战略联盟。尤其是生产型企业与专业物流企业之间较为容易建立战略联盟,这通常被称为"第三方物流合作"。战略联盟的形式难以归类,无论是信息和技术共享、采购与营销协议还是业务外包、合资经营等,联盟各方的最终目标都是为了保障彼此之间的长期业务合作,建立战略性合作伙伴关系,达到共赢。

【资料3.6 小思考】

查阅相关资料,思考虚拟型物流组织和面向供应链的物流组织的区别和联系。

---

① 孔继利.企业物流管理[M].北京:北京大学出版社,2014:85.

 **本章小节**

本章主要介绍了企业物流组织的概念、企业物流组织存在的必要性、企业物流组织的演变过程、企业物流组织结构的类型、企业物流组织设计应考虑的有关因素、企业物流组织设计的步骤及原则和企业物流组织的创新与发展等基本内容。

本章认为企业物流组织是执行物流管理职能的物流组织结构,而组织结构则是描述组织的基本框架体系,一个组织通过对自身任务、职权进行分解、组合形成一定的结构体系。依据组织结构设计理论,组织结构设计过程就是一个组织的组织化过程。组织化的目的是协调组织内部各种不同的活动,使组织运作效率达到整体最优。企业物流组织有直线型、参谋型、直线参谋型、事业部型、矩阵型、物流子公司型等多种物流组织形式。

企业物流组织设计应考虑如下因素:企业的所属类型因素、企业的战略因素、企业的规模因素、企业的技术因素、企业环境的因素等。建立与健全物流管理组织必须遵循下述基本原则:有效性原则、合理管理幅度原则、职责与职权对等原则、协调原则及稳定与适应结合原则。最后,本章介绍了企业物流组织的创新与发展趋势。

【关键词】

组织结构(Organizational Structure)　组织设计(Organizational Design)　企业物流组织(Corporate Logistics Organization)　企业物流组织结构(Corporate Logistics Organization Structure)　集中式物流组织结构(Centralized Logistics Organizational Structure)　分散式物流组织结构(Decentralized Logistics Organizational Structure)

 **案例分析**

杜邦公司物流管理体制变革

世界500强企业中,年龄最大的应该就数1802年创立的杜邦公司。杜邦公司在发展历程中,不断创造各种业界奇迹。在创造奇迹的合力中,"年轻"的物流管理不断改造创新,增强生命力,居功甚伟。

经过200多年的发展,杜邦已经进入了化工、建筑、医药、纺织、家用建筑材料、电子产品等领域,在70个国家开设了135家制造企业,75个实验室,拥有18个战略业务单元和80项截然不同的具体业务,每天有4 000~5 000个海外运输,与几十万家供应商和客户打交道。因此,为了保持业务决策的高效性,20世纪90年代以前杜邦在物流管理上一直奉行分散管理的原则。具体内容是:18个战略业务单元拥有完全自主和独立的管理权力,自行设计和控制自己的供应链,包括选择自己的供应商、承运人、代理机构等事项。与事事都由总部管理相比,这样做可以减少中间环节、提高工作效率,对杜邦大有裨益。

开始时物流管理每天畅通无阻,分散管理十分有效。但是进入20世纪90年代,科技成为改变一切的先导。它对化工行业的影响是,及时送货和灵活服务成为客户一致的需求。习惯于各自为政的杜邦18个战略业务单元,各自掌管一套封闭的供应链,彼此互不往来。这样一来,不仅以规模降低成本的战略只能躺在规划中度日,就连价格也丧失了优势。在原材料采购方面,由于杜邦每年与供应商之间大约发生25万次的跨境运输,这些运输多数往返于美国和欧亚之间,在边界清关时,原有的采购模式常因信息不完整造成延误。并且,杜邦不同的业务部门对海关的条例规则理解不同。更为严重的是,雇佣大量人员和供应商打交道,不仅缩短供货周期的目标无法顺利实现,降低库存也成为一句空谈,分散式管理的弊端暴露无遗。此时,杜邦必须重新设计一个供应链,满足18个独立战略业务单元的所有需求。同时,利用公司强大的购买力进行集体采购,通过降低成本,杜邦就可以击败竞争对手。

为创造高效的物流管理,杜邦进行了集中管理改革。

首先,向18个战略业务单元开刀。杜邦专门成立了一个物流领导委员会,委员会成员由18个战略业务单元中的物流经理组成,对公司所有的物流操作和成本负责。当有重大的外包项目时,这个委员会就充当采购委员会的角色,负责决定外包业务并监控执行过程和听取汇报。此举的效果是,一个产品从源头的原材料到最终的成品全部顺利衔接,以往的推诿、扯皮彻底消失。

其次,设立了一个配送中心,负责将过去由每个工厂独立操作的美国国内货物统一配送。掌管配送中心的是美集物流的一个子公司,通过它们,杜邦将300多家工厂生产的商品配送到美国各地7 000家零售企业。配送中心的流程是精心设计的。首先,杜邦所有的工厂通过配送中心登记自己的货物运输需求,这种需求多达39 000个。配送中心专门聘请了熟悉物流管理运作的专家,从39 000个需求的初始和目的地之间优化货物流动,最后决定承运人的人选。这些承运人是从18个战略业务单元按照运价和服务功能事先筛选出的名单中产生的。经过科学运作,配送中心80%的流程实现了自动化。

最后,在管理供应商进货方面,杜邦将美国制造点的所有拼装运输集中,外包给一家大型公司管理。同时,花费两年的时间,同一些物流公司实验了9个项目,最终将国际进出口业务外包给两个物流整合商:美国的BDP公司和欧洲的德迅物流,与先前上百家货代的合作宣告终止。

物流管理改革的好处清晰可见。杜邦成品配送费用占总收入的比重从1994年的5.33%下降到1997年的4.6%。借助新的配送标准,长距离国际运费也大幅降低。1995年、1996年,物流费用总计节省1.6亿美元,仅运费就减少了3 000万美元。

在第一轮物流管理改革成功后,杜邦没有在已有的成果上躺着睡大觉,而是再接再厉,继续给自己的物流管理输送新鲜氧气,实现了物流管理改革的第二次飞跃。

2000年,刚出现有托运人建立专属于自己的网络,与承运人和供应商沟通的第三方物流商,杜邦就立即将之列入公司重点发展计划。

2000年5月,杜邦专门成立了一个小组,这个小组的使命只有一个——调查互联网络和技术产品,最终制定一个正确的方案。这个小组通过考察,推荐了专业网站Trans Oval。在网站上,杜邦的客户和供应商可以广泛、灵活地交换信息。最初Trans Oval这个名字隶属于杜邦欧洲物流集团。2002年8月,杜邦开始在一个包装公司22项业务中使用Trans Oval。2002年底,整个美国的业务被容纳进去。2003年,Trans Oval出现在欧洲和亚太地区客户的电脑屏幕上。经过几年的扩建,现在这个网站已经与杜邦融为一体,随时给杜邦每年100多万次的全球运输提供高级服务。为了保护杜邦的客户、供应商及自身信息安全,保障杜邦的工作效率,有一个专门的防火墙保护公司的电脑和网络。

(资源来源:黄福华,邓胜前.现代企业物流管理[M].北京:科学出版社,2013:74-76.)

思考:

(1) 杜邦公司在物流组织管理上进行了哪些变革?

(2) 如何评估杜邦公司物流组织变革的效果？

【思考与练习题】

1. 选择题

(1) 企业物流组织的演进经历了哪几个阶段？（　　）。
A. 职能分离阶段　　　　　　　　B. 职能聚合阶段
C. 过程整合阶段　　　　　　　　D. 供应链联盟阶段

(2) 典型的企业物流组织结构形式包括（　　）。
A. 直线型　　　B. 事业部型　　　C. 参谋型　　　D. 矩阵型

(3) 做好企业物流组织的设计工作应考虑的因素包括（　　）。
A. 企业类型　　　B. 企业规模　　　C. 企业技术　　　D. 企业环境

(4) 企业物流组织结构设计的原则包括（　　）。
A. 职责与职权对等原则　　　　　B. 适度分权原则
C. 控制幅度原则　　　　　　　　D. 系统效益原则

(5) 企业物流组织的创新与发展模式包括（　　）。
A. 流程型组织　　　　　　　　　B. 学习型组织
C. 面向供应链的组织　　　　　　D. 成立物流子公司

2. 判断题

(1) 物流经理在参谋型物流组织结构中既起到参谋作用，负责与其他职能部门的协调合作，又具有决策权和指挥权。（　　）

(2) 虚拟型组织不具有法人资格，也没有固定的组织层次和内部命令系统，而是一种开放的组织结构。（　　）

(3) 实现一定的客户服务水平以及所需的服务成本之间的均衡对一个企业的运作十分重要，必须有人总体负责整个产品生产和流通的过程。（　　）

(4) 物流总部的设立并不一定是将物流现场作业全部集中到总公司进行，一般物流现场作业仍由各事业部独自展开。（　　）

3. 简答题

(1) 什么是企业物流组织？它的演进经历了哪几个阶段？
(2) 企业物流组织结构有哪些类型？
(3) 企业物流组织设计应考虑哪些因素？
(4) 设计企业物流组织时应采用哪些步骤？
(5) 建立与健全物流管理组织必须遵循哪些基本原则？
(6) 现代企业物流战略的控制步骤是什么？
(7) 如何对现代企业物流战略进行评价？

某企业物流组织结构的分析

实训目的： 了解该企业物流组织结构的相关内容和设计物流组织结构的部门，掌握该部门设计企业物流组织结构的相关流程，并分析该企业物流组织结构调整的过程。

实训内容：调研某企业的物流组织结构，并对该企业的物流组织结构进行分析，提出改进的方案或建议。

实训要求：首先，将学生进行分组，每五人一组；各组成员自行联系，并调查当地的一家生产或商贸流通企业的物流部门，了解该企业的物流组织结构，并分析该物流组织结构中相关人员的主要职责；分析该企业或物流部门物流组织的合理之处及不合理的地方，并提出本组认为合理的物流组织结构，改进或设计部门人员相应的职责；针对本组的分析和改进结果，与企业物流组织结构的设计部门的相关人员沟通，听取他们对分析和设计结果的建议，之后改进相应的方案，如此反复直至得到该部门管理人员的认可为止。每个小组将上述调研、分析、改进企业物流组织的过程和内容形成一个完整的分析报告。

第4章　企业物流系统规划与设计

【本章教学要点】

知 识 要 点	掌握程度	相 关 知 识
企业物流系统规划基础知识	掌握	企业物流系统规划的概念、层次
企业生产物流系统规划与设计	重点掌握	生产物流系统设计的原则、内容和方法,生产设施布置设计,物料搬运系统设计
企业仓储与配送系统规划与设计	重点掌握	仓库的货位布置、空间利用,配送中心的规划资料分析、布局,仓库配送中心选址的方法
企业运输系统规划与设计	掌握	运输方式、运输路线优化

【本章能力要求】

能 力 要 点	掌握程度	应 用 能 力
生产设施布置设计	重点掌握	能够运用SLP法对生产设施进行布置设计
物料搬运系统设计	掌握	能够运用SHA相关理论对生产物料搬运系统进行设计
仓库设施布局	重点掌握	能够运用相关知识对仓库进行合理布局
仓库配送中心选址	掌握	能够运用合适的方法来对仓库配送中心选址进行分析

【本章知识架构】

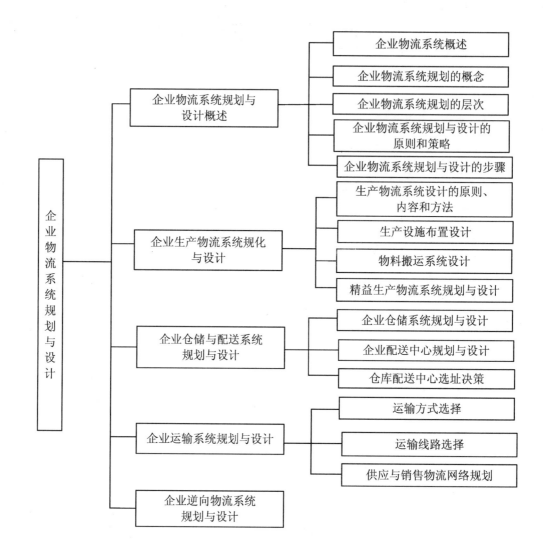

 导入案例

北京现代汽车物流运作体系

北京现代将涉及轿车生产与销售的全部物流活动分为四部分。其中,调配物流(即通常所说的采购物流)由采购部负责,生产物流由生产部具体安排,销售物流由销售部管理,三个部门各司其职,通过信息系统实现部门间相互沟通、协调一致;而在配件物流方面,北京现代正在与韩国现代商谈成立合资公司,负责售后零部件的管理与配送。

生产物流直接与生产挂钩,严格按照生产计划进行。北京现代每天与供应商进行信息沟通,通过"伙伴系统"将生产计划与要货指令传递给供应商,后者按此制订本企业计划,安排生产与送货,与北京现代保持高度协调一致。

在生产物流方面,接收零部件供应商或其物流公司的送货。北京现代按照货物来源将零部件分成两类,分别管理。其中,一类是从韩国进口的KD件,除了通关之外的主要物流工作都交给中远物流公司负责。KD件先保存在位于厂区内的两个仓库中,再按照生产计划由物流科统一调配使用。另一类是国内采购件,由供应商或者其物流服务公司负责送到工厂仓库保管,将零部件盛载在专用容器中,直接存放在生产线旁的绿色区域内。其好处是,仓库不受空间的约束,可以自由伸缩,有很大的弹性;无固定的出入口,货物从哪个方向都可以自由进出,并可以左右移动,有利于货物的快速流动;而且出库时不需要再开票,简化了手续,减少了作业人员。同时,物流工人负责管理生产线旁的KD件和部分国内采购件,按生产指令送到生产线旁的指定工位。有些零部件如座椅等采用同步顺序(Just In Sequence, JIS)供货方式,即与生产需求实时对接、同步供应,从而构建JIT均衡供货系统,满足柔性化生产需求。具体做法是,供应商先对全部物料进行统一编号,然后按照北京现代的生产节拍与车型进行排序,再直接送到相应工位,工人直接装配。这一供货方式效率最高,占用空间最少。

在销售物流管理中,北京现代按照单车需要面积分割仓储场地,给每块地分配一个号码;在车辆入库时,由信息系统给每辆车指定一个位置,停车入位后扫描车辆条码与位置条码,做到一车一码,这样,车辆库存情况一目了然,方便调配,大大加快了提车速度,降低了差错率。但是,由于采用位置码管理占用空间较大,按原规划仓库只能存放4 180辆轿车。随着产能提高,仓储面积越来越紧张,北京现代就根据实际需要对位置码管理法加以改进——按照订单生产的轿车仍采用位置码管理,而根据计划生产的常销车则采用相对紧凑的方式,同型号车集中存放,这样使实际库存能力增加到6 000多辆。现在,客户从下单到收到整车,如果是完全按照订单生产的轿车,约需要15天时间;而按照计划生产的轿车只需要一周左右。这样的效率,完全满足了市场需求。

(资料来源:http://wenku.baidu.com/link? url = NL45tzzPIprhFQfxKWUyh5iHm-70kmqTYOrc2dvVRzcUWMLs1wCsxSFN0JeSLyp6z0ezLVamwIdef-gSwy9I-uRW8DV1DikrI 9KUPh EJwTO.)

思考:
北京现代汽车的物流系统在规划设计上进行了哪些改善?这些改善的效果如何?

4.1 企业物流系统规划与设计概述

4.1.1 企业物流系统概述

4.1.1.1 物流系统的概念和特点

物流系统是指在一定的时间和空间里,由所需位移的物资、包装设备、装卸搬运机械、运输工具、仓储设施、人员和通信联系等若干相互制约的动态要素所构成的具有特定功能的有机整体。[①]

---

① 夏春玉.现代物流概论[M].北京:首都经济贸易大学出版社,2013:82.

一般而言,可以从以下几个方面来理解物流系统:

1. 物流系统具有一定的整体目的性

物流系统包含了多个既互相区别又互相联系的子系统,如图4.1所示。通常最基本的物流系统由包装、装卸、运输、储存、加工及信息处理等子系统中的一个或几个有机地结合而成,每个子系统又可以分成更小的子系统。物流系统的总目标是实现其经济效益,但是在实现这一目标过程中会出现效益背反的现象,即在物流系统中,如果通过调整获得了某一方面的效益,系统其他方面的效益就可能会有所下降。例如,为了获得更大的仓库利用空间,可以通过增加堆码高度来实现,但是同时也增加了拣选的难度。所以在物流系统中,必须协调平衡各个子系统的目标,以物流系统总目标效益最大为目的。

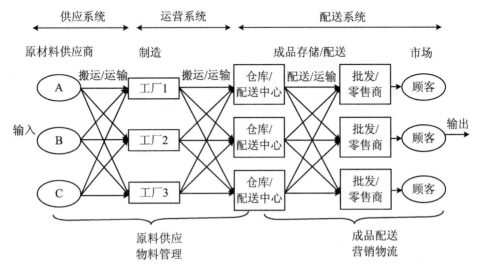

图 4.1 物流系统示意图

2. 物流系统是一个复杂的大跨度的动态系统

物流系统中的物资可以是全部社会物资,而社会资源的多样化带来了物流系统的复杂化,从事物流活动的人员队伍庞大,物流系统内的物资占用大量的流动资金,物流网点遍及各地,并且这些人力、物力、财力资源是随时变化的,其所在的社会环境也是处于变化之中的,如何组织和合理利用是一个非常复杂的问题。与此同时,物流实现了物资的时间价值和空间价值,其时间和地域跨度越大,物流系统的管理难度也随之增大。

3. 物流系统作为上位系统的子系统而发挥作用

物流系统是社会经济系统的子系统,因此它必然受社会经济系统的制约。而企业物流系统的上位系统是企业经营系统,企业物流系统的目标必然要以企业经营系统的目标为基础,服从企业总体发展的需求。

4. 物流系统需要通过信息的反馈进行控制

物流系统是个大跨度系统,随着时间和地域的跨度增大使得物资在流通领域运转的时间变长,因此物流系统中各个环节是否能衔接配合就离不开信息功能,为使物流系统按预定目标运行,物流系统运行中出现的偏差必须加以纠正,设计出来的物流系统在运行的过程中也需要不断完善,这些都需要建立在对信息充分把握的基础之上。同时物流系统中有大量的"人"和"资金",如何对这些资源进行合理的组织和利用,也依赖"信息流"有效地收集、处理和控制。[①]

4.1.1.2 企业物流系统的内涵和特点

企业物流系统是社会物流系统的一个分支,所谓企业物流系统是指由参与企业物流活动全过程的所有物流要素,为了实现企业的物流目标而形成的一个整体。它包括三层内涵:第一层,企业物流系统是一个有机的整体;第二层,这个整体由参与企业的物流活动全过程的所有物流要素共同组成;第三层,组成整体的目的在于完成物流系统的总体目标。一般认为,企业物流系统的目标包括两方面内容:一是物流服务目标,即在适当的时间,将适当数量、适当质量的产品送到适当的地点;二是物流成本目标,即在提高系统所需的服务水平的同时,使企业物流系统的总成本达到最低。[②]

企业物流系统是通过生产转换过程将输入变成输出的,它除了拥有宏观物流系统的特性之外,又有自己的特性。其特性如下:

① 企业物流系统是动态和静态相结合的网络结构。企业的生产活动将整个生产企业的所有孤立的静态的作业点、作业区域有机地联系在一起,构成了一个连续不断的企业内部生产物流。

② 企业物流系统的运行具有节奏性。物料的流动始终贯穿于企业的整个物流活动之中,这些物料的流动必须按照企业生产销售的节奏而定,因此企业物流系统的运行也必须按照一定的速度和节拍来进行。

4.1.2 企业物流系统规划的概念

物流系统是一个开放的复杂系统,在全球供应链一体化环境下,影响其发展的内外因素进一步增多且变化大,作为微观层次的企业物流系统规划也就显得越来越重要。

尽管企业物流系统规划很重要,但是目前对企业物流系统规划尚缺乏统一的定义。一般而言,企业物流系统规划是指立足于企业物流战略目标,将企业范围的所有物流活动视为一个大系统,运用系统原理进行整体规划设计、组织实施和协调控制的过程。目的是以优质的物流服务水平、最低的物流总成本,实现企业物流系统的整体合理化和效益最优化。

【资料 4.1 小实例】

> 2014年上半年,中国石化华东分公司供应处针对分公司非常规工区点长面广、路况崎岖、各工区相距较远,物资运输困难、费用高等特点、难点,对其物流系统进行优化,采取了多种措施降低了物流成本:一是对总部直采的油套管,由业务人员通知厂家直发该处乡宁、重庆现场库,实施统一管理;二是根据工区的生产进度,结合现场实际情况,改汽车运输为汽运和火车皮分段混合运输的方式供应;三是对三抽设备、地面工程管线、PE 燃气管线实施无库存管理,由厂家代为储备,根据现场实际需求发货,配送直达到各个工区井场,按照实际发货数量结算,避免二次倒运,降低了库存风险,减少了整体库存压力;四是对于压裂石英砂,由供应商在工区附近设置库存地点,并负责现场仓储、装卸、防潮等工作。截至6月底,该处在分公司非常规工区运输成本同比下降 95 万元。

(资料来源:http://www.hg-z.com/nl/qiyexinwen/10.html。)

[①] 顾东晓. 物流学概论[M]. 北京:清华大学出版社,2012:228.
[②] 何燕来. 企业物流系统研究[M]. 北京:中国社会科学出版社,2012:40.

企业物流系统规划主要解决以下两类问题：一是物流系统中的网络布点问题，例如工厂、仓库、配送中心以及车间等的选址问题，它们构成了企业物流系统规划的整体架构；二是物流系统的局部设施的布置问题，即具体到某个区域的详细的设施布置。

4.1.3 企业物流系统规划的层次

企业物流系统规划主要涉及生产系统、仓储与配送系统、运输系统和逆向物流系统四大块，这四个方面相互联系，相互渗透。例如企业的生产系统设计直接决定了其仓储与配送系统的设计；反过来，仓储与配送系统的设计又将影响生产系统的设计。但是不管是哪一方面的物流系统规划，都会涉及三个层次，分别为战略层次、战术层次和运作层次。

这三个层次在计划上的时间跨度有所不同，其中，战略规划是长期的，时间跨度通常超过一年，主要解决企业长远发展的战略性决策问题，企业物流系统战略层次的规划在各种规划层级中是最高的，时间也是最长的。因为规划的时间跨度较长，它对细节的强调也就会因此而较少，所得到的数据往往是不完整、不精确的，数据也可以经过处理，所以往往认为只要在合理的范围内，就可以认为这些数据是有效的。战略规划的内容都是在战略层次上的引导，所考虑的是企业的目标、总体服务需求以及管理者通过何种方式来实现这些目标。战术规划是中期的，一般短于一年，可以按季度或年度更新规划，在内容上可能比战略规划更为具体。运作层次规划是短期规划，可以细化到每天甚至每小时的具体决策问题。这个层次所包括的内容比较繁杂，所涉及的领域也极为广泛，是每小时或者每天都要频繁进行的决策。这个层次规划更为详细，也更加繁杂。

不管哪个层次的规划，其重点都在于如何利用物流渠道快速、有效地运送产品。同一方面的物流系统规划，在不同层面，所需解决的问题也有所差异。例如同样是运输决策问题，如果是战略层次，主要进行运输方式的选择，但是到了运作层次，就要对运输路线进行合理安排。企业物流系统规划三个层次的典型问题如表 4.1 所示。

表 4.1 企业物流系统规划三个层次的典型问题

类型	决策层次		
	战略层次	战术层次	运作层次
生产系统	设施的数量、规模位置	设施布置	工作站布置
仓储系统	仓储地点选择、布局，库存控制的方法	安全库存水平，存储空间	补货数量和时间，拣货和再存储
运输系统	运输方式的选择	运输服务的内容	运输路线安排

4.1.4 企业物流系统规划与设计的原则和策略

4.1.4.1 企业物流系统规划与设计的原则

1. 系统性原则

系统性原则指在进行企业物流系统规划时，必须综合考虑、系统分析所有对规划有影响的因素，以获得优化方案。首先，企业物流系统规划属于物流系统的一个子系统，它与其他子系统不但存在相互融合、相互促进的关系，而且还存在相互制约、相互矛盾的关系。因此，在对企业物流系统进行规划设计时，必须把各种影响因素考虑进来。其次，企业物流系统包含很多相互促进、相互制约的子系统,这都是进行企业物流系统规划需要考虑的因素。因此,在进行企业物流系统规划设计时,必须坚持发挥优势、整合资源、全盘考虑、系统最优的系统性原则。

2. 可行性原则

可行性原则指的是在企业物流系统规划设计过程中必须要考虑现有的可支配资源情况,必须符合自身的实际情况,无论从技术上,还是从经济上都可以实现。为了保证可行性原则,在进行企业物流系统规划设计时,既要体现前瞻性和发展性,又不能超越企业本身的整体承受能力,以保证企业物流系统规划设计的实现。

3. 经济性原则

经济性原则是指在企业物流系统的功能和服务水平一定的前提下,追求成本最低,并以此实现系统自身利益的最大化。经济性原则具体体现在以下几个方面:

① 物流系统的连续性。良好的系统规划设计和节点布局应该能保证各物流要素在整个企业物流系统运作过程中流动的顺畅性,消除无谓的停滞,以此来保证整个过程的连续性,避免无谓的浪费。

② 柔性化。在进行企业物流系统规划设计时,要充分考虑各种因素的变化对系统带来的影响,便于以后的扩充和调整。

③ 协同性。在进行企业物流系统规划设计时,要考虑物流系统的兼容性问题,或者说是该物流系统对不同物流要素的适应性。当各种不同的物流要素都能够在一个物流系统中运行时,该物流系统的协同性好,能够发挥协同效应,降低整体物流成本。[1]

4. 社会效益原则

社会效益原则是指进行企业物流系统规划应该考虑可持续发展因素,考虑逆向物流系统的规划与设计等。

4.1.4.2 企业物流系统规划与设计的策略

企业物流系统规划与设计涉及企业生产系统、仓储系统、配送系统、运输系统,以及在整个供应链环境中面向信息化的物流系统的一体化设计和管理。企业物流系统规划与设计可采取的主要策略有[2]:

① 最小总成本策略。在一体化物流系统中寻求最低的固定成本及变动成本的组合。

② 最高顾客服务策略。充分体现由市场拉动,物流系统的规划与设计要满足终端客户需求。

③ 最大利润策略。各个物流子系统皆以追求最大利润为目标,优化设计使物流系统满足需求。

④ 最大竞争优势策略。从供应链整体的角度考虑,与上游供应商及下游客户建立一体化物流体系,开展一体化的物流系统规划与设计,实施一体化的物流管理策略,以获取最大的竞争优势。

4.1.5 企业物流系统规划与设计的步骤

企业物流系统规划与设计由调查分析、需求及服务水平预测、规划设计、评价与实施四

---

[1] 傅莉萍.企业物流管理[M].北京:中国农业大学出版社,2009:311.
[2] 高举红.物流系统规划与设计[M].北京:清华大学出版社,2010:26.

1. 调查分析阶段

对企业物流系统规划所需的各项资料进行搜集和分析,是企业物流规划的基础性工作。资料的主要内容包括:市场情况、行业状况、企业自身情况和其他非物流因素,这些资料的全面性、准确性、真实性,将影响企业物流系统规划的合理性。

2. 需求及服务水平预测

对物流设施的数量、容量和布局进行调查分析和预测以及对物流需求和服务水平的预测,可以为企业物流系统的规划和设计提供依据。

3. 规划设计阶段

企业物流系统规划的内容主要有发展规划、布局规划、工程规划三个方面,具体包括企业物流发展战略规划、物流用地布局与设施布置和物流信息系统规划等。

4. 实施与评价阶段

企业物流系统规划的评价体系通常包括三个方面,即物流规划的技术性能评价、物流规划方案的经济评价和物流规划的社会环境影响评价。通过评价物流系统的多个备选方案,有利于选择最优的物流系统方案,从而使实施阶段建设成本最小化和运营阶段经济效益最大化。在规划制订完成并经过决策后,规划要进入实施中,为此要在规划制订时,提出方案的实施办法,包括阶段、政策、措施、工程等。[①] 企业物流系统规划与设计步骤如图4.2所示。

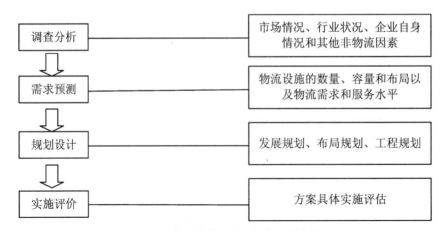

图 4.2　企业物流系统规划与设计步骤

4.2　企业生产物流系统规划与设计

4.2.1　生产物流系统规划与设计的原则、内容和方法

生产物流系统是企业物流系统的核心组成部分,因为企业生产系统与物流系统在很大程度上是重复交叉的,所以往往企业物流系统就是企业生产系统。对制造企业而言,在不考虑专业的技术设计情况下,生产系统设计即为生产物流系统设计。生产物流系统的改善对

---

① 施国洪.物流系统规划与设计[M].重庆:重庆大学出版社,2009:29.

于企业至关重要,科学合理的生产物流系统规划与设计,有利于企业降低生产成本、缩短生产周期、提高生产和服务质量。

4.2.1.1 生产物流系统规划与设计的原则

生产物流系统设计要遵循以下原则[①]:

1. 功耗最小原则

物流过程不增加任何的附加价值,徒然消耗大量的人力、物力、财力,这些均是浪费。因此物流系统规划与设计时,要求物流运输距离要"短",物料搬运量要小,总功耗最小。

2. 流动性原则

良好的企业物流系统应使物料流动顺畅,消除无谓停滞,力求生产流程的连续性。在物料流动前进过程中,要尽量避免工序或作业间的"逆向运作"、交错流动或发生与其他物料混杂流动的情况。

3. 高活性指数原则

在进行搬运系统的规划与设计时,要采用高活性指数的搬运系统,尽量减少二次搬运和重复搬运量,但是也并不是活性指数越高越好。

4.2.1.2 生产物流系统规划与设计的内容

生产物流系统涉及因素多,关系复杂,如要提高生产物流系统规划与设计的质量,必须明确生产物流系统规划的内容。生产物流系统规划与设计主要包含两方面的内容:设施布置设计和物料搬运系统设计。

1. 设施布置设计

这是根据企业外交通运输情况,厂区的地形面积、生产产品种类及工艺过程,合理布置各车间、仓库以及非生产设施之间的位置,使物流更加合理,便于生产并降低物流费用。同时,在车间内合理布置各工位的位置,使工件搬运的工作量最小。以工厂布置为例,它的好坏直接影响到整个生产系统的物流、信息流、生产能力、生产率、生产成本及生产安全。优良的设施布置可以使得物料的搬运费用减少10%~30%,因此,设施布置被认为是提高生产率的决定因素。

2. 物料搬运系统设计

物料搬运系统设计就是在对搬运系统分析的基础上,利用有关物料搬运的知识和经验,考虑各种条件和限制,并计算各项需求,形成最佳的物料搬运方案,即搬运作业人员、移动设备与容器、移动路径与设施布置形成最佳的组合,建立一个包括人员、程序和设施布置在内的有效工作体系。据统计,在中等批量的生产车间里,物料搬运费用占全部生产费用的30%~40%,为此,设计一个合理、高效、柔性的物流搬运系统,对压缩库存资金占用、缩短物流搬运时间是非常有必要的。

设施布置设计与物料搬运系统设计是相互关联、相辅相成的。物料搬运设备的选择会影响到企业设施布置,设施设备的布置也是要围绕着物流的搬运,实现搬运量最小。所以,进行生产物流系统规划与设计时,往往要将搬运和布置结合起来分析。

4.2.1.3 生产物流系统设计的步骤

生产物流系统设计的步骤[②]如下:

[①] 孔继利.企业物流管理[M].北京:北京大学出版社,2012:121.
[②] 肖健华.电子商务物流管理[M].北京:中国铁道出版社,2009:162.

1. 物料分析

研究系统中所涉及的所有物料,包括产品、原材料、辅助材料、燃料、外购零部件等,重点分析它们的形状、大小、质量、数量,是固体、液体还是气体,是单独(散)件还是包装件,包装形式以及特殊要求,包括物料必须按批次存放,不允许混放、堆垛、磕碰等。在研究和分析物料的基础上,按一定的标准将数千种甚至更多的物料归纳成几十种或更少的种类,通过分类,既可简化分析工作又有助于将整个问题划分成若干部分逐个解决,从而找出不同物料搬运的方法。

2. 了解物料移动情况

全面了解物料的移动情况,包括距离、路线状况。也就是说,在不同的环境和条件下,需要采取相适应的措施和办法。距离是决定搬运方法的重要因素之一,长距离搬运宜采用复杂的运输设备,短距搬运离要使用简单的搬运设备。分析路线状况是指分析路线的直接程度和直线程度(水平、倾斜、垂直、直线、曲线、曲折)、拥挤程度和路面状况(交通拥挤程度、有无临时或长期的障碍、良好的铺砌路面、需要维修的路面、泥泞的路面)、起讫点的具体情况(取货和卸货地点的数量和分布、起点和终点的具体布置、起点和终点的工作情况),目的是便于选择路线系统和设备,提高效率。

3. 确定出优化合理的运作方案

具体地说,物料如何运入、卸货、搬运、储存、送往工位,各单位如何衔接,采用什么方法、设备,需要多少人力以及投资等,并以平面布置和文件等方式加以固化,用以全面指导和协调物流系统的运作。

总之,研究分析的结果应体现在各种方案上,接下来的工作就是将众多具有各自特点的方案,在工厂一定范围内进行讨论并最终确定下来。

4.2.2　生产设施布置设计

生产设施的布置与设计是从"工厂设计"发展而来的,设施布置,就是根据企业的经营目标和生产纲领,在已确定的空间场所内,在原材料接收、零部件制造、产品装配及发运的全过程中,对所需的人员、设备、物料的空间位置做适当的布局与配置,以便获得最大的经济效益。简单地说,就是在一个给定的设施范围内,安排各个工作单元的位置。

生产设施布置又分为工厂总体布置和车间布置。工厂总体布置要确定主要生产车间、辅助生产车间、仓库、动力站、办公室、露天作业场地等作业单位和运输路线、管线、绿化及美化设施的相互位置,同时要确定物料的流向和流程、厂内外运输的衔接及运输方式;而车间布置要解决各生产部门、工段、辅助服务部门、存储设施等作业单位及工作地、设备、通道、管线之间的相互位置,同时也要解决物料搬运的流程及运输方式。

4.2.2.1　设施布置设计的基本类型

设施布置形式受到产品生产流程的影响,不同的企业会采用不同的布置类型。设施布置设计有以下四种基本类型:

1. 定位式布置

定位式布置也称项目布置,它主要是工程项目和大型产品生产所采用的一种布置形式。它的加工对象位置、生产工人和设备都随加工产品所在的某一位置而转移。之所以要固定,是因为加工对象大而重,不易移动。

2. 产品原则布置

产品原则布置又称流水线布置或对象原则布置。当生产产品品种少批量大时,应当按照产品的加工工艺过程顺序来配置设备,形成流水生产线或装配线布置。

3. 工艺原则布置

工艺原则布置又称功能布置,即将功能相同或相似的一组设施排布在一起。工艺原则布置在机加工车间中还被称作机群式布置。

4. 成组单元布置

成组单元布置在制造业中又称单元制造,是一种较为先进的布置方法。成组技术就是识别和利用产品零部件的相似性,将零件分类。一系列相似工艺要求的零件组成零件族,针对一个零件族的设备要求所形成的一系列机器,称作机器组,这些机器组即制造单元。成组单元布置的主要形式是生产单元或单元生产线。而生产单元是为一个或几个工艺过程相似的零件族组织成组生产而建立的生产单位。单元生产线则是在成组生产单元里配备了成套的生产设备、工艺装备和工人,能在单元里封闭地完成这些零件的全部工艺过程。[①]

表4.2是各种布置形式的比较,一般根据产品的变化情况和产量来决定采用何种布置方式。

表4.2　不同布置类型特征

特征指标	生产时间	在制品	技术水平	产品灵活性	需求灵活性	机器利用率	工人利用率	单位产品成本	加工对象路径	维护性	设备投资规模
产品原则布置	短	低	低	低	中	高	高	低	固定	难	大
工艺原则布置	长	高	高	高	高	中-低	高	高	不固定	易	小
成组单元布置	短	低	中-高	中-高	中	中-高	高	低	固定	中	中
定位式布置	中	中	混合	高	中	中	中	高	无路径	—	—

【资料4.2　小实例】

大众辉腾是在透明工厂里生产的,透明工厂坐落于德国北部萨克森州德累斯顿市中心。由于建造透明工厂在材料上使用了20 000块玻璃,所以也有很多人称它为玻璃工厂。进入工厂内,给人第一印象就是通透,辉腾的整个生产过程都可以很清晰地看到。透明工厂共有三层,装配的顺序是从上至下,第三层是对车辆基本配件的安装,包括线路、车身密封条等;第二层是对车辆的仪表台、动力系统、前后保险杠的装配;第一层是对车辆内部配件的装配和最后的检测。每辆辉腾的车身在运送到工厂的第一件事就是发给它一个"身份证号",即车架号。完成编码后,便开始总装,每层的生产线成环形围绕,完成一层的所有工序之后,会由车顶的吊环把它运送到下一层的环形生产线上。整个生产线顶部的轨道称之为EHB(电动悬挂轨道),辉腾在工厂里所有的移动都是靠它完成的。需要装配的零配件由运送机器人送到相应的位置上,整个过程完全不需要人工介入。运输机器人的行迹路线是通过对地板下面的磁力感应点来完成的,所有安排均有电脑自动进行设置。

(资料来源:http://www.autohome.com.cn/tech/201204/310550.html.)

---

① 伊俊敏.物流工程[M].北京:电子工业出版社,2009:112.

4.2.2.2 系统布置设计 SLP 法

起初,工厂设计主要是进行定性分析。1961 年,美国的 R·缪瑟提出了著名的系统布置设计(System Layout Planning,SLP)方法。SLP 方法使得工厂设计从定性阶段发展到定量阶段,它是一种以大量的图表分析为手段,以物流费用最小为目标,物流关系分析与非物流关系分析相结合,求得合理的设施布置的设计技术。

1. SLP 基本要素

缪瑟提出的 SLP,将 P,Q,R,S,T 作为基本要素,并成为解决布置问题的钥匙。如图 4.3 所示。

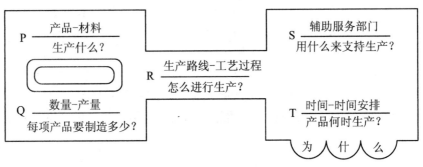

图 4.3 系统布置的钥匙

① P(产品或材料或服务)。产品 P 是指待布置工厂将生产的产品、原材料、加工的零件、成品或提供的服务项目等。这些资料由生产大纲(工厂的和车间的)和产品设计提供,包括项目、种类、型号、零件号、材料、产品特征等。产品这一要素直接影响着设施的组成及其各作业单位间相互关系、生产设备的类型、物料搬运的方式等。

② Q(数量或产量)。指所生产、供应或使用的商品量或服务的工作量。其资料由生产纲领和产品设计提供,用件数、重量、体积或销售的价值表示。数量这一要素影响着设施规模、设备数量、运输量、建筑物面积等因素。

③ R(生产路线或工艺过程)。这一要素是工艺过程设计的成果,可用工艺路线卡、工艺过程图、设备表等表示。它影响着各作业单位之间的关系、物料搬运路线、仓库及堆放地的位置等方面。

④ S(辅助服务部门)。在实施系统布置工作以前,必须就生产系统的组成情况有一个总体的规划,可以大体上分为生产车间、职能管理部门、辅助生产部门、生活服务部门及仓储部门等。我们可以把除生产车间以外的所有作业单位统称为辅助服务部门 S,包括工具、维修、动力、收货、发运、铁路专用路线、办公室、食堂、厕所等,由有关专业设计人员提供。这些部门是生产的支持系统,在某种意义上加强了生产能力。有时,辅助服务部门的总面积大于生产部门所占的面积,布置设计时必须给予足够的重视。

⑤ T(时间或时间安排)。指在什么时候、用多长时间生产出产品,包括各工序的操作时间、更换批量的次数。在工艺过程设计中,根据时间因素可以求出设备的数量、需要的面积和人员,平衡各工序的生产能力。

P,Q 两个基本要素是一切其他特征或条件的基础。只有在上述各要素充分调查研究并取得全面、准确的各项原始数据的基础上,通过绘制各种表格、数学和图形模型,有条理地细致分析和计算,才能最终求得工程布置的最佳方案。[①]

2. SLP 程序模式

SLP 方法共分确定位置、总体区划、详细布置和施工安装四个阶段,其中总体区划和详细布置两个阶段采用相同的 SLP 设计程序,其流程如图 4.4 所示。

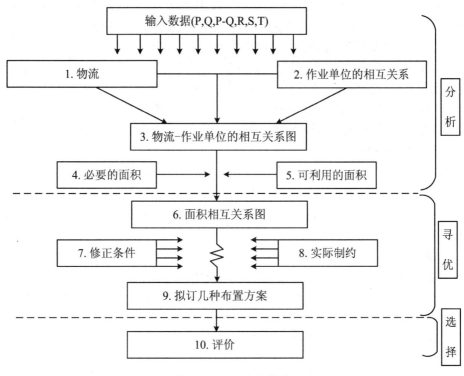

图 4.4 SLP 程序模式

SLP 的步骤大体如下:

① 准备原始资料。在开始系统布置时,首先必须明确给出基本要素的原始资料 P,Q,R,S,T 这五个要素。同时,也需要对作业单元的划分情况进行分析,通过分解和合并,得到最佳的作业单元划分情况。对这些资料的收集和分析,是系统设置布置的前提。

② 物流相互关系分析。资料表明,产品制造费用的 20%~50% 是用作物料搬运和流动的,而物料搬运工作量直接与系统布置情况有关,有效的布置能减少搬运费用的 30% 左右。因此,在实现系统布置之前,就必须对生产系统各作业单位之间的物流状态作深入的分析,即确定物料在生产过程中每个必要工序之间移动的最有效顺序及其移动的数量,它可以用物流强度等级和物流相关表来表示,并可通过对物流强度等级的量化最终获得物流关系顺序表。

③ 非物流相互关系分析。在系统布置设计中,各作业单位之间除了物流联系外,还有人际、工作事务、行政事务、管理等活动联系、这些联系都可以表示各种单位之间的关系,我们称之为非物流关系。通过单位之间活动的频繁程度可以说明单位之间关系是密切还是疏远。这种对单位之间密切程度的分析就是非物流相互关系分析。

④ 综合相互关系分析。由于各作业单位之间既有物流联系,又有非物流联系,因此在

---

① 姚冠新,赵艳萍,贡文伟.物流工程[M].北京:化学工业出版社,2004:74.

SLP 中,必须算出两者合成的相互关系——综合相互关系。

⑤ 绘制综合位置相关图。根据综合相互关系顺序表,考虑每对作业单位间相互关系等级的高低、相对位置的远近,得出各作业单位综合位置相关图。

⑥ 修正。综合位置相关图只是一个原始布置图,还需要根据其他因素进行调整与修正。此时需要考虑的修正因素包括物料搬运方式、操作方式、存储周期等,同时还需要考虑实际限制条件,如成本、安全和职工倾向等方面是否允许。考虑了各种修正因素与实际限制条件以后,对位置相关图进行调整,可以得出数个有价值的可行工厂布置方案。

⑦ 方案评价与得优。针对得到的数个方案,需要进行技术、费用及其他因素评价,通过对各方案比较评价,选出或修正设计方案,得到工厂布置方案图。

依照上述说明可以看出,系统布置设计是一种采用严密的系统分析手段及规范的系统设计步骤的布置设计方法,具有很强的实践性。

3. SLP 中物流分析

(1) 物流从至表

从至表是矩阵式的,通常用来表示建筑物之间、部门之间或机器之间的物流量,它适用于多产品或多零件时的情况。如果计入作业单位之间的距离,还可以表示作业单位之间的物料搬运总量,即物流强度。

从至表的画法是:在从至表上横行和竖列的标题栏内,按同样顺序列出全部作业单位,将每个产品或零件在两个作业单位之间的移动,分别用字母代表产品或零件,数字代表搬运总量,填入两个作业单位横行和竖列相交的方格内,从表的左上角到右下角,画一条对角线,零件前进记在右上方,退回记在左下方。

有了物流强度从至表,就可以作出物流相关图。

(2) 物流相关图

算出物流强度后,首先要将相同的作业单位对的物流强度合并,然后进行汇总。

就是一个物流强度相关图 4.5。

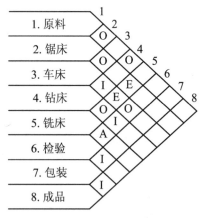

图 4.5 物流强度相关图

4. SLP 相关图技术

SLP 相关图是缪瑟首先使用的,它能直观地表示出各作业单位两两之间的关系密切程度,而这正是布置的依据。因为企业内作业单位之间关系影响因素较多,所以除了进行物流分析之外,还要有非物流分析。

(1) 非物流关系分析

非物流关系分析不能用定量的方法,而要用定性的方法。一般可从以下方面作定性分析:物流、工艺流程、作业相似性、使用相同的设备、使用同一场所、使用相同的文件档案、使用相同的公用设施、使用同一组人员、工作联系频繁程度、监督和管理方便等。

定性给出密切程度等级时,包括 A,E,I,O,U,X 六种,见表 4.3。

表 4.3 作业单位相互关系等级

符号	A	E	I	O	U	X
意义	绝对重要	特别重要	重要	一般	不重要	不要靠近
颜色	红色	桔黄	绿色	蓝色	无色	棕色
量化值	4	3	2	1	0	−1
线条数	4 条	3 条	2 条	1 条	无	1 条折线
比例	2%～5%	3%～10%	5%～15%	10%～25%	40%～80%	根据需要

【资料 4.3 小实例】

某叉车厂作业单位非物流相关图,见图 4.6。共有 14 个作业单位,两两关系共有 $n \times (n-1)/2 = 14 \times (14-1)/2 = 91$ 个,则 A 级有 2～5 个,图中为 3 个。确定作业单位密切程度等级的主要影响因素,也就是评级理由,在相关图中一般以代码表示,并在右下角列出表格。

(资料来源:伊俊敏. 物流工程[M]. 北京:电子工业出版社,2009:153.)

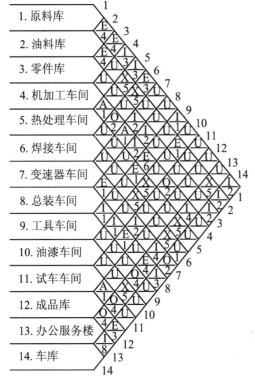

编号	理由
1	工作流程的连续性
2	生产服务
3	物料搬运
4	管理方便
5	安全与污染
6	共用设备设施
7	振动
8	人员联系

图 4.6 作业相关图

(2) 综合相关图

综合考虑物流与非物流关系时,要确定两种关系的相对重要性,这一重要性用比值 $m:n$ 表示,一般在 1∶3～3∶1 之间,如果比值大于 3∶1,则说明物流关系占主导地位,设施布局只考虑物流关系即可;如果比值小于 1∶3,则说明物流的影响非常小,只考虑非物流关系即可。在实际生产中,根据两者的重要性,比值可为 3∶1,2∶1,1∶1,1∶2,1∶3。

有了此比值和两个相关图,就可以将相关图中的密切等级按一定的数值予以量化。然后根据下列公式计算两作业单位 i 与 j 之间的相关密切程度 CR_{ij}:

$$CR_{ij} = mMR_{ij} + nNR_{ij}$$

其中,MR_{ij} 和 NR_{ij} 分别是物流相互关系等级和非物流相互关系等级。

然后就可以按计算的值再来划分综合等级,各档比例还可按表 4.3 来控制。

5. 平面布置方案的确定

按 SLP 程序,得到作业单位综合相关图之后,就可以求出位置相关图,给定面积需求还可进一步得到面积相关图,以此设计出各种平面布置。平面布置方法很多,这里介绍线形图法。

缪瑟提出的 SLP 中采用了线形图来"试错"生成平面布置图。它的方法是用 4 条平行线段表示两作业单位间的 A 级关系;三条平行线表示 E 级关系;两条 I 级;一条 O 级;U 级不连线;X 级用折线表示。首先将 A,E 级关系的作业单位放进布置图中,同一级别的用同一长度的线段表示,A 级线段最短,取一个单位,E 级的长度为 A 级的两倍,依此类推。随后,按同样的规则布置 I 级关系。若作业单位较多,线段混乱,可以不画 O 级关系,但 X 级必须画出。调整各部门的位置,以满足关系的亲疏程度。最后,将各个部门的面积放入布置图中,生成空间关系图。经过评价、修改,便获得最终布置。

【资料 4.4 小实例】

某叉车厂作业单位综合相关图如图 4.7 所示。

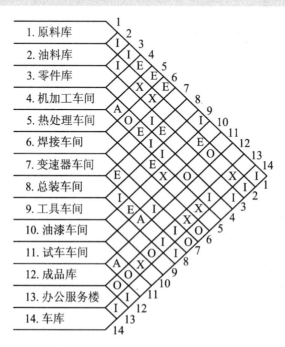

图 4.7 作业单位综合相关图

其完成的线形图如图4.8所示。

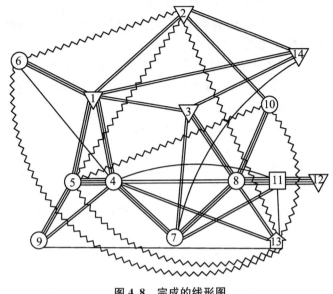

图4.8 完成的线形图

4.2.3 物料搬运系统设计

物料搬运是物流系统的主要活动,在物流系统中各环节的前后或同一环节的不同活动之间都有装卸搬运活动的发生。它不仅是一项技术作业,也是物流系统的控制与管理活动。

设备、容器和物流路线共同组成物料搬运系统。设备决定了路线是固定的还是变动的。容器集纳并保护产品,容器会影响路线结构的选择。物料搬运系统中设备、容器性质取决于物料的特性和流动的种类。物料搬运系统的设计要求合理、高效、柔性并能快速换装,以适应现代制造业生产周期短、产品变化快的特点。

4.2.3.1 物料搬运方程式

物料搬运系统设计是一个十分复杂的问题,设计人员必须具有丰富的操作方面的知识,以及物料搬运方面的软件和硬件知识。物料搬运系统的有效设计需要设计人员从内到外地理解问题,设计出有效的解决方案。

物料搬运方程式在解决物料搬运问题的各个方面都十分有效。设计者需要考虑六个主要问题,即六个变量,这就是著名的5W1H法。如图4.9所示。

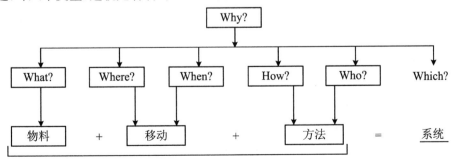

物料料搬运系统变量

图4.9 物料搬运方程式

5W1H法用一系列的问题让设计者详细考虑这些细节,加强对问题的理解,从而有助于找到合适的方案。5W1H法中常见的问题[①]如下:

① Why——为什么。为什么需要搬运?为什么需要如此操作?为什么要按此种顺序进行操作?为什么要这样运输物料?

② What——什么。要搬运的对象是什么?其特征、数量、种类是什么?

③ Where——哪里。物料应放在什么地方?什么地方需要物料搬运?什么地方存在物料搬运问题?什么地方的操作可以取消?

④ When——什么时候。什么时候需要搬运物料?什么时候需要自动化?什么时候需要整理物料?

⑤ Who——谁。谁来搬运物料?谁来参与系统设计?谁来评价此系统?谁来安装此系统?谁来审核此系统?

⑥ How——如何。如何搬运物料?如何分析物料搬运问题?如何取得重要人员的支持?如何应对意外情况?

4.2.3.2 搬运系统分析方法

物料搬运是以物料、搬运和方法三要素为基础的,因此,物料搬运分析设计包括分析所要搬运的物料、分析需要进行的搬运和确定经济实用的物料搬运方法。

搬运系统分析(System Handing Analysis,SHA)是R·缪瑟提出的一种条理化的系统分析方法,适用于一切物料搬运项目。SHA方法是一种解决问题的方法,包括一系列依次进行的步骤、程序和一整套关于记录、评定等级和图表化的图例符号。

1. 物料搬运系统阶段划分

SHA方法的分析过程可划分为四个阶段:外部衔接阶段、总体搬运方案阶段、详细搬运方案阶段和实施阶段。如图4.10所示。

(1) 外部衔接阶段

这个阶段主要是弄清楚整个区域(或各区域)的所有运进或运出,也就是把具体的物料搬运问题与有关的外界情况(外部因素)联系起来考虑。这些外界情况有些是可以控制的,但也有些是不能控制的。

(2) 总体搬运方案阶段

这个阶段要考虑总体搬运方案与总体区划设计。制定布置区域的基本物流模式、作业单位、部门或区域的相互关系及外形,制定区域间物料搬运方案,确定移动系统、设备型号、运输单元或容器。

(3) 详细搬运方案阶段

这个阶段要考虑每个主要区域内部各工作地点之间的物料搬运,要确定详细的物料搬运方法。

(4) 实施阶段

任何方案都要在实施之后才算完成。这个阶段要进行必要的准备工作,如订购设备、完成人员培训等,进而制定并实现具体搬运设施的安装计划。然后对所规划的搬运方法完成实验工作,验证操作规程,并对安装完毕的设施进行验收,确保它们能正常运转。

上述四个阶段是按时间顺序依次进行的。为了收到最好的效果,各阶段在时间上应有

---

① 伊俊敏. 物流工程[M]. 北京:电子工业出版社,2009:218-219.

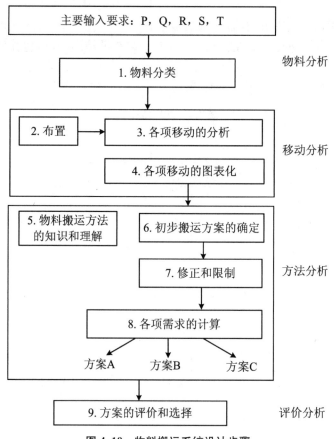

图 4.10 物料搬运系统设计步骤

所交叉重叠。总体方案和详细方案的编制是物流系统规划设计人员的主要任务。

物料搬运系统的设计人员一般不对第一和第四阶段进行设计,第二、三阶段的工作可采用 SHA 方法来完成。

2. 物料搬运系统设计步骤

SHA 方法的设计重点在于空间的合理规划,使得物流路线最短,在布置时位置合理,尽可能减少物流路线的交叉、迂回现象。根据 SHA 方法的流程,各步骤如图 4.10 所示。具体分析如下:

(1) 物料分类

在选择搬运方法时,通常最有影响的因素是所要搬运的物料。对于任何物料搬运问题,首先要明确的问题是搬运什么。如果需要搬运的物料只有一种,那唯一要做的就是弄清这种物料的特性。同一类物料应采用同一种方式进行搬运。如果需要搬运多种不同的物料,则必须按"物料类别"对它们进行分类。对所有的物料进行分类,可简化分析工作,并且有助于把整个问题化整为零,逐个解决。

物料分类的基本原则有两项:一是物料的状态,即物料为固体、液体或气体;二是物料的包装,即物料为单独件、包装件或散装物料。

SHA 的物料分类是根据影响物料可运性(即搬运的难易程度)的各种特征和影响能否采用同一种搬运方法的其他特征进行分类的。

物理特征通常是影响物料分类的最重要因素。数量和时间也是影响物料分类的重要因素。特殊控制问题往往对物料分类起决定作用,如麻醉剂、弹药、贵重皮毛、酒类等物品。

但在实际分类时,起作用的往往是装有物料的容器,要按物料的实际最小单元(瓶、罐、盒等)进行分类,或按最便于搬运的运输单元(瓶子装在纸箱内,衣服包扎成捆,板料放置成叠等)进行分类。

物料特征编制物流特征如表4.4所示。

表4.4 物料特征表

厂名:_____ 项目:_____
制表人:_____ 参加人:_____ 日期:_____ 第___页共___页

物料名称	物料实际最小单位	单位物料的物理特征					损伤的可能性(物料、人、设施)	状态(湿度、稳定性、刚度)	其他特征			类别
		尺寸(英寸)			重量(磅)	形状			数量(产量)或批量	时间性	特殊控制	
		长	宽	高								
1. 钢带	卷	直径24,高1			6~12	盘状	—	—	少	—	—	d
2. 空纸袋	捆	28	18	24	48	矩形	易撕破	—	少	—	—	d
3. 空桶	桶	直径18,高31			35	圆柱形	—	—	多	—	—	a
4. 药物	盒	6	6	12	8	矩形	—	—	很少	—	政府规范	d
5. 油料豆	袋	32	16	8	96	矩形	—	—	中等	—	—	c
6. 乳酸	酸坛	24	24	30	42	方形	严重	—	很少	—	—	d
7. 黏性油	罐	约1加仑			10	圆柱形	怕破裂	—	少	—	—	d
8. 浓缩维生素	纸箱	6	12	6	20	矩形	—	要避热	少	—	—	d
9. 备件	各种	各种			各种	各种	有些	—	很少	急	—	d
10. 润滑油	桶	直径12,高18			50	圆柱形	—	油腻	很少	—	—	d

注:1英寸=25.4 mm,1磅=0.454 kg,1加仑=3.785升。

(2) 布置

对物料鉴别并分类后,根据SHA的模式,下一步就是分析物料的移动。分析移动前,先要分析系统布置,因为设施布置决定了物料搬运起点和终点之间的距离,而这个搬运距离是选择搬运方法的主要因素,因此所选择的方案必须建立在物料搬运作业与具体布置相结合的基础之上。

对物料搬运分析来说,需要从布置中了解的信息主要有以下四点:

① 每项移动的起点和终点(提取和放下的地点)具体位置在哪里。

② 哪些路线及这些路线上有哪些物料搬运方法是在规划之前已经确定了的,或大体上作出了规定的。

③ 物料运进运出和穿过的每个作业区所涉及的建筑特点是什么样的(包括地面负荷、厂房高度、柱子间距、屋架支承强度、室内还是室外、有无采暖、有无灰尘等)。

④ 物料运进运出的每个作业区内进行什么工作,作业区内部分已有的(或大体规划的)

安排或布置大概是什么样的。[①]

(3) 各项移动分析

移动分析主要有以下四项：

① 收集各项移动分析的资料。在分析各项移动时，需要掌握的资料包括：物料的分类、路线的起讫点、搬运路径和具体情况，以及物流量和物流条件。

② 移动分析方法。

a. 流程分析法。每次只观察一类物料，并跟随它沿整个生产过程收集资料，必要时要跟随从原料库到成品库的全过程，然后编制出流程图，如表 4.5 所示。当物料品种很少或是单一品种时，常采用此法。

表 4.5 流程图表

表列单元与最终单元的关系		
表列单元	大小或重量	表列单元数/最终单元数

表列流程：_____

厂名：_____ 项目：_____
制表人：_____ 参加人：_____
日期：_____ 第___页 共___页
起点：_____
终点：_____
□现有的 □建议的 （方案号）：_____
方案摘要：_____

每（单位时间）的最终单元数量：_____

表列单元和每次装载的单元数	作业符号	作业说明	装载的重量或尺寸单位	每___（单元时间）的次数	距离单位	备注
合计						

b. 起讫点分析法。起讫点分析法又有两种不同的做法。一种是搬运路线分析法，在物料品种数目不太多时，首先通过观察每次移动的起讫点收集资料，然后分析各条搬运路线，绘制出搬运路线表，如表 4.6 所示。另一种是区域进出分析法。若物料品种数目多，则对一个区域进行观察，收集搬进运出这个区域的一切物料的有关资料，编写物料进出表，如表 4.7 所示。

---

① 周宏民. 设施规划[M]. 北京：机械工业出版社，2013：166.

表 4.6 搬运路线表

厂名：_____ 项目：_____
起点：_____ 制表人：_____ 参加人：_____
终点：_____ 日期：第___页 共___页

物料类别		路线状况		距离：	物流或搬运活动		等级依据
名称	类别代号	起点	路程	终点	物流量（单位时间的数量）	物流要求（数量要求、管理要求、时间要求）	

备注：_____ 路线示意图：在反面或_____

表 4.7 物料进出表

厂名：_____ 项目：_____
制表人：_____ 参加人：_____
区域：_____ 日期：_____ 第___页 共___页

产品与物料名称（品种或类别）	运进→				操作区域	运出→				产品与物料名称（品种或类别）
	每(单位时间)数量			来自		来自	每(单位时间)数量			
	名称	名称	名称				单位	平均	最大	

备注：_____

c. 编制搬运活动一览表。将收集到的资料进行汇总，编制搬运活动一览表（表 4.8），达到明确、全面地了解情况以及运用的目的，应对表中每条路线、每类物料和每项搬运的物流量及运输工作量进行计算，并按 A、E、I、O、U 进行等评级定。

表 4.8　搬运活动一览表

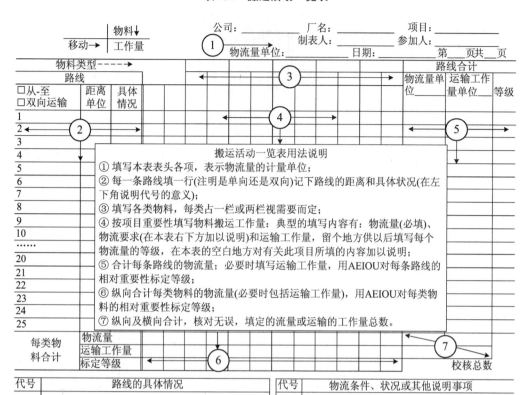

d. 各项移动的图表化。图表化就是将各项移动的分析结果标注在区域布置图上,起到一目了然的作用。物流图表化有三种方法,分别是物流流程简图、布置图上绘制的物流图和坐标指示图。

物流流程简图如图 4.11 所示。它可帮助我们了解流程,因图中无工作区域的正确位置及距离,所以不能用来选择搬运方案。

在布置图上绘制的物流图如图 4.12 所示。由于注明了准确位置及距离,可用来选择搬运方案。

坐标指示图如图 4.13 所示。每一项搬运活动按其距离和物流量用一个具体的点标明在坐标图上。制图时,可以绘制单独的搬运活动(即每条路线上的每类物料),也可绘制每条路线上所有各类物料的总的搬运活动,或者把这两者画在同一张图表上。

(4) 搬运方案分析

物料搬运方法是物料搬运路线、设备和容器的总和。一个工厂的搬运活动可以采用同一种搬运方法,也可以采用不同的方法。一般情况下,搬运方案都是几种搬运方法的组合。

根据物料量和距离来选择搬运路线类型。根据距离与物流量指示来确定设备的类别,如图 4.14(a)所示。根据物料特点和设备来选择运输与搬运单元,如图 4.14(b)所示。

确定了物料搬运方法也就完成了物料搬运初步方案的大部分工作。要使初步设计的方案符合实际,切实可行,必须根据实际的限制条件对其进行修改。解决物料搬运问题,除路

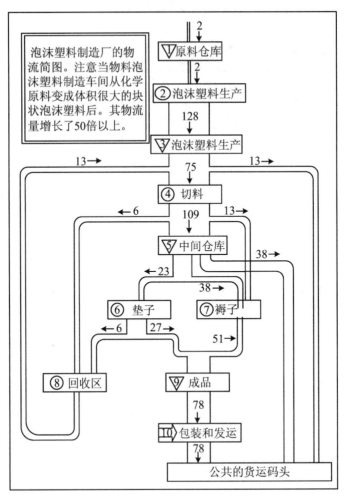

图 4.11 物流流程简图

线系统、设备和运输单元外,还要考虑正确和有效地操作设备问题、协调和辅助物料搬运正常进行的问题等。结合实际条件和限制,对初步方案进行分析、评价和修改后,就可以进入搬运方案的详细设计阶段。

搬运方案的详细设计是在搬运方案的初步设计的总体方案基础之上,制订从工作地到工作地或从具体取货点到具体卸货点之间的搬运方法。详细搬运方案必须与总体搬运方案协调一致。

4.2.4 精益生产物流系统规划与设计

精益物流起源于精益制造的概念。精益物流系统通过消除生产和供应链管理中的非增值浪费,以减少备货时间,提高客户满意度,同时追求把物流服务过程中的浪费和延迟降低至最低程度,以不断提高物流服务过程中的增值效益。它实现了杜绝浪费,以速度提升了物品的相对使用价值,以标准化、数据化和精确化的管理思想改变了传统物流系统粗放式的管理模式,所以精益物流系统是现代化物流系统的必经之路。[1]

---

[1] 高举红.物流系统规划与设计[M].北京:北京交通大学出版社,2010:175.

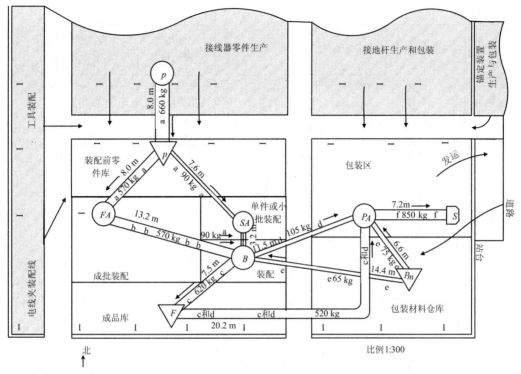

图 4.12 平面布置上的物流图

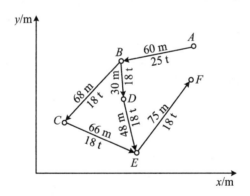

图 4.13 坐标指示图

4.2.4.1 精益物流设施布置[①]

1. 工厂总体布置

丰田公司喜欢采用联合大厂房,厂房之间平行布置、紧密排列且距离很近、门与门相对,以节省生产占地、缩短物流距离且使物流顺畅。

丰田公司的工厂布置不设在制品中间库,因而无法存放超量生产的在制品,有效地控制了库存。少量的在制品置于生产现场的固定位置并用货架摆放,严格限定其占地范围,既便于目视管理,又有效地防止了超量生产和生产不足等问题的产生。

---

① 齐二石.物流工程[M].北京:高等教育出版社,2006:346-348.

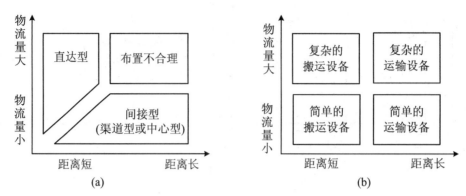

图 4.14 距离和物流量指示图

2. 车间设备布置

(1) "河流水系"状的总装配线布置

总装配生产线与其他零部件、生产单位在布局上呈"河流水系"状分布,全企业实行同步化均衡生产,按照统一的周期时间或周期时间的倍数组织生产。这种布局,物流路线短、顺畅、没存停滞,物流和生产流相一致,减少了物流成本和周转时间,易于达到准时生产和低廉物流的目的。

(2) "混流"生产的单条生产线

丰田企业按市场订单组织多品种小批量的均衡生产,为此大胆地采用了"混流"生产,将多条生产线合为一条,在一条生产线上混合生产各种不同规格型号的产品,并实现准时化。由于单一生产线代替了多种生产线,减少了生产线个数和工作站个数,设备量和所需厂房、库存都减少了。

(3) U形布置的加工生产线

丰田公司改变了传统的设备布置方式,采用了U形布置方式(图4.15)。这种布置,是按照零部件工艺的要求,将所需要的机器设备串联在一起,布置成U形生产单元,并在此基础上,将几个U形生产单元结合在一起,连接成一个整合的生产线。

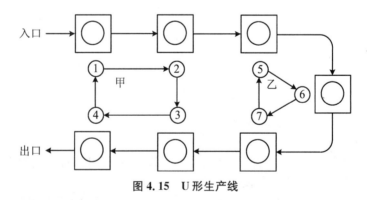

图 4.15 U形生产线

4.2.4.2 精益物流物料搬运系统

1. 简单型物料搬运模式

丰田公司由于工序布置紧密,许多工序的操作工人可直接将工件传递给下道工序,因而节省和避免了如传送带等的物料搬运系统,既减少生产占地又减少了设备投资。

2. 生产线内的"一个流"的生产组织形式

所谓"一个流"生产是指生产线内部相邻上下道工序之间流动的在制品,在数量上任何时候都不超过紧前工序的生产数量,在运动状态上不间断、不超越、不落地的运动过程。工序间尽量采用滑道运输。

3. 准时、高效的运输体制

物流本身并不产生附加价值,最好的物流就是无需运输,如果必须运输,按准时化进行运输。即在必要的时候,运输必要数量的必要产品。

此外,为实现准时化,丰田公司在物流上狠下工夫,由单载运输改为混载运输,进一步改善为接力式运输直至中转站运输。可以说丰田公司的历史也是物流改善的历史。并且,丰田公司的厂际运输采用卡车和集装箱,车间之间的运输采用叉车;利用标准托盘将物料直接送至各工位;各工序之间采用人工小车或滑道等直接传递方式。[①]

4.3 企业仓储与配送系统规划与设计

4.3.1 企业仓储系统规划与设计

企业仓储系统规划和设计主要包括仓库选址设计、仓库的布置设计和仓库搬运系统设计,有关选址设计请参考4.3.3小节,搬运系统设计请参考4.2.3小节。本节主要研究仓库的布置设计,仓库布置设计的主要目标是降低物流活动的成本、减少无效劳动、提高作业效率。

仓库的布置和设施布置一样,也要考虑P,Q,R,S,T。但是仓库布置设计和一般的布置设计有所不同,其物流因素十分重要,解决如何"流"、如何"存"的问题是主线,因此,首先考虑存储方式和空间的利用,然后再结合总吞吐量和库存量综合考虑。

【资料4.5 小实例】

> 森马集团有限公司创立于1996年,以"虚拟经营"为特色,以休闲服饰和童装为主业,旗下拥有"森马(Semir)"和"巴拉巴拉(Balabala)"两大服饰品牌。目前,森马位于温州、上海的两大物流基地,为整合经销商供应链和提供高效的物流服务提供了坚实基础。
>
> 由于森马温州物流中心不存在高层立体式货架,货物拿取、堆放大部分都由人工完成。仓库一楼分为扫描区、包装区、辅料区、托盘摆放区、叉车停放区以及货品待发区,区位的合理设计协调了整个物流过程。二楼以上均为库存货品,通过SKU码的编号对货品进行摆放,货品分拣由专门的分拣员根据订单以摘取式分拣为主,在二楼完成分拣,然后通过货运电梯,将货品送往一楼的扫描区,由扫描员进行扫描,再经过打包以及装车,最后出库发货。
> (资料来源:http://www.edit56.com/Item.aspx? id=6153.)

仓库布置与设计主要包括仓库总平面布置与设计、仓库作业区布置与设计、库房内部布置与设计。

4.3.1.1 仓库总平面布置与设计

仓库总平面一般可以划分为仓储作业区、辅助作业区、行政生活区以及库内道路。在划

[①] 齐二石.物流工程[M].北京:高等教育出版社,2006:346-348.

定各个区域时,必须注意使不同区域所占面积与仓库总面积保持适当的比例。商品储存的规模决定了主要作业场所规模的大小。同时,仓库主要作业场所的规模又决定了各种辅助设施和行政生活场所的大小。各区域的比例必须与仓库的基本职能相适应,保证商品接收、发运和储存保管场所尽可能占最大的比例,以提高仓库的利用率。

在仓库总面积中需要有库内运输道路的,运输道路的配置应符合仓库各项业务的要求,方便商品入库存储和出库发运,还应适应仓库各种机械设备的使用特点,方便装卸、搬运、运输等作业操作。库内道路的规划必须与库房、货场和其他作业场地的配置相互配合,减少各个作业环节之间的重复装卸、搬运,避免库内迂回运输。各个库房、货场要有明确的进出、往返路线,避免作业过程中相互干扰和交叉,以防止因交通阻塞影响仓库作业。①

4.3.1.2 仓库作业区布置与设计

仓库作业区布置与设计要求以主要库房和货场为中心,对各个作业区域进行合理布局。如何合理地安排各个区域,力求用最短的作业路线,减少库内运输距离和道路占用面积,以降低作业费用和提高面积利用率,是仓储作业区布局的主要任务。布局时应该主要考虑以下几个方面:吞吐量、机械设备使用特点和库内道路。

4.3.1.3 库房内部布置与设计

1. 货位布置

货位布置方式一般有垂直、平行和倾斜三种方式。垂直或平行方式又分:① 横列式。这种布置方式是将货位或货架的长边与主作业通道形成垂直关系的布置方式。② 纵列式。这种布置方式是将货位或货架的长边与主作业通道形成平行关系的布置方式。③ 混合式。这种布置方式是货位或货架的长边与主作业通道既存在垂直关系,又存在平行关系的布置方式。

任何类型的货位(架)布局方式都要考虑作业的方便性。如果仓库内使用一般的门式或桥式起重机,采用上述三种布局方式时,作业都比较方便。但如果使用叉车进行作业,则采用上述布局方式就不太方便,因为叉车会占用较大的作业面积,相应地缩小了仓库的有效储存面积,而采用倾斜式布局则可以部分地弥补这一缺陷。所谓倾斜式布局,是指货位或货架的长边与主作业通道既不平行又不垂直,而是根据需要形成特定夹角的一种货位布置方式。②

货位布置方式确定后再考虑具体货物的位置。一般按照收发状态进行库内布局,亦称之为 ABC 动态布局法。这种方法是以物资出入库频繁程度的差异,对出入库物资进行 ABC 分析,并根据分析结果对库存物资进行合理安排。

2. 空间利用

在设计仓库时,空间利用是必须考虑的。在空间利用中,主要考虑蜂窝损失和通道损失。

（1）蜂窝损失

分类堆码时计算面积要考虑蜂窝损失,即一个通道的两边各有一排货物,每排货物有若干列,每一列堆码若干层。如果在一列货堆上取走一层或几层,只要不被取尽,所产生的空缺不能被别的货物填补,留下的空位犹如蜂窝,故名蜂窝形空缺,它影响了库容量的利用率。③

---

① 戢守峰. 现代设施规划与物流分析[M]. 北京:机械工业出版社,2013:161.
② 周启蕾. 物流学概论[M]. 北京:清华大学出版社,2009:114-115.
③ 褚雪俭. 物流配送中心管理[M]. 北京:高等教育出版社,2012:10.

蜂窝损失会出现在水平和竖直两个方向,会影响到平面和空间两者的利用。如果存储方式改变,蜂窝损失也会变化。鉴于蜂窝损失是难以避免的,通常用空缺系数 H 的期望值 $E(H)$ 来衡量。

$$E(H) = \frac{1}{n}\sum_{i=0}^{n-1}\frac{i}{n} \quad (4.1)$$

图 4.16 中,单深堆码蜂窝损失空缺系数期望值 $E(H) = \frac{1}{4}\left(\frac{3}{4}+\frac{2}{4}+\frac{1}{4}+0\right) = \frac{3}{2} = 0.375$。

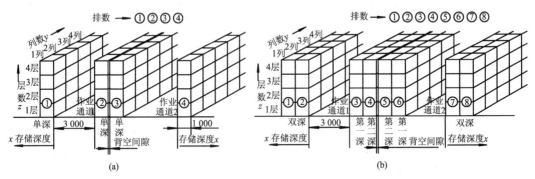

图 4.16 单深、双深堆码图

在存储空间计算时,为方便往往考虑蜂窝损失因子。

$$f_H = \frac{1}{1-E(H)} \quad (4.2)$$

如图 4.16 所示,蜂窝损失空缺系数期望值是 0.375,那么,蜂窝损失因子则是 1.6,即考虑蜂窝损失时要增加 60% 的面积。

【资料 4.6　小问题】

图 4.17 中从左到右三种货物的空缺是多少?$E(H)$ 是多少?

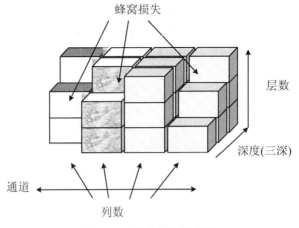

图 4.17 蜂窝损失示意图

(2) 通道损失

除了蜂窝损失外,在仓库中,通道还占据了有效的堆放面积,所以除了考虑蜂窝损失外,

还要考虑通道损失。通道损失计算公式如下

$$L_a = \frac{W_a}{W_a + 2d} \tag{4.3}$$

其中，W_a 为通道宽度，d 为存储深度。

如图 4.16 中，单深堆码通道损失即为 60%，这个比例是很高的，若想降低通道损失，可以采取降低通道宽度和增加存储深度来实现。图 4.18 中右通道损失就降到 42.9%，一般来说，对于常见的选择式货架而言，堆垛深度最多两排，即双深式货架，此时可配用带伸缩叉的叉车，但出入库和装卸搬运等操作不太方便，需要全面考虑。

由于通道损失的存在，在计算蜂窝损失的时候，往往是考虑的通道损失的，即为 $E(H) \times (1-L_a)$，所以，图 4.16 左边的蜂窝损失为 $0.375 \times (1-0.6) = 0.15$，那么总空间损失为 75%，能够看出损失是非常大的。

【资料 4.7 小问题】

请计算图 4.16(b) 的总空间损失。

虽然，货堆越深，蜂窝损失越大，但是通道损失是减少的，所以，总库容量损失是减少的，但是，平面损失率很大，要提高空间利用率，只有往高度发展和降低通道宽度，这也是高层自动化立体仓库发展的一个原因。

对仓库的布置必须最大限度地利用空间，就像最大限度地提供高水平的服务一样，所以在仓库布置时必须考虑以下几种因素：

① 空间的保持。空间的保持包括最大限度地将空间集中和利用立体空间，以及将蜂窝空缺损失降到最低。最大限度地将空间集中加强了利用空间的灵活性和提高搬运大订单的能力。立体空间的利用可以储存货物到较高的高度，对储存的一定数量的物料以适当高度和深度存放，则可将蜂窝空缺缺损降到最低。但当从存货中不适当地取出物品时，又会发生蜂窝空缺。

② 空间的限制。空间的利用将受到结构钢架、喷水消防装置和顶棚高度、地面载荷强度(对多层建筑特别重要)、立柱以及物料安全堆放高度等的限制。通过围绕立柱紧凑地堆放物料，尽量将立柱对空间利用的负面影响降到最低。安全堆放物料高度要考虑每种物料存放的易碎性和稳定性、能否安全存取物料等因素。特别是堆放需要人工拣取的物料，操作者应能安全拣取而不需要过分努力勉强才能取到。

③ 易接近性。过分强调空间的利用可能会导致不易接近物料。通道的设计必须足够宽，便于物料搬运；而且每一个储存孤岛的接触面都应有能进入的通道；所有主要通道都应是直的，可通向门；通道的方向应能使大多数物料沿储存区的最长轴线存放；通道不应沿着一面墙设置，除非这面墙有门。[①]

3. 仓库面积计算

仓库面积包括存储面积和辅助面积。存储面积指货架和作业通道实际占用面积；辅助面积指收发、分拣作业场地，通道，办公室和卫生间等需要的面积。面积计算方法一般有直接计算法、荷重计算法、类比计算法和公式计算法。

① 直接计算法。直接计算法就是直接计算出货架、堆垛所占的面积和辅助面积等，然后相加求出总面积。

② 荷重计算法。荷重计算法是一种经验算法，通常以每种物品的荷重因子，即每吨物

[①] 周宏明.设施规划[M].北京：机械工业出版社，2013：209.

品存储时平均占用的体积为基础,再根据库存量、储备期和单位面积的荷重能力来确定仓库面积。这种计算方法适合散装物品,在我国计划经济时代应用较多,但因为现在储备期时间大大缩短和采用货架、托盘后物品的单位面积荷重能力数据改变较大,应用不多。

③ 类比计算法。面积较难计算时,可以采用类比计算法,以同类仓库面积比较类推出所需面积。

④ 公式计算法。公式计算法综合考虑集装单元存储系统的四种方式:单元堆垛、深巷式存储(或称贯通式货架存储)、单深货架存储和双深货架存储,采用一套变量和公式来计算面积。公式计算法实质上是根据单元堆垛与货架存储的几何特征来得出公式的,只是这些公式比较复杂,变量多,在实际应用中多有不便。

4.3.2 企业配送中心规划与设计

企业配送中心是从事货物配备(集货、加工、分货、拣选、配货)和组织对用户的送货,以高水平实现销售或供应的现代流通设施,是基于物流合理化和拓展市场两个需要而逐步发展起来的,而现代化的企业配送中心通过存储和发散货物功能的发挥,体现出了其衔接生产与消费,供应与需求的功能,使供需双方实现了无缝连接。作为现代化物流的标志,企业配送中心的地位不言而喻,其规划与设计显得至关重要。

【资料4.8 小实例】

苏宁北京物流基地二期位于北京市通州区马驹桥镇物流基地内,项目净用地157亩,总建筑面积近13万m^2,总投资3亿元,是集团现代化、信息化、高端创新的综合平台,是集物流、售后、客服、办公、信息、培训、后勤等功能于一体的综合性服务基地。当前该基地除了能够满足苏宁自身的物流服务外,还开展了第三方物流服务业务,已有众多企业加入。在物流基地升级过程中,苏宁引进国外先进管理理念,将基地中原有平地仓库升级改造为阁楼自动化输送线仓库。阁楼自动化输送线仓库高18 m,货架高10.5 m,仓位数量为50万个,总存储量超过1 000万台,其货位容积率与传统仓库相比,提高了7倍,其主要功能是高密度存储和为拣选区补货。该物流基地是北京大区区域配送中心,可以支持北京地区所有门店的销售,传统家电配送能力16 000台/天以上,配送服务辐射整个北京市及河北部分地区;小件商品能够辐射全国93个城市;同时,该基地承载着华北、东北地区苏宁的OEM产品及批量调拨作业,以及苏宁易购在华北大区的商品收发任务。

(资料来源:http://www.56products.com/Technology/2015-9-17/00FJ3IC7K2K4EAD5410.html.)

4.3.2.1 配送中心系统规划的内容

企业配送中心是一个复杂的系统工程,其系统规划包括许多方面的内容。如图4.18所示,应从物流系统规划、信息系统规划、运营系统规划三个方面进行规划。物流系统规划包括设施布置设计、物流设备规划设计和作业方法设计;信息系统规划也就是对配送中心信息管理与决策支持系统的规划;运营系统规划包括组织机构、人员配备、作业标准和规范等的设计。通过系统规划,实现配送中心的高效化、信息化、标准化和制度化。

4.3.2.2 配送中心的规划要素

配送中心的规划要素就是影响配送中心系统规划的基础数据和背景资料,主要包括以下几个方面:

(1) E——配送的对象或客户

配送中心的服务对象或客户不同,配送中心的订单和出货形态就会有很大的差别。例

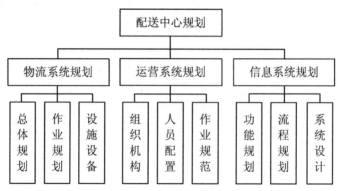

图 4.18 配送中心系统规划的内容

如,为生产线提供 JIT 配送服务的配送中心和为分销商提供服务的配送中心,其分拣作业的计划、订单传输方式、配送过程的组织将会有很大的区别;而同为销售领域的配送中心,面向批发商的和零售商的配送,其出货量的多少和频率也有很大的差别。因此,我们在规划前应分析配送客户的情况,以便决定配送中心的出货形态和特征。

(2) I——配送物品的种类

配送中心所处理的物品品项数差异性很大,多则上万种,如书籍、医药及汽车零配件等配送中心,少则数百种甚至数十种,如制造商型的配送中心,由于品项数的不同,其复杂性与难度也有所不同。另外,配送中心所处理的物品种类不同,其特性也会不同。

(3) Q——物品的配送数量或库存量

这里的 Q 有两方面的含义:一是配送中心的出货量,二是配送中心的库存量。物品出货数量的多少和随时间变化的趋势会直接影响配送中心的作业能力和设备配置,此外,配送中心的库存量和库存周期将影响到配送中心面积和空间的需求。

(4) S——物流的服务水平

一般来说,企业建设配送中心的一个重要目的就是提高企业物流的服务水平,但根据"效益背反"理论,物流服务水平的提高却导致了成本的增加。站在客户的角度来说,总是希望以最经济的成本得到最佳的服务。所以,原则上物流的服务水平应该是合理物流成本下的服务品质,应是成本与服务的最佳结合点。

(5) R——物流通路

物流通路与配送中心的规划有很大的关系,在规划配送中心之前,首先应了解物流通路的类型,然后根据配送中心在通路中的位置及上下游企业的特点进行规划,才不会导致失败。

(6) C——配送中心的价值或建造成本

在配送中心规划时除了考虑上述因素外,还应注意研究配送物品的价值和建造预算。首先,配送物品的价值与物流成本有密切关系。其次,配送中心的建造预算也会影响到配送中心的规模和自动化水平,没有足够的经费,任何理想的规划都无法成为现实。

4.3.2.3 规划资料分析

1. 物品特性分析

物品的特性是物品分类的参考因素,如按存储保管特性可分干货区和生鲜区;按存储温度可分为常温区、冷冻区、冷藏区等。因此,配送中心规划前首先要对货物的特性进行分析,以规划不同的存储和作业区。

2. EIQ 分析

EIQ 分析就是利用"E""I""Q"这三个物流关键要素,来研究配送中心的需求特性,为配送中心提供规划依据。分析的内容包括:

订单量(EQ)分析:单张订单出货量的分析。其主要了解单张订单订购量的分布情形,可用于决定订单处理的原则、拣货系统的规划,并将影响出货方式和发货区的规划。

品项数量(IQ)分析:每单一品项出货总数量的分析。其主要了解各类物品出货量的分布状况,分析物品的重要程度与运量规模。它可用于仓储系统的规划选用和储位空间的估算,并将影响拣货方式和拣货区的规划。

订货单项数(EN)分析:单张订单出货品项数的分析。其主要了解不同订单订购品项数的分布,对于订单处理的原则及拣货系统的规划有很大的影响,并将影响出货方式和出货区的规划。通常需配合总出货品项数、订单出货品项累计数及总品项数三项指标综合考虑。

品项受订次数(EK)分析:每单一品项出货次数的分析。其主要分析各类物品出货次数的分布,对于了解不同物品的出货频率有很大的帮助,主要功能是可配合 IQ 分析决定仓储与拣货系统的选择。[1]

4.3.2.4 配送中心区域布局

配送中心的系统布置就是根据物流作业量和物流路线,确定各功能区域的面积和各功能区域的相对位置,最后得到配送中心的平面布置图。

1. 配送中心区域布置方法

配送中心区域布置方法有两种,即流程性布置法和活动相关性布置法。流程性布置法是以物流移动路线和物流相关表作为布置的主要依据,适用于物流作业区域的布置活动。相关性布置法是根据各区域的综合相关表进行区域布置,一般适用于整个厂区或辅助性区域的布置。

2. 配送中心区域布置步骤

第一步:作业区域布置。首先,根据配送中心联外道路形式来确定配送中心联外道路、进出口方位、厂区配置形式,同时确定配送中心的空间范围、大小及长宽比例;其次,确定配送中心内由进货到出货的主要物流路线形式;最后,按物流相关表和物流路线配置各区域位置,先将面积较大且长宽比例不易变动的区域置入建筑平面内,如自动仓库、分类输送机等,再按物流相关表中物流相关强度的大小安排布置各个作业区。

第二步:行政活动区域布置。一般配送中心的行政办公区均采用集中式布置,并与物流仓储区分隔。考虑到空间的有效利用,办公区可以采用多楼层办公室、单独利用某一楼层或利用进出货区的上层空间等方式。

行政活动区域内的布置方法:首先,选择与各部门活动相关性最高的部门区域先行置入规划范围内,再按活动相关表,将与已置入区域关系的重要程度按高低依次置入布置范围,如此操作,逐步完成各办公区域的概略配置;其次,将各区域的面积置入各区相对应的位置。并作适当调整,减少区域重叠或空隙,得到面积相关配置图;最后,调整部分作业区域的面积或长宽比例,得到作业区域配置图。

第三步:修正。经由上述规划分析,得到了配送中心区域布置的草图。最后还应根据一些实际限制因素进行必要的修正与调整。这些因素包括物流中心与土地面积比例和厂房建筑比率、容积率、绿地与环境保护空间的比例等。除此之外还要考虑厂房建筑的特性限制、

---

[1] 张念.仓储与配送管理[M].大连:东北财经大学出版社,2012:77.

法规限制和交通出入限制。[①]

4.3.2.5 不同物流路线布局示例
按照配送中心内部运作流程的不同特点,可以将配送中心设计成不同类型。

1. I形(直线形)

I形配送中心拥有独立的进、出货月台,分别分布在配送中心的两旁,直入直出。各物流动线平行性进行,可降低操作人员和物流搬运车相撞的可能性,如图4.19所示。该种布局的优点是:直线形的流程简单,操作人员容易适应。缺点是:进、出货月台间距离较远,货物的整体运输路线长、效率较低;进、出货月台分别需要不同人员进行货台监管,人员投入和运作成本较高。

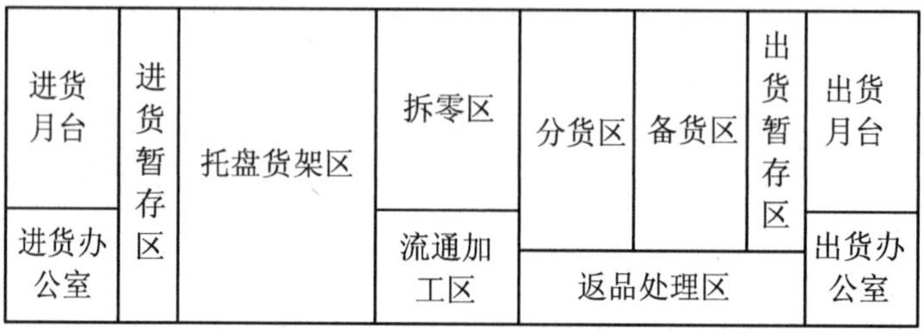

进货月台	进货暂存区	托盘货架区	拆零区	分货区	备货区	出货暂存区	出货月台
进货办公室			流通加工区	返品处理区			出货办公室

图4.19 I形布局

2. L形

L形配送中心同样拥有两个独立月台,两月台间的距离相对直线形要短,比较容易实现快速物流,货物流向呈L形,如图4.20所示。该种布局具有较少碰撞交叉、适合处理快速流转的货物,特别适合进行交叉式作业,处理一些"即来即走"或是停留时间很短的货物。

托盘货架区	拆零区	分货区	备货区	出货暂存区	出货月台
进货暂存区	流通加工区				出货办公室
进货月台	进货办公室	返品处理区			

图4.20 L形布局

3. S形

S形配送中心的进、出货月台也分布在配送中心的两端,如图4.21所示。该种布置的内部物流运作流向不再是简单的直线形,而是类似于S的弯道,整体移动距离增大。效率相对较低。该种类型的配送中心具有跟I形配送中心类似的特点,但I形配送中心对用地形状的要求较高,当用地不适合建设I形配送中心时可以考虑建设S形配送中心。

4. U形

U形配送中心的进、出货月台集中在同一侧,如图4.22所示。该种布局的优点是只需在配送中心一边预留货车停泊及装卸货车道,可以节约场地,有效利用配送中心外围空间,

---

[①] 张令荣. 现代物流管理[M]. 北京:清华大学出版社,2013:219-220.

便于对货台进行集中管理,减少货台监管人员数目。缺点是各功能区的运作范围可能重叠,交叉点较多,运作效率低。在同一货台上收发货容易造成混淆,特别是繁忙时段更容易出现这种状况。[①]

进货月台	进货暂存区	托盘货架区	备货区	出货暂存区	出货月台
进货办公室	返品处理区	拆零区	流通加工区	分货区		出货办公室

图 4.21 S形布局

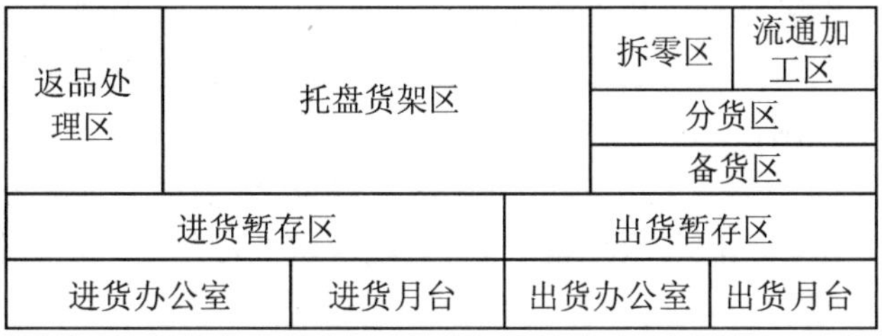

返品处理区	托盘货架区		拆零区	流通加工区
			分货区	
			备货区	
进货暂存区		出货暂存区		
进货办公室	进货月台	出货办公室	出货月台	

图 4.22 U形布局

4.3.3 仓库配送中心选址决策

企业仓库和配送中心在整个物流网络中的选址是一个十分重要的决策问题,它影响了整个企业物流系统的模式、结构和形状,进而对企业的竞争优势都将产生重要的影响。而且,选址决策是个长期战略决策问题,直接会影响企业的运作成本,选址不当将会导致成本过高,直至丧失竞争优势。

仓库配送中心的选址,应符合城市规划和商品存储安全的要求,适应商品的合理流向,交通便利,具有良好的运输条件、区域环境和地形、地质条件,具备给水、排水、供电、道路、通信等基础设施。特别是大型的仓库或配送中心,应具备大型集装箱运输车辆进出的条件,包括附近的桥梁和道路。配送中心一般都选址在环状公路与干线公路或者铁路的交汇点附近,并充分考虑商品运输的区域化、合理化。此外还应分析服务对象,例如连锁超市公司的门店目前分布情况和将来布局的预测,以及配送区域范围。

4.3.3.1 仓库配送中心选址的主要影响因素

1. 自然环境因素

① 气象条件。仓库配送中心选址过程中,主要考虑的气象条件有温度、湿度、风力、降水量等,由于很多货物对保管的条件要求较高,所以要格外注意。

② 地质、地形条件。仓库配送中心的选址应考虑在地势较高、平坦宽敞的地方,避免靠近水滨、河岸、土地酥松的地方,应具备一定的面积,有良好的进出通道。同时,仓库配送中心的某些质量大的建筑材料堆垛可能会对地面造成较大的压力,因此仓库配送中心对土壤

---

① 张令荣. 现代物流管理[M]. 北京:清华大学出版社,2013:220-221.

承载力的要求比较高。

2. 经营环境因素

① 物流费用。仓储费用和运输费用占物流费用的绝大部分,所以仓库配送中心选址时应考虑离物流服务需求地相对较近的地方或靠近生产企业、原材料基地,以缩短运距,降低运输费用,同时也要考虑库场的租用成本、人力成本等。这些指标是配送仓库选址定量设计时所考虑的主要目标,物流费用最低的方案一般就是选址的备选方案。

② 服务水平。在现代物流配送过程中能否实现准时递送是衡量服务水平高低的重要指标之一,因此在考虑仓库配送中心选址时,要保证客户在任何时候提出的物流需求都能尽快获得满意的服务。

3. 基础设施状况

① 交通条件。仓库配送中心必须具备良好的交通运输条件,最好是靠近交通枢纽来进行布局。其中公路运输就是配送中心的主要货运方式。由于我国的地域优势,铁路的运输力比较强,费用较低,同时水运的运输成本也较低,因此,对于大规模的仓库配送中心一般考虑将其设在铁路或港口附近。

② 公共设施条件。仓库配送中心的所在地要求道路、通信等公共基础设施完备,并具有充足的供电、供水、供热和供燃气的能力,同时还要求仓库配送中心周围要有处理污水和固体废弃物等污染的能力。

4. 其他因素

① 土地资源的利用。一般大中型仓库占地均在 20 万 m^2 以上,配送中心占地更大,对物流中心的规划应本着节约土地资源的原则,认真进行内部配置与规划,周围还需要留有必备的发展空间,因为地价直接影响着其布局规划。

② 环境保护的要求。仓库配送中心的规划应考虑环保等因素,尽可能降低其对城市环境和居民生活的干扰。如果是大型的转运枢纽,可考虑设置在离市区较远地方,改善城市交通环境,保证城市的生态建设。还有危险品仓库更要远离居民区。

③ 周边情况。仓库配送中心是火灾重点防护单位,不宜建在易引发火灾的工业设施附近,也不应当建在居民住宅区附近。

【资料 4.9 小实例】

2015 年 8 月 12 日,天津东疆保税港区瑞海国际物流有限公司发生火灾爆炸,造成上百人遇难的严重后果。瑞海国际物流有限公司是天津口岸危险品货物集装箱业务的大型中转、集散中心,是天津海事局指定危险货物监装场站和天津交委港口危险货物作业许可单位。主要经营危险化学品集装箱拆箱、装箱、中转运输等业务,年货运吞吐量 100 万 t。该公司仓储业务分为液化气体、易燃液体、毒害品、腐蚀品等 7 类。按照国家安监部门 2001 年出台的《危险化学品经营企业开业条件和技术要求》,550 m^2 以上的大中型危险化学品仓库选址应与周围公共建筑物、交通干线(公路、铁路、水路)、工矿企业等距离至少保持 1 000 m。万科清水港湾小区与该仓库直线最近距离约为 560 m,而该仓库与轻轨东海路站距离也仅约 630 米。

(资料来源:http://www.hinews.cn/news/system/2015/08/13/017758976.shtml.)

4.3.3.2 仓库配送中心选址常用方法

影响仓库配送中心选址的因素很多,有些因素可以定量转为经济因素,有些因素只能是定性的非经济因素。在进行选址的综合分析比较时,可根据条件采用定性的、定量的或定性定量相结合的方法。常用的选址方法有优缺点比较法、加权因素分析法、重心法、微分法、覆盖模型法、线性规划-运输法、德尔菲分析模型等。

1. 优缺点比较法

优缺点比较是一种最简单的设施选址方法,尤其适应于非经济因素的比较。当几个方案在费用和效益方面近似时,非经济因素即可能成为考虑的关键因素。此时,可采用优缺点比较法对若干方案进行分析比较。该方法的具体做法是:罗列出各个方法的优缺点进行比较,并按最优、次优、一般、较差、极坏五个等级对各个方案的各个特点进行评分,对每个方案的各项得分加总,得分最多的方案为最优方案。

2. 加权因素分析法

加权因素分析法是选址方法中使用最广泛的一种,因为它以简单易懂的模式将各种不同的因素综合起来。加权因素分析法具体包括以下步骤:

① 决定一组相关的选址决策因素。
② 对每一因素赋予一个权重以反映这个因素在所有因素中的重要性。
③ 每一个因素的分值根据权重来确定,权重则要根据成本的标准差来确定,而不是根据成本值来确定。
④ 对所有因素的打分设定一个共同的取值范围,一般是 1~10 或 1~100。
⑤ 对每一个备选地址的所有因素按设定范围打分。
⑥ 用各个因素的得分与相应的权重相乘,并把所有因素的加权值相加,得到每一个备选地址的最终得分。
⑦ 选择具有最高总得分的地址作为最佳的选址。

【例 4.1】 某配送中心有 2 个候选地址,影响因素有 10 个,其重要度见表 4.9。

表 4.9 某配送中心加权评分法表

影响因素	权重	候选方案 A		候选方案 B	
		分值	得分	分值	得分
地质条件	0.15	80	12	74	11.1
交通条件	0.30	87	26.1	90	27
基础设施	0.25	86	21.5	81	20.25
配套设施	0.25	83	20.75	80	20
扩展情况	0.05	82	4.1	89	4.45
合计	1		84.45		82.8

经计算可知,候选方案 A 优于候选方案 B。

3. 重心法

重心法是一种布置单个设施的方法,这种方法考虑现有设施之间的距离和运输的货物量,常用于中间仓库或分销仓库的选择。重心法的思想是在确定的坐标中,各个原材料供应点的坐标位置与其相应供应量、运输费率之积的总和等于场所位置坐标与各供应点供应量、运输费率之积的总和。当运输费率相同时,只考虑坐标与运输量的乘积即可,重心法中的坐标系可以随便建立,国际上经常采用经度和纬度建立坐标。

假设 $P_0(x_0,y_0)$ 表示所求设施的位置，$P_1(x_1,y_1)$ 表示现有设施(或各供应点)的位置($i=1,2,\cdots,n$)，重心法坐标如图 4.23 所示。

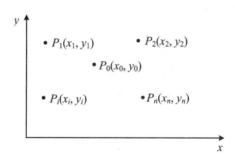

图 4.23 重心法

用 w_i 表示图 4.23 中第 i 个供应点的运量，根据重心法有

$$\sum_{i=1}^{n} x_i w_i = x_0 \sum_{i=1}^{n} w_i, \quad \sum_{i=1}^{n} y_i w_i = y_0 \sum_{i=1}^{n} w_i \tag{4.4}$$

其重心坐标为

$$x_0 = \frac{\sum_{i=1}^{n} x_i w_i}{\sum_{i=1}^{n} w_i}, \quad y_0 = \frac{\sum_{i=1}^{n} y_i w_i}{\sum_{i=1}^{n} w_i} \tag{4.5}$$

4. 离散点覆盖模型法

覆盖模型，就是对于需求已知的一些需求点，如何确定一组服务设施来满足这些需求点的需求。在这个模型中，需要确定服务设施的最小数量和合适的位置。根据解决问题的方法的不同，可以分为以下两种不同的主要类型。

① 集合覆盖模型。用最小数量的设施去覆盖所有的需求点，如图 4.24 所示。

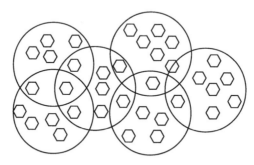

图 4.24 集合覆盖模型

② 最大覆盖模型。在给定数量的设施下，覆盖尽可能多的需求点，如图 4.25 所示。

由图 4.24 和图 4.25 可知，这两类模型的区别在于，集合覆盖模型要满足所有的需求点，而最大覆盖模型则只覆盖有限的需求点，两种模型的应用情况取决于服务设施的资源充足与否。

集合覆盖的目标是用尽可能少的设施去覆盖所有的需求点，该模型的数学表达式为

$$\min z = \sum_{j} c_j x_j \tag{4.6}$$

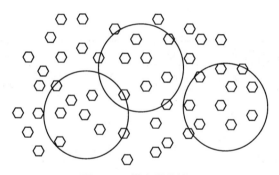

图 4.25 最大覆盖模型

约束条件是 $\sum_{j \in N_i} x_j \geqslant 1, \forall i \, x_j \in \{0,1\} \forall j$ (4.7)

式中,x_j 为需求点,c_j 为在节点设置一个设施时的固定成本。设 N_i 为在节点可接受的最大服务距离(时间)S 范围内设施节点 j 的集合,$N=\{j|d_{ij} \leqslant S\}$。

目标函数是使设施总成本最小,很多情况下假设 c_j 均相等,则目标函数为设施数量最少。约束条件保证对每一个需求点至少有一个设施位于可接受距离内。

但是,该模型为整数规划,规模比较小,可以用隐枚举法计算,如果规模太大,只能用启发式算法求解。

5. 线性规划-运输法

线性规划方法是一种广泛使用的最优化的技巧,它在考虑特定约束条件下,从许多可用的选择中挑选出最佳方案,其目标是在给定的供给、需求和能力的约束条件下,使生产和输入、输出运输的可变成本最小化。对于复合设施的选址问题,如对于一个公司设有多个工厂、多个分销中心(或仓库)的选址问题,可以用线性规划-运输法求解,使得所有设施的总运费最小。

运输法有比较完善的算法,如表上作业法或者用 Excel 的规划求解来计算。

【例 4.2】 某公司已有 A,B 两个配送中心,供应 3 个区域,随着需求的增加,公司迫切需要建立第 3 个配送中心,可供选择的位置有 C 和 D 两处。根据资料分析,各地点运输费用如表 4.10 所示,请从 C 或 D 中选出最佳者。

表 4.10 运输费用表

配送中心\区域	运输费用(万元)			年供应量
	区域一	区域二	区域三	
A	0.3	0.2	0.3	7 000
B	0.5	0.35	0.15	5 500
C	0.05	0.18	0.65	4 500
D	0.5	0.8	0.75	4 500
年需求量	4 000	7 000	6 000	

解 比较选择 C 或 D 的费用,将其化为两个运输问题,找出费用最小的即可。如表 4.11 所示。

表 4.11 运输费用计算表

问题 1

	区域一	区域二	区域三	产量
A	0.3	0.2	0.3	7 000
B	0.5	0.35	0.15	5 500
C	0.05	0.18	0.65	4 500
销量	4 000	7 000	6 000	

总运费

	区域一	区域二	区域三	产量
A	0	6 500	500	7 000
B	0	0	5 500	5 500
C	4 000	500	0	4 500
销量	4 000	7 000	6 000	

问题 2

	区域一	区域二	区域三	产量
A	0.3	0.2	0.3	7 000
B	0.5	0.35	0.15	5 500
D	0.05	0.18	0.65	4 500
销量	4 000	7 000	6 000	

总运费

	区域一	区域二	区域三	产量
A	0	7 000	0	7 000
B	0	0	5 500	5 500
D	4 000	0	500	4 500
销量	4 000	7 000	6 000	

经计算 C 地点运费更低,所以配送中心应该选择 C 点。

6. 德尔菲分析模型

典型的布置分析考虑的是单一设施的选址,其目标有供需之间的运输时间或距离极小化、成本的极小化、平均反应时间的极小化。但是有些选址分析涉及多个设施和多个目标,其决策目标相对模糊,甚至带有感情色彩。解决这类选址问题的一种方法是使用德尔菲分析模型,该模型在决策过程中考虑了各种影响因素。使用德尔菲分析模型涉及 3 个小组,即协调小组、预测小组和战略小组。

每个小组在决策中发挥不同的作用,使用该模型包括以下步骤:

① 成立两个小组。内外部的人员组成顾问团,充当协调者,负责设计问卷和指导德尔菲调查。顾问团中选出一部分人成立两个小组,一个小组负责预测社会的发展趋势和影响组织的外部环境(预测小组);另一个小组确定组织的战略目标及其优先次序(战略小组)。战略小组的成员从组织中各部门的高层经理人员中挑选。

② 识别存在的威胁和机遇。经过几轮问卷调查后,协调小组应该向预测小组询问社会的发展趋势、市场出现的机遇,以及组织面临的威胁。该阶段要尽可能听取多数人的意见。

③ 确定组织的战略方向与战略目标。协调小组将预测小组的调查结果反馈给战略小组,战略小组利用这些信息来确定组织的战略方向与战略目标。

④ 提出备选方案。一旦战略小组确定了长期目标,就应集中精力提出各种备选方案(备选方案是对工厂现有设施的扩充或压缩和对工厂的全部或局部位置进行的变更)。

⑤ 优化备选方案。步骤④中提出的备选方案应提交给战略小组中的有关人员,以获得他们对各方案的主观评价,在考虑组织优势和劣势的基础上,该模型可识别出组织的发展趋势和机遇。此外,该模型还考虑了企业的战略目标,在现代公司中被作为一种典型的综合性群体决策方法广泛使用。[1]

---

[1] 王道平,程肖冰.物流决策技术[M].北京:北京大学出版社,2013:146.

4.4 企业运输系统规划与设计

一般来讲,作为物流基本功能之一的运输,其成本比其他任何物流成本所占的比重要高。日本曾对部分企业进行了调查,在成品从供货者到消费者手中的物流费用中,运输费占44%,在整个国民生产总值中流通费用则占到9%~10%,可见运输费在物流费用中的比重之大。因此,在物流系统中,如何搞好运输子系统的工作,积极开展合理运输,不仅关系到物流的效率,而且直接影响到物流的费用。运输系统规划,包括运输方式的选择、运输路线的选择和运输网络的优化。

4.4.1 运输方式选择

运输方式的选择或某运输方式内服务内容的选择取决于运输服务的众多特性。其中最重要的是运输费用、可靠性和在途时间。虽然运输费用很重要,但很多情况下,可靠性和在途时间才是决定因素。

4.4.1.1 各种运输方式的特点

运输的工具主要有火车、汽车、船、飞机、管道等,相应的运输的方式也有铁路、公路、航空、水路和管道运输五种。它们各自的特点如表4.12所示。

表4.12 运输方式优缺点

运输方式	主要优点	主要缺点
铁路	运行速度快;运输能力大;受自然条件限制小;可运输各种不同货物;运输成本低	投资巨大;铁路建设周期长;按照铺设的铁道走,缺乏灵活性
水路	建设投资小;运输能力最大;可运输各种不同货物;运输成本低	受自然条件影响大;运行速度慢;在码头停靠装卸费时、费力;无法完成"门到门"的服务
公路	建设投资小;短途运行速度快;机动灵活,可实现"门到门"的服务	运输能力小;运输能耗高、运输成本高;受天气和环境影响大
航空	运行速度快;机动性能好,可飞越各种天然障碍;货物包装可以简单	造价高,能耗大;运输能力小;技术复杂;受气候影响大
管道	运输量大;安全可靠;不受自然条件影响;封闭运输,损耗少	专用性强,只能运输石油、天然气及固体料浆(如煤炭等);管道运输量与最高运输量间的幅度小

4.4.1.2 运输方式决策

1. 成本比较法

如果不将运输服务作为竞争手段,那么能够使该运输服务的成本与该运输服务水平导致的间接库存成本达到平衡的运输服务就是最佳服务方案。也即是,运输的速度和可靠性会影响托运人和买方的库存水平(经常性库存和安全库存)以及他们之间的在途库存水平。如果选择速度慢、可靠性差的运输服务,物流渠道中就需要有更多的库存。这样,就需要考虑库存持有成本升高抵消运输服务成本降低的情况。因此现有方案中最合理的应该是既能满足顾客需求,又使总成本最低的服务。

【例 4.3】 某公司使用铁路运输将工厂的成品运往仓库。铁路运输的平均时间 $T=24$ 天,每个存储点平均储存 100 000 件行李箱包,箱包的平均价值 $C=30$ 元,库存成本为 30%/年。公司希望选择使总成本最小的运输方式。据估计,运输时间从目前的 24 天每减少一天,平均库存水平可以减少 1%。每年仓库卖出 $D=700\ 000$ 件箱包。公司可以利用如表 4.13 所示的运输服务。

表 4.13 运输服务表

运输服务方式	运输费率(元/单位)	门到门运送时间(天)	每年运输批次
铁路运输	0.10	24	10
驼背运输	0.15	14	20
卡车运输	0.20	5	20
航空运输	1.40	2	40

经计算可得出运输成本,如表 4.14 所示。

表 4.14 运输成本表

成本类型	铁路运输	驼背运输	卡车运输	航空运输
运输成本	70 000	105 000	140 000	980 000
在途库存	363 465	241 644	86 301	34 521
工厂库存	9 000	418 500	378 000	182 250
仓库库存	903 000	420 593	380 520	184 680
总计	2 235 465	1 185 737	984 821	1 381 451

由表 4.14 可以看出卡车运输总成本最低。

2. 竞争因素分析法

选择合适的运输方式有助于创造有竞争力的服务优势。如果供应渠道中的买方从多个供应商那里购买商品,那么物流服务就会和价格一样影响买方对供应商的选择。相反,如果供应商针对各自的销售渠道选择不同的运输方式,就可以控制其物流服务的各项要素,进而影响买方的购买。

对买方而言,更好的运输服务(运送时间更短,波动更小)意味着可以保有较少的库存或完成运作计划的把握更大。为鼓励供应商选择最理想的运输服务,进而降低成本,买方唯一能采取的行动就是购买。

买方的做法就是将采购订单转给能提供更优质运输服务的供应商。业务的扩大将带来利润的增加,将弥补由于选择快速运输服务带来的成本,因而鼓励供应商寻求吸引买方的运输服务形式,而不是单纯降低运输服务的价格。

如果分拨渠道中有多个供应点可供选择,运输服务的选择就会成为供应商和买方的联合决策。供应商通过选择运输方式来争取买方的订单,理智的买方则会通过更多的购买来回应供应商的选择。买方增加购买的数量取决于互相竞争的供应商提供运输服务的差异。在动态的竞争环境下,只提供单一运输服务的供应商是很难生存的,因为其他供应商会通过提供更多的服务来反击竞争对手,而且运输服务的选择与买方潜在的购买兴趣之间的关系是很难估量的。[①]

【例 4.4】 某工厂需要从两个供应商那里购买 3 000 箱货物,每箱配件的价格是 100元。目前,从两个供应商采购的数量是一样的。两个供应商都采用铁路运输,平均运送时间也相同。但如果其中一个供应商能将平均交付时间缩短,那么每缩短一天工厂会将采购订单的 5%(即 150 箱)转给这个供应商。如果不考虑运输成本,供应商每卖出一箱配件可以获得 20%的利润。

请问:如果供应商 A 将铁路运输方式改为航空或卡车运输,是否可以获得更多的收益?各种运输方式下每箱配件的运输费率和平均运送时间已知,如表 4.15 所示。

表 4.15 运输费率和时间表

运输方式	运输费率(元/箱)	运送时间(天)
铁路运输	2.5	7
卡车运输	6.00	4
航空运输	10.35	2

供应商 A 仅根据可能得到的潜在利润进行选择。表 4.16 从供应商 A 的角度列出了不同运输方式下可获得的利润。

表 4.16 不同运输方式下供应商 A 利润对比表

运输方式	销售量(箱)	毛利(元)	运输成本(元)	利润(元)
铁路运输	1 500	30 000	3 750	26 250
卡车运输	1 950	39 000	11 700	27 300
航空运输	2 250	45 000	23 287.5	21 712.5

显然,供应商 A 应采用卡车运输。

4.4.2 运输线路选择

运输系统规划的核心就是运输线路的选择。运输线路的选择是一个较复杂的过程,需要考虑多种因素,需要经过多次反复迭代,要依据一定的准则对各种方案进行比较,要用系统的观点,从各个方面进行综合分析,从而得出可行的线路。

4.4.2.1 运输线路选择的原则

1. 费用最小原则

从工厂到运输线路选择的据点的输送费用随着运输线路选择的据点的规模上升而增多。即运输线路选择的据点的规模越大,数目越多,产品的在途量就越大,相应的对运输的投资费用就越多。相反,从运输线路选择的据点到用户的配送费用会随着运输线路选择据点数目的增多而减少。这时因为配送距离缩短,配送费用下降。

运输的营运费、在库维持费、收发货处理费与运输线路选择的据点数成正比例关系。一般而言,据点数目越多,费用越多。

[①] Ballou R H. 企业物流管理:供应链的规划、组织和控制[M]. 北京:机械工业出版社,2014:168-169.

物流的总费用曲线是一个凹性函数,即在一定的据点数目范围内,物流总费用会随着运输量的增多而下降。但是在经过一定的均衡点后,物流的总费用反而会随着运输时间的延长而上升。

2. 动态性原则

许多与运输线路选择相关的因素不是一成不变的。例如,客户的数量、客户的需求、经营的成本、价格、交通状况等都是动态因素。所以,在设置运输线路选择时,应该以发展的目光考虑运输线路选择的布局,尤其是对城市的发展规划应该加以充分的调查与咨询。同时,对运输线路选择的规划设计应该具有一定的弹性机制,以便将来能够适应环境变化的需要。

3. 简化作业流程原则

减少或消除不必要的作业流程,是提高企业生产率和减少消耗最有效的办法之一。这一点反映在设计运输联络时,应以直达运输、尽量减少中间的换装环节为准则。

4. 适度原则

合理规划运输线路应考虑物流费用的构成,如商品由工厂到物流中心的输送费、物流中心的营运费、配送费、在库维持费、收发货处理费等;在运输线路选择的布局与选址问题上,我们可以将总投资限额,把总投资最低、营运成本最低、配送费用最低作为求解目标,建立数学模型或利用线性规划方法求得最优解。在设置方案上,应设计出多种方案,采用决策最优化的原则,经过分析比较,选出最佳方案。①

4.4.2.2 路线选择的方法

1. 起讫点不同的单一路线选择

对分离的、单个始发点和终点的网络运输路线选择问题,最简单和直观的方法是最短路线法。网络由节点和线组成,点与点之间由线连接,线代表点与点之间运行的成本(距离、时间或时间和距离加权的组合)。常见的最短路法是标号法。

标号法的步骤如下($w(v_i,v_j)$ 表示 v_i 和 v_j 的权):

(S0) (准备):令 $u_0:=0, u_j:=w(v_0,v_j)(1\leqslant j\leqslant n), S:=\{v_0\}, T:=\{v_1,v_2,\cdots,v_n\}$ $P_j:=0(0\leqslant j\leqslant n)$($S$ 中的点给永久标号,T 中的点给临时标号),$r:=0$。

(S1) (选取永久标号):在 T 中取一点 v_i,使得

如果 $u_i=+\infty$,停止,从 v_0 到 T 中各点没有路;否则(S2)。

(S2) (判别是否结束):令 $S:=S\cup\{v_i\}, T:=T\setminus\{v_i\}, r:=r+1$($v_i$ 改为永久标号)。如果 $r=n$ 结束,所有各点最短路都已求得;否则转(S3)。

(S3) (修改临时标号点的值):对所有的 $v_j\in T$,如果 $u_i+w(v_i,v_j)<u_j$,令 $P_j:=i, u_j:=u_i+w(v_i,v_j)$,否则 P_j, u_j 不变,返回(S1)。

2. 多讫点路线选择

如果有多个货源地可以服务多个目的地,那么我们面临的问题是:要指定各目的地的供货地、目的地之间的最佳路径。该问题经常发生在多个供应商、工厂或仓库服务于多个客户的情况下。如果各供货地能够满足的需求数据有限,则问题会更复杂。解决这类问题常常可以运用一类特殊的线性规划算法,即运输方法求解。

运输问题常见的模型是:

已知有一批物资,从 $A_1, A_2, \cdots, A_m$ 共 m 个产地运往 $B_1, B_2, \cdots, B_n$ 共 n 个销地,其中,

---

① 秦立公. 现代物流管理[M]. 北京:北京理工大学出版社,2006:193.

A_i 到 B_j 运行成本为 C_{ij},m 个产地产量分别为 $a_1,a_2,\cdots,a_m$,n 个销地可以接纳量分别为 b_1, $b_2,\cdots,b_n$,设计最优调运方案使总成本最小。

当产量与销量平衡时,模型如下:

$$\min Z = \sum_{i=1}^{m}\sum_{j=1}^{n} c_{ij}x_{ij}$$

$$\begin{cases} \sum x_{ij} = a_i \\ \sum x_{ij} = b_j \quad (\sum a_i = \sum b_j) \\ x_{ij} \geqslant 0 \end{cases} \tag{4.8}$$

当产量大于销量时,模型如下:

$$\min Z = \sum_{i=1}^{m}\sum_{j=1}^{n} c_{ij}x_{ij}$$

$$\begin{cases} \sum x_{ij} \leqslant a_i \\ \sum x_{ij} = b_j \quad (\sum a_i > \sum b_j) \\ x_{ij} \geqslant 0 \end{cases} \tag{4.9}$$

当产量小于销量时,模型如下:

$$\min Z = \sum\sum c_{ij}x_{ij}$$

$$\begin{cases} \sum x_{ij} = a_i \\ \sum x_{ij} \leqslant b_j \quad (\sum a_i < \sum b_j) \\ x_{ij} \geqslant 0 \end{cases} \tag{4.10}$$

该模型的求解可以用表上作业法进行手工计算,规模太大时,可以用 Lingo 和 Excel 中的规划求解来实现。

3. 起讫点重合路线选择

起讫点重合的路线问题在运筹学中可归结为"邮递员问题"和"旅行商问题",前者由 Edmonds Johnson 在 1973 年给出算法,后者是一个 NP-hard 问题,可用启发式算法。如果某个问题中包含很多个点,要找到最优路径是不切实际的,因为许多现实问题的规模太大,即使用最快的计算机进行计算,求最优解的时间也非常长。至今没有特别好的解决方法,一般采用启发式算法。

4.4.3 供应与销售物流网络规划

在设计销售网络时必须作两个关键性的决策:① 产品是交付到客户所在地点还是由预定的一方来提取? ② 产品需要流经一个中间场所吗? 根据对这两个问题的不同回答,有以下 6 种不同销售网络设计方案:制造商存货加直送;制造商存货加直送和在途并货;分销商存货加承运人交付;分销商存货加到户交付;制造商或分销商存货加顾客自提;零售商存货加顾客自提。

1. 制造商存货加直送

这种模式中(图 4.26),产品直接从制造商发送到最终顾客,绕过了零售商。零售商的职能或任务、作用只是接收订单和启动交付的请求,不储存产品。信息从顾客经零售商流到制造商,而产品则直接由制造商发送到顾客。

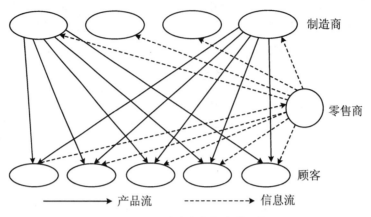

图 4.26 制造商存货加直送网络

该模式最适用于多品种、低需求量、高价值的产品,且顾客也愿意等待交付并接收多次部分的发货。为了使该模式更有效,每个订单应该包含较少的供货点。

【资料 4.10 小实例】

> BtoC 商城纷纷引入第三方卖家,顾客从电子商务网站下达订单,商品的配送和服务完全由第三方卖家承担,通过第三方卖家的进驻,补充了原来网站的品类不足,同时补充的品类也带来流量,产生其他品类的关联销售。

2. 制造商存货加直送和在途并货

如图 4.27 所示,在途并货是将来自不同地点的订货组合起来,使顾客只需接收一次交付。

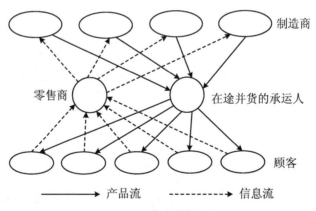

图 4.27 在途并货网络

与直送模式相比,在途并货模式的主要优势在于运输成本较低,顾客体验得到改善,主要的劣势是合并过程有额外的付出。针对其绩效特征,在途并货模式最适用于低中等需求量、高价值且是零售商从有限数目的制造商采购的产品。

3. 分销商存货加承运人交付

如图 4.28 所示,在这种模式下,库存不是由制造商存放在工厂,而是由分销商/零售商存放在中间的仓库里,并使用包裹承运人将产品从中间仓库运送到最终顾客手中。采用分销商存货并由包裹承运人交付模式。

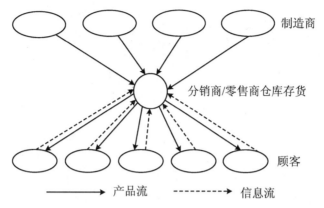

图 4.28 分销商存货加承运人交付网络

分销商存货加承运人交付模式非常适用于畅销产品。与制造商存货相比,分销商存货方式能应付的产品多样性较低,相比零售店网络又会高许多。

4. 分销商存货加到户交付

如图 4.29 所示,到户交付是指分销商/零售商将产品交付到顾客的家门而不是使用包裹承运人。与包裹承运人交付方式不同,到户交付要求分销商仓库更靠近顾客。如果到户交付方式所能服务的半径有限,则相比采用包裹承运人方式,其需要更多的仓库。

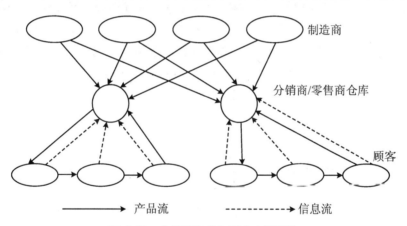

图 4.29 分销商存货加到户交付网络

在人工成本高的地区,从效率或增加利润的角度很难证明分销商存货加到户交付模式是适当的。只有当存在一个足够大且愿意为这种便利支付的顾客群时,这种方式才可能合适。在这种情形下,应努力将到户交付与现有的一个分销网络结合起来以发挥规模经济效益和提高使用率。如果顾客的订单大到可产生足够相当的规模效益,到户交付模式也是适合的。

5. 制造商或分销商存货加顾客自提

如图 4.30 所示,在这种模式下,产品存储在制造商或分销商的仓库,而顾客通过在线或电话下订单,然后到指定的提货点提取他们的产品。当需要的时候,订货会从存货处到某个提货点。

这种模式需要一个相当好的信息平台以提供订单的可视性,直到顾客将货物提走。这

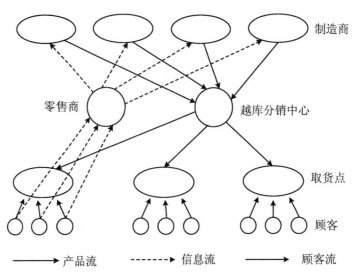

图 4.30　制造商或分销商存货加顾客自提网络

样的一个网络如果能利用已有的一些设施,例如咖啡店、便利店或食品杂货店等作为提货点,则很可能是最有效的,因为这种网络能提高已有基础设施的使用效率。

【资料 4.11　小实例】

> 2014年,顺丰宣布在全国范围内开通了518家线下的网购服务社区店——"嘿客",布局O2O。有消息称,2014年顺丰嘿客社区店将在全国布局3 000多家,未来将布局30 000家。
>
> 嘿客社区店内放置虚拟货品的海报、二维码墙,顾客可直接通过扫描二维码选购虚拟商品,如食品、服饰、母婴、数码、家电等。与此同时,顾客还可在店内的网络下单购买,之后顾客可选择门店自提货物,也可送货上门。

6. 零售商存货加顾客自提

这种方式是供应链最传统的形式。在这种方式下,库存存放在零售店,顾客走进零售店购货,或者通过在线网络或电话下订单,然后在零售店提货。

具有当地存货网络的主要优势是它能够降低交付成本,以及提供比其他网络更好的响应性,主要劣势是库存和设施成本的增加。这种网络最适合于畅销产品或顾客很重视的快速响应产品。[①]

4.5　企业逆向物流系统规划与设计

作为企业产品整体生命周期管理一部分的企业逆向物流管理,是实现企业可持续发展的重要措施,所以,必须从战略的高度来设计逆向物流系统,投入更多的资源建立逆向物流系统。

逆向物流运作的效率直接依赖和受限于逆向物流网络结构,因而必须合理设计逆向物

---

① 福西特,埃尔拉姆. 供应链管理[M]. 北京:清华大学出版社,2009.

流网络,即确定废旧物资从消费地到起始地的整个流通渠道的结构,包括各种逆向物流设施的类型、数量和位置,以及废旧物品在设施间的运输方式等①。

逆向物流是一个新兴的研究领域,定量分析还很缺乏。目前关注的焦点是解决逆向物流的网络设计问题。

尽管现有的逆向物流网络设计模型与传统的设施选址模型很类似,然而在进行逆向物流网络设计时必须充分考虑到高度的不确定性和"正向"与"逆向"的关系。

正向物流系统一般只涉及市场需求的不确定性,而逆向物流系统中的不确定性要高得多,不仅要考虑市场对再生产品需求的不确定性,而且还要考虑废品回收供给的不确定性,主要包括回收物品的数量、质量和到达时间等,这些都是逆向物流网络设计必须考虑的因素。

逆向物流可以有 3 种流通渠道:沿着传统的正向物流网络逆向流动;建立独立的逆向物流网络;建立正向和逆向相结合的集成物流。

1. 沿着传统的正向物流网络逆向流动

该流通渠道即利用企业原有的物流系统实现逆向物流的功能,逆向物流的设施、运输路线与正向物流基本相同,下游企业逆供应链方向将回流物品直接送交上一级供应商,如图 4.31 所示。

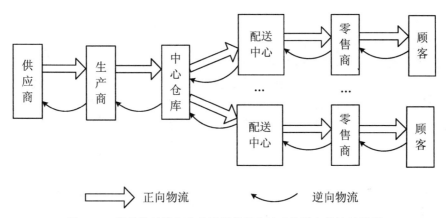

图 4.31 沿着传统的正向物流网络逆向流动的逆向物流结构图

这种逆向物流系统的优点是,完全使用原有的设施和组织,降低了固定投资成本;而且,上下游之间的业务关系明确,操作管理简单,下游企业几乎没有风险,所以,这种模式更受下游企业的欢迎。

这种系统模式的主要缺点有:

① 每个节点都要进行返回品的分类、检测,延长了回收品的停留时间,导致系统响应速度降低,影响客户满意度,也使物品价值恢复受到影响。

② 发生在末端的退货行为及相关的退货信息,需要经过较多的环节和较长的周期才能反馈给制造商,造成退货信息的失真,使产品制造商不能确切了解末端客户对产品的意见或建议。

③ 尽管简单逆向物流系统不需要大的固定投资,但是,由于每个节点的回流品数量规模不大,不会产生运输、仓储的规模效应,所以导致日常运营管理成本及人力成本增加。

---

① 高举红.物流系统规划与设计[M].北京:北京交通大学出版社,2010:409.

根据简单逆向物流系统的优缺点分析，其结论是：当企业生产规模小，且产品属于低价值、寿命短的商品（如保鲜食品）时，或者供应链上的企业同属于一个企业集团，其分销渠道属于内部结构时，适合于采用这种简单结构的逆向物流系统。

2. 独立的逆向物流网络

对于组成复杂、价值高的耐用品，其生产企业必须构建专业化程度高的逆向物流系统，并有必要将逆向物流管理纳入企业战略管理范畴。如图 4.32 所示。

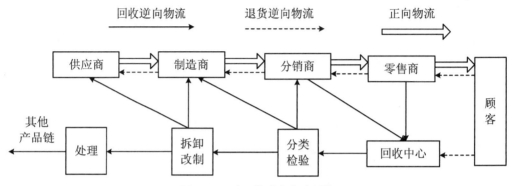

图 4.32 独立的逆向物流网络

在该模式中，通过专业化的集中回收中心，接收供应链下游顾客、零售商及分销商的损坏退货、库存退货或产品寿命终结的报废，进行集中的回收处理。进行资源价值恢复的一系列处理活动既可以由原产品制造商独立完成，也可能由其他企业完成；恢复价值后的零部件或再生资源可以进入原产品链，也可能进入其他的产品链。但是，当产品或其核心部件涉及企业的保密技术时，为防止其他企业仿冒产品、保持企业自身的垄断地位，此时，企业往往会自己建立逆向物流网络系统，并对拆卸、分解、零部件修复、再制造等一切活动负责，修复后的零部件重新进入产品生产过程。

【资料 4.12 小实例】

东芝电脑的逆向物流管理存在着一个问题，因为客户想要他们之前使用的、存有所有资料的那个电脑，而东芝提供给他们的替代电脑根本不行。因此，客户满意的两个关键因素是速度和第一时间的修理。如果东芝忽略了这两个因素中的任意一个，客户满意度就会降低。

东芝采用六西格玛法寻找缩短修理时间的解决方案。东芝想要外包这项业务，起初对合作伙伴的选择犹豫不决——选择修理企业还是物流企业？实际上，对于大规模的退货处理业务，具备修理和物流服务双重功能的企业很少。最后，东芝选择了UPS集团旗下的供应链管理解决方案事业部（UPS Supply Chain Solutions）——具备修理能力，更为重要的是在物流领域处于核心地位。在物流与修理服务两者之间，东芝更加注重物流，因为东芝坚信修理技能可以学习、改进，而物流模型难以模仿。

UPS 位于美国路易（斯）维尔的飞机跑道也是一个大的有利条件。东芝的零件存储和修理中心都位于路易（斯）维尔。结果，双方合作以后，库存竟然变得非常好，因为零部件不用离开工厂。而且，修理周期也大大缩短，由过去的10天降为4天。在修理周期缩短方面UPS 发达的店铺网络贡献最大。现在，UPS 再也不用花费几天时间，邮寄给客户一个替代的退回产品。客户可以去往任何一家UPS店铺，店铺会为客户包好产品并在当天送出。

（资料来源：http://info.10000link.com/newsdetail.aspx?doc=2010031000013.）

3. 正向和逆向相结合的集成物流

回收的物品可能重新回到初始的生产商,也有可能作为社会资源进入社会其他企业的生产流程。如果属于后一种情况,一般需要构建一个独立的回收系统。这时,产品逆向物流渠道与常规的正向物流渠道是完全不同的,整合这两种渠道的可能性很小。

对于可被生产商循环再利用的产品,很多情况下是由原产品生产厂商负责回收及资产恢复行动。销售、使用阶段出现的退货或报废品经集中式回收中心处理后,经修复、改制或原料再循环,重新进入产品的供应链;另外,零部件制造、产品组装过程中出现的废次品,也应该直接进入再制造过程。在这种情况下,企业有必要将逆向物流与正向物流进行有机整合,以保证供应链上、中、下游的紧密衔接和高效运作,降低整体成本,增强供应链的竞争优势,形成闭环的供应链网络。如图4.33所示。

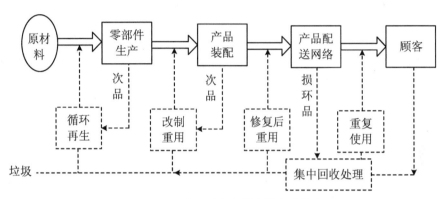

图 4.33 正向和逆向相结合的集成物流

目前的工业实践中,普遍采用第一种较简单的方法,网络规划完全按照正向物流的要求来进行。现有理论研究大多考虑逆向物流网络的独立设计,很少考虑"正向"和"逆向"物流中共用设施的选址,也没有考虑"正向"和"逆向"物流中运输路径的整合。显然第三种模式可以构建闭环供应链,能够进一步促进供应链可持续发展,是将来的发展趋势。[①]

 本章小节

物流作为企业新的利润源泉,已为越来越多的人所认同,而企业物流系统规划与设计作为一种先进的组织方式和管理技术,被广泛认为在降低物资消耗、提高劳动生产效率方面发挥着重要的作用。

企业物流系统规划是指立足于企业物流战略目标,将企业范围的所有物流活动视为一个大系统,运用系统原理进行整体规划设计、组织实施和协调控制的过程,目的是以优质的物流服务水平、最低的物流总成本,实现企业物流系统的整体合理化和效益最优化。企业物流系统规划主要解决两大主要问题:一是企业物流系统中的网络布点问题;二是企业物流系统的局部设施的布置问题。

本章从生产、仓储与配送、运输和逆向物流系统四个方面对企业物流系统的规划与设计进行阐述。生产物流系统规划与设计主要包含两个方面的内容:设施布置设计、物料搬运系

---

① 王长琼. 绿色物流[M]. 北京:化学工业出版社,2004.

统设计。设施布置设计与物料搬运系统设计是相互关联、相辅相成的。物料搬运设备的选择会影响到企业设施布置,设施设备的布置也是要围绕着物流的搬运,实现搬运量最小。企业仓储与配送系统规划和设计主要包括仓库选址设计、仓库的布置设计和仓库搬运系统设计,仓库布置设计的主要目标是降低物流活动的成本、减少无效劳动、提高作业效率。企业配送中心系统规划包括物流系统规划、信息系统规划、运营系统规划三个方面。运输系统规划,包括运输方式的选择、运输路线的选择和运输网络的优化。作为是企业产品整体生命周期管理的一部分的企业逆向物流管理,是实现企业可持续发展的重要措施。逆向物流运作的效率直接依赖和受限于逆向物流网络结构,因而必须合理设计逆向物流网络,尽管现有的逆向物流网络设计模型与传统的设施选址模型很类似,然而在进行逆向物流网络设计必须充分考虑到高度的不确定性和"正向"与"逆向"的关系。

【关键词】

企业物流系统规划(Enterprise Logistics System Planning)　系统布置设计(System Layout Planning)　搬运系统分析(System Handing Analysis)　仓库布局(Warehouse Layout)　选址(Site Selection)　运输优化(Transportation Optimization)

探秘宝马莱比锡

宝马莱比锡工厂是宝马公司在德国技术最先进、环保和可持续发展都走在最前列的汽车工厂。

宝马选址莱比锡的主要原因是:莱比锡位于德国东部的莱比锡盆地中央,得益于便利的地理位置及闻名的商贸线路,其成为今日德国最重要的工业重镇之一。目前宝马与保时捷都在莱比锡设立工厂。随着一系列汽车巨头的入驻,莱比锡不仅遵循欧盟向东扩张的策略,也在国际市场扮演着物流中转站的重要角色。

如今,宝马的物流网络已能从德国直接辐射至中国市场。在莱比锡工厂生产组装的各种宝马车型,通过莱比锡的物流网络,经过俄罗斯辐射整个亚欧大陆,最后来到中国。

除了地理优势外,莱比锡的专业物流园区也极具诱惑力。该物流园区由12个单元组成,每个节点都设有功能齐全的装备,如连续装卸系统、传送带、推车传送系统等将整个园区连接起来,园区内可轻松完成装卸、分拣、配送、仓储和装运等一系列物流操作。另外,整个物流园区的每个建筑单元内部都有道路交通系统,并至少配备两个入口作为功能分区,每个建筑单元早已装好通信系统与消防系统,可以让企业"拎包入住"。

由此看出,宝马选择莱比锡主要归为六大理由:理想的第三方运输中转站、活跃的市场环境、24小时不间断的机场、高效的物流网络、强大的汽车产业、专业的熟练劳动力与低成本土地。

宝马莱比锡工厂的整体设计思路十分创新,作为核心的中央大楼因其设计具有创新性而荣获2005年德国建筑奖。为能灵活应对未来需求,宝马在莱比锡设计出了最可持续和高效灵活的生产与物流模式。与中国传统的标准厂房设计不同,围绕中央大楼建设的三大核心生产区域(即车身车间、喷涂车间和总装车间)呈现出不规则排列。

贯穿占地面积4万 m^2 的中央大楼核心区域天花板上方的是一个空中走廊,由一个有

600台输送机的悬挂式输送系统组成,主要用于连接焊装、涂装和总装三个车间。该系统可将原始车身从车身车间输送到车身仓库,再送至喷涂车间,之后再将其送回车身仓库,最后从车身仓库送至总装车间。另外,车身仓库被设计为一个混装仓库,已喷涂车身和原始车身都被暂存于此。

车身穿梭于空中走廊的创新设计,使得主要办公区和生产车间两者能够相互渗透、融为一体,让工厂整体感更强,甚至在员工食堂和会议室也能看到实时的车身输送过程和订单不同阶段;这让各生产区域之间实现了高效互联,使车身输送过程做到一览无余。由此,宝马的工程师们可以在车间或是走廊,甚至餐厅的任何地方,实时跟踪订单状态,及时发现和调整生产进度,让人与工厂实现完美融合。

在莱比锡工厂,每天约有1万m^3的材料被输送至各个生产环节,为确保物流的高效、精益、低库存,所要运输的材料必须在正确时间以正确的顺序到达相应地点,这就需要高效精准的物流系统以及和供货商之间的密切配合。

宝马的生产计划主要按照客户订单来制订,零部件供应商会按照生产订单按序供货,供应商与生产之间的JIT生产模式,也因总装车间独特的梳状结构建筑设计得到更加充分的实施。运送不同零组件的货车可直接开至离装配线最近的区域,部件进厂后可直接送至相应工位完成组装,与先入库再二次配送上线的传统物流方式相比,节省了大量库存和不必要的作业时间。这种创新的物流模式,不仅缩短了生产和物流供应的距离,也为未来的生产线扩展、引入新技术打下了良好的基础,以最小的投资成本实现高效集成。

在宝马始终提供高品质产品的背后,正是有一套高效灵活的生产物流体系作为支撑。标准化、模块化和数字化的产品设计是实现工业4.0的基础,这一点在宝马莱比锡工厂能够得到充分印证。宝马1系和2系车型同属一个平台,为此可以共用同一生产线,且装配时的大部分组件也是通用的。通过选配不同模块(如汽车电子单元)、不同车体颜色,灵活生产出满足不同客户需求的差异化车型,让模组的数量大大简化。而实现小批量、多品种定制化混线生产的重要前提就是标准化,同样,模块化和数字化为此生产模式提供了更多可能。

正因为如此,宝马莱比锡工厂目前不仅能做到多种车型按订单生产和混线生产,还能在不损失生产节拍和品质的前提下,实现每台下线车型都能满足大规模定制的市场需求,即每一台宝马汽车可以根据客户的意愿生产出来,这一点很符合工业4.0的特性之一。

宝马之所以能根据客户需求定制出独一无二的产品,总装车间发挥了重要作用。在车辆组装过程中,工人按照客户订单进行定制化组装,这就对物流提出了更高要求,必须按序将所需产品准确送至生产线上。由于实现了模块化的组件设计,装配线上几乎不会出现两辆完全一样的车型。在产品交付用户前,还要经过严格的检测,只有符合宝马质量标准后,才能离开莱比锡。

截至2013年,宝马集团已连续8年成为全球最具可持续发展力的汽车制造商,这得益于宝马一直致力于研发环保车型,不断采用新技术,持续降低汽车制造工艺中对资源消耗和环境的影响。在莱比锡工厂,从环保无污染的生产流程,到不断研发低能耗的新能源汽车,再到实施各种绿色回收项目,宝马始终在公司运营过程中将资源利用率最大化,将可持续发展贯穿于整个价值链。

莱比锡工厂做到最大限度自然采光,将电能使用降至最低。因为莱比锡天气不算太炎热,只需解决供暖问题即可,而工厂内部供暖主要来自于附近发电厂排出的"废气"。由于工厂采用的是柔性生产方式,按照订单生产可以灵活调节产能,避免不必要的资源浪费。

宝马i系列车型的生产过程更将环保做到极致。厂房与其他常规车型不在一起，i系列生产所需的电能全部来源于工厂旁的四个大型风机。i系列作为宝马最新的电动车型，在汽车设计、研发、生产、能源利用乃至旧车回收再利用的整个闭环汽车生命周期都做到了环保和可持续发展。

在宝马莱比锡项目上，德国物流研究院荣誉院长库恩教授带领的专业团队在工厂选址、物流集货、厂区规划等方面给予了宝马大量技术支持。此外，德国物流研究院还在莱比锡物流园区规划和设计方面给予了专业支持，并对莱比锡地区物流潜力进行了专业评估。

与国内常见的四四方方厂区规划不同，德国物流研究院对于宝马莱比锡工厂坚持"顺向规划原则"，先明确业务流程，再选择技术设备，最后确定适合的建筑形态，以此保证项目规划的成功。创新的物流规划方案，确保了产业链运转顺畅，让宝马供应链的效率显著提高，物流成本大大降低。更重要的是，成就了宝马高效灵活、智能化、个性化的汽车生产模式。

（来源：德国研究院）

思考：

(1) 结合案例和所学知识谈谈宝马选址莱比锡的原因。

(2) 结合案例，讨论宝马莱比锡工厂设施布置有哪些创新？这对我国的企业有何启示？

【思考与练习题】

1. 选择题

(1) 企业物流系统中存在的制约关系也称(　　)。

A. 一律背反　　B. 二律背反　　C. 三律背反　　D. 四律背反

(2) (　　)适用于对单个分销中心或工厂的选址，它是一种用于寻找将运送费用最小化的配送中心的数学方法。该方法将市场位置，要运送到各市场的货物量、运输成本都加以考虑。

A. 优缺点比较法　　　　B. 重心法

C. 线性规划-运输模型法　　D. 德尔菲分析模型法

(3) 以下运输方式中，在空间和时间方面具有充分的自由性，可以实现"门"到"门"运输的是(　　)。

A. 公路运输　　　　B. 铁路运输

C. 水路运输　　　　D. 航空运输

(4) 两部门之间密切度的第3个级别是用字母(　　)表示。

A. A　　B. E　　C. I　　D. O

(5) 工厂总平面布置的原则之一是要重视各部门之间的关系密切程度，其目的主要是为了(　　)。

A. 便于管理　　　　B. 物流路线短捷

C. 合理利用面积　　D. 美化环境

2. 判断题

(1) 蜂窝损失是由于无效利用存储空间而使存储区域能力损失的百分比。(　　)

(2) 配送中心作业区域布置形式中的直线式，适用于作业流程简单，规模较大的企业配送中心。(　　)

(3) 整体性是企业物流系统独有的特性。(　　)

(4) 在铁路、公路、水路、航空等运输方式中,一般来说,货运量最大的是铁路。(　　)

(5) 在仓库和配送中心选址影响因素中,基础设施因素属于自然条件因素。(　　)

3. 简答题

(1) 简述加权因素评价法的步骤。

(2) 简述系统布置设计(SLP)考虑的基本要素。

(3) 简述作业单位间相互关系密切程度的典型影响因素一般可以考虑哪些方面。

(4) 简述生产物流系统规划与设计的原则。

(5) 简述运输线路选择的原则。

4. 计算题

(1) 某工厂有 4 个部门,布置在 60 m×100 m 的厂房内,预计物流量如表 4.17 和表 4.18 所示,请用 SLP 方法作出布置图。

表 4.17　各部门物流量表

部门	A	B	C	D
A	0	250	25	240
B	125	0	400	335
C	100	0	0	225
D	125	285	175	0

表 4.18　各部门面积需求

部门	面积
A	20×20
B	40×40
C	60×60
D	20×20

(2) 某公司搬运一批饮料,饮料以 6 瓶为单位一起装入纸箱,然后纸箱以 3 层、每层 20 箱堆码在托盘上,采用叉车作业,由于饮料太重,顶部的箱子容易滑倒,搬运工程师采用以下方案来解决:① 顶部箱子用框架固定;② 用绳子捆扎箱子;③ 用塑料薄膜缠绕箱子;④ 采用箱式托盘。请分析各方法的优缺点。

(3) 已知某货物的库存量为 1 000 件,采用木箱包装形式,尺寸(长×宽×高)为 1 m×1 m×1 m,在仓库中堆垛放置,双深堆码,最高堆 4 层,通道为 3 m,试问其需要的存储面积。

(4) 已知甲、乙两处分别有 100 t 和 85 t 同种物资外运,A,B,C 三处各需要该种物资 55 t,60 t,70 t。物资可以直接运到目的地,也可以经过某些产地或销地转运。已知各单位运价如表 4.19 所示。请设计出最优调运方案。

表 4.19 运输单价表

	甲	乙	A	B	C
甲	0	12	10	14	12
乙	10	0	15	12	18
A	10	15	0	14	11
B	14	12	10	0	4
C	12	18	8	12	0

 应用训练

某企业的设施布置

实训目的：了解该企业的设施布置，掌握相关图技术。

实训内容：列出该企业的主要设施，了解设施之间的物流量，确定它们之间的相互关系，并画出相关图。

实训要求：以小组为单位，每组6～8人，参观某个企业，选择某个时间段，测算其设施之间的物流量，结合其非物流关系，作出综合相关图。

第 5 章　企业供应物流管理

【本章教学要点】

知识要点	掌握程度	相 关 知 识
企业供应物流的内涵	掌握	供应物流的内涵、供应物流和采购物流的区别和联系、供应物流管理的内容及目标
供应计划	理解	准时供应计划的基本思想和特点，看板管理方法的来源、运行原理和作用条件，物料需求计划的含义、内容、基本思想、原理，物料需求计划的基本构成、计算步骤
企业采购物流管理	掌握	采购的业务流程、采购物流的组织形式、进货运输的方式
储存管理与库存控制	掌握	原料及部件库存管理及控制方法、仓储管理的相关决策、供应商管理库存
供料管理	了解	供料方式、供料方法、供料的日常管理

【本章能力要求】

能力要点	掌握程度	应 用 能 力
供应物流和采购物流	理解	能够熟练掌握供应物流和采购物流的区别和联系，理解它们对现代物流的影响
供应计划作用	掌握	能够熟练掌握三种供应计划特点、作用原理及作用过程
企业采购原则、采购流程及采购策略	掌握	能够熟练掌握企业的一般采购流程，掌握采购的基本原则，合理利用不同的采购方法
物资存储的任务、原则及主要定量分析方法	理解	掌握根据物资不同的重要程度采用的存储方法，熟练利用不同的存储方法进行定量分析
供料方式和供料方法	理解	理解不同供料方式的应用范围，掌握定额供料、限额供料和非限额供料联系与区别

【本章知识架构】

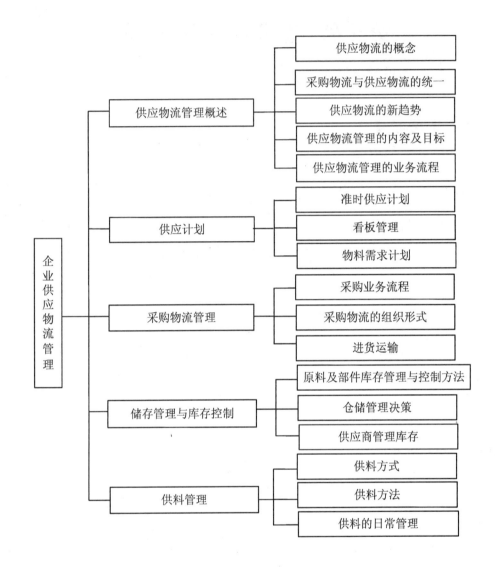

 导入案例

消费者从超市货架上取走一瓶联合利华生产的洗发水对联合利华（中国）来说，就意味着它的 1 500 家供应商、25.3 万 m² 的生产基地、9 个区域分仓、300 个超商和经销商都因此而受到牵动。这是一个由来自全球的 1 500 家供应商，以及包括沃尔玛、乐购、屈臣氏和麦德龙等在内的总共约 300 个零售商与经销商所构成的快速消费品的供应链。其消费者的购买频次更高，消费结构更为复杂，以及销售过程中充满许多不确定性，使得企业管理者有着精确的预测能力和保持稳定持续的供应物流显得尤为重要。

在原有的服务水平基础上，原料/零部件应从何处获得最低成本？如何在保持该成本基本不变的情况下提升服务水平？是自行建立仓库还是由供应商建立仓库？设在何处最合适？仓库里的货物应该为哪些生产或经营点供货？供应多少并以什么方式供给为最佳？当供给能力出现不足时是开拓现有供应商供货能力还是寻求新供应商？应该在哪些工厂（DC、仓库等）生产（配送、存储等）哪些产品？分别生产（配送、存储）多少能够实现价值最大化？是否要增加（或减少）经营设施（工厂、仓库、DC、服务中心、门店等）？仓库（DC）里各种物资的库存策略怎样制定才能最大限度地降低库存和减少缺货？某个供应商（工厂、DC、仓库）应该给下游哪些节点提供供给？供给什么？分别供给多少利润？这些都是本章所要回答的问题。

思考：

站在企业管理者的角度，你认为联合利华的供应物流的构建应该从哪些方面考虑？说说你的想法。

5.1 供应物流管理概述

5.1.1 供应物流的概念

供应物流（Supply Logistics）是指为生产企业提供原材料、零部件或其他物品时，物品在提供者与需求者之间的实体流动。企业供应物流是企业物流活动的起始阶段，是企业生产之前的准备工作和资源配置活动，包括原材料等一切生产物资的采购、进货运输、仓储、库存管理、用料管理和供料管理等。

供应物流是生产物流系统中独立性较强的子系统，并且和生产系统、财务系统等生产企业各部门以及企业外部的资源市场、运输部门有密切的联系。供应物流是企业为保证生产节奏，不断组织原材料、零部件、燃料、辅助材料供应的物流活动，这种活动对企业生产的正常、高效率运行发挥着保障作用。企业供应物流不仅要实现保证供应的目标，而且要在低成本、少消耗、高可靠性的限制条件下来组织供应物流活动。

【资料 5.1 小资料】

从采购物流到供应物流

对采购/供应的重要性早就受到了很多企业的重视。1887年，美国专门出版了一本关于采购的书——《铁路用品的采购手册：采购与存储》，主要阐述了铁路系统用品的采购问题。后来，越来越多的管理人员和学者对采购问题进行了研究。利恩德斯认为采购到供应职能的转变是随着竞争的加剧，采购成本日益增加的情况下，人们越来越重视采购职能的组织、政策和程序，而采购职能也作为一种独立的管理活动而出现，尤其到20世纪五六十年代后，采购职能应用的技术越来越先进，很多受过专门训练的人也加入采购部门，他们合理的采购决策为企业带来了更多成本的降低和利润的提升。[①] 因此采购/供应职能已经成为企业生存的必要条件，已经从单纯的采购行为变为为了使物料成本、质量、服务等各个方面得到改进的综合性活动。

---

① 米歇尔·R·利恩德斯，哈罗德·E·费伦，安娜·E·弗林，等.采购与供应管理[M].13版.张杰，译.北京：机械工业出版社，2009：2-4.

5.1.2 采购物流与供应物流的统一

传统上,企业划分采购物流与供应物流的依据是企业厂区本身对外对内的工作流程。当供应商把物流运送到厂区仓库时称之为采购物流,而企业把物料从仓库运到车间、工段称之为供应物流。

随着采购供应一体化,第三方物流分工专业化的发展,采购物流直接发展到了企业车间、工段。即生产所需要的物流可以被直接从供应商仓库送到生产第一线,从而采购物流和供应物流合二为一。但习惯上仍从生产供应的角度出发,把位于生产物流前的这段物流活动统称为供应物流。该过程包括确定物料的需求数量、采购、运输、流通加工、装卸搬运、储存等物流活动。如图 5.1 所示。

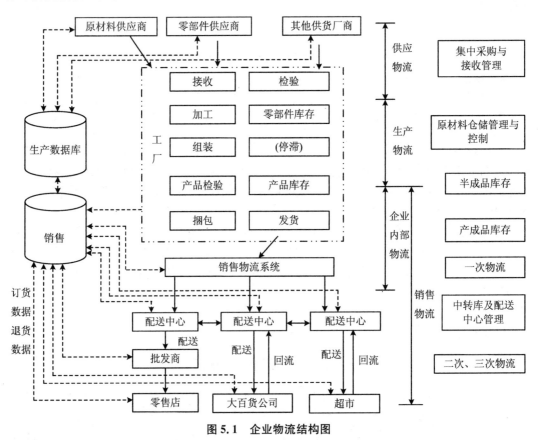

图 5.1 企业物流结构图

图 5.1 显示了供应、生产、销售物流中的具体物流操作范围,从生产布局功能出发,反映了生产所涉及的各种物流状况。

因此供应物流是生产准备工作的重要组成部分,也是生产得以正常进行的首要条件或前提。供给者供货的数量、质量、供货时间直接影响生产的连续性和稳定性,而供应物流发生的费用则直接构成产品的生产成本。因此,供应物流不仅仅是一个保证供应的问题,更进一步是以最低成本、最少消耗、最快速度来保证生产的物流活动。为此,企业供应物流就必须有效地供应网络问题、供应方式问题、零库存问题等。

5.1.3 供应物流的新趋势

当今的成功组织把采购看作一种具有重大意义的活动,许多大型组织都在利用专业的采购和供应团队所提供的服务。随着采购环境和企业管理理念的变化,供应物流出现了新的趋势,具体来说表现在以下几个方面:

1. 协同采购

在拥有数家制造厂的公司中,采购优势可以通过合并共同采购需求加以实现。在很多这种类型的欧洲公司中,甚至国际上,都呈现这样一种协调采购的趋势。以往,这种采购在原材料采购上也很普遍,然而现在,相似的方法用在计算机硬件和软件、生产货物和部件的采购上。

2. 物流中采购的整合

采购管理一体化要求生产计划、库存控制、质量检查和采购合同之间紧密合作,采购不能只遵循自身的原则。为了确保不同的相关领域的有效整合,采购正被逐渐纳入供应链管理中。

3. 采购与生产计划的整合

在实践中,供应商的选择在很大程度上是由技术规范决定的。通常,技术规范一旦确定就很难改变(若改变只能在很高成本的基础上)。从商业的观点看,针对一个特别的供应商制定规范是不合适的,那样会导致供应商的垄断,进而严重阻碍买卖谈判。为了防止这一点,在前期就将采购与生产计划结合起来,按照生产计划的需要制定规范。

4. 采购管理集中化

采购管理集中化可以集中全公司和集团的采购力,对整个供应市场产生影响,使采购处于有利地位。同时采购的集中也有利于公司对供应商的管理,便于公司主体资源的优化。在商品经济的竞争环境下,同类产品的价格相差无几,这样企业的利润完全取决于自己的成本控制。如果企业对成本控制不力,成本居高不下,企业利润就很难保证,甚至亏损。一旦亏损,企业将无力开发新产品、开拓新市场,无法应付对手的进攻(如降价),就会处于不利的竞争地位。采购管理的集中可以增强企业的核心竞争力,从而推动企业的发展。

5. 采购管理职能化

以往,很多公司的采购部门隶属于生产部门。近年来,越来越多的采购部门从生产部门或其他部门中独立出来,直接向总经理、副总经理回报。相应地,采购部门发挥越来越大的作用,采购职能也从原来的被动花钱,开始有了节省资金、满足供应、降低库存等一系列目标。

当然,采购要完成这些任务绝不只是形成独立的采购部就可以直接做到的。采购要做很好的采购需求分析、采购计划、资金占用计划,控制和形成采购供应战略,管理好战略供应链资源和供应商资源。让采购成为供应链管理的强有力的一环,将生产计划、物料计划、采购、仓储、运输集成为一个反应迅速、总成本最低、物流速度快、响应市场要求的灵敏的链条。企业要战胜对手,过去强调产品、技术,现在强调市场宣传、国际化和战略联盟,但都不是企业自己单打独斗,而是需要联合供应链上的每一个成员的力量,形成一条成本低、反应快、服务好的供应链、价值链。这样,采购部门就会成为公司核心竞争力的一部分,是公司连接供应商和客户的桥梁,是公司的核心业务部门。当然,这样对采购管理者和采购员的素质有了前所未有的高要求,只有这样采购才能发挥出前所未有的作用。

6. 采购管理专业化

传统采购组织中,采购员发挥不了多大作用:一方面是领导者对采购认识的局限、采购环境的恶劣,以及对采购舞弊的恐惧;另一方面是由于采购员和采购组织的软弱无力和技能缺乏,造成采购的低技术性。

实际上,采购员要了解购买的物品,了解产品的原理、性能要求,了解市场行情、价格走势,了解供应商的实力、供应商报价的合理性,实地考察供应保证能力,需要极强的谈判能力和计划能力,有能力在保证供应的同时保证价格和质量标准。这些能力不是一蹴而就的。总的来说,作为采购人员,需要掌握至少一门符合企业实际需要的采购内容的专业;同时,采购人员需要有能力与公司其他国家同样采购物品组(Commodity Council)进行沟通,了解世界市场变化和供应商的表现,因此英语表达和沟通能力、计算机网络知识也很需要。而资深采购专家则需要在项目管理、财务管理、供应链管理等专业技能。

我们从采购物流呈现的新趋势可以看出,采购物流和供应物流逐渐走向了统一。

5.1.4 供应物流管理的内容及目标

5.1.4.1 供应物流管理的内容①

在上述供应物流过程中,生产企业供应物流管理应包括三方面的内容,如图 5.2 所示。一是供应物流管理的业务性活动,即计划、采购、存储以及供料等;二是供应物流管理的支持性活动,即供应中的人员管理、资金管理信息管理等;三是供应物流管理的拓展性活动,即供应商管理。

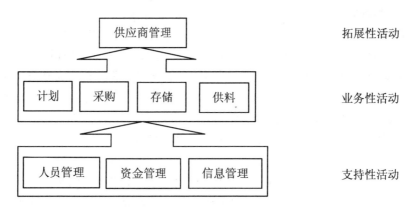

图 5.2 供应链物流管理内容

1. 业务性活动

① 计划。计划是指根据企业总体战略与目标以及内外部顾客的需求,制定供应战略规划和物品的供应计划。

② 采购。其内容包括提出采购需求、选定供应商、价格谈判、确定交货及相关条件、签订合同并按要求收货付款。

③ 储存。其内容包括物品验收入库、保管保养、发货、确定合理库存量并对库存量进行控制。

④ 供料。其内容包括编制供料计划、领料审批、订购供料、回收利用、消耗控制与管理。

---

① 赵启兰.企业物流管理[M].北京:机械工业出版社,2012:130-131.

2. 支持性活动

① 人员管理。它是指在企业的供应物流管理体制下制定供应岗位职责,对供应人员进行能力考察、素质培养、工作评估、绩效考核与激励。

② 资金管理。其内容包括物品采购价格的控制、采购成本管理以及储备资金的核定与控制。

③ 信息管理。它是指在物品编码的基础上对供应信息进行管理,在 MRP Ⅱ、ERP 系统中进行供应物流管理。

3. 拓展性活动

在生产企业中占成本最大比例的物品以及相关信息都发送或者来自供应商,所以许多企业将管理之手伸向了供应商,将供应物流管理从内部管理拓展到对供应商的管理,包括对供应商的选择与认证、与供应商建立合作伙伴关系以及对供应商绩效的考评等,企业以此来降低成本、提供供应的可靠性和灵活性,提升市场竞争力。

5.1.4.2 供应物流管理的目标

供应物流管理的目标如下:

① 提供不间断的物料、供应和服务,使整个组织正常的运转。物料的持续供应是企业正常运转的前提条件,是满足客户需求的重要保证。

② 保持并保证质量。为了使企业的生产持续进行,每一项物料都必须达到一定的质量要求,否则最终产品或服务将达不到期望或者其生产成本远远超过可以接受的程度。纠正低质量物流投入生产的内部成本是巨大的。

【资料5.2　小实例】

保证质量要求:来自索尼公司的电池

> 供应商可能将其能力表述得不恰当,其工艺流程可能已经过时了,或者其绩效可能无法满足采购商的期待。在其他情况下,供应商可能没有能力生产特定质量的产品。最明显的例子是索尼电池事件。其主要的制造商,如戴尔、苹果和美国国际商用机器公司将电脑电池的供应外包给索尼。然而,他们很快发现电池有缺陷。在电池生产过程中,极小的金属碎片被留到电池中,从而引起短路而造成过热,甚至起火。随后,戴尔召回410万块电池,苹果召回190万块电池。在这个例子中,供应商索尼公司共召回960万块电池,该问题彻底损坏了公司形象。索尼锂电子电池召回事件使其成本飙升。[①]

③ 发现或发展有竞争力的供应商。在供应链管理环境下,采购部门必须有能力找到或者发展供应商,分析供应商的能力,从中选择合适的供应商且与其一起努力对采购流程进行持续的改进。

④ 使库存投资和损失保持最低限度。保证物料供应不中断的办法是保持大量的库存。但是库存必定占有大量的资金。持有库存的成本一般要占库存商品价值的 20%~50%。

⑤ 与其他部门保持和谐且富有生产效率的工作关系。在一个企业中,如果没有其他部门的合作,采购经理的工作就不可能圆满完成。例如,采购需要提前来确定有竞争力的供应商与其签订有利的合同,那么,物料使用部门和生产部门就必须及时提供物料需求方面的信

---

① 罗伯特·汉德菲尔德,罗伯特·蒙茨卡,等.采购与供应链管理[M].5版.王晓东,等,译.北京:电子工业出版社,2014:86.

息,工程技术部门和生产部门也应该对可能带来经济效益的替代物料和新的供应商加以考虑。由于必须确定即将到达的订货的检验程序,当发现质量问题后,要与供应商联系以便对需要的变动加以协商,甚至采购部门也要参与到对目前供应商绩效评估中,这些都要求采购部门与质量控制部门紧密合作。

⑥ 提高公司的竞争地位和竞争力。只有当一个公司能够有效地控制供应链上所有环节的成本和时间,从而避免过多的库存、搬运和检验等不增值和延长时间活动时,这个公司才表现得富有竞争力。另外,通过良好的采购管理,可以获得如新技术、灵活的运送安排、更快的反应速度、获得高质量的产品与服务、产品设计与支持等。

5.1.5 供应物流管理的业务流程

供应物流业务流程因不同企业、不同供应环节和不同的供应链而有所区别。这个区别就使企业的供应物流出现了许多不同种类的模式。尽管不同的模式在某些环节具有非常复杂的特点,但是供应物流的基本业务流程是相通的,主要包括计划、采购、储存和供料等环节。

1. 计划

这里的计划主要是指供应计划,供应计划是指管理人员在了解市场情况、认识企业生产经营活动过程和掌握物品消耗规律的基础上,对计划期内物品供应物流管理活动所做的预见性安排和部署。

供应计划有广义和狭义之分。广义的供应计划是指为保证供应各项生产经营活动的物品需要量而编制的各种计划的总称;狭义的供应计划是指年度供应计划,即对企业在计划期内生产经营活动所需各种物品的数量和时间,以及需要采购物品的数量和时间等所做的安排和部署。而供应计划按照不同的研究对象可以分成以下几类:

① 按计划内容分类。供应计划可以分为物品需要计划、物品采购计划、物品供料计划、物品加工订制计划、物品进口计划等。

② 按计划期长短分类。供应计划可分为年度物品供应计划、季度物品供应计划、月份物品供应计划等。

③ 按物品使用方向分类。供应计划可分为生产用物品供应计划、维修用物品供应计划、基本建设用物品供应计划、技术改造措施用物品供应计划、科研用物品供应计划、企业管理用物品供应计划等。

④ 按物品自然属性分类。供应计划可分为金属材料供应计划、机电产品供应计划、非金属材料供应计划等。

2. 采购

采购是一个复杂的过程,根据企业运营特点和环境不同,它可以有不同的定义,狭义的说,采购是企业购买货物和服务的行为;广义的说,采购是一个企业与供应商建立合作伙伴关系的纽带和通道。但需要指出的是,采购过程并不仅仅是各种活动的机械叠加,它是对跨越组织边界的一系列活动的成功实施。因此,采购是指用户为取得与自身需求相吻合的货物和服务而必须进行的所有活动[①]。采购应该包含两个基本意思:一个是"采";二是"购"。

---

① 马士华. 新编供应链管理[M]. 2版. 北京:中国人民大学出版社,2013:128.

3. 储存

储存,就是在保证商品的质量和数量的前提下,根据一定的管理规则,在一定的时间内将商品存放在一定场所的活动。和运输的概念相对应,储存是以改变"物"的时间状态为目的的活动,从克服产需之间的时间差异获得更好的效用。在储存管理中,强调的是储存合理化,就是用最经济的办法实现储存的功能。

4. 供料

物料经验收完成后,即存放于仓库中,以备使用。因此仓库中储存的物料必须经过发放与领用,制造部门才能够进行产品的制造工作。供料主要包括领料和送料两种形式,领料是指制造部门的现场人员在某项产品制造前,填写领料单向仓库单位领取物料;送料是指物料管理部门或仓储单位根据生产计划将仓库储存的物料,直接向制造部门的生产现场发放。及时有效地实行供料管理对缩短采购周期、降低原材料成本等方面都有重要的作用。

【资料5.3 小资料】

物料的含义及其分类

依照美国生产及存量管制学会(American Production and Inventory Control Society,APICS)的定义,物料是指制造产品或提供服务所需直接或间接投入的物品。因此,物料所涉及的范围相当广泛,除企业产销过程中所需直接投入的物品外,还涉及所需间接投入的物品。

此处所称的直接投入的物品,称为直接物料,间接投入的物品称为间接物料。直接物料指在产销过程中,直接构成产品或服务的一部分物料,如原料、零件、组件、半成品和成品等;间接物料是指产销过程中,非直接构成产品或服务的一部分物料,如机器设备零件、手工具、办公用品、维修保养用品、建筑消防用品和医药用品等。①

5.2 供应计划

适时管理、快速反应和压缩时间等理念的普及已经将供应计划提升为供应渠道中的重要活动。供应计划应该从以下两个方面来满足企业的生产需求:一方面是准时供应,按照企业生产需要的时间随时供应,不断调整供给时间使得物流的供给与生产的需求步调一致,其中物流需求计划是一种重要的应用方法;另外一方面是持有库存来满足生产需求,利用补货规则来维持库存水平。因此,本部分主要关注被称为需求计划的一些安排方法,主要包括准时供应计划、看板管理以及物料需求计划。

5.2.1 准时供应计划

准时供应计划(Just-in-time Supply Scheduling)是一种先进的管理理念,一种先进的供应模式,它的基本思想是:在恰当的时间、恰当的地点,以恰当的数量、恰当的质量提供恰当的物品。

---

① 傅和彦.现代物料管理[M].厦门:厦门大学出版社,2005:3.

准时供应计划的特点是：

① 与少数供应商和运输承运人保持密切关系；

② 信息在供应商和买方之间实现共享；

③ 采用多品种、小批量、短时间窗口的生产、采购和运输，从而把库存降低到最低水平；

④ 消除整个供应渠道中所有可能出现的不确定性；

⑤ 高质量目标。

随着企业生产启动成本和采购订货成本大幅降低，几乎可以忽略不计，经济补货量也越来越小，逐渐趋近一个单位。如果存在生产或采购的规模经济，由于只有少数几个供应商，且供应商通常紧邻买方的需求点，所以规模经济可以发挥到极致。买方与相对少数的几家供应商和承运人建立紧密的协作关系，供应商可以分享来自买方的信息——通常以生产或运作计划的形式，这样，供应商就能预测买方的需求，从而减少反应的时间及波动。买方希望其选择的几家供应商都能始终如一地提供准时服务。在适时管理理念下，计划的整体效果就是实现与需求协调一致的产品流动。尽管与库存供应（Supply-to-inventory）的理念相比，以适时管理的理念管理供应渠道要付出更多的精力进行管理，但是由此带来的好处是，能够在渠道运转过程中保持最低库存、降低各方的成本及提高服务水平。然而，制造商得到的某些好处也可能是成本和库存转移到供应链的上游。

【资料 5.4 小实例】

通用汽车公司（GM）是一家美国汽车制造商，该公司在计划重新设计其最畅销的一款汽车时决定实施准时供应计划（Just-in-time Supply Scheduling System）。公司改造了原来使用的一个生产车间，按现在的标准来说，这个车间太小了。设计人员在车间较长的那面墙上安装了许多扇门，使其得以重新使用。经过改造后，只需经过很短的距离就可以将物料运送到生产线，而生产库存的空间就所剩无几了。于是，公司在装配车间附件搭建了一个预备仓库，供应商的物料到达后先放入预备仓库，在那里拆包，然后根据需要送至装配线。

与此同时，公司大量减少供应商和承运人数量（从几千家减少到几百家），并要求供应商所在地距离不得超过 300 英里。例如，某供应商被选定为油漆的独家供应商。然而，享有独家供应商的地位是有代价的，公司要求这家供应商在公司的装配厂附近设置库存。

为了帮助供应商安排供货，公司会向其提供未来的生产计划，这样，就在供应商与买方之间建立了一定的相互信任关系。当时这种做法在该行业中并不多见，但现在已经成为一种普遍现象。

5.2.2 看板管理

看板取于日文读音"kanban"，原意为供阅读之板或者叫传达生产任务的卡片。最初是丰田汽车公司于 20 世纪 50 年代从超级市场的运行机制中得到启示，作为一种生产、运送指令的传递工具而被创造出来的。

5.2.2.1 看板管理的运行原理

看板管理是通过看板的运行控制企业生产全过程的一种现代管理技术，是企业实施拉动式准时化生产的一种现代管理手段。它的最终目的是降低库存，同时看板使准时化思想广泛地渗透到生产现场中，延伸至企业的管理工作中，迅速、有效地反映问题、解决问题。

在市场日趋成熟的今天,如何降低成本,最大限度地满足用户的需求,实现最大的利润,是现代企业追求的目标。准时化生产制(JIT)就是实现这一目标的一种现代管理方式,准时化生产也就是要求在需要的时候生产出需要的产品和数量。而看板管理就是实施拉动式准时化的一种非常有效的手段,它以"彻底消除无效劳动和浪费"为指导思想,以市场需求作为整个企业经营的初始拉动点,以市场需求的品种、数量、时间和地点来准时地组织各环节生产。前工序仅生产后工序所取走的品种和数量,不进行多余的生产,不设置多余的库存,使企业形成一个逆向的、环环相扣的物流链。

5.2.2.2 看板管理的应用条件

1. 硬件方面

① 必须建立以流水作业为基础,批量生产为前提的生产线。

② 逐步提高设备、工装的稳定性,加强设备、工装的预防性维修和保养,以保证产品加工质量的稳定。

③ 完善物流基础设施,容器做到标准化、通用化、规格化,建立一个高效、快捷的物流体系,在较低库存条件下保证连续正常生产。

④ 原材料、外协件供应数量、质量有保证,并且能采取有效措施激励供应商全力支持企业内部生产。

2. 软件方面

① 建立一套快捷、严谨、科学的订单排产系统,将市场订单转化为在一定期限内相对稳定的生产滚动计划,确保生产组织均衡稳定。

② 建立一个持续改进的质量技术体系,提高工序质量的稳定性。

③ 建立一个以现场为中心的管理体制,要求所有服务人员随时服务在现场,保证生产的连续性。

④ 所有相关员工应具备看板管理的必备素质和责任心,熟悉并严格遵守看板管理的运行方式;管理人员特别是高层管理人员要提高重视程度,为看板管理提供有力支持。

5.2.2.3 看板管理的作用意义

1. 传递现场的生产信息,统一思想

生产及运送工作指令是看板最基本的功能。生产现场人员众多,而且由于分工的不同导致信息传递不及时的现象时有发生。而实施看板管理后,任何人都可从看板中及时了解现场的生产信息,并从中掌握自己的作业任务,避免了信息传递中的遗漏。

此外,针对生产过程中出现的问题,生产人员可提出自己的意见或建议,这些意见和建议大多都可通过看板来展示,供大家讨论,以便统一员工的思想,使大家朝着共同的目标去努力。

2. 杜绝现场管理中的漏洞

看板管理依靠看板卡片使复杂的生产过程变为简单的看板信息,通过看板,生产现场管理人员可以直接掌握生产进度、质量等现状,提高了现场的可视化管理水平,使现场的诸多矛盾和问题得到及时的暴露,得到及时有效的解决。

3. 绩效考核的公平化、透明化

通过看板,生产现场的工作业绩一目了然,使得对生产的绩效考核公开化、透明化,同时也起到了激励先进、督促后进的作用。

4. 保证生产现场作业秩序,提升公司的形象

现场看板既可提示作业人员根据看板信息进行作业,对现场物料、产品进行科学、合理的处理,也可使生产现场作业有条不紊地进行,给参观公司现场的客户留下良好的印象,提升公司的形象。

5. 改善企业内部关系,提升企业管理水平

看板管理的运行明确了上下道工序之间的关系,改变了生产部门与服务部门之间的倒挂关系,拉动了职能部门的服务,提高了职能部门的服务质量和服务意识,促使企业形成销售与生产、生产与服务、服务与管理的协调发展。

【资料 5.5 小实例】

> 由于适时管理系统运作过程中,库存维持在最低水平,供应商数量也很少,供应渠道片刻受阻即导致渠道瘫痪的风险极高。价值 5 美元的制动阀门是丰田汽车公司的关键零件,当其制动阀门的主要货源被大火毁于一旦,丰田汽车面临着关闭 20 家汽车工厂危机。然而,大火过后 5 天,工厂又继续投入生产了。秘诀在于丰田汽车公司与零部件供应商之间的紧密协作。其配合的密切程度不亚于门诺教派中以严谨著称的阿米什派(Amish)组织的粮食募捐。供应商和当地的公司火速赶到现场救授。几个小时之后,他们已经开始绘制阀门草图,准备机床,并搭建了临时生产线。
>
> 36 家供应商在 150 多个分包商的协助下建立起将近 50 条独立的生产线,小批量生产制动阀门。生产的迅速恢复归功于集体的力量,所有企业在处理问题时丝毫没有考虑金钱或者商业合同的因素。[①]

5.2.3 物料需求计划

5.2.3.1 物料需求计划的含义及内容

物料需求计划(Material Requirement Planning,MRP)是指根据产品结构各层次物品的从属和数量关系,以每个物品为计划对象,以完工时期为时间基准倒排计划,按提前期长短区别各个物品下达计划时间的先后顺序,是一种工业制造企业内物资计划管理模式。其主要内容包括客户需求管理、产品生产计划、原材料计划以及库存纪录。其中客户需求管理包括客户订单管理及销售预测,将实际的客户订单数与科学的客户需求预测相结合即能得出客户需要什么以及需求多少。

5.2.3.2 MRP 的基本思想及原理

MRP 的基本思想是围绕物料转化组织制造资源,以实现按需要准时生产。物质资料的生产是将原材料转化为产品的过程。对于加工装配式生产来说,如果确定了产品出产数量和出产时间,就可以按产品的结构确定产品的所有零件和部件的数量,并可按各种零件和部件的生产周期,反推出它们的出产时间和投入时间。物料在转化过程中需要不同的制造资源(设备、场地、工具、人力、资金等),有了各种物料的投入出产时间和数量,就可以确定对这些制造资源的需要数量和需要时间,这样就可以围绕物料的转化过程来组织制造资源,实现按需要准时生产。MRP 按反工序来确定成品、半成品、直至原材料的需要数量和需

---

① Valerie R. Toyota's Fast Rebound after Fire at Suppleir Shows Why It Is Though[J]. Wall Street Journal,1997,90(A1).

要时间。

MRP 以物料为中心组织生产，要求上道工序应该按下道工序的需求进行生产，前一生产阶段应该为后一生产阶段服务，各道工序做到既不提前完工，也不误期完工，因而是最经济的生产方式。MRP 的逻辑流程图如图 5.3 所示。

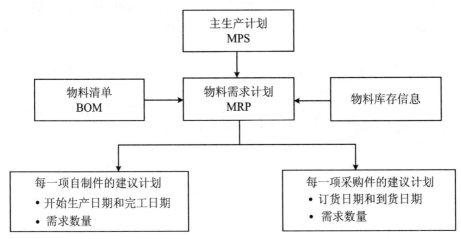

图 5.3　MRP 逻辑流程

5.2.3.3　物料需求计划的基本计算步骤

一般来说，物料需求计划的制订思路是：先通过主生产计划导出有关物料的需求量与需求时间，然后，再根据物料的提前期来确定投产时间或订货时间。其基本计算步骤如下：

① 计算物料的毛需求量。根据主生产计划、物料清单得到第一层级物料品目的毛需求量，再通过第一层级物料品目计算出下一层级物料品目的毛需求量，依次一直往下展开计算，直到最低层级原材料毛坯或采购件为止。

② 净需求量计算。根据毛需求量、可用库存量、已分配量等计算出每种物料的净需求量。

③ 批量计算。由相关计划人员对物料生产作出批量策略决定，不管采用何种批量规则或不采用批量规则，净需求量计算后都应该表明有否批量要求。

④ 安全库存量、废品率和损耗率等的计算。由相关计划人员来规划是否要对每个物料的净需求量对这三项进行计算。

⑤ 下达计划订单。指通过以上计算后，根据提前期生成计划订单。物料需求计划所生成的计划订单，要通过能力资源平衡确认后，才能开始正式下达计划订单。

⑥ 再一次计算。物料需求计划的再次生成大致有两种方式，第一种方式会对库存信息重新计算，同时覆盖原来计算的数据，生成的是全新的物料需求计划；第二种方式则只是在制订、生成物料需求计划的条件发生变化时，才相应地更新物料需求计划有关部分的记录。这两种生成方式都有实际应用的案例，至于选择哪一种要看企业实际的条件和状况。

5.3 采购物流管理

采购是供应物流活动中的一个非常重要的环节,直接关系到供应物流的成本与质量。自从20世纪后半叶以来,采购职能已经发生了很多显著变化,采购过程涉及方方面面,一直是供应物流管理的重点与难点。

5.3.1 采购业务流程

采购业务流程往往会因采购物料来源、采购方式及采购对象不同,在具体细节上存在若干差异,但是基本业务流程大同小异。通常采购业务流程由以下七个步骤组成:

(1) 采购申请

采购申请由物料控制部门根据物料需求分析表计算出物料量,填写请购单,依照签核流程送至不同审核主管批准。在填制采购单的同时,还必须登记编号,以便未来查询和确证,这样可以有效防止随意性和盲目性。

(2) 选择供应商

在物流采购时,市场上有多家供应商可供选择,买方应该货比三家,根据物料的品种、价格、形状、功能、品质及多种相应服务条件向供应商提出,比较供应商的能力和条件,尽力降低采购成本,选择理想的供应商,在采购条件许可范围内,应该列出和排出所有供应商清单,采用比较和评估的科学方法挑选合适的供应商。

(3) 确定价格

确定价格过程就是谈判过程,这一过程相当困难。因为价格是最敏感最棘手的问题,买卖双方都设法提高或者降低价格来维护自身利益。值得注意的是,虽然价格是市场供需的一对矛盾,但是双方都不愿意随意要价,否则会导致交易失败。另外,价格并不是采购业务过程中唯一决定性因素,价格与物料质量、数量、交货时间、包装、运输方式、售后服务等内容有多种相互制约关系,同样要求买卖双方必须综合权衡利弊,定出令双方都满意的价格,促其成交。

(4) 签约或签发采购订单

物料采购协议或订单具有法律效力的书面文件,其主要内容有:

① 采购物料的具体名称、品质、数量及其他要求;
② 包装要求及其运输方式;
③ 采购验收标准;
④ 交货时间和地点;
⑤ 付款方法;
⑥ 不可抗拒因素的处理;
⑦ 违约责任及其他。

签约或签发是十分仔细和谨慎的采购行为,采购方必须认真行事。签约或签发具有权利和义务对等、严格执行、责任等原则。

(5) 跟踪协议后订单与稽核

在完成订货协议后,为求供应商如期、保质、保量交货,应根据合约货订单规定,督促供应商按规定交运,并严格验收入库。这一过程是整个采购过程的核心,必须予以充分重视。在执行过程中,经常会发生意外或意想不到的事件,在这种情况下,双方应尽力采取有效措施,避免不必要的损失,或将损失降低到最小程度。

(6) 接收物料

供应商根据不同运输方式将物料送至采购方指定地点,采购方根据物料认真验收。验收一般有如下要求:

① 确定验收时间或日期;
② 验收工作应按合约内容进行,以确定是否完全符合订单或合约要求;
③ 确定验收人员和负责人;
④ 验收时,如发现物料存在质量或其他方面的问题,应及时通知供应商处理;
⑤ 验收单据有验收人员签署,并对此负全部责任。验收单据被签署后,可作为采购方付款凭证之一。

【资料5.6 小资料】

表5.1 采购合同样本

甲方:	公司	乙方:	

一、协议总则

本合同旨在规定甲方向乙方购买,乙方向甲方提供宣传促销用品(以下简称"货物")的通用条款和条件。本着公平、公开、互利、平等的原则,在甲乙双方友好协商的情况下,根据《合同法》有关规定,订立此合同。

二、货物清单

货物名称:			
样式:			
单位:			
规格:			
制作数量:			
单价:			
小计:			
交货时间:			
包装:			
交货地点:	甲方指定地点(全国范围内)		
以上合计	人民币:		

三、价格与支付:

1. 双方一致同意本合同金额以人民币结算。
2. 甲方在验收合格后一周内一次性支付给乙方全部货款,乙方需提供税务部门监制的发票,否则不予付款。

四、双方的权利与义务

1. 乙方有义务按照甲方的要求按时完成和制作合同规定的货物,乙方交付的货物应于乙方承诺的货物样品质量一致。乙方对其交付的伪劣产品、产品质量与样品不符或产品质量不达标(如产品材料有毒、有异味等)以次充好的产品无条件承担包退、包换的责任,并承担甲方因此受到的全部损失。

2. 乙方的包装应符合甲方规定的技术要求。乙方的包装应当正确、坚固,便于搬运,适合货物本身特点,有必要的保护措施,使货物在运输过程中防雨、防潮、防锈蚀,确保货物完好无损地到达交货地点。

3. 货物验收时,其品种、型号、规格及外观质量必须符合甲方规定,如货物的品种、型号、规格及外观质量不符合甲方规定或者发生损坏、变质、有异味、污染的,甲方有权拒收。乙方应按甲方要求的期限和条件进行更换或补发,否则甲方可以拒绝接收本合同项下之货物或者解除本合同。

4. 如甲方在使用时发现乙方交付的实际货物数量与合同中规定的数量不符,乙方必须按照所差货物数量的十倍进行赔偿。

5. 一年内包改版、包退、包换。

6. 无偿提供样品5个。

五、除非因一方违约或双方协商一致而解除协议,本协议于双方签订之日起生效。

六、本合同一式二份,甲乙双方各一份。

七、本合同未尽事宜,按照《××公司宣传促销品采购条例》执行,《××公司宣传促销品采购条例》与本合同一并具有效力。

甲方: 公司(盖章) 协议签订人: 年　月　日	乙方:(盖章) 协议签订人: 年　月　日

(7) 确认支付发票与结案

支付货款必须核对支付发票与验收的物料清单或单据是否一致,确认后连同验收单据,开出报票向财务部门申请付款,财务部门经会计账务处理后通知银行正式付款。至此,采购方与供应商之间的业务事宜结束。

5.3.2 采购物流的组织形式

企业的采购物流有三种组织方式:第一种是委托社会销售企业代理供应物流方式;第二种是委托第三方物流企业代理供应物流方式;第三种是企业自提物流方式。

这三种方式都有低层次的和高层次的不同管理模式,其中供应链方式、零库存供应方式、准时供应方式、虚拟仓库供应方式都值得我们关注。

1. 委托社会销售企业代理供应物流方式

企业作为用户,在买方市场条件下,利用买方的供应物流主导权力,向销售方提出对本企业进行供应服务的要求,作为向销售方面进行采购订货的前提条件。实际上,销售方在实现了自己生产的和经营的产品销售的同时,也实现了对用户的供应服务,以此占领市场。这种供应服务是销售方企业发展的一个战略手段。

这种方式的主要优点,是企业可以充分利用市场经济造就的买方市场优势,对销售方即物流的执行方进行选择和提出要求,有利于实现企业理想的供应物流设计。

这种方式存在的主要问题,是销售方的物流水平可能有所欠缺。因为销售方毕竟不是专业的物流企业,有时候很难满足企业供应物流高水平化、现代化的要求,例如,企业打算建立自己的广域供应链,这就超出了销售方面的能力而难以实现。

2. 委托第三方物流企业代理供应物流方式

第二种方式是在企业完成了采购程序之后,由销售方和本企业之外的第三方去从事物流活动。当然,第三方所从事的物流活动,应当是专业性的,而且有非常好的服务水平。这个第三方所从事的供应物流,主要向买方提供服务,同时也向销售方提供服务,在客观上协助销售方扩大了市场。

由第三方去从事企业供应物流的最大好处是,能够承接这一项业务的物流企业,必定是专业物流企业,有高水平、低成本、高服务从事专业物流的条件、组织和传统。不同的专业物流公司,瞄准物流对象的不同,有自己特有的形成核心竞争能力的机器装备、设施和人才,这就使企业有广泛选择的余地,进行供应物流的优化。

在网络经济时代,很多企业要构筑广域的或者全球的供应链,这就要物流企业有更强的能力和更高的水平,这是一般生产企业很难做到的,从这个意义来讲,必须要依靠从事物流的第三方来完成这一项工作。

3. 企业自提物流方式

第三种由企业自己组织所采购的物品的本身供应的物流活动这在卖方市场的市场环境状况下,是经常采用的供应物流方式。

本企业在组织供应的某些种类物品方面,可能有一些例如设备、装备、设施和人才方面的优势,这样,由本企业组织自己的供应物流也未尝不可,在新经济时代这种方式也不能完全否定。关键还在于技术经济效果的综合评价。但是,在网络经济时代,如果不考虑本企业核心竞争能力,不致力发展这个竞争能力,而仍然抱着"肥水不流外人田"的旧观念,也不是不可能取得一些眼前利益,但是这必将以损失战略的发展为代价,是不可取的。

【资料5.7 小资料】

采购经理指数

采购经理指数(PMI),是通过对企业采购经理的月度调查结果统计汇总、编制而成的指数,它涵盖了企业采购、生产、流通等各个环节,是国际上通用的监测宏观经济走势的先行性指数之一,具有较强的预测、预警作用。PMI通常以50%作为经济强弱的分界点,PMI高于50%时,反映制造业经济扩张;低于50%时,则反映制造业经济收缩。

其实物流领域中还有很多指标可以反映经济风向,你们可以找找吗?

5.3.3 进货运输

为了保证生产和为顾客提供服务,所采购的物资必须从它们种植、开采或者制造的地点运送到需要的地方,并且尽可能持有最低的库存。如果在满足货运需求的同时使货运成本最低,那么负责采购的人员就必须具备高超的技巧和丰富的知识。一般来说,进货运输主要考虑运输成本、运输方式等方面的问题,下面主要讨论一下运输战略的制定、运输方式的选择及企业进场物流运输方式等问题。

5.3.3.1 运输战略的制定

有效的购买和供应是通过物流服务,快速、低成本地获取所需的物资,因此运输战略的制定主要包括以下几方面：

① 备选方案的价值分析。对服务需求的价值分析可能会带来充分的、更低成本的运输安排。

② 价格分析。费用的变化很大，只有在考虑各种可能性之后，才能做出决策，应当获取有竞争力的报价。

③ 慎重评估各种不同运输方式的可能性。包括自有货车运输和联合运输，Milk-run 取货方式等，这些都可以大大节约成本。

④ 与选定的承运商发展密切的关系。为了利用采购承运商的专业知识，双方可以共享运输需求计划信息。

⑤ 成本分析。长期合同、合伙关系、第三方介入、货物的并装、滞期费、包装、服务、质量以及交货要求等都能够提供降低成本的机会。

⑥ 安全与环境的因素。在进货运输中如何避免安全问题是一个重要的考量因素，同时随着人们对环境的关注，危险品的运输也是企业值得考虑的。

5.3.3.2 运输方式的选择

运输方式主要包括公路运输、铁路运输、水路运输、管道运输以及航空运输。运输方式的选择是物流系统决策中的一个重要环节，是物流合理化的重要内容。所以对于进出货物必须选择最适合的运输方式，选择运输方式的判断标准包括：货物的性质、运输时间、交货时间的适用性、运输成本、批量的适应性、运输的机动性和便利性、运输的安全性和准确性。对货主来说，运输的安全性和准确性，运输费用的低廉性以及缩短运输总时间等因素是其考虑的重点。

【资料5.8　小资料】

集装箱运输始于1956年，那年马尔科姆·麦克林（Malcom McClean）首次将海运拖车装载在二战中使用的油轮上，从新泽西州的奈瓦克航行到德克萨斯州的休斯顿。之后不久，就有一条船经过特别改装，将车厢大小的箱子码在甲板上。集装箱运输从波多黎各扩展到欧洲，再到太平洋。这个创举减少了港口装卸时间，避免了偷盗，节约了保险费用。现在美国与世界其他地区之间海上贸易的75%使用大集装箱运输，而不像以前那样包装在箱子、桶、袋子和盒子里。[①]

5.3.3.3 进场物流的运输方式

按照入厂物流运作方式的不同，企业进场物流的运输方式可以分为：直送模式、集配中心模式、循环取货（Milk-run）模式三种。[②]

1. 直送模式

直送模式顾名思义就是每个供应商都是独立的个体，当制造商向供应商订货后，供应商负责将物料直接送到主机厂。这是最传统的入厂物流方式。在这个过程中，供应商之间没有建立相互的联系，送货时不能总保持较高的装载率，在送完货后大多数空车返回，但它的优点是操作流程简单，可控性强，易于协调管理。

---

① Ballou R H. 企业物流管理：供应链的规划组织和控制[M]. 2版. 王晓东，胡瑞娟，译. 北京：机械工业出版社，2006：134.

② 魏嫄. 需求波动下的 Milk-run 模式库存运输联合优化研究[D]. 济南：山东大学，2013：9-13.

2. 集配式

供应商先分别送货到配送中心进行短暂存储,制造商根据自己的生产需求再从配送中心送料到生产车间。这个模式中需要根据供应商分布的地理位置建立一个配送中心,制造商的库存持有量降低,但是会转嫁到配送中心上,供应链整体库存并没有得到实际的降低。通常情况下是制造商会要求供应商在配送中心租赁货位来存储零部件,将库存持有的风险转移到供应商身上。

3. Milk-run 模式①

(1) Milk-run 的概念

Milk-run,也称"循环取货""牛奶取货",是物流服务提供商在每天固定的时刻,使用同一个运输车辆,按事先设定的顺序,依次从各个供应商处取货的操作模式。具体流程为:① 取货车辆司机拿到路线清单和零件清单等后,开始按计划运行路线,准时到达供应商处;② 卸下之前所取货物的空料箱,供应商签署空料箱返回清单,司机对照清单检验包装数量,签署认可文件,供应商装载指定货物;③ 车辆继续到达下一站,按照设定的取货流程依次到各个供应商处取货;④ 车辆完成取货后,在指定的窗口时间到达制造企业,卸下车厢的货物;⑤ 车辆装上空料箱,回到出发集合点,继续下一轮的 Milk-run 取货。Milk-run 的运作流程如图 5.4 所示。

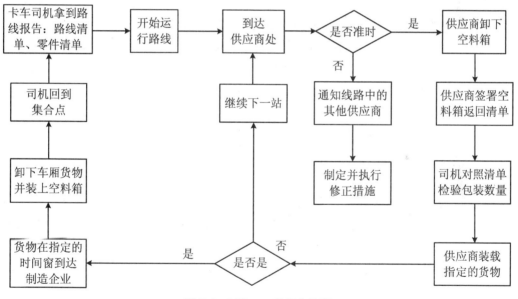

图 5.4 Milk-run 的运作流程

(2) Milk-run 的特点

① 一对多取货运作。传统的取货模式是每个供应商单独送货给制造商或由制造商到每个供应商处单独取货,即一对一进行,而 Milk-run 模式是由专门负责取货的车辆,按事先设计好的路线依次到各个供应商处取货,这样就形成一个类似圆形、一对多服务的封闭循环。

② 闭环线路与严格时间。Milk-run 模式采用闭环式线路运输,减少了不必要的里程

---

① 陈长在. 基于 Milk-run 的电子料件供应物流干扰管理研究[D]. 北京:北京工商大学,2013:9-10.

数。为了保证制造企业的准时制生产,Milk-run 模式设定了严格的时间窗要求,这对第三方物流服务提供商是很大的挑战。Milk-run 模式的闭环线路和严格时间可以在很大程度上提高整个物流系统的运行效率。

③ 多批次、小批量拉动式取货。多批次、小批量是 Milk-run 模式的特点。Milk-run 模式是由第三方物流服务提供商,从多个供应商处一次性提取多品种、少批量的货物。这种由第三方物流服务提供商集体取货拉动方式替代传统的单个供应商单独送货推动方式的模式,使得供应货物少的供应商不必像原来那样,为了节约运输成本而等到货物积满送货的整部卡车再发运,这有利于供应商降低自身库存成本。

采取 Milk-run 模式的供应物流系统对于制造企业具有非常重要的意义。这种供应物流系统在为制造企业降低运输成本和库存成本的同时,也增加了干扰事件对物流系统协调工作的复杂程度和制造企业正常运营的影响概率。

5.4 储存管理与库存控制

所谓库存控制,就是在保障供应的前提下,使库存物品的数量或库存金额最少而进行有效管理的技术经济措施。库存控制技术应用几乎在企业物流管理或者供应链管理的每一个环节都有所体现,尤其是作为单一物流操作层面的供应物流管理。

产品的储存和搬运与运输不同,主要发生在供应链网络的节点处,有人又将仓储比作每小时运输零英里,据估算,仓储和物料搬运物料成本占企业物流总成本的 26% 左右,因此非常值得认真研究。

【资料5.9 小资料】

仓库、仓储和库存的区别与联系:
① 仓库是库存作业的物质基础之一,仓库与库存是硬件与软件的关系。只要保有库存,就必然会对仓储产生要求。
② 仓储设施是实现库存功能的具体载体。
③ 仓储使客户在合适的时间和合适的地点能够满意地获得产品,使潜在的客户服务水平得以提高,同时也提高了产品的效用。随着现在越来越多的企业将客户服务看作是一个能实现价值增值的竞争性工具,仓储活动也就越来越显现出其必要性。库存控制的目标要靠仓储作业的合理运行才能实现。

5.4.1 原料及部件库存管理与控制方法

5.4.1.1 ABC 分类法

ABC 分类法又称帕累托分类法,即所谓"关键的少数和一般的多数"的哲理,也就是我们平时所提到的 80/20 法则,最早由意大利经济学家帕累托于 1906 年首次使用。ABC 分类法的核心思想是在决定一个事物的众多因素中分清主次,识别出少数的但对事物起决定作用的关键因素和种类繁多的但对事物影响极小的次要因素。

1. ABC 分类法基本原理

运用数理统计的方法,对种类繁多的各种事物属性或所占权重不同要求,进行统计、排列和分类,划分为 A,B,C 三部分,分别给予重点、一般、次要等不同程度的相应管理。具体的划分标准及各级物资在总消耗金额中应占的比重没有统一的规定,如表 5.2 所示。

① A 类——特别重要的库存:品种只占总数的 10%,但价值却占到总数的 70% 左右。
② B 类——一般的库存:其品种占总数的 20% 左右,价值占总数的 20% 左右。
③ C 类——不重要的库存:其品种占总数的 70% 左右,但价值只占总数的 10% 左右。

2. ABC 分类法的原则

① 成本-效益原则。无论采用何种方法,只有其付出的成本能够得到完全补偿的情况下才可以施行。
② "最小最大"原则。我们要在追求 ABC 分类管理的成本最小的同时,追求其效果的最优。
③ 适当原则。在施行 ABC 分析进行比率划分时,要注意企业自身境况,对企业的存货划分 A 类、B 类、C 类并没有一定的基准。

表 5.2 库存物资 ABC 分级比重

级别	年消耗金额	品种数
A	60%~80%	10%~20%
B	15%~40%	20%~30%
C	5%~15%	50%~70%

图 5.5 为我们直观展示了多数企业库存物资的 ABC 分类情况。

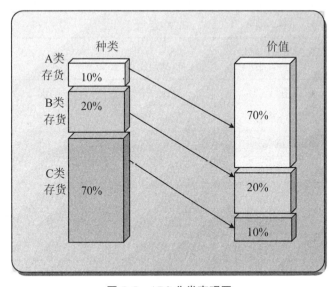

图 5.5 ABC 分类直观图

3. ABC 分类法的作用

① 优化库存结构。运用分类管理法可以对各种物资进行经济合理地分类,较准确地确定订货批量和储备周期,克服不分主次盲目决定储备量的做法,促进库存结构优化。
② 压缩库存总量,减少库存资金,加快物资流通和资金周转速度。重点类物资划出后,使 B 类物资严格控制在核定的范围内,降低 B 类物资的储备从而降低库存资金的总量。

③ 减少管理工作量。运用分类管理法可以集中精力抓主要矛盾克服"眉毛胡子一把抓"的混乱现象,使管理人员从繁杂的事务工作中脱身出来。

4. ABC 三类物资的划分标准及步骤

① 先计算每种物资在一定期间,如一年内的供应金额(表 5.3);

② 按供应金额大小顺序,排出其品种序列,金额最大的为顺序的第一位。然后再计算各品种的供应金额占总供应金额的百分比(表 5.4);

③ 按供应金额大小的品种序列计算供应额的累计百分比。我们把占供应总金额累计 70%左右的各种物资作为 A 类,占余下 20%左右的作为 B 类,最后余下的各类物资作为 C 类(表 5.5)。

表 5.3　主要物料耗用明细表(2000 年)

物料名称	年需求量	单价	年费用(元)	重要性
黄豆	648 吨	2 900 元/吨	1 879 200	5
PE 塑料	130 吨	6 100 元/吨	793 000	6
铝箔	5 370 公斤	24 元/公斤	128 880	7
标签	4 293 120 张	0.04 元/张	171 724	2
白糖	360 吨	3 200 元/吨	1 152 000	4
调料	7 220 公斤	57 元/公斤	411 540	8
胶盖	4 293 120 个	0.06 元/个	257 587	1
纸箱	357 760 张	1.90 元/个	679 744	3

表 5.4　主要物料耗用比重(2000 年)

排序	物料名称	综合评分	比重	分类
1	黄豆	9 396 000	36.7%	A
2	PE 塑料	4 758 000	18.6%	A
6	铝箔	902 160	3.5%	C
7	标签	343 448	1.3%	C
3	白糖	4 608 000	18%	A
4	调料	3 292 320	12.9%	B
8	胶盖	257 587	1.0%	C
5	纸箱	2 039 232	8.0%	B
	评分总计	25 596 747	100%	

注:综合评分=年费用×重要性指标。

表 5.5 物料分类结果汇总分析表

类别	物料名称	种类百分比	每年费用(元)	费用百分比
A	黄豆、PE塑料、白糖	37.5%	3 824 200	70%
B	纸箱、调料	25%	1 091 284	20%
C	铝箔、标签、胶盖	37.5%	558 191	10%

5.4.1.2 CVA 分类法

有些公司发现，ABC 分类并不令人满意，因为 C 类物资往往得不到应有的重视。例如，经销鞋的企业会把鞋带列入 C 类物资，但是如果鞋带短缺将会严重影响到鞋的销售。一家汽车制造厂商会把螺丝列为 C 类物资，但缺少一个螺丝往往会导致整个生产链的停工。因此有些企业采用关键因素分析法(Critical Value Analysis,CVA)。

CVA 的基本思想是把存货按照其关键性分为 3～5 类：

① 最高优先级。这是经营的关键性物资不允许缺货。
② 较高优先级。这是指经营活动小的基础物资，但允许偶尔缺货。
③ 中等优先级。这多属于比较重要的物资，允许合理范围内缺货。
④ 较低优先级。经营中需用这些物资，但可替代性高，允许缺货。

5.4.1.3 经济订购批量法

经济订购批量法，是指以某种物资的经济订购批量为依据来确定储存定额的方法。这种方法是把各种主要影响经济储存定额的因素联系在一起，在找出相互关系的基础上，进行定量分析之后，求出经济上合理的经常储存定额。这种方法主要是从企业本身的经济效率来考虑的，必须要有正常的供应单位和运输条件。经济订购批量法，是指订购费用储存费用两者之和最低的一次订购数量。

与经常储存量大小相关的费用有两类：储存费用和订购费用。

在总需要量一定的条件下，订购批量越大，订购的次数就越少，订购费用也就越小，而存储费用则会增加；反之，订购费用越大，储存费用就越小。

因此，只有当总费用最小时的订购批量，才是经济合理的。经济订购批量是平衡采购送货成本和保管仓储成本，确定一个最佳的订货数量来实现最低总库存成本的一种方法，这种方法需要的假设条件如下：

① 已知全部需求的满足数；
② 已知连续不变的需求速率；
③ 已知不变的补给完成周期；
④ 与订货数量和时间保持独立的产品价格不变；
⑤ 不限制计划制定范围；
⑥ 多种有货项目不存在交互作用；
⑦ 没有在途存货。

根据上述条件，设定：

TC：年总库存成本；
PC：年平均进货成本；
HC：年保管仓储成本；
D：年需要量(或采购订货量)；

P：货物购买价格；
Q：每次订货数量；
I：每次订货成本；
J：单位货物保管仓储成本；
F：单位货物保管仓储成本与单位货物购买价格的比率（即 J/P）。

不难发现平均库存量为 $Q/2$，每年保管仓储成本为 $(Q/2) \times J$，每年订货成本为 $(D/Q) \times I$，每年采购进货成本为 $D \times P + (D/Q) \times I$，每年总库存成本 (TC) 为采购进货成本 (PC) 和保管仓储成本 (HC) 之和。

$$TC = PC + HC$$
$$= D \times P + (D/Q) \times I + (Q/2) \times J$$
$$= D \times P + (D/Q) \times I + (Q/2) \times F \times P$$

对上式求导数，并令导数为零，通过整理后得出：

$$Q^* = \sqrt{(2D \times I)/(F \times P)} = \sqrt{(2D \times I)/J}$$

在经济订货批量 Q^* 的情况下年订货次数 N 和订货间隔的关系表示见以下几个例子。

【**例 5.1**】 永恒公司是制造工业产品的企业，每年需采购零件 10 000 只，购买价格为 16 元，每次订购成本为 100 元，每只零件保管成本为 8 元，求该零件的经济订购批量，并求订货次数和订货间隔。

经济订货批量：

$$Q^* = \sqrt{(2D \times I)/J}$$
$$= \sqrt{2 \times 10\,000 \times 100/8} = 500(只)$$

年订购货物次数：

$$N = D/Q^* = 10\,000/500 = 20(次)$$

每次订货间隔期：

$$T = 365/N$$
$$= 365/20$$
$$= 18.25$$

上述经济模型是建立在许多假设条件基础上的一种简单模型，但在实际情况中，并非如此理想，而是存在着许多复杂性。如数量折扣条件下引起采购价格下降，缺货条件下的购买延后、价格上涨和多品种情况，均会出现经济批量的不适用或修正，下面就采购数量变动引起价格下降对经济采购批量的影响作一介绍。

供应商为了吸引客户一次采购更多的货物规定了数量上的价格优惠政策。其核心是确定数量标准或称折扣点，在折扣点前提下，采购价格表现为折扣点前后不同，如表 5.6 所示。

表 5.6 不同折扣点与价格

折扣点	$Q_0 = 0$	Q_1	Q_2	…	Q_n
采购价格	P_0	P_1	P_2	…	P_n

根据前述经济订购数量计算最佳订货量的步骤：
(1) 计算最后折扣区间的经济批量 Q_n^*，并与 Q_n 比较。
如果 $Q_n^* > Q_n$，则最佳经济订购批量 $Q^* = Q_n^*$。

如果 $Q_n^* < Q_n$，则进行第二步计算。

（2）计算第 t 个折扣区间的经济订购批量 Q_t^*。

如果 $Q_t \leqslant Q_t^* < Q_{t+1}$，则计算 Q_t^* 和折扣点 Q_{t+1} 相对应的总库存成本 TC_t^* 和 TC_{t+1}，并比较两者大小。

如果 $TC_t^* \geqslant TC_{t+1}$，则 $Q^* = Q_{t+1}$；

如果 $TC_t^* > TC_{t+1}$，则 $Q^* = Q_t^*$。

【例 5.2】 继续上例，供应商开展促销策略，一次购买 500 只以上，货物价格按原价 90％计算；购买 800 只以上，货物价格按原价 80％计算。再假定单位零件保管仓储成本是价格的一半。求该企业最佳订购批量。

解 根据题意，确定价格折扣区间，如表 5.7 所示。

表 5.7 多重折扣点与价格

折扣点	0	500	800
价格	16	14.40	12.80

（1）计算第二折扣区间的经济订购批量 Q_2^*：

$$Q_2^* = \sqrt{(2D \times I)/J}$$
$$= \sqrt{(2 \times 10\,000 \times 100)/(12.8/2)} = 559(只)$$

因为 Q_2^*(559 只)$< Q_n$(800 只)，所以要进行第二步计算

（2）计算第一折扣区间的经济订购批量 Q_1^*：

$$Q_1^* = \sqrt{(2D \times I)/J}$$
$$= \sqrt{(2 \times 10\,000 \times 100)/(14.40/2)} = 527(只)$$

因为 Q_1(500 只)$< Q_1^*$(527 只)$< Q_2$(800 只)，可以计算 TC_1^* 和 TC_2。

$$TC_1^* = D \times P + \sqrt{2D \times I \times J}$$
$$= 10\,000 \times 14.40 + \sqrt{2 \times 10\,000 \times 100 \times 14.4/2}$$
$$= 147\,794.73$$

$$TC_2 = D \times P_2 + (D/Q_2) \times I + (Q_2/2) \times J$$
$$= 10\,000 \times 12.30 + (10\,000/800) \times 100 + (800/2) \times (12.80/2)$$
$$= 131\,810(元)$$

因为 $TC_1^* > TC_2$，$Q^* = Q_2 = 800$(只)，即最佳经济订购批量为 800 只。

5.4.1.4 定量订货法

企业在实际生产或经营过程中往往会出现因订购货物未及时到达而影响企业正常生产经营活动的情况。为了预防不利因素的出现，企业采用先期订货，保证货物被正常使用。在这一思想指导下，定量订货便应运而生。所谓定量订货制度是指当库存货物量下降到某一库存数量（订货点）时，按规定数量（以经济订购批量计算）组织货物补充的一种库存管理制度。其特点是：订货点不变，订购批量不变，而订货间隔期不定。如图 5.6 所示。

企业认为，库存货物消耗到订货点时，便采取订货并发出订货单，经过到货时间延续，库存货物量又陡然上升，循环往复，促使生产或经营连续不断。订货点确认的计算公式如下：

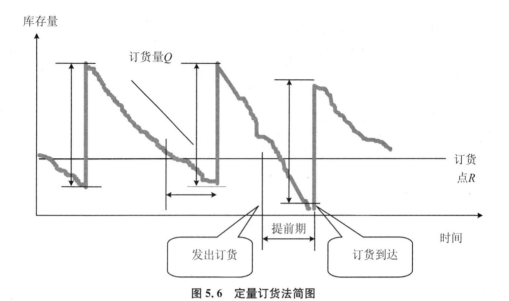

图 5.6 定量订货法简图

$$订货点 = 到货周期 \times 平均每天耗用量$$

上述公式表明，企业每天货物耗用量为均匀或者固定不变，并且到货时间间隔可以预知，那么该公式为成立。但是企业经营活动经常会出现一些不可预测性，如每天耗用货物量和到货间隔期出现变化，在这种情况下，往往就要考虑安全库存这一概念，所谓安全库存就是为了预防临时用量增大或到货间隔期延长而多储存的库存量。其计算公式如下：

$$安全库存 = (统计每天最大耗用量 - 平均每天正常耗用量) \times 到货间隔期$$

根据考虑安全库存这一因素，对订货点公式进行修正，修正后的订货点计算公式如下：

$$订货点 = 到货间隔期 \times 平均每天耗用量 + 安全库存$$
$$= 预计每天最大耗用量 \times 到货间隔期$$

确定了订货点后，就必须考虑订货量，订货量的确定可参照经济订货批量来进行。

5.4.1.5 定期订货法

企业由于受到生产或经营目标影响或市场因素的影响，往往在先前确定订货时间，这样在一个生产或经营周期内基本确定订货数量，从而形成相对稳定的订货间隔期，定期订货法随之产生。所谓定期订货法是指按预先确定的相对不变的订货间隔期进行订货补充库存量的一种管理制度。其特点是：订货间隔周期不变，订购订货量不定。

一般认为，库存货物耗用至某一指定的订货时间（不发生任何缺货损失，保证生产或经营的连续性），便开始订货并发出订货单，直至进货。待到下一期订货时间，循环往复，始终保持订货间隔不变。订购货物量的计算公式如下：

$$订货量 = 最高库存量 - 现有库存量 - 订货未到量 + 顾客延迟购买量$$

一般认为，A 类货物宜采用定期订货制，B 类和 C 类货物可采用定量订货制，关于两者的区别如表 5.8 所示。

表 5.8　定量订货与定期订货方法比较

比较项目	方法	定量订货方式	定期订货方式
管理要点		1. 降低购买经费； 2. 为防止库存不足，供应度增加	缩减周转金
特征	订货量	固定	变动
	订货时间	不固定	固定
适合对象	单价	便宜（B、C 类）	高（A 类）
	订货量	比较稳定	变动大
	消耗量	高	不稳定
	共用性	大	少
	前置时间	不一定	比较长
	预测性	否	可
优点		1. 事务处理简单，管理容易； 2. 订货费用减少（经济批量）	1. 能够对应需求的变化； 2. 库存量减少； 3. 可同时订购许多物品
缺点		1. 不能对应需求的变化； 2. 容易流于形式； 3. 由于期限不定，可能增加费用	1. 事务处理繁杂； 2. 事务量不固定； 3. 必须努力管理
运用要点		1. 检讨定货和安全存量的基准值； 2. 和制造部门密切联系	1. 做正确的需求预测和生产计划； 2. 从订货量的变动提高管理的精密度

5.4.2　仓储管理决策

仓储系统是企业物流系统中不可缺少的子系统。物流系统的整体目标是以最低成本提供令客户满意的服务，而仓储系统在其中发挥着重要作用。由于仓储在时间上协调原材料、产成品的供需，起着缓冲和平衡调节的作用，企业可以为客户在需要的时间和地点提供适当的产品，从而提高产品的时间效用。因此仓储活动能够促进企业提高客户服务的水平，增强企业的竞争力。

5.4.2.1　仓储合理化的标志

仓储合理化的含义是用最经济的办法实现仓储的功能。合理仓储的实质是，在保证仓储功能实现前提下的尽量少的投入，也是一个投入-产出的关系问题。

① 质量标志。保证仓储物的质量，是完成仓储功能的根本要求，只有这样，商品的使用价值才能通过物流之后得以最终实现。在仓储中增加了多少时间价值或是得到了多少利润，都是以保证质量为前提的。所以，仓储合理化的标志中，为首的应是反映使用价值的质量。现代物流系统已经拥有很有效的维护货物质量、保证货物价值的技术手段和管理手段，也正在探索物流系统的全面质量管理问题，即通过物流过程的控制，通过工作质量来保证仓

储物的质量。

② 数量标志。在保证功能实现前提下有一个合理的数量范围。

③ 时间标志。在保证功能实现前提下,寻求一个合理的仓储时间,这是和数量有关的问题,仓储量越大而消耗速率越慢。

④ 结构标志。是从被储物不同品种、不同规格、不同花色的仓储数量的比例关系对仓储合理性的判断,尤其是相关性很强的各种货物之间的比例关系更能反映仓储合理与否。

⑤ 分布标志。指不同地区仓储的数量比例关系,以此判断当地需求比,以及对需求的保障程度,也可以此判断对整个物流的影响。

⑥ 费用标志。考虑仓租费、维护费、保管费、损失费、资金占用利息支出等因素,才能从实际费用上判断仓储的合理与否。

5.4.2.2 仓储合理化的要求

一般来说,仓储合理化的实施要点可以归纳如下:① 进行仓储物的 ABC 分析;② 在 ABC 分析基础上实施重点管理;③ 在形成了一定的社会总规模的前提下,追求经济规模,适当集中库存。所谓适度集中库存是利用仓储规模优势,以适度集中仓储代替分散的小规模仓储来实现合理化。

1. 适度集中库存是"零库存"这种合理化形式的前提

① 加速物资总的周转,提高单位产出。具体做法诸如采用单元集装存储,建立快速分拣系统都利于实现快进快出,大进大出。

② 采用有效的"先进先出"方式。保证每个被储物资的仓储期不至过长。"先进先出"是一种有效的方式,也成了仓储管理的准则之一。

2. 减少仓储设施的投资,提高单位仓储面积的利用率,以降低成本、减少土地占用

3. 采用有效的仓储定位系统

仓储定位的含义是被储物位置的确定。仓储定位系统可采取先进的计算机管理,也可采取一般人工管理,行之有效的方式主要有:① "四号定位"方式。② 计算机定位系统。

4. 采用有效的监测清点方式

① "五化"码。是我国手工管理中采用的一种科学方法。储存物堆垛时,以"五"为基本计数单位,堆成总量为"五"的倍数的垛形,如梅花五、重迭五等,堆码后,有经验者可过目成数,大大加快了人工点数的速度,且少差错。

② 光电识别系统。在货位上设置光电识别装置,该装置对被储物扫描,并将准确数目自动显示出来。这种方式不需人工清点就能准确掌握库存的实有数量。

③ 计算机监控系统。用计算机指示存取,可以防止人工出错。

5.4.2.3 集中仓储和分散仓储的选择

企业的库存是集中仓储还是分散仓储也是企业仓储管理的一项重要内容。只有单一市场的中小规模的企业通常只需一个仓库,而产品市场遍及全国各地的大规模企业要经过仔细分析和慎重考虑才能作出正确选择。

仓库数量的决策要与运输方式的决策相协调。例如,一个或两个具有战略性选址的仓库结合空运就能在全国范围内提供快速服务,尽管空运的成本相对较高,但却降低了仓储和库存成本。由于运输方式的多样性,尤其需要与其他仓储决策结合考虑,使仓库数量决策变得非常复杂。与仓库数量决策密切相关的是仓库的规模与选址。如果企业租赁公共仓库,那么仓库规模问题相对重要,但通常租赁的仓储空间可以根据不同地点的需求及时扩大或缩小,选址决策的重要性就相对小一些。尽管企业需要决定在何地租赁公共仓库,但仓库的位置是确定的,而且决策是暂时的,可以根据需要随时改变。如果企业自建仓库,尤其对于市场遍及全国甚至全球的大型企业来说,仓库的规模与选址就变得极为重要。

与其他物流决策一样,仓库选址也需要对成本进行对比分析。

1. 仓库数量决策中的成本分析

仓库数量对企业物流系统的各项成本都有重要影响。一般来说,随着系统的仓库数量的增加,运输成本和缺货成本会减少,而存货成本和仓储成本将增加。

① 由于仓库数量的增加,企业可以进行原材料或产成品大批量运输,所以运输成本会下降。另外,在销售物流方面,仓库数量的增加使仓库更靠近客户和市场,因此减少了货物运输的里程,这不仅会降低运输成本,而且由于能及时地满足客户需求提高了客户服务水平,减少了失去销售的机会,从而降低缺货成本。

② 由于仓库数量的增加,总的存储空间也会相应地扩大,因此仓储成本会上升。

③ 当仓库数量增加时,总存货量就会增加,相应的存货成本就会增加。随着仓库数量的增加,由于运输成本和缺货成本迅速下降,导致总成本下降。但是,当仓库数量增加到一定规模时,库存成本和仓储成本的增加额超过运输成本和缺货成本的减少额,于是总成本开始上升。

2. 影响仓库数量的因素

① 企业客户服务的需要;
② 运输服务的水平;
③ 客户的小批量购买;
④ 计算机的应用;
⑤ 单个仓库的规模。

【资料5.10 小资料】

分拨仓库集中货物可带来潜在成本节约

假设客户在正常情况下,从四家制造商那里接收多种产品,批量分别为10 000吨、8 000吨、15 000吨和7 000吨。如果所有的货物都以零担方式运到客户那里,总的分拨成本将为每批966美元。在分拨仓库将货物集中起来进行运输,则总分拨成本降至每批778美元。

在该例中,即使将仓库成本包括进来,也有188美元的成本节约。

(1) 不集中

表5.9

制造商至客户	货运量(吨)	以零担费运送	成本(美元)
A	10 000	2.00	200
B	8 000	1.80	133
C	15 000	3.40	510
D	7 000	1.60	112
总计			966

(2) 集中

表 5.10

制造商从分拨仓库	货运量(吨)	零担费率	零担总费用	整车总运费	成本	客户的整车费
A	10 000	0.75%	75	10	100	185
B	8 000	0.60%	48	8	80	136
C	15 000	1.20%	180	15	150	345
D	7 000	0.50%	35	7	70	112
总计	40 000					778

这里使用分拨仓库(Distribution Warehouse)一词主要与存储仓库(Holding Warehouse)相区别。两者的差异在于仓库对仓储活动的重视程度和货物存储时间的长短。存储仓库指仓库内的大部分空间用于半永久性或长期存储。相反,分拨仓库的绝大部分空间只是暂时存储货物,仓库更注重使产品流动更快速、更通畅。显然,很多仓库的运作是两者兼而有之,只是程度不同而已。①

5.4.3 供应商管理库存

5.4.3.1 供应商管理库存的基本思想

长期以来,流通中的库存是各自为政的。流通环节中的每一个部门都是各自管理自己的库存,零售商、批发商、供应商都有各自的库存,各个供应链环节都有自己的库存控制策略。由于各自的库存控制策略不同,因此不可避免地产生需求的扭曲现象,即所谓的需求放大现象,无法使供应商快速地响应用户的需求。在供应链管理环境下,供应链的各个环节的活动都应该是同步进行的,而传统的库存控制方法无法满足这一要求。近年来,在国外,出现了一种新的供应链库存管理方法——供应商管理用户库存(Vendor Managed Inventory,VMI),这种库存管理策略打破了传统的各自为政的库存管理模式,体现了供应链的集成化管理思想,适应市场变化的要求,是一种新的有代表性的库存管理思想。

传统地讲,库存是由库存拥有者管理的。因为无法确切知道用户需求与供应的匹配状态,所以需要库存,库存设置与库存管理是由同一组织完成的。这种库存管理模式并不总是最优的。例如,一个供应商用库存来应付不可预测的或某一用户不稳定的(这里的用户不是指最终用户,而是分销商或批发商)需求,用户也设立库存来应付不稳定的内部需求或供应链的不确定性。虽然供应链中每一个组织独立地寻求保护其各自在供应链的利益不受意外干扰是可以理解的,但不可取,因为这样做的结果影响了供应链的优化运行。供应链的各个不同组织根据各自的需要独立运作,导致重复建立库存,因而无法达到供应链全局的最低成本,整个供应链系统的库存会随着供应链长度的增加而发生需求扭曲。VMI 库存管理系统就能够突破传统的条块分割的库存管理模式,以系统的、集成的管理思想进行库存管理,使供应链系统能够获得同步化的运作。

VMI 是一种很好的供应链库存管理策略。关于 VMI 的定义,国外有学者认为:"VMI

---

① 万志坚,单华.企业物流管理[M].广东:广东经济出版社,2005:41.

是一种在用户和供应商之间的合作性策略，以对双方来说都是最低的成本优化产品的可获性，在一个相互同意的目标框架下由供应商管理库存，这样的目标框架被经常性监督和修正，以产生一种连续改进的环境"。

关于 VMI 也有其他的不同定义，但归纳起来，该策略的关键措施主要体现在如下几个原则中：

① 合作精神（合作性原则）。在实施该策略时，相互信任与信息透明是很重要的，供应商和用户（零售商）都要有较好的合作精神，才能够相互保持较好的合作。

② 使双方成本最小（互惠原则）。VMI 不是关于成本如何分配或谁来支付的问题，而是关于减少成本的问题。通过该策略使双方的成本都减少。

③ 框架协议（目标一致性原则）。双方都明白各自的责任，观念上达成一致的目标。如库存放在哪里，什么时候支付，是否要管理费，要花费多少等问题都要回答，并且体现在框架协议中。

④ 连续改进原则。使供需双方能共享利益和消除浪费。VMI 的主要思想是供应商在用户的允许下设立库存，确定库存水平和补给策略，拥有库存控制权。

精心设计与开发的 VMI 系统，不仅可以降低供应链的库存水平，降低成本。而且，用户外还可获得高水平的服务，改善资金流，与供应商共享需求变化的透明性和获得更高的用户信任度。

5.4.3.2 VMI 的实施方法

实施 VMI 策略，首先要改变订单的处理方式，建立基于标准的托付订单处理模式。首先，供应商和批发商一起确定供应商的订单业务处理过程所需要的信息和库存控制参数，然后建立一种订单的处理标准模式，如 EDI 标准报文，最后把订货、交货和票据处理各个业务功能集成在供应商一边。

库存状态透明性（对供应商）是实施供应商管理用户库存的关键。供应商能够随时跟踪和检查到销售商的库存状态，从而快速地响应市场的需求变化，对企业的生产（供应）状态做出相应的调整。为此需要建立一种能够使供应商和用户（分销、批发商）的库存信息系统透明连接的方法。

供应商管理库存的策略可以分如下几个步骤实施：

第一，建立顾客情报信息系统。要有效地管理销售库存，供应商必须能够获得顾客的有关信息。通过建立顾客的信息库，供应商能够掌握需求变化的有关情况，把由批发商（分销商）进行的需求预测与分析功能集成到供应商的系统中来。

第二，建立销售网络管理系统。供应商要很好地管理库存，必须建立起完善的销售网络管理系统，保证自己的产品需求信息和物流畅通。为此，必须：① 保证自己产品条码的可读性和唯一性；② 解决产品分类、编码的标准化问题；③ 解决商品存储运输过程中的识别问题。

目前已有许多企业开始采用 MRPⅡ 或 ERP 企业资源计划系统，这些软件系统都集成了销售管理的功能。通过对这些功能的扩展，可以建立完善的销售网络管理系统。

第三，建立供应商与分销商（批发商）的合作框架协议。供应商和销售商（批发商）一起通过协商，确定处理订单的业务流程以及控制库存的有关参数（如再订货点、最低库存水平等）、库存信息的传递方式（如 EDI 或 Internet）等。

第四，组织机构的变革。这一点也很重要，因为 VMI 策略改变了供应商的组织模式。

过去一般由会计经理处理与用户有关的事情,引入 VMI 策略后,在订货部门产生了一个新的职能负责用户库存的控制,库存补给和服务水平。

一般来说,在以下的情况下适合实施 VMI 策略:零售商或批发商没有 IT 系统或基础设施来有效管理他们的库存;制造商实力雄厚并且比零售商市场信息量大;有较高的直接存储交货水平,因而制造商能够有效规划运输。

5.4.3.3 VMI 的支持技术

VMI 的支持技术主要包括:ID 代码、EDI/Internet、条码、条码应用标识符、连续补给程序等。

1. ID 代码

供应商要有效地管理用户的库存,必须对用户的商品进行正确识别,为此对供应链商品进行编码,通过获得商品的标识(ID)代码并与供应商的产品数据库相连,以实现对用户商品的正确识别。目前,国外企业已建立了应用于供应链的 ID 代码的分类标准系统,如 EAN-13(UPC-12)、EAN-14(SCC-14)、SSCC-18 以及位置码等,我国也建有关于物资分类编码的国家标准,届时可参考使用。

供应商应尽量使自己的产品按国际标准进行编码,以便在用户库存中对本企业的产品进行快速跟踪和分拣。因为用户(批发商、分销商)的商品有多种多样,有来自不同的供应商的同类产品,也有来自同一供应商的不同产品。实现 ID 代码标准化有利于采用 EDI 系统进行数据交换与传送,提高了供应商对库存管理的效率。目前国际上通行的商品代码标准是国际物品编码协会(EAN)和美国统一代码委员会(UCC)共同编制的全球通用的 ID 代码标准。

2. EDI/Internet

EDI 是一种在处理商业或行政事务时,按照一个公认的标准,形成结构化的事务处理或信息数据格式,完成计算机到计算机的数据传输。关于 EDI 的详细内容可参考本书第 6 章的有关内容,这里就不作介绍。我们主要介绍 EDI 如何应用到 VMI 方法体系中,如何实现供应商对用户的库存管理。

供应商要有效地对用户(分销商、批发商)的库存进行管理,采用 EDI 进行供应链的商品数据交换,是一种安全可靠的方法。为了能够实现供应商对用户的库存进行实时地测量,供应必须每天都能了解用户的库存补给状态。因此采用基于 EDIFACT 标准的库存报告清单能够提高供应链的运作效率,每天的库存水平(或定期的库存检查报告)、最低的库存补给量都能自动地生成,这样能大大提高供应商对库存的监控效率。

分销商(批发商)的库存状态也可以通过 EDI 报文的方式通知供应商。

在 VMI 管理系统中,供应商一方有关装运与发票等工作都不需要特殊的安排,主要的数据是顾客需求的物料信息记录、订货点水平和最小交货量等,需求一方(分销商、批发商)唯一需要做的是能够接受 EDI 订单确认和或配送建议,以及利用该系统发放采购订单。

3. 条码

条码是 ID 代码的一种符号,是对 ID 代码进行自动识别且将数据自动输入计算机的方法和手段,条码技术的应用解决了数据录入与数据采集的"瓶颈",为供应商管理用户库存提供了有力支持。

条码是目前国际上供应链管理中普遍采用的一种技术手段。为有效实施 VMI 管理系统,应该尽可能地使供应商的产品条码化。条码技术对提高库存管理的效率是非常显著的,是实现库存管理的电子化的重要工具手段,它使供应商对产品的库存控制一直可以延伸到和销售商的 POS 系统进行连接,实现用户库存的供应链网络化控制。

4. 连续补给程序

连续补给程序策略将零售商向供应商发出订单的传统订货方法,变为供应商根据用户库存和销售信息决定商品的补给数量。这是一种实现 VMI 管理策略的有力工具和手段。为了快速响应用户"降低库存"的要求,供应商通过和用户(分销商、批发商或零售商)建立合作伙伴关系,主动提高向用户交货的频率,使供应商从过去单纯地执行用户的采购订单变为主动为用户分担补充库存的责任,在加快供应商响应用户需求的速度同时,也使用户方减少了库存水平。

5.4.3.4 实施 VMI 的几种模式

1. "制造商-零售商"VMI 模式

这种方式通常发生在制造商作为供应链的上游企业,对它客户(如零售商)实施 VMI,如图 5.7 所示。图中的制造商是 VMI 的主导者,由它负责对零售商的供货系统进行检查和补充。这种情况多出现在制造商是一个比较大的产品制造者,具有相当的规模和实力,完全能够承担起管理 VMI 的责任,如美国的宝洁公司。

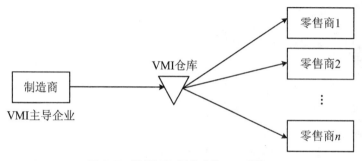

图 5.7 "制造商-零售商"VMI 系统

2. "供应商-制造商"VMI 模式

这种方式通常发生在制造商是供应链上实施 VMI 的下游企业,要求它的供应商按照 VMI 的方式向其补充库存,如图 5.8 所示。此时,VMI 的主导者可能不是制造商,但它是 VMI 的接受者,而不是管理者,此时 VMI 的管理者是该制造商的上游企业的众多供应商,例如在汽车制造业,这种情况比较多见。一般来说,汽车制造商是这一供应链上的核心企业,为了应对激烈的市场竞争,它会要求它的零部件供应商为其实施 VMI 的库存管理方式。由于很多零部件供应商的规模很小,实力很弱,完全由这些中小供应商完成 VMI 可能比较困难。另外,由于制造商要求供应商按照准时化的方式供货,所以,供应商不得不在制造商的周围建立自己的仓库。这样一来,会导致供应链上的库存管理资源重复配置。表面上看,这些库存管理成本是由供应商支持的,但实际上仍然会分摊到供货价格上,最终对制造商也是不利的。所以,这种 VMI 方式越来越少了。

3. "供应商-第三方物流-制造商"VMI 模式

为了克服第二种实施模式的弊端,人们创造出了新的方式——"供应商-第三方物流-制造商"VMI 模式。这种模式是引入了一个第三方物流企业,由第三方物流企业提供一个统一的物流和信息流管理平台,统一执行和管理各个供应商的零部件库存控制指令,负责完成向制造商生产线了配送零部件的工作,而供应商则根据第三方物流企业的出库单与制造商

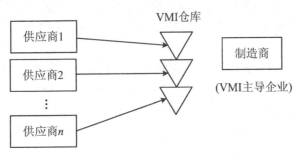

图 5.8 "供应商-制造商"VMI 系统

按时结算,如图 5.9 所示。

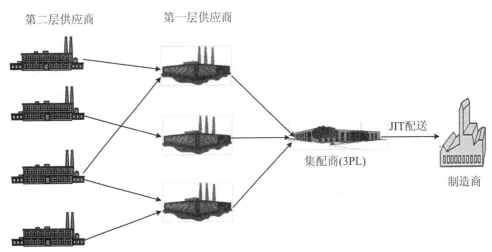

图 5.9 基于第三方物流的 VMI 实施模式

由第三方物流运作的 VMI 仓库可以合并来自多个供应商交付的货物,采用了物流集中管理的方式,因此形成了规模效应,降低了库存管理的总成本。这一模式的信息流和物流流程如图 5.10 所示。

这一模式的优点还有:第三方物流推动了合作三方(供应商、制造方、第三方物流)之间的信息交换和整合;第三方物流提供的信息是中立的,根据预先达成的框架协议,物料的转移标志着物权的转移;第三方物流能够提供库存管理、拆包、配料、排序和交付,还可以代表制造商向供应商下达采购订单。

将 VMI 业务外包给第三方物流,最大的阻力还是来自制造商企业内部,制造商企业的管理人员对第三方物流是否可以保证 VMI 业务的平稳运作存在怀疑和不理解,也有人担心引入第三方物流后会失去工作,还有人认为 VMI 业务可以带来利润,因此希望"'废水'不流外人田",把这一业务保留在公司可以获得额外的"利润"。因此,为了使 VMI 能够真正成为供应链带来竞争力的提升,必须对相关岗位的职责进行重新组织,甚至对企业文化进行变革。[①]

---

① 马士华.新编供应链管理[M].2 版.北京:中国人民大学出版社,2013:237-243.

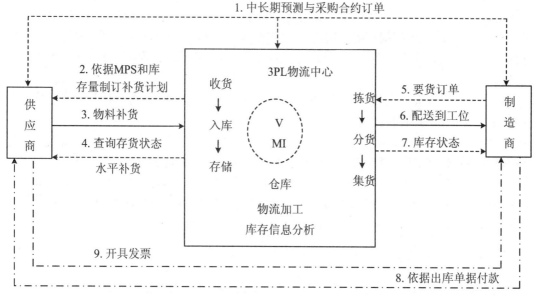

图 5.10　基于第三方物流的 VMI 信息流和物流传递示意图

5.5　供料管理

5.5.1　供料方式

企业所采取的原材料经过仓库进入生产车间被消耗,或者直接进入生产车间。一般说来,传统的生产企业都是由生产车间根据生产计划确定领料计划,由车间的领料员到仓储部门来进行领料。领料方式就是指这种由生产车间及其他用料部门根据生产计划需要,派人到仓库领取各种物品的供料方式。

1. 领料

领料是指车间及其他使用部门派人到仓库领取各种物品。

领料方式对仓库报关员来说,永远处于被动状态。因为他事先不知道谁要来领料,也不知道要领什么料,只有领料人将填好的领料单交给仓库保管员,才能知道领什么料和要领多少。这时才从仓库货架上寻找领料单上所要的物品,使领料人等待的时间较长。仓库保管员想到车间班组去了解用料情况,可又离不开岗位,因为他不知道什么时候有人来领料。

领料方式对车间班组的工人来讲,可以需用多少,领取多少,比较方便。但是,去领料时的等待时间占用了生产时间,等待时间越长,劳动生产效率越低,设备利用率也越低。

领料方式是传统的生产企业常采用的一种方式,而许多企业,各车间已经取消了领料员这个岗位,而由物资供应部门派员驻厂,随时进行信息联络。物流部门变领料为主动送料(配送),如定期配送、紧急配送等。

2. 送料

送料是指仓库保管员根据供料计划和供料进度,将事先配齐的各种物品,送到生产车间和其他用料部门。

送料方式体现了供应物流管理部门为生产服务的宗旨。其优点是节省了生产工人领料的等待时间,使生产工人能集中精力搞好生产,提高了劳动生产率和设备利用率;仓库保管员通过送料,可以了解车间班组使用物品的情况,了解用料的规律,从而提高供料的计划性;仓库保管员能主动安排人力、物力和时间,做好配料和物品的维护保养工作,更好地为生产服务。

实行送料需要有一定的条件,如要有供料计划和一定的运输工具。对大型笨重物品的送料,需要运输部门的密切配合等。

送料与领料相比较,送料的优点较多,应该逐步推广。但是,并不是一切物品都要实行送料,而是根据实际情况灵活采用,达到既方便生产又利于管理的目的。

送料方式在实践中得到不断发展。早期引入现代物流管理概念,提出厂内配送,即将各种用料单位看成是用户,根据其用料计划进行配送;而后又引入JIT理念,在信息技术的支撑下,实行厂内JIT配送,进行准时供料。

5.5.2 供料方法

供料方法归纳起来主要有三种:定额供料、限额供料和非限额供料。

1. 定额供料

定额供料又称定额发料或定额领料,它是由企业供应物流管理部门根据物品消耗工艺定额向车间及其他部门供料的方法。

凡是有消耗定额的物品,均应实行定额供料方法。按定额供料,可以杜绝串领(发)现象,堵塞了供料中的漏洞。

2. 限额供料

限额供料又称限额发料或限额领料,它是根据任务量的多少、时间长短和物品的历史消耗统计资料,规定供料数量的限额。

凡是暂时还没有制定消耗定额的物品,均可采用限额供料的方法。在一般情况下,供料数量不允许超过规定的限额。

限额供料分为两种:数量限额和金额限额。

① 数量限额是指供应物流管理部门对所供物品的具体名称、规格、型号和数量的控制。

② 金额限额是指供应物流管理部门对所供物品的具体名称、规格、型号和数量不加以控制,而只对金额加以控制。只要所供物品的金额不超过规定的金额,在一定范围内,领料人要领什么物品均可以。

企业物品供应物流管理部门一般采用数量限额,很少采用金额限额。因为数量限额便于事先组织资源和及时供料,也有利于控制车间班组和其他用料部门节约用料。

3. 非限额供料

非限额供料是指非计划内的供料,即车间班组和其他用料部门出现临时需用物品,要求供应物流管理部门供料时,领料单位经过有关主管领导审批,并在领料单上签名,然后交供应物流管理部门的计划人员审核同意并签名后,再到仓库去领料。仓库保管员按审批同意的数量后予以供料。

5.5.3 供料的日常管理

供料的日常管理工作包括备料、组织集中下料,规定代用料的审批手续、规定补料手续、定额供料和限额供料执行情况的分析工作等。

1. 备料

备料是供料的基础，只有事先备齐适当数量的物品，才能保证供料工作顺利进行。备料包括两项工作，即采购和配料。

① 采购。采购人员应根据采购计划将所需物品采购到手，并经验收入库。如果是已经有订货合同的物品，应按订货合同中的交货数量和时间，要求供应商按合同交货。如果没有供货合同，仓库内又无库存物品数量，不能满足需求，采购人员应积极寻找资源、组织采购，或与其他企业组织调剂，或请企业予以支援。

总之，要力争在车间班组和其他用料部门正式需用之前，将所需物品全部备齐，保证供料工作的顺利进行。

② 配料。配料是指仓库保管员根据供料计划和供料进度，将车间班组和其他用料部门所需物品在使用之前配备好，以便在要使用时能够及时送到车间班组和其他用料部门。

通过配料，有时可以发现物品短缺的现象，仓库保管员应及时向计划和采购人员反映，以免由于缺料而影响生产的正常运行。

2. 集中组织下料

在有些企业里，供应物流管理部门设立下料工段（组），由它们统一筹划整个企业的下料工作，进行集中下料。

组织集中下料的好处主要有以下三点：

① 运用科学方法，对物品进行合理套裁，提高物品的综合利用效率。下料作为生产过程的开始，是生产中第一道工序。这是决定物品节约和浪费的关键环节。因为金属板材、线材等物品经过下料加工后，成为坯料或毛坯，再转到冲床、锻床、机加工设备或送到钳工处加工时，基本上只有合格品与废品的区别和加工留量大小的问题。而在第一道工序（下料）就运用科学方法，合理套裁，能减少边角余料的产生，大大提高物品的综合利用效率。

② 组织集中下料，可提高设备利用率和劳动生产率。由于把整个企业所需下料的物品集中在一起来统筹规划，下料物品的批量相对较大，可以减少更换工具的辅助工时，提高劳动生产率和设备利用率。

③ 集中组织下料，可促使专料专用。例如，薄钢板经过下料，切割成大小不同的毛坯或坯料，送到冲床进行加工或钳工加工时，只能按不同尺寸的毛坯或坯料，加工成不同尺寸的零部件，一般不会出现大材小用或用错毛坯或坯料的现象，可以避免加工中发生相互串用的现象，从而做到专料专用。

3. 规定代用料的审批手续

在企业生产经营活动中，有时会出现某种物品临时短缺，而生产又马上需要的情况。为了保证生产经营活动的顺利进行，可以用其他物品来替代，但必须经过一定的审批手续。

代用料的审批手续一般有以下几个步骤：

① 由供应物流管理部门提出代用物品的申请。在申请中说明代用物品的具体原因，还应写清短缺物品的名称、规格、型号、技术条件和数量等，代用物品的名称、规格、型号、技术条件和数量等。申请经供应物流管理部门负责人签署同意后，还要经过企业主管领导的批准。

② 属于物品规格大小的代用，由工艺部门审批，检验部门认可，即可代用；如果属于材质代用，除工艺部门审批同意外，还须经过技术、设计部门审批同意，经检验部门认可，才可

代用;如果采用代用物品影响原产品结构,除上述部门审批外,还要经过企业主管领导的批准。

③ 经过各部门审批同意后,供应物流管理部门才能向车间班组和其他用料部门供料。

以上是临时性或一次性的物品代用审批手续。如果由于某种原因需要用一种物品长期代替另一种物品,则应由供应物流管理部门与有关部门共同商议,一致同意采用代用物品后,要由技术、设计、工艺部门修改物品消耗定额,供应物流管理部门根据修改后的消耗定额,重新组织资源和供料。

4. 规定补料手续

在企业的生产加工活动中,除正常供料外,补供(发)料的情况也是会发生的。因为在车间班组和其他用料部门进行加工和使用过程中,有时会出现废品。废品产生的原因主要有两个:一个是由于工人在加工或者使用过程中的过失而造成废品;另一个是由于物品本身质量上的缺陷而造成废品。为了保证生产过程的顺利进行,无论是哪种原因造成的废品,都要由供应物流管理部门补供(发)料。但是,必须有一定的审批手续,才能予以补料。

当车间班组和其他用料部门在加工过程中产生废品后,要将废品交质检人员检测确认,凭废品和质检人员的废品通知单,再到仓库领取应补供(发)的物品。此时应填写废品领料单,在备注中说明产生废品的原因及其责任者,以供备查。

5. 定额供料和限额供料执行情况分析工作

为了使定额供料和限额供料逐步达到先进合理,要认真做好定额供料和限额供料的执行情况分析工作。这项工作对于供应物流管理部门来讲,可以在供料过程中,做好实供(发)料的数量登记工作。到一定时期或某一项生产任务完成以后,将供料的计划数与实供(发)数相比较,进行分析研究,总结推广节约用料的先进经验,逐步使定额和限额更趋合理,为企业科学管理提供可靠依据。①

企业供应物流是企业物流活动的起始阶段,与企业生产系统、财务系统、技术系统等各部门及企业外部的资源市场、运输市场、其他企业的供应物流部门等有着密切的联系,以此来保证企业生产和整个物流活动的连贯性和持续性。

采购与供应决策对货物在物流渠道中的高效率流动、存储有相当大的影响。供应计划保证所需数量的货物能够在需要的时刻到达指定地点。丰田的准时制供应计划、看板系统,以及美国的物料需求计划可以实现供应商到客户的整个供应链一体化的计划管理。

采购首先是一项购买活动,这项活动非常重要,直接关系到供应物流的成本和质量。采购过程、采购管理及采购方法的选择等,一直是供应物流管理的难点与重点。

物资存储是物化的资金储存,这种物化的资金储存,只能通过物资变现的方式才能收回。确定物资储存定额和选择分析方法是进行物资管理的基础。物资储存本身是具有一定风险的。而在库存策略中,供应商管理库存就是利用电子数据交换技术实现在制造商(用户)和供应商之间的合作性策略,对双方来说都是最低的成本优化产品的可获得性,在一个相互同意的目标框架下由供应商管理库存。

---

① 赵启兰.企业物流管理[M].北京:机械工业出版社,2012:151-158.

对于供应物流管理部门来讲,选择合适的供料方式,利用有效的供料方法,加强供料的日常管理工作,可以使得供应物流顺畅运行。

【关键词】

供应物流(Supply Logistics)　　适时供应计划(Just-in-time Supply Schedaling)　　看板(KANBAN)　　物料需求计划(Materials Requirement Planning)　　采购(Purchasing)　　ABC 分类法(ABC Analysis)　　CVA 分类法(Critical Value Analysis)　　经济订购批量法(Economic Order Quantity Model)　　定量订货法(Fixed-quantity System)　　定期订货制(Fixed-Period System)　　供料管理(Feed Management)　　供应商管理库存(Vendor Managed Inventory,VMI)

案例分析

关于 Milk-run 运输模式:滚大 Milk-run 雪球

丁联在/文

Milk-run 只是变革的起点,当这个雪球滚大之后,它改变的是上下游厂商之间的供应链关系,而其终极目标指向的是精益生产。

陈爽华接到的最新任务,是在公司位于上海的生产基地附近建立一个 VMI 仓库,作为当前运行的入厂物流体系的补充。在最近一个多月时间中,他一直忙于与项目可能涉及的 30 多家远在千里之外的供应商进行沟通。来自供应商的回应并不积极,这是他意料之中的,不过,过去几年的工作经历告诉他,事情一定会有解决之道。

三年前,陈只是一名负责入厂物流的运输经理,现在,随着有他参与的 Milk-run 项目步入正轨,他名片上的职位已经换成了上海达飞汽车有限公司的物流总监。对于他来说,Milk-run 项目就像一个雪球越滚越大,他的职权也越来越宽,需要关注的新领域越来越多,当然,工作量也增加了好几倍。眼下,除了 VMI 项目之外,他还必须就与供应商之间财务结算方式的革新提出建议,研究像司机管理这样的细节,以及确定当 RFID 标签的成本降低到几元钱时就可以投入使用。

陈没有时间考虑这一切到底是如何发生的,但空眼时,Milk-run 项目实施的历程片断经常回闪在他的眼前。

多一点缓冲能力

上海达飞汽车有限公司成立于 20 年前,是中国最早一批的合资汽车制造企业之一,其外方合作伙伴,是一家知名的跨国汽车制造商。目前,达飞拥有上海等四大生产基地,形成了包括两大品牌、五大系列的商用车产品矩阵。年设计生产能力为整车 30 万辆,发动机 40 万台,自动变速箱 7 万台。

在陈爽华最初负责的入厂物流环节,他面对的是超过 3 000 种国产零部件,遍布江浙沪等 10 余个省市的 150 多家国产零部件供应商。达飞采用零部件供应商向整车厂直接供货和 JIT 并行的方式。直接供货的零部件以模块化的小总成为主,允许一定的库存,一般保持在 4 个小时内。而 JIT 送货方式则不允许有库存或只允许极少量库存,而且,很多情况下还需要按照柔性化生产的要求进行排序。不论采用哪一种送货方式,零部件都是通过供应商自己组织的运力将物料送到达飞的生产车间。

这种运输方式在达飞进入中国初期有一定的合理性,并得以保持下来。但是,随着产量不断攀升、产品不断增加、产地不断展开,物流供应的诸多问题,如零部件高库存、运输高损耗、信息无跟踪、车队散乱差等问题逐一显现。

2002年,中国汽车市场的需求放量增长,达飞的汽车销量猛增近40%。为保证生产能力日趋饱和生产线的正常运作,达飞进行了旨在提高管理效率的一系列改革。在入厂物流阶段,零部件库存从以工作日计算,改变为以工作班次计算,之后又细化到以工作小时计算。在零部件的库存被大幅度降低的同时,陈爽华和他的同事们也开始感受到,应付物流意外情况的缓冲时间变得非常有限。"各自为政"的零部件供应商自行送货的模式,造成了SGM无法对其运输过程进行全面而有效地控制和管理,供应商送货延误和零件误送时有发生。

另一方面,库存降低后,零部件供应商为满足达飞的生产用料需求,必须一天一次或几次运输,而其单次运输的供货量却有所下降。这种单个供应商的多频次、低装载率的运输,造成了运输资源的严重浪费。与专业的物流公司相比,不仅成本较高,产品的仓储、运输质损也较高。据统计,目前中国汽车物流成本占成品车总成本的10%,而国际先进水平在4%~5%之间。而达飞公司自己组织的调查显示,"羊毛出在羊身上",这些成本最终将转嫁到整车的价格上,使达飞产品的市场竞争力减弱。

为突破物流运作中的瓶颈,满足公司进一步推行"精益生产"的需求,达飞决定从2003年初开始,借助与一家总部设在上海的物流公司的合作,尝试在零部件入厂物流方面实施循环取料(Milk-run)操作。作为入厂物流部门的运输经理,陈爽华和他的同事们开始了一段国内尚无先例的探险。

不仅仅是算数题……

从2002年下半年开始,陈爽华和他的同事们就和物流公司一道,开始了调研和精心的准备工作。按照达飞的计划,初期要发动遍布江浙沪的100余家供应商加入该项目,涉及1 500余种零件。这个过程并不顺利。

"供应商可没听说过什么Milk-run。他们也不关心我们为什么上这个项目。他们只是担心自己多掏了运费。"陈爽华回忆说。为此,他和他的同事为此没少费口舌解释。除了要给供应商一家一家算明细账,证明改变之后的运费会减少之外,有时他们也必须利用整车厂的强势,给供应商发出最后通牒。努力终于换得了回报,半年之后,达飞公司的入厂物流Milk-run项目进入推广实施阶段。

从设计原理上看,Milk-run的最终目标是使零部件的正常运输成本、零部件运输过多可能造成的仓储成本和零部件运输过少可能造成的生产线停产成本三者之和达到最小,求得它的最优解。在达飞汽车的高管层看来,最重要的是通过项目的实施,更大程度上保证零部件的及时到货,不至于造成生产"断线",其次才是节约运输或存储成本。以此为原则,陈和物流公司一道,对整个运输系统进行了规划和设计。

设计的总体构架是以整车厂为中心,对各零部件供应商与其所在的位置进行测算,规定除非某供应商的零部件供应量大到足够在一次零部件需求的情况下就可以装满一整车的进行单独运输(Truck Load),其他的供应商均以Milk-run为运输方式。其分区及线路的设计和计算工作,借用的是合作物流公司在北美有着成熟应用的软件系统来完成的。

实施不仅仅是算数题那么简单,还有更多的工作隐藏在流程设计之后。陈爽华需要测试的一项重要工作,就是从达飞物料系统中导出零件需求数据,再将其导入运输管理系统,与先前已设计好的线路指南(Routes Plan)进行匹配。系统会根据事先集成的路线设计原则,输出运输路单(Loading Plan)供承运商使用。正常情况下,90%以上的运输路单会完全按照运行指南的匹配结果执行。但还有由于各种原因造成的约10%的变动,它们必须由专业人员根据实际情况进行手工调整。

设计好的线路也不是一成不变的。为了保证零部件在意外情况下也能及时到货,在更多情况下,物流经理不是执行常规工作,而是需要解决各种意外情况。紧急加单、减单和并单,是汽车制造商常遇到的问题,对于陈爽华来说,如果变动超过当天零件正常需求量的25%,就必须启动应急方案。临时打电话找运输公司,重新设置运输线路,都是要随时准备应付的事情。此外,如果遇到大雾高速封路等情况,也必须对线路做出及时调整。

此外,为了对项目进行监测和评估,达飞汽车针对Milk-run的实施设置了一套KPI指标,这其中不仅包括安全性、装载率、准点率、货损率等直接物流指标,也包括了财务等方面的协同考评。在参与这项工作的过程中,陈爽华最大的体会是,一名物流经理仅有物流方面的能力是远远不够的。他不仅要懂软件、财务等相关领域的知识,还要学会站在供应链的角度看问题,具备与供应商沟通的能力。

Milk-run省钱要诀

2004年,由公司老板牵线,陈爽华和他的几名同事赴美国考察了一趟,参观了当地一家知名汽车制造商的入厂物流管理。这次考察让他收获不浅,并把从国外学来的一些东西用在实际操作中。而随着达飞项目的推进,陈爽华也开始感觉自己逐渐进入了角色,掌握了Milk-run的一些实施要诀。

在保证供应的前提下,最重要的工作就是控制成本。作为项目的管控者和货主,达飞汽车要做的就是督促3PL在线路优化上下功夫,这里面最直观的原则,就是通过提高车辆利用率来降低用车总数。因为循环次数每增加一倍,用车总数就可以少一半。此外,运输的容量、数量和频度也有很多空间可挖掘。陈给3PL提出的要求是,货车的装载率必须达到85%以上。这个数字的估算并非凭空而来,由于项目实施产生了一些新增成本,只有装载率达到这个要求,才能让公司和供应商的开支都有节省。

在提高装载率的同时,为了防止物流公司为节省成本拼命向车厢里塞货,造成不必要的货损和卸货效率损失,陈给3PL定下了一些操作原则,比如,考虑到零部件本身的承重性或易碎性,要做到重不压轻;对于不同装卸地点的零部件,尽量满足"先到后装",便于车辆到达各站点时的装卸;大件零部件(如保险杠、车顶内饰板等)要进行防护或单独装运;要考虑到零部件(含包装)堆放的层数限制。

对3PL,陈爽华还提出了提高送货频次、强调准时、充分应急、带动空箱的要求,这也是提高Milk-run运作效率、节省成本必须考虑的因素。

除了对3PL的控制,陈还总结出了零部件供需双方可以改善的一些做法。比如,在实际运作中他发现,100公里内的Milk-run最好能给物流公司6小时的提前期(从下达通知到物料入厂的时间),这是基于合理成本的考虑,时间要求太急的物料Milk-run成本会变得很高,其极限值就是专车运送的费用。为此,他提出建议要同时对达飞汽车自身的物料管理进行进一步优化,尽量保持物料的均衡消耗以及提前做出变动预测,此外,整车厂还要及时把空料箱归类,便于及时循环返回供应商。这些建议被公司采纳后,不仅Milk-run变得更加顺畅,由于突发事件产生的成本也有了降低。

对于供应商,达飞汽车则下达了强硬指令,要求供应商必须在承诺的时间内备好料,防止Milk-run车辆扑空。同时规定,供应商必须保证上班时间,在30分钟内完成对零部件的装卸,以避免装卸速度过慢,影响 Milk-run 的运作成本。

下一个考验

伴随公司的"精益制造"改革,Milk-run 的实施为达飞汽车带来了超出预想的收获。Milk-run 运输比由供应商各自运输的方式平均节省了约 30% 的运输里程和费用。2005 年底,由物流公司代为管理的零部件库存,由以前的 3 天下降到 6 小时。通过该项目实施,在运输费用和物流分拨中心的面积、设备、人员等方面,每年与此前相比节省的费用超过 1 500 万元人民币。

对于达飞汽车来说,比节省成本更重要的是供应链稳定性的提高。公司老板对这个项目的评价独具一格:"这两年多来,我们经历了 SARS、禽流感、台风和生产线变动,但零部件运输没出过任何大问题,这就是贡献。"因为是封闭循环运行,Milk-run 串起了供应商、零部件分拨中心、零部件整合中心、料箱管理中心和达飞汽车生产线等各个环节,扮演了一个"火车头"的角色。这就使得达飞可以根据实际情况,灵活调整和不断优化整个供应链上的业务和流程。有利于管理层从更高的层面上综合考虑物流体系,通过规模效应和整体联动控制总体物流成本。

由于在项目实施过程中的出色业绩,在前任的保荐下,陈爽华被破格直接提升为物流总监,主管包括物料、入厂和整车物流在内的全面物流工作。

入厂物流依然是达飞近两年物流改造的重点。2006 年上任之后,陈爽华为自己定下的目标很简单:Milk-run 并不是万金油,它只是解决入厂物流问题的一个方面,或者一个起点,必须站在整体的角度看问题,引入更多的管理方法,突破 Milk-run 的局限性,解决其目前遇到的瓶颈问题。

典型的一种情况是,Milk-run 一般只适用于 12 小时来回的距离,即供应商距离整车厂大约 250 公里。目前达飞的大部分供应商在这个距离之内,但另有约 30 多家供应商位于这个距离之外。随着 Milk-run 项目在近距离供应商的普及,这 30 多家供应商也必须尽快加入。原因显而易见,越是远距离的供应商,在供应链管理和物流风险控制上越困难,但它们对达飞来说同等重要。"汽车有一万多个零部件,缺任何一个生产线都要停下来。"陈说。

不过,如果还是沿用先前的"单圈循环、一次运到"的方法,对于远距离供应商不尽合适。特别是要使用特殊上线料架运输的零件,由于其要满足生产线旁的"人机工程"而采取了独特设计,单件料架所装载的零件数量有限。对于"长途奔袭"的运输来说,就大大增加了运输成本。对于这种情况,陈爽华计划用"交叉理货"(Cross-docking)的方式来解决。

陈的方案是在整车厂附近设立一个 VMI 库,先由第一轮的 Milk-run 将零部件从远距离供应商处运到 VMI 库堆放,2~12 小时后,再进行第二轮的 Milk-run,将零部件从大批量重新划分为较小的批量,运至生产线。其中的关键原则是,第一轮的 Milk-run 尽量使用"原包装、大批量、少频次"的运输。当零部件运到 VMI 库后,3PL 再根据达飞的物料需求情况对零部件进行"翻箱"作业,之后,再将用专用料架装载的零部件装到第二轮 Milk-run 的卡车上,"少批量,多频次"地运到生产线。

眼下,除了新计划的推行,陈爽华还必须顾及现有项目不足之处的改造。例如,在项目实施中,司机难于管理的痼疾正带来越来越多的麻烦,而为了解决料箱循环问题采用的 RFID 标签也进入测试阶段。对于即将到来的挑战,陈坦陈并无把握,但他认为总会找到解决问题的办法。

思考：

(1) 站在供应链协调的视角，分析供应物流在其中的作用。

(2) 结合案例，分析循环取料(Milk-run)操作对供应商、制造商的作用是什么？第三方物流企业在其中又要发挥什么功能？

【思考与练习题】

1. 选择题

(1) 经济订购批量法，是指(　　)两者总费用最低的一次订购数量。

A. 订购费用和储存费用　　　　B. 订购费用和运输费用

C. 进货费用和采购费用　　　　D. 运输费用和保管费用

(2) 工业企业或制造业依据其生产环境或制造环境分为(　　)几种类型。

A. 按库存生产　　B. 按订单生产　　C. 按订单设计生产

D. 按企业能力生产　　E. 按技术等级生产

(3) 理论上采购流程一般应由(　　)四个环节组成。

A. 验收入库　　B. 管理评价　　C. 采购订单

D. 采购认证　　E. 采购计划

(4) (　　)是指按预先确定的相对不变的订货间隔周期进行补充库存量的一种库存管理制度，其特点是：订货间隔周期不变，订购货物量不变。

A. 经济批量订货制度　　　　B. 循环订货制度

C. 定量订货制度　　　　　　D. 定期订货制度

(5) 库存货物的周转储存天数主要包括(　　)。

A. 生产使用天数　　B. 供应间隔天数　　C. 验收入库天数

D. 使用前准备天数　　E. 运输间隔天数

2. 判断题

(1) 企业采购中适价原则是指在保证同等品质情况下，不高于同类物资的价格。(　　)

(2) 在供应商管理中，供应商关系的基础是供应商规模。(　　)

(3) 在总需求量一定的条件下，订购批量越少，订购次数就越多，订购费用和储存费用会增加。(　　)

(4) 采购时间是指从采购物料至物料验收入库完毕所花费的时间。一般包括：处理订单时间、供应商制造物料时间或提供物料时间、运输交货时间。(　　)

(5) 采购业务的管理包括：业务支持、业务审核、优化调整、批准实施和进货入库。(　　)

3. 简答题

(1) 说明供应物流的业务环节和模式。

(2) 现代供应物流的服务方式有哪些？

(3) 供应计划与生产计划之间的关系是什么？

(4) 如何进行供应商的选择与管理？

(5) 列举几个 ABC 分类控制法的应用。

(6) 供料方式有几种？各自的含义是什么？

4. 思考题

研究一个企业，思考这个企业的供应物流是如何做的。

 **应用训练**

供应物流的业务流程

实训目的：

（1）了解供应物流的业务流程；

（2）掌握供应物流业务流程的操作程序；

（3）理解供应物流业务流程的重要性。

实训组织： 在教师的指导下，每小组实地调查供应商企业供应物流流程，并通过互联网查找资料，集体讨论、分析，了解供应物流的业务流程。

实训案例： A公司是一家大型的制造企业，当地B公司和外地C公司是该公司的两种零部件的重要供应商，作为A公司采购部成员，要了解供应商情况，熟悉供应物流操作流程，掌握供应物流的具体操作程序。

实训要求：

（1）对供应商的基本情况、产品、价格进行调查，对本地的供应商要进行实地调查。

（2）跟踪一次具体的供应物流操作流程，根据调查结果，制作流程卡片。

（3）制定供应物流的具体操作程序，对每一个流程进行客观分析。

（4）学生根据调研结果，对每个流程进行讨论，研究每个流程在供应物流中的重要性。

实训成果说明：

（1）每小组分工协作，以小组为单位写出供应物流的操作程序，并上交纸质文稿和电子稿各一份。

（2）实训成绩按个人表现、团队表现、实训成果各项成绩进行汇总。

第 6 章 企业生产物流管理

【本章教学要点】

知 识 要 点	掌握程度	相 关 知 识
企业生产物流管理概述	理解	生产物流的内涵和特点、影响生产物流的主要因素、生产物流管理的概念
企业生产物流的组织	掌握	合理组织生产物流的基本要求、生产物流的空间、时间和人员组织的基本原理和方法
不同生产类型的生产物流特征与管理	重点掌握	不同生产类型的生产物流特征、不同生产类型的生产物流管理的重点、单元化生产方式及生产物流管理的重点
企业生产物流的计划与控制	了解	企业生产物流计划原理和方法、企业生产物流控制原理和方法、以 MRP/JIT/TOC 理论为依据的生产物流计划与控制模式、MRP/JIT/TOC 控制模式比较

【本章能力要求】

能 力 要 点	掌握程度	应 用 能 力
企业生产物流的组织	掌握	具备针对不同的专业化形式组织生产物流空间布局的能力,具备生产物流时间组织的选择决策能力,能够对生产物流的人员组织做出合理的决策
合理组织生产物流的原则	了解	能够利用原则来设计合理的生产物流系统,并具备评价企业生产物流系统合理性的能力
不同生产类型的生产物流管理	重点掌握	具备针对不同生产类型的生产物流采取合理的管理策略
生产物流计划与控制方法	重点掌握	具备针对不同生产物流类型选择合适的期量标准进行有效的生产物流计划和控制
生产物流计划与控制的新模式	了解	了解现代生产物流计划与控制的新模式,能够为企业生产物流计划与控制提供新方法和新思路

【本章知识架构】

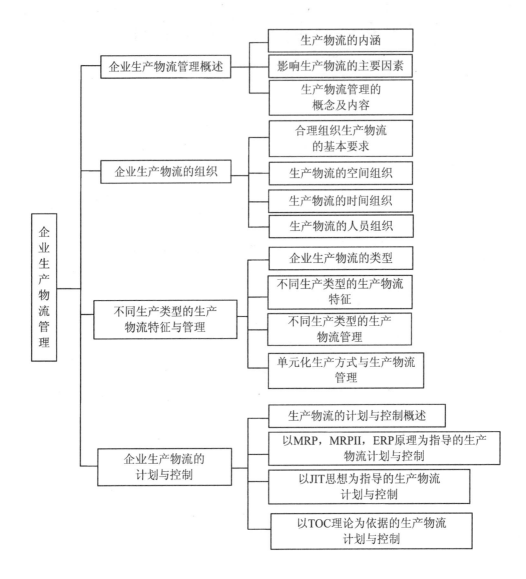

 导入案例

持续改进的戴尔生产物流

在成就戴尔的众多因素与条件中,精细化生产无疑是非常重要的部分,产品按需、按时、按质的生产直接关系着客户的消费体验以及公司的发展。在不到 2 万平方米的厦门戴尔工厂内竟能完成数百万台的年产量。戴尔工厂的生产物流有什么特别之处?运用了哪些先进的物流设备、物流技术和管理方法?

位于厦门的两个工厂各有三条生产线,主要生产台式机、服务器、工作站、存储设备、网络连接器等设备,其生产流程与布局相似,大致分为原材料入库区、配料拣选区、组装生产区以及成品出口区,整个生产流程紧凑而清晰。其中一个工厂的生产流程如下:

1. 原材料入库

工厂共设有21个进料口,均采用集装箱供货,集装箱完成运输任务的同时还起到临时仓库的作用。戴尔的物料管理系统对原材料供应商开放,供应商可通过系统对物料的使用情况进行实时查看和统计,并根据需要进行备货,实现每2小时送货一次。因此,除了战略采购库存外,在工厂内极少见到大量存放的货物。

2. 订单打印

客户在戴尔销售系统内根据需要选择各种配置后生成的订单,统一在生产现场进行排队打印。订单打印之前,物料管理系统会对所需物料进行检查和核对,只有物料全部备齐,订单才能成功打印。打印的订单中包含产品生产所需的所有部件信息,与此同时,系统还会为订单中的每部机器分配独一无二的服务编号(产品序列号)。通过该号码,可以查询机器的所有装配信息以及维修记录。

3. 配料

组装每一个产品需要的所有物料按照订单拣选出来并放置在配料箱中。为了提高配料效率,常用部件通常选用流利式货架进行存放拣选,非常用部件则放置在搁板货架上。价值较高的CPU则处于相对封闭的区域内,由工人将其拣选并放到从封闭区域内穿过的输送线上。为了快速的补货,有些零部件(如机箱)直接从供货集装箱移至输送线旁进行配料。工人按照订单信息进行原材料配备以后,还会对其PPID码(产品料号识别码)进行——扫描,并与系统订单信息进行比对,只有信息一致时系统才会让其继续进入下一环节。

4. 组装

配料箱中的部件备齐后,系统会根据工位的繁忙情况自动将配料箱输送到指定的工位等候装配。工厂主要采用单元化生产方式进行生产,即一个人负责组装整台机器,其最大的特点在于灵活,一条生产线可以同步生产十几个款式的产品,对于分散、配置多样的订单,这种生产模式的效率非常高。目前,戴尔工厂内约有200个单元化生产工位。

5. 测试

组装好的产品放置在专用托盘上,经输送线送至自动堆垛机处码放,特制的多层货架堆满后,系统会提示操作人员取货。工人推着与多层货架配套的专用多层电动叉车将多层托盘(产品)取出,送至测试架进行全自动测试。

6. 外观检查及包装

产品通过测试后,会再次由工人推着电动叉车将多层托盘(产品)从测试架取出送至输送线进行高压测试以及外观检查,在此过程中自动卸垛机完成待检产品的拆垛作业。在包装环节,较重的电脑和服务器均通过半自动吸吊设备协助完成,以降低工人的劳动强度。

7. 出库

包装好的产品按订单物流方向汇集在规定区域内暂存,待该方向的所有订单产品集结完毕集中码放在出货口处的集装箱内,交付物流公司运输。与进料口相对应,该工厂的出货口也是21个,其中包括负责包装废料回收的集装箱。

(资料来源:任芳.持续改进的DELL生产物流[J].物流技术与应用,2014(12):84-89.)

思考:

(1) 戴尔生产物流属于哪种类型?该类型生产物流的特征是什么?

(2) 戴尔生产物流管理的重点是什么?

(3) 企业生产物流包括哪些主要内容?

研究表明,在产品生产的整个过程中,仅5%的时间用于加工制造,95%用于储存、搬运、装卸和等待,搬运和储存费用占零部件加工费用的30%～40%。因此,生产物流是企业物流的关键环节,是企业生产的重要组成部分,科学的生产物流管理对提高企业生产系统的效率和企业利润有着重要的意义。

6.1 企业生产物流管理概述

6.1.1 生产物流的内涵

6.1.1.1 生产物流的概念

生产物流(Production Logistics)是指企业生产过程中发生的涉及原材料、在制品、半成品、产成品等所进行的物流活动(物流术语 GB/T 18345—2006)。在生产企业中,生产物流又称为工厂物流,指从支持生产活动所需要的原材料离开仓库上线开始,经加工、装配、包装,直至完成产成品入库这一全过程的物料在仓库与车间之间、车间之间、工序之间每个环节的流转、移动和储存(含停滞、等待)以及与之有关的物流活动,它贯穿了整个生产过程的始终,实际上已构成了生产过程的一部分。企业生产物流的基本活动如图6.1[①]所示。

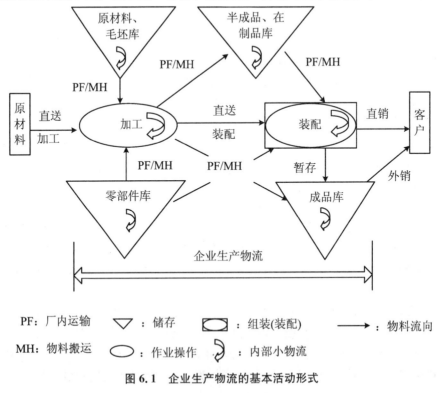

图 6.1 企业生产物流的基本活动形式

---

① 黄由衡.企业物流管理[M].北京:电子工业出版社,2012:131.

【资料 6.1 小知识】

> 根据企业规模不同,生产物流可以分为工序内部物流、企业内部物流(厂区物流)、企业间物流和生产组织间物流。就独立企业而言,生产物流就是企业内部物流,企业内部物流是指车间内部和车间与仓库之间各工序、工位上的物流。就大企业而言,生产物流不仅包括厂区物流,通常也存在于企业集团之间,在一定程度上具有社会物流特征。企业间物流是指同一个基地多个工厂之间发生的物流活动。生产组织间物流是指多个基地的不同工厂之间发生的物流活动。

对生产物流概念的理解可以从生产工艺过程、生产物流范围和生产物流属性三个角度进行分析。

从生产工艺过程角度来看,生产物流活动是与整个生产工艺流程相伴而生的,实际上已构成了生产工艺过程的一部分,体现出"工艺是龙头,物流是支柱"的一体化特征。所以生产物流是企业在生产工艺过程中的物流活动。其过程大体为:原材料、辅助材料和外购零部件等物料从企业仓库或企业的"门口"开始,进入到生产线的开始端,再进一步随生产加工过程并借助一定的运输装置,一个环节接一个环节地"流",在"流"的过程中,本身被加工,同时产生一些废料余料,直到生产加工终结,再"流"至成品仓库。

从生产物流的范围来看,企业生产系统中物流的边界起于原材料、外购零部件的投入,止于成品仓库。它贯穿生产全过程,横跨整个企业(车间、工序),其流经的范围是全厂性的、全过程的。物料投入生产后即形成生产物流,并随着时间进程不断改变自己的实物形态(如加工、装配、储存、搬运和等待等状态)和场所位置(各车间、工序、工作地和仓库等)。

从生产物流属性来看,企业生产物流是指生产所需物料在空间和时间上的运动过程,是生产系统的动态表现。换言之,物料(原材料、零部件、辅助材料、在制品、半成品、成品)经历生产系统各个阶段或工序的全部运动过程就是生产物流。

综上所述,一般意义上,企业生产物流是指伴随企业内部生产过程的物流活动。即按照工厂布局、产品生产工艺流程的要求,实现原材料、零部件和半成品等物料在工厂内部原料库与车间、车间与车间、工序与工序、车间与成品库之间流转的物流活动。

【资料 6.2 小资料】

> 企业内部物流活动时间占去了约90%的成品生产过程总时间。可见,如果从时间上考虑,企业内部物流已经成为企业生产物流的代名词。由于企业内部物流实际上主要与两种物流状态——储存和移动有关,所以对于仓储与搬运这两个物流环节而言,首先要讲究合理性原则,然后才是具体形式的选择问题。

6.1.1.2 生产物流与生产的关系

加工活动和物流活动是生产系统的两个支柱。由图6.2可知,生产物流是企业物流的核心,因此,生产物流是企业生产的重要组成部分,生产物流系统对企业生产有着重要的影响。首先,生产物流为企业生产的连续性提供了保障。其次,生产物流研究的核心问题是如何对生产过程中的物料流和信息流进行科学的规划、管理与控制。再者,物流费用在生产成本中往往占有很大比重,生产物流合理化对生产系统降低生产过程消耗,增强市场竞争优势具有促进作用,如生产物流均衡稳定,可以保证在制品顺畅流转,缩短生产周期。最后,生产物流状况对生产环境和生产秩序起着决定性的影响。

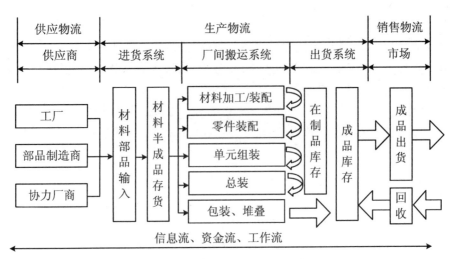

图 6.2 企业生产物流的水平结构图

生产物流与生产的关系,如同人体中血液循环系统与器官的关系一样,生产物流系统就如同生产中的血液循环系统,因此,生产物流既是生产制造各环节组成的有机整体的纽带,又是生产维持延续的基础。随着生产制造过程的自动化、柔性化程度越来越高,生产规模越来越大,生产物流系统也需要不断地发展、变化。

【资料 6.3 小资料】

> 汽车总装线旁边一般都有线边库,线边库会存放半小时、一小时或两小时左右本岗位所需要装配的零部件,线边库附近还有放置工装、记录表等小工作台或用品箱。汽车总装是混线生产,多种车型轮流总装,这样线边库就需要存放多种车型的零部件。汽车行业以外的一些企业,线边库除了放置原材料、零部件等,还放置产成品、半成品等。
> 线边库是生产物流与生产装配的交汇点。

6.1.1.3 生产物流的主要特点

① 实现价值的特点:加工附加价值。企业生产物流伴随加工活动而发生,主要是实现加工附加价值的经济活动。虽然企业生产物流空间、时间价值潜力不高,但加工附加价值却很高。

② 主要功能要素的特点:搬运活动。一般物流的功能主要要素是运输和储存,其他是作为辅助性或次要功能或强化性功能要素出现的。企业物流主要功能要素则是搬运活动。

③ 物流过程的特点:工艺过程性。企业生产物流是一种工艺过程性物流,一旦企业生产工艺、生产装备及生产流程确定,企业生产物流也因而确定下来,成了一种稳定性的物流,生产物流便成了工艺流程的重要组成部分。由于这种稳定性,企业生产物流的可控性、计划性便很强,一旦进入这一物流过程,选择性及可变性便很小。生产物流严格按照生产过程的顺序进行,任何一个环节都不能跨越,任意两个环节都不能任意调换顺序。

④ 物流运行的特点:伴生性、平行性、复杂性。企业生产物流的运行具有极强的伴生性,往往是生产过程中的一个组成部分或一个伴生部分,这决定了企业生产物流很难与生产过程分开而形成独立的系统。在企业的日常运作中,各生产环节在生产过程中都是持续进

行的,为了保证生产过程能平行运行,连接各生产过程的生产物流也必须平行流动。生产过程的复杂性决定了生产物流运行的复杂性。生产物流受到生产过程的影响,还具有分散性、离散性和集结性等特征。

6.1.2 影响生产物流的主要因素

不同的生产过程具有不同的生产物流构成,制造企业生产物流的构成主要取决于企业的生产类型、生产规模、生产工艺、专业化和协作化水平、技术管理水平等因素。

1. 生产类型

企业的生产类型是企业生产产品的品种、产量和专业化程度在企业生产系统技术、组织、经济效果等方面的综合表现。不同的生产类型所对应的生产系统结构及其运行机制是不同的,相应的生产过程的组织形式和生产系统运行管理方法也不相同。生产类型在很大程度上决定了与之相匹配的生产物流的类型、构成以及相互间的比例关系。因此,生产类型是影响生产物流的主要因素。

2. 生产规模

生产规模是指单位时间内的产品产量。生产规模越大,则生产物流的构成越复杂,物流量越大;生产规模越小,一般其生产物流的构成也越简单,物流量就越小。

3. 生产工艺

即使是生产相同的产品,如果采取不同的生产工艺,那么对生产物流的要求和限制也是不同的。一般来说,生产工艺越复杂,则对生产物流的要求和限制也越多。

4. 专业化和协作化水平

若企业专业化和协作化水平低,说明企业外包的比例较低,则企业自身生产的产品和零部件品种和数量就越多,所需的原材料的品种和数量也随之增加,物料流程更复杂且会延长;若企业专业化和协作化水平高,生产所需要的一些产品和半成品、零部件可以由供应商提供,则企业的物流流程就会缩短。因此,企业的专业化和协作化水平影响了企业生产物流的构成与管理。

5. 技术管理水平

企业技术水平先进,组织管理能力强,就可采用先进的生产设备、工艺以及先进的管理技术和管理方法,这样更易于提高产品质量,降低物资消耗,生产物流系统就易于实现。

6.1.3 生产物流管理的概念及内容

生产物流管理(Production Logistics Management)是指运用现代管理思想、技术、方法与手段,对企业生产过程中的物流活动进行计划、组织、控制与协调。生产物流管理的主要内容包括生产物料管理、物流作业管理及物流信息管理。

1. 生产物料管理

生产物料管理具体体现为在制品和成品储存管理,协调原材料、零部件的出库和产成品的入库,以保证生产所需物料的准时、可靠供应以及产成品的顺利入库。

2. 物流作业管理

生产物流作业管理主要包括对装卸、搬运和包装等作业活动的管理,其中物料搬运管理是生产物流管理中最重要的部分。物料搬运管理包括根据生产加工的需要,计划和调度各种装卸与搬运设备,合理规划搬运路径,控制搬运的批量及时间间隔,使生产所需的物料按生产过程的需要及时、畅通地运达指定位置,在出现异常的情况下,应及时采取措施,排除故障,保障生产系统正常运行。物流作业管理既包括物流作业计划,又包括物流作业控制。

3. 物流信息管理

物流信息管理是指对企业生产物流系统中各种信息进行采集、处理、传输、统计和报告的管理活动。

上述生产物流管理的主要功能并非是截然分开的,而是相互联系、有机结合的。其中,信息管理是现代生产物流管理的核心和基础。无论是物料管理,还是作业管理,都离不开物流信息。企业物流信息系统在企业物流活动中起着神经中枢的作用,通过信息系统可以全面观察及控制整个物流系统的运行情况,实行动态管理,对生产物流过程中的诸多要素进行优化组合和合理配置,使物流活动中的物流、资金流和信息流处于最佳状态,从而取得明显的经济效益和社会效益。

【资料 6.4 小知识】

生产物流管理的主要目标是整合搬运,实现最低库存,均衡生产,保证产品质量。

6.2 企业生产物流的组织

由于生产物流的多样性和复杂性,以及生产工艺和设备的不断更新,如何更好地组织生产物流,是物流研究者和管理者始终追求的目标。只有合理组织生产物流过程,才能使生产过程始终处于最佳状态。

6.2.1 合理组织生产物流的基本要求

如果物流过程的组织水平低,达不到基本要求,即使生产条件、生产设备再好,也不可能顺利地完成生产过程,更谈不上降低产品的生产成本。合理组织生产物流的基本要求是:

1. 物流过程的连续性

企业生产是一道工序接着一道工序进行的,因此,要求物料能顺畅地、最快地、最省地流完各道工序,直至成为产成品。其中每道工序出现异常都会造成不同程度的物流阻塞,影响整个企业生产的顺利进行。

2. 物流过程的平行性

一个企业通常生产多种产品,每一种产品又包含着多种零部件。在组织生产时,将各个零部件分配在各个车间的各道工序上生产,因此要求各个生产支流的物流要平行地流动,如果一个支流发生问题,那么整个物流都会受到影响。

3. 物流过程的节奏性

物流过程的节奏性是指在生产过程的各个阶段,从投料到最后完成入库,物流都要保证按计划有节奏或均衡的进行,要求在相同的时间间隔内生产大致相同数量的产品,均衡地完成生产任务。

4. 物流过程的比例性

产品的零部件构成是相对固定的,考虑到各道工序内的质量合格率,以及装卸搬运过程中可能的损失,零部件的数量必须在各道工序间有一定的比例关系,形成了物流过程的比例性。这种比例关系随着生产工艺、生产技术、设备水平和操作水平等因素的改变会发生变化。

5. 物流过程的适应性

当企业产品改型换代或品种发生变化时,生产系统应具有较强的应变能力,也就是生产过程应具备在较短的时间内可以由一种产品迅速转移为另一种产品的生产能力,物流过程同时应具备相应的应变能力,与生产过程相适应。

企业生产物流的组织目标是最大限度地提高企业综合生产效率,一般从空间、时间和人员三个角度来组织生产物流。

6.2.2 生产物流的空间组织

生产物流的空间组织是指依据企业经营目标和经营方针,确定生产系统的选址、构成、专业化形式、生产过程组织形式以及决定生产系统各组成部分在空间上的相对位置等一系列工作,是对企业生产系统的规划和设计。从范围上来看,生产物流的空间组织包括车间与仓库之间、车间与车间之间、车间内部和仓库内部的物流空间组织。生产物流空间组织的目标是缩短物料在工艺流程中的移动距离。

企业生产物流的空间组织通常要考虑以下四个问题:包括哪些经济活动单元?每个单元需要多大空间?每个单元空间的形状如何?每个单元在设施范围内的位置如何确定?

【资料6.5 小应用】

从距离看集成度

丰田公司的浓缩供应链在全球是最优秀的,它和零部件供应商的平均距离是93.3公里,排在第二的日产公司与零部件供应商的平均距离是183.3公里。而美国大多数公司和供应商的平均距离都超过了800公里。

从生产商和供应商的距离可以看出,生产商与供应商的集成度,与供应商实现JIT供货的可能性以及它的采购物流成本关系很大,距离远运输成本就高,在途库存就大,这决定了其供货频次也要发生了变化,如丰田公司平均每周每个供应商的供货频次是42次,日产是21次,而通用公司每周只有7.5次。

在中国,上海大众在上海建厂时也采取了这种浓缩型模式,70%的供应商都集中在上海,这对企业是非常有利的。

可见,供应商的浓缩程度从过去的分散式到园区式,再进一步发展到在厂区内集成的模式,浓缩程度越来越高,还有甚者将集成供应商移到工厂里,把生产线的某一个环节交给供应商做,从分析成本来讲,这是集成度最高的方案。

(资料来源:http://wenku.baidu.com/view/7c714a96910ef12d2bf9e759.html。)

6.2.2.1 车间与仓库之间的空间物流组织

车间与仓库之间的物流活动主要是两者之间的物流搬运及周转箱的回运,包括将物料从原材料仓库和在制品仓库运至生产车间,将在制品从生产车间转运至在制品仓库,将产成品从车间转运至成品仓库。

对车间与仓库之间的物料搬运影响最大的是两者之间的相对位置,即空间布局情况,这不仅影响到搬运路线,而且还影响到搬运工具及搬运方式的选择。因此,在进行车间与仓库布局决策时,要遵循的基本原则是物流的流向及两者之间的距离。

【资料6.6 小实例】

图6.3为某汽车制造企业的物流超市(原料仓库)送料上车间装配线的操作模式。

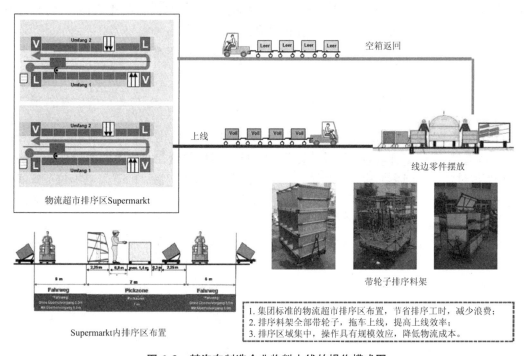

图6.3 某汽车制造企业物料上线的操作模式图

6.2.2.2 车间与车间之间的空间物流组织

企业生产往往会涉及多个不同功能的车间,车间与车间之间也存在着各种在制品的供求关系,车间与车间之间主要的物流活动也是物料搬运。从空间布局角度来看,要考虑车间之间物料的流向和流量,以车间之间物流总行程最短为目标来布局各车间的相对位置,车间之间物料运量大的要靠近布置。

不同的生产组织方式将产生不同的搬运路线和搬运量。因此,选择合适的生产物流空间组织方式,以形成最优的搬运路线,节省搬运成本,是合理化组织生产物流活动的关键。生产物流的空间组织一般有三种专业化形式,即工艺专业化、对象专业化和成组工艺。不同的生产组织方式下车间布置形式不一,相应的物流路径也有很大的差异。

1. 按工艺专业化形式组织生产物流

工艺专业化形式也叫工艺专业化原则或功能性生产物流体系。其特点是将完成相同工艺或工作的设备和工人布置在一个区域内,在此区域内对不同产品和零部件的某一相同或相似工艺进行加工。适用于加工对象多样化但加工工艺、方法雷同的产品。工艺专业化形式组织生产物流示意图如图6.4所示。

按工艺专业化形式组织生产物流的优缺点如表6.1所示。在企业生产规模不大,生产

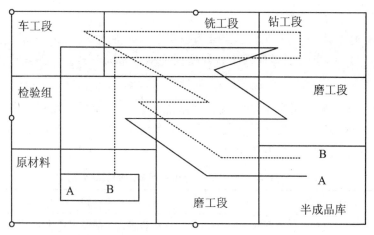

图 6.4 工艺专业化形式组织生产物流示意图

专业化程度低,产品品种不稳定的单件小批生产条件下,则适用于按工艺专业化形式组织生产物流。

表 6.1 工艺专业化形式组织生产物流的优缺点对比

优　　点	缺　　点
机器利用率高	物流量大、流程较长、易造成交叉往返运输
设备和人员的柔性程度高, 更改产品品种和数量方便	生产计划与控制较复杂
	生产周期长
设备投资相对较少	库存量相对较大
操作人员作业多样化	对员工技术要求高

2. 按对象专业化形式组织生产物流

对象专业化形式也叫产品专业化原则或对象专业化原则。是将加工某种产品或完成某种服务所需的设备和工人布置在一个区域内,组成一个生产单元(车间、工段),所有生产设备和工人按产品加工装配的工艺路线或服务的流程顺序排列。在这个生产单元内完成产品或零部件的全部或大部分工艺,或提供全部或大部分服务。对象专业化形式组织生产物流示意图如图 6.5 所示。

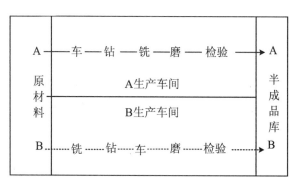

图 6.5 对象专业化形式组织生产物流示意图

【资料 6.7　小资料】

> 1913 年 10 月 7 日，亨利·福特在海兰园创立了第一条汽车总装配流水线。该流水线使装配速度提高了 8 倍，第一次实现每十秒钟诞生一辆汽车的神话。该组织方式即为最早的对象专业化形式。

按照对象专业化形式组织生产物流的优缺点如表 6.2 所示。在企业专业方向已经确定，产品品种比较稳定，生产类型属于大批量生产，设备比较齐全并能充分负荷的条件下，适宜于按照对象专业化形式组织生产物流。

表 6.2　对象专业化形式组织生产物流的优缺点对比

优　点	缺　点
布置符合工艺过程，物流顺畅	一台设备发生故障可导致整个生产线中断
上下工序衔接，在制品少	产品创新将导致布置的重新调整
生产周期短	生产线的速度取决于最慢的机器
物料搬运工作量少	相对投资较大
对工人的技术要求不高，易于培训	重复作业，单调乏味
生产计划简单，易于控制	维修保养费用高
可使用专用设备	机器负荷不满

3. 按成组工艺形式组织生产物流

这种形式也被称为综合原则布局，是综合了工艺专业化形式和对象专业化形式的优点而构成的介于两者之间的一种形式。按成组技术（Group Technology，GT）原理，依据一定的标准将结构和工艺相近的零件组成一个零件组，确定出零件组的典型工艺流程，再根据典型工艺流程的加工内容选择设备和工人，由这些设备和工人组成一个成组生产单元。按成组工艺形式组织生产物流示意图如图 6.6 所示。

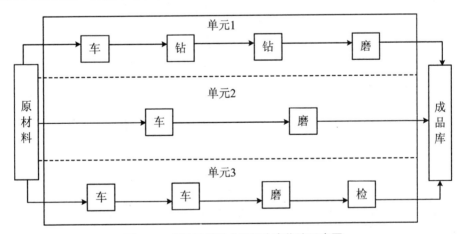

图 6.6　成组工艺形式组织生产物流示意图

【资料6.8 小实例】

图6.7为按成组工艺形式组织生产物流的前后对比图[1]。通过对比分析,你发现了什么?

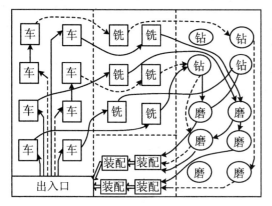
(a) 运用成组技术之前

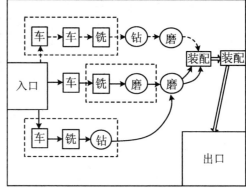
(b) 运用成组技术之后

图6.7 按成组工艺形式组织生产物流前后对比图

成组工艺形式组织生产物流的优缺点如表6.3所示。该组织形式适用于多品种、中小批量生产。

表6.3 成组工艺形式组织生产物流的优缺点对比

优 点	缺 点
物流顺畅	生产计划要求高
设备利用率较高	由于单元之间流程不平衡,需要中间储存
有利于发挥班组合作精神	
有利于拓宽工人的作业技能	人员需要掌握所有作业技能
物料搬运工作量少	减少了使用专用设备的机会

上述三种组织生产物流形式各有特色,企业实际生产中如何选择则主要取决于生产系统中产品品种多少(P)和产量(Q)的大小,其选择规律按 P-Q 分析,如图6.8所示。产品品种较少,产量较大的可以采用对象专业化形式来组织生产物流;产品品种中等,产量一般的可以采用成组工艺形式来组织;产品品种较多,产量较少的可以采用对象专业化形式来组织。

---

[1] 赵启兰.企业物流管理[M].北京:机械工业出版社,2012:184.

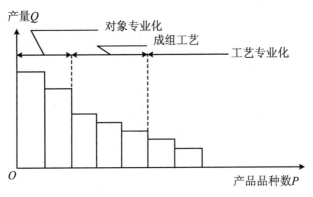

图 6.8 P-Q 分析图

【资料 6.9 小实例】

在确定工厂布置时,单考虑工艺是不够的,必须要考虑整个物流过程。东风汽车公司,其地理位置十分分散,以东风公司十堰基地厂区同一汽厂区相比,一汽大众占地长 2.4 km,宽 1 km,东风公司分别是一汽的 13 倍和 8 倍;一汽发动机和驾驶室运到总装配的厂房外墙间距仅为 60 m 和 36 m,东风公司的外墙距分别是一汽的 190 倍和 100 倍。由于东方汽车公司在设施布置时没有考虑到物流,因而对以后生产和厂内搬运、运输活动等产生了严重影响,产品成本中的物流费用比例很高。

(资料来源:江世英.汽车制造企业生产物流管理体系的构建[J].物流技术,2015(34):241-243.)

6.2.2.3 车间内部的空间物流组织

车间内部的物流活动主要包括工序之间的物料移动和暂存区的物料储存。要组织好车间内部的物流,关键是选择合适的物料移动方式和加强暂存区管理。物料移动方式及其选择参见企业生产物流的时间组织部分。

为了保证生产的正常进行,有些车间设置了物料暂存区,用来存放待加工的物料或已完成本车间加工但尚未转移的物料。一般而言,暂存区设置在车间的出入口附近。除了合理安排暂存区的位置以外,还应严格控制暂存区的大小及存放物品的数量、放置时间、放置方式及周转顺序等。

6.2.2.4 仓库内部的空间物流组织

在制品仓库和成品仓库的空间物流组织主要是指库内的空间布局规划和拣货路线规划等。库内空间规划合理、有序,有利于保证库存物资的质量、提高仓库作业效率、降低仓储管理成本。有些企业库内物资有成百上千种,但仍主要采用手工作业,在进行库内搬运及物料堆码时需要耗费很长时间,并容易产生货损货差。因此,有条件的企业,可以采取自动化仓储,使物料的存放和出入库完全实现自动化。

【资料 6.10 小资料】
拣货路线规划原则

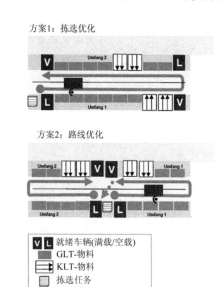

Variante 1 (Ausgangspunkt für Planung):
- Der Pickzyklus je **Picker** wird <u>nicht</u> durch Leerwege zwischen den einzelnen Pickumfängen unterbrochen.
- Der **Routenfahrer** hat für jeden vollen und leeren Bereitstellwagen je einen Start / Stopp.

Variante 2:
- Der Aufwand von Starts / Stopps für den **Routenfahrer** reduziert sich durch die Möglichkeit von Ab- / Ankoppeln mehrerer Bereitstellwagen je Stopp.
- Der Pickzyklus je **Picker** wird durch Leerwege zwischen den einzelnen Pickumfängen unterbrochen.

【资料 6.11 小实例】
车身自动化立体仓库在北京奔驰的应用

目前,车身自动化立体库(又称自动存取系统 Automatic Storage and Retrieval System, ASRS)已经广泛应用于戴姆勒海外工厂及全球德系汽车制造业。由于车身在从装焊车间到喷漆车间,以及从喷漆车间到总装车间之间,需要满足装配品种、车型等工艺限制,故必须打乱顺序重新调度排列出库,这是车身自动化立体库的主要工作任务。

MRA(后驱车生产平台)一期车身立体库是北京奔驰厂区的第一个全自动、任意位置存取的车身立体库,坐落在 MRA 一期总装车间北侧,用于存储漆后车身。MRA 一期立体库库位区长约 71 米,宽约 24 米,高约 27 米,占地面积约 1 700 平方米。库位构架长 9 列、高 9 层,3 条巷道(即 6 排车身架),合计 465 个库位。库区的车身存取由 3 台巷道堆垛机完成。每一台堆垛机完成一次存取,操作时间仅为 90 秒。车身从 6 米出库层取出立体库后,会经过精编区约 104 个车位以及 C 形抱具的刚性连接到达总装内饰线,保证出库后的车身顺序与总装内饰上线的车身顺序完全一致。MRA 二期立体库库位区长约 63 米,宽约 52 米,高约 28 米,占地面积约 3 300 平方米。库位车身构架长 8 列、高 9 层,4 条巷道(即 8 排车身架),合计 548 个库位。库区的车身存取由 4 台巷道堆垛机完成。目前,这两座车身立体库实现了北京奔驰的自动化物流理念,满足生产车间停线或减产、班次不平衡等情况下其他车间的正常生产,以及全球汽车消费市场日益增长的个性化订单需求。

对比之前北京奔驰的平面存储区和半手动存储区,会看到自动化立体库在对车型、生产节拍、产能等方面的安排具有明显的优势,见表 6.4。

表 6.4 平面存储区、半手动存储区及立体库功能对比表

	对生产车型的影响	对生产节拍的影响	对产能的影响
平面存储区	存储区内只有每条输送链的第一个车身可以选择出车,只能满足六七种车型的生产需要	自动出入车身,但是需要控制人员在几条巷道内选择。原平面存储区设计满足 15 辆/小时的生产节拍	需要人为控制,使用时间受到生产班次部分影响
半手动存储区	存储区内在一条巷道内任何位置的车身可存取	手动出入车身,生产节拍受到限制,只能达到 13 辆/小时	完全依赖人为控制,使用时间受到生产班次影响大
立体库(自动车身存取系统)	存储区内任何巷道任何位置的车身均可取出。目前 MRA 一期总装立体库设计匹配 96 种颜色车型	自动存储车身,系统自动选择取出车身。设计满足 40 辆/小时的生产节拍	自动控制,使用时间受到生产班次影响小

(资料来源:王静雯. 车身自动化立体仓库在北京奔驰的应用[J]. 物流技术与应用,2015(7):80-84.)

6.2.3 生产物流的时间组织

企业生产物流的时间组织是指按照生产过程连续性、平行性、比例性、节奏性和适应性等要求,确定生产对象在各生产单位、各道工序之间在时间上的衔接和结合方式,即投产时间、加工顺序等,以保证生产对象在各生产单位之间的运动相互配合和衔接,实现有节奏、连续生产。合理组织生产物流,不但要缩短生产物料流程的距离,还要加快物料流程的速度,减少物料的闲置等待,实现物流的节奏性、连续性。

6.2.3.1 生产周期的含义及构成

产品生产周期是指从原材料投入生产开始,经过各道工序生产直至完成产成品出厂为止,所经过的全部时间。在实际生产过程中,有些工业产品的生产周期比较长,其中大部分时间属于闲置、等待等无效时间,产品生产周期时间示意图如图 6.9[①] 所示。

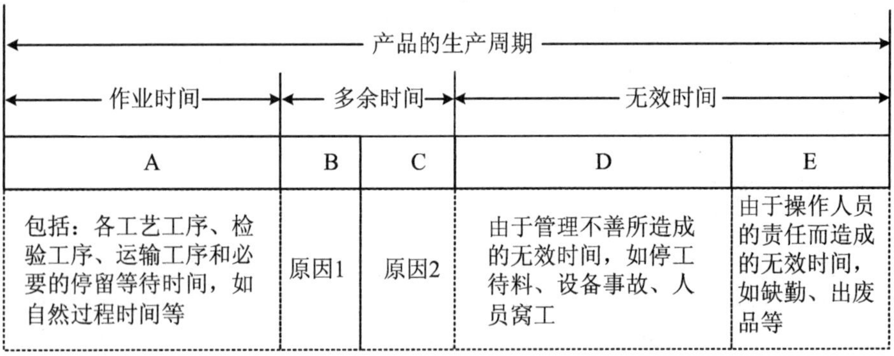

产品的生产周期				
作业时间	多余时间		无效时间	
A	B	C	D	E
包括:各工艺工序、检验工序、运输工序和必要的停留等待时间,如自然过程时间等	原因1	原因2	由于管理不善所造成的无效时间,如停工待料、设备事故、人员窝工	由于操作人员的责任而造成的无效时间,如缺勤、出废品等

图例:原因1—由于产品设计、技术规模、质量标准等不当所增加的多余作业时间;
原因2—由于采用低效率的制造工艺、操作方法所增加的多余作业时间。

图 6.9 产品生产周期时间示意图

---

① 孔继利. 企业物流管理[M]. 北京:北京大学出版社,2012:135.

生产物流过程的时间组织,主要是从管理上研究一批物料在生产过程中应采取何种移动方式,使工艺过程作业时间对企业经济效益最为有利。

6.2.3.2 生产物流的时间组织形式

不同的物料移动方式下生产物流发生的时间有很多的差别。通常,一批物料有三种典型的移动组织形式:顺序移动、平行移动和平行顺序移动。

1. 顺序移动方式

顺序移动方式是指一批物料在上道工序全部加工完毕后才整批地转移到下道工序继续加工,如图6.10所示。其中横轴表示加工周期,纵轴表示加工工序。

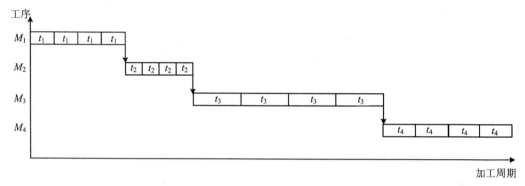

图6.10 顺序移动方式的示意图

采用顺序移动方式时,一批物料的加工周期为

$$T_{顺} = n \sum_{i=1}^{m} t_i$$

式中:$T_{顺}$为指顺序转移方式下一批物料的生产周期;n为物料批量;m为物料的工序数;t_i为第i道工序的单件加工时间($i=1,2,3,\cdots,m$)。

顺序移动方式的优点是一批物料连续加工,设备不停顿,物料整批转移到下道工序,搬运次数少,便于组织生产。缺点是不同的物料之间有等待加工、搬运的时间,因而生产周期较长,资金周转慢,经济效益差。

2. 平行移动方式

平行移动方式是指一批物料在前道工序加工一个物料之后,立即送到后道工序去继续加工,形成前后交叉作业,如图6.11所示。其中横轴表示加工周期,纵轴表示加工工序。

采用平行移动方式时,一批物料的加工周期为

$$T_{平} = \sum_{i=1}^{m} t_i + (n-1) t_{max}$$

式中:$T_{平}$为平行转移方式下一批物料的生产周期;n为物料批量;m为物料的工序数;t_i为第i道工序的单件加工时间($i=1,2,3,\cdots,m$);t_{max}为单价工序加工时间最长的那道工序的单件加工时间。

平行方式的优点是不会出现物料成批等待现象,因而整批物料的生产周期最短。缺点是搬运活动频繁,会加大搬运量;当物料在各道工序加工时间不相等时,会出现人力和设备的停工现象。

3. 平行顺序移动方式

平行顺序移动方式是指每批物料在每一道工序上连续加工没有停顿,并且物料在各道

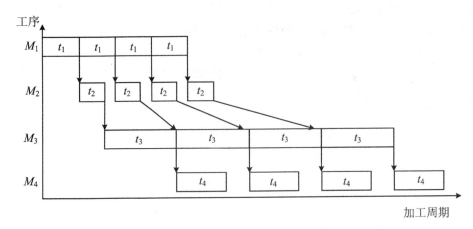

图 6.11 平行移动方式的示意图

工序的加工尽可能做到平行。它既考虑了相邻工序上加工时间尽量重合,又保持了该批物料在工序上的连续加工。平行顺序移动方式示意图如图 6.12 所示,其中横轴表示加工周期,纵轴表示加工工序。

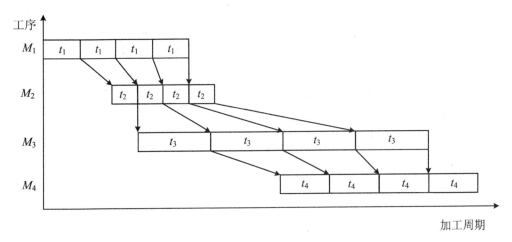

图 6.12 平行顺序移动方式的示意图

采用平行顺序移动方式时,一批物料的加工周期为

$$T_{平顺} = n\sum_{i=1}^{m} t_i - (n-1)\sum_{i=1}^{m-1}\min(t, t_{i+1})$$

式中:$T_{平顺}$ 为平行顺序转移方式下一批物料的生产周期;n 为物料批量;m 为物料的工序数;t_i 为第 i 道工序的单件加工时间($i=1,2,3,\cdots,m$);$\min(t, t_{i+1})$ 为顺次相邻的两道工序相比,选择其中较短的工序时间。

平行顺序移动方式吸取了前两种移动方式的优点,搬运量小,同时又消除了间歇停顿现象,使工作地充分负荷,工序周期较短,但安排进度时比较复杂。

上述三种物料移动方式各有利弊,整批物料加工时间最短的是平行移动,但这种方式下,机器设备利用率低;顺序移动方式下整批物料加工时间最长,但机器设备利用率高;平行顺序移动方式介于两者之间。所以,在生产物流的时间组织中,需要考虑物料的大小、加工时间的长短、批量的大小及物流的空间组织形式,选择合理的物料移动方式。一般情况下,批量小、体积小或重量轻而加工时间短的物料,适宜采用顺序移动方式;生产中的急件、缺件,则可以采用平行或平行顺序移动方式,如表 6.5 所示。

表 6.5 选择生产物流时间组织方式需要考虑的因素及特征

生产物流的 时间组织方式	因素及特征			
	物料尺寸	物料加工时间	物料加工批量	生产物流的 空间组织形式
顺序移动	小	短	小	工艺专业化
平行移动	大	长	大	对象专业化
平行顺序移动	小	长	大	对象专业化

【例 6.1】 某工厂按客户要求,准备加工一种零件,该零件的批量为 4 件,要顺序经过 4 道工序方可完工。各道工序的单件加工时间分别为 20、20、30、20 分钟,客户希望在 3.5 个小时内完工交货。在上述情况下,如果只考虑按期交货,那么该工厂共有几种生产移动方式可供选择?如果既要考虑按期交货,又要提高加工设备的利用率,那么该工厂应采用哪种生产移动方式?

解 分别计算顺序移动、平行移动和平行顺序移动三种时间组织方式的生产周期,其计算结果如下:

$$T_{顺} = n\sum_{i=1}^{m} t_i = 4 \times (20+20+30+20) = 360(分钟)$$

$$T_{平} = \sum_{i=1}^{m} t_i + (n-1)t_{max} = (20+20+30+20) + (4-1) \times 30 = 180(分钟)$$

$$T_{平顺} = n\sum_{i=1}^{m} t_i - (n-1)\sum_{i=1}^{m-1} \min(t_i, t_{i+1}) = 360 - (4-1) \times (20+20+20) = 180(分钟)$$

如果只考虑按期交货,那么可选择平行移动和平行顺序移动生产方式;如果既要考虑按期交货,又要提高加工设备的利用率,那么该工厂应采用平行顺序移动方式生产。

6.2.4 生产物流的人员组织[①]

生产物流的人员组织主要体现在人员岗位设计方面。要实现生产物流在空间、时间两方面的组织形式,必须重新对工作岗位进行再设计,以保证生产物流优化且畅通。人力资源管理理论提倡岗位设计应该把技术因素与人的行为、心理因素结合起来考虑。

6.2.4.1 生产物流人员组织的原则

根据生产物流的特征,生产物流岗位设计的基本原则是"因物流需要设岗",而不是"因人、因设备、因组织设岗"。生产物流岗位设计要遵循以下几个原则:

① 岗位设置的种类要能实现各生产工艺之间的有效配合。
② 岗位设置的数目要符合最短物流路径原则,以尽可能少的岗位设置完成尽可能多的任务。
③ 每个岗位在物流过程中都要发挥积极的作用,以促进岗位之间的关系协调。

---

① 孔继利. 企业物流管理[M]. 北京:北京大学出版社,2012:138-139.

④ 物流过程中的所有岗位要能体现经济、科学、合理的系统原则。

6.2.4.2 生产物流人员组织的内容

根据人的行为、心理特征,岗位设计还要符合工作者的个人工作动机的需求。由此,生产物流岗位内容的设计可以从以下几个方面入手:

① 扩大工作范围,丰富工作内容,合理安排工作任务。其目的在于增加岗位工作范围和责任,改变人员对工作的单调感和乏味感,获得心理满足感,从而有利于提高工作效率,促进岗位任务的完成。

② 工作满负荷。其目的在于制定合理的生产定额,确定岗位数目和具体工作内容。

③ 优化生产环境。其目的在于改善生产环境,满足人员因工程需要,建立"人-机-环境"的最优系统。

6.2.4.3 生产物流人员组织的要求

① 按工艺专业化形式组织的生产物流,要求员工要一人多能,一人多岗。

② 按对象专业化组织的生产物流,要求员工要具有较强的"工作流"协调能力,能自主平衡各个工序之间的"瓶颈",保证物流的均衡性、比例性、适应性。

③ 按成组工艺形式组织的生产物流,要求组织要向员工授权,即从管理和技术两个途径,保证给每个人都配备技术资料、工具、工作职责和权利,改变不利于物流合理性的工作习惯,加强新技术的学习和使用。

6.3 不同生产类型的生产物流特征与管理

在生产物流的形成过程和流动方式上,企业的生产类型起着决定性作用。生产类型在很大程度上决定了企业的生产结构、工艺流程和工艺装配的特点,生产的组织形式和生产的管理方法,同时也决定了与之匹配的生产物流的类型。因此,经常将划分生产物流的类型与划分生产类型看成是一个问题的两种说法。不同生产类型的生产物流具有不同的特征,生产物流管理的内容和重点也是不一样的。如何按照其基本特征将其分类,以把握各种生产物流类型的特征和规律,以便采取相应的生产物流管理策略,是进行生产物流管理的基本前提。以生产物流为企业物流管理核心的制造企业更是如此。

6.3.1 企业生产物流的类型

决定企业生产类型的因素有生产产品的品种、产量和生产的专业化程度。因此,可以从生产性质、生产工艺过程的特点、企业组织生产的特点、专业化程度的高低等来划分企业生产物流的类型。

按照生产性质,可以把企业生产物流划分为产品生产型和服务运作型;根据物料在生产工艺过程中的特点,可以分为项目型、离散型和连续型三种类型;按照企业组织生产的特点,可以分为备货型和订货型;按生产专业化程度的高低(生产的品种多少、批量大小、生产重复程度),可以分为单件生产型、成批生产型和大量生产型。企业生产物流的类型如图6.13所示。

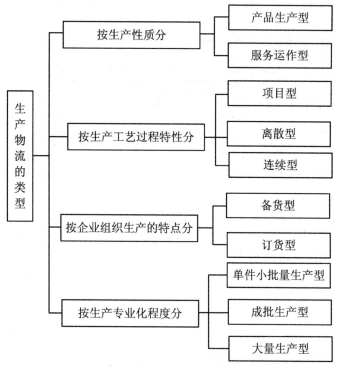

图 6.13　企业生产物流的类型

6.3.2　不同生产类型的生产物流特征

6.3.2.1　项目型、离散型、连续型生产物流特征

1. 项目型生产物流特征(固定式生产)

项目型生产是指具有项目特征的生产系统,可分为两种类型:一种是只有物流流入,几乎无物流流出的"纯项目型"生产系统,如建筑工程与安装工程;另一种是在物流流入生产场地后,"滞留"相当长一段时间再流出的"准项目型"生产系统,如大型专用设备、造船厂、飞机制造厂等,即当生产系统需要的物料进入生产场地后,几乎处于停止的"凝固"状态,或者说在生产过程中物料流动性不强。项目型生产物流的特征是:物料采购量大,供应商多,外部物流较难控制;生产过程原材料、在制品占用大,无产成品占用;物流在加工场地的方向不确定,加工路线变化大,工序之间物流联系不规律;物料需求与具体产品存在一一对应的相关需求。

2. 离散型生产物流特征(主要是加工装配式生产)

离散型生产是指物料离散地按一定工艺顺序运动,在运动中不断改变形态和性能,最后形成产品的生产,如机械、电子、服装等。离散型生产物流特征是:产品是由许多零部件构成,各个零部件的加工过程彼此独立;制成的零件通过部件装配和总装配最后成为产品,整个产品的生产工艺是离散的,各个生产环节之间要求有一定的在制品储备;物料需求与具体产品存在一一对应的惯性关系。

3. 连续型生产物流特征(流程式生产)

连续型生产是指物料均匀、连续地按一定工艺顺序运动,在运动中不断改变形态和性能,最后形成产品的生产,如化工、炼油、造纸等。连续型生产物流特征是:物料均匀、连续地进行,不能中断;生产出的产品和使用的设备、工艺流程都是固定且标准化的;工序之间几乎没有在制品储存。

项目型、离散型、连续型生产物流的含义、特点及管理的重点对比,如表6.6所示。

表6.6 项目型、离散型、连续型生产物流特征对比

项目型生产物流	连续型生产物流	离散型生产物流
在固定式生产中,当物料进入生产场地后,几乎处于停止的"凝固"状态	在流程式生产中,物料均匀、连续地流动,不能中断	在加工装配式生产中,产品生产的投入要素由许多可分离的零部件构成,各个零部件的加工过程彼此独立
① 物料采购量大,供应商多; ② 原材料、在制品占用大,无产成品占用; ③ 物流在加工场地的方向不确定,加工变化极大; ④ 物料需求与具体产品存在一一对应的相关需求	① 生产出的产品和使用设备、工艺流程固定且标准化; ② 工序之间几乎没有在制品储存	① 制成的零件通过部件装配和总装配最后成为产品; ② 生产工艺离散; ③ 各环节之间要求有一定的在制品储备
按照项目的生命周期对每阶段所需的物料在质量、费用及时间进度等方面进行严格的计划和控制	保证连续供应物料和确保每一生产环节的正常运行	在保证及时供料,零件、部件的加工质量的基础上,准确控制零部件的生产进度,缩短生命周期

6.3.2.2 备货型和订货型生产物流特征

1. 备货型生产物流特征

备货型生产是需求预测驱动的,指企业根据市场预测,有计划地进行产品开发和生产,生产的直接目的是补充成品库存,通过库存来即时满足用户的需求。备货型生产模式下的生产物流组织形式是推动型生产物流。

其生产物流特征是:运作过程中的信息流往返于每道工序、车间,生产物流要严格按照计划确定的物料需求数量和需求时间,从前道工序推进到后道工序或下游车间,而不管后道工序或下游车间当时是否需要。在此模式中,生产物流和信息流是完全分离的。

2. 订货型生产物流特征

订货型生产是以客户的订单为依据,按用户特定的要求进行设计和生产。订货型生产模式下的生产物流组织形式是拉动型生产物流。订货型生产运作过程强调物流同步管理,其生产物流特征是:在恰当的时间将恰当数量的物料送到恰当地点;根据市场需求,后道工序或下游车间向前道工序或上游车间下达生产指令,前道工序或上游车间只生产后道工序或下游车间需要的产品和数量。在此模式中,生产物流和信息流完全结合在一起的。

6.3.2.3 单件生产、成批生产和大量生产物流特征

1. 单件小批量型生产物流特征

单件小批量型是指需要生产的产品品种多但每一品种生产的数量甚少,生产重复度低的生产物流系统。单件小批量型生产物流特征表现在以下四个方面:生产的重复程度低,物料需求与具体产品制造存在一一对应的相关需求;由于单件生产,产品设计和工艺设计重复性低,物料的消耗定额不容易或不适宜准确制定;由于生产品种的多样性,使得制造过程中采购物料所需的供应商多变,外部物流较难控制;物流路线不确定,物流流量不确定。

2. 多品种小批量型生产物流特征

多品种小批量型是指生产的产品品种繁多并且每一品种都有一定的生产数量,生产的重复性中等的生产物流系统。其生产物流特征表现在:物料生产的重复性介于单件生产和大量生产之间,一般是制定生产频率,采用混流生产;以 MRP(物料需求计划)实现物料的外部独立需求与内部的相关需求之间的平衡;以 JIT 实现客户个性化特征对生产过程中物料、零部件和成品的拉动需求;由于产品设计和工艺设计采用并行工程处理,物料的消耗定额容易准确制定,产品成本容易降低;由于生产品种的多样性,对制造过程中物料的供应商有较强的选择要求,外部物流的协调较难控制;物流流量与流向重复度不高。

【资料 6.12 小资料】

> 随着市场需求多样化、个性化的转变,离散型制造企业普遍采用多品种、小批量的生产模式。目前,由于企业需要同时生产多种产品,生产线已由原来的单一产品生产线渐渐演变成混流生产线。混流生产是指在同一生产线上同时生产多种不同型号、不同批量的产品。相比单一产品生产,混流生产具有更高的灵活性,可以满足客户个性化、多样化的需求,从而提升企业响应市场能力。因此,混流生产线得到广泛的应用。目前,混流装配线是汽车行业普遍采用的一种生产组织方式。

3. 单一品种大批量型生产物流特征

单一品种大批量型是指生产的产品品种数相对单一,而产量却相当大,生产的重复度非常高且大批量配送的生产物流系统。其生产物流特征表现在:由于物料被加工的重复度高,从而物料需求的外部独立性和内部相关性易于计划和控制;由于产品设计和工艺设计相对标准和稳定,从而物料的消耗定额容易并适宜准确制定;由于生产品种的单一性,使得制造过程中物料采购的供应商固定,外部物流相对而言较容易控制;为达到物流自动化和效率化,强调在采购、生产和销售物流各功能的系统化方面,引入运输、保管、配送、装卸和包装等物流作业中各种先进技术的有机配合;物流流量和流向重复度高,稳定。

4. 多品种大批量型生产物流特征

多品种大批量型也叫大批量定制生产(Mass Customization,MC)。它是一种以大批量生产的成本和时间,提供满足客户特定需求产品和服务的新的生产物流系统。大批量定制型的制造企业生产物流流程如图 6.14[①]所示。大批量定制的实施要求企业具有两个方面的能力:面向动态市场和客户需求的供应链及客户关系管理方面的应变能力——动态联盟、协同商务的能力;基于过程优化的客户化成品的快速设计和加工能力——敏捷制造的能力。

其生产物流特征表现在:由于要按照大批量生产模式生产出标准化的基型产品,并在此基础上按客户订单的实际要求对基型产品进行重新配置和变型,所以物料被加工成基型产品的重复度高,而对装配流水线则有更高的柔性要求,从而实现大批量生产和传统定制生产的有机结合;物料的采购、设计、加工、装配和销售等流程要满足个性化定制要求,这就促使物流必须有坚实的基础——订单信息化、工艺过程管理计算机化与物流配送网络化;库存不再是生产物流的终结点,基于快速响应客户需求为目标的物流配送与合理化库存将真正体现出基于时间竞争的物流速度效益;单个企业物流将发展成为供应链系统物流、全球供应链系统物流。

---

① 程相勋. 大规模定制型企业车间物流优化管理方法研究及应用[D]. 重庆:重庆大学,2012:12.

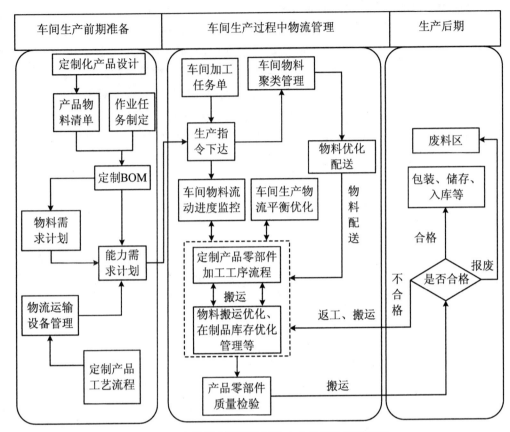

图 6.14 大批量定制型的制造企业生产物流流程图

【资料 6.13 小应用】
海尔打造"互联工厂"实现用户定制化生产

2015年3月12日,在上海家博会期间,海尔集团首次对外公布了工业4.0战略的实践,即分别位于沈阳、郑州、佛山和青岛的四个互联工厂,以及名为"众创汇"的用户交互定制平台和"海达源"模块供应商资源平台。互联工厂实现了工业化、信息化的深度融合,它通过前联用户、后联研发,把用户需求和制造资源无缝聚合在一起,通过人、机、物的智能互联,实现智能制造下的大规模定制,满足用户个性化需求。"众创汇"的上线意味着用户不再是产品的旁观者,而是可以全流程参与其中,开启了人人自造时代。"海达源"模块商资源平台推动了供应商自注册、自抢单、自交互、自交易、自交付、自优化。海尔认为,未来互联网将以智能服务的形式,促使用户与企业、企业与企业、智能社会与智能生活的深度融合,从而推动互联网进入"体验互联网"阶段。

在实际生产组织中,应根据企业所生产的产品需求特征(产量、品种的多少)选择与之适应的生产物流类型。什么样的需求特征,应该匹配相应的生产物流类型。企业的生产物流类型关系矩阵如图 6.15 所示。

沿着对角线选择和配置生产物流类型,可以达到最佳的技术经济性,换言之,偏离对角线的产品结构-生产物流类型匹配战略,不能获得最佳的效益。企业应根据市场需求特征变化情况同步调整与之相适应的生产物流类型,这是非常重要的。

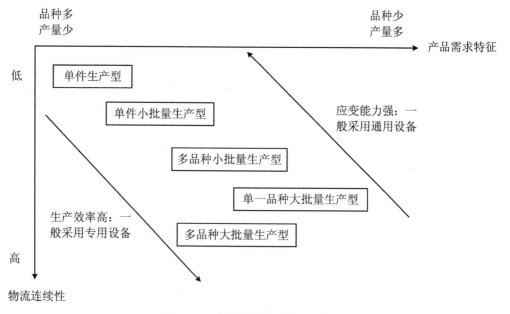

图 6.15 生产物流类型关系矩阵图

6.3.3 不同生产类型的生产物流管理[①]

6.3.3.1 项目型、离散型、连续型生产的物流管理

1. 项目型生产物流管理

项目型生产物流管理的重点是按照项目的生产周期对每阶段所需的物料在质量、费用以及时间进度等方面进行严格的计划和控制。

2. 离散型生产物流管理

离散型生产物流管理的重点是在保证及时供料和零件、部件的加工质量基础上,准确控制零部件的生产进度,缩短生产周期,既要减少在制品积压,又要保证生产的成套性。

3. 连续型生产物流管理

连续型生产物流管理的重点是保证连续供应物料和确保每一生产坏节的正常运行。由于工艺相对稳定,有条件采用自动化装置实现对生产过程的实时监控。

6.3.3.2 备货型和订货型生产的物流管理

1. 备货型生产物流管理

备货型生产物流管理的重点是:在生产物流组织上,以零件为中心,严格按计划执行,维持一定量的在制品库存;在生产物流计划管理和控制上,以零件需求为依据,以计划为中心。在备货型生产管理中,认为需求波动是客观存在,因此必要的库存是合理的。

2. 订货型生产物流管理

订货型生产物流管理的重点是:在生产物流组织上,以零件为中心,后一道工序根据需要到前一道工序领取零件,强调物流平衡而没有在制品库存;在生产物流计划管理和控制上,以零件为中心,利用看板系统执行和控制计划,物流工作的重点在生产现场。在订货型

---

① 黄由衡.企业物流管理[M].北京:电子工业出版社,2012:150-156.

生产管理中,对待库存的理念是:库存掩盖了生产系统中的各种弊端,所以应将生产中的一切库存视为"浪费",要消灭一切"浪费",追求零库存。

6.3.3.3 单件生产、成批生产和大量生产的物流管理

1. 单件小批量型生产物流管理

单件小批量生产的产品数量单一或不多,一般根据用户要求,按合同组织生产,即采用订货型生产方式。因此可以按照JIT的思想制定生产物流计划,根据具体产品的需求情况及生产要求确定生产所需物料的供给、装卸和搬运。生产物流计划的制定要侧重产品生产周期和生产提前期等期量指标。单件小批量生产物流的不确定性大,因此,做好生产物流的控制是关键,要加强生产现场物流状态的监控,实时进行适当的调整。

【资料 6.14　小应用】

> 汽车模具制造企业具有按订单生产、生产柔性化等特点,属于单件小批量生产。汽车模具的生产周期较长,有大量的中间产品、在制品存放在生产车间,而模具一旦生产出来即交付使用,几乎没有成品库存。汽车模具生产物流在生产场地的方向不确定,加工路线变化大,工序间物流联系的规律性不强。所以,汽车模具制造企业生产物流管理的重点在于在制品储存管理、搬运路线选择及物流成本的控制。

2. 多品种小批量型生产物流管理

多品种小批量生产主要采取成组技术及柔性制造方式,生产物流计划需要密切配合企业的生产安排,物流控制则可以采用集中控制(推进式物流系统)的方式。这要求企业要具备完善的管理信息系统,如 MRPⅡ管理系统。

3. 单一品种大批量型生产物流管理

单一品种大批量生产的物流管理相对较为简单,科学合理的生产物流系统的设计与规划是关键。单一品种大批量生产往往采用备货型生产组织方式,生产物流计划的制定较为容易,但实际运作过程中仍需要加强控制,不断优化物流设施设备的布置,使生产物流处于循环优化中。

4. 多品种大批量型生产物流管理

多品种大批量型生产物流管理的重点是要建立科学的管理标准、严密的管理制度、灵活的管理手段。事先要制定科学标准的物料消耗定额,然后编制详细的生产进度计划,对生产物流进行控制,并利用适当的库存对生产物料的分配过程进行相应调节。多品种大批量生产物流一般采用分散控制(拉动式物流系统)。

6.3.4　单元化生产方式与生产物流管理

1. 单元化生产方式

单元化生产(Cell Production,也称细胞生产),是在丰田生产方式(Toyota Production System,TPS)中逐渐发展起来的一种生产方式,是适应多品种小批量环境最理想的生产组织之一。单元化生产的思想起源于生物学的细胞学说,细胞在一定外界变量的影响下会分裂或死亡,导致增加或减少数量,将这种生物现象引入生产管理运作中,在面临多品种小批量的生产困境下,可以像细胞分裂一样,通过灵活地增加或减少生产线的数量,以此增加生产柔性来应对产量变动。

单元化生产是将流水线分割成数条较短的生产线,生产线内的作业进行合并或简化后

给较少的操作工来完成,减少生产线间的物料传递与模具准备工作,因此,在产品系列或工艺种类多的情况下,它可以缩短生产周期,提高准时交付率,是一种理想的生产方式。

【资料6.15 小应用】

> 单元化生产是精益生产理论体系延伸出来的一个理论,它是当代最新、最有效的生产线设置方式,为日本以及欧美企业所广泛采用。这种方式使得在小批多种生产残酷环境下仍然能流水化生产,因此被誉为"看不见的传送带"。20世纪80年代瑞士富豪汽车厂将汽车生产线分割成几个单元化,缩短了流水线的长度、减少了生产过程中的搬运次数;20世纪90年代,日本佳能相机生产厂改变单一的专业分工方式,培养多能工人并进行轮岗生产,使得佳能公司在我国大连的工厂实施单元化生产一年内劳动效率提高360%,实现了生产中由对设备的关注转变为对人的关注。单元化生产通过设备的选择与布置、岗位的设置与人员协作等方式,达到效率和柔性的统一,较好地适应了多品种、小批量、短交期、准时制的市场需求形态。
>
> (资料来源:张世良.单元生产在汽车零部件制造企业的应用研究:以SP公司为例[D].长沙:湖南工业大学,2013:1-2.)

2. 单元化生产物流特征

(1) 生产周期短,工序间在制品库存少。单元化生产中,前道工序完工后立即流入下一道工序进行加工、装配,可以减少由于搬运、存储等问题导致物料停滞而延长的生产周期。单元化生产强调的是平衡流动,在节拍生产下在制品一个接一个流动,在制品连续流动可使单元化生产物料流动呈"絮流"而不是"浊流",因此,工序间不存在在制品的积压与库存。

(2) 缩短了设备、工序间在制品移动的距离。单元化生产过程中,将设备呈U形布置,消除设备间的"孤岛"而使设备之间紧密相连,减少了设备、工序间的物料搬运距离与生产过程中操作工来回走动的距离;采用单元化生产后,设备间距离短,设备的投料、出料及转运可以运用机械化或自动化的手段,如通过输送带、提升机等设备将物料在设备、工序间流转,不需进行设备间物料的搬运、装卸。

(3) 减少投料、出料的次数,便于产品批次的追踪。单元化生产将若干工序连接起来后,在这几道工序中从投料到出料都在同一个时间、同一台设备由同一个加工者完成,减少了投料、出料的次数。而且将原本需要设置多个批次号的追溯信息内容减少至一个批次号,提高了产品追溯的可靠性,也降低了对产品批次、追溯管理的难度。

3. 单元化生产物流管理

单元化生产可以减少工序间物料的流出与转入,减少生产准备时间,缩短生产周期,但前提是需要克服工序间的节拍平衡,因此,单元化生产物流管理的重点是保持各道工序的产能基本平衡,消除设备之间生产能力差异。在设备及设备布置方面,单元化生产过程中,由于灵活性、柔性的需要及多技能员工的要求,需要选择占地小、易操作、能快速转换的设备。单元化生产需要多技能的员工,因此,在人员组织上,要重视生产过程中人的主导作用,运用人因工程、动作研究等工具与方法。

6.4　企业生产物流的计划与控制

6.4.1　生产物流的计划与控制概述

6.4.1.1　生产物流计划概述

1. 生产物流计划的内容

生产物流计划是指在满足企业现有的生产条件下,合理安排计划期内各个生产单位或加工单元的生产物流活动,合理安排产品的存储、移动及加工过程,以实现企业的生产经营活动。生产物流计划的核心是生产作业计划的编制,即根据计划期内确定的产品品种、数量、期限,以及发展变化的客观实际,具体安排产品及其部件在各个生产工艺阶段的生产进度和生产任务。

2. 生产物流计划的目标

① 保证生产计划的顺利完成。为了保证按计划规定的时间和数量生产各种产品,要研究物料在生产过程中的运动规律,以及在各个工艺阶段的生产周期,以此来安排经过各个工艺阶段的时间和数量,并使系统内各个生产环节的在制品结构、数量和时间相协调。

② 为均衡生产创造条件。均衡生产是指企业及企业内的车间、工段、工作地等各个生产环节,在相等的时间阶段内,完成等量或均增数量的产品。均衡生产的要求为:每个生产环节都要均衡地完成所承担的生产任务;不仅在数量上均衡地生产和产出,各个阶段的物流也要保持一定的比例性;尽可能缩短物料流动的周期,保持一定的节奏性。

③ 加强在制品管理,缩短生产周期。保持在制品、半成品的合理储备,是保证生产物流连续性的必要条件。在制品过少,会使物流中断,影响生产的顺利进行;反之,又会造成物流不畅,延长生产周期。因此,对在制品的合理控制,既可减少在制品占用量,又能使各个生产环节实现正常衔接与协调,按物流作业计划有节奏地、均衡地组织物流活动。

3. 生产物流的期量标准

期量标准(也称为作业计划标准)是生产物流计划工作的重要依据。它是根据加工对象在生产过程中的运动规律,经过科学分析和计算,所确定的时间和数量标准。期表示时间,如生产周期、提前期等;量表示数量,如一次同时生产的在制品数量(生产批量)、仓库最大存储量等。期和量是构成生产作业计划的两个方面,为了合理组织生产活动,有必要科学地规定生产过程中各个生产环节之间在生产时间和生产数量上的内在联系。合理的期量标准,为编制生产计划和生产作业计划提供了科学的依据,从而提高了计划的编制质量,真正起到指导生产的作用。同时,按照期量标准组织生产,有利于建立正常的生产秩序,实现均衡生产。

不同类型生产物流有不同的期量标准。大量流水线型生产物流的期量标准主要有:节拍、流水线作业指示图表和在制品定额。单件生产型物流的期量标准有产品生产周期、生产提前期等。成批生产型物流(包括多品种小批量生产物流和多品种大批量生产物流)的期量标准包括批量、生产间隔期、生产周期、在制品占用定额等。

① 节拍是流水线生产最重要的工作参数,它表明流水线速度的快慢。节拍是流水线上连续产出相邻两个相同产品之间的时间间隔。节拍的计算公式为

$$r = \frac{t_e}{N} = \frac{t_0 \eta}{N}$$

式中：r 为流水线节拍(min/件)；t_e 为计划期有效工作时间；N 为计划期的在制品产量；t_0 为计划期制度时间；η 为时间利用系数，一般取 0.9~0.96。

如果计算出来的节拍数值比较小，同时在制品的体积小、重量轻、工序之间的距离较大，为节省在制品运输时间，而采用按一定批量在工序间转移。这时顺序产出两批相同在制品之间的时间间隔为节奏，计算公式为

$$R = r \cdot n'$$

式中：R 指流水线节奏(min/件)；n' 指转移批量。

当流水线上加工的产品对象有若干种，各加工对象在工艺和结构上是相似的；每种加工对象是成批轮番地生产，此时就是多品种混合流水线生产问题。那么，如何确定多品种混合流水线的节拍呢？

在多品种流水线上，每种产品多按自己的节拍进行生产，在同一条流水线上出产各种产品的节拍是可以不相等的，这使得确定流水线的节拍复杂一些，一般采用代表产品法。它是将各种产品的产量按劳动量的比例关系折换成某一种代表产品的产量，然后以此来确定节拍。

假设共计有三种产品 A，B，C 在同一条流水线上生产，首先选定代表产品，假定为 A，然后将其他产品的产量按劳动量的比例折算成代表产品的产量，则计划期流水线加工代表产品的总产量 N 的计算公式为

$$N = N_A + N_B \cdot \varepsilon_1 + N_C \cdot \varepsilon_2$$

式中：$\varepsilon_1 = T_B/T_A$，$\varepsilon_2 = T_C/T_A$；N_A，N_B，N_C 为计划期内 A，B，C 三种产品的生产量；T_A，T_B，T_C 为计划内 A，B，C 三种产品在流水线上各工序单件作业时间之和。各产品的节拍 r_A，r_B，r_C 计算公式为

$$r_A = \frac{t_e}{N} = \frac{t_e}{N_A + N_B \cdot \varepsilon_1 + N_C \cdot \varepsilon_2}$$

$$r_B = r_A \cdot \varepsilon_1$$

$$r_C = r_A \cdot \varepsilon_2$$

式中：t_e 为计划期有效工作时间。

在精益生产方式中，节拍是个可变量，它需要根据月计划生产量作调整，这时会涉及生产组织方面的调整和作业标准的改变。

② 流水线作业指示图表。在大量流水生产中每个工作地都按一定的节拍反复地完成规定的工序。为确保流水线按规定的节拍工作，必须对每个工作地详细规定它的工作制度，编制作业指示图表，协调整个流水线的生产。正确制定流水线作业指示图表对提高生产效率、设备利用率、减少在制品起着重要作用。它还是简化生产作业计划和提高生产作业计划质量的工具。流水线作业指示图表是根据流水线的节拍和工序时间定额来制定的，其编制随流水线的工序同期化程度不同而不同。

连续流水线的工序同期化程度很高，各个工序的节拍基本等于流水线的节拍，因此工作地的负荷率高。这时就不存在工人利用个别设备不工作的时间去兼顾其他设备的问题。因此连续流水线的作业指示图表比较简单，只要规定每条流水线在轮班内的工作中断次数、中断时刻和中断时间即可。表 6.7 是连续流水线作业指示图表的一个例子。

表 6.7 连续流水线作业指示图表

流水线特点	小时 1 2 3 4		小时 5 6 7 8	一班总计 间断次数	间断时间(min)	工作时间(min)
装配简单产品	□	中间休息	□	2	20	460
装配复杂产品	□	中间休息	□ □	3	30	450
机械产品（周期长）	□ □	中间休息	□ □	4	40	440
机械产品（周期短）	□ □	中间休息	□ □ □	6	60	420
焊接、热处理	□ □ □	中间休息	□ □ □	6	60	420

③ 在制品占用定额。在制品占用定额是指在一定的时间、地点、生产技术组织条件下为保证生产的连续进行而制定的必要的在制品数量标准。在制品是指从原材料投入到产品入库为止，处于生产过程中尚未完工的所有零件、组件、部件、产品的总称。在制品占用量按存放地点分为：流水线（车间）内在制品占用量和流水线（车间）间在制品占用量；按性质和用途分为：工艺占用量、运输占用量、周转占用量和保险占用量。在制品构成如图 6.16 所示。

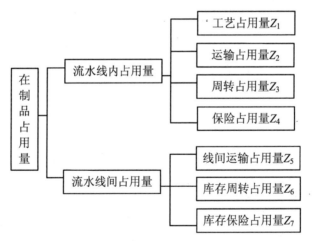

图 6.16 在制品结构图

流水线（车间）内在制品占用量按其作用分为：① 工艺占用量是指正在加工或检验的在制品量；② 周转占用量是指间断流水线内，工序生产率不等造成的在制品量；③ 运输占用量是指放置在运输工具上等待运输的在制品量；④ 保险占用量是指为了避免故障、废品等储备的在制品量。

流水线（车间）间在制品占用量按其作用分为：① 周转占用量是指间断流水线之间，工序生产率不等造成的在制品量；② 运输占用量是指由运输批量决定的在制品量；③ 保险占用量是指为了避免故障、废品等储备的在制品量。

4. 生产物流计划原理和方法

生产物流的类型不同，编制生产物流计划所依据的原理和采用的方法也不相同。

(1) 大量流水线生产物流计划原理和方法

大量流水线生产方式可以看成是成批生产的一种极端情况,即在相当长的时间内,生产设备仅完成一种生产任务。因此大量流水线生产物流计划主要考虑的是各工艺阶段半成品数量上的平衡与衔接。从物流管理的角度看,生产作业计划的安排应避免原材料、在制品和成品的库存过量,同时又要满足生产和用户的需求。大量流水线生产物流计划的原理和方法有平衡线法和在制品定额法。

① 平衡线法。平衡线法是借助平衡线规定各生产环节的任务,并通过对任务(平衡线)与实际完成量的对比分析,及早发现影响作业计划顺利完成的原因,尽量避免物流中断。平衡线法既可用来规定任务,又可用来控制进度,其主要流程如下:

第一步,拟订作业进度计划,标出生产过程的主要环节及每一作业的提前期。如图 6.17 所示。

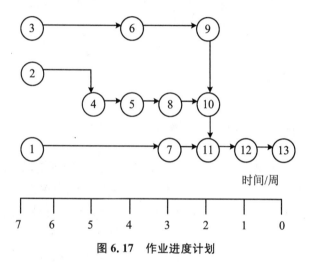

图 6.17 作业进度计划

第二步,根据计划产量和实际产量绘制累计产量图,用来比较计划生产进度与实际生产进度。图 6.18 为累计生产量图。

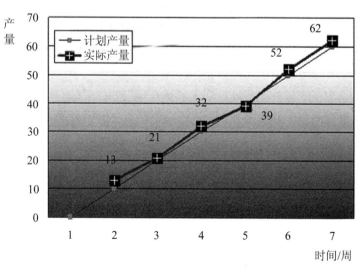

图 6.18 累计生产量图

第三步,绘制进度图。标出各控制点实际完成的工作量(物料的流出量),并以平衡线标出控制点应完成的工作量。图6.19为生产进度图。

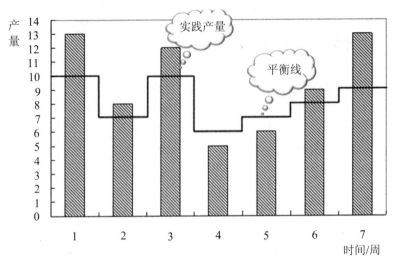

图6.19 生产进度图

第四步,比较计划进度与实际进度,找到不能按时完成物流计划的原因,采取相应的措施。

② 在制品定额法。大量流水生产方式是加工装配式生产系统,品种少,产量大,生产任务稳定,各生产环节投入和产出数量及时间之间有密切的配合关系,在制品存储量相对稳定。其作业计划的编制可根据确定的在制品定额来进行,即将标准在制品定额与预计的在制品量进行比较,使计划期末在制品量保持在规定的水平上,以保证各生产子系统之间数量上的平衡。在实际的生产过程中,由于不合格品、工人缺勤、设备故障等种种因素会导致生产量的波动,在制品定额法就是以增减在制品数量的方法来调整上述因素所导致的生产量的波动。

用在制品定额法编制计划,要从成品生产的最后一个子系统开始,按逆工序顺序逐个计算各个子系统的投入和产出任务。具体做法是每月的月末检查一次在制品剩余数,并与标准的在制品定额进行比较,根据差值来制定下个月的实际计划生产量。按照在制品定额法,本月的实际计划生产量可以由下式计算:

本月的实际计划生产量＝本月原计划生产量－(期初在制品预计结存量－在制品定额)

为了更深入地理解整个计算过程,表6.8以某冰箱厂为例,计算其计划期各子系统的出产量和投入量。

表6.8 某企业某计划期各子系统的出产量和投入量计算表

部门	编号	项目	数量
总装车间	1	出产量	20 000
	2	废品	0
	3	在制品定额	1 000
	4	期初预计在制品占用量	800
	5	投入量(1+2+3-4)	20 200
箱体库	6	半成品外销量	200
	7	库存定额	1 000
	8	期初预计占用量	900
箱体车间	9	出产量(5+6+7-8)	20 500
	10	废品	50
	11	在制品占用量定额	2 000
	12	期初预计在制品占用量	1 500
	13	投入量(9+10+11-12)	21 050
毛坯库	14	半成品外销量	0
	15	库存定额	2 500
	16	期初预计占用量	3 000
下料车间	17	出产量(13+14+15-16)	20 500
	18	废品	100
	19	在制品占用量定额	4 000
	20	期初预计在制品占用量	3 800
	21	投入量(17+18+19-20)	20 850

(2) 成批生产物流计划原理和方法

根据成批生产物流的特点,成批生产作业中由于产品的轮番生产,各个生产环节结存的在制品的品种和数量经常是不相同的,因而不能采用在制品定额法。在成批生产中,企业关注的是生产物流各环节时间与数量的衔接问题。由于成批轮番生产,主要产品的生产间隔期、批量、生产周期和提前期都是比较固定的,因此,这类生产物流常用的计划原理和方法是提前期法。

提前期法又叫累计编号法。采用提前期法,生产的产品必须实行累计编号。累计编号是指从年初或开始生产某种产品起,依产品生产的先后顺序,为每件产品编上一个累计号码。由于成品出产号是按反工艺顺序排列编码的,因此在同一时间上,产品越接近完工阶段,其累计编号越小;越是处于生产开始阶段,其累计编号越大。在同一时间上,产品在某一环节上的累计号数,同成品出产累计号数相比,相差的号数叫提前量;提前量的大小同产品的提前期成正比,它们之间的关系是

$$提前量 = 提前期 \times 平均日产量$$

采用提前期法制定车间任务计划的具体方法和步骤如下:

第一步,计算产品在各车间计划期末应达到的累计出产和投入的号数。计算公式为

$$某车间出产(投入)累计号数 = 成品出产累计号数 + 该车间出产(投入)提前期 \\ \times 成品的平均日产量 \quad (6.1)$$

第二步,进一步计算各车间的计划期内应完成的出产量和投入量。计算公式为

$$计划期出产量 = 计划期末出产(投入)累计号数 \\ - 计划期初已出产(投入)的累计号数 \quad (6.2)$$

第三,批量修正。如果是严格按照批量进行生产的话,则计算出的车间出产量和投入量,还应该按各种零件的批量进行修正。

【资料 6.16 小实例】

各工艺阶段毛坯、零件、产品的投入和产出提前期如图 6.20 所示。[①]

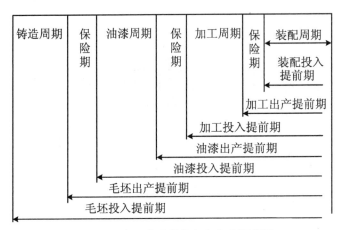

图 6.20 各工艺阶段投入和出产提前期

【例 6.2】 根据企业的生产计划,到 4 月底,某产品的出产累计号数应达到 120 号,日平均产量为 3 台。构成这一产品的某一成套零件组在铸造车间的出产提前期是 11 天,这一零件组在铸造车间的批量是 10 套。在 4 月初,通过盘点,知道该车间已经完成生产任务所达到的累计号数为 60 号。试求该车间 4 月份的出产量。

解: ① 利用式(6.1)计算出铸造车间到 4 月底应达到的出产累计号数,计算结果为

$$铸造车间4月底出产累计号数 = 120 + 11 \times 3 = 153(号)$$

② 利用式(6.2)计算出铸造车间 4 月份计划出产该零件组出产量,计算结果为

$$铸造车间4月份出产量 = 153 - 60 = 93(套)$$

③ 批量修正。由于该车间的每次批量为 10 套,其中 3 套不是一批,需要到下一计划期凑足整批时才能出产,在出产任务中应将其扣除,故铸造车间 4 月份的出产量的修正结果为 90 套零件组。

用累计编号法确定各子系统生产任务时,可以以装配成品的出产累计号为基准,根据各个子系统在各工艺阶段物料的流入或流出提前期定额标准及成品装配平均日需求量来计算。

提前期法是将提前期定额转化为提前量,计算同一时间产品在各个生产环节的提前量,来保证各车间在生产量上的衔接。提前期定额又是依据产品生产周期标准和各生产环节的

---

① 陈心德,吴忠. 生产运营管理[M]. 北京:清华大学出版社,2005:187.

生产周期标准制定的。

【资料6.17　小思考】

某企业采用累计编号法编制A产品2012年度8月份在有关车间的投入、出产计划。已知7月份该产品装配车间的投入累计号数为1510,出产累计号数为1480;机加车间的投入累计号数为1580,出产累计号数为1555;铸造车间的投入累计号数为1640,出产累计号数为1610。假设该产品铸造生产周期为7天,机加生产周期为18天,装配生产周期为5天,各车间之间的保险期为1天。已知8月份的生产任务为440台,有效工作日为22天。试计算8月份各车间的投入量和出产量。

(资料来源:孔继利.企业物流管理[M].北京:北京大学出版社,2012:150.)

(3) 单件小批量生产物流计划原理和方法

单件小批量生产的产品品种、数量和时间都不稳定,属于一次性生产,不能采用在制品定额法和累计编号法。这类企业在编制作业计划时,各种产品的数量任务完全取决于用户订货的数量,不需要再进行计算;企业关注生产物流的唯一焦点问题是,使某一种(或一批)产品在各车间(工序)的出产和投入时间能够相互衔接起来,保证成品的交货期。这类生产物流常见的计划原理和方法有生产周期法和启发式最优化方法。

① 生产周期法。运用生产周期法规定车间生产任务,首先要为每项订单编制一份产品生产周期进度表。在此基础上,根据合同规定的交货期限,为每一项订货编制一份订货生产说明书,在其中规定该产品及产品的各成套部件在各车间的投入和产出的时间。订货生产说明书的格式见表6.9。然后,根据订货生产说明书,编制月度作业计划,将计划月份应该投入和出产的部分摘出来按车间归类,并将各批订货的任务汇总,这就是计划月份各车间的投入、出产任务。对于摘出汇总的生产任务,还需进行设备能力的负荷核算,经过平衡后下达到车间。

表6.9　订货生产说明书的格式

订货编号	交货期限	成套部件编号	工艺路线	投入期	出产期
201	1月31日	A101	铸造车间	1月3日	1月8日
			机械加工车间	1月10日	1月23日
			装配车间	1月25日	—
		B103	铸造车间	1月2日	1月6日
			机械加工车间	1月10日	1月25日
			装配车间	1月27日	—

② 启发式最优化方法。单件小批量生产物流作业计划主要是安排生产任务在各车间的合理处理顺序,这方面的最优问题计算难度较大,一般常采用启发式方法求得最优解。

a. 任务到达方式。单件小批量生产任务到达方式通常有两类:一类是成批到达,称为静态到达型,对此类到达方式,一般是将已到达的合并成一路安排生产物流计划;另一类是按某种时间统计分布到达,称为动态到达型,对这类到达方式,一般是按统计分布模型近似计算一定时间内的任务量,按批量组织生产,利用库存作为订货波动的缓冲。

b. 任务流动模型。单件小批量生产任务流动模型一般分成确定型(物流线路固定,任务从车间的某一设备开始,逐步向后面的设备流动)和随机型(物流线路不固定,存在交叉或逆流现象)。

c. 物流作业计划的判优标准与计划方法。作业计划优化目标一般是总成本最小。有时,还有生产周期最短、加工成本最小、等待损失最小、换产成本最小等。与物流系统有关的判优标准是等待损失最小和换产成本最小。等待损失最小常转化为平均等待时间最短或配套时间最短,换产成本最小是指生产物流中的加工成本、设备调整与维修成本等总和最小。

6.4.1.2 生产物流控制概述

1. 生产物流控制的概念

生产物流控制是指在生产作业计划执行过程中,对有关产品或零部件的数量和生产进度进行控制。生产物流控制是物流控制的核心,是实现生产作业计划的保证。在实际的生产物流系统中,由于受系统内部和外部各种因素的影响,计划与实际之间会产生偏差,为了保证计划的完成,必须对物流活动进行有效控制。因此,物流控制是物流管理的重要内容,也是物流管理的重要职能。

2. 生产物流控制的主要内容

① 物流进度控制。生产物流进度控制是对物料从投入到产成品入库为止的全过程进行的控制,是物流控制的关键。它包括物料在生产过程中的流入、流出控制以及物流量的控制。

② 在制品管理。在生产过程中对在制品进行静态、动态控制以及占有量的控制。占有量的控制主要包括:控制车间内各工序之间在制品的流转和跨车间协作工序在制品的流转,加强工序间检验对在制品流转的控制。此外,还可以采用看板管理法控制在制品的占用量。看板作为取货指令、运输指令、生产指令,对用以控制生产和微调计划有着重要的作用。

③ 偏差的测定和处理。在生产作业过程中,按预定时间及顺序检测执行计划的结果,掌握计划量与实际量的差距,根据差距发生的原因、内容及严重程度,采取相应的处理方法。

3. 生产物流控制的程序

对不同类型的生产方式来说,生产物流控制的程序基本上是一样的。与控制的内容相适应,生产物流控制的程序一般包括以下几个步骤:

① 制定期量标准。期量标准要合理与先进,并随着生产条件的变化不断修正。
② 制定计划。依据生产计划制定相应的物流计划。
③ 物流信息的收集、传送、处理。
④ 短期调整。为了保证生产正常进行,要及时调整偏差,以确保计划的顺利完成。
⑤ 长期调整。这是为了保证生产及其有效性的评估。

4. 生产物流控制原理

在生产物流系统中,物流对协调和减少各个环节生产和库存水平的变化是很重要的。在这样的系统中,系统的稳定与所采用的控制原理有关。下面介绍两种典型的生产物流控制原理。

① 生产物流推动型控制原理。根据最终产品的需求数量和产品结构,计算出各个生产工序的物料需求量,在考虑了各生产工序的生产提前期之后,向各工序发出物流指令(生产计划指令)。图 6.21 是企业生产物流推动型控制原理图。

推动型控制的特点是集中控制,每个阶段物流活动都要服从于集中控制指令。但各阶段并没有考虑影响本阶段的局部库存因素,因此这种控制原理不能使各阶段的库存水平都

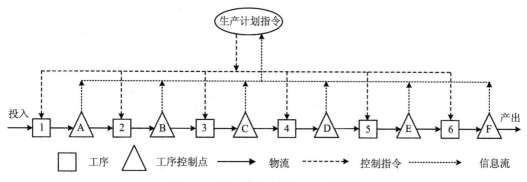

图 6.21　推动型生产物流控制原理图

保持在期望水平上。广泛应用的 MRP 系统实质上就是生产物流推动型控制系统。

② 生产物流拉动型控制原理。根据最终产品的需求数量和产品结构,计算出最后工序的物流需求量,然后,根据最后工序的物流需求量,向前一道工序提出物流供应要求。以此类推,各生产工序都接收后工序的物流需求。图 6.22 是企业生产物流拉动型控制原理图。

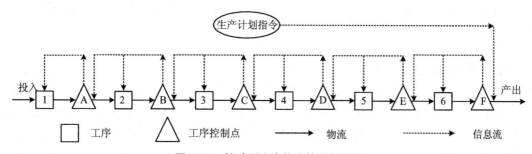

图 6.22　拉动型生产物流控制原理图

拉动型控制的特点是分散控制,每一阶段的物流控制目标都是满足各道工序的局部需求,通过这种控制方式,使局部生产达到最优要求。但各阶段的物流控制目标难以考虑系统的、总体的控制目标,因此这种控制原理不能使总费用水平和库存水平都保持在期望水平。广泛应用的"看板管理"系统本质上就是生产物流拉动型控制系统。

5. 生产物流控制方法

（1）生产数量控制法

① 加权控制法。加权控制法需要记录每期的实际库存量与计划库存量的差异,然后再修正、调整各期的实际生产量。生产物流数量控制模型为

$$(t+1)\text{期实际产量} = (t-1)\text{期计划产量} + \text{修正值} \tag{6.3}$$

上式中的修正值计算公式为

$$\text{修正值} = \alpha\left[\left(\begin{matrix}t\text{期期末}\\\text{实际库存量}\end{matrix} - \begin{matrix}t\text{期期末}\\\text{计划库存量}\end{matrix}\right) + \sum_i\left(\begin{matrix}t\text{期}\\\text{实际产量}\end{matrix} - \begin{matrix}t\text{期}\\\text{计划产量}\end{matrix}\right)\right] \tag{6.4}$$

式中,α 为加权系数,$0 \leqslant \alpha \leqslant 1$。修正值是由 t 期期末实际库存量和计划库存量的差异及前置期间各期中实际产量与计划产量的差异相加后,再乘以加权系数 α 而得到的。

② 流动数曲线控制法。在生产过程中,每一阶段都有物流的流入和流出。记录其累积的流入量 Q_i 和流出量 Q_0,并用时间 t 作为横坐标,累计量 Q 作为纵坐标作曲线,称为"流动数曲线"。如图 6.23 所示。

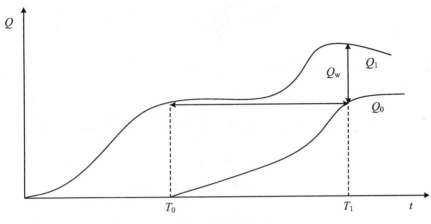

图 6.23 流动数曲线

设物流的流速为 V,物料滞留时间为 T,此段时间内在制品数量为 Q_w,三者的关系为

$$V = Q_w/T$$

可以根据在制品数量 Q_w 对生产物流进行动态控制。因此,通过流动数曲线,可以判断物流状态,分析物料滞留原因,以便采取相应措施。

(2) 生产进度控制法——甘特图控制法

对于加工装配型生产企业来说,生产物流进度控制的另一个重要方面,就是保证零部件出产的成套性。生产成套性控制要从合理安排成套性投料控制和成套性出产控制两方面入手。成套性投料控制是指根据产品装配要求及当前生产状况,合理控制各工序的投料,既要充分利用机器现有生产能力,保证生产系统产出量最大,又要充分考虑产品装配工艺要求,保证零部件配套出产,尽量减少在制品占用量。成套性出产控制是指将零部件实际出产的品种、时间及数量与作业计划中所要求的情况进行比较,并结合产品结构图进行配套性分析,检查已出产零部件的品种和数量是否满足产品装配的配套性要求,发现有不配套时,立即采取纠正措施,及时补齐缺件。

利用成套性甘特图掌握在制品成套性出产情况是成套性控制的一种有效工具。成套性甘特图实际上就是一种零件生产进度图,它可以清楚地表示各种零件的生产数量已经可组装成整机的产品数量,从而能够及早采取措施,改善出产成套性。

6.4.2 以 MRP,MRP Ⅱ,ERP 原理为指导的生产物流计划与控制

物料需求计划(Material Requirement Planning,MRP)是一种计算物料需求量和需求时间的系统。MRP 根据产品结构各层次中物料的从属和数量关系,以每个物料为计划对象,以完工时期为时间基准倒排计划,按提前期长短区别各个物料下达计划时间的先后顺序。MRP 思想的提出解决了物料转化过程中的几个关键问题:何时需要? 需要什么? 需要多少? 它不仅在数量上解决了缺料问题,更关键的是从时间上来解决缺料问题。

MRP 的演进先后经历了以下几个阶段:

20 世纪 60 年代,物料需求计划(时段式 MRP);

20 世纪 70 年代中期,闭环 MRP;

20 世纪 80 年代初,制造资源计划(Manufacturing Resource Planning,MRP Ⅱ);

20 世纪 90 年代,企业资源计划(Enterprise Resources Planning,ERP)。

时段式 MRP 和闭环 MRP 逻辑原理如图 6.24 所示。

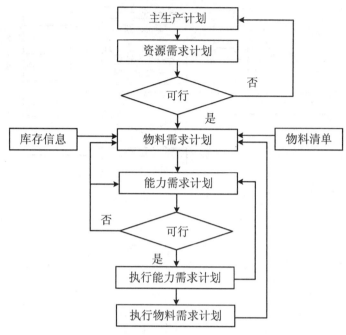

图 6.24　时段式 MRP 和闭环 MRP 逻辑原理图

人们把与 MRP 各过程有关的财务状况反映进来，拓展了闭环 MRP 的功能，并将其称之为 MRPⅡ（1977 年 9 月，由美国著名生产管理专家奥列弗·怀特提出）。MRPⅡ 的基本思想是把企业作为一个有机整体，从整体优化的角度出发，通过应用科学方法对企业各种制造资源和产、供、销、财各个环节进行有效的计划、组织和控制，使他们得以协调发展，并充分发挥作用。MRPⅡ 逻辑原理如图 6.25 所示。

MRPⅡ 可以在周密的计划下有效地利用各种制造资源，控制资金占用，缩短生产周期，降低成本，提高生产率。MRPⅡ 同 MRP 的主要区别就是它运用管理会计的概念用货币形式说明了执行企业"物料计划"带来的效益。

ERP 是一个面向供需链管理的管理信息集成系统。ERP 将企业的流程看成是一个紧密连接的供应链，其中包括供应商、制造工厂、分销网络和客户；将企业内部划分为几个相互协同作业的支持集团。采用网络通信技术，ERP 实现了对整个供应链中的物流、信息流和资金流的有效管理，解决了多变的市场与均衡生产之间的矛盾。ERP 逻辑原理如图 6.26 所示。

MRP，MRPⅡ，ERP 系统实质上都是属于推动型生产物流系统。

在生产物流的组织和控制上，根据 MRP，MRPⅡ，ERP 的运作原理，通过预测计算物料的需求量和各个生产阶段对应的提前期，确定原材料、零部件和产品的投入产出计划，向相关车间或工序以及供应商发出生产和订货指令。各个生产车间或工序以及供应商，按计划安排进行生产，把加工完的零部件送到后续车间和工序，并将实际完成情况反馈到计划部门，通过"送料制"，最终产品逐渐形成。在此过程中，计划信息流同向指导推动生产物流的流动。

对于"推动型"生产物流系统，进行生产控制就是要保证各个生产环节的物流输入和输

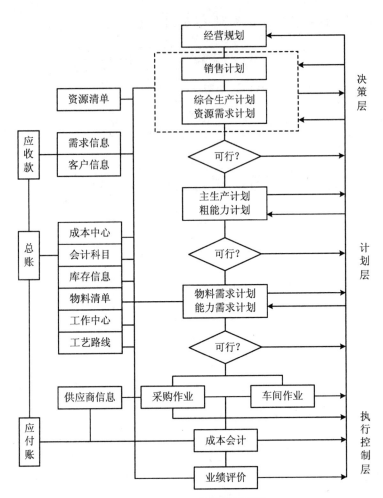

图 6.25　MRPⅡ 逻辑原理图

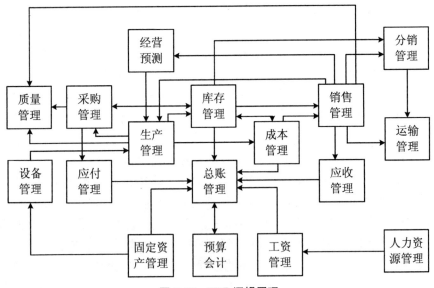

图 6.26　ERP 逻辑原理

出都按计划要求按时完成。但是由于各类因素的干扰,外部需求经常波动,内部运行也时有异常事件发生,各种提前期的预测也不尽准确,造成"计划变化滞后"的情况,各车间、工序之间的数量和品种都难以衔接,交货期难以如期实现。为了解决这些矛盾,通常采用调整修改计划,设置安全库存,加班加点,加强调度控制力度,增加计算机辅助管理系统等措施。与此对应,要发生相关的库存费用、人工费用、管理费用和投资。尽管这样,还是不能完全挽回由于不确定性因素带来的损失。

6.4.3 以 JIT 思想为指导的生产物流计划与控制

准时化生产(Just in Time,JIT),是日本丰田汽车公司对生产物流进行控制的一种创新方法,其目标是降低成本、减少产品提前期并提高质量;其核心是及时物流的思想,即在一个物流系统中,原材料准确(适量)无误(及时)地提供给加工单元(或加工线),零部件准确无误地提供给装配线;其实现及时物流的手段是"看板"管理。JIT 的基本思想可概括为"在需要的时候,按所需的数量,生产所需的产品"。JIT 系统的结构体系如图 6.27 所示。

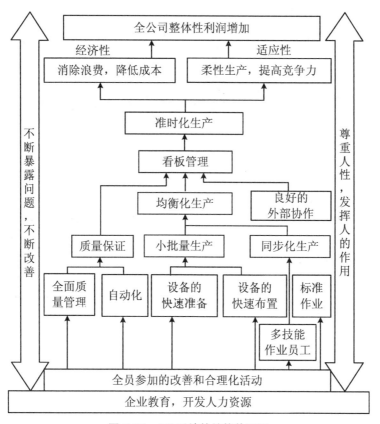

图 6.27 JIT 系统的结构体系图

从本质上看,JIT 是基于"拉动型"生产物流的物流管理理念,其最大特点是市场供需关系的工序化,它以外部市场独立需求为源点,拉动相关物料需求的生产和供应。在生产物流的组织过程中,从最终产品装配出发,由下游工序反向来启动上游的生产和运输。最终工序(组装厂)要求其前的各专业工厂之间、工厂内的各道工序之间以及委托零部件生产厂到组装厂的零部件供应,必须在指定时间高质量完成(供货时免除数量和质量的检验),严格管理供货时间误差,以保证在需要的时候,按需要的量,生产所需的产品。上下游、前后工序之间形成供应商-顾客关系,下游和后工序"顾客"需要什么,上游和前工序"供应商"就"准时化"提供什么,物流过程精益化,市场需求导向的理念在拉动型物流中得到充分体现。

JIT"拉动型"物流管理模式的实施需要一定的企业管理基础,它主要考虑了人的因素,注重员工的多技能和合作。但是,JIT"拉动型"物流系统的成功运行是在与生产相关的物流系统资源都能够提供足够大的物流能力的前提下进行的。在实际生产中各种资源的能力不可能一开始就是完全相等的,因此,不可能一开始就实现最大能力的均衡生产。所以,JIT的顺利实施也就受到了整个生产系统中有效产出最低的环节——瓶颈的限制。

以 JIT 思想为宗旨的生产物流运作方式,不仅是对一个企业的生产物流及时性的要求,它同样涉及与之有关的物料供应企业的生产物流能否及时到位的问题。所以只有保证了采购物流、销售物流的 JIT 方式,才能真正保证生产物流的 JIT。这反映出生产物流的计划与控制与采购物流、销售物流的计划与控制息息相关。

【资料6.18 小资料】

JIT 生产管理方式在70年代末期从日本引入我国,长春第一汽车制造厂最先开始应用看板系统控制生产现场作业。到了1982年,第一汽车制造厂采用看板取货的零件数,已达其生产零件总数的43%。

6.4.4 以 TOC 理论为依据的生产物流计划与控制

6.4.4.1 TOC 理论概述

约束理论(Theory of Constraints,TOC)是由以色列物理学家高德拉特(Eliyahu M. Goldratt)博士创造,是在其与另外三位以色列籍科学家共同创立的最优生产技术(Optimized Production Technology,OPT)的基础上发展起来的一种企业持续改善的方法。1992年出版的《目标》(*The Goal*)一书中,高德拉特用生动和充满悬念的故事解释了约束理论的原理和方法。它的基本原理是先找出生产系统中的瓶颈,再对瓶颈资源进行排序和资源分配,最后根据对瓶颈资源的排序来对其他有多余容量的资源进行排序。这样,不仅大大的减少了排序与资源负荷分配的难度,而且这两者可以同时完成,大大的缩短了排序时间,所以这种方法也称为同步制造。TOC 承认能力不平衡的绝对性,因而强调"物流"的平衡,而非"产能"的平衡,保证了生产物流的平衡以及生产节奏的同步。

约束理论认为,在一个独立的生产系统中,通常存在一定数量的、至少一种稀缺资源,这些稀缺资源被称为约束或瓶颈,而约束资源的产出决定了整个系统的产出率,除非约束资源的生产能力得到提高,否则对任何非约束资源的改善都是徒劳的。瓶颈资源是指产能小于或等于特定需求的任何资源,可能为一部机器、技术熟练的人员或专业工具。如果瓶颈在生产系统中,则称为内部瓶颈,否则称为外部瓶颈。

6.4.4.2 TOC 的九大管理原则

在 TOC 技术和方法的实施和应用过程中,无处不贯彻着 TOC 的九大管理原则,它可直接用于指导实际的生产管理活动。

1. 追求物流平衡而非生产能力的平衡

所谓物流平衡就是使各个工序都与瓶颈环节同步,以求生产周期最短、在制品量最少。生产能力的平衡对于一个企业,特别是多品种生产的企业,是很难甚至几乎无法做到的。因而必须在市场波动这个前提下追求物流平衡。

2. 非瓶颈资源的利用程度不是由其自身的潜力决定的,而是由系统的约束决定的

系统的产出是由瓶颈的产出量决定的,非瓶颈资源的利用水平不应由其自身的生产能力来决定,而应由瓶颈资源的生产能力来决定。非瓶颈资源超过瓶颈资源的那部分生产能力,是不能为系统增加产出和利润的,反而会增加不必要的在制品库存,影响生产系统内的物流平衡。许多企业的中转仓内堆满了大量在制品库存,都是由于"高效率"地利用非瓶颈资源而制造出来的。

3. 资源的"利用"(Utilization)和"活力"(Activation)不是同义词

"利用"是指资源应该利用的程度,"活力"是指资源能够利用的程度。TOC 强调了两者之间的重要区别:"利用"注重的是有效性,而"活力"注重的则是可行性。从平衡物流的角度出发,应允许在非关键资源上安排适当的闲置时间。

4. 瓶颈上一个小时的损失则是整个系统的一个小时的损失

一般来说,生产时间包括调整准备时间和加工时间。但在瓶颈资源与非瓶颈资源上的调整准备时间的意义是不同的。而如果在瓶颈资源上节省一个小时的调整准备时间,则将能增加一个小时的加工时间,相应地,整个系统增加了一个小时的产出。因此对瓶颈必需保持 100% 的"利用",如增加批量等以尽量增大其产出,对瓶颈还应采取特别的保护措施,不使其因管理不善而中断或等工。

5. 非瓶颈资源节省的一个小时无益于增加系统产销率

非瓶颈资源上除了生产时间(加工时间和调整准备时间)之外,还有闲置时间。节约一个小时的生产时间,将增加一个小时的闲置时间,而并不能增加系统产销率。

6. 瓶颈控制了库存和产销率

产销率受到企业的生产能力和市场的需求这两方面的制约,即它们是由内部瓶颈和外部瓶颈所控制的。由于瓶颈控制了产销率,所以企业的非瓶颈应与瓶颈同步,它们的库存水平只要能维持瓶颈上的物流连续稳定即可,过多的库存只是浪费,因而瓶颈就相应地控制了库存。

7. 转运批量可以不等于加工批量

TOC 把在制品库存分为两种不同的批量形式,即加工批量和转运批量。加工批量是指经过一次调整准备所加工的同种零件的数量;转运批量是指工序间运送一批零件的数量。转运批量可以不等于加工批量,一般说来,转运批量小于加工批量。为使瓶颈上的产销率达到最大,瓶颈上的加工批量必须大。

8. 批量大小应是可变的,而不是固定的

在 TOC 中,转运批量从在制品的角度来考虑的,而加工批量则是从资源类型的角度来考虑的。同一种工件在瓶颈资源和非瓶颈资源上加工时可以采用不同的加工批量,在不同的工序间传送时可以采用不同的运输批量,其大小根据实际需要动态决定。

9. 编排作业计划时应考虑系统资源约束,提前期是作业计划的结果,而不是预定值

可以看出 MRP Ⅱ 是按预先制定的提前期,用无限能力计划法编制作业计划。但当生产提前期与实际情况出入较大时,所得的作业计划就脱离实际难以实施。TOC 先安排瓶颈工序上加工的关键件的生产进度计划,以瓶颈工序为基准,拉动瓶颈工序之前的工序,推动瓶颈之后的工序,并进行优化。TOC 中的提前期是批量、优先权和其他许多因素的函数,是编制作业计划产生的结果。

6.4.4.3 DBR 机制概述

"鼓-缓冲器-绳子"(Drum-Buffer-Rope,DBR)是为实现 TOC 思想而设计的一种运作控制机制。如图 6.28 所示,它主要由"鼓""缓冲器""绳子"三个部分组成。

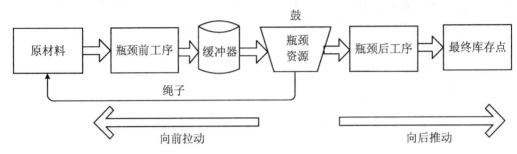

图 6.28 生产领域 DBR 机制示意图

1. 鼓

"鼓"是指生产系统的约束资源及其作业计划,鼓点就是生产的节拍。根据瓶颈资源的可用能力确定物流量,作为约束全局的"鼓点",控制在制品库存量。从计划和控制的角度来看,"鼓"反映了系统对约束资源的利用。所以,对约束资源应编制详细的生产作业计划,以保证对约束资源的充分合理的利用。

2. 缓冲器

所有瓶颈和总装工序前要有"缓冲器",保证起制约作用的瓶颈资源得以充分利用,保护其不受到上游生产波动的影响,同时控制合理的库存水平,保持物流平衡,以实现企业最大的产出。一般来说,"缓冲"分为"时间缓冲"和"库存缓冲"。时间缓冲是指所提供的物料要比预定的时间提早一段时间到达,以避免瓶颈出现停工待料的情况。后者是保险在制品,其位置、数量的确定原则同"时间缓冲"。

3. 绳子

"绳子"是协调控制信息,保证其他所有需要控制的工作中心的生产节奏与瓶颈资源同步,控制物料投放节奏和非瓶颈的按需准时适量生产。

由于"约束"决定着生产线的产出节奏,因此,在其上游的工序实行拉动式生产,等于用一根看不见的"绳子"把"约束"与这些工序串联起来,有效地使物料依照产品出产计划快速地通过非约束作业,以保证约束资源的需要。所以,"绳子"控制着企业物料的进入(包括"约束"的上游工序与"非约束"的装配),起的是传递作用,即驱动系统的所有部分按"鼓"的节奏进行生产。通过"绳子"系统的控制,使得约束资源前的非约束资源均衡生产,加工批量和运输批量减少,可以减少提前期以及在制品库存,而同时又不使约束资源停工待料。在 TOC 实施的过程中,"绳子"是由一个涉及原材料投料到各车间的详细作业计划来实现的。

因此,在"鼓-缓冲器-绳子"系统中,"鼓"的目标是使产出率最大,"缓冲器"的目标是对瓶颈进行保护,使其生产能力得到充分利用,"绳子"的目标是使库存最小。

【资料 6.19 小应用】

Ball Seal 公司的采购改进

Ball Seal 公司主要生产铅封和弹簧,顾客遍及 20 多个行业。Peter 自 1991 年起就一直在这家公司负责生产管理。自 1992 年起,Peter 发现越来越多的定单明显呈现小批量、短时间的特点,每笔定单的订购数量从 350 个单位降到了 220 个单位;顾客要求越来越短的交货时间。尽管公司增加了更多的设备,实施了业务流程重组,把每台设备的装配时间缩短到 10 分钟,而且雇佣人数一年内就增长了 30%,但实际定单交货量只上升了 5%,远远低于 Peter 的预期。

在 1994 年,Peter 开始应用约束理论来改进生产。他发现定单不能及时交付的主要约束瓶颈在于外部供应的部件总不能及时送到,导致装配生产线常常因为零件供应不上,而放慢速度或者停产。于是,公司重新挑选了外部供应商,签订了更严格的供应合同。在贯彻约束理论的 60 天内,公司把生产周期从 8 周降到了 2 周,还去掉了流程中所有不必要的环节,使公司当年的利润翻了一番。

(资料来源:http://3y.uu456.com/bp-af068bc758f5f61fb73666e9-2.html.)

6.4.4.4 生产物流均衡

生产物流均衡(Balanced Inventory Flow Replenishment, BIFR)源于 TOC,生产物流均衡就是使生产系统中各环节的每个作业都与瓶颈作业协调同步,以求生产周期最短、在制品最少,进而实现系统有效产出最大的目标。实现生产物流均衡的计划与控制步骤[①]如下:

步骤 1:识别瓶颈是控制物流的关键。一般来说,当需求超过能力时,排队最长的机器就是"瓶颈"。如果我们知道一定时间内生产的产品及其组合,就可以按物料清单计算出要生产的零部件。然后,按零部件的加工路线及工时定额,计算出各类机器的任务工时,将任务工时与能力工时比较,负荷最高、最不能满足需求的机器就是瓶颈。找出瓶颈之后,可以把企业里所有的加工设备划分为关键资源和非关键资源。

步骤 2:基于瓶颈的约束,建立产品出产计划(主生产计划)。产品出产计划的建立,应该使受瓶颈约束的物流达到最优。为此,需要按有限能力,用顺序方法对关键资源排序,由此排出的作业计划是切实可行的。

步骤 3:"缓冲器"的管理和控制要对瓶颈进行保护,使其能力得到充分利用。为此,一般要设置一定的"时间缓冲"。

步骤 4:控制进入非瓶颈的物料,均衡企业的生产物流。进入非瓶颈的物料应被瓶颈的产出率所控制(即"绳子")。一般按无限能力,用倒排方法对非瓶颈资源安排作业计划,使之与关键资源上的作业同步。倒排时,采用的提前期可以随批量变化,批量也可按情况分解。

---

① 黄波. 混流制造车间的生产物流优化关键问题研究[D]. 重庆:重庆大学,2012:17.

【资料 6.20 小思考】

Jeff Grubb 是一家硬木家具制造公司创始人。该公司目前面临一个令人烦恼的难题：每个季节从零售商取得的定单都有巨大的波动。顾客们喜欢在秋季、冬季要比在夏季和春季买更多的家具。这就导致在夏季，工厂十分清闲，而在秋季和冬季就非常繁忙。

Grubb 分析了上游经销商的心理：为了用现货满足顾客需求，经销商们就需要保持较高水平的库存；而为了实现库存回报的最大化和加快库存周转，经销商们又需要保持较低水平的库存。另外，顾客的要求是个性化和小批量的，因此与销售需求相匹配的定单往往是频繁的、小额的。为了使投资回报最大化，节约装运成本，经销商们往往直到积累了一大笔定单，足够装满整车后，才进行定货。因此，限制工厂均衡生产的因素，不是工厂的生产能力，而是经销商的库存管理方式。

(资料来源：http://3y.uu456.com/bp-af068bc758f5f61fb73666e9-2.html.)

请思考，Jeff Grubb 公司应该如何解决其生产均衡问题和经销商的库存问题？

6.4.4.5 MRPⅡ、JIT、TOC 三种模式的比较

MRPⅡ、JIT、TOC 是在不同时代、不同经济与社会环境下产生的不同的企业管理方式，其内涵的物流活动的原理也不尽相同。这几乎涉及企业经营规划、业务运作、决策模式以及持续改进管理等企业运作管理的方方面面。

1. 计划方式

MRPⅡ 采用集中的计划方式，计算机系统首先建立一套规范、准确的零件、产品结构及加工工序等数据系统，并在系统中维护准确的库存、订单等供需数据，MRPⅡ 据此按照无限能力计划法，集中展开对各级生产单元及供应单元的生产与供应指令。

JIT 采用看板管理方式，按照有限能力计划，逐道工序地传递生产中的取货指令和生产指令，各级生产单元依据所需满足的需求组织生产。

而 TOC 的计划方式不同，它先安排约束环节上关键资源的生产进度计划，以约束环节为基准，把约束环节之前、之间、之后的工序分别按拉动、工艺顺序、推动的方式排定，并进行一定优化，然后再编制非关键资源的作业计划。

2. 能力平衡方式

MRPⅡ 提供能力计划功能。由于 MRPⅡ 在展开计划的同时将工作指令落实在具体的生产单元上，因此根据生产单元的初始化能力设置，可以清楚地判断生产能力的实际需求，由计划人员依据经验调整主生产计划，以实现生产能力的相对平衡。

JIT 计划展开时基本上不对能力的平衡作太多考虑，企业密切协作的方式保持需求的适当稳定并以高效率的生产设备来保证生产线上能力的相对平衡。总体能力的平衡一般作为一个长期的规划问题来处理。

TOC 首先按照能力负荷比把资源分为约束资源和非约束资源，通过改善企业链条上的薄弱环节来消除"约束"，同时注意到"约束"是动态转移的，通过 TOC 管理手段的反复应用以实现企业的持续改进。

3. 库存的控制方式

MRPⅡ 中一般设有各级库存，强调对库存管理的明细化、准确化。库存执行的依据是计划与业务系统产生的指令，如加工领料单、销售领料单、采购入库单、加工入库单等。

JIT 生产过程中一般不设在制品库存，只有当需求期到达时才供应物料，所以库存基本

没有或只有少量。

而 TOC 的库存控制是通过合理设置"时间缓冲"和"库存缓冲"来实现的。缓冲器的存在起到了防止随机波动的作用,使约束环节不至于出现等待任务的情况。缓冲器的大小由观察与实验确定,再通过时间,进行必要的调整。

4. 质量的管理方式

MRP Ⅱ 将出现的质量问题视为概率性问题,并在最终检验环节加以控制。系统可以设置默认质量控制参数,借助生产中质量信息的反馈,事后帮助分析出现质量问题的原因。

JIT 质量控制中,进入下一道工序时要确保上一道送来的零件没有质量问题,一级级控制直至最后成品。对于发现的质量问题,一方面立即组织质量小组解决,另一方面可以停止生产,确保不再生产出更多废品。

在 TOC 中,一方面,在约束环节前设置质检,以避免前道工序的漏洞对约束环节的影响。另一方面,当"质量管理"因素成为一个无形约束时,通过一系列工具来找到突破点。

5. 物料采购与供应方式

MRP Ⅱ 的采购与供应系统主要根据由计划系统下达的物料需求指令进行采购决策,并负责完成与供应商之间的联系与交易。此类采购与供应部门的工作主要围绕如何保证供应的同时降低费用。

JIT 将采购与物料供应视为生产链的延伸部分,即为看板管理向企业外传递需求的部分。实际生产过程中,由于企业多已建立密切的合作关系,所以供应商一般亦根据提出的需求组织生产,保证生产链的紧密衔接。此种情况,采购供应部门更像协作管理部门。

TOC 软件的集体运行和 MRP Ⅱ 一样需要大量的数据支持,如产品结构文件、加工工艺文件以及加工时间、调整准备时间、最小批量、最大库存、替代设备等。物料采购提前期不是事先固定,由上述数据共同决定的函数,物料的供应与投放则按照一个详细作业计划来实现,即通过"绳子"来同步。

6.4.4.6 MRP Ⅱ,JIT,TOC 的定位分析

MRP Ⅱ 适合于宏观调控和长期规划,在企业级发挥着很好的作用,可直接把 MRP Ⅱ 定位在厂级或企业级,负责主生产计划、物料需求计划及各车间零部件的月、周计划。TOC 擅长于能力管理和现场控制,专注于资源安排,通过瓶颈识别、瓶颈调度,使其余环节与瓶颈生产同步,保证物流平衡,寻求需求和能力的最佳结合,使系统产销率最大。因此,把 TOC 定位在车间级,负责车间或工段工序日作业计划与调度、物料投放计划。

JIT 擅长于执行计划和降低成本,在降低在制品数量、减少浪费和现场改善等方面具有明显的优势。但 JIT 一味地强调通过降低成本以获取利润是有限度的。另外,JIT 所要求的生产环境对中国现阶段企业来讲是一个很高的门槛。因此,把 JIT 定位在生产现场,负责作业计划的执行、生产的控制和现场的反馈等工作。

【资料6.21 小实例】

A公司是一家小批量多品种型工业设备制造厂商,通过成功实施JIT、看板管理和生产线平衡等措施,A公司的产品生产周期、在制品库存和生产效率均得到明显的改善。改善前H产品的预测平均生产周期为8.89天,而改善后的平均生产周期为5.88天,产品平均生产周期降低了32%,有效的减少了在制品库存和提高了产品的准时出货率。成品生产线的在制品库存可以在不影响正常产量的情况下减少约1/3。装配工位总的操作时间由原来的5.1小时降低到了4.6小时,产品装配效率提高了10%。可见,物流既是主要成本的产生点,又是降低成本的关注点。

【资料6.22 小资料】

企业生产物流未来发展方向:一体化是必然趋势、构建以信息技术为核心的现代化企业生产物流体系、客户个性化需求的定制生产、提升增值服务和压缩物流时间、内部物流外包、绿色低碳物流、智能物流。

本章小节

生产物流是企业物流的关键环节,是企业生产的重要组成部分,科学的生产物流管理对提高企业生产系统的效率和企业利润有着重要的意义。本章主要研究了企业生产物流的内涵、企业生产物流管理的概念、企业生产物流的组织、不同类型的企业生产物流管理和企业生产物流的计划与控制。

生产物流是指企业生产过程中发生的涉及原材料、在制品、半成品、产成品等所进行的物流活动。不同的生产过程具有不同的生产物流构成,制造企业生产物流的构成主要取决于企业的生产类型、生产规模、生产工艺、专业化和协作化水平、技术管理水平等因素。

生产物流管理是指运用现代管理思想、技术、方法与手段,对企业生产过程中的物流活动进行计划、组织、控制与协调。生产物流管理的主要内容包括生产物料管理、物流作业管理及物流信息管理。

只有合理组织生产物流过程,才能使生产过程始终处于最佳状态。合理组织生产物流的基本要求是物流过程的连续性、平行性、节奏性、比例性和适应性。一般从空间、时间和人员三个角度来组织企业生产物流。生产物流空间组织的目标是缩短物料在工艺流程中的移动距离。选择合适的生产物流空间组织方式,以形成最优的搬运路线,节省搬运成本,是合理化组织生产物流活动的关键。一般有三种专业化生产物流组织形式,即工艺专业化、对象专业化和成组工艺。合理组织生产物流,不但要缩短生产物料流程的距离,还要加快物料流程的速度,减少物料的闲置等待,实现物流的节奏性、连续性。不同的物料移动方式下生产物流发生的时间有很大的差别,通常,一批物料有三种典型的移动组织形式:顺序移动、平行移动和平行顺序移动。

在生产物流的形成过程和流动方式上,企业的生产类型起着决定性作用。不同生产类型的生产物流具有不同的特征,其管理的重点也不一样。在实际生产组织中,应根据企业所生产的产品需求特征选择与之相适应的生产物流类型,企业还应根据市场需求特征变化情况同步调整与之相适应的生产物流类型。

生产物流计划的核心是生产作业计划的编制工作。期量标准是生产物流计划工作的重要依据。它是根据加工对象在生产过程中的运动,经过科学分析和计算,所确定的时间和数量标准。

生产物流控制是物流控制的核心,是实现生产作业计划的保证。生产物流控制的主要内容有:物流进度控制、在制品管理、偏差的测定和处理。生产物流控制原理有推动型生产物流控制原理和拉动型生产物流控制原理两种典型。MRP、MRPⅡ和ERP系统实质上都是属于推动型生产物流系统。对于推动型生产物流系统,进行生产控制就是要保证各个生产环节的物流输入和输出都按计划要求按时完成。JIT系统是属于拉动型生产物流系统,它是以外部市场独立需求为源点,拉动相关物料需求的生产和供应。常用的生产物流控制方法有生产数量控制法和生产进度控制法两种。

TOC将企业看作是一个完整的系统,认为任何系统至少存在一种约束因素。TOC承认企业能力不平衡的绝对性,因而强调"物流"的平衡,而非"产能"的平衡。

【关键词】

生产物流(Production Logistics)　　生产物流管理(Production Logistics Management)　　生产物流组织(Production Logistics Organization)　　大批量定制生产(Mass Customization)　　成组技术(Group Technology)　　单元化生产(Cell Production)　　期量标准(Criteria of Term and Quantity)　　生产周期法(Production Cycle Method)　　在制品定额法(WIP Ration)　　物料需求计划(Material Requirement Planning)　　制造资源计划(Manufacturing Resource Planning)　　企业资源计划(Enterprise Resources Planning)　　准时化生产(Just in Time)　　约束理论(Theory of Constraints)　　生产物流均衡(Balanced Inventory Flow Replenishment)

案例分析

GD公司现行生产物流系统分析

1. GD公司及生产的产品简介

GD公司成立于2003年9月,是一家医疗设备生产厂家,95%的产品销往德国、法国、中东、非洲、美洲及东南亚等国家或地区。GD公司生产基地占地面积100亩,厂房面积超过24 000平方米,拥有员工700多人。

公司产品所使用的原材料主要有电路板、塑胶件、变压器、包装材料以及其他纺织用品等。GD公司在生产中所需要的物料绝大部分是通过外购方式,如一些变压器组件、电路板组件、塑胶件和包装材料等,而作为医疗设备主要构成的变压器和电路板则由GD公司的变压器装配车间和电路板装配车间进行生产。GD公司对物料采用ABC分类管理法。如电路板组件等价值很高的物料是A类物料,这些物料的库存成本占公司总库存成本的65%~75%,而库存量在总库存量中只占到了15%~17%;而塑胶件和变压器组件等价值较高的物料是B类物料,占库存总数量的28%~30%,这类物料的总成本占总库存成本的17%~19%,而库存总量只占到总库存量的25%~29%。GD公司对这两类物资采用MRP模式进行采购,MRP系统会自动综合每日的物料需求量和物料现有的库存数量,然后得出相关的采购信息,再把这些采购信息进行汇总后发送给供应商,以此完成采购工作。而类似包装材料等物料属于 C 类物料,这类物料占用的成本比较低,只有 6%~9%,而占用的库存数量却很大,达到 49% 以上,公司对这类物资采用的是订货点采购模式。

2. GD 公司产品及生产流程特点

GD 公司是医疗设备生产企业,公司产品与生产流程的主要特点如下:

① 公司医疗设备系列和型号比较多,各产品产量相对较小。这是由医疗设备的特殊性决定的。公司产品系列多达 14 个,同一个系列的产品型号多达 57 个。

② 公司生产的医疗设备体积都比较大,多个品种的单件设备生产所需物料接近 220 个,甚至更多。

③ 由于 GD 公司的生产线是在不同的时期安置的,并未进行总体的规划,所以生产线上有些工位的节拍时间过长,导致工位间大量在制品积压,急需进行生产线平衡优化,以提高生产效率和设备利用率。

④ 公司生产所需的绝大部分物料都是通过外购,只有很少一部分比较关键的物料是由公司自己生产的。如包装材料、塑胶件和纺织用品等物料通过市场采购或者定制完成;而电路板和变压器则是分别由公司的电路板车间和变压器车间组装完成。

3. GD 公司的生产流程分析

(1) 装配车间的生产流程

GD 公司装配车间的生产流程如图 6.29 所示。

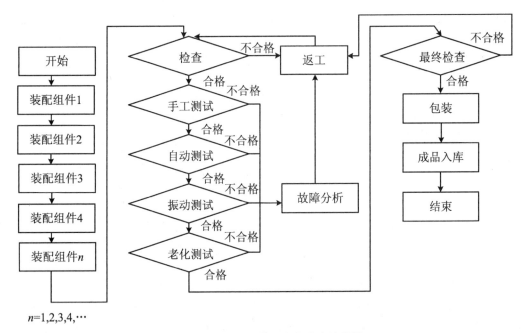

图 6.29 GD 公司装配车间生产流程图

以其中一条生产线为例,原材料从仓库进入生产线的备料工位,顺次经过装配 1、装配 2 和装配 3 等装配工位。装配完成的产品接受初步检查,如果初检不合格,则返工开始新的循环;检查合格即进入下一个工位——手工检测,并顺次通过自动测试、振动测试和老化测试工位,这四个工位中任一工位测试不合格,都要返工,并进行故障分析。如果这四个工位都通过测试,则进行最终检查,检查合格的进入包装工位,不合格则返工。包装完成的产品最终进入成批仓库储存,整个流程结束。

（2）GD公司生产线平面布局与物料流动路线分析

GD公司装配车间生产线布局与物料流动路线如图6.30所示。

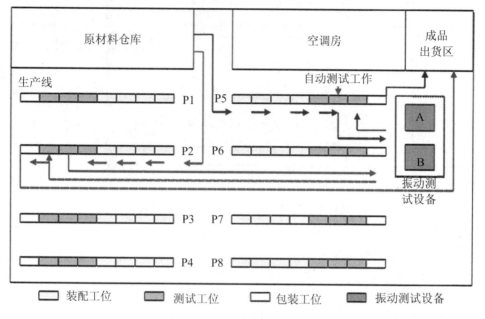

图6.30 GD公司装配生产线布局示意图

GD公司成品组装车间目前共有8条生产线，每条生产线包括装配、测试（包括振动测试）和包装三道工序。其中，装配工序和测试工序根据具体产品设置数量不等的工位，包装工序每条生产线都只有一个工位。目前装配车间共有两个振动测试工位，位于装配车间的同一侧。其中的振动测试设备是一种实现设备预测性维修的基础型仪器组合，可用于测量、记录和跟踪机器状态，如零部件的破损、产品结合物的松脱、保护材料的磨损、电路短路及断续不稳等，并能够对常见的机器振动故障进行诊断和趋势监测。此处主要用于测量产品结构的强度、电子组件的接触不良和各零件之标准值偏移等，以提早将不良件筛检。此设备组合是根据公司的实际情况，由设备提供商的工程师组合不同的测试设备而成，体积较大，设备与设备之间连接复杂，所以这种设备调整时间较长，成本较高，一般固定不动。

GD公司装配车间物流路线为：原材料从仓库流入各生产线，分别通过装配工位、手工测试、自动测试工位，然后流经振动测试工位，完成振动测试的产品进入老化测试和最终检查，任一测试不合格都要返工。合格的产品最终进入包装工位，完成包装后进入成品仓库。

（3）GD公司产品生产周期分析

以GD公司P2产品为例进行生产周期的分析。P2产品在GD公司的众多产品中需求量较为稳定，最近5年波动最小。P2产品生产工艺流程包括14个工位，分别是备料、装配1、装配2、装配3、手工测试、自动测试、振动测试、老化测试、检查、加盖、最终测试、包装、检查和入库。根据同行业标杆企业的标准操作时间，此医疗设备所有工位操作时间总和为26小时，即P2产品的生产周期为26个小时。图6.31显示的是P2产品2011年2～6月实际生产情况统计数据，由图可以看出，P2产品的实际平均生产周期为7.2天，即172.8个小时，是标准生产周期的6.6倍。

图6.32是2011年2～6月各工位平均工作时间的统计数据，由图可以得出以下结论：

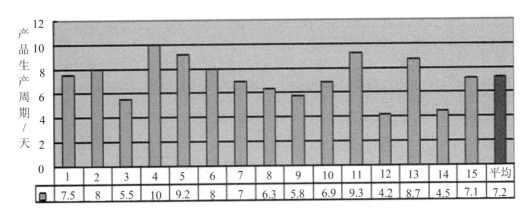

图 6.31　P2 产品 2011 年 2～6 月生产周期

① 工位间的操作时间严重不平衡，工位平均时间最高的装配 3 工位高达 99.1 小时，而最低的检查工位只有 1.5 个小时。这就造成了工位间的负荷不平衡和等待现象的出现。

② 总无效时间占的比重非常高，无效时间占到了总时间的 55%。如此高比重是由于部分工位不平衡造成在制品等待，而有些工位又由于设备布置不合理，导致物流运输时间延长，以及检测不合格返工和进行故障分析所造成的时间增加。

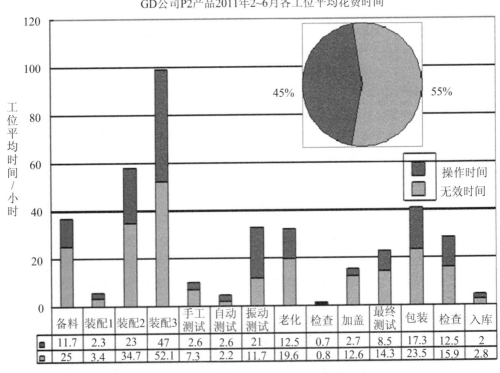

图 6.32　P2 产品在 2011 年 2～6 月各工位平均花费时间

（资料来源：王海波. GD 公司多品种小批量生产物流系统研究[D]. 武汉：华中科技大学，2012：15-20.）

思考：

（1）GD公司生产物流的类型属于哪一类？为什么？

（2）GD公司的生产物流具备哪些特点？结合这些特点，如何有效地开展该公司的生产物流管理？

（3）分析GD公司现行生产物流系统在生产物流空间布局、生产周期设计和生产物流平衡方面存在的问题？如何改善？

【思考与练习题】

1. 选择题

（1）生产物流是指生产过程中，（　　）等在企业内部的实体流动。
A. 原材料　　　B. 半成品　　　C. 商品　　　D. 产成品

（2）关于企业生产物流的说法，不正确的有（　　）。
A. 物流过程的特点是企业生产物流最本质的特点
B. 企业生产物流具有极强的伴生性
C. 企业生产物流过程具有很强的随机性
D. 企业生产物流的主要功能要素是运输和储存

（3）生产物流管理的核心是物料的（　　）。
A. 运行时间成本　　B. 消耗成本　　C. 运行路线　　D. 运行组织机构

（4）合理组织生产物流的基本要求包括（　　）。
A. 做到物流过程的连续性　　B. 做到物流过程的平行性
C. 做到物流过程的适应性　　D. 做到物流过程的比例性

（5）可以从哪些方面对生产物流进行有效的组织？（　　）。
A. 人员组织　　B. 时间组织　　C. 空间组织　　D. 物料组织

（6）企业生产物流的空间组织通常要考虑以下哪几个问题？（　　）。
A. 包括哪些经济活动单元？　　B. 每个单元需要多大空间？
C. 每个单元空间的形状如何？　　D. 每个单元在设施范围内的位置如何确定？

（7）制造企业生产物流的构成主要取决于企业的（　　）和技术管理水平等因素。
A. 生产类型　　B. 生产规模　　C. 生产工艺　　D. 专业化和协作化水平

（8）根据物料在生产工艺过程中的特点，可以把制造企业生产物流划分为（　　）。
A. 项目型　　B. 离散型　　C. 间歇型　　D. 连续型

（9）表明流水线速度快慢的期量标准是（　　）。
A. 节拍　　B. 节奏　　C. 流水线作业指示图表　　D. 在制品占用量定额

（10）（　　）是指从原材料投入生产开始，经过各道工序加工直至成品出产为止，所经历过的全部日历时间。
A. 生产间隔期　　B. 生产提前期　　C. 生产周期　　D. 加工周期

（11）大量流水线型生产物流的期量标准主要有（　　）。
A. 节拍　　B. 生产提前期　　C. 在制品定额　　D. 流水线作业指示图表

（12）成批生产型物流的期量标准（　　）。
A. 批量　　B. 生产间隔期　　C. 生产周期　　D. 在制品占用定额

（13）流水线（车间）间在制品占用量按照其作用分类分为（　　）。

A. 工艺占用量　　　B. 运输占用量　　　C. 周转占用量　　　D. 保险占用量

2. 判断题

(1) 生产物流也称为厂区物流或车间物流,是指企业生产过程中发生的涉及原材料、半成品、设备等进行的物流活动。(　　)

(2) 企业生产物流伴随加工活动而发生,主要是实现加工附加价值的经济活动。(　　)

(3) 企业生产物流的主要功能要素是运输和仓储活动。(　　)

(4) 若企业专业化和协作化水平低,生产所需要的一些产品和半成品、零部件可以由供应商提供,则企业的物流流程就会缩短。(　　)

(5) 在企业生产规模不大,生产专业化程度低,产品品种不稳定的单件小批生产条件下,则适宜于按工艺专业化形式组织生产物流。(　　)

(6) 按生产专业化程度的高低(生产的品种多少、批量大小、生产重复程度),可以分为单件生产型、成批生产型和大量生产型。(　　)

(7) 一般情况下,批量小、体积小或重量轻而加工时间短的物料,适宜采用平行移动方式。(　　)

(8) 生产中的急件、缺件,则可以采用顺序或平行顺序移动方式。(　　)

(9) 根据生产物流的特征,生产物流岗位设计的基本原则是"因物流需要设岗",而不是"因人、因设备、因组织设岗"。(　　)

(10) 备货型生产运作过程强调物流同步管理,其生产物流特征是:在恰当的时间将恰当数量的物料送到恰当地点。(　　)

(11) 企业应根据市场需求特征变化情况同步调整与之相适应的生产物流类型。(　　)

(12) 单元化生产是将流水线分割成数条较短的生产线,生产线内的作业进行合并或简化后给较少的操作工来完成,减少生产线间的物料传递与模具准备工作。(　　)

(13) 单元化生产物流管理的重点是保持各道工序的产能基本平衡,消除设备之间生产能力差异。(　　)

(14) 推动型生产物流控制的特点是分散控制,每一阶段的物流控制目标都是满足各道工序的局部需求。(　　)

(15) 周转占用量是指间断流水线内,工序生产率不等造成的在制品量。(　　)

(16) 单件小批量生产物流常用的计划原理和方法是提前期法。(　　)

(17) 对于"拉动型"生产物流系统,进行生产控制就是要保证各个生产环节的物流输入和输出都按计划要求按时完成。(　　)

(18) JIT"拉动型"生产物流系统的最大特点是市场供需关系的工序化。(　　)

(19) TOC承认企业能力不平衡的绝对性,因而强调"产能"的平衡。(　　)

(20) 生产物流平衡就是使生产系统中各环节的每个作业都与瓶颈作业协调同步,以求生产周期最短、在制品最少,进而实现系统有效产出最大的目标。(　　)

3. 简答题

(1) 生产物流和生产物流管理的概念是什么?

(2) 生产物流的主要特点是什么?

(3) 影响生产物流的主要因素是什么?

(4) 合理组织生产物流的基本要求是什么？解释其含义。

(5) 生产物流的空间组织和时间组织各包括哪些？

(6) 对比分析单件生产、成批生产和大量生产物流类型的特征及其管理的重点。并举实例说明。

(7) 简述单元化生产物流的特征及其生产物流管理的重点。

(8) 生产物流计划的目标是什么？

(9) 什么是期量标准？单价小批量生产、成批生产和大量流水线生产物流的期量标准各包括哪些？

(10) 生产物流控制的基本原理包括哪两种典型？并简述其原理。

(11) 对 MRP Ⅱ，JIT，TOC 的定位进行分析。

(12) 如何利用成套性甘特图法来有效控制生产进度，以保证加工装配型生产的出产成套性？

4. 思考题

(1) 比较分析工艺专业化、对象专业化和成组工艺三种形式组织企业生产物流的优缺点及其适应范围。

(2) 思考在生产物流的时间组织中应该如何选择合理的物料移动方式？调研一家制造企业生产物流时间组织情况，并分析该公司物料移动方式是否合理。

(3) 观察生活中的某个服务系统，分析其在提供服务的过程中在物流组织上有哪些问题？如何改善？

(4) 如何你是一家制造企业的生产物流经理，你如何来管理公司的生产物流系统？

5. 计算题

(1) 某工厂按照客户的要求，准备加工一种零件，该零件的批量为40件，要顺序经过车孔、铣平面、磨光、热处理四道工序方可完工。各道工序的单件加工时间分别为5,3,6,4分钟，客户希望在6小时内完工交货。如果不能按期完成这批零件，就无法按期交货，这势必影响工厂的信誉，也影响客户生产过程的正常进行，有丧失客户的可能，因而工厂不愿冒此风险。在上述情况下，如果只考虑按期交货，那么该工厂共有几种生产移动方式可供选择？如果既要考虑按期交货，又要提高加工设备的利用率，那么该工厂应采用哪种生产移动方式？

(2) 某可变流水线上生产 A, B, C 三种产品，其计划月产量分别为 2 000, 1 875, 1 857件，每种产品在流水线上各工序单件作业时间之和分别为 40、32、28 分种，流水线两班制工作，每月有效工作时间为 24 000 分，试确定可变流水线上各种产品的生产节拍。(设 A 为代表产品)

(3) 根据企业生产计划，到 2015 年 11 月底，A 产品的出产累计号数应达到 240 号，日平均产量为 2 台，构成 A 产品的某一部件在机械加工车间出产提前期是 14 天，这一零件组在机械加工车间的加工批量是 6 套，在 11 月初，盘点知道机械加工车间已经完成生产任务所达到的累计号数为 216 号，试求机械加工车间 11 月份的出产量。

 **应用训练**

某制造企业生产物流的类型和特点分析

实训目的:了解该企业生产物流的类型,掌握该企业物流的特点,能够结合该企业生产物流的类型及特点,分析该企业生产物流管理的重点、难点以及存在的问题。

实训内容:研究一家制造企业的生产物流系统,说明这个企业的生产物流的类型及特点,生产物流管理的重点和难点。分析该企业的生产物流是否出现了什么问题?针对出现的问题给出相应的解决方案。

实训要求:学生以小组为单位,每组5~7人,每组推荐一个组长;每组自由选择当地的一家制造企业作为调研对象;了解被调研企业生产物流的现状、类型;通过文献分析法、实地调查法、采访和观察法等方法,收集、整理该企业生产物流管理所涉及的主要内容、企业生产物流的类型,并分析其在生产物流管理上存在哪些问题,对于存在的问题及不合理之处,提出改善建议;以小组为单位将上述调研、分析及改进建议形成一个完整的调研分析报告。

某企业物流空间布局分析与改进

实训目的:了解该企业物流空间布局形式,掌握该企业物流布局所考虑的因素及具体流程,分析该企业物流空间布局的优劣,设计改进方案。

实训内容:实地调研某一制造企业或服务型企业(如超市、饭店、银行),对其空间布局进行详细分析,评价优劣,并提出改善方案。

实训要求:学生自由选择当地的一家企业作为调研对象;了解被调研企业的具体运作流程、所需的功能区域;到被调研企业实地考察,重点分析其功能区域的划分、布局形式和设施间的相对位置;运用所学的知识分析评价被调研企业布局的优劣,并提出初步改善方案;与企业负责人沟通,就空间布局上需要改进的地方与企业达成共识,进而形成最终的改善方案;将上述调研、分析及改进设计方案形成一个完整的报告。

制造企业生产物流计划方法及控制原理调研

实训目的:了解制造企业制定生产物流计划的方法及生产物流控制原理。

实训内容:实地调研某一中型制造企业,调研其制订生产物流计划所采取的方法以及生产物流控制的原理,分析所采取的计划方法及原理的优缺点,评价企业选择的合理性。

实训要求:学生以小组为单位,每组5~7人,每组推荐一个组长;每组自由选择当地的一家中型生产制造企业作为调研对象;调研该企业在制定生产物流计划和进行物流控制时所采取的方法,以及对物流计划进行控制时所依据的原理;运用所学的知识,分析被调研企业所采用方法的优劣,评价企业选择的合理性,如不科学,则提出更为合理的制定生产物流计划和进行生产物流控制的方法;将上述调研、分析及评价方案形成一个完整的报告。

第 7 章　企业销售物流管理

【本章教学要点】

知 识 要 点	掌握程度	相 关 知 识
企业销售物流管理概述	理解	企业销售物流管理的概念、意义,企业销售物流的基本内容和主要环节
销售订单管理	重点掌握	订单处理过程,企业的订货方式,不同实际环境中的订单处理过程实例,影响订单处理时间的其他因素
销售配送管理	掌握	销售配送类型,销售配送合理化的原则、判断标准及措施
销售运输管理	熟悉	销售运输方式的选择,销售运输线路的选择及相应的计算方法,多式联运概念、特点及组织与运作
物流服务管理	熟悉	物流服务的概念,物流服务对销售、客户购买以及对成本的影响,最优物流服务水平的原理及实践应用,衡量物流服务水平的因素,应急服务

【本章能力要求】

能 力 要 点	掌握程度	应 用 能 力
销售物流的重要性	理解	能够理解销售物流是提高企业竞争力的重要因素
销售订单的处理过程	重点掌握	能够熟练掌握销售订单的处理过程,包括接收客户订单、客户订单确认、建立客户档案等七个主要环节,并能在实际中加以应用
销售配送合理化	掌握	掌握销售配送合理化原则、判断标准及措施,理解其对企业降低配送成本的重要性
销售运输线路的选择	掌握	熟悉利用现有资源合理安排运输任务,消灭对流、迂回、重复等不合理现象,掌握不同运输线路的决策方法,合理利用交通路线进行企业的运输规划,掌握最短路与最大流的计算方法
物流服务管理的影响	理解	理解物流服务是物流组合中各项活动的直接后果,理解物流服务对企业销售、客户购买以及对成本的影响,掌握最优物流服务水平的原理及实践应用

【本章知识架构】

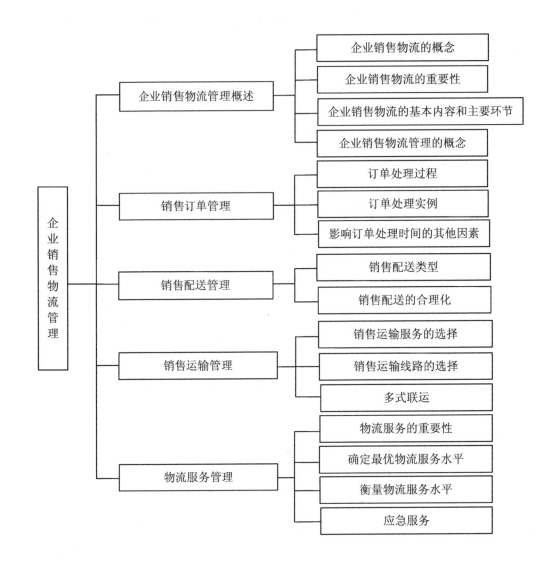

 导入案例

联合利华 Michael Treschow：物流或有新模式

2015年博鳌论坛召开,在"电子商务:线上线下的融合"论坛上,联合利华董事长Michael Treschow称,联合利华虽然不是零售商,但线上线下对他们同样很重要,要适应变化,和不同平台合作,进行企业的销售物流管理。他表示现有的物流销售模式将要打破,但同时最新的物流模式还要等一等。

Michael Treschow认为,阿里巴巴和其他企业一样,虽然网上零售比例比较少,但是对于下一代年轻人可能90%都是在网上购物,所以大家要充分认识到这个时代已经到来了,作为零售企业来说线上线下都要在行。联合利华在向零售商提供产品和商品时,也要适应这样的变化,包括产品的质量,要确保在新的电子商务环境下产品的质量能够适应这样的一个时代的要求。联合利华要善于和不同的平台来合作,物流是一个非常重要的问题,怎么样在网上的环境中能够有一个非常高效的物流?怎么样让顾客在网上购买了商品之后能够很快地拿到商品,或者能够在下班的时候到一个实体店很快地领他的商品?这些都是非常重要的。

Michael Treschow强调,现今有很多消费者觉得他们拿到产品,物流或者是快递应该是免费的,但是现实是没有免费的午餐。最终物流的费用或者找到一个更为高级的方式解决销售过程中的诸如订单处理、运输、物流服务等问题是非常重要的。

(资料来源:网易财经. 联合利华董事长:应线上线下,物流或有新模式[EB/OL]. http://money.163.com/15/0328/17/ALQFL202002555CS.html.)

思考:
从以上的分析,你觉得未来的销售物流模式将是什么样的呢?

7.1 企业销售物流管理概述

销售物流是企业物流的最后一个环节,是企业物流与社会物流的转换点,通过销售物流,产品实现使用价值,企业获得利润。

7.1.1 企业销售物流的概念

企业销售物流是企业产品离开生产领域,进入消费领域活动过程中的物流活动,它服务于企业的市场营销活动,良好的销售物流能够快速实现产品价值,创造企业利润。销售物流包括包装、运输、存储等环节的统一。

销售物流是企业赖以生存和发展的条件,又是企业本身必须从事的重要活动,它是连接生产企业和消费者的桥梁。对于生产企业来说,物流是企业的第三利润源泉,通过良好的销售物流能够大大地降低物流成本,提升企业利润。同时销售物流又具有很强的服务性,销售物流是以满足客户需求为出发,以实现销售为目的,而物流本身所实现的事件、空间以及加工价值都处于从属地位。

销售物流的服务性表现在要以客户为中心,树立"用户第一"的观念,销售物流的服务性要求销售物流必须快速、及时,这不仅是用户和消费者的要求,也是企业发展的需要。销售物流的时间越短、速度越快,资本所发挥的效益就越大。在销售物流中,还需要强调节约的原则和规模化的原则。此外,销售物流通过商品的库存对消费者和用户的需求起到保证作用[1]。

---

[1] 万志坚,单华. 企业物流管理[M]. 广州:广东经济出版社,2005:227-228.

7.1.2　企业销售物流的重要性

良好的销售物流服务已成为企业快速实现产品价值、满足客户需求，进而保持企业成功运作的关键，是增强企业产品的差异性、提高产品及服务竞争优势的重要因素。企业成功实施销售物流服务的重要性主要体现在以下四个方面：

1. 提高销售收入

销售物流活动能提供时间和空间效用来满足客户需求，是企业物流功能的产出或最终产品。无论是面向生产的物流服务，还是面向市场的物流服务，其最终产品都是提供某种满足客户需求的服务。

也可以说，服务是使产品产生差异性的重要手段。这种差异性，为客户提供了增值服务，而有效地使自己与竞争对手有所区别。尤其是在竞争产品的质量、价格相似或相同时，如果销售物流服务活动提供了超出基本服务的额外服务，就能使本企业的物流产品和服务在竞争中比对手胜出一筹。所以，提高客户服务水平，可以增加企业销售收入，提高市场占有率。

2. 提高客户满意度

一般来说，客户关心的是购买全部产品，即不仅仅是产品的实体，还包括产品的附加价值。销售物流服务就是提供这些附加价值的重要活动。良好的销售物流服务能提高产品的价值和附加价值，更能提高客户的满意程度。

3. 留住老客户，争取新客户

企业常把重点放在赢得新客户上，而很少关注现有客户，但是研究资料表明开发一位新客户与留住一位老客户的成本比为 5∶1，留住老客户和公司利润率之间有着非常高的相关性，这是因为：留住客户就可以留住业务；开发成本较低；为老客户的服务成本较少；满意的客户还会提供中介服务，即介绍新客户；满意的客户会愿意支付溢价。相反，一个对服务提供者感到不满的客户将被竞争对手获得。

4. 降低销售物流成本

物流管理要求以最小的总物流成本产生最大的时间和空间效用。企业在降低物流成本的同时，往往会影响所提供的服务水平。因此，从管理的角度，销售物流的服务水平对物流系统起着制约作用，运输、仓储、订单处理等各项物流成本的增加或减少都依赖于客户所期望的服务水平。所以，物流决策必须全面衡量客户需求、服务水平和服务成本的供需，从而使客户服务水平、物流成本及总利润之间平衡协调。

7.1.3　企业销售物流的基本内容和主要环节

销售物流归根到底是由客户订单驱动的，而物流的终点又是客户。因此，在销售物流之前，企业要进行售前的各种市场活动，包括确定客户（潜在客户、目标客户）、与客户的联系、产品展示、客户询价、报价、报价跟踪等。所以，从企业方面来看，销售物流的第一环节应该是订单管理，即在客户接受报价后就开始处理销售订单，订单记录了客户的需求、订货的价格，还要检查客户信用度和可用的物料。然后，根据销售订单实施其他物流业务。若有库存，则生成产品提货通知单，物流配送部门根据提货通知单生成物流配送单，进行销售运输，组织配送等；若没有库存，生成产品需求单（包括采购单），再把信息传递给生产物流管理系统或供应物流管理系统。

7.1.3.1 企业销售物流的基本内容[①]

① 随时收集、掌握和分析市场需求信息,包括需求量、需求分布、需求变化规律的供需态势、竞争态势,制定市场战略和物流战略。

② 根据市场战略和物流战略规划销售物流方案,规划物流网络布局,策划销售物流总体运作方案。

③ 根据物流网络规划和销售物流总体运作方案,设计规划各个物流网点建设方案和运作方案。

④ 策划设计运输方案、配送方案。

⑤ 策划设计库存方案、包装方案、装卸搬运方案。

⑥ 物流运作过程的监督、检查、控制、统计和总结。

⑦ 物流业绩的考核,物流人员的管理、激励。

⑧ 物流技术的开发和运用等。

7.1.3.2 企业销售物流的主要环节

在现代社会中,市场环境是一个完全的买方市场,因此,销售物流活动便带有极强的服务性,以满足买方的要求,最终实现销售。为了保证销售物流的顺利进行,实现企业以最少的成本满足客户需求,企业需要通过包装、送货、配送等一系列物流环节实现销售。

1. 产品的包装和储存

包装是企业生产物流系统的终点,也是销售物流系统的起点。产品包装,尤其是产成品的运输包装在销售物流过程中将要起到便于保护、仓储、运输、装卸搬运的作用。因此,在包装材料、包装形式上,既要考虑储存、运输等环节的方便,又要考虑材料及工艺的成本费用。

2. 产成品储存

保持合理库存水平,及时满足客户需求,是产成品储存最重要的内容。客户对企业产成品的可得性非常敏感,缺货不仅使客户需求得不到满足,而且还会提高企业进行销售服务的物流成本。当企业推出一种新产品或举办特殊促销活动期间,或是客户急需的配件不能立即供货时,产成品的可得性是衡量企业销售物流系统服务水平的一个重要参数。

为了避免缺货,企业一方面可以提高自己的存货水平,另一方面可以帮助客户进行库存管理。当一个客户的生产线上需流进成百甚至上千种不同的零部件时,其供应阶段的库存控制任务是非常复杂的,在这种情况下,企业帮助客户管理库存不仅十分必要,而且还能够稳定客源,便于与客户的长期合作。

随着计算机及通信设备能力的提高,许多供货商为客户进行库存控制自动化方面的规划,其中包括计算机化的订单处理和库存监控。另外,客户希望供应商在客户附近保持一定数量的库存以降低自己的存储空间需求。有时候,客户希望完全取消库存,从他们的客户那里得到订单,然后由供货商直接把货物运送给他们的客户。

3. 订单处理

为使库存保持最低水平,客户会在考虑批量折价、订货费用和存货成本的基础上,合理的频繁订货。企业为客户提供的订货方式越方便、越经济,越能影响客户,如免费电话服务、预先打印好的订货表,甚至为客户提供远程通信设备。客户非常关心交货日期,希望供货方能够将订单处理与货物装运的进程及时通知客户,特别当与预期的服务水平已经或将要发

[①] 张理,梁丽梅.现代企业物流管理[M].2 版.北京:水利水电出版社,2014:265-267.

生偏差时,更是这样。随着计算机和现代化通信设备的广泛应用,电子订货方式被广泛采纳,企业跟踪订货状态的能力也大大提高,使得客户与供应商的联系更加密切。对于购买生产线产品的工业客户来说,了解订货与装运状态虽然重要,但他们最关心的还是保持生产原料的可靠的连续供应,因此他们更关心交货日期的可靠性。

4. 发送运输

不论销售渠道如何,不论是消费者直接取货,还是生产者或供应者直接发货给客户(消费者),企业的产成品都要通过运输才能到达客户(消费者)指定的地点。而运输方式的确定需要参考产成品的批量、运送距离、地理等条件。

对于由生产者或供应者送货的情况,应考虑发货批量大小的问题,它将直接影响到物流成本费用,在此,配送是一种较先进的形式,在保证客户(消费者)需要的前提下,不仅可以提高运输设备的利用率,降低运输成本,还可以缓解交通拥堵,减少车辆废气对环境的污染。

运输方面的服务包括:运输速度快,及时满足客户需要;运输手段先进,减少运输途中的商品损坏率;运输途径合理组织,尽可能缩短商品运输里程;运输路线选择合理,减少重复装卸和中间环节;运输工具使用适当,根据商品的特性选择最佳运输工具;运输时间合理,保证按时将商品送到指定地点或客户手中;运输安全系数高,避免丢失、损坏等情况发生。

5. 装卸搬运

客户希望在物料搬运设备方面的投资最小化,例如,客户要求供应商以其使用尺寸的托盘交货,也有可能要求将特殊货物集中在一起装车,这样他们就可以直接再装运,而不需要重新分类。

7.1.4 企业销售物流管理的概念

企业销售物流管理就是对于销售物流活动的计划、组织、指挥、协调和控制,目标就是保证销售物流有效合理地运行。主要包括随时收集、掌握和分析市场需求信息;根据市场战略和物流战略规划销售物流方式方案,规划物流网络布局;根据物流网络规划,设计策划销售物流总体运作方案;根据物流网络规划和销售物流总体运作方案,设计规划各个物流网点;进行网点建设方案、网点内部规划(库区规划、货位规划等)、网点运作方案、策划设计运输方案、配送方案;策划设计库存方案;策划设计包装装卸方案;策划设计物流运作方案实施的计划、措施;物流运作过程的检查、监督和控制和统计、总结;物流业绩的检查、统计和小结;物流人员的管理、激励;物流技术的开发和运用等。

在实际应用中,我们主要分析销售订单管理、销售配送管理、销售运输管理和物流服务管理等五个方面。

7.2 销售订单管理

有专家称20世纪60年代企业靠成本取胜,80年代靠质量取胜,21世纪则靠速度取胜,这里的速度指对订单的反应速度。国外研究机构的调研结果表明,与订单准备、订单传输、订单录入、订单履行相关的物流活动占到整个订单处理周期的50%~70%。所以,配送中心要认真管理订单处理作业过程中的各项活动。

【资料7.1 小知识】

订货周期（Order Cycle Time）

从客户发出订单到客户收到货物的时间称为订货周期（GB/T 22126—2008）。与订单处理周期为同一概念。客户希望订货周期短而且稳定，从而降低自己经营的风险与成本。

7.2.1 订单处理过程

订单处理系统是企业物流系统的基础系统，它的具体工作是：将原始的单据录入到计算机系统，对订货单据、购货订单和结算单据、收据、付出账款、收入账款及销售物流中的基本业务活动等进行记录并随时更新。这个系统可以全面反映企业日常活动，为更高层次的信息系统提供基础数据并且直接帮助业务的改善。

订单处理系统的主要特点是：
① 能够有效地处理大量数据；
② 能够进行严格的数据和编辑处理，确保正确性、时效性；
③ 可以进行数据的存储和积累；
④ 可以提高数据处理的速度进而加速业务的流程。

订单处理流程包含客户订货周期中的诸多活动。具体而言，包括：订单准备、订单传送、订单录入、订单履行、订单追踪。完成每项活动需要的时间取决于涉及的方式。在实际工作中，零售、工业销售的订单处理过程有很大不同。如图7.1所示。

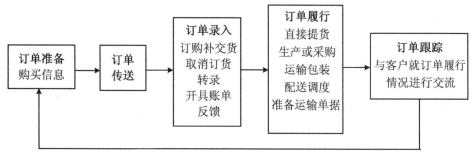

图7.1 订单处理过程图

7.2.1.1 订单准备

订单准备是指搜集所需产品或服务的必要信息和正式提出购买要求的各项活动。订单准备可能确定的内容有：决定合适的供货商，有客户或销售人员填制订单，决定库存的可得率，与销售人员打电话通报订单信息，或在计算机菜单中进行选择等。举例如下：

① 超市收银台的商品条码扫描系统。该项技术以电子化方式搜集所需商品的信息（尺寸、数量、品名），并提交给计算机做进一步的处理，加快了订单准备的速度。

② 销售人员在拜访采购人员及其他客户时，都携带便携式电脑。通过连接到卖方电脑上的一个终端，买方就可以与卖方讨论特定产品的规格，确定可得性和价格，并进行选择。

③ 一些工业采购订单常常是根据库存消耗情况用企业计算机直接生成的。利用电子数据交换技术（EDI），买卖双方的电脑可以连接起来实现无纸贸易，从而降低订单准备成本，

减少补货次数。

新技术的应用也是人们不再需要人工填制订单。语音感应电脑和产品信息无线编码等新技术的应用,进一步缩短了订货周期中订单准备阶段耗用的时间。

【资料7.2 小资料】
传统订货方式和电子订货方式

接单为订单处理作业的第一步骤,配送中心接收客户订货的方式主要有传统订货方式和电子订货方式两大类。随着流通环境及科技的发展,接收客户订货的方式也渐由传统的人工下单、接单,演变为计算机间直接送收订货信息的电子订货方式。

1. 传统订货方式

表7.1是传统的订货方式,不管是厂商补货,还是传真订货等何种方式订货,都需要记录和建档工作,见图7.2,欲完成这些工作需人工输入资料而且经常重复输入、传票重复填写,并且在输入输出过程中经常造成时间耽误及产生错误,造成无谓的浪费。尤其现今客户更趋向于多品种、小批量、高频度的订货,且要求快速、准确无误地配送,传统订货方式已逐渐无法应付客户的需求。

表7.1 传统订货方式表

传统订货方式	具体操作
1. 厂商补货	供应商将商品放在车上,一家家去送货,缺多少补多少。周转率较快或新上市的商品较常使用
2. 厂商巡货、隔日送货	供应商派巡货人员前一天先至各客户处寻查需补充的货品,隔天再进行补货
3. 电话口头订货	订货人员将商品名称及数量,以电话口述方式向厂商订货
4. 传真订货	客户将缺货资料整理成书面资料,利用传真机传给厂商
5. 邮寄订单	客户将订货表单或订货磁片邮寄给供应商
6. 客户自行取货	客户自行到供应商处看货、取货,此种方式多为以往传统杂货店因地域较近所采用
7. 业务员跑单接单	业务员至各客户处推销产品,而后将订单带回或紧急时以电话先联络公司通知客户订单

2. 电子订货方式

电子订货,通过电子传递方式取代传统人工书写、输入、传送的订货方式,即将订货资料转为电子资料形式,再由通信网路传送进行订货。此系统即称电子订货系统(Electronic Order System,EOS,不同组织间利用通信网络和终端设备进行订货作业与订货信息交换的系统)。做法可分为三种,见表7.2。

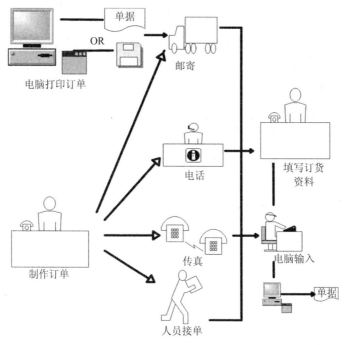

图 7.2 传统订货方式

表 7.2 电子订货方式表

电子订货方式	1. 订货簿或货架标签配合手持终端机及扫瞄器	2. POS(Point of Sale，销售时点管理系统)	3. 订货应用系统
具体操作	订货人员携带订货簿及手持终端(Handy Terminal, HT)及扫描器巡视货架,若发现商品缺货则用扫描器扫描订货簿或货架上的商品标签,再输入订货数量,利用计算机将订货资料传给总公司或供应商	客户设定安全存量,每当销售一笔商品时,计算机自动扣除该商品库存,当库存低于安全存量时,即自动产生订货资料,将此订货资料确认后即可透过信息网路传给总公司或供应商	客户信息系统里若有订单处理系统,可将应用系统产生的订货资料,经由特定软件转换功能转成与供应商约定的共通格式,在约定时间里将资料传送出去

经应用实践,电子订货对销售零售业来说:下单快速、正确和简便;商品库存适量化,只订购所需数量,可分多次下单;完全适应多品种、小批量和高频率的订货方式;缩短交货时间,减少因交货出错的缺货机率和减少进货、验货作业。对于供应商而言:简化接单作业,缩短接单时间,减少人工处理错误,使接单作业更加快捷、正确和简便;减少了退货处理作业;满足用户多品种、小批量和高频率的订货要求;缩短交货的前置时间。

7.2.1.2 订单传送

传送订单信息是订单处理过程中的第二步,涉及订货请求从出发地点到订单录入地点的传输过程。订单传输可以通过两种基本方式来完成:人工方式和电子方式。人工方式包括邮寄订单,或者有销售人员亲自将订单送到录入地点。人工传送订单的速度比较慢,但是成本相对低廉。

目前,随着电子信息技术的发展,大部分企业都利用电子方法传输订单。这种可靠性、高精度的传输方式几乎可以瞬间完成订单信息的输送,已经基本取代了人工传输方法。

7.2.1.3 订单录入

订单录入是指在订单实际履行前所要进行的各项工作,主要包括:

① 核对订货信息(如商品名称、编号、数量、价格等)的准确性;

② 检查所需商品是否可得;

③ 如有必要,准备补交货订单或取消订单的文件;

④ 审核用户信息;

⑤ 必要时,转录订单信息;

⑥ 开具账单。

订单录入的必要性在于,订货请求包含的信息往往与要求的格式不符,很难做进一步处理,有些表述不够准确,有些在交给订单履行部门之前做一些额外的准备,订单录入可以由人工完成,也可以进行全自动处理。

订单录入得益于技术进步。条形码、光学扫描仪以及计算机的大量使用极大地提高了工作效率。其中,条码和扫描技术对于准确、快速、低成本地录入订单信息尤为重要。与利用计算机键盘录入数据相比,条码技术更显优越性。这也正是条码技术在零售、制造和服务业应用广泛的原因。

采集订单的方法、对订单规模的限制以及订单录入的时间都会影响订单处理,销售人员可以在对客户服务的同时收集订单,随后进行订单录入。

订单录入的目的在于:将销售人员从非销售工作中解脱出来;大范围合并订单以使运输调度更加有效;改进存储点拣货与装运模式。

【资料7.3 小实例】

麦克米兰的无纸化配送

图书配送是一个复杂的物流过程,品种繁多、时效性强。麦克米兰配送服务公司(MDS)是澳大利亚最大的图书分销商之一。为应对快速增长的配送需求,该公司在墨尔本建立了亚太区最先进的图书配送设施,将先进的订单处理技术与定制开发的信息管理系统及集成的无线数据网络集成,在整个运作中实现了无纸化拣选。该公司为物流量最大的产品选择电子标签技术,为中等速度的货品选择RF定向播种式拣选车,为物流量最小的货品选择RF和集中拣选。

MDS的订单处理系统建立了每本图书的书名、位置、数量、重量和尺寸等全面信息,利用这些信息能确定每个订单所需纸箱类型、数量及计重。订单可在仓库的任何位置分散导入,并自动跨区导向至需要拣选的区域。一旦订单被导入至某个拣选区,拣选员通过分区面板、电子标签显示器或RF终端接收指令,拣书装箱后,自动输送机会对其进行运输和分拣,准备发货,同时还自动生成票据和ASN。

MDS总经理说:"新系统显著提升了订单处理能力,改善了配送的准确率和响应时间,提升了生产率、容量、吞吐量,提高了客户服务水平。通过新系统整合了针对各个出版集团的运营,降低了固定资产成本,目前已有足够的空间扩展日益增长的第三方物流服务。"

(资料来源:西门子德马泰克生产与物流自动化系统(中国)有限公司.麦克米兰的无纸化配送中心[J].物流技术与应用,2004(5):58-61.)

【资料 7.4 小知识】

预先发货清单 ASN

> 预先发货清单(Advance Shipping Notice,ASN):生产厂家或者批发商在发货时利用电子通信网络提前向零售商传送货物的明细清单。
>
> 如沃尔玛的供应商在发货前向其传送 ASN。这样,沃尔玛事前可做好进货准备工作,省去数据的输入作业。沃尔玛在接收货物时,用扫描器读取包装箱上的物流条码,把扫描读取的信息与预先储存在计算机内的进货清单核对,判断到货和进货清单是否一致,使商品检验作业效率化。同时利用电子支付系统向供应商支付贷款。在此基础上,只要把 ASN 数据和 POS 数据比较,就能迅速知道商品库存的信息。这样做,不仅为沃尔玛节约了大量事务性作业成本,而且还能压缩库存,提高商品周转率。

7.2.1.4 订单履行

订单履行是由与实物相关的活动组成,主要包括:

① 通过提取存货;组织生产或由采购员购进客户所需订购的货物;
② 对货物进行运输包装;
③ 安排送货;
④ 准备运输单证。其中某些活动可能会与订单录入同时进行以缩短订单处理时间。

涉及订单履行中的先后顺序及相关程序会影响个别订单和总订单周转时间。但企业往往没有在订单履行初级阶段就对订单录入和处理更换方法做出明确规定。企业的订单处理人员往往会先处理较简单的订单,有时会导致重要客户的订单在履行时拖延过久。订单处理的先后顺序可能会影响到所有订单的处理速度,也可能影响到较重要订单的处理速度。这里可借鉴优先法则:

① 先收到,先处理;
② 使处理时间最短;
③ 预先确定顺序号;
④ 优先处理订货量较小、相对简单的订单;
⑤ 优先处理承诺交货期最早的订单;
⑥ 优先处理举约定交货日期最近的订单。

对特定原则选择要依据的标准包括:是否对所有客户公平;各订单间重要性的差异;能够实现的一般订单的处理速度。

无论以存货,还是以生产出来的产品来履行订单,该环节在订货周期中所耗用的时间与拣货、包装或生产所需时间成正比。

如果不能立即得到所订购的货物,就会出现分割订单问题。就库存品而言,即使库存水平相当高,订单不完全履行的概率也可能比较高。因此,要完全履行订单就需要额外的订单处理时间和处理过程。所以,决策者所面临的问题就是权衡增加的订单信息处理成本、运输成本与维持期望客户服务水平所带来的收益。

在接到订单后不立即履行订单、发运货物,而是压后一段时间,以集中货物的运量,降低单位运输成本,这种决策需要制定更为周详的订单处理程序。这样做增加了过程的复杂性,因为这些程序必须与送货计划妥善协调,才能全面提高订单处理、交货作业的效率。

7.2.1.5 订单跟踪

订单处理过程中的最后环节是通过不断向客户报告订单处理过程中或货物交付过程中的任何延迟,来确保优质的客户服务。具体而言,该项活动包括:

① 在整个订单周转过程中跟踪订单。

② 与客户交换订单处理进度、订单货物交付时间等方面的信息。这是一种监控活动,并不会影响到处理订单的一半时间。

7.2.2 订单处理实例

前文列举了订单处理过程中涉及的一般活动,但是仅有这些并不能说明订单处理作为一个系统是如何运转的。下面将通过不同实际环境中的例子来说明订单处理系统。

7.2.2.1 制造业订单处理:以萨姆森-帕卡德公司为例[①]

人工订单处理系统指系统中涉及相当高比重的人的活动。其中某些订单处理活动可能是自动化的或者采用电子化处理方法,但是人工活动在整个订单处理周期中仍然占有极大的比重。我们来看看向制造业客户出售产品的生产商是如何设计其订单处理系统的。

萨姆森-帕卡德公司是生产各种规格工业用软管接头及阀门的企业,每天处理50份订单,每份订单处理周期15～25天。其中订单处理时间为4至8天,生产备货的时间为11至17天。由于订单处理时间过长,客户经常抱怨。公司通过改变订单处理流程,减少订单处理时间,缩短25%的订单处理周期,使客户感到满意。公司也因此使客户更加依赖公司的物流服务,巩固了在行业中的地位。具体来说,萨姆森-帕卡德公司主要进行了以下活动:

① 以两种方式将客户要求输入订单处理系统。第一种方式,销售人员从现场收集订单,然后通过邮寄或电话告知公司总部。第二种方式,客户主动邮寄订单,或者打电话把订货要求直接告知公司总部。多数订单都是个性化的,无法通过企业的网页完成,EDI因多数企业没有而无法使用。

② 接到电话订单后,客户服务部的人员将订单转录成另一份缩略格式的订单。这些简式订单连同那些邮寄到的订单一道累计一定天数后,被转至高级客户服务代表那里,由他来汇总信息,呈报给销售经理。

③ 销售经理批阅这些订货信息以便了解销售情况,偶尔他也在某份订单上作出特别批示,说明某位客户的特别要求。

④ 订单被送至订单准备人员手中,他们负责把订货信息连同特别批示一同转录在萨姆森-帕卡德公司的标准订单上。

⑤ 这阶段订单被送至财务部门以便客户进行信用核查,然后交销售部门审核价格。

⑥ 数据处理部门将订单信息键入计算机,随后可以传到工厂,一旦进入该程序信息处理会更为便捷,订单跟踪也更加简单。

⑦ 高级客户服务代表对最终形式的订单进行全面审核,并通过电子传输方式将订单信息传送至适当的工厂。同时,准备向客户发出接收订货的通知,并在订单得到确认后通过电子邮箱发给客户。

---

① Ballou R H. 企业物流管理:供应链的规划组织和控制[M]. 2版. 王晓东,胡瑞娟,译. 北京:机械工业出版社,2014:103-104.

7.2.2.2 零售订单的处理过程：产成品的经销商

在生产者和消费者之间起中介作用的公司（如零售商），在设计订单处理系统时往往追求适度的自动化。由于有库存满足最终消费者需求，所以这些公司通常不一定要求非常快的订货反应速度。库存在这里就作为一种缓冲，以抵消补货周期的某些间接影响。然后补货周期的长短也很重要，它有助于维持一个稳定的补货时间表。

零售企业可以利用信息技术，减少存储空间，降低库存水平，缩短搬运时间，更好地跟踪订单的处理进度。

产成品的经销商可以利用电子数据交换（EDI）技术来建立直接源自供应商的配送系统。产品无须存放在经销商的仓库或货架上，客户可以从供应商那里得到订购的产品。在供应链中，订单信息和产品是以以下方式流动的：

① 通过EDI，客户告知经销商所需产品的种类和数量，以及需要的地点。
② 通过EDI，经销商告知供应商需发送的产品种类和数量。
③ 通过EDI，经销商告知物流服务提供商提货的地点和数量。
④ 通过EDI，经销商告知物流服务提供商需配送产品种类、数量、交货时间和地点。
⑤ 供应商准备货物以供发货。
⑥ 物流服务提供商根据经销商的具体要求提取货物、分类整理，并将不同货物区分开来。
⑦ 物流服务提供商将货物送到客户所在地。

7.2.2.3 网上渠道订单的处理过程

网上购物已成为广大消费者的最新选择，而在网上开设、运营网站的成本又较低，因此企业可以通过网络来有效规划供给渠道的订单流。与传统的供应渠道需求预测不同，这里供给渠道中每个成员（买房、供应商、承运人等）都是独立运营的，因此供应渠道中每个成员要通过共享数据库系统，网络实现信息的沟通，实时共享信息，迅速有效的对需求变化、原料短缺、运输延迟和订单履行中的失误做出反应。

1. 淘宝网的订单处理流程

淘宝网某些产品的订单处理流程如图7.3所示。卖家接到订单备货到配送中心，或者订单自动流转到配送中心直接由配送中心发货，之后配送中心进行接货、理货、拣货、配货、包装等流程，再由快递公司上门集中取货，送交订购者手中。

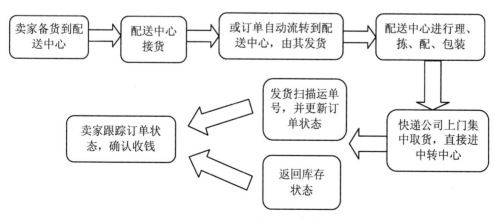

图7.3 淘宝配送中心订单处理流程图

2. Zappos自动化订单处理中心[①]

2007年在线零售商城Zappos销售额达10亿美元。它拥有比任何一家网上零售商或传统商铺更广泛的鞋子款式选择范围。如今其经营范围已经扩展到手袋、服装及其他辅件领域,有1 000多个品牌、近300万件商品。

Zappos秉承的经营理念:为顾客带来一流的购物体验,提供最好的服务和商品选择,同时以最快的速度送达顾客。"令人叫绝"的服务理念包括:365天免费退货,一周7天/每天24小时客户服务,110%价格保护,前所未闻的所有订单免费隔夜递送。其独特购物体验还有:具备广泛的网站搜索选项,顾客能够从各个角度清晰浏览每件商品,以及动态实时库存确保商品不脱销。然而,要在24小时之内处理一个订单、包装商品、发运直至送到消费者面前,并非易事,这需要快速优化的订单处理系统。

(1) 实现订单处理自动化

2005年,Zappos巨大的销售额使公司老旧、大量依靠人工操作的订单处理中心承受达到极致。管理人员深知简单的输送机和纸张目录拣选已经不能满足业务发展的需要,需建全新的订单自动化处理系统。与零售商相比,直销模式下的订单处理所需考虑的因素完全不同。每个包裹直接流向最终客户,需要同一水平的处理速度和质量控制。此外,鞋子等商品存在季节性和销售周期,不能长期储存在仓库里。Zappos相信顾客收到网购商品的速度,决定着他是否会再次在网上购物,因此最看重订单的处理速度。

FKI Logistex和Arup公司为Zappos的配送中心量身打造了高效订单处理系统,2006年2月,集成安装系统设备,实现订单执行中整个物料处理过程的自动化,并对高速分拣和输送系统进行重新配置,以提高系统的处理速度,优化收货、预分拣、储存、拣选、打包和发货的自动化作业。借助快速高效的订单处理系统,Zappos保证在美国时间下午4时之前收到的48个州所有订单,通过UPS和FedEx将会在第二天送到顾客的面前。新系统还确立了一个内部截止时间,即确保所有在晚上8点前收到的订单都可以在当天装上车等待次日发货,70%在晚上11点至12点之间收到的订单第二天就能送达顾客,平均订单执行周期约为2.25个小时。"快速订单处理使免费隔天递送成为可能"不仅满足了顾客的需求,而且大大超出了他们的期望。这便是Zappos"令人叫绝"的原因所在。

(2) 顺畅的作业流程

仓库优化软件是驱动整个系统运行的核心,提供了图形用户界面,与Zappos原有的WMS集成在一起。自动监控软件会在系统遇到任何警报或故障时能立即通知员工,同时为系统提供员工的工作效率信息。

当收到新商品时,动力滚筒输送机的高速滑块式分拣系统将一系列小的纸盒、鞋盒、钱包和其他物品,运送到收缩包装通道中。然后包裹被重新送入另一台高速分拣机上,置于货架系统中。当客户在网上下订单后,员工即从静态货架上拣取该订单商品,输送机将该商品运送到另一台分拣机上,由此再分配到打包区。打包完毕的包裹被送入3个标签打印和贴标工作站之一,进行自动贴标。另一台分拣机(分拣速度达100多箱/分钟)将随时可发运的包裹分拣到适当的发货通道中,并可直接输送到卡车上。

2006年11月,假日购物潮如期而至,大量人群登录Zappos网站选购商品。据统计,在此期间每天的发货量创造了新的记录,最高达42 000件/天,几乎是使用旧设施时23 000件

[①] FKI Logistex. 令人叫绝的Zappos自动化订单处理中心[J]. 物流技术与应用,2009(5):54-60.

的两倍,并实现了历史上最短的订单执行周期。

(3) 动态实时库存带来更好的购物体验

除了免费隔夜递送之外,Zappos 还有一个经营特色:为顾客提供动态实时库存,就像实体店一样。如果有人订购了某个颜色或尺码的最后一双鞋,而且今后这款鞋不再有货了,那么在线购物者再也不会在网页上看到它了。另一方面,一旦有不同尺码、颜色的新商品上架,便会立刻出现在网站上。

摄影工作室位于订单处理中心的中间位置,输送机将新收到的每种商品的第一件直接送入,工作人员从不同角度对商品进行拍照,并立即将图片上传到网站上。

(4) 持续改进提高

搬进新配送中心后,从未在如此高速度和海量处理环境下工作过的员工立刻觉得眼前一亮。包括经理、主管以及普通员工在内的每个人终于看到了商品"流动"的景象,而且发现这是多么的重要。

新系统一目了然,易于掌握,产生高效率,降低了物流成本和劳动力成本,实现了创记录的更短的订单执行周期,并增加了一倍多的发货量,充分满足了公司销量大幅增长的发展需要。Zappos 在"令人叫绝"的工作模式下,仍尝试着不断改进的订单处理流程。技术人员测量所有设备的标准偏差,并计算其概率和可变性因素,因为只有做到这一点,才可以持续改进,做到更好。

很明显,Zappos 公司的经营特色与核心竞争力——"令人叫绝"的服务是靠高效率的订单处理系统支撑的。公司技术水平极高的订单信息处理系统与自动化机械设备的有机结合,实现了把客户的订货信息及时、准确地转换成发货指令,围绕发货指令使发货备货前的一切配送作业活动有依据、准确序化,再通过"强强联合"送货运输活动的外包(UPS 和 FedEx),使免费隔天递送成为可能。

7.2.3　影响订单处理时间的其他因素[①]

选择订单处理的硬件和系统仅仅是设计时要考虑的部分内容。还有其他许多因素会加快或者延缓订单处理时间。这些因素源于运营过程、客户服务政策以及运输操作等多个方面。

1. 订单处理的先后顺序

某些公司会安排客户订单的先后顺序,用这种方法把有限的时间、生产能力及人力资源配置到更有利可图的订单上。这一过程将改变订单处理时间。享有高优先级的订单会被优先处理,而那些优先级较低的订单则要稍后进行处理。一般情况下,企业会按照订单收到的先后顺序进行处理。尽管看起来这样似乎对所有客户更加公平,但是其实没有必要这样做。而且将所有客户同等对待的做法还可能延长订单的处理时间。另一些企业虽然不会明确指出订单处理的先后顺序,但总会实际执行一些心照不宣的处理原则,并有可能对订单处理带来负面影响。

2. 并行处理与顺序处理

有时候,仔细安排订单处理流程中的各项工作能显著缩短订单处理时间。如果完全依

---

① Ballou R H. 企业物流管理:供应链的规划组织和控制[M]. 2 版. 王晓东,胡瑞娟,译. 北京:机械工业出版社,2014:109-110.

次来完成各项工作,订单处理时间是最长的;如果几项同时进行,总的订单处理时间就会缩短。前文列举的萨姆森-帕卡德公司就是依次逐一完成订单处理的各项工作的。如果仅仅一个微小的改动,即将一份订单复制多份,这样,销售经理在查看其中一个副本的同时可以进行订单信息转录和客户信用核查(并行处理)工作,从而缩短了订单处理时间。

3. 订单履行的准确度

如果公司能够准确无误的完成客户订单的处理,不产生任何错误,那么订单处理时间很有可能是最短。尽管错误可能在所难免,但是如果公司将订单处理时间看成是经营管理的首要因素,就应该严格控制出错的次数。

4. 订单的批处理

把订单收集成组,进行批处理,可以降低处理成本。但另一方面,握有订单直至达到一定批量时再处理会增加订单处理时间,对那些先收到的订单尤其如此。

5. 分批处理

客户的订单可能过大无法以现库存直接供货。这时企业并不是等着所有产品都生产完毕再供货,而是生产和运输总订单批量中的小部分。客户也不是等着接收完整的货物订单,而是先接收部分货物,这样可以迅速得到所订购的货物。尽管对订单的部分货物而言,订单处理时间缩短了,但是由于多次运输小批量的货物,所以运输成本可能上升了。

6. 合并运输

与订单批处理类似,企业也可能保留客户订购的货物直至达到一定的经济运输批量,即将几个小订单的货物集中在一起,组成较大的运输批量以降低运输成本。这样为减少运输成本,延迟了订单处理时间。

7.3 销售配送管理

物流配送作为企业销售物流的重要环节,其重要性已经得到越来越多的社会认可。配送中心是企业为了更好地运行产品配送活动,而建立的企业销售物流的运作结点。配送是销售物流活动的综合表现形式,这个综合并不是简单的物流活动的集合,而是科学地把物流相关活动进行有机的结合,从而提高物流运作的效率。

7.3.1 销售配送类型

配送的形式有多种多样,每种形式都有其固有的特点,适用于不同的情况。

1. 按配送商品种类及数量配送分类

(1) 单(少)品种大批量配送

对于客户需求量较大的商品,企业可以使用大吨位车辆进行配送,由于品种少、批量大,企业配送中心的组织、计划等工作相对比较简单,因而配送成本较低。

(2) 多品种、小批量配送

现在企业生产除了需要少数几种主要物资外,B、C类物资的品种数远远高于A类主要物资,对于B、C类物资如采用大批量配送方式,必然使客户库存增大,因而企业对于客户的B、C类物资适合采用多品种、小批量的配送方式。

（3）配套成套配送

配套成套配送是企业按客户的要求，将客户所需的零部件、材料等配齐，按客户的要求或生产节奏定时送达。这种情况下，配送企业承担了客户的大部分供应工作，可以使客户专心致力于主营业务或工作。

2. 按配送时间及数量分类

（1）定时配送

定时配送是指企业按规定时间间隔进行配送。这种方式时间固定，易于安排配送工作计划。

（2）定量配送

定量配送是指企业按规定的批量在一个指定的时间范围内进行配送。这种方式数量固定，订货工作简单，又由于时间不严格规定，企业可以将不同用户的物品凑整车后配送，可以大大提高车辆利用率。

（3）定时定量配送

定时定量配送是指企业按客户规定的时间和数量进行配送。这种配送的特殊性较强，有一定的难度。

（4）定时定路线配送

定时定路线配送是指企业在规定的路线上制定到达时间，按运行表进行配送，采用这种方式有利于车辆的计划安排。

（5）及时配送

及时配送是指企业完全按照客户要求的时间和数量进行配送。这种方式的实施需要企业充分掌握客户每日的需求地、需求量和种类，是配送服务的较高形式。

7.3.2 销售配送的合理化

在当前的物流配送服务中，越来越强调配送合理化的重要性。配送合理化有利于推行配送；有利于物流运动实现合理化；能完善运输和整个物流系统；并且能够提高物流的效益；通过集中库存是企业实现低库存或零库存，还为电子商务的发展提供了基础和支持。

7.3.2.1 配送合理化的原则

1. 规模经济原则

配送规模经济是指当货运量增加时，单位重量的配送成本会随之降低。当货运量大时，对单位重量的货物而言，分摊的固定成本较货运量小时要少。

2. 距离经济原则

配送距离经济是指当运距增加时，单位距离的配送成本会随之减少。配送固定成本有较长配送距离均摊，单位距离的配送成本自然较短配送距离低。配送的可变成本通常随距离的增加而增加，但增加的速度呈递减趋势，即所谓递减原则。

7.3.2.2 配送合理化的判断标准

1. 库存标志

库存是判断配送合理与否的重要标志。具体指标有以下两方面：

① 库存总量。库存总量在一个配送系统中，从分散于各个客户转移给配送中心，配送中心库存数量加上各客户在实行配送后库存量之和应低于实行配送前各用户库存量之和。

② 库存周转。由于配送企业的调剂作用，以低库存保持高的供应能力，库存周转一般

总是快于原来各企业的库存周转。

2. 资金标志

总的来讲,实行配送应有利于资金占用降低及资金运用的科学化。

具体判断标志如下:

① 资金总量。用于资源筹措所占用流动资金总量,随储备总量的下降及供应方式的改变必然有一个较大的降低。

② 资金周转。从资金运用来讲,由于整个节奏加快,资金充分发挥作用,所以资金周转是否加快,是衡量配送合理与否的标志。

③ 资金投向的改变。实行配送后,资金必然应当从分散投入改为集中投入,以能增加调控作用。

3. 成本和效益

总效益、宏观效益、微观效益、资源筹措成本都是判断配送合理化的重要标志。

物流是物品从供应地到接收地的实体的流动过程,根据实际需要,将运输、存储、装卸、搬运、包装、流通加工、配送、信息处理等基本功能实现有机结合。物流合理化是物流管理追求的总目标。它是对物流设备配置和物流活动组织进行调整改进,实现物流系统整体优化的过程。所谓物流合理化,就是使物流设备配置和一切物流活动趋于合理。具体表现为以尽可能低的物流成本,获得尽可能高的服务水平。实现物流的合理化可以从它的系统功能要素出发,实现各个功能要素的合理化。

7.3.2.3 企业销售配送合理化实现的措施

1. 推行专业性独立配送或综合配送

专业性独立配送是指根据产品的性质将其分类,由各专业经销组织分别、独立地进行配送。其优点是可以充分发挥各专业组织的优势,便于用户根据自身的利益选择配送企业,从而有利于形成竞争机制。这类配送主要适宜于小杂货配送、生产资料配送、食品配送、服装配送等。

2. 推行加工配送

通过加工和配送结合,在充分利用本来应有的中转,而不增加新的中转的情况下求得配送合理化。同时,加工借助于配送,加工的目的更明确,和用户联系更紧密,避免了盲目性。这两者有机结合,投入不增加大多却可追求两个优势、两个效益,是配送合理化的重要经验。

3. 推行共同配送

共同配送是指对某一地区的用户进行配送不是由一个企业独自完成,而是由若干个配送企业联合在一起共同去完成。共同配送是在核心组织(配送中心)的同一计划、同一调度下展开的。通过共同配送,可以最近的路程、最低的配送成本去完成配送,从而达到配送合理化效果。

4. 推行送取结合

配送企业与用户建立稳定、密切的协作关系,它不仅是用户的供应代理人,而且又是用户的储存据点,甚至变成用户的产品代销人。在配送时,将用户所需的物资送到,再将该用户生产的产品用同一车辆运回,这种产品也成了配送中心的配送产品之一,或者作为代存代储,免去了生产企业的库存包袱。这种送取结合,使运力充分利用,也使配送企业功能有更大的发挥,从而趋向合理化。

5. 推行准时配送系统

准时配送是配送合理化的重要内容。配送做到了准时,用户才有资源把握,可以放心地实施低库存或零库存,可以有效地安排接货的人力、物力,以追求最高效率的工作。另外,保证供应能力,也取决于准时供应。从国外的经验看,准时供应配送系统是现在许多配送企业追求配送合理化的重要手段。

6. 推行即时配送

作为计划配送的应急手段,即时配送是最终解决用户企业担心断供之忧、大幅度提高供应保证能力的重要手段。即时配送是配送企业快速反应能力的具体化,是配送企业能力的体现。

即时配送成本较高,但它是整个配送合理化的重要保证手段。此外客户实行零库存,即时配送也是重要手段。

因此企业物流要想实现配送合理化需要做到,避免不合理的运输、提高运输工具的实载率、推动共同运输,实行联合运输等。

7.4 销售运输管理

运输是物流决策中的关键所在。除采购产品的成本外,一般来讲,运输成本比任何其他物流成本所占比例都高。尽管运输决策的形式多种多样,但其中首要的不外乎运输服务、运输线路的选择以及多式联运的应用。

7.4.1 销售运输服务的选择[①]

运输方式的选择或某种运输方式内服务的内容的选择取决于运输服务的众多特性。McGinnis发现六个服务变量[②]对运输服务选择非常重要:① 运输费用;② 可靠性;③ 在途时间;④ 灭失、损坏、投诉处理和货物跟踪查询;⑤ 托运人市场特征;⑥ 承运人特征。虽然运输费用很重要,在某些情况下是运输服务选择的决定因素,但整体上服务仍然是更重要的。

7.4.1.1 基于成本的权衡

如果不将运输服务作为竞争手段,那么能使运输服务的成本与运输服务水平导致的相关间接库存成本之间达到平衡的运输服务就是最佳服务方案。也即是,运输的速度和可靠性会影响托运人和买方的库存水平(订货库存和安全库存),以及他们之间的在途库存水平。如果选择速度慢、可靠性差的运输服务,物流渠道中就需要有更多的库存。这样,就需要考虑库存持有成本可能升高,而抵消运输服务成本降低的情况。因此方案中最合理的应该是,既能满足顾客需求,又使总成本最低的服务。

与库存相似,运输服务的影响可以从零生产安排上表现出来。如果生产系统没有或者原料库存很少,就很容易受运输延迟和服务不确定性的影响。

---

① Ballou R H. 企业物流管理:供应链的规划组织和控制[M]. 2版. 王晓东,胡瑞娟,译. 北京:机械工业出版社,2014:166-170.

② McGinnis M A. The Relative Importance of Cost and Service in Freight Transportation Choice: Bifore and After Deregulation[J]. Transportation Journal,1990,30(1):12-19.

【资料 7.5 小实例】

卡利奥箱包公司(Carry-All Luggage Company)是生产系列箱包产品的公司。公司的分拨计划是将生产的成品先存放在东海岸的工厂，然后由公共承运人运往公司西海岸自有的基层仓库。目前，公司使用铁路运输将东海岸工厂的成品运往西海岸的仓库。铁路运输的平均时间为 $T=21$ 天，每个存储点平均存储 100 000 件行李箱包，箱包的平均价值 $C=30$ 美元，每年的存货成本 I 为产品价格的 30%。

公司希望选择使总成本最小的运输方式。据估计，运输时间从目前的 21 天每减少 1 天，平均库存水平可以减少 1%。每年西海岸仓库卖出 $D=700\ 000$ 件箱包。公司可以利用表 7.3 所示的运输服务。

表 7.3 不同运输方式的成本比较

运输服务方式	运输费率(美元/单位)	门到门运送时间(天)	每年运送批次
铁路运输	0.10	24	10
驮背运输	0.15	14	20
卡车运输	0.20	5	20
航空运输	1.40	2	40

其中，采购成本和运输时间的变化忽略不计。

选择不同的运输方式将影响货物的在途时间。在途货物可以用年需求(D)的一定比例(即 $T/365$)表示，其中 T 表示平均运送时间，因此，在途库存的持有成本就为 $ICDT/365$。

分拨渠道两端的平均库存大约是 $Q/2$，其中 Q 是运输批量。每单位货物的库存成本是 $I\times C$，但产品价值 C 在分拨渠道的不同地点是不同的。例如在工厂，C 是产品的出厂价，而在仓库，C 是产品的出厂价加上运输费率。

用运输费率乘年需求量就得到每年的总运输成本 $R\times D$。针对每种运输方式计算四种相关成本，计算结果见表 7.4。由此可以看出，虽然采用铁路运输费率最低，采用航空运输时的库存成本最低，但卡车运输的总成本最低。如果使用卡车运输，运输时间减少到 5 天，两个端点的库存水平将减少 50%。

表 7.4 卡里奥箱包公司对运输方式的评估

成本类型	计算方法	铁路运输	驮背运输	卡车运输	航空运输
运输成本	RD	0.10×700 000＝70 000	0.15×700 000＝105 000	0.20×700 000＝140 000	1.4×700 000＝980 000
在途库存	ICDT/365	(0.30×30×700 000×21)/365＝362 466	(0.30×30×700 000×14)/365＝241 644	(0.30×30×700 000×5)/365＝86 301	(0.30×30×700 000×2)/365＝34 521
工厂库存	ICQ/2	(0.30×30×100 000)/2＝450 000	(0.30×30×50 000)/2＝225 000	(0.30×30×50 000)/2＝225 000	(0.30×30×25 000)/2＝112 500
基层库存	ICQ/2	(0.30×30.1×100 000)/2＝451 500	(0.30×30.15×50 000)/2＝226 125	(0.30×30.2×50 000)/2＝226 500	(0.30×31.4×25 000)/2＝117 750
总成本		1 333 966	797 769	677 801	1 244 771

注：R 为运输费率；D 为年需求量；I 为库存持有成本（%/年）；C 为产品在工厂的价值；C 为产品在仓库的价值$=(C+R)$；T 为运送时间；Q 为运输批量。

(资料来源：Ballou R H. 企业物流管理：供应链的规划组织和控制[M]. 2版. 王晓东，胡瑞娟，译. 北京：机械工业出版社，2014：167-168.)

7.4.1.2 考虑竞争因素

选择合适的运输方式有助于创造有竞争力的服务优势。如果供应渠道中的买方从多个供应商那里购买商品，那么物流服务就会和人格一样影响买方对供应商的选择。因为，如果供应商选择不同的运输方式，就可以控制其物流服务的各项要素，影响买方的购买。

对买方而言，更好的运输服务（运送时间更短，波动更小）意味着可以保有较少的库存；更好的安排运输计划，减少生产成本。

对运输服务商来说，提供高质量的运输服务水平，意味着增加其吸引力，实现运输规模效益，用业务扩大带来的利润弥补由于使用快速运输方式而带来的成本增加。

【资料7.6 小实例】

位于匹兹堡的一家设备制造商需要从两个供应商 A，B 那里购买 3 000 箱塑料配件，每箱配件的价格是 100 美元。目前，从两个供应商采购的数量是一样的。两个供应商都采用铁路运输，平均运送时间也相同。但如果其中一个供应商能将平均交付时间缩短，那么每缩短一天，制造商会将采购订单的 5%（即 150 箱）转给这个供应商。如果不考虑运输成本，供应商每卖出一箱配件可以获得 20% 的利润。

目前，供应商 A 正在考虑是否将铁路运输方式改为航空或公路运输以获得更多的收益。各种运输方式下每箱配件的运输费率和平均运送时间如表 7.5 所示。

表 7.5 不同运输方式下的运输费率和时间

运输方式	运输费率（美元/箱）	运送时间（天）
铁路运输	2.50	7
卡车运输	6.00	4
航空运输	10.35	2

供应商 A 仅根据可能得到的潜在利润选择运输方式。表 7.6 中，供应商 A 从自身的角度列出了不同运输方式下可获得的利润。

表 7.6 不同运输方式下供应商 A 可获取的利润

运输方式	销售量（箱）	毛利（美元）	运输成本（美元）	纯利（美元）
铁路运输	1 500	30 000.00	3 750.00	26 250.00
卡车运输	1 950	39 000.00	11 700.00	27 300.00
航空运输	2 250	45 000.00	23 287.50	21 712.50

如果该设备制造商能够恪守承诺,供应商 A 应该转而采用卡车运输。当然,供应商 A 应该注意其他供应商可能采取的任何反击手段,一旦对手采取相应措施可能会导致优势消失。

(资料来源:Ballou R H. 企业物流管理:供应链的规划组织和控制[M]. 2 版. 王晓东,胡瑞娟,译. 北京:机械工业出版社,2014:169-170.)

7.4.1.3 对选择方法的评价

一般认为,在选择物流运输服务时,除了考虑成本之外,有必要考虑运输方式对库存成本和运输绩效对物流渠道成员购买选择的影响。除此之外,还要考虑其他因素:

首先,如果供应商和买方对彼此的成本有一定了解将会促进双方的有效合作。但供应商和买方如果是相互独立的法律实体,两者之间若没有某种形式的信息交流,双方就很难获得完全的成本信息。在任何情况下,合作都应该朝着更密切关注对方对运输服务选择的反应或对方购买量的变化的方向发展。

其次,如果分拨渠道中有相互竞争的供应商,买方和供应商都应该采取合理的行动来平衡运输成本和运输服务,以获得最佳收益。当然无法保证各方都会理智行事。

第三,这里没有考虑对价格的影响。假如供应商提供的运输服务优于竞争对手,其很可能会提高产品的价格来补偿(至少是部分补偿)优于竞争对手。因此,买方在决定是否购买时应同时考虑产品价格和运输绩效。

第四,运输费率、产品种类、库存成本的变化和竞争对手可能采取的反击措施都增加了问题的动态因素,在此并没有直接涉及。

第五,这里没有考虑运输方式的选择对供应商存货的间接作用。供应商也会和买方一样由于运输方式变化改变运输批量,进而导致库存水平的变化。供应商可以调整价格来反映这一变化,反过来又影响运输服务的选择。

7.4.2 销售运输线路的选择

运输决策在物流决策中具有十分重要的地位,因为运输成本要占到物流总成本的 1/3～2/3,对许多商品来说,运输成本要占到商品价格的 4%～10%。由此可见,降低物流成本、提高物流的效率,要求对货物运输进行优化组织,既要运用掌握的资源(人力、物力、财力)合理安排运输任务,消灭对流、迂回、重复等不合理现象,尽量以最少的资源来完成最多的任务。这就需要对货物运输线路进行系统分析,建立模型,并运用各种数学方法进行求解,以实现货物运输问题的科学管理。关于销售运输线路的问题研究较多,这里主要就运输路线选择决策和最短路及最大流量的问题进行分析。

7.4.2.1 运输路线选择决策

运输路线的确定会直接影响到运输效果的好坏,关系着物资能否及时运到指定地点。此外,当运输费用是以吨·千米来计算时,运输路线的长短就直接关系着运输费用的多少。因此运输路线的选择也是物资调运规划的一个重要内容。

某项物资从 m 个产地或仓库(统称为发点),调运到 n 个需要地(称为收点),在指定调运方案时,要先画一个示意的交通图,表示收、发点的大致位置、收发量、交通路线长度(不必与实际长度成比例)。

在交通图中,发点用"○"表示,并将发货量记在里面,收点用"□"表示,并将收货量记在里面。两点间交通经线的长度记在交通线旁边。然后作调运物资的流向图。物资调运的方向(流向)用→表示,并把→按调运方向画在交通线右边,如图 7.4 所示。

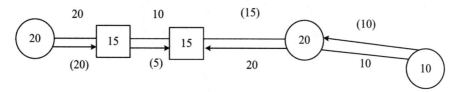

图 7.4　物资调运流量图

在物资调运中,把某项物资从各发点调到各收点,调运方案很多,我们现在要求是如何找出使周转量最小的方案,这就要消灭物资调运中的对流和迂回两种不合理的运输。

1. 对流

对流即同一物资在同一线路上的往返运输,如图 7.5 所示,将某物资 10 吨,从 A_1 运到 B_2,而又有同样的物资 10 吨,在同一期间从 A_2 运到 B_1,于是 A_1A_2 间就出现了对流现象。

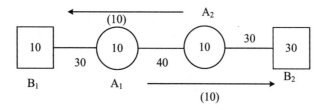

图 7.5　出现对流调运流量图

如果把调运流量图改成如图 7.6 所示,即将 A_1 的 10 吨运到 B_1,而将 A_2 的 10 吨运到 B_2,就消灭了对流,可以节省运输力量 $2\times10\times40=800$(吨·千米)。

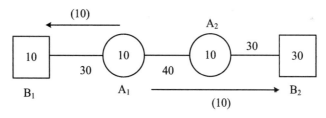

图 7.6　消灭了对流的调运流量图

2. 迂回

在画交通图的时候,由于表示调运方向的箭头,要按调运方向,画在交通线的右边,因此,在流向图中,有些流向就在圈外,称为外圈流向;有些流向就在圈内,称为内圈流向。如果流向图中,内圈流向的总长(简称内流长)或外圈流向的总长(简称外流长)超过整个圈长的一半,就称为迂回运输,先看一个简单的直观的例子(图 7.7)。

图 7.7 就是一个迂回运输,图内流长大于全圈长的一半。

如果改成图 7.8,就消灭了迂回,可以节省运输力量 $5\times6-5\times4=10$(吨·千米)。

下面我们再看另一例子。

【例 7.1】　图 7.9 中,内流长 7 大于全圈长 13 的一半,是迂回运输。如果调整内圈长(在内圈各流量中减去内圈的最小流量 10),在外圈各流量中增加内圈的最小流量 10,同样

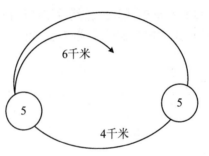

图 7.7　迂回运输示意图

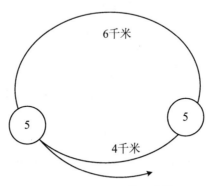

图 7.8　无迂回运输示意图

在没有流量的线段上新添上外圈流量 10（即内圈的最小流量），便得出新的流向图，如图 7.10 所示。新的流向图等于把旧的流向图中，由 10 吨运了大半圈的物资改成有小半圈调运，因为内流长大于整圈长的一半，而外流长加上没有流量的限度小于整圈长的一半，从而节省了运输力量，这是一个不太直观的迂回问题。

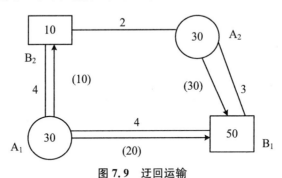

图 7.9　迂回运输

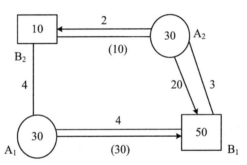

图 7.10　无迂回运输

物资调运问题的图上作业法,就是为了消灭运输中对流和迂回,节省运输力量。这种方法的步骤是:先找出一个没有对流的方案,再检查有没有迂回,如果没有迂回,这方案已是最优方案。如果有迂回,则调整这一方案,直至消灭迂回为止。

在物资调运中,运输路线可分为两种:一种交通路线不成圈,一是交通路线成圈。下面分别用例子介绍这两种情况物资调运的方法。

3. 交通路线不成圈

【例 7.2】 有某物资 17 万吨,由 A_1,A_2,A_3,A_4 发出,发量分别为 5,2,3,7(单位:万吨),运往 B_1,B_2,B_3,B_4,收量分别为 8,1,3,5(单位:万吨),收发量是平衡的,它的交通路线如图 7.11 所示,问应如何调运,才使周转量最小。

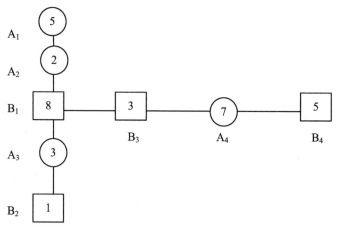

图 7.11 交通线路图

解 作一个没有对流的流向图。作法是:由各端点开始,由外向里,逐步进行各收发点之间的收发平衡。把 A_1 的 5 万吨给 A_2,A_2 成为有发量 7 万吨的发点。由 A_3 调 1 万吨给 B_2,A_3 剩 2 万吨,由 A_4 调 5 万吨给 B_4,A_4 调 5 万吨给 B_4,A_4 剩 2 万吨,将 A_2 的 7 万吨全部调给 B_1,将 A_3 剩余的 2 万吨,先调 1 万吨给 B_1,余下的 1 万吨调给 B_3。A_4 剩余的 2 万吨全部调给 B_3,调运流向图如图 7.12 所示。

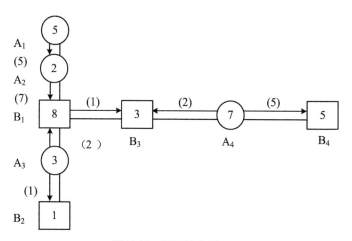

图 7.12 调运流向图

根据上面流向图的作法,很明显,所得的没有对流现象的流向图是唯一的,再根据对流现象是不合理的运输,所以这唯一没有对流的流向图就是唯一的最优方案的流向图。

有时同一流向图,可以编制各种不同的调运方案,比如这例子中,B_3 需要的 3 万吨,除 A_4 供给的 2 万吨外,其余 1 万吨可以由 A_3 给,也可以由 A_2 给,也可以由 A_2,A_3 共同给,这些方案所用的运输力是一样的,调运时可以结合其他条件,选择其中一个。

4. 交通路线成圈

【例 7.3】 有某物资 7 万吨,由发点 A_1,A_2,A_3 发出,发量分别为 3,3,1(万吨),收发量平衡,交通图如图 7.13 所示,问应如何调运,才使周转量最小。

解 (1) 作一个没有对流的流向图,用"去线破圈"的方法,去一线破一圈,有几个圈去掉几条线,把有圈的交通图,化为不成圈的交通图。一般是先去掉长度最长的交通线,比如去掉 A_1B_4(7 千米),破 $A_1B_1B_2A_3B_4$ 圈,再去掉 A_3B_3 线(4 千米),破 $B_2A_2B_3A_3$ 圈。这样,原有圈的交通图,变成了不成圈的交通图,如图 7.14 所示。

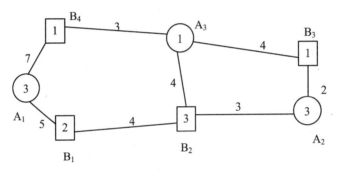

图 7.13 交通路线图

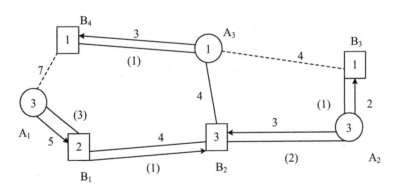

图 7.14 调运流量图

然后先从各个端点开始,在图 7.14 上作一个没有对流的流向图。

(2) 检查有无迂回。方法是对流向图中的各圈进行检查,看看有无迂回。如果没有迂回,这个初始方案就是最优方案,如果其中某一圈有迂回,这个就不是最优方案,需要改进。

在图 7.14 中,圈中 $A_1B_1B_2A_3B_4$ 的总长为 23 千米,外流长为 5+4+3=12(千米),大于圈长的一半,因而需要调整。再看圈 $B_2A_2B_3A_3$,其总长为 13 千米,圈中内流长为 3 千米,外流长为 2 千米,都小于圈长的一半,因此此圈不必调整。

对圈 $A_1B_1B_2A_3B_4$ 的调整方法是:在外圈子各流量中,减去外圈的最小流量 1 万吨;然后在内圈的各流量中加上 1 万吨,在此圈中,因无内流量,所以无处可加;另外再在无线量的线段上,新添上内圈流量1万吨,这样得出新的流量图,如图7.15所示。

新的流量图中,在 $A_1B_1B_2A_3B_4$ 圈内,内流长为 4+7=11(千米),外流长为5千米,都不超过全圈(23千米)的一半;在 $B_2A_2B_3A_3$ 圈内,内流长为3千米,外流长为4+2=6(千米),也都没有超过全长(13千米)的一半,因此这个流向图没有迂回现象,是本问题的最优调运方案,总运输力为:$1\times7+2\times5+1\times4+2\times3+2\times1=29$(吨·千米)。

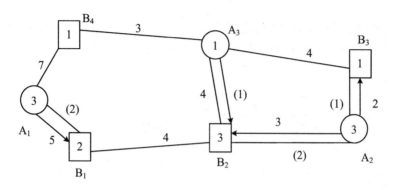

图 7.15 调整后的流量图

7.4.2.2 最短路线与最大流量

在运输规划问题中经常会遇到最短路线和最大流量的问题。下面我们通过实际的例子来说明最短路线和最大流量的概念和算法。

1. 最短路线

【**例 7.4**】 某家运输公司签定了一项运输合同,要把 A 市的一批货物运送到 B 市。该公司根据这两个城市之间可选择的行车路线的地图,绘制了如图7.16所示的公路网络。图中,圆圈也称结点,代表起点、目的地和与行车路线相交的其他城市。箭矢或称为分支,代表两个结点之间的公路,每一条公路上都标明运输里程。

解 最短路线的计算方法为:

① 从终点开始逐步逆向推算,与终点10连接的有两个结点,即9和8,B市先从9开始计算。9到10只有一条路线,因此没有选择的余地,9—10就是最短的路线,它的里程为100,记为(9—10)100。同样8—10也只有一条路线,最短路线为8 10,里程为150,也按相同方式记为(8 10)150。

② 再看结点6,与6连接的只有一个结点9,因此最短路线为6—9,6至9的里程为200。而9至终点10的最短里程为100,因此6至终点的最短里程为200+100=300。记入方式同上:(6—9—10)300。

③ 再看结点5,与5连接的结点有9,8两个,5至9再至终点的最短里程为400+100=500,5至8终点的最短里程为250+155=400。400<500,所以5至终点的最短里程为400,记为(5—8—10)400。

结点7至终点的最短里程为125+150=275,记入方式同上:(7—8—10)275。

④ 再看结点4,与4连接的结点有5,6,7三个。4至6再到终点的最短里程为200+300=500,4至5再到终点的最短里程为175+400=575,4至7再到终点的最短里程为275+275=550。三个里程中以500为最小,所以结点4至10的最短里程记为(4—6—10)500。

用同样的方法,算出结点2到终点的最短里程为600。结点3到终点的最短里程也为

600。记入的方式同上：(2—6—9—10)600，(3—5—8—10)600。

⑤ 最后看结点1，与结点1连接的路线有3条：1至2再到终点的最短里程100+600=700，路径为1—2—6—9—10；1至4再到终点的最短里程150+500=650，路径为1—4—6—9—10；1至3再到终点的最短里程175+600=775，路径为1—3—5—8—10。

三个里程中以650为最小，这就是从A市到B市的最短里程，而对应的最短路线为1—4—6—9—10。

最短路线法除了运用于物资的运输路线的选择之外，还可以用于物流渠道的设计以及电缆架设、管道铺设和个人旅行中。只不过网络图中箭矢的具体含义要根据具体的问题来设定。

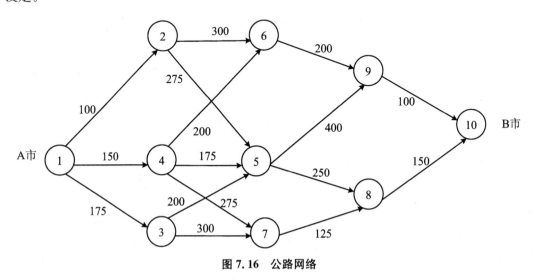

图7.16 公路网络

2. 最大流

当我们要把货物运输到指定的地点时，有时会希望找到一条交通量最大的路线，以使货物能在最短时间内到达。这就是要在有一个起点和一个终点的网络中，找出在一定时间内，能在起点进入，并通过网络，在终点输出的最大流量问题。

下面仍然以一个实际例子来说明最大流量的算法。

【例7.5】 美国北卡罗来纳州杜哈姆市周围从北到南的交通，平时利用85号公路通行的。后来，有两个星期因为85号公路要进行路面维修，车辆不能行驶，因而北卡罗来纳州公路委员会的工程技术人员需要查明，穿过杜哈姆市区的几条路线，是不是有把握让每小时6 000辆汽车穿过，这些汽车在正常情况下，是利用85公路南驶的。

图7.17标出了穿过该市从北往南的几条路线。结点旁边的数字指明以每小时千辆汽车为单位的该行车道的流量能力。如1—2支线(行车道)上的6字表明这条行车道通往结点2的流量能力为每小时6 000辆。3—5支线上的5字表示每小时可以有5 000汽车从3向5开去。

我们现在的问题就是要求从1点到6点的公路网络所通过的最大流量。

解 (1) 任意选择一条从起点1到终点6的路线，例如，我们选择路线1—2—5—6。首先找出这条路线上流量能力最小的支线，即5—6支线，其流量能力为2。这就表明，沿1—2—5—6支线南驶的汽车，其每小时的最大流量只能是2 000辆，因为5—6支线限制了全线的车流量。

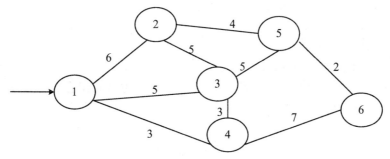

图 7.17 最大流量图

其次把这条路线上的每条支线的流量能力减去 2,差数则表示该车支线剩余的流量能力,将其写在原来的流量能力的旁边,并把原来的流量划掉。把减数 2 写在每条支线的终点,在减数 2 的右下角注上(1),如 $2_{(1)}$,表示第一条路线的流量能力为 2 000 辆。标注方式如图 7.18 所示。

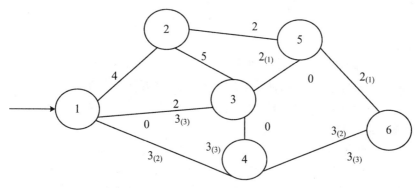

图 7.18 最大流量图

(2) 另选一条从起点到终点的路线,如 1—4—6,以该路线上最小的流量能力 3 为减数,来减各条支线上的流量能力,其差数、减数的记入方法同上。在差数 3 的右下角注上(2),如 $3_{(2)}$,表示第二条路线的流量能力为 3 000 辆。

(3) 再选一条从起点到终点的路线,发 1—3—4—6,以该路线上最小的流量能力 3 为减数,来减各条支线上的流量能力,其差数、减数的记入方式同上。但 4—6 支线的流量能力已经剩下 4,再减去 3,差数为 1,接续写在 4 的旁边,表示 4—6 支线的流量能力只剩余 1 000 辆,同时划掉 4,再记入本路线的差数 $3_{(3)}$,表示第三条路线的流量能力为 3 000 辆。

从起点到终点,已找不到这样一条路线,在这条路线上,所有各条支线的流量能力全为正数。如 1—2—3—5—6 路线,其中 1—2,2—3,3—5 支线,都还有流量能力 4 000 辆、7 000 辆、5 000 辆,但 5—6 支线已经没有剩余的流量能力,因而成为整线路的瓶颈,限制了全线的流量,使这条路线的流量能力等于 0。

在这个交通网络中,成为瓶颈的还有 1—4,3—4 支线,要想提高整个网络的流量有力,就必须改进这些薄弱环节的状况。

这样,我们已要求得了这个网络的最大流量,即第一条路线上的 2 000 辆,第二条路线上的 3 000 辆,第三条路线上的 3 000 辆,共为 8 000 辆。计算结果表明,穿过杜哈姆市区的几条路线,要让每小时 6 000 辆汽车通过,是绰绰有余的。

最大流量算法,对规划铁路、公路运输以及城市交通能量等很有用处。

7.4.3 多式联运

7.4.3.1 多式联运的概念

所谓多式联运,就是根据实际运输要求,将不同的运输方式组合成综合性一体化运输,通过一次托运、一次计费、一张单证、一次保险,由各运输区段的承运人共同完成货物的全程运输的运输组织形式。

多式联运是按照社会化大生产要求组织运输的一种方法,它是将多种运输工具有机地结合在一起,以最合理、最有效的方式实现货物运输,所以,多式联运是一种高级的运输组织形式,它不仅可以最大限度地方便货主,加速货物运输过程,而且可以进一步实现运输合理化、物流合理化,提高运输的工作效益和经济效益。

由于多式联运广泛应用于国际货物运输中,所以,许多物流书籍或资料将此称为国际多式联运。本节将在接下来的内容中介绍国际多式联运的概念、组织形式等相关内容。

7.4.3.2 多式联运的特点

多式联运与任一种单一的运输方式相比,有着明显的基本特征。

1. 运输方式的通用性

多式联运在全程运输中至少使用两种或两种以上运输方式,而且是不同方式的连续运输。与按单一方式的货运不同,所使用的运输单证、商务规定和货运合同协议、法律、规章等必须具有适用于两种以上方式的通用性。

2. 运输责任的全程性

运输合同从起运地到目的地的全程运输。多式联运是不同运输方式的综合组织,其全程运输均由多式联运经营人完成或组织完成,无论涉及几种运输方式、分为几个运输区段、有多少个中间环节,多式联运经营人都要对全程负责,完成或组织完成全程运输中所有的运输及相关的服务业务。多式联运经营人可以在运输网中选择适当的运输路线、运输方式和各区段的实际承运人,降低运输成本,提高运送速度,实现运输合理化。

3. 运输手续的简单性

多式联运是一票到底,实行单一费率的运输,发货人只要订立一份合同,一次性付费,一次保险,通过一张凭证,即可完成全程运输。与传统的分段运输相比,手续简便,不仅能最大限度地方便货主,缩短货物的运输时间,而且可以提前结汇,缩短货主的资金占用时间,提高经营效益。

4. 经营人身份的双重性

多式联运经营人在完成或组织完成全程运输过程中,首先要与托运人或货主订立全程运输合同,在合同中是承运人;但在与各种运输方式、各区段的实际承运人订立的分运(或分包)合同中,多式联运经营人又是以托运人和收货人的身份出现的,这样联运经营人就具有了双重身份。就其业务内容和性质来看,联运经营人的主要工作实际上是组织、衔接各区段的货物运输,而各区段承运人对自己承担区段的货物运输负责。由此可知,联运经营人的这种身份与传统的货运代理人身份相似,担负的是"一手托两家"的中介组织任务。

由于多式联运可以集中各种运输方式的优势,组成连贯运输。所以,发展多式联运,有利于发挥综合运输的优势,简化货运环节;加速货物和资金周转,缩短货运时间,减少货损货差,提高货运质量;节省运杂费用,降低运输成本;有利于挖掘运输潜力,提高运输效率,形成以城市为中心,港站为枢纽的综合运输网络,方便无港站的县、市办理货运业务;同时,有利于交通运输管理体制的改革,扩大运输经营人业务范围,提高运输的组织水平。

7.4.3.3　多式联运的组织与运作

1. 多式联运的主要业务及程序

多式联运业务,从多式联运经营人的角度来看,主要包括:与发货人订立多式联运合同,组织全程运输,完成从接货到交货过程的合同事项等基本内容。由于多式联运是依托不同运输方式,跨国跨地区的货物流通业务,如把多式联运从货物接收到最后这一过程进行分解,则具体业务主要包括以下几项:

① 出运地货物交接,即托运人根据合同的约定把货物交至指定地点。

② 多式联运路线和方式的确定,与分包方签订货物联运合同。

③ 货物运输安排。对货物全程运输投保货物责任险和集装箱保险。

④ 通知转运地代理人,与他包承运人联系,及时作好货物过境,或进口换装、转运等手续的申办和业务安排。

⑤ 货物运输过程的跟踪监管。定期向发货人或收货人发布货物位置等信息。

⑥ 通知货物抵达目的地和时间,并要求目的地代理人办理货物进口手续。

此外,还有估算费用、集装箱跟踪管理、租箱与归还业务,以及货物索赔和理赔业务等。其主要业务和程序有以下几个环节:

① 接受托运申请,订立多式联运合同。

② 集装箱的发放、提取及运送。

③ 出口报关。

④ 货物装箱及接收货物。

⑤ 订舱及安排货物运送。

⑥ 办理保险。

⑦ 签发多式联运提单,组织完成货物的全程运输。

⑧ 运输过程中的海关业务。

⑨ 货物交付。

⑩ 货运事故处理。

2. 多式联运的经营方式

在业务经营过程中,多式联运企业需要根据自己的经济实力、业务量大小采取合适的经营方式。目前国际上通用的业务活动经营方式主要有如下三种形式:

① 独立经营方式,即所有业务完全由多式联运企业及其附属机构独立经营。

② 代理方式,即委托国内外同行作为联运代理,办理或代安排分承运工作和交接货物,签发或收回联运单证,制作有关单证,处理信息,代收、支付费用和处理货运纠纷等。代理关系可以是相互的,也可以是单方的。

③ 联营方式,即指国际多式联运企业与其他独立经营企业联合经营国际多式联运业务。

上述三种经营方式各有利弊。在实际业务中,几乎所有的国际多式联运企业都是三种经营方式组合运用,其中以第一种与第二种的结合最为常见。

【资料7.7　小资料】

国际联合运输

　　国际多式联运的涵义,国际上通常认为是指按照多式联运合同,采用至少两种不同的运输方式,由多式联运经营人把货物从一国境内接管货物的地点运至另一国境内指定地点的货物运输。

　　英文 Intermodal Transport,Multimodal Transport,Combined Transport 均可表示多式联运。它们的不同点在于,Intermodal Transport 来源于美国,只要满足是两种或两种以上运输方式之间的联运的条件即可,无国界限定。Multimodal Transport 出自于联合国的《国际货物多式联运公约》,指用两种或两种以上的运输方式在两个或两个以上国家之间的联运。Combined Transport 出自于国际商会制定的《联运单证统一规则》,其内涵与 Multimodal Transport 相同。

　　国际多式联运通常是以集装箱为运输单元,通过采用海、铁、公、空等两种以上的运输手段,完成国际间的连贯货物运输,从而打破了过去海、铁、公、空等单一运输方式互不连贯的传统做法。

【资料7.8　小资料】

国际联合运输的组织形式

　　1. 海陆联运

　　海陆联运是国际多式联运的主要组织形式,也是远东—欧洲多式联运的主要组织形式之一。目前组织和经营远东—欧洲海陆联运业务的主要有:班轮公会的三联集团、北荷、冠航和丹麦的马士基等国际航运公司,以及非班轮公会的中国远洋运输公司、台湾长荣航运公司和德国那亚航运公司等。这种组织形式以航运公司为主体,签发联运提单,与航线两端的内陆运输部门开展联运业务,与大陆桥运输展开竞争。

　　2. 海空联运

　　海空联运又被称为空桥运输。海空集装箱货物联运是加拿大航空公司于20世纪60年代开创的,到80年代得到了较大的发展。20世纪60年代,将远东船运至美国西海岸的货物,再通过航空运至美国内陆地区或美国东海岸,从而出现了海空联运。当然,这种联运组合形式是以海运为主,只是最终交货运输区段由空运承担,1960年底,苏联航空公司开辟了经由西伯利亚至欧洲航空线,1968年,加拿大航空公司参加了国际多式联运。80年代,出现了经由香港、新加坡、曼谷等地区的集装箱经海运至阿拉伯联合酋长国的迪拜港后,再转由航空运输至欧洲诸国的目的地。其运时缩短很多,但全部运输成本只增加了少许,大大地提高了运输服务水平。较适合高科技产品的快速流通。

　　在运输组织方式上,空桥运输与陆桥运输有所不同:陆桥运输在整个货运过程中使用的是同一个集装箱,不用换装,而空桥运输的货物通常要在航空港换入航空集装箱。不过,两者的目标是一致的,即以低费率提供快捷、可靠的运输服务。采用这种运输方式,运输时间比全程海运少,运输费用比全程空运便宜。目前,国际海空联运线主要有:

　　① 远东—欧洲海空联运线。目前,远东与欧洲间的航线有以温哥华、西雅图、洛杉矶为中转地,也有以香港、曼谷、海参崴为中转地。此外还有以旧金山、新加坡为中转地。

② 远东—中南美海空联运线。近年来,远东至中南美的海空联运发展较快,因为此处港口和内陆运输不稳定,所以对海空运输的需求很大。该联运线以迈阿密、洛杉矶、温哥华为中转地。

③ 远东—中近东、非洲、澳洲海空联运线。这是以曼谷为中转地至中远东、非洲的运输线。在特殊情况下,还有马赛至非洲、经曼谷至印度、经香港至澳洲等联运线,但这些线路货运量较小。

总的来讲,运距越远,采用海空联运的优越性就越大,因为同完全采用海运相比,其运输时间更短,缩短时间最高能达50%;同完全采用空运相比,其费率更低,能节省费用30%～50%。在整个过程中,通过合理的运输协调,有可能减少关税、仓储费用等岸上开支。因此,从远东出发至欧洲、中南美以及非洲作为海空联运的主要市场是合适的。

3. 陆桥运输

所谓陆桥运输,也称为大陆桥运输,是指使用横贯大陆的铁路、公路运输系统作为中间桥梁,把大陆两端的海运系统连接起来,形成跨越大陆、联结海洋的运输组织形式。在国际多式联运中,陆桥运输起着非常重要的作用。它是远东—欧洲国际多式联运的主要形式。

严格地讲,陆桥运输也是一种海陆联运形式,只是因为其在国际多式联运中的独特地位,故将其单独作为一种运输组织形式。

目前国际上陆桥运输的组织形式包括:

① 大陆桥运输。大陆桥运输(Land Bridge Transport),是指以横贯大陆上的铁路、公路运输系统作为中间桥梁,把大陆与海洋连接起来形成的海陆联运的连贯运输。所谓大陆桥(Land Bridge)运输主要是指国际集装箱过境运输,它是国际集装箱多式联运的一种特殊形式。属大陆桥运输范畴,采用海陆联运方式,全程有海员段和陆运段组成。比采用海运缩短路程,但增加了装卸次数。所以在某地域大陆桥运输能否发展,主要取决于它与全程海运比较在运输费用,运输时间等方面的综合竞争度。广义的大陆桥运输还包括小路桥运输和微型路桥运输。大陆桥运输是一种主要采用集装箱技术,由海、铁、公、航组成的现代化多式联合运输方式,是一个大的系统工程。

② 小陆桥运输。小陆桥运输从运输组织方式上看与大陆桥运输并无大的区别,只是其运送的货物的目的地为沿海港口。目前,北美小陆桥运送的主要是日本经北美太平洋沿岸到大西洋沿岸和墨西哥湾地区港口的集装箱货物。当然也承运从欧洲到美西及海湾地区各港的大西洋航线的转运货物。北美小陆桥在缩短运输距离、节省运输时间上效果是显著的。以日本/美东航线为例,从大阪至纽约全程水运(经巴拿马运河)航线距离17 964.4千米,运输时间21～24天。而采用小陆桥运输,运输距离仅13 704.8千米,运输时间16天,可节省1周左右的时间。

③ 微型陆桥运输。微型陆桥运输与小陆桥运输基本相似,只是其交货地点在内陆地区。日本到美国内陆地区的货物,在西海岸港口上陆后,直接由陆上运输到美国内陆地区的城市。这样就免去收货人到港口去报关、提货等进口手续,方便了货主,这便是微型陆桥运输。

④ 半陆桥运输。从东南亚各国(包括孟加拉、缅甸、泰国)到西亚(包括巴基斯坦、伊朗)的货物,利用东印度的加尔各答到西印度孟买的铁路为陆桥的运输,这条集装箱海陆联线,可以节约绕道印度半岛的航程,由于其运输路线短,又是通过印度半岛的,所以称它为"半陆桥"。

⑤ 内陆公共点运输。OCP 是内陆公共点或陆上公共点的英文简称,其全称为"Overland Command Points",其具体的涵义是使用两种运输方式将卸至美国西海岸港口的货物通过铁路转运抵美国的内陆公共点地区,并享有 OCP 优惠费率。所谓 OCP 费率是太平洋航运公会为争取运往美国内陆地区的货物,途经美国西海岸转运而制定的一个低费率。

7.5 物流服务管理[①]

7.5.1 物流服务的重要性

物流服务是指物流企业或是企业的物流部门从处理客户订货开始,直至商品送客户过程中,为满足客户要求,有效的完成商品供应、减轻客户物流作业负荷所进行的全部活动。物流管理者可能更愿意将客户服务交给营销部门或销售部门去负责。但我们已经注意到,买主确实认为客户服务中有关的物流因素很重要,且常常将这些因素置于产品价格、产品质量及其他与营销、财务和生产有关因素之前。这里我们主要关注的是,物流客户服务能否影响销售企业盈利能力。这就需要探讨物流服务怎样影响销售,怎样影响客户的忠诚度、以及对物流成本的影响。

7.5.1.1 物流服务对销售的影响

长久以来,物流管理人员一直认为销售量一定程度上受所提供的物流客户服务水平的影响。事实上,物流客户服务是整个客户服务的一部分,很难确切衡量销售与物流服务指南的关系,而且买主自己也很难确切说明他们对服务的要求和对所提供服务的一贯反应。因此,物流管理人员会事先确定客户服务标准,然后围绕服务标准设计物流系统。当然,这种方法不是很有道理,但很实用。

现在更多确实证据表明物流服务会对销售产生影响。斯特林和兰博特通过对客户服务的细致研究总结道:"营销服务的确会影响市场份额,而且,营销组合中的各因素即产品、价格、促销和实物分拨对市场份额的影响力并不是一样的"。斯特林和兰博特还发现客户服务各因素中,对客户最重要的因素都具有物流属性。克伦恩和夏康在对 GTE/西尔瓦尼亚公司(GTE/Sylvania)的 300 家照明产品客户进行深入调查后总结道:如果分拨提供适当的服务能满足客户需要,就可以直接增加销售收入,提高市场份额,最终增加利润,使企业得到发展。

巴里茨(Baritz)和齐斯曼(Zissman)的研究显示,客户(尤其是客户的采购和分拨经理)可以区分"最好的"和"一般"的供应商在服务上的差异。更明确地说,客户发现服务不周时常常会对负有责任的供应商采取惩罚性措施。这些措施将会影响供应商的成本或收益(图7.19)。针对服务和销售的关系,研究人员强调:客户服务的差异可以量化,供应商销售额差额的 5% 到 6% 由此造成。

---

① Ballou R H. 企业物流管理:供应链的规划组织和控制[M]. 2 版. 王晓东,胡瑞娟,译. 北京:机械工业出版社,2006:70-95.

与之相仿，布兰丁(Blanding)认为：在工业品市场上，服务水平下降5%将导致现有客户的购买量下降24%。

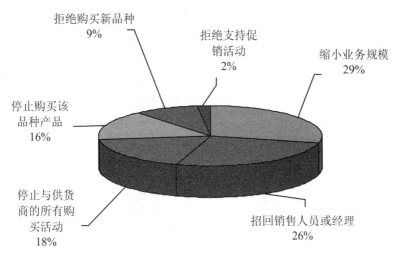

图 7.19　采购部门对供货商服务不周采取的惩罚性措施

7.5.1.2　物流服务对客户的影响

据国际权威机构调查显示：对客户服务不好会造成94%客户离去；因为没有解决客户的问题会造成89%客户离去；每个不满意的客户，平均会向9个亲友叙述不愉快的经历；在不满意的客户中有67%会投诉；较好解决用户投诉的问题，可挽回75%的客户；及时、高效地解决客户投诉的问题，将有95%的客户会继续接受你的服务。从这些统计数据中我们可以发现一个很重要的问题：公司花费庞大的资金去做广告、经营品牌，却可能会被为客户提供服务的一些人员因处理不当而使大量的现有客户和潜在客户流失。

因此，物流客户服务是一双无形的手，有力的推动了企业的发展。只有得到客户的信任，购买企业的产品，企业才能往更好的方向发展。只有通过有效的物流服务，才可以给接受物流服务的生产企业创造更好的盈利机会，成为生产企业的"第三利润源"。通过有效的物流服务，可以优化社会经济系统和整个国民经济的运行，降低整个社会的运行成本，提高国民经济总效益。

【资料7.9　小资料】

物流客户服务三要素

任何企业的产出都可以看成是价格、质量和服务的组合，物流客户服务包括从产品的可得率到售后服务等许多因素。客户服务的内涵和外延十分广泛，有着不同的表达方式。具有代表性的是美国凯斯韦斯大学巴洛(Ballou)教授提出的交易全过程论，即客户服务可以划分为交易前、交易中及交易后三个阶段，每个阶段都包含了不同的服务要素。如图7.20所示。

7.5.1.3　物流服务对成本的影响

1. 物流成本与物流服务之间存在"二律背反"

① 一般来说，提高物流服务，物流成本即上升，成本与服务之间受"收获递减法则"的支配。物流服务如处于低水平阶段，追加成本，物流服务即可上升。

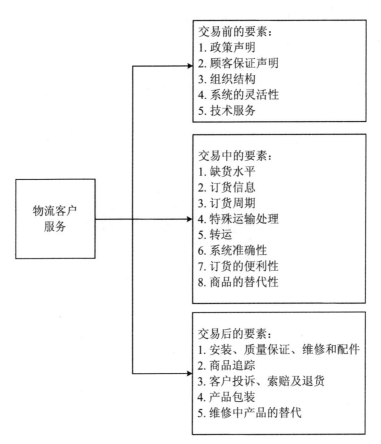

图 7.20　物流客户服务构成要素

② 处于高水平的物流服务时,成本增加而物流服务水平不能按比例地相应提高。与处于竞争状态的其他企业相比,在处于相当高的服务水平的情况下,想要超过竞争对手,提出并维持更高的服务标准就需要有更多的投入,所以一个企业在做出这种决定时必须慎重。

因此,随着物流活动水平的提高,企业可以达到更高的客户服务水平,成本则会增加起来。在大多数经济活动中,只要活动水平超出其效益最大化的点,人们就能观察这一现象。销售-服务关系中的边际收入递减和成本-服务曲线的递增将导致利润曲线的形成如图 7.21 的形状。

不同服务水平下收入与成本之差就决定了利润曲线。因为利润曲线上有一个利润最大化点,所以规划物流系统就是要寻找这一理想的服务水平。该点一般在服务水平最低和最高的两个极端点之间。

2. 物流服务与物流成本的关系

物流服务与物流成本的关系有下述四个方面:

① 在物流服务不变的前提下考虑降低成本。不改变物流服务水平,通过改变物流系统来降低物流成本,这是一种尽量降低成本来维持一定服务水平的办法,即追求效益的办法。

② 增加物流成本来提高物流服务。这是许多企业提高物流服务的做法,是企业在特定顾客或其特定商品面临竞争时,所采取的具有战略意义的做法。

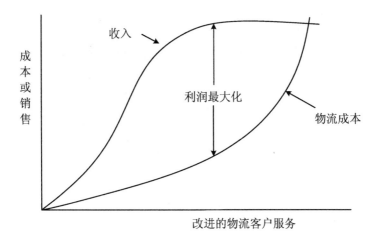

图 7.21　不同物流客户服务水平下,成本-收入悖反关系示意图

③ 在成本不变的前提下提高服务水平。这是一种积极的物流成本对策,在给定成本的条件下提高服务质量。这种追求效益的办法,也是一种有效利用物流成本性能的办法。

④ 用较低的物流成本,实现较高的物流服务。这是增加销售、增加效益,具有战略意义的办法。

通常情况下,在成本不变的前提下提高服务水平是企业追求的物流目标。

7.5.2　确定最优物流服务水平

一旦已知各服务水平下的收入和物流成本,我们就可以确定使企业利润最大化的服务水平,用数学方法找到这个最大利润点。下面我们来看一看其中的原理,以及实践中应用该理论的例子。

7.5.2.1　原理

假设企业目标是利润最大化,即与物流有关的收入与物流成本之差最大化。在数学上,最大利润是在收入变化量与成本变化量相等的点上实现,即边际收入等于边际成本之时。

设已知销售-服务(收入)曲线为 $R=0.5\sqrt{SL}$,其中 SL 是服务水平,表示订货周期时间为 5 天的订单所占的比重。曲线的形状见图 7.21。相应的成本曲线已知为 $C=0.00055SL^2$。最大化利润(收入减成本)的表达式就是

$$P = 0.5\sqrt{SL} - 0.00055SL^2 \tag{7.1}$$

式中,P 以美元表示的利润。

用微积分可求出方程 7.1 的利润最大化点。这样,在利润最大化条件下,服务水平的表达式[①]为

---

① SL^* 的表达式从以下求得

$$P = 0.5\sqrt{SL} - 0.00055SL^2$$

以求得 SL 最大的 P 值,对 P 求 SL 的一阶偏导,令其结果等于零,即

$$dP/dSL = 1/2 \times 0.5 SL^{-1/2} - 2 \times 0.00055 SL = 0$$

求解,得 SL^*。

$$SL^* = \left[\frac{0.5}{4(0.000\,555)}\right]^{\frac{2}{3}} \qquad (7.2)$$

因此，$SL^* = 37.2\%$。也就是约 37% 的订单应该有 5 天的订单周期，如图 7.22 所示。

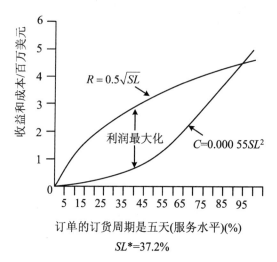

图 7.22 假想收入、成本曲线的利润最大化点

7.5.2.2 实践

利用上面的原理，我们来研究某一食品生产商仓库的库存服务水平，但是我们只选用一种产品，不过该方法同样适用于仓库中其他的商品。

【资料 7.10 小实例】

博登食品公司在其仓库中存有柠檬汁系列产品。博登曾经在仓库中存放相当多的这种产品，可以保证该产品在四年内都不会缺货。此时，该产品的服务水平超过 99%。虽然这是公司销量很高的产品，但问题在于是否有必要将库存水平定得那么高？

根据公司内部的一般经验，服务水平每变化 1%，毛收入就变化 0.1%。仓库每周向零售店补货，所以客户服务水平可以定义为补货提前期内仓库有存货的概率。

销售毛利是每箱 0.55 美元，每年经仓库销售的量是 59 904 箱。每箱标准成本是 5.38 美元，年库存持有成本估计为 25%。补货提前期是 1 周，平均每周销量为 1 152 箱，标准差为 350 箱。

仓库净利润最大化的点就是最优客户服务水平，或者说 $NP = P - C$，P 是供应渠道中产品在仓库所在存储点的总利润，C 是仓库的安全库存成本。当利润变化量等于安全库存成本的变化量，即 $\Delta P = \Delta C$ 时，可以得到最优的服务水平。由于销售反应系数是一个常数，不随客户服务水平的调整而变化，所以利润变化量为

$\Delta P =$ 销售毛利（美元/箱）× 销售反应系数（1% 服务水平变化引起的销售变化比率）× 年销售量（箱/年）

$= 0.55 \times 0.001 \times 59\,904$

也就是说，服务水平每变化 1%，年收入变化 32.95 美元。

成本的变化来自不同服务水平下需要保有的安全库存量的变化。安全库存就是为防止需求和补货提前期的变化而持有的额外库存。安全库存的变化是

$\Delta C=$ 年库存持有成本(%/年)×标准产品成本(美元/箱)×Δz×订单周期内需求波动的标准差(箱)

其中,z 是正态分布曲线系数,与提前期内有现货供应的概率有关。因此,年成本变化为

$$\Delta C = 0.25 \times 5.38 \times 350 \times \Delta z$$
$$= 470.25 \text{ 美元} \times \Delta z \text{ 每年}$$

对应于不同 Δz 值,安全库存成本的变化如表7.7所示。

表7.7 不同服务水平、z 下的安全库存成本变化表

服务水平的变化 SL	z 的变化 Δz	安全库存成本的变化(美元/年)
87~86	1.125−1.08=0.045	21.18
88~87	1.17−1.125=0.045	21.18
89~88	1.23−1.17=0.05	23.54
90~89	1.28−1.23=0.05	23.54
91~90	1.34−1.28=0.06	28.25
92~91	1.41−1.34=0.07	32.95
93~92	1.48−1.41=0.07	32.95
94~93	1.55−1.48=0.07	32.95
95~94	1.65−1.55=0.10	47.08
96~95	1.75−1.65=0.10	47.08
97~96	1.88−1.75=0.13	61.20
98~97	2.05−1.88=0.17	80.03
99~98	2.33−2.05=0.28	131.81

将 ΔP 和 ΔC 的值描绘在图中(图7.23)可得出最优服务水平(SL^*)介于92%和93%之间,即 ΔP 和 ΔC 的交点。

注意,无需得到所有情况下收益和成本的变化,只列出相关利润和库存成本的影响就可以了。

博登公司以多个仓库内存储的数千种产品为大样本进行了类似分析,预计可以节约库存成本数百万美元。因为现有的库存服务水平超过了最优水平,所以高库存水平带来的成本无法由增加的利润弥补。

7.5.3 衡量物流服务水平

物流服务水平是指客户对所获得的服务要素以及这类要素的构成形态的一种心理预期和期待。从客观上看,物流服务水平是对物流服务人员水平、物流服务质量水平、物流服务品牌战略、物流服务流程、物流服务时效、物流服务态度等的综合评判。从主观上看,物流服务水平又表现为物流客户的实际感受与其心理预期之间的差距。

考虑到客户服务的不同侧面,要想找到有效衡量物流客户服务的一揽子办法是很困难

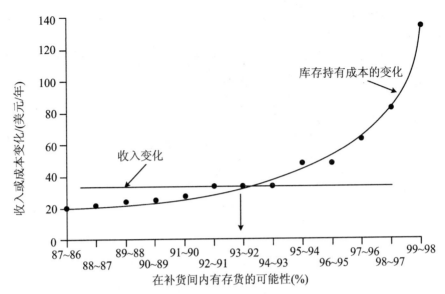

图 7.23　确定食品加工厂某产品的服务水平

的。一般可以从以下几个方面来考虑。

1. 存货可得性

存货可得性是指当顾客下订单时所拥有的库存能力。目前,存货储备计划通常是建立在需求预测的基础上的,而对特定产品的储备还要考虑其是否畅销、该产品对整个产品线的重要性、收益率以及商品本身的价值等因素。存货可以分为基本库存和安全库存。可得性的一个重要方面就是厂商的安全库存策略,安全库存的存在是为了应付预测误差和需求等各方面的不稳定性。

许多厂商开发了各种物流安排方案,以提高其满足顾客需求的能力。一个厂商可以经营两家仓库,其中一个指定为主要仓库,而另一个作为后备的供给来源。主要仓库是厂商用于输出其绝大多数产品的地点,以便利用自动化设施、效率及其所处地点的优势。一旦主要仓库发生缺货,就可以利用后备仓库来保证一定的客户服务水平。

高水准的存货可得性需要进行大量的精心策划,而不仅仅是在销售量预测的基础上给各个仓库分配存货。在库存管理中,有 ABC 库存策略。包括对存货实施 ABC 管理和对客户实施 ABC 管理。

可得性的衡量指标主要表现在:

① 缺货率是指缺货发生的概率。将全部产品所发生的缺货次数汇总起来,就可以反映一个厂商实现其基本服务承诺的状况。

② 供应比率衡量需求被满足的程度。有时我们不仅要了解需求获得满足的次数,而且还要了解有多少需求量得到了满足,而供应比率就是衡量需求量满足的概率。如一个顾客订购 50 单位的货物,而只能得到 47 个单位,那么订货的供应比率为 94%。

2. 物流任务的完成

物流任务的完成可以通过以下几个方面来衡量:

(1) 完成周期的速度

完成周期的速度是指从订货起到货物实际抵达时的这段时间。根据物流系统的设计不同,完成周期所需的时间会有很大的不同,即使在今天高水平的通信和运输技术条件下,订货周期可以短至几个小时,也可以长达几个星期。但总的来说,随着物流效率的提高,完成周期的速度正在不断地加快。

(2) 一致性

一致性是指厂商面对众多的完成周期而能按时递送的能力,是履行递送承诺的能力。虽然服务速度至关重要,但大多数物流经理更强调一致性。一致性是物流作业最基本的问题。厂商履行订单的速度如果缺乏一致性,并经常发生波动的话,那就会使得客户摸不着头脑,使其在制订计划时发生困难。

(3) 灵活性

作业灵活性是指处理异常顾客服务需求的能力。厂商的物流能力直接关系到处理意外事件的能力。厂商需要灵活作业的典型事件有:

① 修改基本服务安排计划;
② 支持独特的销售和营销方案;
③ 新产品引入;
④ 产品衰退;
⑤ 供给中断;
⑥ 产品回收;
⑦ 特殊市场的定制或顾客的服务层次;
⑧ 在物流系统中履行产品的修订或定制,诸如定价、组合或包装等。

在许多情况下物流优势的精华就存在于作业灵活性中。

(4) 故障与修复

故障与修复能力是指厂商有能力预测服务过程中可能会发生的故障或服务中断,并有适当的应急计划来完成恢复任务。因为在物流作业中发生故障是在所难免的,因此故障的及时修复也很重要。

3. 服务可靠性

物流质量与物流服务可靠性密切相关。物流活动中最基本的质量问题就是如何实现计划的可得性及作业完成能力。实现物流质量的关键是如何对物流活动进行评价。

7.5.4 应急服务

一般而言,物流管理人员的规划和控制工作是保证物流系统在正常情况下的高效运作。同时,他们还要准备处理可能导致系统瘫痪或系统运营状况短时间内急剧变化的意外情况,如罢工、火灾、洪水或者危险品出现故障。两种较为常见的意外事件就是系统故障和产品召回。

7.5.4.1 系统故障

没有哪个物流系统可以永远毫无故障地运行。有些服务障碍是注定要出现的,但我们可以不必对它们特别重视,而去制定特殊计划应对这些情况的发生。加快对保留订单的处理、应付季节性订货高峰或预留备用设备以防故障发生等都不需要专门制定应变计划,因为这些都是正常业务活动的组成部分。

应急计划和应对与那些注定会出现的措施有所不同,它是正常计划程序以外的。黑尔(Hale)对意外事件进行了分类,以便说明什么情况下需要做应急计划:

① 发生的概率小于常规计划程序所包含的事件发生的概率。
② 这类事件实际发生会导致严重损失,尤其是在没有得到尽快处理的情况下。
③ 企业可以事先计划,以便事件发生时能够尽快处理。

其实,制定应急计划并没有什么特殊的方法,它不过是对物流系统的关键要素提出如果或怎样的问题,假定为预料到的事件在物流系统的关键环节发生,提出适当的行动方针。

由于管理者一般希望保证客户服务的目标水平,因此就更有必要制定这种计划。见资料7.11。

【资料 7.11　小实例】

联邦快递利用"扫尾飞机(Sweep Airplanes)"来满足货量高涨、天气变化和设备故障时的运输服务需求。企业将此视为其服务至上的业务经营理念的正常组成部分。

【资料 7.12　小实例】

某著名办公复印设备制造商位于美国西海岸的仓库在某个星期五下午付之一炬。该仓库存有办公复印机替换部件和一般办公用品,供应西海岸的绝大部分地区。由于业务的竞争性,大火可能带来的不幸后果是销售损失,企业的一部分分拨系统也因此瘫痪。

幸运的是,企业的分拨管理人员已经预见到这种可能性,并制定了针对此类事件的应急方案。到星期一,该公司就已空运了足量的存货到某个准备就绪的公共仓库。客户服务与以前的水平毫无区别,竟使客户对失火事件毫不知晓。

Martha 和 Subbakrishna 认识到由于供应链的设计强调速度和效率,因此有某些特定弱点。在过去的 30 年间,人们推崇快速反应、"敏捷"物流和 JIT 配送模式来降低库存、减少资金投入、改进质量,这样的物流战略增加了崩溃的风险,受到冲击的影响也就加大了,因为在整条供应链上不间断流动的货物要求时间的安排非常精确,在供应链的不同位置很少或没有保有库存来应对突发事件的冲击,整条供应链随时都可能停工。建议采用下列方法来减少或避免供应链突然中断而产生的恶劣影响:

① 就所承受的风险投保;
② 就备选供应源制定计划;
③ 安排备选运输方案;
④ 调整需求;
⑤ 快速响应需求的变化;
⑥ 就可能出现的停工事件设定库存。

投保财务风险显然可以保护企业免受中断服务的影响。但是,也会有选择不承保某些风险,如恐怖袭击以及其他需要采取措施的。这些都旨在服务中断时保持客户服务水平或保证客户满意。

维持多个供应源或其他供应方案制定计划可以使得企业在供应渠道出现问题时仍然保持实物流的顺利进行。

【资料 7.13 小实例】

当飓风 Mitch 袭击中美洲时,道路、桥梁、铁路、工厂和其他一些设施被摧毁,香蕉种植园也在劫难逃,这一地区的香蕉产量占了全球的 10%。有两家公司在中美洲的生产能力均遭到打击,但它们的表现大相径庭。

Dole 公司在洪都拉斯、危地马拉和尼加拉瓜四万英亩的种植园有 70% 遭受损失,差不多占到全球产量的 1/4。由于公司在该地区没有备用的供应商,结果是,公司来自中美洲的供货短缺了一年以上,第四季度出现了多达一亿美元的额外支出,收入下降了 4%。

与之相反,Chiquita Brands 公司在这次危机中却保持了平稳运行,虽然这家公司的种植园同样遭受了减产危机。然而,通过增加其他地区,比如巴拿马的产量,以及向这一地区没有遭受飓风影响的供应商采购水果,Chiquita Brands 公司满足了客户的需求。

运输尤其是供应渠道中的薄弱环节。预先选定其他的运输方式显然可以对抗罢工、自然灾害和恐怖袭击造成的服务中断现象。更换运输方式或使用其他的运输路线也可以提供所需的灵活性。当然,为保持供应链的运作会增加成本。

转移需求是解决供给中断事件的间接方法。该方法认为如果某产品缺货,可以通过激励措施鼓励客户选择其他产品。这样可以保证销售额,直到供应链的运作恢复正常。

【资料 7.14 小实例】

1999 年台湾遭遇地震,PC 机和笔记本电脑零部件的供给中断了 2 周,苹果电脑公司最流行款式电脑的半导体零件供给出现短缺。虽然公司经过努力运到了速度慢一些的款式,还是出现了客户投诉。因为电脑的配置不能更改,所以供应问题持续存在着。与之相反,戴尔公司的情况要好的多。公司通过网站对某些产品提出特殊优惠价格和价格鼓励措施,将需求转移到不受短缺影响的产品。在供给中断的那个季度,实际收益增长了 41%。

库存一直是企业应对系统瘫痪的首要方法。当供给和需求相互不匹配时,库存就作为安全网或缓冲带。JIT 模式或"敏捷"物流将库存降到最低,增大了供应渠道部分环节延迟或临时停工造成的消极影响。在供应渠道的关键点建立或增加库存能有效降低某些供应中断的现象。

当然,某些小概率事件发生,人们根本没有预计到。应急计划也没有形成,因为人们没有认真研究这些事情。在这些情况下,应急计划应该包括派遣危机处理小组到场,随时开始紧急行动。一旦突发事件发生,在情况显现后快速、有效地采取其他物流方案是维持运营的关键。

【资料 7.15 小实例】

当恐怖组织袭击世贸中心后,安全受到影响,国内航班被临时取消,边境的地面运输也出现延误,随后 Chrysler 启动了物流指挥中心。像其他汽车制造企业一样,Chrysler 也按 JIT 生产模式运营。运输系统可提供可靠的小批量、多频次的零配件运输服务,工厂依赖于运输系统的通畅,只保有很少的库存。即使很小范围的中断都会造成工程停工待料。

危机小组采取以下措施应对危机:
① 当天关闭工厂;

② 和通用公司、福特汽车公司的同行劝说美国海关增加底特律和加拿大安大略省主要公路枢纽的检查人员来缓解公路拥堵现象；

③ 以电子方式发信给 150 个最大的供应商请他们多发 8～12 h 零配件需求量给工厂；

④ 当 2 天后航空运输恢复时，指挥在途的卡车司机将车开到最近的机场，在那里货物会被装上飞机，飞往美国和墨西哥的工厂。

结果是工厂的运营只中断了一天。

7.5.4.2 产品召回

产品召回是指生产商将已经送到批发商、零售商或最终用户手上的产品收回。产品召回的主要原因是所售出的产品被发现存在缺陷。召回产品的应急计划涉及企业的方方面面。而那些负责物流活动的部门尤其会受到影响。这些部门负责管理产品回流可能经过的物流渠道。物流管理人员基本上是以三种方式参与产品召回活动的：主持产品召回工作组的工作、跟踪产品、设计产品逆向物流渠道。

对未来的召回活动进行计划，或者面对已经发生的召回活动，首要的任务就是建立领导召回工作组的工作组。因为该小组的首要职责是使产品返回制造商处，所以很可能分拨经理会成为工作组长。工作组也可能负责停止生产、开始召回行动、配合相关的管制机构采取必要的措施等等。

要想召回分拨系统中不易定位的产品，运作成本会很高，如果可以避免，那就不必召回。目前常用的产品跟踪方法主要有以下两种：一种是多年来企业一直运用的，根据产品的产地编码进行跟踪。由于很少有企业会随着产品移动到分拨渠道中的不同地点继续编码，所以产地编码仅仅是产品最终位置的一种近似，但它却是随时可得的。第二种产品跟踪方法是利用保修卡的信息。它只适用于那些使用这类卡片的产品，而且并非所有消费者都会返回卡片。为更好地跟踪产品，可以利用零售店的计算机要求所有的客户都要在销售地填写一张身份卡片。

利用计算机技术，产品跟踪管理已经得到明显改善。下面是一些企业的典型做法：

① 利用条形码、卫星通信、可以发射无线电且配有车载电脑的卡车、手柄式扫描器，联邦快递公司的 COSMOS 包裹跟踪系统可以定位处于系统任何位置的包裹。

② 通过其产品控制和识别系统，皮氏公司（Pillsbury）可以定位处于从生产到零售库存的任何阶段的产品。它可以在 24 小时内跟踪 98% 的产品，在数天内该比率可达到 100%。

③ 福特汽车公司利用一个称为北美汽车信息系统的自动化系统跟踪产品。该系统可以识别福特每年销售的约 400 万辆汽车，每辆车上 15 000 个配件中每一个。

最终产品的召回决策需要考虑产品将如何通过分拨渠道运回，或回收分拨系统设计（Reverse Distribution System Design）的问题，根据产品缺陷的性质，企业计划的处理方法可能会用到全部或部分分拨渠道。而设计产品回流渠道时，需要考虑产品特征、客户特征、中介人特征、企业特征以及产品缺陷的性质、市场覆盖面、召回类型、所需的补救措施、现有的分拨系统、企业的财力等因素。

为什么要在物流服务中讨论产品召回呢？传统上，人们认为商品只是从制造商流向客户，这样的客户服务反映的是供给用户，而不是服务用户的思想。但是现在，消费者权益保护运动和环保运动引起人们对售后服务的极大关注。因此，物流管理人员设计的产品流通渠道不仅需要满足用户购买的需要，还要满足购买后的服务需求。

【资料7.16 小实例】

当施乐公司为客户安装新的大型复印机时,现将复印机从中央仓库运到客户所在地的临时存放地。随后,安装人员会从临时仓库中取出复印机,运到客户所在地,完成安装。如果那里现有一台机器,就会被退回到临时存放地,最后被运到亚利桑那州的更新中心进行维修和再销售。物流管理人员在选择临时存放点时既要考虑正向的商品流动,也要考虑旧货的逆向运输。如果只考虑正向的商品流动,而非正向、逆向同时考虑,最佳的存放点可能会不同。

美国的零售企业经常面对退货,因为店里施行自由退货政策,有时也因为产品性能不好。因为退货常常丢掉了一些配件或者不能用,或者包装已经损坏了,零售商可以从制造商那里拿回货款,修理商品,或者作为已开包商品降价销售。另一种情况是,沃尔玛之类的大型零售企业可以将这些商品卖给墨西哥的工厂,他们买回去不是因为价格很低,而是为了维修后作为开包的商品放回货架打折销售。商品会运到墨西哥的工厂进行维修,如果可能,会被作为新产品买到拉丁美洲市场,通常比美国市场卖的价格要高。

本章小节

销售物流是企业物流的最后一个环节,是企业物流与社会物流的转换点,是企业赖以生存和发展的条件,又是企业本身必须从事的重要活动,它是连接生产企业和消费者的桥梁,通过销售物流,产品实现使用价值,企业获得利润。因此销售物流对于企业提高销售收入、提高客户满意度、留住老客户和争取新客户以及降低销售物流成本等方面都有重要的作用。

销售订单管理企业物流系统的基础,是企业销售活动的开始,主要包括订单准备、订单传送、订单录入、订单履行以及订单跟踪等五个主要环节。但是在不同实际环境中订单处理系统又是不尽一样的。选择订单处理的硬件和系统仅仅是设计时要考虑的部分内容。还有其他许多因素会加快或者延缓订单处理时间。这些因素源于运营过程、客户服务政策以及运输操作等多个方面。

物流配送是企业销售物流的重要环节。配送中心是企业为了更好地运行产品配送活动,而建立的企业销售物流的运作结点。配送是一个销售物流活动的综合表现形式,企业应该科学地把物流相关活动进行有机的结合,从而提高物流运作的效率,主要包括不同形式配送类型的选择和搭配,配送合理化的有效运用等。

在销售运输管理中,运输是物流决策中的关键所在。除采购产品的成本外,运输成本比任何其他物流成本所占比例都高。运输决策的形式多种多样,其中主要是运输方式及运输线路的选择以及多式联运的应用。在运输服务的选择中,成本的权衡和竞争是企业首要考虑的因素,但是供应商和买方的了解程度、相互竞争的供应商、价格补偿等都是要需要考虑的。而在运输路线选择中企业需要对货物运输线路进行系统分析,建立模型,并运用各种数学方法进行求解,以实现货物运输问题的科学管理。多式联运是一种高级的运输组织形式,它不仅可以最大限度地方便货主,加速货物运输过程,而且可以进一步实现运输合理化、物流合理化,提高运输的工作效益和经济效益。

物流服务是指企业为促进其产品或服务的销售,发生在客户与物流企业之间的相互活动过程。因此物流服务不仅仅是营销部门或者是销售部门的事,更是物流管理部门一项重要的职责,良好的物流服务对提高企业的销售业绩、提高客户满意度以及降低企业的成本都产生重要影响。在实践中,一旦已知各服务水平下的收入和物流成本,就可以确定使企业利润最大化的服务水平,用数学方法找到这个最大利润点。物流服务水平可以从存货可得性、物流任务的完成以及服务可靠性等方面来衡量。同时,客户服务考虑的不仅仅是要正常运营的情况下满足客户需要,谨慎的管理者还需要对诸如系统故障或者产品召回等少数事件做好计划,从而降低服务不佳带来的恶劣影响及损失。

【关键词】

销售物流(Distribution Logistics)　销售订单(Sales Order)　订货周期(Order Cycle Time)　订单履行率(Order Fill Rate)　电子订货系统(Electronic Order System,EOS)　销售时点管理系统(Point of Sale,POS)　预先发货清单(Advance Shipping Notice,ASN)　电子数据交换(Electronic Data Interchange,EDI)　销售配送(Sales Distribution)　共同配送(Joint Distribution)　配送中心(Distribution Center,DC)　运输渠道(Transportation Lane)　运输线路(Transportation Route)　联合运输(Combined Transport)　运输包装(Transport Package)　多式联运(Multimodal Transport)　物流服务(Logistics Service)　物流服务水平(Logistics Service Level)　应急服务(Contingency Service)　系统故障(System Failure)　产品召回(Product Recall)

案例分析

美国通用配件公司的销售网络

美国通用配件公司(Genuine Parts Company,GPC)是一家经营汽车配件产品、工业用品、办公用品、电器及电子设备等多种产品的大型集团公司,是纽约股票交易所上市公司(NYSE:GPC)和道琼斯工业指数(DJI)成分股公司之一,在2002年美国"财富500"强中名列第235位。

GPC的销售网络

GPC每年都销售数目惊人的各类产品,其销售业务主要由四个子集团来完成:汽车配件集团通过NAPA(National Automotive Parts Association)和其他相关机构销售近300 000的汽车配件产品。目前NAPA公司业已成为世界上最大的汽车配件及汽车用品销售商,在美国拥有61家分销中心,5 800家汽配连锁店,10 800个连锁的维修站、养护中心及事故车维修中心等,常备库存能提供30万种以上产品进行销售,这些产品涵盖美国、日本、德国和其他世界各地其他厂商生产的各种车型的配件、维修工具与装备、汽车养护用品、油品、化学品和其他附属用品等;工业配件集团每年销售2 000 000件以上的产品给各类用户;办公用品集团通过下属公司SPR(S. P. Richards Company)销售数以千计的商务和办公性产品;电子和电器设备集团也设有下属子公司EIS,销售75 000件以上的产品。汽车配件和汽车用品是GPC公司的主要产品。GPC销售汽车配件产品和办公用品等产品的方式如下:GPC是Rayloc的母公司,后者拥有Rayloc商品销售服务(Rayloc Merchandise Distribution Service,RMDS),负责将GPC的产品从供应商分销到各销售中心。RMDS拥有自己的运输车队和分销中心,主要是利用公司自行拥有的条件完成销售任务,在极少的情况下才借助第三方单位的力量。RMDS建立了多处分销中心,在奥特兰大的分销中心和印第安纳波利斯的分销中心,还分别建立了五个Rayloc销售中心,提供与分销中心相类似的业务。RMDS根据每周的计划安排,主要是使用自己的运输工具,完成给定的销售任务。

RDMS产品销售

RMDS的运输车队负责将分销中心的产品分发到一个或多个GPC销售中心。当产品运送到销售中心后,车队将开往下一个计划的供应商处或是其他的供应商处,装载客户定购的产品,再返回到分销中心里,将产品卸载到分销中心,再根据商品目的地的差异,有条理地存放这些产品,安排适当的运输车辆,以便完成下一次的运输业务。车队还经常从销售中心挑选出少量的频繁使用的产品和零部件,分别运送产品给供应商,运送零部件到工厂。

每个GPC销售中心都要独立管理自己的车队,并与RDMS运输系统独立开来,负责运送销售中心的产品给具体客户。

销售中心的典型操作流程

客户(批发商和零售商)提供订单给销售中心;销售中心根据得到的订单中的商品清单,挑选出客户指定的商品,组织运输车辆,装载运输。销售中心每天有两次主要的运输安排。如果客户的订单下得早,商品中午就会被运送出去,在当天即可送到客户的手中。如果订单下得晚,车辆则要下午出发,午夜才能运送到客户处。

在每次运货的时候,车队都要从销售中心运送商品到多个客户处。有些销售中心(例如,NAPA销售中心)有时也搭顺便车,运送少量的急需产品到零售商店,甚至是车间。在销售中心,借助第三方单位的车辆仅仅是需要运送一些小商品时才采用。

思考:

(1) GPC的销售网络系统存在哪些问题?

(2) GPC现行的销售运行模式可如何进行改进?

(3) 如果要对GPC的销售网络进行优化设计,应从哪些方面进行重点考虑?

【思考与练习题】

1. 选择题

(1) 企业销售物流的特点是通过包装、送货、配送等一系列物流实现销售,这就需要研究送货方式、包装水平、运输路线等,并采取各种诸如( ),定时、定量配送等特殊的物流方式达到目的。

A. 少批量、多批次 B. 少批量、少批次

C. 多批量、多批次 D. 多批量、少批次

(2) ( )是指生产者至用户或消费者之间的物流,包括产成品的库存管理、仓储、发货、运输、订单处理与客户服务。

A. 生产物流 B. 供应物流 C. 销售物流 D. 电子商务物流

(3) 订单管理的最后环节是( )。

A. 订单传输 B. 订单录入 C. 订单履行 D. 订单状况报告

(4) 一个提货点配送到多个送货点或者多个提货点到一个送货点所经过的路线,属于( )。

A. 直接运输网络 B. 通过配送中心的多地点送货

C. 多落点的直接运送 D. 通过配送中心的运输

(5) 下列描述销售物流服务的要素正确的是（　　）。
A. 时间、可靠性、通讯、方便性　　B. 时间、可复发性、通讯、方便性
C. 时间、可得性、通讯、方便性　　D. 时间、可靠性、安全、方便性

2. 判断题

(1) 销售物流(Distribution logistics)又叫作分销物流是销售过程中的物流活动，是伴随销售而进行的物流活动，具体是指将产品从下生产线进入流通领域开始，经过包装、装卸搬运、储存、流通加工、运输、配送，一直到最后送到用户手中的整个产品实体流动过程。(　　)

(2) 订单管理流程只包括订单准备、订单传输、订单录入和订单履行。(　　)

(3) 客户服务水平较高，物流网点设定较少，运输方式可以使用廉价的方式，订单服务提前期较长。反之，当客户服务水平接近上限时，成本比服务水平上升更快。(　　)

(4) 服务-损失函数表示随着服务(质量)偏离目标值，损失会递增。(　　)

(5) 对于起点和终点相同的路径规划时，合理的经停路线中各条线路之间不交叉。(　　)

(6) 配送管理就是在满足一定的顾客服务水平与配送成本之间寻求平衡。(　　)

3. 简答题

(1) 企业销售物流的基本内容和主要环节有哪些？
(2) 销售订单处理的过程有哪些？
(3) 简述销售配送的类型。
(4) 影响销售运输服务选择的因素有哪些？
(5) 如何优化交通路线不成圈现象？
(6) 什么是多式联运？
(7) 衡量物流服务水平的因素有哪些？

4. 思考题

销售物流的主要任务是什么？

应用训练

调研周围中小企业的销售物流情况

调研目的：长期以来，中小企业一直存在销售薄弱、资金周转不畅等问题，严重影响企业的正常运作，中小企业往往更加关注企业的供应物流和生产物流，而忽视了销售物流，使客户满意度下降，降低了公司的竞争力。通过调研了解周围中小企业的销售物流情况，理解销售物流在企业发展中的重要作用。

调研内容：调研中小企业的销售物流发展情况，包括销售订单管理、销售配送管理、销售运输管理和物流服务管理等销售物流环节。

调研要求：学生可以组成5~7人的调研小组，在调查当地中小企业销售物流发展现状的基础上，利用现代物流的基本原理，结合现代物流管理领域的先进方法，对中小企业现有的销售物流方式和方法进行改造，从而达到客户满意、提升竞争力的目的，最终形成有针对性的调研报告。

第 8 章　企业回收与废弃物物流管理

【本章教学要点】

知 识 要 点	掌握程度	相 关 知 识
企业回收物流管理	重点掌握	回收物流的含义、特点、产生原因及应用价值；企业回收物流的分类管理；产品召回制度
废弃物物流管理	基本掌握	废弃物的含义与分类；废弃物物流的概念、价值分析、处理方法及企业废弃物物流的合理化
企业回收与废弃物物流管理实践	了解	生产责任延伸制、绿色包装

【本章能力要求】

能 力 要 点	掌握程度	应 用 能 力
回收物流的应用价值	重点掌握	能够分析回收物流在微观层面和宏观层面的价值
企业废弃物物流价值分析	掌握	能够从环境效应、价值效应和公众效应三个层面来分析废弃物物流的价值效应
企业废弃物物流合理化原则	基本掌握	能够遵循企业废弃物物流合理化的原则来设计和评价废弃物物流
基于绿色包装的企业物流管理策略	掌握	具备运用绿色包装的理念来制定或分析企业物流管理策略

【本章知识架构】

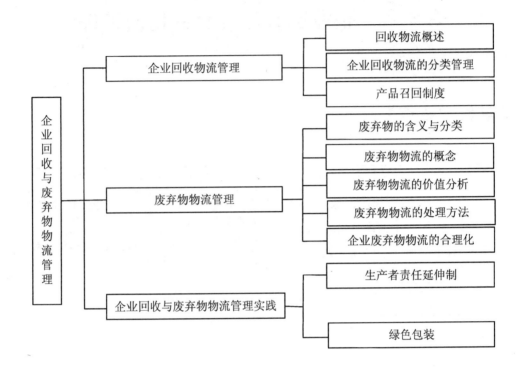

 **导入案例**

我国每年报废 500 万辆车　零部件再制造率低

在剪切机的轰鸣声中，已经被机油染成墨色的一台台轿车变速箱不断地被拆解、压扁，这种景象，就是目前我国绝大多数报废车辆零部件的最终归宿——成为一堆废铁卖破烂。在美国高速公路上，10 辆汽车中有 1 辆是使用再制造发动机的。但是，我国再制造的数字远低于这个，比如，变速箱总成的再制造使用几乎为零。

再制造不等于翻新

汽车零部件再制造，是指将旧的汽车零部件利用先进的手段进行专业化修复，使其恢复到原有新品一样的质量和性能的批量化制造过程。废旧的汽车变速箱送进再制造生产线后，通过"拆解—清洗—检验—修复—更换—组装—测试—包装"八大工序按照严格的生产流程完成自动变速箱的再制造。每一台再制造自动变速箱，都进行不低于 40 分钟的试验台动态测试以检测产品性能，确保交付用户使用的产品能够可靠运行。

顾客对再制造产品有顾虑

一台变速箱再制造的成本仅是新品的 30%～50%，而使用寿命相当于新品的 70%。事实尽管如此，但在我国市场上，再制造的认可度却始终低迷。国外都是由汽车生产厂商负责旗下品牌报废汽车及零件回收，有畅通的回收渠道。另外，报废汽车解体厂是再制造链条的源头,其回收资质应经过严格审批。在欧美汽车技术发达国家,汽车部件回收再制造模式已经顺利运转了数十年,得益于监管部门对于汽车回收、生产企业的严格审批。

可节能60%,减排80%

每年全世界仅再制造节省的材料就达1400万吨,节约的能量相当于8个中等规模核电厂的年发电量。在美国的汽车售后市场中,变速箱再制造产品占有90%左右的份额。与回炉再造新品相比,再制造可节能60%,降低大气污染物排放80%。如果生产1万台再制造发动机,其回收附加值接近3.6亿元,可以节电1450万千瓦时,减少二氧化碳排放600吨。

思考:

(1) 再制造产品与翻新的产品有何区别?

(2) 废旧的汽车进入再制造生产线后,是如何完成脱胎换骨的?

(3) 试从经济、社会、资源和环境四个角度来分析再制造产业能够带来哪些效益。

(资料来源:刘宇鑫. 我国每年报废500万辆车 零部件再制造率低[EB/OL]. http://auto.ifeng.com/pinglun/20150521/1040940.shtml.)

8.1 企业回收物流管理

8.1.1 回收物流概述

8.1.1.1 回收物流的含义

企业在生产、供应、销售的活动中总会产生各种边角余料和废料,这些物品的回收是需要伴随物流活动的。如果回收物品处理不当,往往会影响整个生产环境,甚至影响产品质量,占用很大空间,造成浪费。回收物流(Returned Logistics)是指企业在供应、生产和售销活动中,不合格物品的返修、退货以及周转使用的包装容器从需方返回到供方所引发的物流活动。是将有价值的产品、物料等加以分拣、加工再制造及其信息处理的过程。回收物流中,物料从供应链的下游向上游运动,属于逆向物流(Reverse Logistics),其目的在于以最小的成本恢复产品最大的经济价值,使其再次成为有用的物质,同时满足技术、生态与法律的限制。

8.1.1.2 回收物流的特点

回收物流的特点主要体现在以下几个方面:

① 逆向性。回收物流属于逆向物流,所以具有逆向物流的特点,即逆向性,是从需方流向供方。

② 分散性。由于回收物流的起点是消费者或零售商,这些消费者或零售商在时间上和空间上是分散分布的,这就导致了回收物流的分散性。

③ 复杂性。第一,回收物品的多样性。回收的物品主要涉及产品、零部件及周转使用的包装容器等,这些物品的型号、新旧程度等不统一。第二,回收物流的起点是分散的,物品无法集中一次转移,回收环节不确定。这两点导致回收物流在回收过程中的复杂程度大大提高。

④ 缓慢性。回收物流主体要从分散的需方回流到供方,这需要经过一个漫长的时间。

⑤ 费用高。正是因为回收物流的起点的分散性、回收物品和环节的复杂性和缓慢性,

导致了回收物流的处理过程无法统一,难以形成规模效应,所以回收处理的费用相对比较高。

8.1.1.3 回收物流产生的原因

在生产销售过程和生活消费中,部分物料可通过收集、分类、加工、供应等环节转化成新的产品,重新投入到生产或消费中,这样就形成了回收物流。例如,货物运输和搬运中所发生的包装容器,废旧装载工具及工业生产中产生的边角余料,召回的产品,被退货的产品、废旧钢材等在回收中所发生的物流活动。

具体来看,回收物流的产生,主要有以下四个原因:

① 在供应过程中产生。主要包括采购的原材料或零部件因为质量问题而导致的退货和周转使用的包装容器返厂等。

② 在制造过程中产生。主要包括生产过程产生的原材料剩余、废料或副产品与不合格产品等。

③ 在分销过程中产生。主要是因为产品质量问题或者产品过期问题而导致的退货以及周转使用的包装容器返厂等。

④ 最终用户返回。主要指因产品生命周期终止或者产品原有价值失去而进行的回收。

8.1.1.4 回收物流的应用价值分析[1][2]

企业实施回收物流,不仅有利于保护环境,也是创造价值,增强企业竞争优势的重要方式之一,回收物流的具体应用价值体现在以下几个方面:

(1) 降低原料成本,提升产品竞争力

产品和零部件具有再生资源回收的价值,经过拆卸、拼修、翻新、改制等回收物流活动,可以重新获得价值,直接进入产品生产过程或销售市场。这为企业节省大量的原材料采购的成本,有利于企业产品竞争力的提升,可以取得较好的经济效益。

(2) 有利于企业改善品质管理,根除产品不良隐患

国际质量标准 ISO9001:2000 引入 PDCA 戴明环质量管理模式(主要包括计划、实施、检查、改进四个环节),逆向物流恰好处在检查与改进两个环节上,承上启下,作用于两端。企业退货中暴露出的品质问题,将不断透过逆向物流信息系统传递到管理层,提高透明度,使管理者能够在事前不断改进品质管理,根除产品不良隐患。

(3) 提高企业竞争力,增强企业在整个供应链中的竞争优势

发展逆向物流有利于提高顾客对产品的满意度,赢得顾客信任,增加企业竞争优势。此外,对于供应链上的企业客户来说,上游企业采取宽松的退货策略,能减少下游客户的经营风险,改善供需关系,促进企业间战略合作,强化整个供应链的竞争优势。对于过时性风险较大的产品,退货策略所带来的竞争优势更加明显。所以说,回收物流可以提高供应链上所有客户对产品或服务的满意度,利于培养终端客户的忠诚度和促进企业间战略合作,强化整个供应链的战略竞争优势。

(4) 提高环境业绩,提升企业形象

随着工业化进程的不断深入,环境日益恶化,资源日趋枯竭,很多工业化国家或地区纷纷制定相关法律法规,约束、规范企业行为,将环境业绩作为评价企业经营绩效的重要指标。

---

① 顾建跃. 逆向物流的成因及经济价值分析[J]. 财经漫笔,2006(8):43-44.
② 王艳珍. 中小企业发展逆向物流的对策[J]. 中国流通经济,2009(9):52-54.

企业实施回收物流战略,一方面通过对终端用户废弃产品的回收,承担起企业的环保责任;另一方面通过回收资源,减少废弃物排放量,从而降低处理费用。因此,企业通过实施良好的回收物流战略,可减少产品对环境的污染和资源的消耗,可以提高环境业绩,塑造企业形象。

(5) 节约资源,促进社会经济的可持续发展

在资源日益枯竭的今天,人们越来越重视通过回收物流将可以利用的废弃物通过收集、加工,重新补充到生产、销售系统中循环利用。对废旧物资源开发利用,可以减少人类对原生资源的开发,降低原料成本,减少三废排放量,为节约能源,为建设友好型社会,促进社会经济的可持续发展做出贡献。

综上所述,回收物流是物流领域的新视野,它不仅强调废弃物的回收利用,更强调通过资源缩减、翻新、改制和再生循环等方式,实现节约资源,保护环境和增加竞争力等目标,因而回收物流是企业管理战略的重要组成部分。企业要实现回收物流战略,必须从供应链的范围来构建企业回收物流系统,最大化地实现回收物流的经济价值。

8.1.2 企业回收物流的分类管理

依据不同的标准,回收物流存在不同的分类情况。依据回收物流形成的原因和途径的不同,将其分为投诉退货、终端使用退回、商业退回、维修退回、生产报废与副品,以及包装六大类别。表 8.1 中列出了这六类典型的回收物流类别。它们普遍存在于企业的经营活动中,其涉及的部门从采购、配送、仓储、生产、营销到财务部门。因此,从事回收物流管理的经理需要处理大量协调、安排、处置、管理与跟踪的工作,从而企业才能完成资源的价值再生。[①]

表 8.1 六类典型的回收物流类别

类别	周期	驱动因素	处理方式	例证
投诉退货:运输缺少、质量问题、重复运输等	短期	市场营销客户满意服务	确认检测,退货补货	电子消费品如手机等
终端使用退回:经完全使用后需处理的产品	长期	经济市场营销	再生产、再循环	电子设备的再生产,地毯循环、轮胎修复
		资产恢复	再生产、再循环、处理	电脑组件及打印机硒鼓
商业退回:未使用商品退回还款	短到中期	市场营销	再使用、再生产、再循环、处理	零售商积压库存,时装、化妆品
维修退回:缺陷损坏产品	中期	市场营销法规条例	维修处理	有缺陷的家用电器、零部件、手机
生产报废与副品:生产过程废品和副品	较短期	经济法律条例	再循环、再生产	药品行业、钢铁业
包装:包装材料和产品载体	短期	经济	再使用	托盘、条板箱
		法规条例	再循环	包装袋

---

① 孔继利. 企业物流管理[M]. 北京:北京大学出版社,2012:273-274.

根据回收物品的种类,又可以将回收物流划分为以下三类。

8.1.2.1 产品和零部件的回收和利用

1. 产品和零部件回收物流的含义

产品和零部件回收物流是指对回收的废旧产品和零部件经过分拣、测试后,把有价值的废旧产品和零部件进行拆解、修复或者加工后重新用于产品的生产装配中或者用于修理失效部件或弃之不用的回收过程。例如,飞机引擎、汽车引擎、家具、家电、复印机等的零部件都开始越来越多地进入回收物流的过程中。

2. 产生原因[①]

产品和零部件的回收是在环境管制、经济利益和商业考虑的驱动下,将其中包含的实物价值和信息价值提炼出来,经过细分后传递给逆向供应链上的不同成员。产品和零部件回收物流产生的具体原因表现为以下几个方面:

第一,购买的产品功能和质量有缺陷,不能满足客户的需要。

第二,商品的功能、包装等已经过时,被新的品种所替代。

第三,销售商库存的季节性产品。

第四,销售商的某些产品库存过多。

第五,按规定停止销售的过期、失效产品。

第六,销售商退出或破产等。

第七,产品的召回。

产品和零部件的回收是逆向供应链的物流载体,有了回收的物品后,逆向供应链的运作才能真正启动起来,才能将回收物品中的实物价值和信息价值传递到逆向供应链的目标成员构成逆向供应链的主体。

【资料 8.1 小实例】

强生召回儿童退烧药泰诺[②]

2013年5月强生集团宣布在韩国召回所有儿童泰诺退烧止痛糖浆,原因是常规质量控制检测表明,这种儿童用药的主要成分中乙酰氨基酚(Acetaminophen)的含量"略微超标"。强生发言人表示,强生旗下 Janssen 韩国部门已经在召回了 170 万瓶儿童泰诺退烧止痛糖浆,这个问题可能对人体健康带来的风险还很遥远,到目前为止该公司尚未收到这种药物对人体造成损害的相关报告。不过,强生已经对90%已回收药物的问题做出了补救。

3. 产品和零部件的回收处理方式与流程[③]

具体来说,制造商产品经由分销商、零售商等销售给用户,用户手中的产品在生命周期结束后最终变成废旧产品。废旧产品或者废弃处置,或者回收再利用;回收再利用的产品经过检查后要么废弃处置,要么进行再生处置并转换成对制造有用的原材料。产品和零部件的回收处理方式主要包括:直接退回给制造商、重新出售或打折出售、卖给二级市场、捐赠给慈善机构以及进行修理、改造和处理等。具体的回收流程如图 8.1 所示。

---

① 庾秀兵,赵小慧等. 基于 PDM 与 CRM 的逆向供应链产品回收管理[J]. 工业工程,2006(4):83-88.
② http://stock.hexun.com/2013-06-09/155031145.html.
③ 周三元,胡贵彦. 产品回收再生动态行为分析[J]. 中国流通经济,2011(1):31-35.

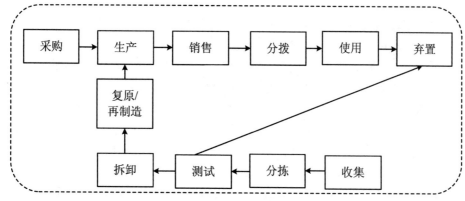

图 8.1 产品和零部件回收流程图

8.1.2.2 企业废旧包装的回收和利用

1. 包装的含义

包装是在物流过程中保护产品、方便运输、促进销售，按一定技术方法采用容器、材料及辅助物等物品包封并予以适当的装潢和标识的工作总称。简言之，包装是包装物和包装操作的总称。

2. 包装的功能

包装已经成为产品的一个重要的组成部分，在产品中具有重要的功能，具体的可以归纳为以下三种：

① 保护功能。保护功能是包装中最基本的功能。保护功能不仅可以保护商品在运输过程中，不易造成质量和数量上的损失；同时，包装也可以起到防止外界环境对包装物造成的危害作用。例如，包装中的内衬和隔板的设计，就是为了防止在流通过程中，一些易受到损害的物品受到震荡和挤压。

② 方便功能。包装可以起到方便的功能，科学的包装更利于使用。例如一些食品包装，为了便于开封而添加的锯齿设计。好的包装还要考虑是否便于人们运输或有效地利用空间。例如，商品包装是否可以合理排列，方便拆分、组装等。

③ 提高商品整体形象的功能。包装提高了商品的整体形象，可以直接刺激消费者的购买欲望，使其产生购买行为；同时还起到了宣传的效应，促进销售。

3. 废旧包装回收物流的含义与意义[①]

废旧包装的回收是利用使用过的产品包装容器和辅助材料，通过各种渠道和各种方法收集起来，然后由企业重新使用。企业废旧包装的利用是指企业将回收上来的旧包装，经过修复、改制，交给企业再次使用的过程。产品包装的回收和利用不同于一般废旧物资的回收和利用。一般废旧物资的回收利用是将废旧物资改作其他用途或通过回炉加工成原材料。而包装的回收和利用则是对原物再次使用，重新用来包裹产品并且还有可能连续回收，复用多次。其意义体现在以下几个方面：

① 回收利用废旧包装能解决企业的部分急需，并能降低生产成本。废旧包装经过加工整理，重新供企业使用，可以减少企业对包装材料的采购。而且回收利用废旧包装的周期比制造新包装的时间短，常能解决企业生产的急需。另外，企业回收包装还可以降低企业的生

[①] 孙秋菊. 物流包装废弃物资源的综合利用[J]. 物流经济, 2007(9):50-51.

产成本。

② 回收利用废旧包装，可以保证产品物流活动的顺利进行。产品包装作为保护功能在物流过程中是时刻不能缺少的。资源消耗或成本过高使商品包装不足或供应不及时，使某种产品包装不足或过弱，就会影响到产品的物流活动。商品废旧包装物的回收利用，能及时解决产品的包装问题，保证产品物流活动的顺利进行。

③ 回收利用废旧包装可以为国家节省资源。我国的资源有限，不可再生资源的使用更是紧张。包装材料对资源的消耗数量巨大，企业如能回收利用旧包装，能为国家节省大量的资源。以木质包装为例来说明，我国的森林资源严重不足，各行业用量较大，对森林的乱砍滥伐，已经造成严重的不良后果，不仅危及森林面积，而且造成生态失衡、水土流失、气候异常等。国家正在加大力度对这方面进行治理。在这种情况下，对于包装用材，不仅要求严格控制，而且更应大力开展回收复用，才能合理利用有限的资源。统计表明，我国一年回收木质包装折合木材 18 万立方米，可建简易仓库 250 万平方米，约相当于每年少砍伐 7 万亩森林。

④ 回收利用废旧包装可以为国家节约能源。我国按人口平均的能源并不丰富。目前，平均每人拥有的矿物能源的可采储量比世界平均水平还要低。而绝大多数包装材料的生产制造都需要消耗大量的能源。塑料属于节能型的包装材料，生产一个同样容量的饮料容器所消耗的电能是：铝为 3 千瓦时、玻璃为 2.4 千瓦时、铁为 0.7 千瓦时、纸板为 0.18 千瓦时、塑料仅为 0.11 千瓦时。在英国等西欧国家 1 公斤以上的玻璃瓶都已被塑料瓶罐代替。即便是这样，塑料等高分子材料的合成还要消耗大量的石油。因此，企业回收复用废旧包装物，能为国家节约大量的能源。

4. 废旧包装回收流程与方法

第一，社会回收旧包装复用的途径。社会回收的旧包装包括经过适当的修复加工，按一定的途径交给使用部门，如供给轻纺、化工等工业产品的包装，供给商业批发部门发运商品用包装，供给运输部门换拼、拼装分运商品所需要的包装。

第二，生产企业对回收旧包装的复用。生产企业对回收旧包装的复用主要有以下几个方面：

① 原企业复用。原企业复用就是把回收的旧包装交给原企业复用，完整无缺或有破损但经简单整理便可重新复用的包装。

② 同类企业通用。同类产品生产企业通用的包装是指某产品的包装在规格实现统一后，其包装可以在同类产品的各个生产企业中通用。在产品包装实现通用化和标准化以后，同类产品在各个生产企业产生的包装规格、型号相同，简化了包装规格种类数，便于同类产品企业间的回收复用。

③ 旧包装物的异厂代用。旧包装物的异厂代用是指对一些零散、过时及某些生产企业已不再使用的无销路的产品包装，通过试装、套装，用甲产品的包装来装乙产品。

第三，企业对旧包装物的修复和加工改制。企业对一些不能直接复用的旧包装，经过一系列的修复和加工改制后可以继续使用。这个过程一般分为挑选整理、修复和加工改制三个过程：

① 挑选整理。企业对旧包装的挑选整理是对回收旧包装的初步加工。回收的旧包装品类繁多，又都混杂在一起，无法直接复用，只有通过对旧包装的挑选、分类、除杂、分割等一系列加工，才能对旧包装进行进一步的修复和加工改制。

② 修复。企业对旧包装的修复是对完整无损或稍有破损的旧包装，经清洁、修补、拼配

等加工过程便可将其再使用的过程。

③ 加工改制。企业对旧包装的加工改制是在原包装不能回收复用的前提下,将回收的旧包装作为材料,重新制作包装的过程,如以大改小,以小拼大,混合拼制等。

8.1.2.3 企业可再生资源的回收与利用

1. 可再生资源回收的意义[①]

【资料8.2 小知识】

> 据测算,每回收1吨废纸,可造新纸850千克,节省木材3立方米,节省碱300千克,比等量生产减少污染74%;每回收1吨饮料塑料瓶,可获0.7吨二级原料;每回收1吨废钢铁,可炼好钢0.7吨,可减少75%的空气污染,97%的水污染和固体废物;利用碎玻璃再生产玻璃可节能10%~30%,节水50%,减少空气污染20%,减少采矿废弃的矿渣80%。

在人类的生产、流通和消费过程中必然要排放各种排放物(或称废料),其中可回收再利用的部分称为可再生资源,基本上或完全失去再利用价值的废料称为废弃物。

(1) 再生资源回收利用是治理污染,改善环境的必然要求

目前,我国垃圾累计堆放量已达到60多亿吨,对土壤、地下水、大气造成现实和潜在的污染相当严重。因此,积极推进再生资源的回收利用是治理污染的重要措施。国家将进一步加大环境污染综合治理的力度,这将为再生资源回收利用的发展创造有利的条件和良好的社会环境。

(2) 再生资源回收利用是实现资源永续利用的重要措施

积极推进再生资源利用,将大量社会生产和消费后废弃的资源回收利用,可以减少对原生资源的开采,提高资源综合利用水平;既节约了大量的资源,又推动了经济增长方式由粗放型向集约型转变。因此大力提高再生资源回收利用水平,是促进资源永续利用的重要措施。

2. 可再生资源回收物流的特征[②]

可再生资源作为一种被废弃再次利用的特殊商品,它的回收比一般商品的流通更为复杂,有着自身的特点,综合起来主要有以下几点:

(1) 种类繁多

由于可再生资源产生的方式及回收渠道复杂,这就决定了其回收物流方式多样。几乎参与社会大生产的所有企业都有可能产生可再生资源,企业类型的不同产生的可再生资源也不同,加上每个企业的每道工序和每个生产阶段不同也会产生可再生资源,这就导致了可再生资源品种繁多,处理工序复杂。同时,可再生资源可以产生于日常消费领域,商品的流通领域或者企业的生产领域,可涉及社会的各个领域,任何人和任何部门。

(2) 回收量大

可再生资源产生于人类所涉及的各个领域,不仅总量巨大,而且各个种类的可再生资源需要单独回收处理的数量也大,这就决定了可再生资源回收物流需要消耗很大的物化劳动和人类活劳动,需要一个很庞大的物流网络回收体系来支撑。

(3) 多变性

由于消费者对可再生资源回收政策的滥用和回收物流本身的分散性,使得可再生资源

[①] http://www.jwzsly.com/MnewsPage20130114134800756.html.
[②] 李文君.循环经济下的再生资源回收体系物流网络构建研究:以重庆市为例[D].重庆:重庆交通大学,2013.

回收物流企业无法很好地控制回收物品的回收空间和时间,这就导致了可再生资源回收物流具有多变性的特点。

(4) 回收企业运作粗放

企业回收的可再生资源除了部分特别有价值外,很大一部分都是低价值的,这就决定了回收再生企业采取粗放型的物流方式来处理可再生资源,只有这样才能保证较低的回收物流成本。

(5) 供应渠道相对分散,分销渠道比较集中

可再生资源与一般的商品不同,它的流通渠道是一种"倒立金字塔"结构。生产再生资源的企业是海量的,但是流通单位相对较少,最终提供给少数的消费单位作为原料进行再生产加工利用。一般认为普通商品消费单位都是可再生资源的生产单位,同时可再生产资源的消费单位也是在普通商品生产单位之中的,两个过程的相互联系就形成了"循环经济"框架。但是生产单位多而消费可再生资源的单位少,使得可再生资源供应渠道相对分散,而分销渠道较为集中,因此我们就需要建立一个切实有效的可再生资源回收物流系统。

3. 可再生资源回收流程

可再生回收物流企业根据可再生资源回收情况,设置回收站点以收集或购买可再生资源,经过中转储存后,将各个站点的可再生资源集中分类,运送至可再生资源回收中心,经过拆解、整理、打包等环节,由回收企业分拣并售出,进入深加工中心或回到产品零部件原厂进行深加工和再制造,具体流程如图 8.2 所示。

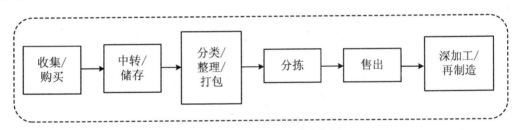

图 8.2 可再生资源回收流程图

8.1.3 产品召回制度

8.1.3.1 产品召回和产品召回制度的含义①

产品召回是指生产商将已经送到批发商、零售商或最终用户手上的产品收回。产品召回的原因或前提条件是所售出的产品被发现存在缺陷。所谓缺陷,是指产品不能满足消费者的安全期待,或者对消费者的人身安全或财产安全构成危害。产品召回制度和一般的三包产品退换货是两个概念。三包产品退货换货是针对个体消费者,而且不能说明产品本身有任何问题;而产品召回制度则是针对厂家原因造成的批量性问题而出现的处理办法。其中,对于质量缺陷的认定和厂家责任的认定是关键环节。

产品召回制度即为解决产品质量问题,维护市场秩序,当经营者发现或得知其生产、进口或销售的产品存在系统性缺陷、环保或其他问题时,由生产者实施,销售者、供应商、进出口商等协助及消费者监督的,通过警示、补充或者修正消费说明、撤回、退货、修理、销毁等方

---

① 王晓静. 产品召回制度研究[D]. 石家庄:河北省经贸大学,2012:3-5.

式相结合,消除产品缺陷及其他隐患的一种缺陷产品管理制度。

8.1.3.2 产品召回的种类

一般来说,产品召回可以分为以下几类:第一,产品设计缺陷。指的是产品设计上具有危险性,而这种危险是不合理的,是产品存在危险的原因。第二,制造缺陷。在生产过程中,产品不符合设计要求,未达到质量标准,造成产品存在的不安全因素。第三,警示缺陷。产品在使用上或危险防止上缺乏必要的、适当的说明或警告而存在的危险。第四,发展风险。产品在制造或投入流通时,依据当时的科技水平不能发现产品存在不合理危险,而后被证明该产品存在危险的产品。

8.1.3.3 我国产品召回制度存在的问题[①]

1. 立法层级偏低,权威性不强

我国对缺陷产品召回制度的立法起点比较低,国家层面的第一部立法是部门规章《缺陷汽车产品召回管理规定》。而经过了近十年的努力,直到目前,我国关于缺陷产品召回的立法层级总体仍旧偏低,上升到法律层面的仅有《消费者权益保护法》《侵权责任法》和《食品安全法》中的个别条款涉及了对缺陷产品召回的责任,规定又过于宏观,缺乏实践操作性。除此之外,出台的对具体缺陷产品召回的详细规定仍停留在行政法规和部门规章的法律层级。部门规章的效力仅等同于一般规范性文件,在司法裁判中仅能作为参考的依据使用。可见,我国的缺陷产品召回制度以部门规章为基础,法律法规为补充的整体法律结构,仍不能满足当前的现实需要。

【资料8.3 小实例】

2010年丰田汽车在因"踏板门"触发的近1400万辆汽车召回事件中,拒不召回在华销售的缺陷汽车。但是,当立法层级得到提升后,这一现象有了明显好转。2012年10月10日,同样是丰田汽车,在《缺陷汽车产品召回管理条例》通过国务院常务会议审议的当天,宣布因电动车窗缺陷将在全球范围召回743万辆汽车,其中在中国预计召回近140万辆。这是丰田主动在中国召回车辆规模最大的一次,充分体现了法律的权威性。

2. 没有系统立法,适用面窄

我国的缺陷产品召回制度在立法上采用的是"个别问题,个别解决"的列举方式,从最初的汽车玩具,再到食品药品,哪类产品问题严重就给哪类产品立法,立法的滞后性、局限性较为明显,甚至相互之间产生了冲突。

【资料8.4 小实例】

2010年3月,数千名用户投诉惠普几个型号的笔记本电脑大规模的出现黑屏、闪屏、过热的问题,并向国家质检部门提交申诉,希望惠普召回缺陷产品而不仅是对在保修期内的用户进行免费更换,这一要求遭到了惠普的拒绝。继而,100余名律师联合数千名用户向法院和有关行政部门分批提出了诉求,但是律师们也认为成功召回的难度相当大,主要原因在于"于法无据",我国尚无法律明文规定笔记本电脑可以召回,只能寄希望于《侵权责任法》第四十六条,但是此条规定又过于笼统,难以操作。

---

① 谢彦,徐华平. 我国缺陷产品召回制度的完善[J]. 中国工商管理研究,2014(3):71-73.

3. 企业风险意识不强，缺少救济措施

对企业而言，缺陷产品的召回不仅是产品质量问题，也是市场问题，更是公共关系问题，使产品缺陷方面的风险从隐性变为显性，并上升为企业必须着力控制、管理的重要风险之一，其中不仅有直接的经济损失，更有市场地位和品牌形象的损失。现实中已经有企业因为缺陷产品召回陷入了绝境。

【资料8.5 小实例】

> 2011年3月，锦湖轮胎被曝光存在质量安全隐患开展召回，为了降低成本，减少社会影响，锦湖轮胎一开始采取了消极的态度，首次召回仅占总产量的0.5%，引起了消费者的极度不满，后经国家有关部门干预被迫全面召回，但是召回风险已无法避免甚至近乎失控，部分工厂相继停产，终端零售商市场份额一度跌至零，仅南京锦湖一家上半年就亏损6 406万元。锦湖事件深刻反映出企业在召回风险管理中暴露出的薄弱环节，至少在经济上，企业确实需要有一定的风险保障来帮助其在召回缺陷产品后承担各种维修费用并维持后续生产经营。特别是在《消费者权益保护法》修正案通过后，产品召回的费用成本首先将发生在经营者身上，对于绝大多数经营规模小、经济基础薄弱的经营者而言，更是难以承受的重压，一次普通消费品的召回就足以打垮波及的多数终端经营者。

8.2 废弃物物流管理

8.2.1 废弃物的含义与分类

8.2.1.1 废弃物的含义

废弃物是指在生产建设、日常生活和其他社会活动中产生的，在一定时间和空间范围内基本或者完全失去使用价值，无法回收和利用的排放物。

8.2.1.2 废弃物的分类

1. 废弃物按照形态划分，可以分为固体废弃物、液体废弃物、气体废弃物

固体废弃物是指人类在生产、消费、生活和其他活动中产生的固态、半固态废弃物质（国外的定义则更加广泛，动物活动产生的废弃物也属于此类），通俗地说，就是"固体垃圾"。主要包括固体颗粒、垃圾、炉渣、污泥、废弃的制品、破损器皿、残次品、动物尸体、变质食品、人畜粪便等。有些国家把废酸、废碱、废油、废有机溶剂等高浓度的液体也归为固体废弃物。

液体废弃物，又称废液，即人们通常所说的废水，主要包括工业废水和生活废水，其形态是各种成分液体的混合物。液体废弃物中蕴含着大量有害物质，若汇入水源中，会对水体造成污染。

气体废弃物俗称废气，主要是工业企业，尤其是化工类工业企业的排放物，其次是生活和交通中产生的废气。废气中的硫氧化物、氮氧化物、碳氧化物、碳氢化物、臭氧等都是大气污染物。

2. 按照性质划分，可以分为危险性废弃物、非危险性废弃物

随着工业的发展，工业生产过程排放的危险废弃物日益增多。据估计，全世界每年的危险废弃物产生量为3.3亿吨。将对人类的生产和发展带来严重的污染和潜在的严重影响。

根据《国家危险废物名录》的定义,危险废弃物(Hazardous Waste)具有以下特征:

① 具有腐蚀性、毒性、易燃性、反应性或者感染性等一种或者几种危险特性的;

② 不排除具有危险特性,可能对环境或者人体健康造成有害影响,需要按照危险废物进行管理的。

不具备以上两个特征的,视为非危险废弃物。

3. 按照废弃物的来源不同,可以将其分为生产性废弃物、流通性废弃物和消费性废弃物

在生产环节产生的废弃物,称为生产性废弃物,如边角料。在流通环节中产生的废弃物,称为流通性废弃物,如运输过程中汽车排放的废气。在消费环节中产生的废弃物,称为消费性废弃物,如废纸、塑料等包装废物。

8.2.2 废弃物物流的概念[①]

废弃物物流是指,在人类生产生活相关活动中,将经济活动中失去原有使用价值的物品,根据实际需要进行收集、分类、加工、包装、搬运、存储等,并分送到专门处理场所时所形成的物品实体流动。其目的是为了对废弃物进行处理,以防止污染环境、危害社会。在进行废弃物物流的管理过程中须对相关的物流影响因素,例如物流技术、物流政策及物流环境等进行探索和考虑。如炼钢生产中的钢渣、工业废水、废弃的电脑、废弃电池以及其他各种无机垃圾等。这些废弃物对该企业已没有再利用的价值,但如果不妥善加以处理,就地堆放会妨碍生产甚至造成环境污染。对这类废弃物的处理过程就产生了废弃物物流。它虽然不能直接给企业带来效益,但非常有发展潜力。

8.2.3 废弃物物流的价值分析

发展废弃物物流有利于保护自然环境,有利于资源循环利用,有利于提升企业公众形象,有利于促进供应链中企业的合作意识。

1. 环境效应

大量生产、大量消费的结果必然导致大量废弃物的产生,废弃的家电、电池以及其他各种垃圾等废弃物对消费者已没有再利用的价值,倘若因为没有科学的回收渠道而使得消费者随意丢弃,就会污染环境,而且存在隐患。现实中"先污染,后治理"的模式已经让各国政府力不从心并且使我们生活的环境状况日益恶化,必须在污染产生之前就预料到后果的严重性。只有这样,才能让社会走上可持续发展的大道。

2. 价值效应

随着人类社会的经济发展,需求和生产的数量也越来越大。但我们使用的自然资源绝大部分是不可再生的,如果无限制的消耗现有资源,必然导致生产成本越来越高,制约经济发展,并且影响人类社会的长久发展。所以从资源稀缺性的角度考虑,人类必须考虑资源保护和对可再生性废弃物的回收再利用。据统计,世界钢产量的45%,铜产量的22%,锌产量的30%,纸张产量的33%,都是通过废弃物回收取得的。

3. 公众效应

在物质生活逐渐得到满足之后,大众对生活环境的要求也越来越高。作为产品提供方的企业,其责任也并不仅仅是把产品送到客户手中,也应该在销售商品的同时,致力于改善

---

① 韩强. 循环经济下企业发展废弃物物流的策略[J]. 山东财政学院学报,2009(3):64-67.

消费者的生活环境,所以环境业绩已成为评价企业运营绩效的重要指标。而进行产品废弃物回收,则是企业减少环境破坏,提升公众形象的重要方式。例如,耐克公司就鼓励其消费者通过其回收渠道把不能穿的鞋子送回公司,然后公司就会把这些鞋子碎化,制成篮球场。

【资料8.6 小实例】

宜家回收旧床垫

2015年8月14日,宜家宣布在中国推出免费上门回收旧床垫活动。这是宜家可持续发展计划的一部分,享受此服务的前提是在宜家购买床垫、并选择宜家的送货服务;具体的实施细节在全球各地有所不同——宜家中国就曾向选择回收床垫服务的顾客赠送有效期30天的100元抵用券。然而旧床垫要如何再利用,体积那么大的床垫要如何处理?在美国,每年有3 500到4 000万张床垫售出;1 400万张床垫被送到垃圾填埋场;2 000万张床垫翻新后再出售。美国各州纷纷立法或拟立法解决。例如,加州的SB254法案就规定从2014年7月1日起,床垫商家在运送新床垫到客人家时,如客人有需要,必须免费运走旧床垫,家具店也必须接受客人送来的旧床垫。除了立法之外,美国很多州也已拥有自己的床垫回收体系项目。比如康涅狄格州的床垫回收计划就得到了ISPA国际睡眠产品协会的大力支持,主管该项目的床垫回收委员会所需费用将按销售额向零售商收取,并会在消费者的收据中单列出来。

(资料来源:http://www.jiajumi.com/news/global/9293.html。)

8.2.4 废弃物物流的处理方法[①]

1. 废弃物焚烧

一些有机物在垃圾中存放的时间过长会自动发生生物化学反应,恰巧这也是造成空气和环境污染的主要祸根,我们知道有机物的可燃性一般较高,因此,采取焚烧的方式是处理含有机物较高的废弃物的好方法,对生态环境能起到一定的保护作用。

2. 对废弃物进行净化加工

这主要体现在对废水进行净化处理,在废弃物物流领域中,这是一种具有特殊性的加工方式,其主要特点是具有良好的社会效益。

3. 对废弃物进行掩埋

废弃物掩埋主要是针对那些不会对地下水产生污染同时又是以固体的形式存在的废旧产品。如在悉尼奥运会前夕,悉尼市政府为了改善环境,营造绿色奥运,将无法处理的矸石山用类似足球场的草皮包起来,饰以曲径、凉亭、石几,变成休闲场地,一则可以减少扬尘淋水,二则将其保护起来留待后人开发。

8.2.5 企业废弃物物流的合理化[②]

企业废弃物的物流合理化必须从能源、资源及生态环境保护三个战略高度进行综合考虑,形成一个将废弃物的所有发生源包括在内的广泛的物流系统,企业废弃物的产生、处理系统,如图8.3所示。

这一物流系统实际包括三个方面:一是尽可能减少废弃物的排放量;二是对废弃物排放

[①] 徐杰. 基于再利用比例和随机需求的闭环供应链研究[D]. 南昌:江西财经大学,2010:8-9.
[②] 孔继利. 企业物流管理[M]. 北京:北京大学出版社,2012:284-285.

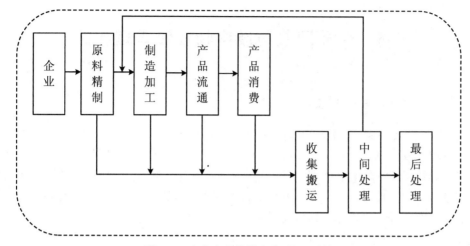

图 8.3　企业废弃物的产生、处理系统

前的预处理,以减少对环境的污染;三是废弃物的最终排放处理。

1. 生产过程中产生的废弃物的物流合理化

为了做到对企业废弃物的合理处理,实现废弃物物流合理化,企业通常可以采取以下做法:

① 建立一个对废弃物收集、处理的管理体系,要求企业对产生的废弃物进行系统管理,把废弃物的最终排放量控制到最小限度之内。

② 在设计研制产品开发时,要考虑到废弃物的收集及无害化处理的问题。

③ 加强每个生产工序变废为宝的开发,并鼓励员工群策群力。

④ 尽可能将企业产生的废弃物在厂内合理化处理。暂时做不到的要经过无害化处理后,再考虑向厂外排放。

2. 产品进入流通、消费领域产生的废弃物的物流合理化

为了建立一个良好的企业形象,加强对社会的保护意识,企业还应关注产品进入流通、消费领域产生的废弃物的物流合理化。

遵守政府有关规章制度,鼓励商业企业和消费者支持产品废弃物的收集工作,如可以采取以旧换新的方法等。要求消费者对产品包装废弃物纳入到企业废弃物的回收系统,不再作为城市垃圾而废弃,减轻环境压力。如购买产品时对回收部分收取押金或送货上门时顺便带回废弃物。教育企业员工增强环保意识,改变价值观念,注意本企业产品在流通、消费中产生的废弃物的流向,积极参与物流合理化的活动。

3. 企业排放废弃物的物流合理化

为了使企业最终排放废弃物的物流合理化,主要应做到以下几点:

① 建立一个能被居民和员工接受并符合当地商品流通环境的收集系统。

② 通过有效收集和搬运废弃物,努力做到节约运输量。

③ 在焚烧废弃物的处理中,尽可能防止二次污染。

④ 对于最终填埋的废弃物,要尽可能减少它的数量和体积,使之无害化,保护处理场地周围的环境。

⑤ 在处理最终废弃物的过程中,尽可能采取变换处理,把不能回收的部分转换成其他用途。如用焚烧废弃物转化的热能来制取蒸汽、供暖、供热水等。

8.3 企业回收与废弃物物流管理实践

8.3.1 生产者责任延伸制[①]

8.3.1.1 生产者责任延伸制的含义及特点

生产者责任延伸制(Extended Producer Responsibility,EPR)不仅是企业社会责任的产物,更体现了循环经济落实于微观经济主体的必然,具有广阔的应用前景。但是,从当前生产者责任延伸制度的试点情况来看,由于受制于系统环境的约束,"生产者"普遍缺乏制度激励,实施的动机、过程、效果都受到很大影响。

生产者责任制的思想源于欧洲。Lindhqvist(1992)在提交瑞典环境部的报告中最早使用"生产者责任延伸制"这一表述,将其定义为通过将责任延伸到整个产品的生命周期,特别是对回收、再循环和最终处理承担责任,从而减少产品对环境影响的一项环境保护策略。经济合作与发展组织(OECD)非常重视 EPR 在各国的实施,进行了大量实证案例研究。OECD(2001)对 EPR 的定义是:产品生产者的责任(经济责任与实体责任)延伸至产品消费后阶段的一种环境政策,它包含两个相互联系的特征:废弃回收、处理等责任由地方政府转移到生产者,鼓励生产者将环境因素纳入产品设计。它突出强调了 EPR 的两个核心特点:一是环境责任由政府回归到生产者;二是对生产者的责任要求反馈到生产者的产品设计阶段。EPR 旨在通过这两个上溯机制使外部化的环境成本以一种经济上有效的方式得以内部化,以微观层面的努力实现宏观环境问题的改善。

8.3.1.2 生产者责任延伸下的废弃物物流体系的作用

废弃物物流活动中的主要利益相关者包括生产者、分销商、第三方回收商、第三方处理商、消费者和政府。生产商是回收物流中物流责任的主要承担者,分销商则是生产者功能的延伸;在中国第三方回收商更多的是以小商贩为主;是现在废弃物回收的主体,而第三方处理企业是目前整个回收体系中赢利点所在,消费者是废弃物物流的发起点。现有的第三方处理企业并不一定具备专业的处理知识,如广东省汕头市潮阳区贵屿镇的电子产品处理地,拆解依然是以家庭作坊为主,所采用的方式被称为"用19世纪工艺处理21世纪的垃圾",除了对环境造成巨大污染,还对操作人员及周围居民的健康造成了极大危害。所以处理方式的专业性需要产品生产者参与。

为了充分利用废弃物,生产者参与到废弃物回收也变成了一个社会共识,但是成本必然比较大,必须以法律的形式强制要求,因此,政府角色便是约束、监控实施各方的行为规范。

8.3.2 绿色包装

8.3.2.1 绿色包装的含义与特性[②]

绿色包装(Green Package)又称为环保包装、无公害包装,是指既可充分发挥各种包装功能,又利于环境保护、废弃物减少、利于循环利用以及再生利用或自行降解的包装。其

[①] 吴怡,褚大建. 生产者责任延伸制的 SOP 模型及激励机制研究[J]. 中国工业经济,2008(3):32-39.
[②] 付吉灿. 绿色包装趋势分析与对策研究[J]. 印刷质量与标准化,2014(4):12-15

目的就是最大限度地保护自然资源，形成最小数量的废弃物和最低限度的环境污染。绿色包装是指在整个生命周期范围内，从原材料的开发、生产、使用以及回收或废弃的整个过程中，符合环境保护的要求，对环境无害或者少害，并且能够回收或者再生。顾名思义，绿色包装包括以下几个方面的含义：材料最省，且有利于资源回收，不产生新的污染；节约资源和能源，且废弃物最少；易于回收再用或循环；废弃物燃烧产生新能源而不产生新污染。因此，绿色包装的内涵注定了与其他包装的不同特性。

第一，必须有利于环境保护，必须选择有利于环境保护的包装容器和包装材料；第二，发展绿色包装必须遵循节约资源和能源的原则；第三，有害物质的低排放，包装材料或者包装容器的制造过程中要求低排放；第四，符合人机工程学，绿色包装要符合"三三原则"，即整体设计三原则，结构设计三原则和造型设计三原则，造型美观、使用方便、便于解读、便于开启，满足各类群体的生理和心理需求。

8.3.2.2 基于绿色包装的企业物流管理策略

1. 强化绿色包装意识，树立绿色营销观念

包装文化是物流文化的重要组成部分，是将物流需要、加工制造、市场营销、产品设计要求，以及绿色包装结合在一起考虑的文化体现形式。建设绿色包装文化，必须强化员工的绿色包装意识，定期开展有关绿色包装方面的培训和讲座，在企业文化中加入绿色包装方面的内容，使更多的员工能够认同绿色包装。

"绿色浪潮"已经席卷全球，传统包装已经不能适应现代社会的要求。如果过于繁复的礼品包装不仅在进口国海关受限，而且在市场上也得不到爱好环保的消费者的青睐，企业应该高度重视绿色营销观念，知道低消耗、可回收、再利用、再循环和可降解的绿色包装是目前国际包装的主流。

2. 政府加强对绿色包装的法律调控

健全完备的法律制度，能够保证绿色包装体系顺利运行，使绿色包装的生产、流通和使用有法可依，以法律形式促进和规范绿色包装发展。我国现有法律对绿色包装的调控还很不完善，应尽快制定绿色包装法规，并加大实施力度。

3. 加强物流包装的标准化运作

物流包装的标准化有利于物流作业效率的提高和绿色包装的发展。从绿色包装的环境目的来看，包括以下几个方面的标准化：

第一，绿色包装材料标准及其性能标准的确定；第二，包装容器结构及基础尺寸规格的标准化，及包装模数化；第三，包装物产生过程中的环境标准。

4. 加强对资金、技术和人才的投入

企业要创造条件，加强与国外相关企业的联系与合作，结合我国的实际情况，通过借鉴国外尤其是发达国家有效的企业管理制度，积极引进国外成熟、先进的环保技术，缩短与国外企业间的技术差距，利用外资发展环保型企业。

绿色包装工程的技术创新研究主要包括对新的环保型包装材料的研究、现用包装材料有害成分的控制和替代技术的研究以及自然界"贫乏材料"的替代技术研究、易于回收和易于直接多次重用的绿色包装方式和结构的研究等。

包装材料、设计和技术的创新要求我们必须加大人才培养力度，这就需要改变我国包装职业技术培训体系和模式以及教育部门的大力支持，完善高校学历教育、职业培训、资格认证等多层次、多渠道的人才培养和认证体系，也需要政府相关部门给予资金支持，鼓励人才的培养。

包装与人类生活息息相关,但包装对环境的危害已经是不争的事实。现代物流强调企业管理的全局和长远利益,强调全方位对环境保护的关注,体现企业绿色形象。因此,物流企业应该大力发展绿色科学和绿色技术,强化绿色包装意识,加强绿色创新技术,重视包装人才培养。

本章小节

回收物流是物流领域的新视野,它不仅强调对废旧物资的回收利用,更强调通过资源缩减、翻新、改制和再生循环等方式,实现节约资源、保护环境和增加竞争力等目标,因而是企业管理战略的重要组成部分。回收物流是指企业在供应、生产和销售活动中,不合格物品的返修、退货以及周转使用的包装容器从需方返回到供方所引发的物流活动。回收物流可能产生在制造过程、分销过程及最终用户返回,回收物流的具体应用价值体现在:降低原料成本;改善品质;增强企业在整个供应链中的竞争优势等方面。企业回收物流可以分为产品零部件的回收利用、废旧包装的回收利用以及可再生资源的回收与利用三个类别。

废弃物物流是指,在人类生产生活相关活动中,将经济活动中失去原有使用价值的物品,根据实际需要进行收集、分类、加工、包装、搬运、存储等,并分送到专门处理场所时所形成的物品实体流动。其目的是为了对废弃物进行处理,以防止污染环境、危害社会。废弃物物流具有环境效应、价值效应和公众效应,发展废弃物物流有利于保护自然环境,有利于资源循环利用,有利于提升企业工作形象,有利于促进供应链中企业的合作意识。企业废弃物的产生、处理系统主要包括三个方面:一是尽可能减少废弃物的排放量;二是对废弃物排放前的预处理,以减少对环境的污染;三是废弃物的最终排放处理。

在企业回收与废弃物物流管理实践方面,本章主要介绍了生产责任延伸制和绿色包装。生产责任延伸制不仅是企业社会责任的产物,更体现了循环经济落实与微观经济主体的必然,具有广阔的应用前景。绿色包装又称为环保包装、无公害包装,是指既可充分发挥各种包装功能,又有利于环境保护、废弃物减少、利于循环利用以及再生利用或自行降解的包装。其目的就是保存最大限度的自然资源,形成最小数量的废弃物和最低限度的环境污染。

【关键词】

回收物流(Returned Logistics)　废弃物物流(Waste Material Logistics)　危险废弃物(Hazardous Waste)　生产责任延伸(Extended Producer Responsibility)　绿色包装(Green Package)

报废汽车废旧零部件的回收利用如何破局

随着中国汽车产业的快速发展,报废汽车及废旧零部件的回收、利用已经成为关系保护环境、节能减排、建设和谐社会的重大现实问题,汽车零部件再制造正在成为业界关注的议题。汽车在生产环节需要消耗大量资源和能源,在使用过程中还需要大量燃油,排放大量尾气,在报废环节,也同样面临着环境污染的问题。汽车零部件中含有多种重金属、化学液体、塑料等物质,如果使用、回收等环节处置不当,对环境的影响是巨大的。

我国在报废汽车及零部件这一领域,几乎还沿用废旧利用的传统模式。零部件再制造是目前科学解决报废汽车问题的有效途径,在国外已经有50多年的发展历史,已经形成了比较完善的制造和服务体系。在德国的慕尼黑,宝马公司建有专门的再循环和拆解中心,负责研究旧车的拆解技术与再制造。在再制造的过程中,报废汽车零部件有94%被高技术修复,5.5%回炉再生,只有0.5%被填埋处理。美国不仅有全国性和行业性的再制造研究中心,而且在大学开设相关课程。到2005年美国再制造业的年销售额超过1 000亿美元,而汽车零部件的再制造占了56%。欧盟和日本也非常重视再制造产品,都制定了相关法律鼓励废旧汽车的再制造。由此可见,汽车零部件再制造在全球已是大势所趋,国内汽车企业要想参与到全球体系的竞争,也需紧跟形势,积极开展产品回收,承担起实施再制造的责任。

据统计,2010年我国汽车保有量将达到6 000多万辆,今后每年报废的汽车都可能在400万辆左右。按照这个趋势测算,到2010年我国报废车辆的30%用于再制造,则年均销售额可创360亿元,回收附加值490亿元,解决就业18万人,减少二氧化碳排放量可达230万吨。

汽车业是资源消耗大户,也是引发环境污染和提供就业岗位的主要行业之一,因此汽车业必将成为可持续发展政策和规划的关注焦点。世界汽车业科技发展趋势也表明,绿色制造将成为一个主要方向,其中关注再制造产业化对我国有现实意义。但是我国的汽车零部件再制造还刚刚起步,处于摸索阶段,被列为再制造的汽车零部件只有发动机、变速箱等5种,试点企业也只有14家,这一现状决定了我国与发达国家比,存在不小的差距。目前发达国家如美国、法国等,汽车零部件再制造几乎覆盖了汽车上的各类产品,再制造率可达到95%以上。中国汽车零部件再制造要形成产业化,还有很长的路要走。

(资料来源:http://baofeiqiche.huishoushang.com/news/138.html.)

思考:

(1) 根据案例,分析当前我国汽车再制造作业有哪些机遇和挑战。
(2) 与发达国家相比,我国汽车再制造行业存在哪些不足?
(3) 中国汽车零部件再制造要形成产业化,目前要解决的共性问题是什么?

【思考与练习题】

1. 选择题

(1) (　　)是指企业在供应、生产和售销活动中,不合格物品的返修、退货以及周转使用的包装容器从需方返回到供方所引发的物流活动。

　　A. 企业物流　　　B. 回收物流　　　C. 废弃物流　　　D. 微观物流

(2) 回收物流的特点体现在(　　)、(　　)、(　　)、缓慢性和费用高五个方面。

　　A. 逆向性　　　　B. 单一性　　　　C. 分散性　　　　D. 复杂性

(3) 生产企业对回收旧包装的复用主要有以下几个方面:(　　)

　　A. 原企业复用　　B. 同类企业通用　C. 旧包装物的异厂代用　D. 修复后复用

(4) 可再生资源回收物流的特征包括:(　　)。

　　A. 污染性强　　　B. 种类繁多　　　C. 回收量大　　　D. 多变性

(5) (　　)是指,在人类生产生活相关活动中,将经济活动中失去原有使用价值的物品,根据实际需要进行收集、分类、加工、包装、搬运、存储等,并分送到专门处理场所时所形成的物品实体流动。

    A. 废弃物物流　　　B. 回收物流　　　C. 逆向物流　　　D. 再生物流

2. 判断题

(1) 产品召回的原因或前提条件是所售出的产品被发现存在缺陷。（　　）

(2) 由于消费者对可再生资源回收政策的滥用和回收物流本身的分散性，使得可再生资源回收物流企业无法很好的控制回收物品的回收空间和时间，这就导致了可再生资源回收物流具有多变性的特点。（　　）

(3) 产品包装的回收和利用等同于一般废旧物资的回收和利用。（　　）

(4) 在生产销售过程和生活消费中，部分物料可通过收集、分类、加工、供应等环节转化成新的产品，重新投入到生产或消费中，这样就形成了回收物流。（　　）

(5) 绿色包装又称为环保包装、无公害包装，是指既可充分发挥各种包装功能，又有利于环境保护、废弃物减少、利于循环利用以及再生利用或自行降解的包装。（　　）

3. 简答题

(1) 简述生产者责任延伸下的废弃物物流体系的作用。

(2) 企业废弃物的产生、处理系统主要包括哪三方面的内容？

(3) 基于绿色包装的物流企业管理策略包括哪些？

(4) 废旧包装回收利用的意义体现在哪些方面？

(5) 回收物流的应用价值体现在哪些方面？

4. 思考题

(1) 分析回收物流和废弃物物流之间的区别和联系。

(2) 分析企业回收和废弃物物流未来的发展趋势。

 应用训练

某危险性废弃物物流业务流程

实训目的：了解某一危险性废弃物质的收集、储存、运输和处理等流程，并比较与一般废弃物物流的差异并绘制流程图。

实训内容：了解某一危险性废弃物的化学特性，如反应性、毒性、易燃易爆性、腐蚀性或其他特性等，了解该废弃物物流管理所涉及的主要内容，分析其流程，并绘制流程图。

实训要求：学生以小组为单位，每组3~5人，其中组长1人；收集、整理该危险性废弃物物流管理所涉及的主要内容、流程，并分析其与一般废弃物物流流程上的差异；以小组为单位将上述调研内容形成一份调研报告。

第9章　企业物流信息管理

【本章教学要点】

知 识 要 点	掌握程度	相 关 知 识
物流信息的概念及特点	掌握	狭义和广义两个方面
物流信息管理的内容	理解	信息规划、收集、处理、传递、应用
物流信息系统的构成、功能	掌握	物流信息系统的概念、特征、功能
订单管理信息系统	重点掌握	概念、订单处理的流程、系统功能
仓储管理信息系统	重点掌握	概念、系统目标、系统特点、系统功能
运输管理信息系统	重点掌握	概念、系统目标、系统特点、系统功能
典型的企业物流信息系统	了解	生产和流通企业物流信息系统各自功能
电子商务与企业物流革新	了解	电子商务对企业物流系统的影响

【本章能力要求】

能 力 要 点	掌握程度	应 用 能 力
订单管理信息系统	重点掌握	熟悉订单管理信息系统的流程和功能,为有效实施订单管理信息系统提供支撑
仓储管理信息系统	重点掌握	熟悉仓储管理信息系统的流程和功能,为有效实施仓储管理信息系统提供支撑
运输管理信息系统	重点掌握	熟悉运输管理信息系统的流程和功能,为有效实施运输管理信息系统提供支撑
电子商务环境下物流解决方案	掌握	能够运用各种物流信息技术、物流信息平台来解决电子商务给企业物流带来的新挑战

【本章知识架构】

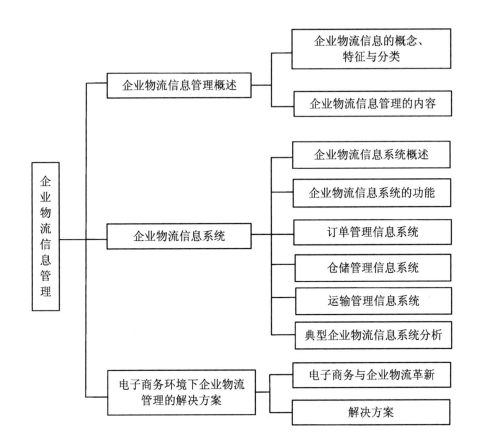

 导入案例

沃尔玛成功的奥秘：物流信息技术

沃尔玛在美国本土已建立 62 个配送中心，整个公司 85% 的销售商品由这些配送中心供应，而其竞争对手只有 50%～65% 的商品集中配送。沃尔玛完整的物流系统号称"第二方物流"，相对独立运作。不仅包括配送中心，还有更为复杂的资料输入采购系统、自动补货系统等。其配送中心的平均面积约 10 万平方米，相当于 23 个足球场，全部自动化作业，现场作业场面就像大型工厂一样蔚为壮观。配送中心的基本流程是：供应商将商品送到配送中心后，经过核对采购计划、进行商品检验等程序，分别送到货架的不同位置存放。提出要货计划后，电脑系统将所需商品的存放位置查出，并打印有商店代号的标签。整包装的商品直接由货架上送往传送带，零散的商品由工作台人员取出后也送到传送带上。一般情况下，商店要货的当天就可以将商品送出。

沃尔玛要求它所购买的商品必须带有 UPC/EAN 条形码，从工厂运货回来，卡车将停在配送中心收货处的数十个门口,把货箱放在高速运转的传送带上,在传送过程中经过一系列的激光扫描,读取货箱上的条形码信息。而门店需求的商品被传送到配送中心的另一端,那里有几十辆货车在等着送货。其十多公里长的传送带作业就这样完成了复杂的商品组合。其高效的电脑控制系统,使整个配送中心用人极少。数据的收集、存储和处理系统成为沃尔玛控制商品及其物流的强大武器。

为了满足美国国内3 400多个连锁店的配送需要,沃尔玛公司在国内共有近3万个大型集装箱挂车,5 500辆大型货运卡车,24小时昼夜不停地工作。每年的运输总量达到77.5亿箱,总行程6.5亿公里。

合理调度如此规模的商品采购、库存、物流和销售管理,离不开高科技的手段。为此,沃尔玛公司建立了专门的电脑管理系统、卫星定位系统和电视高度系统,拥有世界第一流的先进技术。

全球4 700多个店铺的销售、定货、库存情况可以随时调出查阅。公司5 500辆运输卡车,全部装备了卫星定位系统,每辆车在什么位置,装载什么货物,目的地是什么地方,总部一目了然。可以合理安排运量和路程,最大限度地发挥运输潜力,避免浪费,降低成本,提高效率。沃尔玛正是通过信息流对物流、资金流的整合、优化和及时处理,实现了有效的物流成本控制。

(资料来源:沃尔玛信息技术下的成功[EB/OL]. http://www.56888.net/News/201393/0811116863.html.)

思考:
(1) 对物流信息的高效管理和物流信息技术的有效利用是如何提升沃尔玛的核心竞争力的?
(2) 论述企业加强物流信息管理的重要意义。

9.1 企业物流信息管理概述

在经济全球化的大环境下,信息发挥着越来越重要的作用。物流过程中的各个环节都会产生大量的信息,物流信息是物流活动各个环节的桥梁、纽带和黏合剂,对整个物流起着支撑保障作用。通过及时准确地获取、存储、处理及传递物流各环节的信息,达到对物流活动科学地管理。

9.1.1 企业物流信息的概念、特征与分类

企业物流与信息之间有着密不可分的关系,物流凭借信息的作用才能由一般的活动变成系统化活动。如果物流运作过程中没有信息的参与,那么物流活动就变成一个单向的运营活动,只有在物流过程中有了反馈的物流的相关信息,物流活动才能变成输入、转换、输出以及信息反馈等功能在内的有反馈作用的现代物流系统。

9.1.1.1 企业物流信息的概念

根据中华人民共和国国家标准《物流术语》(GB/T 18354—2006)的定义,物流信息(Logistics Information)是反映物流各种活动内容的知识、资料、图像、数据、文件的总称。从物流信息来源看,一部分来自物流活动本身,另一部分则来源于商品交易活动和市场。因

此,物流信息包含的内容可以从狭义和广义两方面来考察。[①]

从狭义范围来看,物流信息是指与物流活动(如运输、仓储、包装、装卸搬运、流通加工和配送等)有关的信息。在物流活动的管理与决策中,如运输工具的选择、运输路线的确定、仓库的有效利用、最佳库存数量的确定。

从广义范围来看,物流信息不仅包括与物流活动相关的信息,还包括大量与其他流通活动有关的信息,如商品交易信息、市场信息、政策信息等。广义的物流信息不仅对物流活动具有支持保证的功能,而且能起到连接整合从生产厂家、批发商、零售商到消费者的整个供应链的作用。

【资料9.1 小知识】

商品交易信息和市场信息

① 商品交易信息是指与买卖双方的交易过程有关的信息,如销售和购买信息、订货和接收订货信息、发出贷款和收到贷款信息等。

② 市场信息是指与市场活动有关的信息,如消费者的需求信息、竞争业者或竞争性商品的信息、销售促进活动有关的信息、交通通信等基础设施信息。

9.1.1.2 企业物流信息的特征

企业物流信息除具有信息的真实性、价值性、不对称性、滞后性、有效性、可传输性等一般特点外,还表现出以下特点(图9.1):

图9.1 物流信息的特征

(1) 物流信息量大

物流连接了生产和消费,在整条供应链上产生的信息都属于物流信息的组成部分。这些信息从产生到加工、传播和应用,在时间、空间上不一致,这需要性能较高的信息处理机构与功能强大的信息采集、传输和存储能力。

(2) 物流信息的时效性强、更新速度快

在现代物流活动中,物流信息是在物流活动中动态产生的。由于市场状况,用户需求的变化多样,物流信息会瞬息万变,又因为信息的价值衰减速度快,这就对信息管理的及时性提出了高要求。此外,现代物流企业为满足客户的个性化服务需求,多品种小批量生产、多

[①] 王汉新. 物流信息管理[M]. 北京:北京大学出版社,2010:18.

额度小数量配送使各种作业活动频繁发生,从而要求物流信息不断更新,而且更新的速度越来越快。

(3) 来源多样化

物流信息不仅包括企业内部的物流信息,而且包括企业间的物流信息和与物流活动有关的基础设施信息。企业竞争优势的获得需要供应链中各参与企业之间相互协调合作,协调合作的手段之一便是信息的即时交换和共享。物流活动还往往利用道路、港湾、机场等基础设施,为了高效地完成物流活动,必须掌握与基础设施有关的信息。物流信息种类多、来源广,使得物流信息的采集、分类、筛选、统计等工作的难度加大。

(4) 物流信息趋于标准化

随着信息处理手段的电子化,物流信息标准化越来越重要。物流信息标准化体系主要由基础标准、工作标准、管理标准、技术标准和单项标准组成。其中基础标准处于第一层,工作标准、管理标准和技术标准处于第二层,各单项标准处于第三层。

鉴于以上物流信息的特点,在组织物流活动中,应协调各个环节,及时收集、加工和传输有关信息,并通过信息的合理流动,把仓储、运输、加工、配送等物流业务有机联系在一起,才能使货畅其流,提高物流整体作业效率。

9.1.1.3 企业物流信息的分类

企业物流信息可以按照不同的分类标准进行分类。

1. 按管理层次分类

按照管理层次的划分,企业物流信息可分为战略管理信息、战术管理信息、知识管理信息、操作管理信息。如图9.2所示。

图9.2 物流信息的分类

(1) 战略管理信息

战略管理信息是企业高层管理决策者指定企业年经营目标、企业战略决策所需要的信息。例如,国家有关政策、法规、经营者收入动向和市场动向、企业年度经营业绩报表等。

(2) 战术管理信息

战术管理信息是部门负责人做出关系局部和中期决策所涉及的信息。例如,销售计划完成情况,单位产品的制造成本,库存费用等信息。

(3) 知识管理信息

知识管理信息是知识管理部门相关人员对企业自己的知识进行收集、分类存储和查询,并进行知识分析得到的信息。例如,专家决策知识、物流企业相关业务知识,工人的技术和经验形成的知识信息。

(4) 操作管理信息

操作管理信息产生于操作管理层，反映和控制企业的日常生产和经营工作。例如，每天的产品质量指标、用户订货合同、供应商原材料信息。这类信息通常具有量大，且发生频率高的特点。

2. 按信息来源不同分类

按照来源不同划分，企业物流信息可分为物流系统内信息和物流系统外信息。

(1) 物流系统内信息

物流系统内信息是来自于企业物流系统内部的各种信息的总称，包括物流流转信息、物流作业层信息、物流控制层信息和物流管理层信息。

(2) 物流系统外信息

它是在物流活动以外发生，但提供给物流活动使用的信息，包括供货人信息、顾客信息、订货合同信息、交通运输信息、市场信息、政策信息；还有来自企业的生产、财务等部门与物流相关的信息。

3. 按照信息的功能和作用分类

按照信息的功能和作用划分，企业物流信息可分为计划信息、控制及作业信息、统计信息和支持信息。

(1) 计划信息

计划信息是指尚未实现的但已当作目标加以确认的信息，例如仓储计划、物流量计划等，这类信息相对稳定，变动频率较小。

(2) 控制及作业信息

控制及作业信息是指物流活动过程中产生的信息，如库存量、运输工具状况等，这类信息动态性较强，更新速度快，是掌握物流现实活动状况不可缺少的信息。

(3) 统计信息

统计信息是在物流活动结束后，对整个物流活动的一种总结性、归纳性的信息，如上一年度或月度发生的物流量、运输工具使用量等，这类信息是恒定不变的信息，有很强的资料性，具有很强的战略价值。

(4) 支持信息

支持信息是指能对物流计划、业务、操作具有影响或有关的文化、科技、产品、法律、教育、民俗等方面的信息，如物流人才需求、物流技术革新等。这类信息不仅对物流战略发展具有价值，而且也对控制、操作起到指导和启发作用。

9.1.1.4　企业物流信息的作用

物流信息在物流活动中具有十分重要的作用，通过物流信息的收集、传递、存储、处理、输出等成为决策依据，对整个物流活动起指挥、协调、支持和保障作用，其主要作用表现在以下几个方面：[1]

1. 物流信息有助于企业内部各业务活动之间的衔接

企业内采购、运输、库存及销售等各项活动互相作用，形成一个有机的整体系统，物流信息在其中充当桥梁和纽带。各项业务活动之间的衔接通过信息进行，基本资源的调度也通过信息的传递来实现。物流信息保证了整个系统的协调性和各项活动的顺利运转。

---

[1]　王道平，张大川. 现代物流信息技术[M]. 北京：北京大学出版社，2014：9.

【资料 9.2 小实例】

我国运输中的空载现象

目前全国范围内的运输协调、调度及综合控制能力大大滞后于公路与车辆的发展速度,与现有公路承载能力及实际拥有的运输能力形成了极大的反差。全国运营车辆的平均实载率只有56%,在公路上跑的车辆中,有44%处于空驶状态,由此造成的无效消耗每年高达108亿元。与此同时,一批拥有大量货物的货主,却因为找不到价格合理的车辆而焦急万分。改收养路费为征收燃油费,则更使商品供应商感到危机。来自两方面的弊端形成了一个怪圈,一方是急急火火的"货找车",想多快好省地把货运出去;另一方又是真心实意地"车找货",却常常在无奈中空车而回。

(资料来源:王恒,等.提高公路物流运输中空车利用率的研究[J].交通标准化,2007:2-3.)

2. 物流信息有助于物流活动各个环节之间的协调与控制

在整个物流活动过程中,每一个环节都会产生大量的物流信息,而物流系统则通过合理应用现代信息技术对这些信息进行挖掘和分析,得到每个环节下一步活动的指示性信息,进而对各个环节的活动进行协调和控制。畅通的信息通道是物流运行控制、服务质量控制、成本控制的基本前提。

3. 物流信息有助于提高物流企业科学管理和决策水平

物流管理需要大量、准确、实时的信息和用以协调物流系统运作的反馈信息,任何信息的遗漏和错误都将直接影响物流系统运转的效率和效果,进而影响企业的经济效益。物流管理通过加强供应链中各活动和实体间的信息交流与协调,使其中的物流和资金流保持畅通,实现供需平衡;并且运用科学地分析工具,对物流活动所产生的各类信息进行科学分析,从而获得更多富有价值的信息。这些信息在系统各结点间共享,有效地缩短了订货提前期,降低了库存水平,提高了搬运和运输效率,减少了递送时间,及时高效地响应顾客提出的各种问题,极大地提高了顾客满意度和企业形象,加强了物流系统的竞争力。

【资料 9.3 小实例】

物流信息用于决策分析

沃尔玛通过全球全集团全方位全过程全天候的自动数据采集技术,改变传统的依靠假设和推断来确定订货的方式。它们从数据的不断积累过程中,对大量物流信息采用数据挖掘技术,以小时为单位动态地运行决策模型,导出数亿个品类的最佳订货量、最佳商品组合、分配、定价以及商品最佳陈列等,大大提高了其物流决策能力,比其竞争对手管理费用低7%,物流费用低30%,存货期由6周降至6小时。

(资料来源:沃尔玛信息管理案例[EB/OL].http://3y.uu456.com/bp-3625b035433239680l1c92d2-1.html.)

9.1.2 企业物流信息管理的内容

9.1.2.1 企业物流信息管理的定义

企业物流信息管理就是对物流信息资源进行统一规划和组织,并对物流信息的收集、加工存储、检索、传递和应用的全过程进行合理控制,从而使供应链上各环节相互协调一致,实现信息共享和互动,减少信息冗余和错误,辅助支持决策,改善客户关系,最终实现信息流、资金流、商流、物流的高度统一,达到提高物流供应链竞争力的目的。其实质是综合应用技术、经济和社会手段对物流活动的信息进行组织和控制,以提高物流信息利用的效率,最大限度地实现物流信息的效用。[1]

9.1.2.2 企业物流信息管理的特点

(1) 专业性

企业物流信息管理是专门收集、处理、储存和利用企业物流全过程的相关信息,为企业物流管理和物流业务活动提供信息服务的管理活动。

(2) 广泛性

企业物流信息管理涉及的信息对象广泛,如货物信息、作业人员信息、所使用的设施设备信息、操作技术和方法信息、物流的时间和空间信息等。

(3) 灵活性

企业物流信息管理的规模、内容、模式和范围等,根据物流管理的需要,可以有不同的侧重和活动内容。

9.1.2.3 企业物流信息管理的内容

具体来说,企业物流信息管理主要包括以下几个方面的内容:

(1) 物料信息管理

物料信息管理围绕物料转化过程来组织生产资源,实现按需准时生产。物料信息需求的内容主要包括:物料需求时间、数量、规格,在制品数量、库存数量,订货时间、数量等。

通过对物料信息的有效管理可以辅助生产计划的制定、减少物料的浪费,降低库存并对市场需求做出较快的反应。

(2) 采购信息管理

在物流供应链中,采购业务具体包括采购计划、采购订单理、采购收货等。采购信息包括采购物料的名称、数量、时间、技术规格信息、供应商信息、市场及价格信息等。

(3) 库存信息管理

库存管理业务以物的管理为基础,重点管理实际物品的入库、出库、库存以及所产生的信息。库存物品的基本信息有存放地点、物品名称、结构、重量、形状、包装类别、数量、储存要求、入库时间、适用装卸方式等;其他信息还包括物品需求信息、供应商信息。

库存信息管理需要完成具体的信息分析,如入出库频率、物品需求预测、库存安全、订货周期、订货批量、占用资金、主被动的各种形态的储备、超储、积压等方面的分析,以使储存进一步合理化。

(4) 运输信息管理

运输信息包括发货时间、发货地点、运输距离、到货时间、到货地点、运输方式、运输工具、运输费用、运输人员、接收方、运输损耗等。运输信息管理在充分分析运输距离、运输环节、运输工具、运输时间、运输费用"五要素"的信息的基础上,制定出合理的实施方案,减少或避免空驶、对流运输、迂回运输、重复运输、倒流运输、过远运输、运力选择不当、运输方式选择不当等。

---

[1] 孔继利.企业物流管理[M].北京:北京大学出版社,2014:229.

9.2 企业物流信息系统

物流系统中各环节的相互衔接是通过信息交换实现的,基本资源的调度也是通过信息共享来实现的。因此,组织物流活动必须以信息为基础。为了有效地对物流系统进行管理和控制,使物流活动正常而有规律地进行,必须建立完善的企业物流信息系统,保证物流信息畅通。

9.2.1 企业物流信息系统概述

9.2.1.1 物流信息系统的概念

物流信息系统(Logistics Information System,LIS)是根据物流运作、管理和决策的需要,利用计算机硬件、软件、网络通信设备及其他设备,进行物流信息的收集、存储、传输、加工、更新和维护,以支持物流管理人员、行业中高层决策、中层控制、基层运作的集成化人机系统。物流信息系统概念框图如图 9.3 所示。[①]

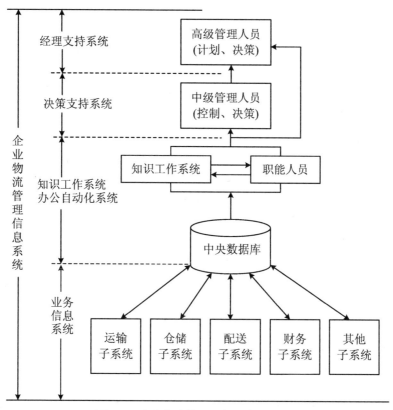

图 9.3 企业物流管理信息系统概念框图

9.2.1.2 物流管理信息系统的结构

物流管理信息系统的体系结构(图 9.4),包括基础作业层、数据处理层、计划控制层、管

---

① 傅莉萍,姜斌远. 物流管理信息系统[M]. 北京:北京大学出版社,2014:10.

理决策层四个层次的"金字塔模型"。

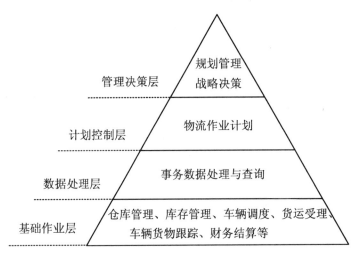

图9.4 企业物流管理信息系统层次结构图

(1) 基础作业层

基础作业层是完成物品的时间转移和空间转移,主要内容有订单处理、采购、发货和储存、运输、装卸、包装、流通加工、配送中的作业操作、质量控制及相应的信息采集、传输和存储等。

(2) 数据作业层

数据作业层主要负责物流信息资源的分析、统计和查询,并将处理结果反馈给计划控制层和管理决策层以支持中层管理和高层决策。

(3) 计划控制层

计划控制层主要负责企业物流中短期计划方案,其作用是对物流流程进行计划、调度和控制,主要包括订货处理和顾客服务、用料管理、采购计划、仓储和库存计划、补货计划和运输计划的生成以及与完成这些计划相联系的流程的管理等。

(4) 管理决策层

管理决策层主要负责有关企业物流管理全局的重大战略性决策,是对从总体上长期影响物流系统服务水平和总成本的因素进行规划和控制,包括物流网络拓扑、库存策略、补货模式、计划周期等,并对物流系统进行评估和改进,以形成有效的反馈约束和激励机制。

9.2.1.3 物流信息系统的组成要素

根据系统的观点,构成物流信息系统的主要组成要素有硬件、软件、信息资源、相关人员以及企业管理思想和理念、管理制度与规范等,物流信息系统将这些结合在一起,对物流活动进行管理、控制和衡量,如图9.5所示。

(1) 硬件

硬件包括计算机和必要的通信设施等,如计算机主机、外存、打印机、服务器、通信电缆及通信设备,它是物流信息系统的物理设备和硬件资源,是实现物流信息系统的基础。

(2) 软件

在物流信息系统中,软件一般包括系统软件、实用软件和应用软件。

(3) 信息资源

信息资源是指以文字、图形、图像、声音、动画和视像等形式储存在一定的载体上并可供

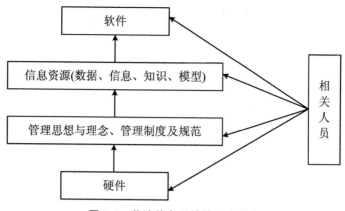

图 9.5 物流信息系统的组成要素

利用的信息。与物流运作相关的数据、信息、知识和模型都是企业的无形资产。

(4) 相关人员

物流信息系统是人机一体化系统,它一方面为相关人员(如企业管理人员、信息主管、业务主管、业务人员等)提供物流管理的信息分析和决策支持,另一方面要依赖人(如系统分析员、系统设计员、程序设计员、系统维护人员等)来进行系统的构建和维护。

(5) 企业的管理思想与理念、管理制度及规范

企业本身的决策者和管理者的管理思想和理念决定了物流信息系统的结构,是物流信息系统的灵魂。企业管理制度与规范,如组织机构、部门职责、业务规范和流程等,都是物流信息系统成功开发和运行的管理基础和保障。

9.2.2 企业物流信息系统的功能

物流信息系统是企业信息系统的一个子系统,是构成现代物流系统的重要组成部分,也是提高物流服务效率的重要技术保障。

【资料 9.4 小资料】

3S1L 原则

物流信息系统的最终目标是提高对客户的服务水平和降低物流的总成本。即 Speed(速度)、Safety(安全)、Surely(可靠)和 Low(低费用)的 3S1L 原则,即以最少的费用提供最好的物流服务。

(资料来源:王汉新.物流信息管理[M].北京:北京大学出版社,2010.)

物流活动过程中的各个环节通过信息流紧密地联系在一起。因此物流管理信息系统要完成对物流信息进行收集、整理、存储、传输、处理、分析和利用的各项任务。它的基本功能可归纳为以下几个方面[①]:

(1) 沟通联系

物流系统涉及很多行业、部门及企业群体,系统内部正是通过各种指令、计划、文件、数据、报表、凭证、广告、商情等物流信息,建立起各种纵向和横向的联系,沟通供应商、生产商、

---

① 王汉新.物流信息管理[M].北京:北京大学出版社,2010:158.

批发商、零售商、物流服务商和消费者，满足各方面的需要。企业内部通过办公自动化系统、物流作业信息系统、物流管理信息系统搭起沟通各个方面的信息桥梁；而企业外部通过配送规划系统、电子订购系统或电子商务系统便捷地和客户进行沟通，通过外联网或EDI系统实现和供应商的交互。

(2) 引导和协调

物流运作中，物流信息系统随着物资、货币及物流当事人行为活动的发生，采集生成所有物流信息，并经过网络快速把信息反馈到物流供应链上的各个环节，依靠这些物流信息及其反馈来引导物流结构的变动和物流布局的优化，协调物资流动的情况，使供需之间平衡；协调人、财、物等物流资源的配置，促进物流资源的整合与合理使用。

(3) 管理控制

通过移动通信、计算机网络、EDI、GPS等信息技术实现物流活动的电子化，如货物实时跟踪、车辆实时跟踪、库存自动补货等，用信息化代替传统的手工作业，实现物流运行、服务质量和成本等管理控制。如通过仓储管理系统可以及时掌握动态的库存情况，包括库存数量、库存能力、配送能力、在途数量和门店需求、接发货能力、结算状况等信息，便于进行库存管理和订、发货管理。

(4) 帮助压缩物流管道长度和宽度

为了应付需求波动，在物流供应链的不同节点上通常都设置有库存。物流管道越长、越宽，就包括越多的中间库存，如零部件、在制品、制成品的库存等，这些库存增加了物流流动的长度和宽度，大大提高了物流成本。通过计算机信息系统，如货物跟踪系统、车辆调度跟踪系统和物流管理系统配合，如果能够实时地掌握物流链上不同节点中的存储信息，增加这条管道的透明度，就可以了解物流中间环节中的过多库存并进行缩减，以缩短物流管道中的不必要环节，提高物流服务水平。

(5) 辅助决策分析

物流信息是制定决策方案的重要基础和关键依据，物流管理决策过程的本身就是对物流信息进行深加工的过程，是对物流活动的发展变化规律性认识的过程。物流信息系统通过对信息的处理、建模和分析比较，协助物流管理者鉴别、评估并比较物流战略和策略的可选方案，如车辆调度、库存管理、设施选址、资源选择、流程设计以及有关作业比较和成本收益分析等，做出科学的决策。

(6) 支持战略计划

作为决策分析的延伸，物流战略计划涉及物流活动的长期发展方向和经营方针的制定。例如，战略联盟的形成、以利润为基础的顾客服务分析以及能力和机会的开发和提炼，作为一种更加抽象、松散的决策，是对物流信息进一步提炼和开发的结果。战略计划的制定更多依靠决策者本身的决策风格，但物流信息系统能够快速地提供来自企业内部、外部的多种信息，并能根据要求做出各种显示的图表和比较分析，这些对高层决策者进行决策是有很大辅助作用的。

(7) 价值增值

表面上看，物流信息系统本身对物流企业不创造价值，而建设物流信息系统的成本是很高的，并且建设物流信息系统的过程还需要对企业管理流程进行梳理和优化，需要对员工进行培训和教育，需要对所有的物流数据进行标准化等，如果某一些环节没有做到位，失败的风险就会很大。物流信息系统建设成功后带来的显性价值(如降低成本)和隐性价值(如管理的规范化)都是增长性的,应用物流信息系统的时间越长,它体现出来的价值就越大。

【资料 9.5　小实例】

海尔物流管理系统的成功应用

> SAP 主要帮助海尔完善其物流体系,即利用 SAP 物流管理系统搭建一个面对供应商的 BBP 采购平台,它能降低采购成本,优化分供方,为海尔创造新的利润源泉。通过 BBP 交易平台,每月接到 6 000 多销售订单,定制产品品种逾 7 000 个,采购的物料品种达 15 万种。新物流体系降低呆滞物资 73.8%,库存占压资金减少 67%。如今,海尔特色物流管理的"一流三网"充分体现了现代物流的特征:"一流"是以订单信息流为中心;"三网"分别是全球供应链资源网络、全球用户资源网络和计算机信息网络。"三网"同步运动,为订单信息流的增值提供支持。
>
> (资料来源:http://info.jctrans.com/zhuanti/zta/2/2006324230834.shtml.)

9.2.3　订单管理信息系统

客户订单是企业物流活动的起点,是引发物流过程运转的信息。订单处理的效率直接影响客户服务水平,同时牵动着物流作业的合理性和有效性。低速、缺乏稳定性的信息传输不但会导致失去客户,而且会增加运输、库存和仓储成本。订单管理信息系统是物流系统的中枢,能为提高物流绩效水平提供巨大潜力。

9.2.3.1　订单管理信息系统的概念

订单管理信息系统(Order Management System,OMS)是物流信息系统的前端,通过对客户下达的订单有关的信息和资料进行管理及跟踪,动态掌握订单的进展和完成情况,提升物流过程中的作业效率,提高企业的市场竞争力。

9.2.3.2　订单处理的流程

订单处理是物流管理链条中的不可或缺的部分,通过对订单的管理,使仓储、运输、订单成为一个有机整体,满足物流系统信息化的需求。订单处理的过程如图 9.6 所示。

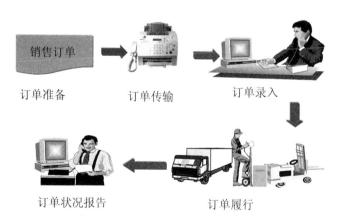

图 9.6　订单处理过程

1. 订单准备

订单准备指搜集所需产品或服务的必要信息和正式提出购买要求的各项活动。包括:
① 决定合适的供应商;

② 填制订单(很多 ERP 系统只要有需求一般是电脑产生);
③ 确定库存的可得率(包括产品规格及数量等);
④ 通报订单信息(订单可执行的程度等)。

2. 订单传输

订单传输指订单请求从发出地点到订单录入地点的传输过程。传输方式主要有以下几种:
① 人工方式:邮政、快递等,特点是时间长、速度慢、成本低;
② 电子方式:E-mail、传真,特点是时间短、速度快;
③ 电子＋人工方式。

因订单传输方式会影响订单的处理进度,进而影响公司的业绩及成长,电子方式将逐步取代人工方式。

3. 订单录入

订单录入指在订单实际履行前所进行的各项工作。包括:
① 核对订货信息及其准确性(客户订单,即销售单);
② 核查产品库存状况;
③ 准备补交货订单(采购单)或取消订单(采购单或客户订单)文件;
④ 审核客户信用;
⑤ 转录订单信息(将客户订单转成公司的销售订单);
⑥ 开具账单。

4. 订单履行

订单履行是指与实物有关的活动。包括:
① 通过提取存货、生产或采购来获取所订购的货物;
② 对货物进行包装;
③ 安排运输送货;
④ 准备货运单证。

5. 订单状况报告

订单状况报告是订单处理的最后一环,不断地向客户报告订单处理或交货过程中各种状况,确保优质的客户服务。活动内容包括:
① 跟踪客户订单执行状况;
② 报告订单处理的进度;
③ 报告订单交付的时间和数量;
④ 报告发运状况等。

9.2.3.3 订单管理信息系统的功能[①]

订单管理信息系统的功能如图 9.7 所示。

(1) 服务展示

企业将可提供的服务项目、服务内容发布到网络平台供客户浏览和选择。

(2) 服务选择

客户可以浏览企业的一种或几种服务。系统描述相应的服务的资格、资源、人才、监管

---

① 傅丽萍、姜斌远.物流管理信息系统[M].北京大学出版社,2014:82.

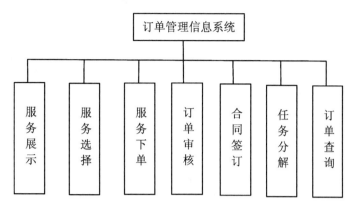

图 9.7 订单管理信息系统的总体功能

等优势,详细说明了业务范围,客户如果满意服务则选择下单。系统还能对各个服务项目被浏览和被下单情况进行统计,供企业决策参考。

(3) 服务下单

系统根据客户所选择的服务种类提供相应的电子表格,其中必要信息包括客户资料、货物信息,还有所选服务的相关信息、支付信息等。客户填完后提交订单,等待企业确认和签订正式合同。

(4) 订单审核

客户填写的订单由销售部门接收,建立客户档案和订单档案;同时,客户服务部门、配货部门、运输部门、流通加工部门、财务部门也接收到订单,分别对资料的真实性、技术可行性与财务信用度等方面给出审核意见,遇到信息不完全、情况不明或委托难以完成的情况,将把疑问转到客户管理,由客服部门与客户协商并修正订单,继续接受审核。

(5) 合同签订

审核通过以后,销售部门代表企业以电子数据的方式与客户签订合同。得到客户认可的合同通过网络传送回来,即开始为客户提供物流服务。

(6) 任务分解

系统获取正式合同后,对其中的服务条款进行识别和面向具体作业环节任务分解,如分解为配货子任务、运输子任务、流通加工子任务等。然后为其选配相应的工作流程,生产一系列的服务起始单据。

(7) 订单查询

企业和客户可以按照订单编号、下单日期、服务项目、订单状态、货物名称、交易金额等方式查询已签订订单,浏览订单的各项细目和相关单据。

9.2.4 仓储管理信息系统

仓储是指通过仓库对货物进行储存和保管。仓储是货物流通的重要环节之一,被称为"物流的支柱"。企业为了保证生产和销售的顺利进行,需要储存一定量的物资,满足一段时期内社会生产和消费的需要。

现在仓储在物流供应链中的角色定位就是四个中心:仓储是物流与供应链的库存控制中心、调度中心、增加值中心,也是现代物流技术的主要应用中心,而所有的角色定位都是以信息系统为前提的,没有信息化就没有现代仓储。

9.2.4.1 仓储管理信息系统的概念

仓储管理信息系统(Warehouse Management System,WMS)是物流管理系统的主要作业系统之一,用于管理仓库中货物、空间资源、人力资源、设备资源等仓库中的活动,是对货物的入库、检验、上架、出库及转仓、转储、盘点及其他库内作业的管理系统。这里所称的"仓库",包括生产和供应领域中各种类型的储存仓库。仓储作业过程是指以仓库为中心,从仓库接收货物入库开始,到按需要把货物全部完好地发送出去的全部过程。①

9.2.4.2 仓储管理信息系统的目标

(1) 保证作业流程标准化

仓储管理信息系统运用实时数据采集和数据库技术,为物流仓储环节提供了从订单开始到收货、分配仓位、盘点、货物出库和货物装运全过程的信息处理和管理功能,保证了作业流程的标准化和统一化。

(2) 提高作业准确度

仓储管理信息系统可以控制错发货、错配货、漏配送的事故,通过订货、发货业务的自动化,提高了作业准确性和工作精确度,缩短了从订货到发货的时间。

(3) 提供信息咨询

仓储管理信息系统要为客户提供信息咨询及有关资料的查询和统计,满足用户对信息的实时需求。

总之,通过使用仓储管理信息系统要提高对客户的服务水平,实现物流合理化、降低物流总成本。

9.2.4.3 仓储管理信息系统的特点

仓储管理信息系统是物流信息系统的一个子系统,它首先具备物流信息系统的特征,除此之外,它还具有自身的特点。

(1) 支持零库存管理仓储管理的终极点是实现零库存

这种零库存是某个组织的零库存,是组织把自己的库存转移给其上游供应商或下游零售商,从而实现自己的零库存。在信息技术发展的今天,通过仓储管理信息系统准确收集与传递库存信息,零库存是完全可以实现的。

(2) 支持物流信息采集设备及自动化设备

仓储管理信息系统与先进物流技术,如手持终端、RF、GPS、GIS 等均设有接口,能够与电子标签、自动化物流设备系统相连接。系统可通过应用先进的图形技术,实现"可视化"管理。

(3) 支持离散仓储作业管理

仓储管理信息系统采用先进的体系结构,利用最新的网络技术,支持处于离散状态的仓储/物流作业,同时确保系统的安全。

9.2.4.4 仓储管理信息系统的功能

仓储管理信息系统主要包含以下功能模块:基本信息管理、入库管理、库内管理、出库管理、查询管理。仓储管理信息系统的总体功能如图 9.8② 所示。

仓储管理信息系统对于入库、库内、出库等一系列工作提供了全面的技术支持,使用户

---

① 王道平,张大川. 现代物流信息技术[M]. 北京:北京大学出版社,2014:216.
② 王道平,张大川. 现代物流信息技术[M]. 北京:北京大学出版社,2014:250.

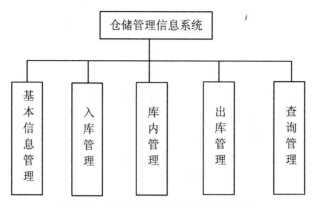

图9.8 仓储管理信息系统的总体功能

在友好的界面下任何时间、任何地点都可以操作、显示、检查资料,实时性地收集和传输数据,从而极大地提高了工作效率。

1. 基本信息管理

基本信息管理模块主要是对仓库信息、货品信息、人员信息、客户信息、合同信息的管理。

(1) 仓库信息管理

仓库信息管理包括仓库类型、仓库基本信息、仓库区域信息和储位信息等。系统初始化时设置的顺序为仓库类型、仓库信息、区域信息、储(货)位信息。仓库类型指仓库所属的类别,主要包括普通仓库、冷冻仓库、化学仓库、危险品仓库等。

(2) 货品信息管理

货品信息管理包括货品类型、计量单位信息、货品信息等。系统初始化时设置的顺序是货品类型、计量单位、货品信息。货品类型是指货品所属的类别,如电器、食品、药品等。货品信息是指条码信息、货品编号、货品种类、规格、型号、单位、重量、体积、尺寸、价值、保质期、最高库存、最低库存等。

(3) 人员信息管理

人员信息管理是对企业内部的人力资源进行管理,包括员工编号、员工姓名、所属部门、岗位、工作年限、联系方式等基本信息。

(4) 客户信息管理

客户信息管理包括客户编号、客户名称、联系电话、传真、地址、E-mail 及联系人等客户的基本信息。

(5) 合同管理

合同管理信息包括合同号、甲方名称、甲方代表人、乙方名称、乙方代表人、签订合同日期、租仓地点、租仓面积、租仓标准、结算方式、保管商品名称等

2. 入库管理

入库管理主要包括对货品数量的管理,如箱数、件数;对货品的储位管理;对货品的管理,如客户、到期日、重量、体积、批次;对验收的确认,根据入库通知单的数量比较分析,解决少货、多货、窜货等情况。

(1) 填写入库通知单

入库通知单是在货品到达之前,货主通知在何时进入什么货品的单证,仓库可以根据这

些信息制订入库作业计划,如安排和调度装卸货的工具、清理装卸货区域等。入库通知单主要包括客户信息、收货信息和货品明细等,并为安排卸货工具、指定卸货区和处理区提供信息。

(2) 卸货及验收管理

卸货及验收管理是收到入库通知单后,指定货品的装卸区及验收处理区等业务。相对应的实际操作是货品到达仓库后,仓管员指定卸货区域,在卸货区装卸货品,检查数量和质量验收等工作。系统根据入库通知单编号自动产生验收单编号,显示入库通知单中货品的详细列表信息。指定卸货区和验收区时,选择仓库号和区域号。验收结束后,如果发现有不合格品,应该进行登记记录。在"不合格数量""不合格原因""处理意见"3个字段中录入具体的信息。

(3) 入库储位分配

入库储位分配就是为入库货品安排货位的操作:选中某一入库货品,选择合适的仓库号、区域号。在排号、列号、层号中输入分配的数值,确认"分配"即可完成,并依次为每一种货品分配货位。

3. 库内管理

库内管理具体包括仓库储存货品的盘点管理、仓库内部货品在储位间的转储管理、货品在不同仓库间的转库管理、保管货品的报废管理、不合格品的退货管理等业务。

(1) 盘点管理

盘点管理提供对货品的全面盘点、随机抽盘与指定盘点等功能。其中指定盘点根据储位盘点和货品盘点的功能,可分区、分类进行盘点。盘点作业,首先要生成盘点单,确定要盘点货品的编号、名称、储存位置、系统结存数量的信息清单;然后录入盘存数据;审核盘点单;盘点差异结转。

(2) 转储管理

转储管理主要对货品在同一仓库内不同储位之间转移的作业进行管理。转储单号由系统自动产生,选择要转移货品的所在仓库、转储部门等,并填写制单人、转储时间、制单时间。在转储货品及存储货位清单中选择货物,输入数量及选择目的区域,完成转储货品的选择。

(3) 转库管理

转库管理主要对货品在不同仓库之间转移的作业进行管理,即提出转仓申请,指定货品的转出仓库、区位及储位,并指定转入仓库的区域和储位等。系统自动产生转库单号,选择要转移货品的所在转出仓库、转入仓库、转仓部门,填写转仓时间、制单时间、制单人、备注等信息。在转仓货品及存储货位清单中选择货品,输入数量及选择目的区域,并完成整个转仓的过程。

(4) 报废管理

报废管理主要对仓库中报废货品的名称、编号、位置等进行管理,即提出报废申请,录入报废货品的信息,指定报废货品的所在仓库、区域及储位,以及对上述报废信息进行维护。

(5) 退货管理

退货管理主要对被退回货品的编号、名称、数量、存放位置、处理方法等信息进行管理,主要处理退货申请、审批、结转等相关事务。

4. 出库管理

出库管理包括对出库货品数量的管理,如箱数、件数;对出货方式的选择,如先进先出、后进先出、保质期管理、批次确定;对出货运输工具的管理,如运输公司、车辆号、司机名管理。

(1) 出库通知单管理

出库通知单管理,就是处理收货方要求的出库信息,包括收货方名称、编码信息、出库货品明细等,为确定备货区提供信息。将库存表中货品、数量、批次信息自动生成到出库通知单的出库货品列表中。

(2) 出库备货

出库备货,指操作员收到出库通知单后,录入出库备货货品信息,指定备货区和安排出库货品的货位等事务。

系统根据出库通知单编号自动产生备货单号,填写出库备货时间、制单人、制单时间等出库备货信息。

根据出库备货货品清单,显示出货仓库和区域指定窗口,选中某一出库备货货品,即可指定出货仓库和区域。针对出库备货货品信息清单中的每一种货品,重复上述的指定工作,可为每一种出库货品指定出库仓库和区域。

(3) 出库单管理

出库单管理,是指完成出库备货后,对出库货品的信息进行登记、查询等管理。如采用先进先出的出库原则,可根据入库单的时间自动生成出库单,也可以根据需要,选择指定的入库单来生成出库单。

5. 查询管理

① 在任何时间和地点都可以通过终端进行查询。查询内容包括货主信息、商品信息、库存情况、订单状态等。

② 每次查询可以包括对各项信息的逐一核对,并将有效结果反馈给系统,使得现场实时查询和实时指挥工作变得方便容易。

【资料9.6 小实例】

保时捷公司采用WMS获得准时信息

保时捷在北美市场中内华达州的利诺有一个部件仓库。这个仓库设施存储价值共计1 800万美元存货,大约是35 000令存储单元,每天大约平均需要履行500个订单。当保时捷的管理人员开始寻找可以提高零售商部件服务水平的方法时,他们便快速得出这样的结论:仓库管理系统(WMS)软件不可以提供关于分销中心中存储部件的累加精确的信息,而且避免了对书面记录的需求。除了软件之外,公司还安装了射频数据收集(RFDC)系统,可以实时处理存货控制。当工人在接收地区检验条形码时,信息已经通过电波传给了仓库中负责部件记录的计算机。

WMS和RFDC系统一起加速了部件接收的流程。过去,保时捷运一批货需要10天,现在仅需要3天,几乎可以同步获取零件来满足订单。软件的应用不仅可以提供存货状态的可视性,它还在部件接收和运输中提高了汽车制造商的准确性。这意味着保时捷可以给销售商提供部件的实时的可得性信息。结果,它降低了运输差错率,减少了销售损失,仓库吞吐量提高了17%。

(资料来源:田宇.物流管理[M].广州:中山大学出版社,2013.)

9.2.5 运输管理信息系统

现代运输管理是对运输网络和运输作业的管理,在这个网络中传递着不同区域的运输任务、资源控制、状态跟踪、信息反馈等信息。实践证明,通过人为控制运输网络信息和运输作业,效率低、准确性差、成本高、反应迟缓,无法满足客户需求。运输管理信息系统可以帮助企业进行日常运输工作的管理,实现运输管理信息化、运输服务最优化、运输利润最大化。

9.2.5.1 运输管理系统的概念

运输管理信息系统(Transportation Management System,TMS)是基于运输作业流程的管理系统,它利用计算机网络等现代信息技术,对运输计划、运输工具、运送人员及运输过程进行跟踪、调度、指挥。[1]

9.2.5.2 运输管理信息系统的目标和特点

1. 运输管理信息系统的目标

① 运输作业流程实现标准化、统一化;
② 运输作业信息高度透明化;
③ 降低空驶率,提高运载效率;
④ 对货品进行全程跟踪。

2. 运输管理信息系统的特点

① 运输管理信息系统是基于网络环境开发的支持多网点、多机构、多功能作业的立体网络运输软件。
② 运输管理信息系统是在全面衡量、分析、规范运输作业流程的基础上,运用现代物流管理方法设计的先进、标准的运输软件。
③ 运输管理信息系统采用先进的软件技术实现计算机优化辅助作业,特别是对于机构庞大的运输体系,此系统能够协助管理人员进行资源分配、作业分配、路线优化等操作。
④ 运输管理信息系统与现代信息采集技术及物流技术无缝连接,在基于条码作业的系统内可以实现全自动接单、配载、装运、跟踪等。

9.2.5.3 运输管理信息系统的功能

运输管理信息系统主要包含以下功能模块:客户管理、车辆管理、驾驶员管理、运输管理、财务管理、绩效管理、海关/铁路航空系统对接管理、保险公司和银行对接管理。运输管理信息系统的总体功能如图9.9[2]所示。

1. 客户管理

客户管理模块可以实现订单处理、合同管理、客户查询管理和投诉理赔管理功能。

(1) 订单处理

订单处理可以提供多种订单受理方式。客户可通过电话、传真提交订单,同时系统在Internet环境中实现安全的、标准的EDI,接受网上直接下单,根据客户的指令进行订单的录入,主要包括受理日期、订单号(可人工输入或自动生成)、起运地址、货物名称、重量、体积、数量、货主及其电话、收货单位、联系人到达地址及各种费用等订单信息。对下达的订单进

---

[1] 王道平,张大川.现代物流信息技术[M].北京:北京大学出版社,2014:221.
[2] 王道平,张大川.现代物流信息技术[M].北京:北京大学出版社,2014:255.

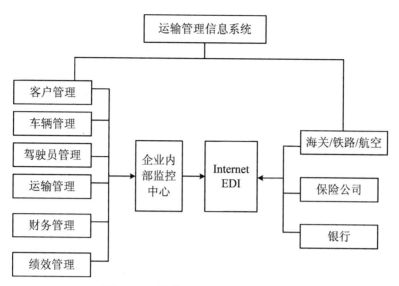

图 9.9 运输管理信息系统的总体功能

行分析审核,经双方确认后签订运输合同。系统支持多种发运订单,主要包括车辆运单、散户运单、合同运单和货物运单等。

(2) 合同管理

① 对签订的合同进行统一管理。主要包括受理日期、合同编号、订单号、起运地址、货物名称、重量、体积、效重、货主及其电话、收货单位、联系人、到达地址、车辆种类、车辆数量、签订人、审核人、起始时间、到达时间、预付费用计算和结算方式等信息。

② 合同破损记录。主要指对装车、发货时发生的破损记录情况进行登记、修改工作。理赔部门按照事先双方签订的合同协议进行理赔处理,系统自动将金额转入财务结算。

(3) 客户查询管理

客户通过输入货物代码,就可以得知货物在库情况、在途状况和预计到达时间等。

(4) 投诉理赔管理

① 处理客户投诉。对客户的投诉进行分析和统计,做出投诉处置并进行相关记录,向上汇报。

② 对客户反馈的信息进行分析、记录,提高服务水平。

2. 车辆管理

车辆管理模块可以帮助管理人员对运输车辆(包括企业自用车辆和外用车辆)的信息进行日常管理维护,随时了解车辆的运行状况,确保在运输任务下达时,有车辆可供调配。

① 管理每天的出车记录,输入运单号,显示出车日期、出车车辆、客户名称、工作内容、吨位、单价、提货地和目的地等。

② 输入车辆编号,查看车辆维修与保养计划、车辆维修情况、添加零件情况、车辆违章情况、车辆事故情况等多项信息。

③ 查看出车的车辆、待命车辆、维修车辆。

3. 驾驶员管理

通过对驾驶员的基本信息和工作状况的管理可以随时跟踪驾驶员的情况,并对驾驶员的准驾证件、出勤情况、违章记录、事故情况进行管理。

① 驾驶员档案管理。主要包括驾驶员姓名、家庭详细住址、家庭电话、手机、身份证号码、所属公司、驾驶证主证号、驾驶证副证号、驾龄、上岗证、准营证和劳动合同情况等信息。

② 驾驶员查询。分日常和月度对不同驾驶员的业绩、费用等情况进行统计查询；显示驾驶员月度或年度的业务量情况；对某一驾驶员发生的费用进行统计，显示驾驶员所用的运杂费、人工费、工资等费用。

③ 支持驾驶员刷卡功能，对驾驶员进行考勤监督，考核驾驶员的业务素质，实行绩效管理，以保证驾驶员队伍的稳定和发展。

4. 运输管理

运输管理模块包括运输计划安排、运输方式选择和运输路线优化三个环节。

① 根据客户的要求制订运输计划并生成运输计划书。

② 根据货物的性质、特点、运输批量及运输距离等实际情况，在保证按时到货及运费不超出预算的前提下，选择合适的运输方式。

③ 根据客户输入的起点和目的地，自动设计最佳行驶路线，包括最快的路线、最简单的路线、通过高速公路分段次数最少的路线等。线路规划完毕后，显示器自动在电子地图上显示设计线路，并同时显示汽车运行路径。

5. 财务管理

财务管理模块具有以下功能：

① 可提供全国各地运输价格和所需时日的查询；

② 可设置联盟运输商的价格信息数据库；

③ 可依据合同分客户编制运输价格表；

④ 可生成费用结算报表和费用明细列表；

⑤ 每趟运输出行的过桥过路费、油费、人工费和资产折旧费等费用进行成本核算；

⑥ 支持多种结算方式及利率统计。

6. 绩效管理

绩效管理模块具有以下功能：

① 辅助高层管理者对业务管理和经营事务进行控制、优化和决策；

② 帮助进行事前、事中和事后的管理和控制；

③ 支持经营决策。例如，要不要进行外包车辆等，系统都会根据数据给出一个分析和参考的指标。

7. 海关/铁路/航空系统对接管理

这个对接管理模块主要具有以下功能：

① 涵盖所有的运输方式，包括水路运输、公路运输、铁路运输和航空运输，并提供对多式联运业务的支持。

② 实现对不同运输方式的衔接互补。当某种运输任务牵涉到多种运输方式时，能实时提出运输组织的策略，以合理的组织方式完成运输任务。

③ 通过与海关部门的对接，为外贸交易提供系统的报关服务，方便了客户也扩大了企业的业务。

【资料 9.7 小知识】

联　　运

联合运输(Combined Transport),简称联运,是指使用两种或两种以上的运输方式,完成一项进出口货物运输任务的综合运输方式。在铁路运输、内航海运、空中运输时,常常由卡车担负着从港口到目的地或出发地到港口的两端运输。因此,将从出发地到最终目的地的以单一的承担者使用两种或两种以上运输工具进行的运输称之为"联运",由与货主订立合同的运输业者担负整个区间的运输责任;而在进出口业务中所进行的联运,称之为"国际联运"。

(资料来源:王汉新.物流信息管理[M].北京:北京大学出版社,2010:72.)

8. 保险公司和银行对接管理

这个模块和保险公司/银行相关部门对接,保证了运输业务的保险便捷。

① 为物流运输部门的车辆和员工提供保险业务;

② 承接网上投保业务,为物流公司承接的运输货物随时办理保险业务;

③ 分担了物流企业的风险;

④ 通过与银行接口实现网上支付和结算业务,缩短了作业时间,减少了费用。

【资料 9.8 小实例】

唯智运输管理系统在国美电器中的应用

唯智运输管理系统于 2010 年 10 月开始启动,圆满通过了十一黄金周的订单井喷考验于 2011 年 11 月 1 日在全国成功上线。覆盖国美电器全国 1 651 家门店,433 个公司代码、9 个物流公司;成功处理了 393 个 DC 的接单、派工、发货和计费等操作,最大并发用户数达到 1 500。系统价值体现在:基于智慧物流、供应链网络设计的运输管理模块帮助国美电器解决了总部与分公司的分级管理;有效整合资源,实现跨区域销售;提供端到端的全程物流服务;大幅度提高了国美的物流管理水平,降低了供应链总成本;保证在顾客购买商品的时候就可以准确承诺配送时间,实现 ATP(Available To Promise);提高客户满意度,大幅降低了关于物流配送和送货服务的投诉,部分地区实现了甚至零投诉。

(资料来源:中国物流与采购网[EB/OL]. http://www.chinawuliu.com.cn/information/201212/28/203409.shtml.)

9.2.6　典型企业物流信息系统分析

物流信息系统根据不同类型企业的需要,可以有不同层次、不同程度的应用和不同子系统的划分,比如生产企业、流通企业所面对的物流不同,处理的方式与方法也不同。下面介绍两种主要的物流信息系统的运作模式。

1. 生产企业物流管理信息系统

生产物流是指企业在生产过程中所发生的物流,包括原材料、半成品和成品的仓储、装卸、搬运、包装、管理和相应信息的处理和传递,以及这些物流活动进行时所需的相关物流设备和软件所构成的整体系统。[①]

生产物流管理信息系统是以管理信息系统为骨架，重点放在生产物流的组织、计划、管理、控制和监督上，是对一个组织进行全面管理的人和计算机相结合的系统，它综合运用计算机技术、信息技术、管理技术、决策支持系统，同现代化的管理经验和现代化的管理方法、手段结合起来，辅助管理工艺，进行生产管理、物流调配、计划布置、决策分析。

生产物流管理信息系统的基本功能如表9.1所示。

表9.1 生产物流管理信息系统的功能

基本功能	具 体 内 容
计划管理	是平衡整个企业生产活动的重要工具，能够将客户的订货需求和企业的预测数据分解为企业内部的具体的工作任务，同时按照不同的要求将结果传送到生产管理和采购管理中，并提供各种可行性方面的信息
采购管理	是物料在企业内流动的起点，是从计划、销售等系统和本系统获得购货需求信息，与供应商和供货机构签订订单、采购货物，传递给需求系统
生产管理	是企业生产过程的执行系统，能够根据企业的生产任务，控制所用材料的领取，跟踪加工过程及控制产品完工
仓存管理	作为物流管理的核心，是进行货物流动、循环管理控制的系统
存货核算	对物料在其他系统循环流转所伴随产生的资金流动进行记录和成本核算，同时将财务信息传递到总账系统、应付款系统等财务系统
物流作业	货物装卸顺序、配送路线、车辆安排、运输方式、运输路径、交货时刻表、运输工具的跟踪和监督、装载量计划等
销售管理	是物料在企业内流动的终点，是将从客户和购货机构获得的订货需求等信息传递给计划、采购、仓储等系统，将从仓库、采购等系统获得的货物传递给购货单位，完成物流管理过程

生产企业物流信息系统主要针对行业的生产管理特点，制定了以客户需求为导向，以生产制造管理为核心，注重按需、敏捷、准时、质量、成本等关键因素管理控制的总体框架，帮助企业建立起有效、灵活的自主生产计划、物料需求计划和车间作业计划所组成的计划管理体系，优化排产排程，合理控制库存，最大限度地缩短产品生产周期、采购周期，严格控制交货期，快速响应客户需求，提高售后服务水平，及时准确地采集、分析和控制成本要素，全面掌握企业资金流向。真正实现对物流、资金流、信息流的实时、集成、同步控制，从而保证企业管理"增值"的实现。

2. 流通企业物流管理系统

对于流通型企业，物流是企业的一项主要业务活动之一，公司的计划、采购、入库、储存、销售、配送等物流活动都要通过物流信息系统来进行管理，物流信息管理系统是流通企业计算机系统的核心内容。

流通企业的物流可分为采购物流、流通企业内部物流和销售物流三种形式。采购物流是流通企业组织货源，将物资从生产厂家集中到流通部门的物流；流通企业内部物流，包括流通企业内部的储存、保管、装卸、运送、加工等各项物流活动；销售物流是流通企业物资转

---

① 黄有方.物流管理信息系统[M].北京:高等教育出版社,2010:125.

移到消费者手中的物流活动。

流通企业物流管理信息系统在业务层次上主要划分为四个业务操作子系统,如图9.10所示。

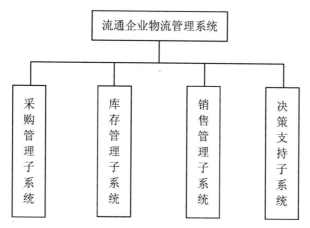

图9.10 流通企业物流管理信息系统的功能

(1) 采购管理子系统

采购管理子系统主要包含以下业务内容:

① 商品数量需求统计:门店的要求补货数量;

② 制定采购计划:结合配送中心库存情况和市场需求与供应情况,制定统一的面向供应商的采购计划;

③ 市场价格信息管理:市场价格信息进行自动更新;

④ 供应商信息管理:供应商信息的存储和查询,包括供应商的名称、地点、联系方式、联系人以及供货商品的品种、规格、价格等信息;

⑤ 购货合同管理合同文档的统计、查询和维护;

⑥ 到货管理:票据的登记、查询、统计和维护;合同执行情况的通知等。

(2) 库存管理子系统

库存管理是对仓库中的商品和实物进行管理,其主要功能包括:

① 到货登录:对于采购到货的商品进行库存数量登记;

② 库存情况查询:根据有关人员的要求对库存商品的基本情况进行查询;

③ 库存结构分析:对存放在不同配送中心的商品的位置进行标号、登记、管理;

④ 对各种库存商品进行结构分析:并进行保本、保利、保质等管理;

⑤ 商品配送管理:统计向门店调配商品的品种、数量;

⑥ 库存查询与统计:查询在库货物数量并按时、分类进行库存统计。

(3) 销售管理子系统

销售管理子系统主要对销售信息进行分析,以便合理进货,主要功能有:

① 到货管理:验收入库,把到货信息写入商品库中,增加相应商品在架数;

② 在架管理:对在架商品进行数量、金额统计、管理;

③ 出库发货:按照销售订单调拨出库,派车发货;

④ 销售数据统计,例如以商品为单位,统计日销售数量、金额等情况;按照部门或商品类别,统计商品销售情况;按照各种不同促销手段产生的效果,统计商品的销售情况;按照商

品的规格和花色,统计商品销售情况等;

⑤ 销售报表分析:包括商品销售排行、商品获利率分析等。

(4) 决策支持子系统

决策支持子系统在运筹学模型的基础上,通过数据挖掘工具对历史资料进行多角度、立体的分析(如采购分析、库存分析、销售分析、财务分析、质量分析、人事结构分析等),实现对企业中的人力、物力、财力、客户、市场、信息等各种资源的综合管理,为企业管理、客户管理、市场管理、资金管理等提供科学决策的依据,从而提高管理层决策的准确性和合理性。

9.3　电子商务环境下企业物流信息管理的解决方案

电子商务是 20 世纪信息化、网络化的产物。电子商务作为在互联网上最大的应用领域,已引起了世界各国政府的广泛重视和支持、企业界和民众的普遍关注,并得到了快速的发展。电子商务给物流带来了巨大需求,推动了现代物流学科的进一步发展,水平的提高,把物流业提升到了前所未有的高度,而物流是实现电子商务的重要保证。

9.3.1　电子商务与企业物流革新

9.3.1.1　电子商务的概念

电子商务(Electronic Commerce,EC)是指通过信息网络以电子数据信息流通的方式在世界范围内进行并完成各种商务活动、交易活动、金融活动和相关的综合服务活动。电子商务的核心是以网络信息流的畅通,带动物流和资金流的高度统一协调发展。物流环节是电子商务中实现商务目的的最终保障,缺少了与电子商务模式相适应的现代物流技术和体系,电子商务所带来的一切变革都将等于零。①

9.3.1.2　电子商务对物流的影响与作用

由于电子商务与物流间密切的关系,电子商务这场革命必然对物流业产生极大的影响。下面就来具体分析一下电子商务对企业物流管理所产生的影响。

1. 电子商务将改变人们传统的物流观念

电子商务作为一个新兴的商务活动,它是以信息的流动为主导,带动物流、商流进而完成商品的贸易活动的。电子商务活动的目标是通过现代信息技术的应用,来达到商品交易的便捷、广域、省时和提高顾客满意度的目的,同时提高企业的竞争能力和赢利能力。

2. 电子商务将提高物流业的地位

某位商务老总曾经说过:"物流对电商之重要,犹如荆州城池对蜀汉之意义"。电子商务是一场商业大革命,是一次高科技和信息化的革命,它对社会经济的影响将比工业革命来得还要迅猛,一场革命必将导致产业大重组,原有的一些行业、企业、单位将逐渐消失,原来没有的一些行业、企业和机构将会产生,同时一些企业、行业和机构的规模则会逐渐扩大,而物流业即在扩张之列。产业大重组也将从根本上改变企业内部运作、外部合作和交流的机制,前所未有地提高整个社会资源的运行效率。

---

① 吴健.电子商务与现代物流[M].北京:北京大学出版社,2014:82.

【资料 9.9 小实例】

电商全面进军物流业

2011年,可以说是中国电子商务企业全力进军物流业的一年。1月,阿里巴巴宣布,将投资200亿到300亿人民币,逐步在全国建立起一个立体式的仓储网络体系。2月,京东商城CEO刘强东宣称,将把募集来的15亿美元中的大部分资金投入物流体系建设。5月,沃尔玛与1号店达成战略合作协议。沃尔玛拥有全球化的经验和先进的供应链系统,1号店仓库管理系统将借鉴沃尔玛经验,提高自动化程度,形成专业的流水线运作,一个原来日订单承载量2万的仓库提高到5~6万单。7月,麦考林在吴江兴建近14万平方米的全球运营中心,并且斥巨资引进美国"红色草原"供应链信息系统。11月,苏宁电器在合肥建立的首个第三代大型物流基地正式投入使用。

(资料来源:电商企业全力进军物流业[EB/OL]. http://www.eachtrans.com/article/view/16vkaihjl6po.shtml.)

3. 电子商务将改变物流的运作方式

① 电子商务可使物流和商流分离。传统的物流活动在其运作过程中,无论是以生产为中心,还是以成本或利润为中心,其实质都是以商流为中心,从属于商流活动,因而物流的运动方式是紧紧伴随着商流来运动的(尽管其也能影响商流的运动)。而在电子商务下,物流的运作是以信息为中心的,信息不仅决定了物流的运动方向,而且也决定着物流的运作方式。在实际运作过程中,通过网络上的信息传递,可以有效地实现对物流的控制,实现物流的合理化。

② 网络对物流的实时控制是以整体物流来进行的。在传统的物流活动中,虽然也有根据计算机对物流进行实时控制,但这种控制都是以单个的运作方式来进行的。而在电子商务时代,网络全球化的特点可使物流在全球范围内实施整体的实时控制。

4. 电子商务将改变物流企业的经营形态

① 电子商务将改变物流企业对物流的组织和管理。在传统经济条件下,物流往往是以某一具有物流需求的企业为主进行组织和管理的。而在电子商务环境下,物流成为社会分工的一个独立产业,要求从社会的角度来实行系统的组织和管理,以打破传统的物流分散状态。这就要求企业在组织物流的过程中,不仅要考虑本企业的物流组织和管理,而且更重要的是要考虑全社会的整体系统。一个企业不可能将自己所需的物流活动全部纳入自己的控制中,而是要将物流交给更专业化的第三方物流企业。因此,电子商务对专业化物流企业的发展提出了更高的要求。专业化的物流企业由于专营物流,所以能够且必须从社会物流整体出发考虑物流运作。

② 电子商务将改变物流企业的竞争状态。在传统经济活动中,物流企业之间存在激烈的竞争,这种竞争往往是依靠本企业提供优质服务、降低物流费用等方面来进行的。在电子商务时代,这些竞争内容虽然依然存在,但有效性却大大降低了,原因在于电子商务需要一个全球性的物流系统来保证商品实体的合理流动,对于一个企业来说,即使它的规模再大,也难以达到这一要求,这就要求物流企业应相互联合起来,形成一种协同竞争的状态,实现物流高效化、合理化、系统化。

5. 电子商务将促进物流基础设施的改善和物流技术与物流管理水平的提高

① 电子商务将促进物流基础设施的改善。电子商务高效率和全球性的特点,要求物流

也必须达到这一目标。而物流要达到这一目标,良好的交通运输网络、通信网络等基础设施则是最基本的保证。

② 电子商务将促进物流技术的进步。物流技术主要包括物流硬技术和软技术。物流硬技术是指在组织物流过程中所需的各种材料、机械和设施等;物流软技术是指组织高效率的物流所需的计划、管理、评价等方面的技术和管理方法。从物流环节来考察,物流技术包括运输技术、保管技术、装卸技术、包装技术等。物流技术水平的高低是实现物流效率高低的一个重要因素,要建立一个适应电子商务运作的高效率的物流系统,加快提高物流的技术水平则有着重要的作用。

③ 电子商务将促进物流管理水平的提高。物流管理水平的高低直接决定和影响着物流效率的高低,也影响着电子商务实现的效率。只有提高物流的管理水平,建立科学合理的管理制度,将科学的管理手段和方法应用于物流管理当中,才能确保物流的顺利进行,实现物流的合理化和高效化,促进电子商务的发展。

6. 电子商务对物流人才提出了更高的要求

电子商务要求物流管理人员不但具有较高的物流管理水平,而且也要具有较高的电子商务知识,并在实际的运作过程中能有效地将两者有机结合在一起。因此要加大人才培养的力度,可以通过改革现有人才培养机制,引进国外先进的电子商务物流人才和培养方式,将教育与公司物流产业相结合,扩展电子商务物流服务的产业链条,最终实现人才培养的跨越式发展。

9.3.1.3 电子商务环境对物流系统提出的要求

在电子商务环境下,消费者需求个性化、商店和银行虚拟化,商务事务处理信息化,制造过程柔性化,这时整个市场就剩实物的物流处理工作,物流服务商成为制造商和供应商对客户最集中和最广泛的商品实体供应者,直接与客户打交道。因此,电子商务的发展对物流系统提出了诸多方面的要求,主要包括以下几个方面[①]:

(1) 物流运作方式信息化、网络化

电子商务要求物流处理的全过程处于受控状态,具体包括采集运输、储存、配送等各个环节的信息,通过信息网络进行汇集,对物流网络实施有效控制,实现物流集约化;同时要求通过 Internet 实现一个地区、一个国家直至全球范围整体的、系统的物流实时控制。

(2) 物流运作水平标准化、信息化

电子商务一方面要求物流对所有的物品甚至运输工具都采用标准的标识码技术,对盛装容器、运输包装等进行规范,以便于信息的自动采集和自动处理。另一方面,要求物流系统配置机械化、自动化设备,对各种物品和容器实施高效的自动化分拣处理,缩短商品的流通时间。

(3) 物流反应速度高速化、系统化

物流系统的快速反应是物流发展的动力之一,也是电子商务制胜的关键。用户在网上进行交易时,商流和资金流以电子速度在网上流动;网上交易完成后,要求实物商品从受理、分拣、运输、直至配送到用户手中也能高速流动。这就要求物流系统拥有高效快捷的运输和配送。

---

① 吴健.电子商务与现代物流[M].北京:北京大学出版社,2014:88.

(4)物流动态调配能力个性化、柔性化

电子商务创造了个性化的商务活动,通过网络营销,它可以向各个用户提供不同的产品和服务。在这样的背景下,作为支持电子商务的物流必须也能根据用户的不同要求,提供个性化、柔性化的服务。

(5)物流的经营形态社会化、综合化

传统商务的物流系统往往是由某一企业来进行组织和管理,而电子商务具有跨行业、跨时空的特点,要求从社会化的角度对物流实行系统的组织和管理,实现物流经营的社会化和全球化。因此,电子商务一方面要求物流企业相互联合起来,在竞争中协同作业;另一方面要求物流业向第三方综合代理方向或多元化、综合化方向发展。

9.3.2 解决方案

9.3.2.1 应用先进的物流信息技术

电子商务模式下,因为信息流、商流、资金流都可以在网上快速传递,决定电子商务系统成功的关键是要建立一个覆盖面大、反应快速、成本有效的物流网络,只有应用物流信息技术,完成物流各作业流程的信息化、网络化、自动化的目标才有可能实现。

1. 物流信息采集技术的应用

信息采集就是把原始数据如何收集输入信息系统,其核心技术是自动识别技术。自动识别技术是信息数据自动识读、自动输入计算机的重要方法和手段,是以计算机技术和通信技术的发展为基础的综合性科学技术,目的在于能够快速、准确地将现场庞大的数据有效地登录到计算机系统的数据库中,从而加快物流、资金流、信息流的速度,明显提高商家的经济效益和客户服务水平。

(1)条码技术

条码(Bar Code)是由一组规则的、不同宽度的条和空组成的标记(图 9.11)。"条"指对光线反射率较低的部分,"空"指对光线反射率较高的部分,这些条和空组成的数据表达一定的信息,并能够用特定的设备识别,转换成与计算机兼容的二进制或十进制信息。①

图 9.11 条码示意图

当今的物流信息自动化管理系统要求高速、准确地对物流信息进行采集。要及时捕捉作为信息源的每一商品在出库、入库、上架、分拣、运输等过程中的各种信息。条码自动识别技术由于其输入简便、迅速、准确、成本低、可靠性高等显著优点,被充分应用于物品装卸、分类、拣货、库存等各物流环节,使得物流作业程序简单而且准确。条码在现代物流中的典型应用如表 9.2 所示。

---

① 王汉新.物流信息管理[M].北京:北京大学出版社,2010:62.

表 9.2　条码技术在现代物流中的典型应用

典型应用领域	具体应用
销售信息系统 （POS 系统）	在商品上贴上条码就能快速、准确地利用计算机进行销售和配送管理。其过程为：对销售商品进行结算时，通过光电扫描读取并将信息输入计算机，然后输入收款机，收款后开出收据，同时，通过计算机处理，掌握进、销、存的数据
仓储管理与 物流跟踪	在库存物资上应用条码技术，尤其是规格包装、集装、托盘货物上，入库时自动扫描并输入计算机，由计算机处理后形成库存的信息，并输出入库区位、货架、货位的指令。可以实现快速、准确地记录每一件物资，采集到的各种数据可实时地由计算机系统进行处理，使得各种统计数据能够准确、及时地反映物资的状态
分货拣选系统	在配送方式和仓库出货时，采用分货、拣选方式。需要快速处理大量的货物时，由于在每件物品外包装上都印(贴)有条码，利用条码技术便可自动进行分拣选，并实现有关的管理

（2）射频识别技术

射频识别技术（Radio Frequency Identification，RFID）是一种非接触式的自动识别技术，它的基本原理是电磁理论，利用无线电波对记录媒体进行读写。射频系统的优点是不局限于视线，识别距离比光学系统远，射频识别卡具有读写能力、可携带大量数据、难以伪造且具备一定的智能性。识别工作无需人工干预，可工作于各种恶劣环境。

RFID 系统通常由标签、读写器、计算机通信网络组成。射频标签（图 9.12）是射频识别系统中存储可识别数据的电子装置，读写器是将标签中的信息读出或将标签所需要存储的信息写标签的装置，计算机网络系统是对数据进行管理和通信的设备。

图 9.12　RFID 标签示意图

RFID 技术应用广泛，在物流领域中的典型应用如表 9.3 所示。

表 9.3　RFID 技术在现代物流中的典型应用

典型应用领域	具 体 应 用
仓储、配送等物流环节	主要应用在入库和检验、整理和补货、出库,节省人力,简化程序,减少差错
生产线产品加工过程自动控制	主要应用在大型工厂的自动化流水作业线上,实现自动控制、监视,提高生产效率,节约成本
货物的跟踪、管理及监控	RFID 为货物的跟踪、管理及监控提供了快捷、准确、自动化的手段。以 RFID 为核心的集装箱自动识别,成为全球范围最大的货物跟踪管理应用
高速公路收费及智能交通系统	高速公路自动收费系统(是 RFID 最成功的应用之一,充分体现了非接触识别的优势。在车辆高速通过收费站的同时完成缴费,解决了交通的瓶颈问题,提高了车行速度和收费结算效率)

【资料 9.10　小知识】

物联网(Internet of Things)

麻省理工学院(MIT)的自动识别实验室提出,要在计算机互联网的基础上,利用 RFID、无线数据通信等技术,构造一个覆盖世界上万事万物的"Internet of Things"。

在"物联网"的构想中,RFID 标签中存储着规范而具有互用性的信息,通过无线数据通信网络把它们自动采集到中央信息系统,实现物品(商品)的识别,进而通过开放性的计算机网络实现信息交换和共享,实现对物品的"透明化"管理。

(资料来源:物联网技术及其应用[EB/OL]. http://www.studa.net/network/091226/11022935.html.)

2. 地理分析与动态跟踪技术的应用

随着互联网的发展和通信技术的进步,跨平台、组件化的地理信息系统(Geographical Information System,GIS)和全球定位系统(Global Positioning System,GPS)技术的逐步成熟,基于 GIS/GPS 的应用将构造具有竞争力的透明物流企业。基于互联网的 GIS/GPS 技术,在现代物流及供应链管理领域有着广阔的应用前景,对于物流企业优化资源配置、提高市场竞争力,将起到积极的促进作用。

(1) GIS

GIS 是多种学科交叉的产物,它以地理空间数据为基础,采用地理模型分析方法,适时地提供多种空间的和动态的地理信息,是一种为地理研究和地理决策服务的计算机技术系统。其基本功能是:表格型数据(无论它来自数据库、电子表格文件或直接在程序中输入)转换为地理图形显示,然后对显示结果浏览、操作和分析。显示范围可以从洲际地图到非常详细的街区地图,显示对象包括人口、销售情况、运输线路和其他内容。

(2) GPS

GPS 具有在海、陆、空进行全方位实时三维导航与定位能力。GPS 在物流领域可以应用于汽车自定位、跟踪调度,用于铁路运输管理,也用于军事物流。

GPS 的应用和发展一方面取决于自身的因素,如价格、体积、定位精度和速度等;另一个重要方面取决于它能否和其他专业技术结合与集成,其中特别重要的是与 GIS 的结合。GPS 为用户提供点的时空信息是几何的三维坐标和时间。若将它和用户点周围基础的 GIS

或专业的 GIS 相结合,将使 GPS 提供的用户点动态实时的时空信息和用户点周围的地理信息有机地结合起来。这种结合将超越两者原有的功能和应用范围,产生 1+1>2 的效果,成为具有专业行为意义的动态实时信息系统。GPS 结合 GIS 技术在物流中的应用如表 9.4 所示。

表 9.4　GPS 结合 GIS 技术在现代物流中的典型应用

典型应用领域	具 体 应 用
车辆跟踪	对移动车辆进行实时动态跟踪,实时显示出车辆的实际位置,并跟随目标移动,使目标始终保持在屏幕上;还可实现多窗口、多车辆、多屏幕同时跟踪
信息查询	通过查询可实时地从电子地图上直观地了解运输车辆所处的地理位置,以及经度、纬度、速度等数据,还可以查询到车辆的路线、时间、里程等信息
话务指挥	监控中心可监视车辆的运行状况,对系统内的所有车辆进行动态调度管理,通过实施车辆调度,可有效地减少车辆的空驶率,从而提高运输效率
紧急援助及事故处理	通过 GPS 定位和监控管理系统电子地图上的报警声光提醒工作人员对遇有险情或发生事故的车辆进行紧急援助

3. 物流自动化技术的应用

物流自动化是充分利用各种机械和运输设备、计算机系统和综合作业协调等技术手段,通过对物流系统的整体规划及技术应用,使物流的相关作业和内容省力化、效率化、合理化、快速、准确、可靠地完成物流的过程。

(1) 自动化立体仓库技术

自动化仓库系统(Automated Storage and Retrieval System,AS/RS)是在不直接进行人工处理的情况下能自动存储和取出物料的系统。自动化仓库是由电子计算机进行管理和控制,不需人工搬运作业而实现收发作业的仓库。

现代自动化仓库系统由高层立体货架、堆垛机、输送系统、信息识别系统、计算机控制系统、通信系统、管理系统等组成,如图 9.13 所示。

图 9.13　自动化立体仓库示意图

与普通仓库相比,自动化仓库具有空间利用率高、劳动生产率高、作业准确率高的明显优势,应用该技术可以提高出入库效率、降低物流成本、提高仓库管理水平。

(2) 自动导引小车

自动导引小车(Automated Guided Vehicle ,AGV),以电池为动力,并装有非接触导引装置,可实现无人驾驶小车。AGV上装备有自动导向系统,不需要人工操作就能沿预定的路线行驶,另外车上还配置有辅助物料装卸机构(如机械手、有动力或无动力的辊道、推杆、等),可以与其他的物流设备自动接口,实现物料装卸和搬运全过程的自动化。如图9.14所示。

图9.14 自动导引小车示意图

AGV可以十分方便地与其他物流系统实现立体仓库到生产线的连接、立体仓库到立体仓库的连接,从而实现自动化物流;而完成物流及信息流的自动连接,均可通过无线通信完成。AGV输送对于减少货物在运输过程中的损坏,降低工人的劳动强度等均具有积极意义。

9.3.2.2 构建物流公共信息平台

1. 物流公共信息平台的含义

根据中国国家标准《物流术语》(GB/T 18354—2006),物流公共信息平台(Logistics Information Platforms)是指基于计算机通信网络技术,提供物流设备、技术、信息等资源共享服务的信息平台。物流公共信息平台是物流产业的重要组成部分,对物流产业的发展起着基础性的支撑作用。[①]

2. 构建物流公共信息平台的意义与目标

(1) 构建物流公共信息平台的意义

构建物流公共信息平台的意义主要表现在:第一,整合现有物流信息资源,避免重复建设,推进流通现代化进程;第二,加快物流企业信息化进程,降低企业信息化投资成本,提供多样化物流增值服务,增强企业竞争能力;第三,推进物流综合信用体系和物流交易的网络安全建设,推动电子商务的发展;第四,推动物流信息标准化的建设,建立物流相关政府职能部门间协同工作机制,有利于政府制定物流产业发展规划。

构建公共物流信息平台,为现代物流发展提供了重要的技术环境保障,它不仅对完善现代物流功能具有重要且现实的意义,而且是发展跨行业、跨地区、跨国界现代化物流的迫切需要。公共物流信息平台解决了行业间信息互通、企业间信息沟通以及企业与客户之间的交流问题,使物流信息增值服务成为可能。

(2) 构建物流公共信息平台的目标

物流公共信息平台旨在大力推进信息化发展,发挥信息技术和电子商务在现代物流业中的作用,积极拓展经济发展的新空间;加快传统物流企业实现向现代物流的转变,以适应

---

① 王汉新.物流信息管理[M].北京:北京大学出版社,2010:79.

当今世界现代信息技术高速发展的趋势;强化政府对市场的宏观管理与调控能力,支持物流行业的创新、标准化、规范化管理;积极开拓国内市场、进入国际市场,打造一个提高企业竞争力、提升经营效益的公共服务性平台。

3. 物流信息平台的功能

公共的物流信息系统平台的总体结构如图 9.15 所示。

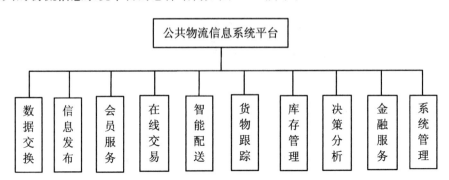

图 9.15　公共物流信息系统平台的总体结构

(1) 数据交换功能

数据交换功能主要指电子单证的翻译、转换和通信,包括网上报关、报检、许可证申请、结算、缴(退)税、客户与商家的业务往来等与信息平台连接的用户间的信息交换;提供与第三方数据交换的途径,可灵活地配置数据导入导出的方式。

(2) 信息发布功能

该功能以 Web 站点的形式实现,企业只要通过 Internet 连接到信息平台 Web 站点上,就可以获取站点上提供的物流信息。

(3) 会员服务功能

该功能为注册会员提供个性化的服务,包括会员单证管理、会员的货物状态和位置跟踪、交易跟踪、交易统计、会员资信评估等。

(4) 在线交易功能

该功能为供方和需方提供一个虚拟交易市场,双方可发布和查询供需信息,对自己感兴趣的信息可与发布者进一步洽谈,交易系统可以为双方进行交易撮合。

(5) 智能配送功能

利用物流中心的运输资源对商家的供货信息和消费者的购物信息进行最优化配送,使配送成本最低,在用户要求的时间内将货物送达。智能配送要解决的典型问题包括路线的选择、配送的发送顺序、配送的车辆类型、客户限制的发送时间。

(6) 货物跟踪功能

采用 GPS/GIS 系统跟踪货物的状态和位置,状态和位置数据存放在数据库中,用户可通过 Call Center 或 Web 站点获得跟踪信息。

(7) 库存管理功能

利用物流信息平台对整个供应链进行整合,使库存量能在满足客户服务的条件下达到最低。

(8) 决策分析功能

建立物流业务的数学模型,通过对已有数据进行分析,帮助管理人员鉴别、评估和比较物流战略和策略上的可选方案。典型分析包括车辆日程安排、设施选址、顾客服务分析。

(9) 金融服务功能

可通过物流信息平台网络实现金融服务,如保险、银行、税务、外汇等。在此类业务中,信息平台起到信息传递的作用,具体业务在相关部门内部处理,处理结果通过信息平台返回客户。

(10) 系统管理

系统管理是指对整个信息平台的数据进行管理,包括用户管理、角色管理、权限管理、用户登录管理、用户密码管理,安全管理和数据管理。

企业使用公共物流信息平台可以利用其庞大的资料库以及开放性的商务功能实现企业自身的信息交流、发布、业务交易、决策支持等的信息化管理,可以说使用公共物流信息平台是企业信息化的捷径。公共物流信息系统平台承担供应链管理过程中不同企业间的信息交换枢纽支持,提供车辆跟踪、定位等共享功能服务,提供政府行业管理决策支持等。

本章小节

物流信息是反映物流各种活动内容的知识、资料、图像、数据、文件的总称。物流信息伴随着物流活动而产生,是物流活动各个环节的桥梁和纽带,对整个物流起着支持保障作用。物流信息除了具备信息的一般特征之外,还具有信息量大、分布广、更新速度快、种类多、信息趋于标准化的特点。

物流管理信息系统是企业信息化的基础,可以帮助企业提高物流效率、降低物流成本、保障物流安全、提升物品品质。订单管理信息系统、仓储管理信息系统和运输管理信息系统是三种主要的物流业务信息系统,这些信息系统通过特定的功能模块协同完成任务,帮助实现物流业务的信息化、标准化、精确化和高效化。

电子商务作为网络时代的一种全新的交易模式,是交易方式的一场革命,只有大力发展作为电子商务重要组成部分的现代物流,电子商务才能得到更好的发展。电子商务时代,由于企业销售范围的扩大,企业销售方式及最终消费者购买方式的转变,使得物流成为一项极为重要的经济活动,呈现信息化、多功能化、一流服务、全球化的发展趋势。

电子商务模式下,只有应用物流信息技术,构建公共的物流信息平台,完成物流各作业流程的信息化、网络化、自动化的目标才有可能实现。

【关键词】

物流信息(Logistics Information)　物流信息系统(Logistics Information System)　订单管理系统(Ordering Management System,OMS)　仓储管理系统(Warehouse Management System,WMS)　运输管理系统(Transportation Management System,TMS)

蒙牛的物流管理信息系统

2007年伊始,双汇软件与蒙牛集团、小肥羊公司结为战略合作联盟。蒙牛作为"中国成长企业100强"的首届冠军与双汇的联合更加促进双汇软件与蒙牛实业的紧密结合,它们都具有农工商贸一体化、集团化、国际化特征,并且成长速度令人吃惊。"猪牛羊"三企业采用基于 SW-ECAP 企业协同应用平台而建立的一套支持多业态、多公司的产业链,产业群管理软件,是集连锁销售、区域分销、物流配送、生产加工、集团财务、供应链协同管理功能于一体的庞大软件系统,采用了先进的企业级 B/S 结构,即全企业集团只需要一个机房、一套服务器、一个数据库、一套应用软件和一个维护小组,就可实现所有应用的实时、集成、统一管理。随着企业的高速成长,系统始终保持这"五个一"的模式,在硬件建设成本、运行维护成本、实施维护效率和长期可用性、可扩展性等方面将为用户企业带来极强的竞争力,能够有效地支持企业实现低成本快速复制、快速扩张。

蒙牛集团的所有订单全部采用 ERP 系统管理,和先进的物流设施及全国物流配送系统集成形成一体化的管理体系,物理与信息流匹配程度很高,产品实现了可追溯性。它的特点主要有以下几个:

① 建立了完善的信息化标准体系。对于企业运营中的产品、产品包装、生产批次、仓储货运、运输配送等各个环节均采用自动识别技术实现了标准化,保证了系统数据的自动采集、跟踪控制和反馈追溯等功能。

② 实现了物流自动化系统和信息管理系统的集成。例如,集团中的液态奶生产全面实现了从原材料供应、生产运作、产品入库的全自动化运作过程,是一个物流实体的自动控制系统,但同时伴随着物流实体的运作,其 ERP 系统也记录着相对应的信息流情况,两者协作,实现了企业运作的全面控制。

③ 具有很强的预警和纠偏功能。食品产业对于批次、生产日期跟踪、质量抽检、发货确认等都很重视。因此,对关键环节进行自动检查,并进行预警和提示采取设施是系统的重要功能。

④ 实现了车辆配送调度系统。对于蒙牛集团这种多客户、多生产地、多仓库的配送系统来说,车辆配送调度是较为复杂的。目前采用 RFID 技术,车辆运输配送信息实现了自动采集,可及时进行车辆的配发,随时掌握各种车辆、运输过程及到达率、货物及时反馈信息,实现了产品配送运输的透明性。

(资料来源:黄有方.物流管理信息系统[M].北京:高等教育出版社,2010:297.)

思考:

(1) 蒙牛集团建成的物流信息系统具有哪些特点?

(2) 分析蒙牛集团的物流信息系统给企业带来的效益。

【思考与练习题】

1. 选择题

(1) 物流信息按管理层次可以分为战略管理信息、战术管理信息、(　　)和操作管理信息。

  A. 控制及作业信息   B. 知识管理信息

  C. 支持信息   D. 统计管理信息

(2) 物流信息包含的内容从狭义方面来考察是指(　　)。

  A. 企业与物流活动有关的信息

  B. 企业与流通活动有关的信息

  C. 企业与整个供应链活动有关的信息

D. 企业与经营管理活动有关的信息

(3) 下面哪个特性不是物流信息的特征?( )。

A. 时效性强　　B. 信息量大　　C. 更新快　　D. 来源单一

(4) 按( )不同,物流信息可分为计划信息、控制及作业信息、统计信息、支持信息等。

A. 信息领域　　　　　　　　　B. 信息加工程度
C. 信息的功能和作用　　　　　D. 活动领域

(5) 以下( )不属于物流信息系统的层次。

A. 管理决策层　　　　　　　　B. 基础作业层
C. 知识管理层　　　　　　　　D. 计划控制层

(6) 条形码技术属于( )。

A. 信息交换技术　　　　　　　B. 信息采集技术
C. 动态跟踪技术　　　　　　　D. 物流自动化技术

(7) 以下( )不是 RFID 技术的应用领域。

A. 高速公路自动收费　　　　　B. 人员识别与物资跟踪
C. 生产线自动控制　　　　　　D. 车辆跟踪

(8) GIS 是指( )。

A. 全球定位系统　　　　　　　B. 电子数据交换
C. 地理信息系统　　　　　　　D. 物流管理信息系统

(9) 以下( )不属于流通企业物流信息系统的业务子系统。

A. 库存管理子系统　　　　　　B. 采购管理子系统
C. 生产管理子系统　　　　　　D. 销售管理子系统

2. 简答题

(1) 什么是物流信息?

(2) 简述物流信息的特点和作用。

(3) 企业物流信息管理的内容包含哪些?

(4) 企业物流信息的作用是什么?

(5) 物流信息技术包括哪些内容?

(6) 简述物流信息系统的构成。

(7) 电子商务对物流管理有哪些影响?

(8) 试述生产企业物流管理系统的功能。

(9) 简述物流信息平台的含义和功能。

应用训练

连锁企业物流信息管理系统调研

实训目的:通过实训,调研连锁企业物流信息管理现状及存在的问题。

实训内容:了解连锁企业物流信息系统开发流程及应用情况,针对存在的问题,提出相应对策。

实训要求:将学生进行分组,在教师指导下进行调研,完成实训报告。

企业物流信息管理平台调研

实训目的:通过实训,调研物流信息平台的功能及运营模式。

实训内容:指导学生进行物流信息平台调研,认识企业物流信息平台功能,分析物流信息平台运营模式。

实训要求:将学生进行分组,在教师指导下进行调研,完成实训报告。

第 3 篇　企业物流管理的运营

第 10 章　企业物流质量管理

【本章教学要点】

知 识 要 点	掌握程度	相 关 知 识
企业物流质量管理概述	了解	企业物流质量管理的概念、特点、目标和主要内容
企业物流过程质量控制和质量保证	掌握	运输、仓储、装卸搬运、包装物流环节的质量控制和质量保证；企业物流质量成本控制
企业物流质量持续改进	重点掌握	常用的七种质量管理工具、PDCA 循环、全面质量管理

【本章能力要求】

能 力 要 点	掌握程度	应 用 能 力
企业物流过程质量控制和质量保证	掌握	根据物流的质量标准，对实际的质量活动进行监督、对比和纠错，提供质量要求会得到满足的信任
常用的七种质量管理工具	重点掌握	应用七种工具分析实际的质量问题，发现问题，寻找原因，提出解决的措施
PDCA 循环	重点掌握	应用 PDCA 的八个步骤解决质量问题

【本章知识架构】

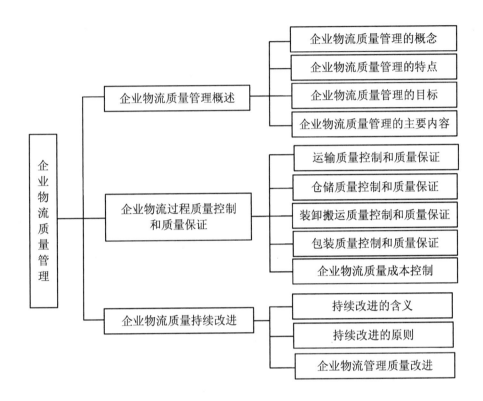

导入案例

企业物流的管理需要质量管理吗？我们先看一个戴明列举的实例：

美国的汽车零部件都是在美国与加拿大各城市制造，然后再通过铁路、公路运送到顾客手中的。研究显示，零件从工厂送到顾客的时间在某些交通路线上都在良好的统计管制状态中，除了车辆在途中抛锚必须修理的特殊原因才会导致车辆延误。正常运送时间的上限，只要用简单的计算即可求得。

我们以纽约水牛城到堪萨斯市这条路线作为例子。存货存放在堪萨斯市的时间，我们规定是5天。若运送时间处于统计管制之内（车辆故障除外），计算出来的上限是4.2天，节省的0.8天，换算成现金可让这些零件每年节省5万美元。

再加上用同样的方法计算出的其他路线的结余，总共可节省2 500万美元。按照当今的利率来算，每天可节省10万美元利息。

（资料来源：W·爱德华兹·戴明. 戴明论质量管理[M]. 钟汉清，等，译. 海口：海南出版社，2003：144-145.）

思考：
戴明列举的实例中说明了什么问题？为什么要实施企业物流质量管理？

10.1　企业物流质量管理概述

10.1.1　企业物流质量管理的概念

　　质量管理是一门科学,它是随着整个社会生产的发展而发展的。质量管理科学自产生至今经历了三个阶段:第一个阶段是质量检验阶段,其主要特征是按照规定的技术要求,对已完成的产品进行质量检验,是一种被动的质量管理。从大工业生产方式出现直至20世纪40年代,基本上属于这一阶段。第二个阶段是统计质量控制阶段,它开始应用数理统计的方法,对生产过程进行质量管理。在20世纪40年代到60年代初得到发展和推广应用。第三阶段是全面质量管理阶段,始于20世纪50年代末60年代初。

　　随着科学技术的迅速发展和市场竞争的日益激烈,在质量管理领域有了新的突破,质量管理开始着眼全过程、全企业、全员的综合质量管理。美国的费根堡姆和朱兰针对统计质量管理的局限性和实践中的新问题提出了"全面质量管理(Total Quality Control)"这一新概念。费根堡姆将"全面质量管理"定义为"为了能够在最经济的水平上并考虑到充分满足顾客要求的条件下进行市场研究、设计、制造和售后服务,把企业内各部门的研制质量、维持质量和提高质量的活动构成为一体的一种有效的体系[①]"。20世纪80年代中期,国际上质量管理理论又有了新的发展,更注重从战略上研究质量管理问题,并称之为全面质量管理(Total Quality Management)。

【资料 10.1　小知识】

> 沃特·阿曼德·休哈特(Walter A. Shewhart):现代质量管理的奠基者,美国工程师、统计学家、管理咨询顾问,被人们尊称为"统计质量控制(SQC)之父"。1924年提出了"预防缺陷"的做法,即"3σ"图法,也就是现在广泛应用的质量控制图。1939年休哈特完成著作《质量控制中的统计方法》。

10.1.1.1　质量的含义

　　什么是质量?它是一个有多种意义和内涵的词。例如,消费者常说的"这个产品质量好"的"质量"表示"优秀",或者表示消费者对一个产品或服务的满意度很高。在国际标准化组织1994年颁布的ISO 8402—94《质量管理和质量保证——术语》中,把质量定义为:"反映实体满足明确和隐含需要的能力的特性总和"。

　　世界著名质量管理专家朱兰从用户的使用角度出发,认为"质量就是适用性"。美国的另一位质量管理专家克劳斯比从生产者的角度出发,曾把质量概括为产品符合规定要求的程度。适用性和符合性是在含义和范畴上本质完全不同的概念。符合性是从生产者的角度出发,判断产品是否符合规格。一般地,通过培训和积累经验,企业的管理部门将产品是否合格的判断交给基层的现场操作人员去完成。他们遵照企业的产品检验制度,依据产品质量规格标准进行判断,如果符合规格就放行,流转到下一个地点。如果不符合规格,则根据其不符合规格的程度分别加以处理。适用性是从顾客的角度出发,满足顾客的需求。

---

① 费根堡姆.全面质量管理[M].杨文士,等,译.北京:机械工业出版社,1991:4.

质量的定义有狭义和广义两种。狭义的质量是指产品的质量,广义的质量是指工作的质量、服务的质量、情报的质量、工序的质量、部门的质量,是指操作人员、技术人员、管理人员、经营者的质量——人的质量,是指体系的质量、公司的质量、方针的质量等等[①]。企业物流质量就属于广义的质量。

10.1.1.2 企业物流质量

企业物流质量包含了"符合规格"和"符合期望"的质量内涵。一方面,企业物流活动过程需要的各种资源和技术是完全可以控制的,很容易确定质量规格和操作标准;另一方面,企业物流是为物流客户提供时间和空间效应的物流服务,需要根据顾客的不同要求提供不同的服务,物流服务质量是由顾客根据期望来评价的。因此,企业物流质量就是企业根据物流运动规律所确定的物流工作的量化标准与根据物流经营需要而评估的物流服务的顾客期望满足程度的有机结合。[②]

具体来讲,企业物流质量管理就是对交到顾客手中之前的包装、搬运、运输和储存工作要加强管理。根据产品特点,制订业务流程和工作标准。例如,运输和储存中的环境要求(温度、湿度、腐蚀等);储存时间界限以及合理摆放(先进先出原则);包装标识(名称、规格、数量)符合要求;要注明运输、储存和开箱时有关质量、安全方面的注意事项;防止撞击和过大振动(在装卸搬运和运输中)。符合顾客能在合适的时间、以合理的价格将满足质量和数量要求的物品送达合适地点的期望。

10.1.1.3 企业物流质量管理

企业物流质量管理是全面质量管理的内容之一。全面质量管理涉及产品质量产生、形成、实现的过程,在这个过程中除了包括采购、制造工程、加工控制和现场作业、机械检验和功能试验、营销各个阶段工作的影响,还包括包装质量、运输质量、装卸搬运质量、仓储质量、配送质量、流通加工质量、物流信息质量的影响。这正是费根堡姆所说的"全面质量管理的深度不仅包括质量管理部门的活动,而且更重要的是包括整个公司组织内各部门之间相互依存的质量活动"。作为企业中的承担物流活动的物流部门也应该参与到整个公司的质量管理中来。因此,企业物流质量管理就是为了能够在最经济的水平上满足企业内部和外部顾客的物流需求,对所提供的物流服务在质量方面的指挥和控制活动。通常包括制定质量方针和质量目标、质量策划、质量控制、质量保证和质量改进(图10.1[③])。

质量方针是由组织的最高管理者正式发布的该组织总的质量宗旨和方向。质量目标是在质量方面所追求的目的。质量策划致力于制定质量目标并规定必要的运行过程和相关资源以实现质量目标。质量控制致力于满足质量要求。质量保证致力于提供质量要求会得到满足的信任。质量改进致力于增强满足质量要求的能力。在后面两节我们将重点介绍企业物流质量管理的质量控制、质量保证和质量改进的相关内容。

10.1.2 企业物流质量管理的特点

运用全面质量管理的思想,企业物流质量管理应充分考虑到物流活动的各个环节,同时应调动企业内各个相关部门和人员的主动性和积极性,共同努力,全面配合,保证物流的质

---

① 石川馨.日本的质量管理[M].李伟明,译.北京:企业管理出版社,1984:31.
② 王国华.现代物流管理[M]//中国现代物流大全.2版.北京:中国铁道出版社,2004:585.
③ 刘广第.质量管理学[M].2版.北京:清华大学出版社,2003:27.

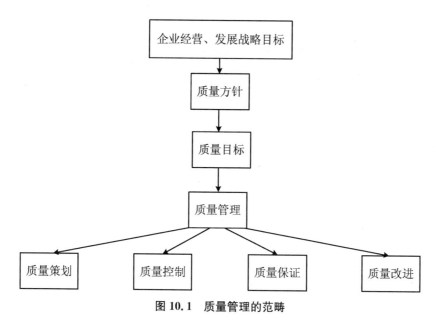

图 10.1　质量管理的范畴

量。具体表现在以下几个方面:

(1) 全员参与

全面质量管理要求必须从新产品的开发计划、设计、调查做起,主要包括制造部门和财会、人事、劳务部门等在内的全公司性活动。包括企业生产及质量管理的各个部门高层管理者、设计人员、生产人员。组织管理人员、物流服务人员等均应参与到企业物流质量管理中。

(2) 全程控制

企业物流质量管理是对商品的包装、储存、运输、配送、流通加工、装卸搬运等若干过程进行全过程的质量管理,同时又是对实物在企业供应环节、生产环节、销售环节全过程中进行全面质量管理的重要一环。必须一环紧扣一环地进行全过程的管理才能保证最终的物流质量,达到质量管理的目标。

(3) 全面管理

影响企业物流质量的因素具有综合性、复杂性、多变性,加强企业物流质量管理就必须全面分析各种相关因素,把握内在规律。企业物流质量管理不仅管理物流对象本身,而且还管理工作质量和工程质量,具有较强的全面性。

(4) 相关性

从供应物流开始,如果在物流过程中发生了丢失、损坏等问题,或者不能按时到达目的地,企业就不能生产好的产品,不能对消费者保证质量。因此,企业物流质量管理与企业的其他环节紧密相连。

(5) 响应性

响应性反映了企业物流提供服务的承诺。响应性涉及服务人员提供服务的意愿和自觉性,有时候顾客会遇到服务人员忽略顾客需求的情况,这就属于没有响应的情况。让顾客等待,特别是无原因的等待,会对质量感知造成消极影响。

10.1.3　企业物流质量管理的目标

企业物流质量管理的总目标就是在恰当的时间、恰当的地点以恰当的成本送达恰当数量的恰当产品。如果发运的货物不能满足质量标准,或是它们直到生产计划之后两个星期才被送到使用地,就会造成生产线的中断。如果企业在恰当的时间送达货物,但是费用过高,就不能满足顾客的需求。企业物流质量管理总是试图协调这些常常是相互冲突的目标,他们通过进行一些取舍来得到这五个"合适"的最优组合。

对企业物流质量管理更具体的表述包括以下四个小目标:

(1) 提供不间断的物料流、物资流和信息流,以便使整个企业正常地运转

原材料、生产零部件和服务的缺货或延迟会使企业的经营发生中断,考虑到生产方面的损失,由于必须支出的固定成本带来的运营成本增加和不能满足向顾客做出的交货承诺,这些情况造成的损失极大。在销售物流过程中,物资的缺货或延迟同样不能满足顾客的需要。

(2) 使存货投资和损失保持最小

为提高企业物流服务的质量,就必须保持物料和物资的供应不中断。保持供应不中断的一个办法就是保持大量的库存,但是库存必然会占用资金,这些资金就不可能用于其他方面,且会加大库存成本。因此,企业物流质量管理的目标之一就是在保证物料、物资供应不中断的前提下,降低库存成本。

(3) 保持并提高供应物流的质量

为了生产所需的产品或提供服务,每一项材料投入都要达到一定的质量要求,否则最终产品或服务将达不到期望要求。纠正低质量物料投入的内部成本数目可能是巨大的。因此,企业物流质量管理必须从源头开始抓,保证供应物料的质量符合要求。

(4) 降低服务周期总费用

顾客为了得到相应的物流服务,需要支付相关的费用,如保管费、运输费、装卸费等。企业物流的服务要尽量降低服务的总费用,提高顾客的满意度。

【资料10.2 小实例】

戴明摘录了一个例子,说明服务业中的浪费是怎么造成的。修正付款账单错误及置换瑕疵笔记本等工作恐怕早已把销售利润一扫而空,同时也让消费者在下次订购时决定换厂商。摘录的内容如下:

我向一家书店订购一箱24本一英寸半宽的环式活页笔记本,结果只来了12本。我向书店抱怨以后,他们送来了其余12本。当我一本一本地检查,发现其中一本环套无法合拢,根本不能用。照理说,一次购买24本,应该享有折扣,可是书店依然全额索价,当我提及此事时,他们还解释:处理订单的小姐是新来的。

(资料来源:W·爱德华兹·戴明.戴明论质量管理[M].钟汉清,等,译.海口:海南出版社,2003:22.)

【资料10.3 小思考】

上面的例子中是企业物流的哪个环节出了问题?原因是什么?如何避免?

10.1.4 企业物流质量管理的主要内容

企业物流质量管理的内容包括物流商品质量管理、物流服务质量管理、物流工作质量管理和物流工程质量管理。

1. 商品的质量管理

物流的对象是具有一定质量的实体,这些质量是在生产过程中形成的,物流过程在于转

移和保护这些质量,最终实现对用户的质量保证。因此,在物流过程中,必须采用一定的技术手段,保证商品的质量(包括外观质量和内在质量)不受损坏,并且通过物流服务提高客户的满意度,实质上是提高了客户对产品质量的满意度。

2. 物流服务质量管理

根据国内和国际上对产业范围的划分,物流业属于服务业的范畴。物流活动本身并不是目的,而是一项为了达成某种生产或流通目的而进行的服务性附属活动,既要为企业生产经营过程服务,也要为企业产品和服务的顾客提供服务。一方面,服务具有无形性。另一方面,大部分服务都包含有形的成分。对顾客而言,重要的是这些有形的载体所包含的服务或效用。因此,企业物流要根据企业内部和外部顾客的需求,如对商品质量的保持程度、流通加工对商品质量的提高程度、批量及数量的满足程度、配送额度、间隔期及交货期的保证程度、配送和运送方式的满足程度、成本水平及物流费用的满足程度等,坚持以顾客为中心,满足顾客对服务的要求。

3. 物流工作质量管理

物流工作质量指的是物流各环节和各岗位具体工作的质量,是将物流质量的总目标分解成各个工作岗位可以具体实现的质量,是提高服务质量所做的技术、管理、操作等方面的努力。提高物流系统各组成要素的工作质量,是确保物流服务质量的基础。通过强化物流管理,建立科学合理的管理制度,充分调动员工积极性,不断提高物流工作质量,物流服务质量也就有了一定的保证。

【资料 10.4 小实例】

在物流作业过程中,使用4吨卡车的挡板来装卸货箱,因挡板有若干倾斜度,故货箱容易自行滑走。而一旦货箱滑落,现场工作人员就可能受伤或被压死。为了防止货箱的滑落,有必要用胶带将货箱和卡车固定在一起,但很多作业者怕降低作业效率而不加捆绑,现场的管理者也对此默认。然而,因货箱滑落而导致的悲惨事故还是发生了。

(资料来源:原田启二.进一步提高物流品质:提高品质,改善企业业绩[M]//国际物流前沿研究译介:第二辑.北京:知识产权出版社,2012:71-72.)

4. 物流工程质量

物流工程质量管理是指物流系统运作中,由人员、设备、材料、方法、测量工具和手段、以及生产环境等因素所体现的物流服务质量水平的管理过程。优良的工作质量对物流质量的保证程度,受制于物流技术水平、管理水平、技术装备、工程设施等因素。物流工程是支撑物流活动总体的工程系统,任何的物流运作都必须依靠有效的工程系统来实现运作。工程系统既包括自建的工程设施,如自建仓库、配送中心等,也包括已建好的工程设施,如国家建设的物流设施基础平台。

除了上述企业物流质量管理的内容外,还可以从物流功能要素的角度对企业物流质量管理内容进行分类,分为运输质量、配送质量、仓储质量、流通加工质量、包装质量、装卸搬运质量与物流信息质量。下面我们就从企业物流的功能要素角度,分析物流过程的质量控制和质量保证的内容和措施。

10.2 企业物流过程质量控制和质量保证

企业物流质量控制致力于满足质量要求,是对物流活动过程、物流服务的工作情况以及物流体系的运作的实际质量进行监督,并与标准对比,并对差异采取措施的调节管理过程(图10.2①)。控制的目的在于减少波动,保持质量的稳定性和一致性。质量控制通常有制定标准、评价符合标准的程度、必要时采取措施、制订改进计划四个步骤。② 企业物流质量保证致力于提供质量要求会得到满足的信任,是企业物流服务的提供者证实组织能够满足质量要求,在质量管理体系中实施并根据需要进行证实的全部有计划和有系统的活动(图10.3③)。

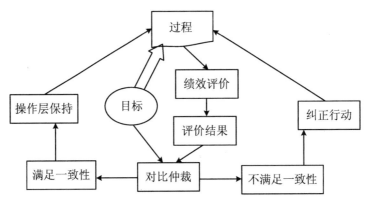

图 10.2 过程控制设计反馈循环示意图

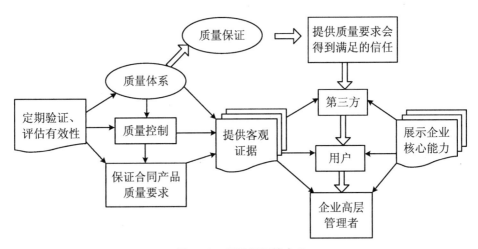

图 10.3 质量保证的含义

质量控制和质量保证既有区别又有联系。一方面,质量控制是质量保证的基础。两者

---

① 刘广第. 质量管理学[M]. 2版. 北京:清华大学出版社,2003:32.
② 费根堡姆. 全面质量管理[M]. 杨文士,等,译. 北京:机械工业出版社,1991:7.
③ 刘广第. 质量管理学[M]. 2版. 北京:清华大学出版社,2003:34.

都以"满足要求"为前提,没有质量控制就谈不上质量保证。反之,质量保证能促进更有效的质量控制。另一方面,质量控制着眼于影响质量的过程受控,是具体的作业技术和活动,而质量保证则着眼于整个组织的体系,是系统的提供证据从而取得信任的活动。而全面质量管理大纲的执行则把这两方面的有关活动构成为一体。

10.2.1 运输质量控制和质量保证

运输的主要职能就是将产品从原产地转移到目的地,运输的主要目的就是要以最少的时间和费用完成物品的转移。运输过程给产品带来许多危险,如振动、冲击等。对运输的质量控制和质量保证主要表现在价格、平均运送时间、运送时间的变化率、货物丢失和损坏等方面。

1. 价格

对顾客来讲,运输服务的价格就是运输货物的在途运费,加上提供额外服务的所有附加费或运输端点费用。决定运输价格的关键是运输服务的成本。要保证运输的质量,就必须控制运输的成本,包括正确选择运输方式、合理安排运输路线等。

2. 运输时间及其变动率

平均运送时间和运送时间的变化率是头等重要的运输服务指标。运输时间通常指货物从起点运输到终点所耗费的平均时间。运送时间的变化率指各种运输方式下多次运输间出现的时间变化。起止点相同、使用同样运输方式的每一次运输的在途时间不一定相同,因为天气、交通拥挤、中途经停次数、合并运输所需的时间不同等都会影响在途时间。运送时间的变化率是衡量运输服务不确定性的指标。

交货时间变异大,将迫使顾客维持较高的库存,以便发生延迟交货情形时,仍能保持生产稳定。提早交货的成本也很高,因为顾客必须找到可供储存的仓库空间。对承运者而言,缩小交货时间的变异,是一项重要目标。

3. 丢失与损坏

货物丢失或损坏都会给顾客造成损失,因此,要保证运输的质量,就必须对货物的数量和质量进行控制。避免送货货品短少的错误发生的措施,如将每批托运品分开,或用纸板隔开不同货主的货物。这样司机就可以一次拿取整批托运物,而不会遗漏或误取其他货品。

【资料 10.5 小实例】

运输是否有效率,不能只根据价格来判定,便宜不一定就是好的。对于运输的客户而言,可信与可靠更为重要,这包括交货时间与运送时间的变异更为缩小,也包括长期成本能降低(图 10.4[①])。

用车辆到达的历史资料加以统计分析来判断车辆的运输绩效,并将每日到达的时刻画成操作记录图(见图)。图 10.4 中的图 A 显示车辆准时到达的情况,分布情形却表示该车辆的营运不具有经济效益,而且顾客使用情形不佳。图 B 的状况显示较佳的准时绩效,即车辆资源浪费较少。顾客可以相信车辆会在几分或几秒的极短时间内到站。图 C 显示虽然系统运作良好,车辆运行时刻表却得重新修订,因为该车辆无法及时到达。图 D 显示车辆正处于一团混乱中。

---

① W·爱德华兹·戴明.戴明论质量管理[M].钟汉清,等,译.海口:海南出版社,2003:327.

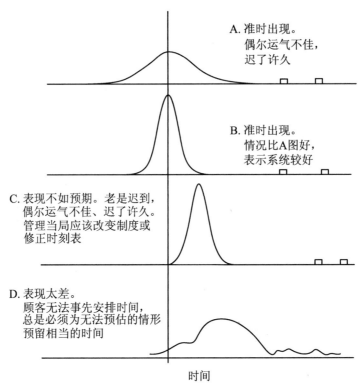

图 10.4 交货时间分配图

10.2.2 仓储质量控制和质量保证

仓储是企业物流重要的服务工作之一。对仓储的质量控制和保证就是用最经济的办法实现储存对于物流系统的功能。仓储的质量控制和质量保证的工作内容是：

（1）质量

保证被存物品的质量，是完成储存功能的根本要求。通过物流过程的控制，通过工作质量来保证储存物的质量。

（2）数量

保证合理库存数量，在保证供应的前提下降低库存成本。

（3）时间

在保证供应的前提下，确定合理的储存时间。时间是和数量有关的问题，储存量越大而消耗速率越慢，则储存的时间必然长，相反则必然短[1]。可设定合适的周转天数和周转次数来控制货物的储存时间。

10.2.3 装卸搬运质量控制和质量保证

装卸搬运属于支持性服务，既伴随生产过程和流通过程各环节所发生的活动，又衔接生产各阶段和流通各环节之间相互转换的桥梁。因此，控制装卸搬运的质量，对缩短生产周期、降低生产过程的物流费用、加快物流速度、降低物流费用等，都起着重要的作用。装卸搬

---

[1] 王之泰.现编现代物流学[M].3版.北京：首都经济贸易大学出版社，2012：201.

运的质量控制是按照一定的标准对装卸搬运的工艺、作业、装备、设施、货物单元等进行的监督、对比和调整。控制和保证装卸搬运的质量必须做到：

1. 减少环节，装卸程序化

从研究装卸搬运的功能出发，分析各项装卸搬运作业环节的必要性，取消、合并装卸搬运作业的环节和次数，消灭重复无效、可有可无的装卸搬运作业。必须做到进行的作业，应尽量做到不停顿、不间断，紧密衔接。作业路径应该最短，避免迂回和交叉。

2. 成组化搬运

装卸搬运必须遵循的一个基本原则是：装卸搬运的经济程度与货物的规模成正比。也就是说，货物的规模越大，货物所需搬运的次数越少，运作就越经济。装卸搬运次数直接关系到搬运货物所需的工时，也关系到装卸搬运设备的使用时间。将多个小件包装的货物组合成单件大包装的货物，再进行装卸搬运，可以提高效率。

3. 选择合适的搬运方式，省时省力

当一次装卸量或连续装卸量能达到充分发挥机械最优效率的水准时，采用机械化作业。当不能发挥机械最优效率时，则采用人力装卸搬运。在使用人力装卸时要科学合理地选择一次搬运重量和合理使用体力。

4. 保障人生和财产安全

不论在搬运的哪个环节，在遵循搬运的指导原则以提高劳动生产率的同时要保障人身与财产安全。

5. 合理选择搬运设备

在考虑货物重量、货物移动状态和移动距离的情况下，保证设备的使用率，不让设备闲置。

10.2.4 包装质量控制和质量保证

包装是产品的外衣。它的作用主要是：保护产品，便于运输和储存，美化产品。包装质量控制和质量保证的关键是依据包装的标准化要求，对产品的包装进行监督、对比和调节。包装标准化是对产品的包装类型、规格、容量、使用的包装材料、包装容器和结构造型、印刷标志及产品的盛入、衬垫、封装方式等加以统一的规定，并贯彻实施的政策和技术措施。主要考虑以下问题：

（1）使用环境

要充分发挥包装保护产品的功能，就必须分析影响包装的环境因素。一般来讲，影响的因素主要有：

① 物理环境因素。物理环境因素是指外力作用于包装物，对包装物产生的影响。主要包括堆码负荷产生的压力，装卸搬运、运输过程中产生的振动和冲击力。

② 气象环境因素。气象环境因素主要指气候、温度、湿度等因素的变化对包装物产生的影响。

③ 生物环境因素。生物环境因素主要指霉变、虫害、动物等对包装造成的损害。

（2）选用合适的包装材料

包装材料与包装功能存在着不可分割的联系，为了保证和实现物品包装的保护性、便利性等功能，应选用合适的包装材料。常用的包装材料有木制、纸制、塑料、金属、玻璃等。

(3) 包装的设计必须与运输、装卸搬运、储存等物流功能相匹配

包装的设计必须与运输方式、运输工具、运输距离等相适应；包装的设计要适应装卸搬运的工作中的装上装下、搬运、拣选、分类等环节的需要，防止商品的损坏；包装的设计要适应储存的需要，防止货物变质或压坏。

10.2.5 企业物流质量成本控制

戴明、朱兰以及克劳斯比等领导者认为，每个产品缺陷都是很昂贵的，而减少或避免缺陷会降低成本。质量成本是指为了确保和保证满意的质量而发生的费用以及没有达到满意的质量所造成的损失(ISO 8402—1994)。与质量有关的成本主要有四大类：防范成本、验证成本、内部失效成本和外部失效成本。

1. 防范成本

为了消除出现的缺陷，防范成本包括多种费用。其中有各种质量保证程序，质量计划，员工教育和培训项目，质量改进计划等。

2. 验证成本

为了确保服务能够合格，验证成本指的是检查、测试、测量、收集质量数据以及其他活动的成本。

3. 内部失效成本

内部失效成本是指那些发生在运营系统中质量不过关所带来的成本。

4. 外部失效成本

为产品及服务在交付顾客后改正不符合标准的工作所发生的费用。如处理顾客抱怨的时间管理成本、反面的口碑、未来业务损失等。

当预防成本和发现成本高的时候，修正成本低；当预防成本和发现成本低的时候，修正成本高。在企业物流质量管理的过程中，要权衡各种成本，达到总体成本最低的目标。

质量成本控制就是以质量成本计划所制定的目标为依据，通过控制手段把质量成本控制在计划范围内。企业物流质量成本控制的方式主要有两类：自我控制和监督控制。

1. 自我控制

物流企业质量成本的控制，首先是物流部门的自我控制，即部门内部按实施质量成本管理方案，有效地实现企业质量成本计划控制目标。

2. 监督控制

企业物流质量成本管理活动中的监督控制主要有财务控制、质量审核和检查考核等活动。

① 财务监督。企业物流部门的质量成本管理效果，必然表现在财务指标上。因此，通过财务监督，可以有效地控制企业物流质量成本。

② 质量审核。对于质量成本管理工作的审核要达到两个目的：一是审核企业物流质量成本管理活动是否符合规定的质量成本管理程序和计划期内的质量成本管理方案的要求，其结果是否达到了规定的质量成本计划控制目标；二是审核企业物流质量成本管理程序文件、计划期内质量成本管理方案以及质量成本计划控制目标是否完善、正确和符合企业物流质量管理。

③ 检查考核。企业的质量管理部门和财务部门必须密切合作，将企业物流质量成本计划控制目标层层开展落实到各责任部门，包括企业物流质量管理部门，并制定考核细则。

10.3　企业物流质量持续改进

被誉为质量领域的"首席建筑师"朱兰博士在阐述质量管理的过程时,提出了著名的质量策划、质量控制和质量改进"三部曲"(图10.5[①])。三个过程中的每一个都具有普遍性,遵循着不变的步骤程序。每一程序适用于各自的领域,不因产业、职能、文化或其他因素而有所不同。质量改进是质量管理活动中的一个部曲。

"现代质量管理之父"戴明博士提出的质量管理14条原则中,第一条就提到:"提高产品与服务要有持续不变的目的。公司如果希望事业永久经营,就必须同时面对今日的问题和明日的问题"[②]。质量改进是一个没有终点的连续性活动。国外近年来十分关注物流服务质量的持续改进工作,称为重新设计(Reengineering),并把它作为全面质量管理新的重要内容。

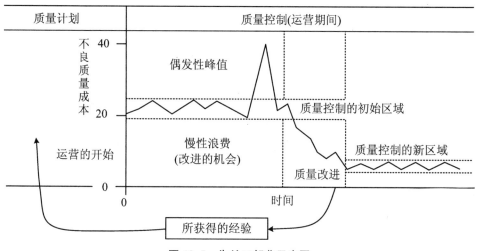

图 10.5　朱兰三部曲示意图

那什么是质量改进呢?质量改进致力于增强满足质量要求的能力。在朱兰三部曲示意图(图10.5)中,慢性浪费水平(不良质量成本)最初约为总产出的23%。这一慢性浪费是固化在过程中的。随后,一个质量改进项目将这一浪费减少到了约5%。根据朱兰的定义,这一慢性浪费的减少就是改进,它取得了一个前所未有的绩效水平。而"偶发性的峰值"是非预期的,产生于各种意外的来源。人们会迅速消除这一峰值使之恢复到约23%的长期水平上。这一行动不符合改进的定义,它未曾实现前所未有的绩效水平。这类行动通常被称为"排除故障""纠正行动"或"灭火"。因此,朱兰将质量改进定义为"有组织地取得的良性改变;前所未有的绩效水平的实现"。根据朱兰对质量改进的定义,我们将企业物流质量改进的定义为:辨识企业物流过程的改进机会,并有组织地加以实施以取得良性的改变。

---

① 朱兰,戈弗雷.朱兰质量手册[M].焦叔斌,等,译.北京:中国人民大学出版社,2003:11-116.
② W·爱德华兹·戴明.戴明论质量管理[M].钟汉清,等,译.海口:海南出版社,2003:18-19.

【资料 10.6 小思考】

为什么要在质量改进中加入"持续"？如何理解企业物流质量改进的持续性？

10.3.1 持续改进的含义

持续改进，指的是通过一系列有目的的步骤来不断追求实现产品和流程改进。[①] 持续改进应该按照明确定义及结构的方法进行，并且要结合解决问题的工具，例如检查表、流程图、排列图、因果图、散布图、控制图、直方图。

PDCA 循环，是引导持续改进活动的一个比较好的模型。在计划阶段要收集数据，确定方针和目标。在执行阶段，执行计划阶段所决定的构想。在检查阶段评估并检查执行计划的结果。在行动阶段，对成功的经验加以肯定并适当推广、标准化，对失败的教训加以总结，以免重蹈覆辙。未解决的问题放到下一个 PDCA 循环。

10.3.2 持续改进的原则

为了配合企业的生产和销售，由系统任何部分所流入和流出的原料和信息，企业物流质量管理必须保证与下一阶段所需要的投入相配合。使用图 10.6 的流程图[②]，可以为企业物流配合生产和销售提供服务、持续改进以及不断学习的回馈回路。

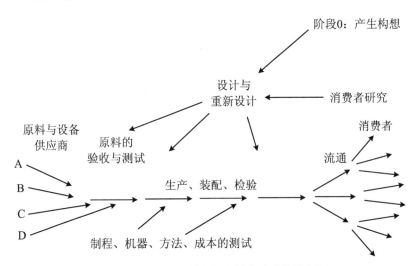

图 10.6 企业物流的物料和信息流动的流程图

质量改进理论属于全面质量管理范畴，其内容主要是组织内部所有员工不断自我完善，以期望不断提高其工作效率。重要的质量改进原则[③]包括：

① 明确指导方针并根据指导方针开展工作。
② 从问题中学习，为改进提供良机。
③ 就地获取信息。

[①] 利恩德斯，约翰逊，等. 采购与供应管理[M]. 张杰，等，译. 北京：机械工业出版社，2009：98.
[②] W·爱德华兹·戴明. 戴明论质量管理[M]. 钟汉清，等，译. 海口：海南出版社，2003：371.
[③] 兰佩萨德. 全面质量管理：持续改进指南[M]. 卞晓云，译. 北京：中国人民大学出版社，2004：6.

④ 考虑事实情况。
⑤ 根据计划采取行动。
⑥ 杜绝浪费。
⑦ 整洁有序。
⑧ 守约。

10.3.3 企业物流管理质量改进

全面质量管理既是一套哲学体系又是一套指导方针，它为整个组织进行质量持续改进提供了一个基础条件。该体系使用简单的方法，借助一系列质量改进工具与技术，系统、有计划地推动整个组织逐步向前发展。即通过全面质量管理，灵活应用七种常用的质量管理工具，并按照PDCA的基本工作流程有条不紊的进行：首先制定行动计划，通过实践并检验其效果，然后将成功的经验总结纳入未来执行的标准，将不成功的环节纳入下一个工作循环中重新寻找解决问题的方法。按照PDCA循环规律，可以不断找出改进的机会和措施。

因此，企业物流质量管理持续改进的策略就是以全面质量管理为指导方针，应用PDCA循环模型和七种常用的质量管理工具，实现持续改进的目标。

10.3.3.1 全面质量管理

全面质量管理是一种关注顾客满意度的管理哲学和管理体系。在全面质量管理中，顾客可能是企业内部顾客，也可能是企业外部顾客。在企业物流中，任何从上游获取物料的部门都可以成为顾客。全面质量管理的重要思想内涵是：

① 质量必须与整个企业的业务活动融合在一起。
② 员工必须为质量的不断改进做出努力。
③ 顾客的满意度以及与其有关的系统性、连续性的研究过程是全面质量管理系统的推动力。

全面质量管理强调质量是企业整合的动力。要想全面质量管理发挥作用，企业物流就必须与生产过程的各个阶段有机融合，使用多种工具和技术，应用PDCA循环，持续不断的改进质量，提供满足质量要求的服务。

10.3.3.2. PDCA 循环

PDCA 循环，又称"戴明环"，最早是由戴明提出来的。它是用于学习以及改进产品或过程的流程图。同时，PDCA 循环指出有效的质量改进是一个必要的循环过程（见图 10.7）。

(1) PDCA 四个英文字母的含义

P(plan)——计划，确定方针和目标，确定活动计划。

D(do)——执行，依据计划阶段所决定的构想实地去做，实现计划中的内容。

C(check)——检查，总结执行计划的结果，研究执行结果是否与期望和预期相符。如果不是，找出问题。

A(action)——行动，对总结检查的结果进行处理，对成功的经验加以肯定并适当推广、标准化；对失败的教训加以总结，以免重蹈覆辙。未解决的问题放到下一个 PDCA 循环。

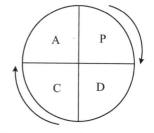

图 10.7 PDCA 循环的基本模型

在解决问题的过程中，需要将 PDCA 循环持续下去，在遵循该原则的基础上，持续改进将成为每个人工作的一部分，从而使组织更好地了解自身，并更好地实现顾客的期望。

(2) PDCA 循环的基本特点

① 阶梯式上升。PDCA 循环不是在同一水平上循环,而是每循环一次,就解决一部分问题,取得一部分成果,工作就前进一步,水平就提高一步。到了下一次循环,又有了新的目标和内容,更上一层楼。伴随着 PDCA 循环的不断滚动,质量改进的水平也不断提升,永不停息,使质量改进持续地发展推进。图 10.8[1] 表示这个阶梯式上升的过程。

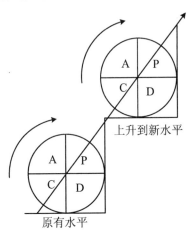

图 10.8 阶梯式上升

② 大环带小环。如图 10.9 所示,如果把整个企业的工作作为一个大的 PDCA 循环,那么各个部门、小组还有各自小的 PDCA 循环,大环带动小环,一级带一级,都在围绕着组织的方针目标朝着一个方向转动,有机地构成一个运转的体系。

③ 科学管理方法的综合应用。PDCA 循环应用以"QC 七种工具"为主的统计处理方法以及工业工程中工作研究方法,作为进行工作和发现、解决问题的工具。

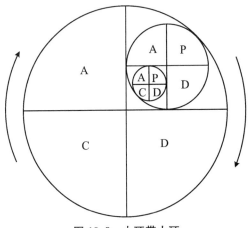

图 10.9 大环带小环

④ PDCA 循环是一个综合性的循环。PDCA 循环的四个阶段并非是截然分开的,而是紧密衔接连成一体,各阶段之间也还存在着一定的交叉现象。在实际的工作中,往往是边计划边实施,边实施边检查,边检查边总结边调整计划,也就是不能机械地去理解和转动

---

[1] 刘丽文.生产与运作管理[M].4 版.北京:清华大学出版社,2011:365.

PDCA 循环(见图 10.10①)。

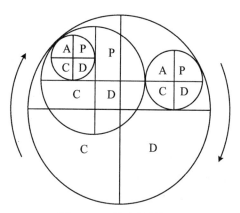

图 10.10 综合性的循环

为了解决和改进质量问题,通常把 PDCA 循环的四个阶段进一步分解为八个步骤:
① 分析现状,找出存在的质量问题。
② 分析产生问题的各种原因或影响因素。
③ 找出影响质量的主要因素。
④ 针对主要原因制定解决问题的措施、对策。
⑤ 执行、实施计划。
⑥ 检查对策在实施后的效果。
⑦ 总结成功经验,并整理成未来执行的标准。
⑧ 把没有解决或新出现的问题转入下一个 PDCA 循环。

PDCA 循环的四个阶段、八个步骤和常用的统计工具大致的关系见表 10.1②。

表 10.1 PDCA 循环的四个阶段、八个步骤和常用统计工具

阶段	步 骤	主要方法
P	1. 分析现状,找出问题	排列图、直方图、控制图
	2. 分析各种影响因素及原因	因果图
	3. 找出主要影响因素	排列图、相关图
	4. 针对主要原因,制定措施计划	回答"5W1H"
		为什么制定该措施(Why)?
		达到什么目标(What)?
		在何处执行(Where)?
		由谁负责完成(Who)?
		什么时间完成(When)?
		如何完成(How)?

---

① 张富山.持续改进:永恒的追求[M].北京:中国计划出版社,2001:78.
② 刘丽文.生产与运作管理[M].4 版.北京:清华大学出版社,2011:366.

续表

阶段	步　　骤	主要方法
D	5.执行、实施计划	
C	6.检查计划执行结果	排列图、直方图、控制图
A	7.总结成功经验,制定相应标准	制定或修改工作规程,检查规程及其他有关规章制度
	8.把未解决或新出现问题转入下一个PDCA循环	

10.3.3.3　常用的七种质量管理工具

在为持续改进付诸努力的过程中,有很多有效的工具和技术可以为企业所利用。我们选取常用的七种工具做介绍。这七种工具都已有很长的历史,有的可追溯到1920年,但在现在还被广泛的使用。原因是这七种常用的基础工具在持续改进中的应用非常简单,而且这些工具可供个人和团队使用,不仅适用于组织的各个阶层,还不受使用人员的受教育程度的限制。

质量管理的七种常用工具在使用上有一定的逻辑顺序(图 10.11[①]),但是逻辑顺序只是使用这些工具的"典型"顺序。在实际应用中,这些工具的使用顺序有很多种。流程图对所要改进的过程进行基本描述;检查表用于收集过程数据;而数据的分析则由直方图、散点图或控制图完成;因果图用于分析问题的根本原因;最后,利用帕累托分析对原因进行排序。

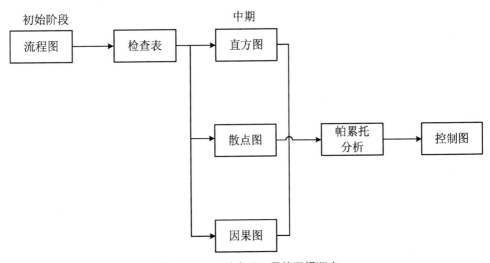

图 10.11　七种常用工具的逻辑顺序

本书参照了朱兰的《朱兰质量手册》和兰佩萨德的《全面质量管理:持续改进指南》,从概念、用途和使用方法,并结合企业物流质量管理的实例加以说明。

1. 流程图

流程图是一种运用标准符号显示工作步骤的图形表示,它有助于我们检查和了解工作中各个步骤间的关系。

---

① 福斯特.质量管理:整合供应链[M].何桢,译.北京:中国人民大学出版社,2013:256.

① 记录、分析工作中各个环节的联系和顺序关系。
② 充分地识别、发现问题。
③ 科学地推断原因,找出需要改进的关键环节。

流程图的绘制步骤如下:
① 明确过程范围。
② 界定过程的开始和结束。
③ 明确过程步骤,包括输入、输出、活动和决策。
④ 使用标准图示符号(图10.12①)标出全过程,绘制出流程图草图。
⑤ 将流程图与实际过程比较、验证改进。
⑥ 标注日期,以备将来参考使用。

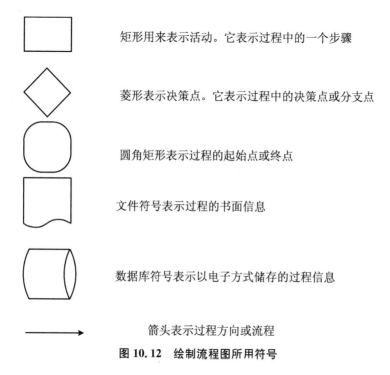

图10.12 绘制流程图所用符号

实例10.1

某企业外购零件运入仓储中心的流程图,如图10.13②所示。

2. 调查表

调查表也称检查单,是系统收集、记录质量的原始数据,用以了解事实情况,记录问题出现频率的表格。调查表因调查的对象目的、产品类别、工艺特点等都不一样,所以采用的格式和内容都不一样。

调查表用于系统的收集数据,显示某问题的出现频率,通过统计,找出主要原因,帮助解决问题。

---

① 朱兰,戈弗雷. 朱兰质量手册[M]. 焦叔斌,等,译. 北京:中国人民大学出版社,2003:1714.
② 岑咏霆. 质量管理教程[M]. 上海:复旦大学出版社,2005:104.

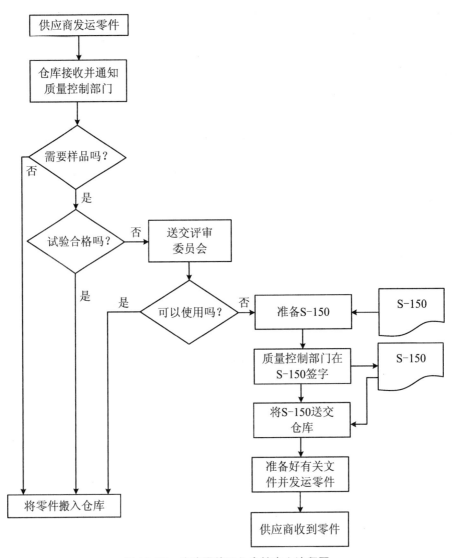

图 10.13　外购零件运入仓储中心流程图

调查表的制作步骤如下：
① 明确收集数据的目的。
② 确定必须收集的数据。
③ 明确分析对象和分析方法。
④ 根据调查对象和调查目的设计表格。
⑤ 对调查对象进行调查、记录、汇总整理。
⑥ 分析结果。

实例 10.2

某公司的企业物流的配送过程出现问题，经过调查，收集到数据，制作了一份调查表（表 10.2），以追踪错误的来源。表 10.2 所示即为主要的问题及其发生频数。

表 10.2 配送过程的调查表

问题类型	频数	百分比
配送不及时	42	39.6%
货物有破损	28	26.4%
数量不对	8	7.5%
配送目的地错误	10	9.4%
货物发错对象	6	5.7%
其他	12	11.4%
合计	106	100%

3. 直方图

直方图表示一组测量值分布的图。在图中,数据的离散分布状态由一系列等宽不等高的条形图表示。

帮助人们根据显示出的观察数据的分布形状,在缩小的范围内寻找出现问题的区域,从中得知数据平均水平偏差并判断总体质量分布情况。根据有关过程行为的数据信息,可以确定需要优先改进的行动。(注意:频率分布条形图用于可分类的数据,而直方图则用于连续型数据。)

直方图的绘制步骤如下:

① 收集数据。
② 找出数据中最大值、最小值,计算最大值和最小值之差。
③ 确定数据的大致分组数和分组组距。
④ 计算各组上下限。
⑤ 计算各组中心值、频数和频率,制作所有数据的频率表。
⑥ 根据频率表绘制直方图,横轴标出组界限,纵轴上标出频率。
⑦ 在图的空白处填写图的名称和数据值个数。

实例 10.3[①]

某自助餐厅想知道午餐的销售分布情况,因此某天经理随机抽取了当天 40 份结账单,如表 10.3 所示。请根据此数据绘制销售直方图。

表 10.3 某自助餐厅的 40 份结账单

4.51	0.79	4.19	2.29	5.96	3.49	2.25	3.45	2.24	5.25
5.36	1.15	7.28	5.25	4.29	5.25	3.96	6.79	4.66	3.56
8.22	2.56	5.25	3.33	5.55	2.24	8.95	2.49	5.25	2.26
0.79	5.25	4.11	6.11	5.25	4.56	1.15	5.25	2.21	5.25

按照绘制直方图的步骤:先找出均值、标准差、最大值和最小值,计算组数、组距、分组、

---

① 福斯特.质量管理:整合供应链[M].何桢,译.北京:中国人民大学出版社,2013:263.

最后绘制直方图。以下是从上述数据得出的统计量：

均值＝4.20

最大值＝8.95

最小值＝0.79

极差＝8.16

总和＝168

分为6组，因此

组距＝8.16/6＝1.36～1.40

分组＝0.76～2.15；2.16～3.55；3.56～4.95；4.95～6.35；6.36～7.75；7.76～9.15

使用Excel绘制直方图。本例的直方图如图10.14所示。经理由此可知销售情况为偏态分布，其均值为4.20美元。

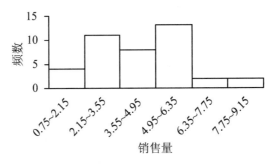

图10.14　直方图

4. 散点图

散点图是一种研究两个变量之间的关系以及分析该关系密切程度的图示工具。散点图的走势可以显示两个变量之间相互影响的情况。如果两个变量间存在正相关关系，那就意味着一个变量值增加时，另一个变量值也随之增加。如果两个变量间存在弱正相关关系，随着一个变量值的增加，另一个变量值增加但不显著。这时，还应寻找有无其他因素在起作用，可进一步采用对因素分层的方法重新作散布图。图10.15显示了常见的六种散布图[①]。

散点图是将两个变量的数据表示在直角坐标系中，通过研究和分析点的分布状况，推断两个变量之间是否存在关系，以及关系密切程度。通过直观分析，得出两个变量之间的相关性后，可以通过影响因素的控制来达到控制质量特性的目的。

散点图的作图步骤如下：

① 收集两个变量的数据，一般不少于30组。

② 画图，在直角坐标系中，在横轴上标出与原因有关的值，在纵轴上标出与结果有关的值。

③ 画点，在直角坐标系中，用点标出成对的数据。

④ 检查图中各点形成的形状，判断两个变量之间的关系类型及关系密切程度。

5. 因果图

因果图因为是由石川馨提出的，故常被称为石川图。而又由于所绘制的因果图图形似

---

① 兰佩萨德. 全面质量管理：持续改进指南[M]. 卞晓云，译. 北京：中国人民大学出版社，2004：42.

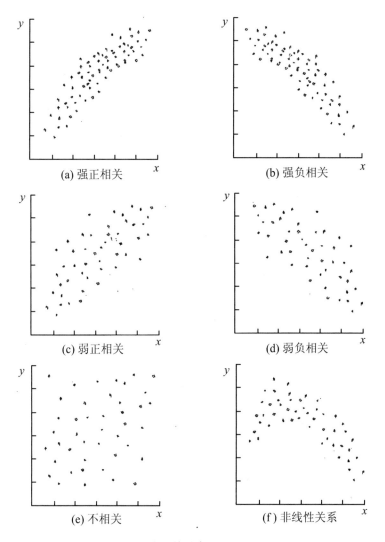

图 10.15　六种常见的散点图(NEN-ISO 9004-4,1993)

鱼骨,因此又称为鱼骨图。它是表现现有结果与潜在原因之间关系的一种图示工具。

因果图用于整理和展示关于某个问题的根本原因的各种假设之间的相互关系,是用来分析原因和结果之间关系的工具。通过以一种结构化、系统的方式,将注意力集中于某一特定问题的可能原因,然后分层次地展示原因间的因果关系,在逐层分析的基础上,最终找到影响质量问题的根本原因(图 10.16)。

绘制因果图的步骤如下:

① 确定需要解决的一个主要质量问题。画出主干线,并在右端方框内填入质量问题。

② 确定潜在原因的主要类别并作为大枝分别画于主干线两侧。通常从五个大方面去分析,即人、机器、原材料、加工方法和工作环境。

③ 对结果有最大影响的原因(要因)进行标记(如框起来)。

④ 找出影响每一类别的若干可能原因,并将这些原因标在相关类别处。然后用同样方法逐层找出造成相应问题的分类原因和子原因。

⑤ 判断并分析这些潜在的原因,找出几个可能对结果影响最大的原因(3~5 个)。

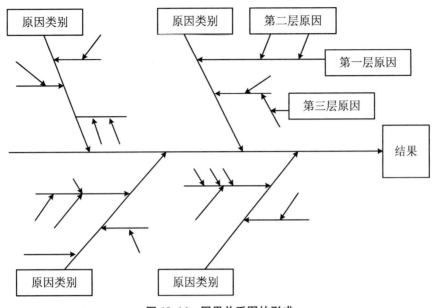

图 10.16　因果关系图的形成

⑥ 找出解决这些问题的可行方案。
⑦ 推行改革。
⑧ 记入必要的有关事项,如标题、绘制人、日期、参加人员以及其他可供参考的注意事项等。

实例 10.4

某企业出现了大量的呆滞库存。管理层决定通过因果图对问题进行分析。图 10.17 显示了公司所找到的各种原因。

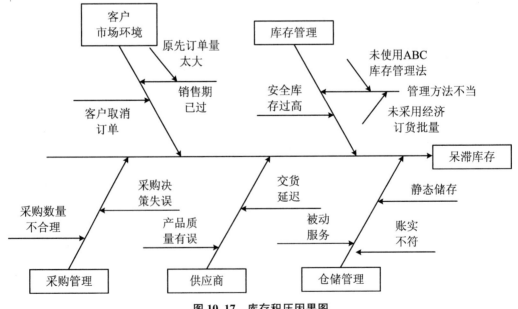

图 10.17　库存积压因果图

6. 排列图

排列图又称帕累托图,它是帮助我们深入地了解导致问题出现的关键原因的一种图示工具。为了区分质量问题中的"关键的少数"和"次要的多数",朱兰将经济概念帕累托定律(又称80/20原则)应用于质量问题。帕累托定律是以一位意大利经济学家帕累托的名字命名的,他将意大利米兰人的收入分布模型化,发现米兰20%的人口拥有大约80%的财富。从帕累托定律来看,大部分的质量问题是由相对少数的原因造成的。

根据排列图,我们可以区分关键问题和次要问题,从而轻易地找到最有效的改进方法。

排列图的绘制步骤如下:

① 明确问题。
② 确定数据收集的方法及时间周期。
③ 设计调查表,记录收集到的数据。
④ 统计每个原因出现的次数,并计算总数。
⑤ 将原因按照其重要程度以降序排列。
⑥ 画出左右两条纵坐标和一条横坐标。在左纵轴上标出原因的计量值,从0开始到原因总数。右纵轴应与左纵轴等高,刻度从0到100%,用于显示累计概率的分布情况。在横轴上列出各种原因,将频率或成本从左至右降序排列。
⑦ 制作出每项原因的柱形图,每一长方形的高度等于该项目的量值。
⑧ 画出累计频率曲线。

实例 10.5[①]

送到某超市的桃子总是发生一些错误,如腐烂、品种错误、碰伤等。为了找到引起桃子出现问题的主要原因,我们用帕累托图进行分析。表10.4记录的是8月送到某超市的桃子的资料。

表10.4 帕累托分析原始资料

问题	桃子损失
碰伤	100
尺寸	87
腐烂	235
未成熟	9
品种错误	7
生虫	3

为帕累托分析而整理的资料(表10.5),根据资料绘制帕累托图(图10.18)。

---

① 克劳士比学院(中国)・克劳士比管理顾问中心,中国第二十一质量研究所.质量工程师国际注册考试新概念[M].北京:中国城市出版社,2003:248.

表 10.5 为帕累托分析而整理的资料

列	范畴	数量	百分比	累计百分比
1	腐烂	235	53.29%	53.29%
2	碰伤	100	22.68%	75.97%
3	尺寸	87	19.73%	95.70%
4	其他	19	4.31%	100.01%

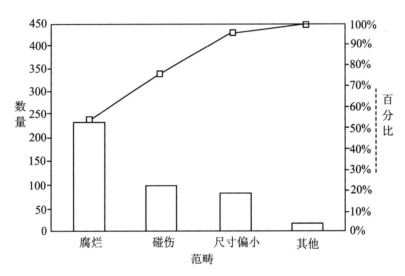

图 10.18 完成的帕累托图

图中显示，76%的原因都是由物流问题引起的，主要是储存和运输过程，因此对这两方面的改进迫在眉睫。

7. 控制图

控制图是过程控制的一种常用统计图，它显示一段时间内所记录的数据及该数据变化情况。由于任何一种质量特征值总是存在一定的波动，因此，通过对质量特征值的波动进行研究，可以发现过程的进展情况，也可用于检验过程是否处于统计控制状态。

造成质量波动的因素有正常因素和偶然性因素。正常因素也称随机因素，遵循一定的统计规律。它们频繁出现在过程中，但对质量特征值波动的影响较小。在一定条件下，要完全消除随机因素的影响，在技术上和经济上都是困难的。偶然性因素也称系统因素，这类因素的出现无规律可循。它不是始终存在于过程中，往往容易识别。在一定条件下，可以消除其影响。

控制图根据数据性质不同可以分为两类：

① 计量值（变量）控制图，适用于计量型数据，如长度、重量等。

② 计数（特征值）控制图，可分为计件控制图和计点控制图。计件控制图是以"件"为单位统计不合格品的数量，计点控制图是对单位产品上的缺陷数进行控制的。

控制图可以查明质量特征值的波动是正常的还是偶然的，以此来判断过程是否处于稳定状态。

控制图绘制的一般步骤如下：

① 确定待控制的质量指标。

② 选择合适的控制图类型。
③ 收集数据。
④ 计算控制界限和平均值。
⑤ 画图。画出横轴,表示时间或随机抽样样本的测量值;画出纵轴,并在纵轴上标出质量特征值;画出中心线(Central Line,CL),该线表明过程的平均值,以及上控制线(Upper Control Limit,UCL)和下控制线(Lower Control Limit,LCL)。
⑥ 在控制图上用点标出数据。
⑦ 检查控制线以外的各点(图 10.19①)。

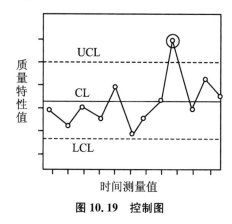

图 10.19 控制图

实例 10.6

图 10.20 列举的是库存周转率绩效图的使用方法。该比率的正常变动范围是每年周转 8~9 次。在控制图中描绘出本期实际周转率的点,以及最近几期的代表性数据。观察实际绩效水平或周转率的变化,找出趋势,同时看这些点是否超过控制范围。若实际绩效不在正常范围内变动,企业需要从管理的角度查找变化的原因。②

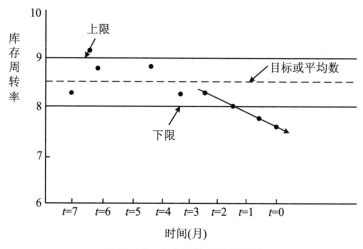

图 10.20 库存周转率的控制图

---

① 兰佩萨德.全面质量管理:持续改进指南[M].卞晓云,译.北京:中国人民大学出版社,2004:45.
② 巴罗.企业物流管理:供应链的规划、组织和控制[M].王晓东,等,译.北京:机械工业出版社,2014:590.

【资料10.6 小应用】

某办公设备公司为节约设备维修服务的宝贵时间迈出了大胆的一步。按照以往的做法,服务中心派技术人员到客户的维修地点。这样,受过高级培训且薪水很高的技术人员要在往返途中花费大量时间。该企业重新设计了物流系统,在全国各地设置供租借和替换的机器存货。如果机器出现故障,企业就会将替换用的机器送往客户所在地,有故障的机器则被送往服务中心进行维修。新的系统不仅节约了维修成本,而且提高了客户服务水平。

(资料来源:巴罗.企业物流管理:供应链的规划、组织和控制[M].王晓东,等,译.北京:机械工业出版社,2014:28.)

问题:应用流程图分析该企业的回收物流过程,并比较两个不同物流系统的回收过程。

本章小节

企业物流质量管理是全面质量管理的内容之一,是为了能够在最经济的水平上满足企业内部和外部顾客的物流需求,对所提供的物流服务在质量方面的指挥和控制活动。通常包括制定质量方针和质量目标、质量策划、质量控制、质量保证和质量改进。企业物流质量管理的总目标就是在恰当的时间、恰当的地点以恰当的成本送达恰当数量的恰当产品。企业物流质量管理的内容包括物流商品质量管理、物流服务质量管理、物流工作质量管理和物流工程质量管理。

企业物流过程质量控制致力于满足质量要求,减少波动,保持质量的稳定性和一致性。企业物流过程质量保证致力于提供质量要求会得到满足的信任。

全面质量管理既是一套哲学体系又是一套指导方针,它为整个组织进行质量持续改进提供了一个基础条件。通过全面质量管理,灵活应用七种常用的质量管理工具,并按照PDCA的基本工作流程有条不紊的进行:首先制定行动计划,通过实践并检验其效果,然后将成功的经验总结纳入未来执行的标准,将不成功的环节纳入下一个工作循环中重新寻找解决问题的方法。按照PDCA循环规律,可以不断找出改进的机会和措施。

【关键词】

企业物流质量管理(Enterprise Logistics Quality Management)　全面质量管理(Total Quality Management)　质量控制(Quality Control)　质量保证(Quality Assurance)　质量改进(Quality Improvement)

NSC公司企业物流质量管理的改进

加利福尼亚州圣克拉的国家半导体公司(National Semiconductor,NSC)成立于1959年,是一家居于领导地位的模拟电源管理技术开发商,所生产的电源管理产品种类繁多,其中包括易于使用的集成电路、可提高系统能源效率的产品以及可提高太阳能系统发电量的产品。NSC通过在全球建立产品供应据点来寻找利益。这些供应公司代表了NSC在全球发展的伙伴关系。然而,经营全球性的伙伴网络却相当困难。由于全球配销的特性,NSC

从订货到交货周期的 40% 花费在配送和物流流程上。

如今，客户要求更加快速的相应时间。因此，NSC 求助于全球化物流系统。然而，公司的物流系统几乎不能满足全球化物流系统的要求。公司的物流网络由 44 家不同的国际海路运输商和 18 家不同的航空运货商支撑，由于内部不必要的交换而一团混乱。NSC 意识到其主要专长在于生产半导体，而非物流。

为了弥补自身物流系统的不足，NSC 主张建立遍及全世界的"以防万一"(Just-In-Case)库存中心。在 NSC 原有的物流系统中，交货期从 5 天到 18 天不等，这使得 NSC 完全无法满足顾客要求的相应时间。

在分析物流市场后，NSC 决定与联邦快递的子公司商业物流服务公司结成合作伙伴。因为物流并不是 NSC 的核心能力，而联邦快递可以为 NSC 提供改进客户服务的必要支持。因此，这种合作使得 NSC 降低了成本，并为联邦快递增加了收入。这是非常重要的，因为从此半导体从生产到购买会比其他产品快 3 倍。因此，为满足顾客对可靠交货的要求，一个可重复、可靠的配销系统是绝对必要的。

(资料来源：福斯特. 质量管理：整合供应链[M]. 何桢，译. 北京：中国人民大学出版社，2013：59.)

思考：

(1) NSC 是如何改进企业物流质量的？

(2) 试用 PDCA 循环的模型和常用的七种质量工具分析 NSC 公司进行质量改进的过程。

【思考与练习题】

1. 判断题

(1) 企业物流质量管理通常包括制定质量方针和质量目标、质量策划、质量控制、质量保证和质量改进。（　　）

(2) 质量控制和质量保证之间没有区别。（　　）

(3) 运输质量的控制与保证不包括运输成本。（　　）

(4) 成组化搬运可提高企业物流质量管理的水平。（　　）

(5) 与质量有关的成本主要包括防范成本、验证成本、内部失效成本和外部失效成本四大类。（　　）

(6) 在 PDCA 循环中，分析现状找出问题一般采用的方法有排列图、直方图和控制图。（　　）

(7) 质量管理的七种常用工具在使用上没有一定的逻辑顺序。（　　）

(8) 企业物流质量管理是全面质量管理的内容之一。（　　）

2. 思考题

(1) 讨论造成企业物流质量管理受到关注的几个原因。

(2) 企业物流质量管理的特征是什么？

(3) 企业物流质量管理主要涉及哪些内容？

(4) 你认为常用的七种质量管理工具如何组合使用？试结合你的日常工作或日常生活中常见的企业物流的质量问题现象，举一个运用七种工具解决企业物流质量问题的例子。

(5) 举例说明 PDCA 循环在企业物流质量管理中的应用。

（6）全面质量管理强调了"持续改进"，这对企业物流质量管理有何意义？

应用训练

调查某企业供应物流或生产物流或销售物流的质量管理情况

实训目的：

① 通过调查，提高学生对七种常用质量管理工具在企业物流质量管理中的应用能力。

② 通过调查，加深学生对所学企业物流质量管理内容的理解。

③ 通过调查，培养学生将理论知识转化为发现问题、分析问题的能力。

实训内容： 对某企业的供应物流或生产物流或销售物流的现状进行调查，运用所学企业物流质量管理相关知识发现问题，并灵活应用七种常用的质量管理方法，收集数据，分析数据，寻找原因，并按照PDCA的基本工作流程进行分析。

实训要求： 完成调查分析报告。

第4篇　企业物流管理的控制

第 11 章　企业物流成本管理

【本章教学要点】

知 识 要 点	掌握程度	相 关 知 识
企业物流成本的含义	重点掌握	企业物流成本的含义、构成、分类、特征
企业物流成本管理的含义	掌握	企业物流成本管理的概念及意义
作业成本法	掌握	作业成本法在物流成本计算中的基本思路

【本章能力要求】

能 力 要 点	掌握程度	应 用 能 力
企业物流成本的处理方法	掌握	能够初步对企业各系统物流成本进行处理,熟练把握作业成本法
企业物流成本的分析、预测与决策	掌握	能够通过企业物流成本分析、预测与决策的基本方法来对企业物流成本进行相应管理
企业物流成本的控制	掌握	能够初步掌握企业物流成本控制的基本方法和步骤

【本章知识架构】

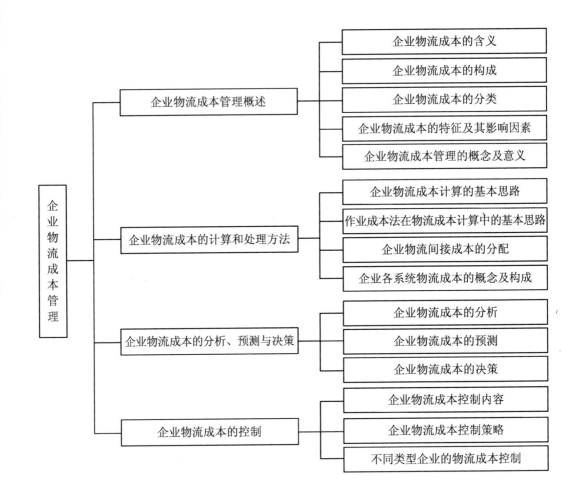

 导入案例

你在超市里花6元钱买一瓶饮料时,是否想过在这6元里面,原材料成本、人工成本、企业的利润是多少?而物流成本又是多少呢?听到答案后你也许会感到吃惊:这一瓶饮料的生产成本是4元左右,而企业的利润也就几毛钱。在其他成本中,以运输和仓储费用为主的物流成本则超过了1元。降低物流成本会给企业带来额外的利润,同时也可提高企业的竞争力。随着市场竞争的日趋激烈,企业依靠扩大销售、降低原材料和人工成本从而增加利润的空间越来越小,而通过物流合理化来降低物流成本,则成为"企业第三利润源泉"。

(资料来源:中国财税网,http://www.vrcfo.com/report/2009-10-19/47284.html。)

思考:

(1) 企业物流成本的构成有哪些?

(2) 如何有效管理企业物流成本?

物流成本是什么？它包括哪些构成项目？其管理的内容、方法是什么？本章将带你认识物流成本和物流成本管理的内涵，明确物流成本的构成，并树立起正确的物流成本管理理念。

11.1 企业物流成本管理概述

11.1.1 企业物流成本的含义

物流成本管理是物流管理的核心，它既是物流管理的手段，又是衡量物流运作绩效的工具。物流成本可以真实地反映物流活动的实况，也是评价所有物流活动的共同尺度。企业物流成本是指微观物流成本，具体包括制造企业物流成本、流通企业物流成本以及物流企业的物流成本三个方面。

那么物流成本到底包括哪些内容？它有什么样的内涵呢？

参考日本《物流手册》，所谓物流成本被理解为用金额评价物流活动的实际情况。物流成本的大小取决于物流活动的范围和采用的评价方法。当成本的概念被扩展为：凡是经济资源的牺牲都是成本，它包括支出成本和机会成本之后，1999年Carlos F. Dagazo在其《物流系统分析》一书中，把物流成本归结为克服商品空间障碍的移动成本和克服商品时间障碍的持有成本；前者又可以进一步分为运输成本和装卸成本，后者则对应地分为租金成本及等候成本。

可见，"物流成本"是个动态发展的概念。在中国，2006年发布实施的国家标准《企业物流成本构成与计算》中，将物流成本定义为：企业物流活动中所消耗的物化劳动和活劳动的货币表现，包括货物在运输、储存、包装、装卸搬运、流通加工、物流信息、物流管理等过程中所耗费的人力、物力和财力的总和以及与存货有关流动资金占用成本、存货风险成本和存货保险成本。

现今，易华和李伊松在《物流成本管理》一书中将物流成本的概念进行了广义和狭义之分[①]：

狭义的物流成本是指在物流过程中，企业为了提供有关的物流服务，要占用和耗费一定的活劳动和物化劳动中必要劳动价值的货币表现，是物流服务价值的重要组成部分。是指指物流对象在包装、装卸搬运、运输、储存、流通加工等各物流活动过程中所支出的人力、财力、物力之总和。在我们常见的财务账簿上主要是从包装费、装卸搬运费、运输费、储存费、加工费等方面体现出来。

而广义的物流成本，包括狭义的物流成本与客户服务成本。由于现代市场营销观念的形成，使企业意识到顾客满意是实现企业利润的唯一手段，客户服务成为经营管理的核心要素，物流在为客户提供服务上起到了重要作用，是提高客户服务水平的关键因素和重要保障。

---

① 易华，李伊松. 物流成本管理[M]. 北京：机械工业出版社，2014：34-35.

11.1.2　企业物流成本的构成

广义的物流成本包括客户服务成本与狭义的物流成本。

狭义的物力成本涵盖了生产、流通、消费全过程的物品实体与价值变化而发生的全部费用。它包括了从生产企业内部原材料的采购、供应开始,经过生产制造过程中的半成品、产成品的运输、仓储、搬运、装卸、包装以及在消费领域发生的验收、分类、仓储、保管、配送、废弃物回收等过程发生的所有成本。不同企业类型,其物流成本构成内容都会有所不同,但是,从物流功能角度来谈物流成本的基本构成,不同类型的企业基本是趋同的。本节分析不同类型企业物流成本的构成特点。

1. 流通企业物流成本的构成

① 人工费用。主要包括职工工资、奖金、津贴以及福利费等。
② 营运费用。如能源消耗、运杂费、折旧费、办公费、差旅费、保险费等。
③ 财务费用。指经营活动中发生的资金使用成本,如利息、手续费等。
④ 其他费用。如税金、资产损耗、信息费等。

2. 生产企业物流成本的构成

① 供应、仓储、搬运和销售环节的职工工资、奖金、津贴以及福利费等。
② 生产材料的采购费用。包括运杂费、保险费、合理损耗成本等。
③ 产品销售费用。如广告费、运输费、展览推销费、信息费等。
④ 仓储保管费。如仓库维护费、搬运费等。
⑤ 有关设备和仓库的折旧费、维修费、保养费等。
⑥ 营运费用。如能源耗费、物料消耗费、折旧费、办公费、差旅费、保险费、劳动保护费等。
⑦ 财务费用。如仓储物资占用的资金利息等。
⑧ 回收废品发生的物流成本。

11.1.3　企业物流成本的分类

按照国家标准《企业物流成本构成与计算》,企业物流成本构成包括企业物流成本项目构成、企业物流成本范围构成和企业物流成本支付形态构成三种类型,如图11.1所示。

本节按物流功能和存货相关成本分析企业物流成本的基本分类。

1. 运输成本

运输成本是指一定时期内,企业为完成货物运输业务而发生的全部费用。包括支付外部运输费和自有车辆运输费。具体包括三部分内容:

① 人工费:主要指从事运输业务人员费用。
② 维护费:主要指与运输工具及其运营有关的费用。
③ 一般经费:在企业运输业务过程中,除了人工费和维护费之外的其他与运输工具或运输业务有关的费用,如事故损失费等。

就物流范围而言,运输成本存在于供应物流、企业内物流、销售物流、回收物流和废弃物流全过程。

2. 仓储成本

仓储成本是指一定时期内,企业为完成货物存储业务而发生的全部费用。包括支付外

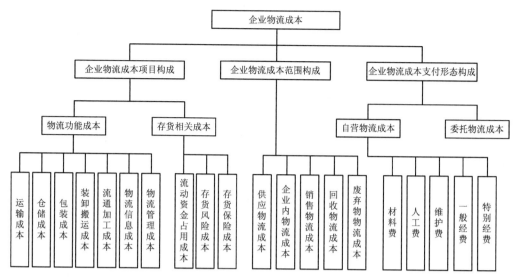

图 11.1　企业物流成本的分类

部仓储费和使用自有仓库仓储费。具体包括三部分内容：

① 人工费：主要指从事仓储业务人员费用。

② 维护费：主要是指与仓库及保管货物有关的费用。

③ 一般经费：在企业仓储业务过程中，除了人工费和维护费之外的其他与仓库或仓储业务有关的费用，如仓库业务人员办公费、差旅费等。

这里的仓储成本是指狭义的仓储成本，仅指为完成货物储存业务而发生的全部费用。就物流范围而言，仓储成本通常发生于企业内物流阶段。

3. 包装成本

包装成本是指一定时期内，企业为完成货物包装业务而发生的全部费用，包括运输包装费和集装、分装包装费。具体包括：

① 材料费：主要指包装业务所耗用的材料费。

② 人工费：主要指从事包装业务人员费用。

③ 维护费：主要指与包装机械有关的费用。

④ 一般经费：在包装过程中，除了人工费、材料费和与包装机械有关的费用外，还发生了一些诸如包装技术费用和辅助费用等其他杂费，这部分费用通常列入一般经费。

包装作业的单位已由生产企业扩展到包括流通企业和物流企业在内的所有类型企业。

就物流范围而言，包装成本存在于供应物流、企业内物流和销售物流阶段。

根据《企业物流成本构成与计算》的分类，对于进入流通加工环节所实施的包装作业所发生的成本列入流通加工成本，不列为包装成本。

4. 装卸搬运成本

装卸搬运成本指一定时期内，企业为完成货物装卸搬运业务而发生的全部费用。具体包括：

① 人工费：主要指从事装卸搬运业务人员费用。

② 维护费：在装卸搬运过程中需要使用一些起重搬运设备和输送设备等，维护费是指这些装卸搬运设备的折旧费、维修费以及能源消耗费等。

③ 一般经费：指在物品装卸搬运过程中，除了上述人工费和设备维护费外，发生的其他与装卸搬运业务有关的费用，如分拣费、整理费等。

装卸搬运活动是物流各项活动中出现频率最高的一项作业活动。对劳动力需求量大，且需用装卸设备，其成本在整个物流成本中占有较大的比重。装卸搬运成本存在于供应物流、企业内物流、销售物流、回收物流和废弃物物流全过程。

5. 流通加工成本

流通加工成本是指一定时期内，企业为完成货物流通加工业务而发生的全部费用。具体包括：

① 人工费：主要指从事流通加工业务人员费用。

② 材料费：主要指流通加工过程中所耗用的辅助材料、包装材料等材料费。材料成本的计算方式与包装作业中材料成本的计算相同。

③ 维护费：流通加工过程中需要使用一定的设备，例如电锯、剪板机等，维护费指与这些流通加工设备有关的折旧费、摊销费、维修保养费以及电力、燃料、油料等能源消耗费。

④ 一般经费：指在流通加工过程中，除了上述人工费、材料费和维护费之外，所发生的与流通加工有关的其他费用支出，例如流通加工作业应分摊的车间经费以及其他管理费用支出。

流通加工的对象是进入流通领域的商品，所以流通加工成本仅存在于销售物流阶段。

6. 配送成本

正因为配送是一个"小物流"的概念，集若干物流功能于一身，所以配送成本分散在运输、仓储、包装、装卸搬运和流通加工成本中，具体的费用支付形态包括人工费、材料费、维护费和一般经费，就物流范围而言，配送成本存在于供应、企业内物流和销售物流阶段。

这里，配送成本不作为物流功能成本的构成内容，而将与配送成本有关的费用支出在其他各项物流功能成本中进行分配。

7. 物流管理成本

物流管理成本指一定时期内，企业为完成物流管理活动所发生的全部费用，包括物流管理部门及物流作业现场所发生的管理费用，具体包括：

① 人工费：主要指从事物流管理工作人员费用。

② 维护费：指物流管理过程使用的软硬件系统及设施的折旧费、摊销费、修理费等。

③ 一般经费：指物流管理活动中，除了人工费、维护费外的其他费用支出。如物流管理部门、物流作业现场及专门的物流管理人员应分摊的办公费、会议费、水电费、差旅费等，还包括物流企业的物流营销费，国际贸易中发生的报关费、检验费、理货费等。

物流管理活动贯穿于企业物流活动全过程，因此，物流管理成本存在于供应物流、企业内物流、销售物流、回收物流和废弃物物流全过程。

8. 物流信息成本

物流信息成本指一定时期内，企业为完成物流信息的采集、传输、处理等活动所发生的全部费用，具体包括：

① 人工费：主要指从事物流信息管理工作人员费用。

② 维护费：主要是指与物流信息软、硬件系统及设备有关的费用，包括物流信息系统开发摊销费、信息设施折旧费以及物流信息软硬件系统维护费等。

③ 一般经费。在物流信息活动过程中，除了人工费和与物流信息软硬件系统有关的维

护费外,所发生的其他与物流信息有关的费用,例如在采购、生产、销售过程中发生的通讯费、咨询费等。

物流信息活动贯穿于企业物流活动全过程,因此,物流信息成本存在于供应物流、企业内物流、销售物流、回收物流和废弃物物流全过程。将物流信息与其他信息区别开来,将物流信息费用从其他费用中分离出来是极其困难的,但同时也是极为必要和重要的。

9. 流动资金占用成本

流动资金占用成本是指一定时期内,企业在物流活动过程中因持有存货占用流动资金所发生的成本,包括存货占用银行贷款所支付的利息(显性成本)和存货占用自有资金所发生的机会成本,前者属显性成本,后者属隐性成本。

就物流范围而言,因流动资金占有成本主要是指产品被锁闭在物流环节而导致事实上为企业所占用的资金成本,因此,流动资金占用成本主要存在于供应物流、企业内物流和销售物流阶段。

10. 存货风险成本

存货风险成本指一定时期内,企业在物流活动过程中所发生的物品损耗、毁损、盘亏以及跌价损失等。广义上说,无论会计核算体系是否反映,只要存货发生了风险损失,都应计入存货风险成本。但从可操作性和重要性角度考虑,这里仅将显性成本即会计核算体系中反映的存货损失成本计入存货风险成本,对于会计核算体系中没有反映的贬值、过时损失等,则不计入存货风险成本。

就物流范围而言,因存货风险损失在运输、仓储、装卸搬运等环节都可能发生,因此,存货风险成本存在于供应物流、企业内物流和销售物流阶段。

11. 存货保险成本

存货保险成本指一定时期内,企业在物流活动过程中,为预防和减少因物品丢失、损毁造成的损失,而向社会保险部门支付的物品财产保险费。

就物流范围而言,物品丢失、损毁主要发生于采购、保管和销售过程中;就存货实物形态而言,既包括在途存货,也包括库存存货,因此,存货保险成本存在于供应物流、企业内物流和销售物流阶段。

各项物流功能成本,其支付形态主要包括人工费、材料费、维护费和一般经费;而存货相关成本包括流动资金占用成本、存货风险成本和存货保险成本,其支付形态在"特别经费"中反映。

【资料11.1 小知识】

我国物流成本过大的原因是什么?

资料表明,英国、美国、日本、新加坡物流成本占GDP的比例分别为10.1%,10.5%,11.4%,13.9%,而我国物流成本占GDP的比例却达到21.3%,物流成本大大高于发达国家。其主要原因表现在以下三个方面:

1. 物流库存、运输成本高

我国物流企业基础设施落后,国家投资不够,交通运输矛盾日益突出,物流产业一直缺乏现代运输及物流配送的网络技术系统;货运的空载率高达60%,仓储量则是美国的5倍;现行国家增值税税收政策不允许企业抵扣固定资产的进项税额,制约了物流企业固定资产更新需求,加大了企业税负;同时,物流基础建设布局不合理,54%分布在东部,30%分布在中部,16%分布在西部。

2. 物流管理成本高

我国大部分物流企业的管理者,文化水平较低,管理水平不高,这也是造成我国多数物流企业规模较小的主要原因。以仓储业为例,我国仓储设施大多始建于20世纪五六十年代,土地、仓库资源丰富。有长期从事物流业的基础和客户群,但仓库的平均吞吐次数截至目前仅为3~4次,利用率较低。

3. 信息技术落后

我国传统物流经营模式是以仓储、运输、装卸、养护为重点,不重视对商品配送、流通加工过程和企业内部的信息化改造以及物流技术的引进,物流信息的搜集、处理及发布。目前,大部分物流企业电子化水平低,信息加工和处理手段落后,信息处理水平只相当于世界平均水平的2.1%。物流环节成本居高不下,降低了竞争力。

(资料来源:魁网考试咨询网,http://www.kui.cc/wuliushi/fudao/153247.html。)

11.1.4 企业物流成本的特征及其影响因素

11.1.4.1 企业物流成本的特征

从企业的物流实践中反映出来的物流成本的特征,具体如下所述:

第一,在通常的企业财务决算表中,物流成本核算的是企业对外部运输业者所支付的运输费用,或向仓库支付的商品保管费等传统的物流成本;对于企业内与物流中心相关的人员费、设备折旧费、固定资产税等各种费用,则与企业其他经营费用统一计算。因而,从现代物流管理的角度来看,企业难以正确把握实际的企业物流成本。先进国家的实践经验表明,实际发生的物流成本往往要超过外部支付额的5倍以上。

第二,在一般的物流成本中,物流部门完全无法掌握的成本很多,如保管费中过量进货、过量生产、销售残次品的在库维持及紧急输送等产生的费用都是纳入其中的,从而增加了物流成本管理的难度。

第三,物流成本削减具有乘数效果。例如,如果销售额为100万元,物流成本为10万元,那么物流成本削减1万元,不仅直接产生了1万元的利益,而且因为物流成本占销售额的10%,所以间接增加了10万元的利益,这就是物流成本削减的乘数效应。

第四,从销售关联的角度来看,物流成本中过量服务所产生的成本与标准服务所产生的成本是混同在一起的。例如,很多企业将销售促进费都算在物流成本中。

第五,物流在企业财务会计制度中没有单独的项目,一般所有成本都列在费用一栏中,较难对企业发生的各项物流成本做出明确、全面的计算与分析。

第六,对物流成本的计算与控制,各企业通常是分散进行的。也就是说,各企业根据自己不同的理解和认识来把握物流成本,这样就带来了一个管理上的问题,即企业间无法就物流成本进行比较分析,也无法得出产业平均物流成本值。例如,不同的企业外部委托物流的程度是不一致的,由于缺乏相互比较的基础,无法真正衡量各企业相对的物流绩效。

第七,由于物流成本是以物流活动全体为对象,所以它是企业唯一的、基本的、共同的管理数据。

第八,各类物流成本之间具有悖反关系,一类物流成本的下降往往以其他物流成本的上升为代价。

综合以上物流成本的特征可以看出,对企业来讲,要实施现代化的物流管理,首要的是全面、正确地把握企业内外发生的所有整体物流成本。也就是说,要削减物流成本必须以企业整体物流成本为对象。另外,物流成本管理应注意不能因为降低物流成本而影响对用户的物流服务质量。特别是流通业中多频度、定时进货的要求越来越广泛,这就要求物流企业能够应对流通发展的这种新趋向。例如,为了符合顾客的要求,及时、迅速地配送发货,企业需要对物流中心的设施进行投资。显然,如果仅仅为了减少物流成本而放弃这种投资,就会影响企业对顾客的物流服务水平。

11.1.4.2 企业物流成本的影响因素

1. 竞争性因素

企业所处的市场环境充满了竞争,企业之间的竞争除了产品的价格、性能、质量外,从某种意义上来讲,优质的客户服务是决定竞争成败的关键;而高效物流系统是提高客户服务的重要途径。如果企业能够及时可靠地提供产品和服务,则可以有效地提高客户服务水平,这些都依赖于物流系统的合理化;而客户的服务水平又直接决定物流成本的高低,因此物流成本在很大程度上是由于日趋激烈的竞争而不断发生变化的,企业必须对竞争做出反应。影响客户服务水平的主要方面有以下几个因素:

① 订货周期。企业物流系统的高效必然可以缩短企业的订货周期,降低客户的库存,从而降低客户的库存成本,提高企业的客户服务水平,提高企业的竞争力。

② 库存水平。存货的成本提高,可以减少缺货成本,即缺货成本与存货成本成反比。库存水平过低,会导致缺货成本增加;但库存水平过高,虽然会降低缺货成本,但是存货成本会显著增加。因此,合理的库存应保持在使总成本最小的水平上。

③ 运输。企业采用更快捷的运输方式,虽然会增加运输成本,却可以缩短运输时间,降低库存成本,提高企业的快速反应能力。

2. 产品因素

产品的特性不同也会影响物流成本,这主要有以下几个方面:

① 产品价值。产品价值的高低会直接影响物流成本的大小。随着产品价值的增加,每一物流活动的成本都会增加,运费在一定程度上反映货物移动的风险。一般来讲,产品的价值越大,对其所需使用的运输工具要求越高,仓储和库存成本也随着产品价值的增加而增加。高价值意味着存货中的高成本及包装成本的增加。

② 产品密度。产品密度越大,相同运输单位所装的货物越多,运输成本就越低;同理,仓库中一定空间领域存放的货物也越多,库存成本就会降低。

③ 产品废品率。影响物流成本的一个重要方面还在于产品的质量,也即产品废品率的高低。生产高质量的产品可以杜绝因次品、废品等回收、退货而发生的各种物流成本。

④ 产品破损率。产品破损率较高的物品即易损性物品,对物流成本的影响是显而易见的,易损性物品对物流各环节如运输、包装、仓储等都提出了更高的要求。

⑤ 特殊搬运。有些物品对搬运提出了特殊的要求。如对长大物品的搬运,需要特殊的装载工具;有些物品在搬运过程中需要加热或制冷等,这些都会增加物流成本。

3. 环境因素

环境因素包括空间因素、地理位置及交通状况等。空间因素主要指物流系统中企业制造中心或仓库相对于目标市场或供货点的位置关系等。若企业距离目标市场太远,交通状况较差,则必然会增加运输及包装等成本;若在目标市场建立或租用仓库,也会增加库存成本。因此,环境因素对物流成本的影响是很大的。

4. 管理因素

管理成本与生产和流通没有直接的数量依存关系,但却直接影响着物流成本的大小,节约办公费、水电费、差旅费等管理成本可以相应地降低物流成本总水平。另外,企业利用贷款开展物流活动,必然要支付一定的利息(如果是自有资金,则存在机会成本问题),资金利用率的高低,影响着利息支出的大小,从而也影响着物流成本的高低。

【资料 11.2　小思考】

美国布鲁克林酿酒厂在本国经营业绩平平。从 1989 年 11 月开始,该酿酒厂通过航空运输将啤酒运到日本出售。这样的物流作业可以在啤酒酿造后的 1 周内将啤酒直接运达顾客手中,而海外装运啤酒的平均订货周期为 40 天。

虽然航空运费高,但速度快,减少了流动资金占用,节省了大量库存成本。而且,啤酒的价格日本比美国高 5 倍。空运啤酒到日本的物流总成本虽比海运啤酒到日本的物流总成本高,但考虑到空运啤酒的价格卖得高,从整个企业经营的角度看,空运啤酒无疑是有益的。事实上,虽然布鲁克林酿酒厂在美国还没有成为知名品牌,但在日本却创造了一个年销售额 200 亿美元的市场。

(资料来源:博泰典藏网,http://btdcw.com/btd-59b5d8d376eeaeaad1f3304d-2.html。)

思考:
该案例揭示的是物流成本的哪个特征?

11.1.5　企业物流成本管理的概念及意义

在物流过程中,企业为了提供有关的物流服务,要占用和耗费一定的活劳动和物化劳动,这些活劳动和物化劳动的货币表现,即为物流成本,也称物流费用。物流成本管理就是要通过成本去管理物流,即以成本为手段的物流管理方法。由于目前物流还是一个比较新兴的行业,对物流成本管理的研究尤其是在我国还处于初级阶段,因此物流成本管理至今没有一个确切的定义。从物流成本管理的内容来看,物流成本管理是以物流成本信息的产生和利用为基础,按照物流成本最优化的要求有组织地进行预测、决策、计划、控制、分析和考核等一系列的科学管理活动。

然而在实际操作中,人们常常在计算物流成本时,将物流成本的计算误以为是物流成本管理,只看到了成本结果,而忽视了成本的管理。学术界有一种观点,认为物流成本管理不单是一项具体的可操作的任务,普遍认为它不仅仅是管理物流成本,而且是通过成本去管理物流,可以说是以成本为手段的物流管理方法,通过对物流活动的管理,从而在既定的服务水平上达到降低物流成本的目的。因此,物流成本管理不仅是简单的计算,而是利用各种管理工具对物流成本的预测、计划、控制等管理过程。物流成本管理可以从两个方面进行,其一是从会计的角度考虑,通过建立物流管理会计系统,发挥会计职能来对物流成本进行计划、控制等;其二是利用物流管理方法,通过对物流各种职能的优化,达到降低物流费用的目的。显然,这两个方面是相辅相成的,所以企业在进行物流成本管理过程中,需要从这两个方面同时进行。

物流管理对于降低资源消耗,提高生产效率,增进企业经营效果,降低总体费用的作用已经引起了企业的普遍关注,物流管理正在成为企业的经营职能之一。物流成本管理是企业物流管理的核心,为此,所有国家都在谋求降低物流成本的途径。同样,我国也开始致力于这方面的研究。实行物流成本管理,降低物流成本,提高效益,对国家与企业都具有非常重要现实和长远的意义。从微观角度上看,可以提高企业的物流管理水平,加强企业的经营管理,促进经济效益的提高,增强竞争力;从宏观角度上看,降低物流成本对提高国民经济的总体运行质量和竞争力,促进产业结构的调整,支撑新型工业化,发展国民经济,提高人民生活水平都具有重要意义。

11.2 企业物流成本的计算和处理方法

11.2.1 企业物流成本计算的基本思路

物流成本由于在现行财务会计体系中尚未进行核算,为了反映物流成本的高低,并为物流管理提供成本信息资料,在实践中,可采用以下几种传统的方法核算物流成本。

1. 会计核算方式

会计核算方式,就是通过凭证、账户、报表对物流费用加以连续、系统、全面地记录、计算和报告的方法。

会计方式的物流成本核算,具体包括以下两种形式:一是双轨制,即在传统成本核算体系不变的情况下,单独建立物流成本核算的凭证、账户、报表体系。这样物流成本的内容在传统成本核算和物流成本核算中得到双重反映,因此称为双轨制。二是单轨制,即改变传统成本核算体系,建立一套能提供多种成本信息的共同的凭证、账户、报表核算体系,使得物流成本得以单独反映,又不重复在其他成本核算体系中反映。在这种情况下,要对现有的凭证、账户、报表体系进行较大的改革,需要对某些凭证、账户、报表的内容进行调整,同时还需要增加一些凭证、账户和报表。会计方式提供的成本信息比较系统、全面、连续,且准确、真实。但这种方法比较复杂,要么重新设计新的凭证、账户、报表核算体系,要么对现有体系进行较大的甚至是彻底的调整。企业应根据核算人员的业务素质、管理水平、信息技术的现代化程度等具体情况,确定物流成本核算是采用"单轨制"还是采用"双轨制"。从发展的角度看,最好是采用"单轨制"。

2. 统计核算方式

统计核算方式,是不要求设置完整的凭证、账户和报表体系,而是通过对企业现行成本核算资料的剖析,从中抽出物流活动耗费部分,再加上部分现行成本核算。要归入物流成本的费用,如物流信息、企业支付的物流费等,然后再按物流管理的要求对上述费用重新归类、分配、汇总,加工成物流管理所需要的成本信息。

统计方式的物流成本核算不需要对物流耗费作全面、系统、连续的反映,所以运用起来比较简单、方便。由于没有对物流耗费进行连续、全面、系统的跟踪,成本信息的可验证性差,准确性不高。但它在人员素质较低、物流管理落后、信息技术不高的条件下,或初次进行物流成本核算时,可运用此法,以简化物流成本核算,满足当前物流管理的需要。

3. 混合式核算方式

混合式即统计方式与会计方式相结合的方式,也就是物流耗费的一部分内容通过统计方式予以核算,另一部分内容通过会计方式予以核算。

一般对于现行成本核算已包括的费用采用会计方式核算,需设置一些物流成本账户,但不像第一种方法那么全面、系统,也不纳入现行成本核算的账户体系,具有辅助账户的性质。如:设置物流成本总账,核算企业发生的全部物流成本;同时按物流范围设置供应、生产、销售、退货、废弃物流成本二级账;在各二级账下按物流功能设置运输费、保管费、装卸费、包装费、流通加工费、物流管理费等三级账,并按费用支付形态设置专栏。在核算中,是物流费的就以会计方式计入物流成本账户。对现行成本核算没有包括,但属于物流成本应该包括的费用,其计算方法与统计方式下的计算方法相同。月末根据各物流成本辅助账户所提供的资料编制范围类别、功能类别、形态类别等各种类别的物流成本报表。需要说明的是,物流成本核算无论采用哪一种方法,都存在有些费用是直接与物流活动有关的,有些既与物流活动有关又与其他活动有关的共同费用,对于共同费用,在费用数额较大时,可按一定的标准,在物流活动与其他活动中进行合理分摊。费用数额较小时,可不必分摊,可根据情况直接计入物流活动或其他活动成本中。

物流成本核算可以采用一般的会计、统计和混合方式等传统方法进行核算,但随着物流管理研究的发展,目前越来越倾向于采用一种新的核算方法,也就是作业成本法来进行物流成本核算。

11.2.2 作业成本法在企业物流成本计算的基本思路[①]

作业成本法也称为作业成本会计或作业成本核算制度,它是以成本动因理论为基础,通过对作业进行动态追踪,反映、计量作业和成本对象的成本,评价作业业绩和资源利用情况的方法。

作业成本法是建立在以下两个前提之上的:一是作业消耗资源;另一个是产品消耗作业。根据这样的前提,作业成本法的基本原理可以概况为:依据不同的成本动因分别设置作业成本库(作业成本池),再分别以各成本计算对象所耗费的作业量分摊其在该成本库的作业成本,然后分别汇总各成本计算对象的作业总成本。作业成本法的构建模型如图11.2所示。

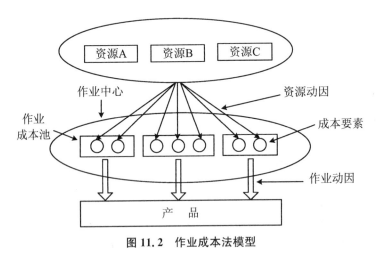

图11.2 作业成本法模型

---

① 江海燕,张宏伟.作业成本法在间接物流成本核算中的应用[J].物流技术,2009(5):13-15.

11.2.2.1 作业成本法的基本概念

1. 作业

作业是指企业为提供一定量的产品或劳务所付出的人力、技术、原材料、方法和环境等的集合体,是企业为提供一定的产品或劳务所发生的、以资源为重要特征的各项业务活动的统称。这就体现出作业作为一个中介,将资源耗费与产品成本相连接。因此,作业成本法的成本计算的基本对象就是作业。

2. 成本动因

成本动因是指导致企业成本发生的各种因素,也是成本驱动因素。比如搬运成本的多少就与搬运次数、产品数量等有关,那么搬运次数、产品数量等因素就是使得搬运成本发生,并影响成本变动的根本因素,就是成本因素。成本因素按作业成本的形式及其在成本分配中的作用可分为资源动因和作业成本动因。这两个动因既是成本动因的两种分类,也是作业成本计算的两个阶段。

① 资源动因。资源动因也称为作业成本计算的第一阶段动因,主要用在各作业中心内部成本库之间分配资源。它反映了资源消耗量与作业量之间的关系,即作业量的多少决定着资源的耗用量,与产量无关。资源动因将资源成本分配到各项作业中去。反映了某项作业或某组作业对资源的消耗情况。比如,加工所消耗的资源,直接与加工的次数、加工的工作时间、加工的数量有关,这里加工所涉及的加工次数、工作时间、数量就是加工这项作业成本的资源动因。

② 作业成本动因。作业成本动因也称为作业成本计算的第二阶段动因,主要用于将作业的成本通过作业成本动因分配到成本对象。作业成本动因与最终产品直接相关,反映了产品消耗作业的情况,将资源消耗通过作业成本动因这个中介转化为最终产出成本。

③ 作业中心与作业成本库。作业中心是成本归集和分配的基本单位,由一项作业或一组性质相似的作业所组成。作业中心所包含的各项作业都是同一性质的,也就是它们的成本动因是相同的。作业中心的各项作业对资源的消耗产生相应的资源成本,因此,作业中心也就是一个成本库,也称为作业成本库。

11.2.2.2 作业成本法的计算程序

物流作业成本计算是以作业成本法为指导,将物流间接成本和辅助资源更准确地分配到物流作业、运作过程、产品、服务及顾客中的一种成本计算方法。一般来讲,物流作业成本计算要经过以下几个阶段:

(1) 分析和确定资源

资源指支持作业的成本、费用来源。它是一定时期内为了生产产品或提供服务而发生的各类成本、费用项目,或者是作业执行过程中所需要花费的代价。通常在企业财务部门编制的预算中可以比较清楚地得到各种资源项目。如运输是运输部门的一项作业,那么相应办公场所的折旧、运输人员的工资和附加费、电话费、办公费等都是运输作业的资源费用。企业各项资源被确认后,要为每类资源设立资源库,并将一定会计期间的资源耗费归集到各自相应的资源库中。

(2) 分析和确定作业

作业是企业为了某一特定的目的而进行的作业耗费活动,是企业划分控制和管理的单元,是连接资源和成本对象的桥梁。物流过程中的每一项活动都可以视为一项作业,如运输作业、包装作业、装卸搬运作业、流通加工作业等。

(3) 确定资源动因,分配资源耗费至作业成本库

作业确认后,要为每一项作业设立一个作业成本库,然后以资源动因为标准将各项资源耗费分配至各作业成本库。资源动因反映了作业对资源的消耗情况,它是把资源库价值分解到各作业成本库的依据。

(4) 确定作业成本动因,分解作业成本至成本对象

作业成本动因是指作业被各种产品或劳务消耗的方式和原因,它是作业成本库成本分配到成本对象中去的标准,也是将作业耗费与最终产品进行沟通的中介。

(5) 计算物流作业成本

作业成本动因选定后,就可以按照同质的成本动因将相关的成本归集起来,有几个成本动因,就建立几个成本库。建立不同的成本库并按多个分配指标(成本动因)分配间接费用是作业成本计算优于传统成本计算之处。

11.2.3 企业物流间接成本的分配

在明确了物流成本的计算方法和步骤之后,物流成本计算的难点就在于间接物流成本的分配。间接物流成本和直接物流成本最主要的区别在于能否直接计入成本计算对象。对于直接物流成本,只要掌握一定的成本计算方法和步骤,就可以直接计算出结果;但对于间接物流成本,则需要对归集的成本采取一定的分配方法进行分配。本书主要介绍作业成本法在间接物流成本分配中的应用。

应用作业成本法核算间接物流成本一般遵循以下步骤:

(1) 分析和确定物流资源、建立资源库

企业各项资源被确认后,要为每类资源设立资源库,并将一定会计期间的资源耗费归集到相应的各资源库中。

(2) 分析和确定物流作业、建立物流作业成本库

作业是连接资源和成本对象的桥梁,企业经营过程中的每个环节或每道工序都可以视为一项作业,企业的经营过程就是由若干项作业构成的。物流作业包括运输作业、储存与保管作业、包装作业、装卸搬运作业、流通加工作业、信息处理作业等。由这些具体的作业构成了各项物流活动,从而实现了各种物流功能。

(3) 分析和确定资源动因

分配资源耗费至作业成本库,所谓资源动因是指资源被各项作业消耗的方式和原因,它反映了作业对资源的消耗情况,因而是把资源库价值分解到各作业成本库的依据。作业确认后要为每一项作业设立一个作业成本库,然后以资源动因为标准将各项资源耗费分配至各作业成本库,建立起作业和资源之间的对应关系。

(4) 确定作业动因

分配作业成本至成本计算对象,所谓作业动因是指作业被各种产品或劳务即最终成本计算对象消耗的方式和原因。它是将作业成本库成本分配到成本计算对象中去的标准,也是将作业消耗与最终产出相沟通的中介。在成本分配的过程中,各作业中心的作业成本要根据作业动因逐项分配至各成本计算对象中去,建立起作业成本和各成本计算对象之间的对应关系。

【资料 11.3 小实例】

举例:某企业 A 地区一配送中心,月人工成本为 1.5 万元,月折旧费为 3 万元。2013 年 10 月份该配送中心处理甲、乙两种产品,其中甲产品共计 1 000 箱。该配送中心共有 15 名员工,其中 5 名负责订单处理;5 名负责分拣货物;5 名负责运输装卸;各项作业工资均等。订单处理作业月折旧额 0.6 万元;分拣货物作业月折旧额 0.4 万元;运输装卸作业月折旧额 2 万元。该配送中心本月共处理订单 50 份,其中处理甲产品订单 30 份;分拣货物作业全月总共耗用 300 个工作小时,其中处理甲产品实际耗用 250 小时;运输装卸作业全月总共耗用 250 个工作小时,其中处理甲产品实际耗用 200 小时。那么甲产品应负担的物流成本是多少。根据题意所示,该配送中心 2008 年 10 月份产生的间接物流成本为两项:人工成本 1.5 万元,折旧费 3 万元。现运用作业成本法把这两项间接物流成本分配给甲产品。具体解析过程如下:

1. 分析和确定资源,资源项目与价值如表 11.1 所示。

表 11.1 资源项目与价值

资源项目	工 资	折 旧
资源价值	1.5 万元	3 万元

2. 分析和确定作业:
(1) 订单处理;(2) 分拣货物;(3) 运输装卸。
3. 分析和确定资源动因,分配资源耗费至作业成本库。
(1) 工资资源的分配,如表 11.2 所示。

表 11.2 工资资源分配表

作业 \ 资源动因	订单处理	分拣货物	运输装卸
职工人数	5	5	5
每人月工资额	1.5/15	1.5/15	1.5/15
各作业工资额	0.5	0.5	0.5

(2) 折旧资源的分配,如表 11.3 所示。

表 11.3 折旧资源分配表

作业 \ 资源耗费	订单处理	分拣货物	运输装卸
各作业折旧额	0.6	0.4	2

(3) 汇总各作业消耗资源情况,如表 11.4 所示。

表 11.4 资源消耗汇总表

资源耗费 \ 作业	订单处理	分拣货物	运输装卸
各作业工资	0.5	0.5	0.5
各作业折旧	0.6	0.4	2
各作业合计消耗资源	1.1	0.9	2.5

4. 确定作业动因，分配作业成本至成本计算对象。

(1) 确定作业动因，如表 11.5 所示。

表 11.5 作业动因

作业动因 \ 作业	订单处理	分拣货物	运输装卸
各作业动因	订单处理份数	工作小时	工作小时

(2) 计算作业动因分配率，如表 11.6 所示。

表 11.6 作业动因分配率计算表

作业动因分配率 \ 作业	订单处理	分拣货物	运输装卸
作业成业	1.1	0.9	2.5
作业量	50	300	250
作业动因分配率	0.022	0.003	0.01

(3) 计算甲产品实际消耗的资源，如表 11.7 所示。

表 11.7 甲产品实际消耗资源汇总表

成本计算对象 \ 作业	订单处理	分拣货物	运输装卸	合计
作业动因分配率	0.022	0.003	0.01	
甲产品实际耗用作业动因	30	250	200	
甲产品实际耗用资源	0.66	0.75	2	3.41

通过应用作业成本法进行间接物流成本的核算，计算出该配送中心 2013 年 10 月份甲产品实际耗用的间接物流成本是 3.41 万元。

11.2.4 企业各系统物流成本的概念及构成

11.2.4.1 仓储成本的概念及构成

仓储成本是指物流仓储活动中所有的物化劳动和活劳动的货币表现。它是伴随着仓储活动而发生的各种费用，主要包括建造、购买和租赁仓库等设施设备所带来的成本以及各类仓储作业所带来的成本，如流通加工成本、装卸搬运成本等。

（1）材料费

主要是仓储过程中使用的衬垫、苫盖材料、包装材料、器具用品等相关的费用,可以根据材料的出入库记录,将此间各种材料的领用数量计算出来,再分别乘以单价,便可得出仓储材料费。

（2）人工费

人工费可以按相关的物流人员实际支付的工资、资金、补贴的金额以及统一支付部分（如福利基金、教育培训费等）按人数分配后得到的金额计算。

（3）物业管理费

主要是指对公共事业所提供的公益服务（自来水、电、煤气、取暖）等支付的费用。严格地讲,每一个物流设施都应安装计量表直接计费。但对没有安装计量表,可以从整个企业支出的物业管理费中按物流设施的面积和物流人员的比例核算得出。

（4）管理费

对于差旅费、邮资费等使用目的明确的费用,也可按人员人数比例分摊计算。

（5）营业外费用

包括实际使用年限核算的折旧费和企业内利息。折旧费可按设施设备的折旧年限、折旧率计算,利息可根据物流相关资产的贷款利率计算。

（6）对外支付的保管费用

对外支付的保管费用应全额计入仓储成本。

此外还包括仓库内的装卸搬运成本,这部分内容另将重点介绍,这里不再赘述。计算仓储成本时,将各项成本分离出来,加总就可得到仓储总成本,如果采取一定的分配办法,还可计算出单位仓储成本。表 11.8 为远航物流公司 2008 年 12 月份的仓储成本核算表。

表 11.8 远航物流公司 2008 年 12 月份的仓储成本核算表　　　　　单位:元

项目	管理等费用	项目				
		仓储租赁费	仓储保管费	仓储管理费	材料消耗费	搬运费等
1. 仓库租凭费	50 040	50 040				
2. 材料消耗费	15 092	4 037	6 202	2 445	2 408	
3. 工资津贴费	315 668	1 652	219 015	45 000		50 000
4. 燃料动力费	6 322	1 350		3 622	1 350	
5. 保险费	5 124	2 567	2 582	25		
6. 修理维护费	9 798	3 704		2 390	37 04	
7. 仓储搬运费	14 057				3 558	10 498
8. 仓储保管费	19 902		19 902			
9. 仓储管理费	9 638	1 496	1 496	1 496	5 152	
10. 易耗品费	10 658				10 658	
11. 资金占用利息	11 930	5 022	6 908			
12. 税金等	16 553	1 666	6 908			
合计	434 742	71 534	263 013	54 978	26 830	60 498
物流成本构成	100%	16.45%	60.49%	12.64%	6.17%	13.91%

11.2.4.2 运输成本的概念及构成

运输成本是指完成运输活动所发生的一切相关费用,包括所支付的运输费用,以及与运输行政管理和维持运输工具有关的费用。

运输成本包括以下几个方面:

(1) 变动成本

变动成本是指与每一次运输直接相关的费用,通常指线路运输成本,包括人工成本、维修养护费用、燃油成本、装卸成本以及取货和送货成本。只有在进行运输、产生运输服务时,变动费用才存在。运输数量越多,运输路线越长,费用就越高。费用一般与运输里程和运输量成正比。承运人在确定运价时,不能让其低于变动成本,一般按运价确定的运费至少等于变动成本。

(2) 固定成本

固定成本是指短期内不随运输水平的变化而变化的成本。这主要包括运输基础设施,如铁路、站台、通道、机器设备等的建造及设立的成本和管理系统费用。这些成本的大小不受运输里程和运量的直接影响,但必须通过营运而得到补偿,通过变动成本的贡献率来弥补。

(3) 联合成本

联合成本是指决定提供某种特定的运输服务而产生的不可避免的费用(如回程费用)。例如,当承运人决定用汽车运输货物从地点 A 运往地点 B 时,意味着这项决定中已产生了从地点 B 至地点 A 的回程运输的"联合"成本。这种联合成本要么必须由最初从地点 A 至地点 B 的运输补偿,要么必须找一位有回程货的托运人以得到补偿。联合成本对运输费有很大的影响,因为承运人收取的运费中必须包括隐含的联合成本,它的确定要考虑托运人有无适当的回程货,或者这种回程运输费用由原先的托运人来弥补。

(4) 公共成本

公共成本是承运人代表所有的托运人或某个分市场的托运人支付的费用,诸如端点站或管理部门收取的费用,通常是按照装运数量分摊给托运人。

【资料 11.4 小应用】

汽车运输费用的核算与成本计算

1. 直接人工的归集与分配

物流企业直接从人工中的工资,每月根据工资结算表进行汇总与分配。对于有固定车辆的司机和助手的工资,直接计入各自成本计算对象的成本,对于没有固定车辆的司机和助手的工资以及后备司机和助手的工资,则需按一定标准(一般为车辆的车日)分配计入各成本计算对象的成本,计算方法如下:

每一车日的工资分配额＝应分配的司机及助手工资总额/各车辆总车日

营运车辆应分配的工资额＝每一车日的工资分配额×营运车辆总车日

2. 直接材料的归集与分配

(1) 燃料

对于燃料消耗,企业应根据燃料领用凭证进行汇总与分配。但必须注意,在燃料采用满油箱制的情况下,车辆当月加油数就是当月耗用数;在燃料采用盘存制的情况下,当月燃料耗用数应按公式确定:

$$当月耗用数=月初车存数+本月领用数-月末车存数$$

(2) 轮胎

营运车辆领用轮胎内胎、垫带以及轮胎零星修补费等，一般根据轮胎领用汇总表及有关凭证，按实际数直接计入各成本计算对象的成本。至于领用外胎，其成本差异也直接计入各成本计算对象的成本，而其计划成本如何计入各成本计算对象的成本，另有不同的处理方法。当采用外胎价值一次摊销计入成本的办法时，应根据"轮胎发出汇总表"进行归集与分配；发生外胎翻新费时，根据付款凭证直接(或通过待摊费用)计入各成本计算对象的成本。当采用按行驶胎公里预提轮胎费用摊入成本的办法时，其成本(包括废胎里程超、亏的费用调整)应根据"轮胎摊提费计算表"进行归集与分配；轮胎翻新费包括在摊提率之内计算的，发生翻新费时，实际翻新费用与计划翻新费用的差额，根据记账凭证所附原始凭证调整计入各成本计算对象的成本；轮胎翻新费用不包括在摊提率之内计算的，发生的轮胎翻新费间接计入相应成本计算对象的成本。

3. 其他直接费用的归集与分配

(1) 保养修理费

物流运输企业车辆的各级保养和修理作业，分别由车队保修班和企业所属保养场(保修厂)进行。由车队保修班进行的各级保修和小修理的费用，包括车队保修工人的工资及职工福利费、行车耗用的机油和保修车辆耗用的燃料、润料和备品配件等，一般可以根据各项凭证汇总，全部直接计入各成本计算对象的成本。对于保修班发生的共同性费用，可按营运车日比例分配计入各车队运输成本。由保养厂(保修厂)进行的保修主要是大修理所发生的费用，视同辅助生产费用，通过"辅助营运费用"二级账户进行归集与分配。

(2) 折旧费

物流运价企业计算固定资产折旧，可以采用平均年限法、工作量法、年数总和法，但属车辆的固定资产折旧一般采用工作量法计算。当采用工作量法时，由于外胎费用核算有两种不同的方法，所以车辆折旧的计提也有两种方法。如采用外胎价值一次各自计入成本的方法，计算折旧时，外胎价值不必从车辆原值中扣减；如采用按行驶胎公里预提外胎费用摊入成本的方法，则计算折旧时，外胎价值就应从车辆原值中扣减，否则会出现重复摊提现象。

(3) 养路费

运输企业向公路管理部门缴纳的车辆养路费，一般按货车吨位数计并缴纳。因此，企业缴纳的车辆养路费可以根据缴款凭证直接计入各成本计算对象成本及有关费用。

(4) 其他费用。

营运车辆发生的其他直接费用，除保养修理费、折旧费、养路费等项外，还包括其他几项有关费用，内容比较复杂，但费用发生时同样可以根据费用凭证直接计入各成本计算对象的成本。

① 营运车辆的公路运输管理费。一般按运输收入的规定比例计算缴纳。因此，企业缴纳的车管费可以根据交款凭证直接计入各类运输成本。

② 营运车辆在营运过程中因种种行车事故所发生的修理费、救援和善后费用，以及支付外单位人员的医药费、丧葬费、抚恤费、生活费等支出，扣除向保险公司收回的赔偿收入及事故对方或过失人的赔偿款后，净损失也可根据付款、收款凭证直接计入各类运输成本。

如果行车事故较为严重复杂，处理时间较长，可在发生各项支出时通过"其他应收款——暂付事故赔款"账户核算，然后逐月将已发生事故净损失转入各该类运输成本。对于当年不能结案的事故，年终时可按估计净损失数预提转入运输成本；在结案的年底，再将预提损失数与实际损失数的差额，调整当年的有关运输成本。

③ 车辆牌照和检验费、车船使用税、审车费、过桥费、轮渡费、司机途中住宿费、行车杂费等费用发生时都可以根据付款凭证直接计入各类运输成本。此外，领用随车工具及其他低值易耗品，可以根据领用凭证，一次或分次摊入各类运输成本。

4. 营运间接费用的归集与分配

运输企业所属基层营运单位（车队、车站、车场）为组织与管理营运过程所发生的不能直接计入成本计算对象的各种间接费用，应通过"制造费用——营运间接费用"账户进行核算。企业如实施公司和站、队两级核算体制，"营运间接费用"账户应按基层营运单位设置明细账，并按费用项目进行明细核算，如实施公司集中核算体制，也可不分单位设置明细账，而直接按费用项目进行明细核算。

（资料来源：金蝶社区，http://club.youshang.com/forum.php?mod=viewthread&tid=417185。）

11.2.4.3 装卸搬运成本的概念及构成

装卸搬运成本是指物流企业在物流作业过程中，为实现物品的移动和定位进行装卸搬运而产生的各种费用的总和。装卸搬运是物流作业的重要组成部分，装卸搬运成本在物流成本中占有较大比例，如何做好装卸搬运的成本管理，是现代物流企业管理的重要内容。

装卸搬运成本的构成有：

① 工资及福利费。按规定支付给装卸工人、装卸机械司机的计时工资、计件工资、加班工资、各种工资性津贴及按规定比例计提的职工福利费。

② 燃料和动力费用。每月终了根据油库转来的装卸搬运机械领用的燃料凭证，计算实际消耗数量与金额，计入成本。电力可根据供电部门的收费凭证或企业的分配凭证，直接计入装卸成本。

③ 轮胎费。由于装卸搬运机械的轮胎磨耗与行驶里程无明显关系，故其费用不宜采用按胎公里摊的方法处理，应在领用新胎时将其价值直接计入成本。如果一次领换轮胎数量较大时，可作为待摊费用或预提费用，按月分摊计入装卸成本。

④ 修理费。由专职装卸搬运维修工或维修班组进行维修的工料费，应直接计入装卸搬运成本；由维修车间进行维修的工料费，通过"辅助营运费用"账户归集和分配计入装卸搬运成本。装卸搬运机械在运行和装卸搬运操作过程中耗用的机油、润滑油以及装卸搬运机械保修领用的材料，月终根据油料库的领料凭证直接计入装卸搬运成本。装卸搬运机械的大修理预提费用，可分别按预定的计提方法（如按操作量计提）计算，并计入装卸搬运成本。

⑤ 折旧费。装卸搬运机械按规定方法计提折旧费。可直接引入财务会计的相应装卸搬运机械设备的折旧费计入装卸搬运成本。影响折旧的因素主要有：装卸搬运机械折旧期限、原值、固定资产净残值率和计提折旧的起止时间。折旧的计算方法主要有平均年限法、工作量法、双倍余额递减法及年数总和法。

⑥ 工具及劳动保护费。装卸搬运机械领用的随车工具、劳保用品和耗用的工具,在领用时可将其价值一次计入成本。

⑦ 租金费。按照合同规定,将本期成本应负担的租金计入本期成本。

⑧ 外付装卸搬运费。在费用发生和支付时直接计入成本。

⑨ 运输管理费。本月计提或实际缴纳的运输管理费计入本项目。

⑩ 事故损失。本月将应由本期装卸搬运成本负担的事故净损失,结转计入本期成本。

⑪ 其他费用。由装卸搬运基层单位直接开支的其他费用和管理费用,在发生和支付时,直接列入成本。

【资料 11.5 小应用】

提高对装卸搬运过程的重视程度

在物流过程中,装卸搬运活动是不断出现和反复进行的,它出现的频率要高于其他各项物流活动,每次装卸活动都要花费很长时间,所以往往成为决定物流速度的关键。装卸活动所消耗的人力也很多,所以装卸费用在物流成本中所占的比重也较高。以我国为例,铁路运输方式下,装卸搬运成本约占总运费的 20%。而很多物流企业对装卸搬运环节重视不够,这也造成在装卸搬运过程中,货物破损、丢失等情况屡屡出现,也造成了物流企业装卸搬运成本的增加。

11.2.4.4 客户服务成本的概念及构成

物流成本中的客户服务成本是一种隐性成本,是当物流服务水平令客户不满时产生的销售损失。客户服务成本不仅包括失去的现有客户所产生的销售损失,还包括失去的潜在客户所带来的销售损失。有资料显示,每个不满意的客户平均会向 9 个人诉说这种不满,而这种诉说有可能使这些听众打消选择该企业产品或服务的念头,从而使企业丧失原本可以获得的潜在销售机会。

客户服务成本是难以估计和衡量的。通常采取以下办法解决这一难题:根据一定的方式制定出最合适的物流服务水平,然后在达到该物流服务水平的前提下,寻求其他物流成本即狭义物流成本之和的最小化。

一般通过以下步骤确定最适合的物流服务水平:

① 明确与相关物流活动有关的客户服务要素。例如:与仓储活动有关的订货周期、仓储空间利用率等;与运输活动有关的及时性、货损率等。

② 衡量目前的各物流服务要素所达到的水平。请物流服务的接受方为企业(部门)现在提供的物流服务水平以及他们心目中理想的物流服务水平打分。

③ 在既定的服务战略指导下,为企业(部门)提供最适合的物流服务水平,并根据衡量所得的现有物流服务水平,制定出最终的物流服务水平调整方案。

11.3 企业物流成本的分析、预测与决策

11.3.1 企业物流成本的分析

物流成本分析是在成本核算及其他有关资料的基础上,运用一定的方法,揭示物流成本水平的变动,进一步查明影响物流成本变动的各种因素。

物流成本分析的目的主要是将大量的物流成本报表数据转换成对特定物流成本管理决策有用的信息,减少决策的不确定性。

11.3.1.1 物流成本分析的内容

1. 事前成本分析

事前成本分析是指事前预计和测算有关因素对成本的影响程度,其主要包括两个方面内容,即成本预测分析和成本决策分析。

2. 事中成本控制分析

事中成本控制分析是指以计划、定额成本为依据,通过分析实际成本与计划成本或定额成本差异,对成本进行分析控制。

3. 事后成本分析

事后成本分析是指产品生产过程中发生的实际成本与计划成本的比较,对产生的差异进行分析,找出成本升降原因,是成本分析的主要形式。

11.3.1.2 物流成本分析的方法

物流成本分析可以采用会计方法、统计方法或数学方法。在实际工作中,使用最广泛的技术方法主要有指标对比法、因素分析法。

1. 指标对比分析法

指标对比分析法又称比较法。就是通过技术经济指标的对比,检查计划的完成情况,分析产生差异的原因,进而挖掘内部潜力的方法。这种方法,具有通俗易懂、简单易行、便于掌握的特点,因而得到了广泛的应用,但在应用时必须注意各技术经济指标的可比性。它可以有以下几种形式:

① 将实际指标与计划指标对比,以检查计划的完成情况,分析完成计划的积极因素和影响计划完成的原因,以便及时采取措施,保证成本目标的实现。在进行实际与计划对比时,还应注意计划本身的质量。如果计划本身出现质量问题,则应调整计划,重新正确评价实际工作的成绩,以免挫伤人的积极性。

② 本期实际指标与上期实际指标对比。通过这种对比,可以看出各项技术经济指标的动态情况,反映施工项目管理水平的提高程度。在一般情况下,一个技术经济指标只能代表施工项目管理的一个侧面,只有成本指标才是施工项目管理水平的综合反映。因此,成本指标的对比分析尤为重要,一定要真实可靠,而且要有深度。

③ 与本行业平均水平、先进水平对比。通过这种对比,可以反映本项目的技术管理和经济管理与其他项目的平均水平和先进水平的差距,进而采取措施赶超先进水平。

比较分析法适用于同质指标的数量对比。采用这种分析方法,应注意相比指标的可比性。可比的共同基础包括经济内容、计算方法、计算期和影响指标形成的客观条件等方面。

若指标不可比,应先按可比的口径进行调整,然后再进行对比。

【资料 11.6 小应用】

例如,甲企业 2004 年度的物流成本为 50 万元,2005 年度的物流成本为 60 万元,2005 年与 2004 年比较,流成本增加了 10 万元,或者说,该企业 2005 年度的物流成本相当于 2004 年度的 120%,增长了 20%。这是一种简单的纵向比较,常用于差异分析。

再如,乙企业 2001~2004 年度连续 4 年的物流成本分别为 20 万元、30 万元、30 万元、45 万元。从上述数据可看出,除 2003 年外,乙企业几年来的物流成本大致呈增长趋势,当然增长合理与否,需要做进一步分析。上述若干年物流成本数据可用于趋势分析。如果以 2001 年作为基年,用基年的数字去除各年度的数字,则可以得出 100%,150%,150%,225% 的趋势百分比。

2. 因素分析法

这种方法是将某一综合指标分解成若干个相互联系的因素,并分别计算、分析每个因素影响程度的一种方法。

物流成本升降是由许多因素造成的,概括起来主要有两类:一类为外部因素,另一类为内部因素。

计算方法如下:

① 在计算某一因素对一个经济指标影响时,假定只有这个因素在变动而其他因素不动。

② 确定各个因素的替代顺序,然后按照这一顺序替代计算。

③ 把这个指标与该因素替代前的指标相比较,确定该因素变动所造成的影响。

计算原理如下:

设某一经济指标 A 是由 x,y,z 三个因素组成。其计划指标 A_0 是由 x_0,y_0,z_0 三个因素相乘的结果;实际指标 A_1 是由 x_1,y_1,z_1(下面的几个相关公式也要使用下角码式)三个因素相乘的结果。

$$A_0 = x_0 \times y_0 \times z_0$$
$$A_1 = x_1 \times y_1 \times z_1$$

计划与实际的差异为 $V = A_1 - A_0$。

第一个因素变动的影响:

$$A_0 = x_0 \times y_0 \times z_0$$
$$A_2 = x_1 \times y_0 \times z_0$$
$$V_1 = A_2 - A_0$$

第二个因素变动的影响:

$$A_3 = x_1 \times y_1 \times z_0$$
$$V_2 = A_3 - A_2$$

第三个因素变动的影响:

$$A_1 = x_1 \times y_1 \times z_1$$
$$V_3 = A_1 - A_3$$

【资料 11.7 小应用】

例：黄龙物流公司配送加工甲产品，某月份产量及其他有关材料费用的资料如表 11.9 所示。试对该公司材料费用的影响因素进行分析。

表 11.9 某月份产量及其他有关材料费用

项目	计划数	实际数
产品产量	250	200
单位产品材料消耗量/公斤	48	50
材料单价/元	9	10
材料费用/元	108 000	100 000

解：产量增加对材料费用的影响=(200−250)×48×9=−21 600（元）
材料单耗变动对材料费用的影响=200×(50−48)×9=3 600（元）
单价变动对材料费用的影响=200×50×(10−9)=10 000（元）
各因素变动对材料费用影响=−21 600+3 600+10 000=−8 000（元）

在企业物流成本管理活动过程中，某些指标往往受到多种因素的影响。例如，隐性物流成本即存货占用自有资金所发生的资金占用成本。若以企业内部收益率来计算该项成本，则影响该项成本的因素有两个：一是存货平均余额；二是企业内部收益率。存货平均余额受上期余额、本期采购、本期发出以及本期所提取的存货跌价准备金等多个因素影响；另一方面，企业内部收益率的大小受未来现金流入量、未来现金流出量以及有关贴现率等因素影响。

11.3.2 企业物流成本的预测

所谓物流成本预测，就是指依据物流成本与各种技术经济因素的依存关系，结合发展前景及采取的各种措施，利用一定的科学方法，对未来期间的物流成本水平及其变化趋势做出科学的推测和估计。

物流成本预测能使企业对未来的物流成本水平及其变化趋势做到"心中有数"，并能与物流成本分析一起为企业的物流成本决策提供科学的依据，以减少物流成本决策中的主观性和盲目性。它可以为企业物流成本决策提供依据；为确定目标成本打下基础；可有助于提高企业物流成本管理的应变能力。

关于物流成本预测的方法，一般有定性和定量两种，而定量预测法还可分为时间序列预测法（也叫趋势预测法）和回归分析法。时间序列预测法又分为简单平均、加权平均法、趋势平均法和指数平滑法。下面，我们就时间序列预测法进行展开介绍。

时间序列预测法的基本思路是把时间序列作为随机变量序列的一个样本，应用概率统计的方法，尽可能减少偶然因素的影响，做出在统计意义上较好的预测。

1. 趋势平均法

其基本计算公式为

某期预测值=最后一期移动平均数+推后期数×最后一期趋势移动平均数

【例 11.1】 某公司某年各月的实际运输成本如表 11.10 所示，请按趋势平均法预测该厂下一年度年第一季度各月的运输成本(设按三期移动平均)。

表 11.10　实际运输成本汇总表　　　　　　　单位:万元

第一年各月份	1	2	3	4	5	6	7	8	9	10	11	12
实际运输成本	51	53	54	52	51	53	58	60	65	61	66	67

根据表 11.10 中的有关数据可以编制表 11.11 所示的该公司趋势平均法预测表。

表 11.11　趋势平均法预测表

2010 年月份	实际运输成本	三期平均	变动趋势	三期趋势平均数
1	51			
2	53	52.67		
3	54	53.00	+0.33	
4	52	52.33	−0.67	−0.22
5	51	52.00	−0.33	+0.33
6	53	54.00	+2.00	+1.56
7	58	57.00	+3.00	+3.00
8	60	61.00	+4.00	+2.67
9	65	62.00	+1.00	+2.33
10	61	64.00	+2.00	+1.22
11	66	64.67	+0.67	
12	67			

根据表 11.11 中的有关数据,可按上述公式进行运输成本的预测:

下一年 1 月份运输成本＝64.67+2×1.22＝67.11(万元)

下一年 2 月份运输成本＝64.67+3×1.22＝68.33(万元)

下一年 3 月份运输成本＝64.67+4×1.22＝69.55(万元)

显然,采用趋势平均法计算若干期的平均数和趋势平均数时,前后各个时期所用的是同一个权数,即认为这些数据对未来的预测值具有同等的影响。因此,用此法预测的结果与实际情况往往差异较大。为了弥补这一缺陷,可以采用指数平滑法进行预测。

2. 指数平滑法

设以 F_n 表示下期预测值,F_{n-1} 表示本期预测值,D_{n-1} 表示本期实际值,a 为平滑数(其取值范围为 $0<a<1$),则 F_n 的计算公式为

$$F_n = F_{n-1} + a(D_{n-1} - F_{n-1}) = aD_{n-1} + (1-a)F_{n-1}$$

由上式类推下去,可得展开式:

$$F_n = aD_{n-1} + a(1-a)D_{n-2} + \cdots + a(1-a)^{t-1}D_{n-t} + (1-a)^t F_{n-t}$$

【例 11.2】 某公司 2010 年 1~9 月份的实际物流管理成本分别为 93 万元、85 万元、90 万元、88 万元、92.5 万元、90 万元、95 万元、94 万元、95.5 万元。设 1 月份的成本预测值为 91.5 万元、$a=0.5$,请按指数平滑法预测该公司 10 月份的物流管理成本。

可按公式计算如下：

$F_1 = 915\,000(元)$

$F_2 = 0.5 \times 930\,000 + (1-0.5) \times 915\,000 = 922\,500(元)$

$F_3 = 0.5 \times 850\,000 + (1-0.5) \times 922\,500 = 886\,250(元)$

$F_4 = 0.5 \times 900\,000 + (1-0.5) \times 886\,250 = 893\,125(元)$

$F_5 = 0.5 \times 880\,000 + (1-0.5) \times 893\,125 = 886\,562.5(元)$

$F_6 = 0.5 \times 925\,000 + (1-0.5) \times 886\,562.5 = 905\,781.25(元)$

$F_7 = 0.5 \times 900\,000 + (1-0.5) \times 905\,781.25 = 902\,890.63(元)$

$F_8 = 0.5 \times 950\,000 + (1-0.5) \times 902\,890.63 = 926\,445.31(元)$

$F_9 = 0.5 \times 940\,000 + (1-0.5) \times 926\,445.31 = 933\,222.66(元)$

$F_{10} = 0.5 \times 955\,000 + (1-0.5) \times 933\,222.66 = 944\,111.33(元)$

该公司 2010 年 10 月份的物流管理成本预测值为 944 111.33 元。

11.3.3 企业物流成本的决策

物流成本决策是根据物流成本分析和物流成本预测所得的相关数据和结论，运用定性和定量的办法，选择最佳成本方案的过程。

具体来说，就是以物流成本分析和预测的结果为基础建立适当的目标，拟定几种可以达到该目标的方案，根据成本效益评价从几个方案中选出最优方案的过程。

物流成本决策方法应考虑的问题有如下几点：

① 以物流总成本最低为依据的决策方法。

以物流成本最低为依据的决策方法是指在物流系统所要提供的客户服务水平前提下，对各类物流成本进行权衡，将能够实现其他物流成本之和最小的方案作为最佳方案。

这就要考虑物流成本与客户服务之间的关系和各类物流成本之间的背反关系。

② 通过差量分析法进行物流成本决策。

通过差量分析法进行物流成本决策就是计算不同备选方案下物流总成本的数值，将总成本最低的那个方案作为最终方案的决策活动。

这其中包括：以物流总成本为依据，进行仓库租赁决策和以成本为依据，对是否建设订单处理及信息系统进行决策等等。

③ 利用经济订货批量模型进行物流成本决策。

④ 利用本量利分析进行物流成本决策。

通过本量利分析，可以实现：

① 对物流业务额的决策。例如：确定物流作业盈亏平衡点和进行物流经营安全程度的评价。

② 确定企业可以获得的利润额。

③ 在实现目标利润的前提下，确定物流作业所要达到的业务量。

④ 在实现目标利润的前提下，确定物流作业单价。

11.4 企业物流成本的控制

11.4.1 企业物流成本控制内容

物流成本控制就是在成本的形成过程中,对物流作业过程进行规划、指导、限制和监督,使之符合有关成本的各项法规、政策、目标、计划和定额,及时发现偏差,采取措施纠正偏差,使物流成本各项费用消耗控制在预定范围内的管理过程。

1. 按物流成本控制对象分类

(1) 绝对成本控制

绝对成本控制,是指把成本支出控制在一个绝对金额以内的控制方法。

绝对控制从节约各种成本支出,杜绝浪费。进行物流成本控制,要求把劳动生产过程发生的一切成本支出划入成本控制范围内。标准成本控制和预算成本控制是绝对成本控制的主要方法。

(2) 相对成本控制

相对成本控制,是通过成本与产值、利润、质量和服务等对比分析,寻求在一定制约因素下取得最优经济效益的一种控制方法。

相对成本控制扩大了物流成本控制领域。要求在降低物流成本的同时,注意与成本关系密切的因素,诸如产品结构、项目结构、服务质量水平、质量管理等方面的工作,目的在于提高控制成本支出的效益。

2. 物流成本控制按成本发生时间先后划分

(1) 事前控制

事前控制是指经过成本预测和决策,确定目标成本,将目标成本分解,结合经济责任制,层层落实。

物流成本事前控制主要涉及物流系统的设计,如物流配送中心的建设,物流设施、设备的配备,物流作业过程的改进控制等。物流成本事前控制是极为重要的环节,它直接影响以后各物流作业流程成本的高低。

(2) 事中控制

物流成本的事中控制就是对物流活动过程中发生的各项费用按预定的成本标准进行严格审核和监督,并计算差异,进行信息反馈,以及时纠正差异。

(3) 事后控制

物流成本的事后控制是对目标成本的实际发生情况进行分析评价,揭示问题,查明原因,为以后进行成本控制和制定新的目标成本提供依据。

11.4.2 企业物流成本控制策略

企业物流成本控制策略常用的有目标成本控制法、标准成本控制法和作业成本法。

1. 目标成本控制法

物流目标成本管理是指企业在市场调查、需求分析的基础上,对物流系统的运输、保管、包装、装卸及流通加工等环节发生的足以影响成本的诸因素进行科学严格计算,制定出目标成本,对实际发生的耗费进行限制和管理,并将实际耗费与目标成本进行比较,找出差异,采取纠正措施,保证完成预定目标成本的一种成本管理系统。在企业的物流目标成本管理中,物流目标成本的制定是实施成本管理的前提和基础。物流目标成本确定后,企业就需组织由物流、技术、采购、生产、销售和会计等方面人员重新设计物流过程与分销物流服务方式,想方设法来实现目标成本。其中,价值工程是评价设计方案、实施物流目标成本控制的一种系统性、基础性的方法。

它一般有以下几种控制方法:

① 倒扣法:根据市场调研结果确定顾客可以接受的单位价格,扣除企业预期达到的单位产品利润、国家规定的税金、预计单位产品流通期间的费用,最后得出单位产品的目标成本。

② 比价预算法:将新产品和曾经生产过的功能相近的老产品进行对比,老产品上面有的零件按照老产品的零件价格计算,新产品与老产品不同的零件按照新的材料耗费定额、工时定额、费用标准等加以估价测定。适用于对老产品进行技术改造时目标成本的确定。

③ 本、量、利分析法:在利润目标、固定成本目标、销量目标既定的前提下,对单位变动成本目标进行计算。

④ 价值工程法:是一门新兴的管理技术,是降低成本提高经济效益的有效方法。指的是通过集体智慧和有组织的活动对产品或服务进行功能分析,使目标以最低的总成本(寿命周期成本),可靠地实现产品或服务的必要功能,从而提高产品或服务的价值。价值工程主要思想是通过对选定研究对象的功能及费用分析,提高对象的价值。

2. 标准成本控制法

"标准成本"一词在实际工作中有两种含义:

第一种是指单位产品的标准成本,它是根据单位产品的消耗量和标准单价计算得出的。

第二种是指实际产出量的标准成本,它是根据实际产出量和单位产品成本标准计算得出的。

物流标准成本是指通过对物流过程精确的调查、分析与技术测定,制定出有关于物流过程中物流费用的支出,评价物流实际成本,衡量物流系统工作效率的一种预计成本。

按制定物流标准成本适用时间分类:

① 基本标准成本(固定标准成本),是指一经制定,只要物流的产品或服务的物理结构、重要原材料和人力价格、技术工艺等基本条件无重大变化,就不予变化的一种标准成本。

② 现行标准成本。它是以物流企业现实生产条件为基准,根据其适用期间应该发生的价格、效率和物流运作经营能力利用程度等确定的标准确定成本。

按制定标准成本水平分类:

① 理想标准成本,是指企业在最优的物流经营条件下所达到的成本。

② 正常标准成本,是指根据下期一般应该发生的物流运作要素的消耗量、预计价格和预计物流运作经营能力利用程度,在合理工作效率、正常生产能力和有效经营条件下所能达到的成本。具有客观性、科学性、现实性、激励、稳定的特点。

11.4.3 不同类型企业的物流成本控制

物流按其所处企业的领域不同划分,可分为生产企业物流和流通企业物流,相应的物流成本也可分为流通企业物流成本和生产企业物流成本。两种不同企业的物流成本构成可见本章企业物流成本的构成这一节。

物流管理过程的注重点不同：流通企业的物流管理注重于商品物资的仓储及商品物资的转移过程的控制；而生产企业的物流管理注重于物资采购及生产过程的控制。因而除人工费用、财务费用、物流信息费三项所反映的基本内容相同外，其余的基本构成根据物流管理过程的注重点不同而有所区别。

不同类型的企业，其物流成本的构成不同，控制上也会有很大的区别：流通企业注重货物的运输合理化，仓储合理化，配送合理化。生产企业注重采购货物要合理化，生产工序合理化（怎么生产，各个环节要节省时间与原料），仓储合理化等等。

本章小节

几乎所有有关物流管理的论著及报告，物流成本都是其中必然涉及的论题。物流成本管理对国家经济、区域经济、城市经济和企业物流管理都具有重要的意义与作用，企业物流成本管理也逐渐成为重要而热门的议题。

本章内容主要以企业物流成本为中心展开阐述，介绍以物流成本为中心的企业物流管理方法。首先介绍了企业物流成本的概念、分类、结构及特征；然后从企业物流成本处理的角度介绍了作业成本法在企业物流成本计算中的基本思路，以及一些物流系统的成本处理方法；最后从企业物流成本的预测、分析、决策和控制等方面介绍了基本思路和方法。

读者可以从理论知识和应用方法两个层面来把握本章的知识点。

【关键词】

企业物流成本(Logistics Cost of Enterprises)　物流成本管理(Logistics Cost Management)　作业成本法(Activities-based Cost Method)　仓储成本(Warehousing Costs)　运输成本(Transportation Cost)　客户服务成本(Customer Service Cost)

案例分析

一家饺子馆的物流成本管理实务

三年前，H经理在某地开了家饺子馆，如今生意还算火爆。周围小区的不少住户常来光顾小店。有些老顾客一口气能吃半斤饺子。H经理说："别看我现在生意还不错，开业这段时间，让我头疼的就是每天怎么进货，很多利润被物流吃掉了。"

刚开始卖出10个饺子，定价为5元钱，直接成本为饺子馅、饺子皮、调料和燃料，每个饺子成本大约2角钱。虽然存在价差空间，可是H经理的小店总是赚不了钱，原因在于每天都有大量剩余原料，这些采购的原料不能隔天使用，算上人工、水电、房租等经营成本，饺子的成本都接近4角钱了。

H经理很有感慨，如果一天卖出1000个饺子，同时多余500个饺子的原料，相当于亏损了100元左右，每个饺子的物流成本最高时有1角钱，加上当时粮食涨价，因此利润越来越薄。

盈利的关键在于控制数量，准确供货。其实做饺子的数量很难掌握。做少了吧，有的时候人家来买没有，也等不及现做，眼看着到手的钱飞走了；做多了吧，就要剩下。

从理论上说,一般有两种供应方式:一种是每天定量供应,一般早上10点开始,晚上9点结束,这样可能损失客流量;另外一种是根据历史做大概预测。时间序列是个重要因素,对于面粉等保质期较长的产品,一般做周预测,周末进行订货、补货;每天的饺子馅采取每日预测方法,然后根据BOM进行采购,一日两次采购,下午可以根据上午的消耗进行补货计划,晚上需要采购第二天的需求量。根据以往的经验做预测,面粉每天的用量比较大,因为不管包什么馅的饺子都得用面粉,所以这部分的需求量相对比较固定。

后来H经理又开了两家连锁店,原料供货就更统筹安排了。饺子馅的原料要根据头天用量进行每日预测,然后根据原料清单进行采购。一日采购两次,下午会根据上午的消耗进行补货,晚上采购第二天的需求量。

麻雀虽小,五脏俱全。一个饺子馆的物流管理同样容不得差错。H经理咨询了一些物流专家,这是波动的需求和有限的生产能力之间的冲突。在大企业里,通常会提高生产柔性去适应瞬息万变的市场需求。

可是对于经营规模有限的小店来说,要做到这点太难。所以有些人建议想办法调整顾客的需求以配合有限的生产能力,即平衡物流。比如用餐高峰期大概在每天12:00—13:00和19:00—20:00这两个时间段,H经理就选择在11:00—11:45和18:00—18:45推出9折优惠计划,吸引了部分对价格比较敏感的顾客,有效分散了需求。

如果碰到需求波动比较大的情况,也就是说某种饺子的需求量非常大的时候,比如客户要的白菜馅饺子没有了,H经理就要求店员推销牛肉馅饺子或者羊肉馅饺子,同时改进店面环境,装上空调,提供杂志和报纸,使顾客在店里的等待时间从平均5分钟延长到10分钟。

三年的水饺生意做下来,每个饺子最初大约分摊1角钱的物流成本,去年降至5分钱,而今年成本就更低了。由于做饺子的时间长了,需求的种类和数量相对固定下来,每个饺子的物流成本得到有效控制,大约在2分钱,主要就是采购人工、运输车辆的支出。

任何生产系统都是为了适应社会对某种产品的需求而形成的。也就是说,向社会提供一定的产品是生产系统存在的必要条件,生产系统为了制造产品,必须占据一定的生产空间,拥有一定数量的生产设备、人员、运行方式以及特定的管理模式。产品从材料采购到生产再到供应,不但包括积极的物流支持,而且需要积极的物料需求的计算预测和控制,即物料管理。

(资料来源:冯耕中,李雪燕. 物流成本管理[M]. 北京:中国人民大学出版社,2011:22-23.)

思考:

(1) 你如何看待小企业或商家的物流成本管理?
(2) 考虑如果你开一家花店,在鲜花的采购方面应该怎样有效缩减成本?
(3) 物流成本管理在企业生产经营中占有何种地位?

【思考与练习题】

1. 选择题

(1) 物流管理的首要任务是(   )。
A. 提高物流效率   B. 降低物流成本
C. 满足顾客需求   D. 服务的可靠性

(2) 现在越来越多的企业推行(   ),这是一种进行物流成本归集核算的有效方法。
A. 作业成本法   B. 经验法   C. 数量法   D. 规划论法

(3)（　　）是物流成本管理的中心环节。
A. 物流成本核算　　　　　　B. 物流成本控制
C. 物流成本分析　　　　　　D. 物流成本预测
(4) 作业成本法的产生最早可以追溯到20世纪杰出的会计大师美国人（　　）教授。
A. 埃里克·科勒　　B. 库伯　　C. P.科特勒　　D. 卡普兰
(5) 独立的物流成本核算体系属于（　　）的核算方法。
A. 统计方式　　B. 会计方式　　C. 综合方式　　D. 评估分析方式

2. 判断题
(1) 物流信息的有效管理是现代化管理的基础和依据。（　　）
(2) 物流管理的首要任务是降低物流成本。（　　）
(3) 物流成本管理成为企业物流管理的一个核心内容。（　　）
(4) 物流成本的交替损益又称二率背反。（　　）
(5) 物流成本的预测、计划、核算、分析等成本管理技术,最终都要通过日常控制环节来实现物流成本的降低。（　　）
(6) 结合财务会计体系的物流成本计算是一种账外计算。（　　）

3. 简答题
(1) 物流成本的特点是什么？
(2) 成本分析的一般程序是怎样的？
(3) 物流成本控制的内容有哪些？

4. 论述题
(1) 请论述当今企业活动中物流成本的特征以及相应的问题。
(2) 请论述物流成本管理的内容。

 应用训练

探索物流运输成本管理方法

实训目的：学透物流运输成本分析的诀窍,掌握物流运输成本管理的方法。通过实训增加学习的实践性和可操作性。

实训准备：学生分组,课前阅读资料,小组准备如何管理一家企业物流运输物流成本报告。

实训资料：广州宝洁公司对运输方式的选择。

实训内容：

(1) 案例引入

分组讨论广州宝洁公司对运输方式的选择,降低物流成本的秘诀。

(2) 案例讲解

讲解广州宝洁公司物流成本经营模式、成本管理策略。

(3) 实训总结

分组讨论物流运输成本的核算程序,物流运输成本计算方法,物流运输成本分析方法。讨论并总结未来工作中物流成本分析利用的方法。

实训步骤:

(1) 第一课时

老师用5分钟考察各组实训准备情况;5分钟介绍实训目的、参与方式、重点和难点,未来工作适用情况;35分钟分组讨论广州宝洁公司对运输方式的选择,降低物流成本的秘诀。

(2) 第二课时

老师用15分钟点评各组讨论的要点,各组触及哪些物流成本管理、分析工作的关键,鼓励学生参与讨论。10分钟点评物流运输成本分析、管理的重点和难点,20分钟讲解广州宝洁公司物流成本经营模式、成本管理策略。

(3) 第三课时

学生25分钟分组讨论物流运输成本计算、分析、管理的思路和基本方法。老师5分钟点评。学生用15分钟讨论并总结未来工作中物流运输成本分析利用的方法。

实训要求:

(1) 力争做到人人参与,人人发言,人人思考,人人收获。

(2) 和未来实习和职业工作实践紧密相连。

实训小结: 能用物流运输成本计算方法做到物流运输成本管理,从操作层面了解广州宝洁公司对运输方式的选择。

实训资料:

广州宝洁公司对运输方式的选择

宝洁(P&G)中国有限公司在广州黄埔工厂生产的产品要分销到中国内地的全市场区域。宝洁公司为这个分销网络设计了一个配套的物流网络,其中运输是这个物流网络中的主要业务之一。北京是宝洁公司在北方的一个区域配送中心所在地,商品从广州黄埔工厂到北京(宝洁)区域配送中心的运输可以采用公路、铁路、航空,也可以将以上几种方式进行组合,不同的商品品种可以采取不同的运输方式。宝洁公司的物流目标是:保证北方市场的销售,尽量降低库存水平,降低物流的系统总成本。宝洁公司对市场销售需求和降低成本的目标要求进行了权衡和协调,最后确定了运输成本目标,在锁定的运输目标成本的前提下,宝洁公司要在铁路、公路和航空运输方式之间进行选择。铁路运输能够为宝洁公司大批量的运送商品,同时由于铁路运价"递远递减",从广州到北京采用铁路运输的运价是比较合算的,还有铁路能提供全天候的运输服务等等,但是铁路部门致命的弱点就是手续复杂,影响办事效率,运作机制缺乏灵活性,采用铁路运输时,两端还需要公路运输配套,增加了装卸搬运环节和相关的费用,这样使铁路的待运期增加,另外,铁路部门提供的服务与宝洁公司的要求有不少差距。如果采用公路运输,宝洁公司将需要大批的卡车为它服务,在绵延1 000多公里的京广公路运输线上的宝洁货运车队遇到的风险明显比铁路运输要大得多,同时,卡车运输的准时性、商品的破损率等都不会比铁路运输有优势,再有,超过1 000公里的距离采用公路运输从运输成本上来说是不合算的,但是公路运输的最大优势是机动灵活,手续简便,如果气候条件好,卡车能够日夜兼程,在途时间比铁路运输还短,这样从总体上来说,采用公路运输还是比铁路运输合算。如果采用航空运输,虽然在运输速度上比铁路运输和公路运输都快,可以为企业带来时间上的竞争优势,但是航空运输的成本要远远大于另外两种运输方式。

鉴于以上几种运输方式各自存在利弊,其运输成本也各不相同,为此,企业在运输方式之间进行权衡和选择是非常重要的。

第 12 章　企业物流绩效管理

【本章教学要点】

知 识 要 点	掌握程度	相 关 知 识
企业物流绩效管理概述	了解	企业物流绩效管理的内涵、原则、意义
企业物流绩效评价	掌握	企业物流绩效评价的概念、企业物流绩效评价体系的构成、企业物流绩效评价指标体系
企业物流绩效管理方法	掌握	目标管理法、关键绩效指标法、标杆管理法、平衡计分卡法、360度评价法

【本章能力要求】

能 力 要 点	掌握程度	应 用 能 力
企业物流绩效评价指标体系	重点掌握	能够针对企业的实际情况选择适合的指标，能够对企业物流绩效进行评价
企业物流绩效管理方法的应用	掌握	能够根据企业具体需要选择适合的方法对企业物流绩效进行衡量

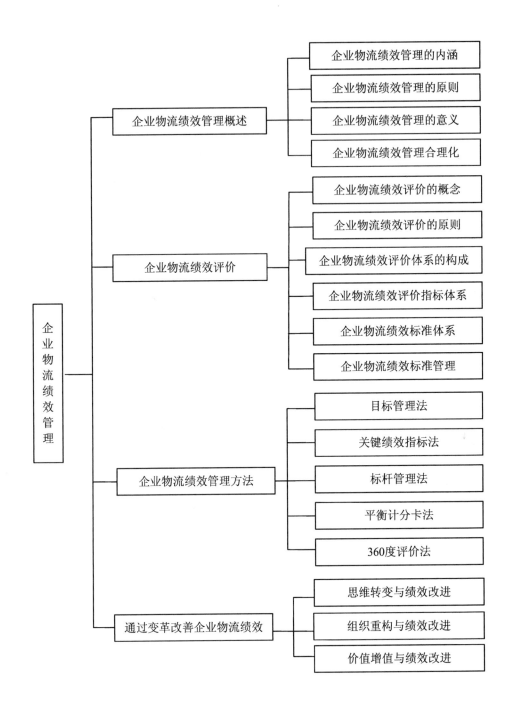

 导入案例

港丽餐厅物流绩效管理的成功经验

说起港丽餐厅,大家第一反应就是永远在排队的状态和诱人的美味珍宝蜂蜜厚多士。"港丽餐厅"作为新旺投资(中国)有限公司众多品牌中最闪亮的一颗星,成为多年来在上海餐饮界口碑相传的品牌,它的超前"融合菜"概念,时尚的室内装潢,使其成为上海的超人气

餐厅;每家门店几乎永远是在排队状态。所做的菜中西合璧、多种烹调技法交融的菜式。美味的菜品经常超出顾客期望的体验。

港丽餐厅(新旺集团)的物流绩效管理的成功之处在于它的强大的食材品质管控和供应链系统的支持。它的供应链系统是由上海正品贵德软件公司(深圳上市公司石基信息子公司)研发设计,从供应商管理到食材安全管控,其中对餐饮食品安全的应用和管理,还得到了上海市食药监局的大力支持和指导。

新旺集团(港丽)供应链在基础连锁餐饮进销存应用的同时,还完善和强化了以下四个方面的功能,对餐饮企业物流绩效管理有着很好的借鉴作用。

第一,建立新旺集团全面的食材资料库:严格控制产品,控制供应链。新旺集团所有产品原料都经过精心筛选,严格品控并建立成规范资料库,分为2063种原材料和100多家供应商,将产品原料做成资料库,全面符合国家规范,所有供应商产品做到有法可依、有证可循。这样任何一位新的厨师来了,只能去产品资料库里去创新,经过索证后才能去用。这样开新店、出新菜,产品都符合国家规范,做到标准化。

第二,自动管控供应商。将食材产品资料库和供应商一一对应起来。譬如营业执照规范送什么范围的产品,只能送什么材料。否则产品将不能入库。

第三,每天要货入库,流程中自动生成各种台账,减轻员工工作量,提高企业管理透明度,更重要的是,符合国家规范。

第四,餐饮企业从业人员素质比较低,因人为因素造成的问题较多,通过信息化系统,每天产生的账目数据自动传输到财务部去,如果货物不是资料库里的,那就无法入账,避免人为因素。

餐饮的本质还是吃。哪家餐饮企业有能力在物流绩效管理中建立一个广泛的供应链和采购体系,能够真正找到和管理健康绿色的食材,谁在这方面就能走得越远,谁就越有竞争力。正是在食材品质管控的强劲能力和健康安全的供应链保障体系,让港丽(新旺)受到越来越多消费者的喜爱和光顾。

(资料来源:锦程物流网,http://info.jctrans.com/xueyuan/czal/2013951965775.shtml。)

12.1 企业物流绩效管理概述

12.1.1 企业物流绩效管理的内涵

12.1.1.1 绩效管理的发展历史

企业绩效管理理论经历了上百年的发展,期间,美国专家菲根堡姆的全面质量管理(TQM)理念的提出;美国学者罗伯特·卡普兰和托马斯·约翰逊《管理会计的兴衰史:相关性的遗失》的发表;以及卡普兰和诺顿平衡计分卡概念的成熟都成为绩效管理理论发展中的里程碑。随着经济环境的日益复杂,企业界对现代绩效管理方法提出了更高的要求。1991年,原哈佛商学院工商管理教授罗伯特·G埃克尔斯在《哈佛商业评论》发表的《绩效测评宣言书》中预言了绩效评估革命的到来。1995年,美国著名管理学家彼得·德鲁克在《哈佛商业评论》发表《经理们真正需要的信息》一文,提出了"向信息要绩效"的概念,可以说是对现代企业绩效管理理念的最有前瞻性的阐述。在今天看来,德鲁克的论断显得更加精辟,他的管理预言已经应验。理论界和企业界从来没有像现在这样认同他的观点,管理企业是为了使它创造财富,为此,企业需要能使经理人员制定正确决策的信息。而绩效评价正是为管理者获取决策信息提供支持的有效工具。近年来,伴随着市场的变化和技术的提高,企业经营模式不断地调整和转变,企业绩效管理也经历了相应的发展和进步。[①]

12.1.1.2 物流绩效

尽管大量的研究文献对物流绩效提出了许多不同的衡量尺度,包括效力、效率、质量、生产率、创新性、利润率以及预算性等,但明确地给出物流绩效的定义是一项比较困难的工作。Keebler 对这项工作给出了五项建议:

① 研究者们需要更加明确绩效指标的定义与缺陷。
② 更多地具有创新性的研究应对企业财务绩效评价体系进行补充。
③ 物流绩效评价动态模型需要进行开发,以适应由行业、企业以及产品变革所引起的绩效衡量尺度的变化。
④ 应该考虑在供应链下进行绩效评价,而不是单纯地对单个企业进行评价。
⑤ 需要建立理论与实践相连接的桥梁。

根据绩效的基本含义,我们认为物流绩效就是一定时间内物流活动所创造的价值,是指物流活动中一定量的劳动消耗和劳动占用与符合社会需要的劳动成果的对比关系,即投入与产出的比较。结合企业物流管理的需要,物流绩效的含义可定义为企业物流行为与行为过程及其所创造的物流价值和经营效益。企业物流绩效既是企业物流行为及其行为过程的表现,同时也是企业实现物流价值和经营效益的反映。

12.1.1.3 企业物流绩效的基本概念

企业物流绩效(Enterprise Logistics Performance)是指在一定的经营期间内企业的物流经营效益和经营者的物流业绩,就是企业根据客户要求在组织物流运作过程中的劳动消耗和劳动占用与所创造的物流价值的对比关系。它是物流运作过程中投入的物流资源与创造的物流价值的对比。

12.1.1.4 企业物流绩效管理的基本概念

企业物流绩效管理(Enterprise Logistics Performance Management)是指在满足客户服务要求条件下,对物流绩效的一切管理活动的总称,即在物流运作全过程中针对物流绩效的产生、形成所进行的计划、组织、指挥、控制和协调。[②]

【资料12.1 小思考】

绩效管理和绩效考核有什么区别?

12.1.2 企业物流绩效管理的原则

现代企业进行物流绩效管理一般要遵循以下三条原则:

(1) 追求物流绩效与满足顾客需求的统一

只有满足了顾客需求,才会产生物流绩效。现代企业进行物流服务必须以顾客需求为基础,把物流绩效与顾客需求统一起来,才会赢得双方的共同利益。

---

① 霍佳震,周敏. 物流绩效管理[M]. 北京:清华大学出版社,2009:2.
② 孔继利. 企业物流管理[M]. 北京:北京大学出版社,2012:342-343.

(2) 近期物流绩效与远期物流绩效的统一

现代企业在追求近期物流绩效的同时,也要关注长远的物流绩效目标。因为,无论是物流设备的采购与更新,还是客户关系的建立与维持,都是一个长期的过程。

(3) 物流绩效与社会效益的统一

物流活动会对环境带来负面影响,因此,现代企业要特别重视减少物流对环境的破坏,减少对资源的消耗,实现物流绩效与国家法规政策的统一,实现物流绩效与社会效益的统一。

12.1.3 企业物流绩效管理的意义

企业物流绩效管理的意义主要包括以下几个方面:

① 通过企业物流绩效评价可以建立客观统一的标准,有利于消除或减少由于个人主观因素造成的对绩效评价的不公正现象。

② 通过企业物流绩效评价,可以及时发现物流运营中的缺陷和问题,从而为如何改善物流管理、提高物流绩效水平提供依据。

③ 通过企业物流绩效评价,可以引导企业对物流管理工作进行监督,对物流管理机构加强日常管理,尽可能地降低物流费用,提高经济效益。

12.1.4 企业物流绩效管理合理化

现代企业对物流系统进行设计、调整、改进与优化,以尽可能低的物流成本,获得尽可能高的服务水平,通过物流成本与物流服务之间的平衡,获取最优化的物流绩效。物流绩效管理合理化主要包括以下两个方面:

(1) 物流服务结构的合理化

在物流发展进程中,物流绩效的合理化需要通过物流服务创新来提高物流服务水平,扩大市场业务量,改变现代企业原有的物流服务结构,从而以更优质的服务创造更多的物流价值,创造更多的物流增值价值。

(2) 物流管理制度的合理化

企业物流运作系统是由多个环节组成的,在维持和改善物流服务的状况下,通过创新物流管理的制度、方式和方法,科学地解析物流成本的构成情况,有针对性地采取管理手段,降低物流成本,实现现代物流绩效管理的合理化。

12.2 企业物流绩效评价

12.2.1 企业物流绩效评价的概念

企业物流绩效评价(Enterprise Logistics Performance Evaluation)是对物流业绩和效率的一种事前控制与指导以及事后评估与度量,从而判断预定的任务是否完成、完成的水平、取得的效益和所付出的代价。依托现代信息技术,信息的传递和反馈及时、准确,绩效评价是一个不断控制和修正工作的动态过程。

12.2.2 企业物流绩效评价的原则

12.2.2.1 物流绩效评价的平衡原则

1. 物流绩效评价指标的平衡

主要包括外部评价指标(品牌形象、客户态度、股东收益等)和内部评价指标(内部组织效率、物流运营、技术、创新与成长等)之间的平衡;包括成果评价指标(市场占有率、利润、物流费用、物流设备利用率等)与行为评价指标(物流功能组合、物流控制、物流设备状况、员工、物流流程、物流服务等)之间的平衡;包括客观评价指标(响应速度、准时率、准确率、配送频率、差错率等)与主观评价指标(客户满意度、员工忠诚度等)之间的平衡;包括直接评价指标(直接衡量物流活动成本与收益的指标)与间接评价指标(物流活动提升竞争力和品牌影响力的指标)之间的平衡;此外,还应包括长期评价指标与短期评价指标的平衡,包括有形资产评价指标与无形资产评价指标的平衡。

2. 物流绩效评价指标体系与评价组织体系和评价方法体系三者之间的平衡

当今社会是一个多元思维的社会,人们认识的深度和广度取决于认识对象的范围。对物流绩效的评价不仅需要科学、合理的评价指标体系,而且还需要建立与之相协调的能正确理解和应用指标体系的评价组织体系(包括评价人员组织、评价过程组织、评价结果的决策组织)。同时,也需要建立与之相适应的评价方法体系。

3. 物流绩效评价是对整个供应链体系中多个群体利益的协调、平衡和兼顾

为了建立起企业内部物流运作体系和各环节、各部门和各个员工的激励机制,并建立起企业与供应商和客户等外部利益群体的利益分享机制,需要对物流绩效进行多角度评价的平衡和有机协调。

12.2.2.2 物流绩效评价的战略原则

① 传统的评价系统是由成本和财务模式驱动的,是围绕财务评价和财务目标建立起来的。物流绩效评价虽然需要采用传统的财务与成本评价,但必须从企业发展战略的高度建立物流绩效的评价系统,必须坚持评价的战略原则。

② 物流绩效评价系统必须紧紧围绕企业发展的战略需要,将战略、任务和决策转化为具体的、系统的、可操作的指标,从而形成集评价和激励、传播和沟通、团结和学习的多功能的战略管理系统。

12.2.2.3 物流绩效评价的目标原则

从企业物流运作管理需要出发,物流绩效评价的目标就是对整个物流运作管理过程的监督、控制和指挥。首先,物流绩效的目标表现为追踪现行物流系统绩效,并与以往物流系统绩效不断进行比较分析,主要就服务水平和物流成本的要素分析向管理者提供绩效评估报告。其次,依据物流系统的标准化体系进行实时控制,追踪现行物流系统运作绩效,改进物流动作程序,及时调整运作方式。最后,通过物流绩效评估来评价物流组织和物流人员的工作绩效,实现物流运作效率的最优化。

12.2.3 企业物流绩效评价体系的构成

一个合理有效的企业物流绩效评价体系主要由以下基本要素所构成[①]:

---

① 孔继利. 企业物流管理[M]. 北京:北京大学出版社,2012:345-346.

(1) 评价主体

评价主体决定着企业物流绩效评价的目的、内容和方法,对评价指标体系的设计产生着深刻的影响。企业的经营环境伴随着时代的发展,发生了很大的变化。越来越多的组织与个人和企业的利益息息相关。这些利益相关人,包括经营者、员工、债权人等,与出资人一起构成了企业绩效评价的主体。

(2) 评价客体

评价客体是实施绩效评价的对象。企业物流绩效评价的客体包括仓库作业、运输作业、信息化水平和客户服务质量等。

(3) 评价目标

企业绩效评价的目标是整个企业运行的指南和目的,它必须与企业整体战略规划目标相一致。

(4) 评价指标

评价指标是指根据评价目标和评价主体的需要而设计的、以指标形式体现的、能反映评价对象特征的因素。当对企业物流绩效进行评价时,必须找到能够准确体现企业物流经营状况的因素,将其设为具体指标,这是物流绩效评价的依据和标准。

(5) 评价标准

评价标准是判断评价对象绩效优劣的基准,因此,建立一套合理的评价标准对企业的经营管理有着重大的影响。

合理的绩效评价标准通常非常清晰、简单、易理解,它能反映具体业务活动中重要的工作状况,既包括经济指标也包括非经济指标。物流绩效评价标准用来测试各物流功能组织内、外部的工作绩效,其分类如图12.1所示。

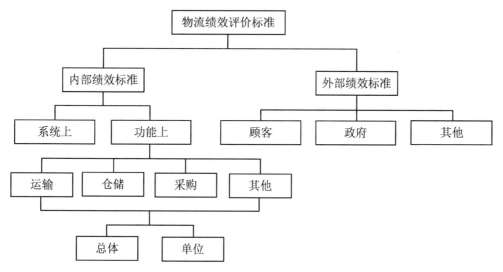

图 12.1 物流绩效评价标准分类

物流绩效评价标准来自于外部和内部两个方面。外部的绩效评价标准由政府、顾客等给出,内部的绩效评价标准则由本企业的物流系统和物流功能决定。物流绩效评价标准随系统定义范围的不同(各种功能领域如生产、分配、运输、保管和供货商的选择等)、不同领域的物流功能要求的不同、定量评价及定义系统的能力的不同而不同。

根据评价指标的侧重点及作用程度,可以把评价标准分为战略性标准和战术性标准。战略性标准主要评价整个系统的绩效,而战术性标准则评价某一具体单元的水平或具体机构的绩效。所有的绩效衡量都可分为财务上和非财务上的评价标准。财务衡量标准主要有成本收益和利润两个方面,而非财务衡量标准与服务水平、生产率及利用率有关。典型的非财务衡量标准有机械设备利用率、货柜(货物)拒收比例和到货率等。

上述基本要素相互联系,相互影响,共同构成了一个完整的企业物流绩效评价体系。企业物流绩效评价体系的逻辑结构框图如图 12.2 所示。

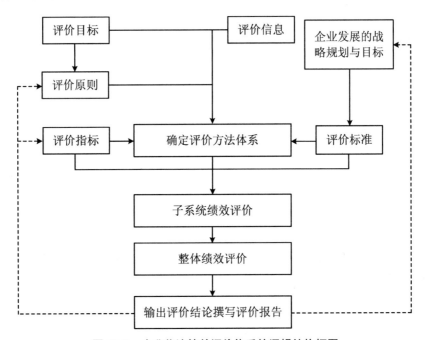

图 12.2　企业物流绩效评价体系的逻辑结构框图

12.2.4　企业物流绩效评价指标体系

企业物流绩效评价的指标体系按一级指标可分为:运输、库存、订单处理、包装、财务、信息,每个一级指标下面又可以设置若干二级指标。[①]

1. 运输

运输是物流动作中最明显的要素,它提供了物质资料的转移和产品的临时储存两大基本功能。运输指标包括以下六个二级指标:

(1) 原材料运输时间

只有在供应商以购买的价格方式时,原材料运输时间才是企业需要的一个指标。

(2) 产成品运输时间

产成品运输时间是总交付周期的主要组成部分,它指的是企业成品仓库到达客户要求的地点的时间。

---

① 乔志强. 现代企业物流管理实用教程[M]. 北京:北京大学出版社,2010:325-327.

(3) 回程平均空驶率

$$\text{回程平均空驶率} = \sum \text{本期回程空驶率} / \sum \text{本期运输次数}$$

(4) 车辆平均装载率

$$\text{车辆平均装载率} = \sum \text{本期每次装载率} / \sum \text{本期运输次数}$$

它是评价运输装载能力利用率的指标。

(5) 车辆平均利用率

车辆平均利用率＝车辆运行时间/(车辆保养时间＋维修时间＋停放时间＋运行时间)

(6) 单件运输成本

$$\text{单件运输成本} = \sum \text{车辆运输成本} / \sum \text{运输件数}$$

它包括单位运费、服务费、配送费、保险费等。

2. 订单处理

订单处理是企业销售部门的主要职能之一,也是企业直接接触客户的窗口。它包括以下四个二级指标:

(1) 订单平均审核周期

$$\text{订单平均审核周期} = \sum \text{每次订单的审核时间} / \sum \text{本期审核的订单数}$$

它指的是从收到订单到订单确定的时间,产品销售部门完成订单内容的审核,确定现有的产品库存是否满足订单需求。

(2) 订单处理周期

它指的是销售部门接到订单到完成发货收款的时间,反映了产品销售部门的整体效率。

(3) 订单处理正确率

$$\text{订单处理正确率} = \sum \text{本期无差错订单处理数} / \sum \text{本期订单处理数}$$

它是销售部门重点控制的核心指标。订单处理是企业外向物流的起始端,它的错误执行短期内带来的是损失该订单,长期带来的是客户满意度的下降。

(4) 每次订单处理成本

$$\text{每次订单处理成本} = \sum \text{本期订单处理库存量} / \sum \text{本期订单数}$$

订单处理成本主要由人员工资支出与相关秘书工作的费用支出等构成。

3. 库存

库存是企业具有重要意义的核心指标。库存的目的是以最低的总成本来实现期望的客户服务水平。它包括以下四个二级指标:

(1) 库存维持成本

它主要由库存的投资成本、储存成本、折旧、保险和税金等构成。

(2) 产成品库存周转时间

产成品库存周转时间＝平均库存量/日销售量

它反映了产品在市场上受欢迎程度,此外,也可以为企业生产部门安排生产提供依据。

(3) 搬运成本

由于搬运作业基本是围绕仓库发生的,因此把它归入到库存成本中。它主要由收货入库成本、存货搬运、分选、出运装车等构成。

(4) 成品存货占有率

$$成品存货占有率 = 该产品库存数量 / 总产品库存数量$$

它表示的是该产品在总体产品库存的比重。

4. 包装

包装是企业生产的终点,又是企业销售物流的起点。在生产企业中,包装一般是指工业包装,它主要是为满足物流需要,在设计时主要考虑的是提高物流管理效率、保护货物安全、易于信息传递等。它包括以下三个二级指标:

(1) 单位产品包装成本

它主要包括包装材料成本、包装设备折旧、人员工资等。

(2) 包装可回收率

大部分包装属于耗材,但在物流实践中往往会采用一些组成的或集装箱等集成技术,通常使用箱、包、桶等标准化的设施来提高作业效率。这些设施一般来说是可回收的。

(3) 条形码覆盖率

$$条形码覆盖率 = \sum 使用条形码的商品种类 / \sum 企业生产的全部商品$$

包装的一个功能是信息的传递,条形码和扫描仪的配合使用可以大大提高货物入库、分拣、货物出库的水平。

5. 信息

信息贯穿物流活动的整个过程,企业物流信息的软、硬件建设关系到物流活动的整体效率。它包括以下三个二级指标:

(1) 信息系统水平

它包括物流信息的硬件配置水平、软件的先进程度。

(2) 信息准确率

$$信息准确率 = \sum 信息活动的准确次数 / \sum 信息活动的次数$$

(3) 信息及时率

$$信息及时率 = \sum 信息活动的及时次数 / \sum 信息活动的次数$$

6. 财务

从理论上讲,任何物流活动都可以通过企业的财务报表反映出来。但由于物流活动的各项成本散落在多个会计科目中,目前,单单通过财务报表对整个物流活动进行绩效评价还很难实现。因此,可以通过易于获得的财务数据,取得物流绩效评价的财务指标。财务指标包括以下三个二级指标:

(1) 销售净利润率

$$销售净利润率 = 净利润 / 销售总收入 \times 100\%$$

该指标越大,表示物流系统的整体运作效率越高。

(2) 营业周期

$$营业周期 = 存货周转天数 + 应收账款周转天数$$

该指标反映的是整个物流系统的资金回笼情况。

(3) 总资产周转率

$$总资产周转率 = 销售收入 / 总资产 \times 100\%$$

当企业投资于物流系统时,该指标可以反映出该项物流投资的投资效益。

12.2.5　企业物流绩效标准体系

企业物流绩效标准体系是物流绩效管理中的重要环节,好的衡量标准存在一些共同的特征,如可量化、可见性、易于理解,还包括员工输入、多维向和收益大于成本等特点。以下我们将从物流职能的角度来介绍各职能物流绩效标准体系。[①]

1. 客户服务标准体系

从过程的角度来看,客户服务是一个以成本有效性方式为供应链提供显著的增值利益的过程。在这一过程的绩效评价中,一旦管理者已经决定客户服务的哪些因素最重要,就必须建立绩效标准。对物流系统客户服务进行审查分析后,管理层需要制定客户服务业务标准体系,以便职员及下属能经常向上级汇报客户服务工作情况。客户服务绩效可通过以下方式进行评价和控制:

(1) 客户服务标准的评价和控制

客户服务标准可以从以下四个方面进行评价和控制。

① 制定每一个客户服务要素的绩效量化标准。
② 评价每一个客户服务要素的实际绩效。
③ 分析实际绩效与绩效标准之间的差异。
④ 采用必要的措施将实际绩效纳入目标管理相一致。

企业所重视的客户服务要素应该是客户所认为的重要要素。这些要素的获取来自于企业与客户之间经常地进行良好的沟通。通过计算机网络可以提高信息传递与交换的效率,客户能够获取动态、及时的库存信息,还可以获知准确的配送(送货)时间与接收货物的时间。

(2) 客户服务绩效的评价指标

图12.3包含了服务绩效的许多可能的评价指标。企业必须将重点放在客户重点关注的各个要素上。提高库存可靠性、交付日期、订单状态、订单跟踪和延期订货等服务质量,需要企业与其客户之间的良好沟通。

订单处理为改善客户服务提供了巨大的潜力,如果客户能够将订单通过电话方式传送给配有计算机终端的客户服务代表,或者客户将订单输入他们自己的终端,那么可以考虑转变信息沟通的方式。客户服务代表或计算机可立即提供有关库存可获得情况的信息,并能够在缺货的情况下,安排替代产品。客户还可以获知产品的交付日期。

有效客户服务计划的发展也须要建立客户服务标准,实现以下内容:

① 反映客户的观点;
② 提供可操作的和客观的服务绩效指标;
③ 为管理者提供改进措施的办法。此外,管理者应该评估和评价单个物流活动对客户服务水平的影响。例如运输、仓储、库存管理、生产计划/采购和订单处理。

2. 运输绩效评价标准体系

运输是一个用设备和工具,将物品从一个地点向另一地点运送的物流活动。在对绩效进行具体评价与分析时,可选择以下内容作为运输活动评价标准。

① 运输、取货、送货服务质量良好,即准确、安全、迅速。
② 能够实现门对门服务而且费用合理。

[①] 黄福华.物流绩效管理[M].北京:中国物资出版社,2009:37-43.

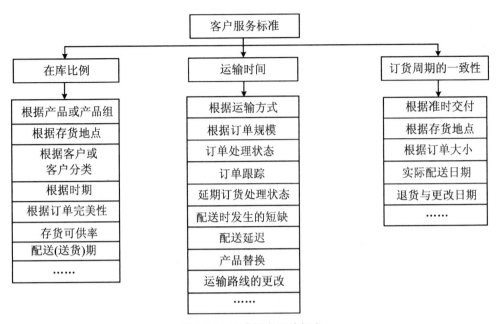

图 12.3　客户服务评价标准

③ 能够及时提供有关运输状况、运输的信息及其服务。
④ 货物丢失或损坏，能够及时处理有关索赔事项。
⑤ 认真填制提货单、票据等运输凭证。
⑥ 与客户保持长期、真诚的合作伙伴关系。

在对运输活动进行绩效评价时，并非完全按照上述六项标准来选择，可结合企业及客户的实际情况，确定评价标准。将选择的标准按重要程度进行打分，根据汇总的总分（加权处理）多少判别优劣，具体操作可参考图 12.4 的指标体系。

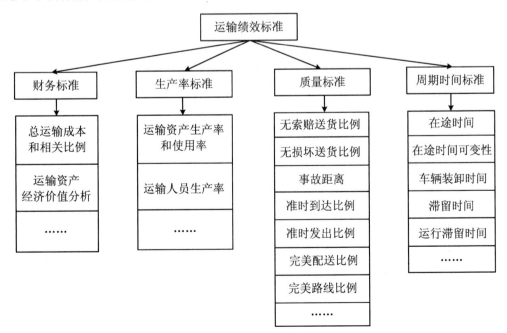

图 12.4　运输绩效评价标准

(1) 财务标准

图12.4中的财务标准包括了总运输成本和相关比例,以及车队资产的经济价值。通过全面测量总的运输费用和资产,可以计算出全部运输的物流成本和赢利性,企业也可以用此方法进行品类管理,以计算每个货物类别的物流成本和赢利性。运输资产经济价值分析可以用来评估资产消耗和车队经济价值的增值潜力。

(2) 生产率标准

生产率标准主要从运输资产生产率及运输员工生产率两方面进行考虑。运输资产生产率和使用率通过测定容器使用率、运输工具消耗、车辆行驶时间、车辆准备时间以及资产投资等方面的指标来衡量。运输人员生产率的衡量指标同车辆生产率的指标相差不大,因为车辆都是由人控制的。测量运输人员生产率的最基础的指标是停留数目、行驶里程、配送金额、配送箱数、配送重量和每人每小时配送托盘数等。

(3) 运输质量标准

运输质量和可靠性与运输循环周期同样重要。对于承运人或其客户来说,即使送货速度很快,如果没送达目的地,或者是送货中发生错误,该次送货也是没有价值的。可靠性的评估通常是以订货交付的完成为基础,一旦票单定货已经完成并装运交付,仓库就会记录抵达时间与日期,并传输到采购部门。

(4) 周期时间标准

时间管理在现代社会中越来越受管理者的喜爱,运输行业也就不可避免地卷入到这股风潮中。网络公司因为快速的服务纠错保证而使公司价值增值,这说明了在运输行业中时间就是金钱。快速的运输和装卸意味着更高的资产使用率,也就使公司的资产杠杆效应更为显著。

3. 仓储绩效评价标准体系

仓储是对物品进行保存及对其数量、质量进行管理和控制的活动。仓储的目的在于克服产品生产与消费在时间上的差异,使物资产生时间效果,实现其使用价值。在对仓储绩效进行具体评价与分析时,可选择以下内容作为绩效衡量标准:

① 出货成本是否合理,仓库资源利用程度如何;

② 库存服务水平如何,包括缺货率、客户满意程度、准时交货率等方面的衡量;

③ 储存能力和质量方面的衡量,如仓库吞吐能力实现水平、进(发)货准确率、仓库吨成本等方面;

④ 库存周转率的衡量。

图12.5描述了以上四个标准多方面的测量指标。企业在对仓储活动进行绩效评价时,可参照以下标准体系,结合企业及客户的实际情况,看哪些指标对于本企业来说是非常重要的,哪些是次要的,经过权衡后确定评价标准。

(1) 仓库资源利用率标准

仓库资源利用率标准是衡量仓储绩效的一个重要标准,包括地产利用率、仓库面积利用率和设备利用率等。通过对仓库资源利用情况的绩效分析,可更好地改善仓库资产利用情况,提高工作效率。

(2) 库存服务水平

库存服务水平的衡量同样重要。通过对缺货率、准时交货率、客户满意程度等方面标准的建立,能更好地判断自己的客户服务水平,避免盲目性。

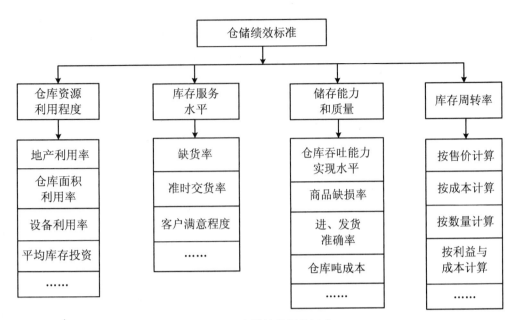

图 12.5　仓储绩效评价标准

(3) 储存能力

建立储存能力与质量方面标准,有利于提高管理者对仓库储存能力的进一步认识。通过对仓库吞吐能力实现水平、商品缺损率,进、发货准确率与仓库吨成本等方面的衡量,能让管理者了解仓库改进的空间。

(4) 库存周转标准

库存周转标准对于企业的库存管理来说具有非常重要的意义。例如,制造商的利益是从资金→原材料→产品→销售→资金的循环活动中产生的,如果这种循环越快即周转速度越快时,在同样金额下的利润也就越高。对于库存周转率的大小,没有绝对的评价标准,通常是同行业相互比较,或与企业内部的其他期间进行比较。

4. 配送绩效评价标准体系

配送是指企业在经济合理区域范围内,根据用户要求,对物品进行拣选、加工、包装、分割、组配等作业,并按时送达指定地点的物流活动。配送是从物流据点送至用户的一种送货方式。对配送绩效的衡量,可从以下几个方面加以考虑:企业配送的灵活性与反应性如何?企业配送是否基于成本的考虑?配送的可靠程度如何?在配送活动中,整体资产的利用情况如何?

在对配送活动进行绩效评价时,企业可以参照上述四项标准选择。图 12.6 包含了配送绩效的许多可能的评价指标。企业可结合自己的实际情况,确定评价标准。

(1) 企业配送灵活性和反应性的评价

企业配送灵活性和反应性的评价,包含配送车运转率、配送平均速度、单位时间配送量、人均配送量等方面,企业可以从这几个方面加以考虑配送的灵活性。通过衡量、评价,进而提升企业配送的灵活性与反应性。

(2) 成本的衡量

成本的衡量是物流绩效管理应当考虑的重要方面。在配送活动中,成本考虑主要有配送成本率、每车次配送成本、每公里配送成本等方面。通过配送成本标准的设计,控制好配

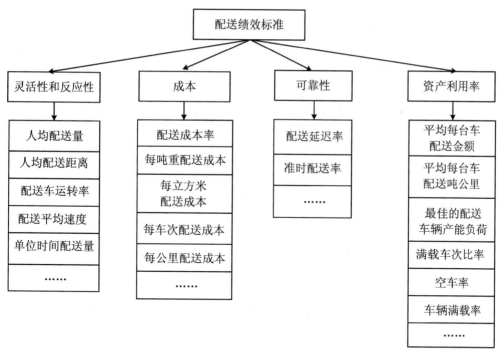

图 12.6 仓储绩效评价标准

送成本,从而能更大地提高企业的配送能力。

(3) 配送的可靠性

配送的可靠性直接影响到客户的满意程度,因此,提升企业配送的可靠性至关重要。企业可以从配送延迟率和准时配送率等方面进行衡量,通过物流绩效管理,增强客户对企业的信任。

(4) 资产利用率

资产利用率是检查企业在配送过程中资产的使用情况,图 12.6 中列出了一系列衡量指标,企业可以对照上述指标,结合自身的实际情况,做好配送中的资产管理,便于企业合理配置资源,提升企业效益。

12.2.6 企业物流绩效标准管理

现代企业物流绩效标准管理是一个整体的概念。一方面,现代企业物流绩效管理活动需要多方面的资源和各部门之间的协调,确定操作标准有相当大的难度;另一方面,现代企业物流是为物流客户提供时间和空间效应的物流服务,需要根据客户的不同要求提供不同的服务。因此,物流绩效标准是根据客户的期望来确定的。因此,可以认为,现代企业物流绩效标准管理就是现代企业根据物流运动规律所确定的物流绩效工作的量化标准与根据物流经营需要而评估的物流服务的客户期望满足程度的有机结合。以下我们将从物流绩效标准的制定与实施来阐述物流绩效标准管理活动。[①]

---

① 黄福华.物流绩效管理[M].北京:中国物资出版社,2009:43-47.

12.2.6.1 企业物流绩效标准的制定

1. 物流绩效标准制定过程

物流绩效标准的开发是一个过程,而不是一个简单的选择方案的行为。开发过程可分为四个步骤,如图 12.7 所示。

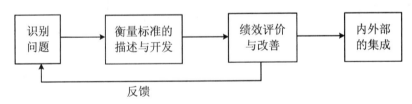

图 12.7 物流绩效标准开发过程

① 物流绩效标准开发始于对现有问题的认识,即认识企业当前的物流绩效与期望的物流绩效之间的差异。在问题识别这个环节上,管理者必须清楚识别是主观的。企业要在充分考虑市场环境的情况下,参照先进企业的物流绩效标准,同时认识到自己企业与先进企业之间的差异,结合企业自身的情况,开发出适合本企业的标准。物流绩效问题的识别关键在于参照本企业以往的绩效管理和同行业企业的实施情况,明确自己将要实现的绩效目标。

现实绩效与理想绩效之间差距的识别是一件很困难的事情。管理者可以从以下两个方面入手来确保准确地识别问题:一是比较现实状态与理想状态,清楚认识差距在哪里;二是明确所要建立的物流绩效标准的含义与用处,只有对自己将要建立的标准有清楚的认识,才能开发出属于自己的标准。

② 在对自己所要建立的物流绩效标准有了明确的认识后,下一步就是对衡量标准进行描述,建立一系列的标准体系,使管理人员在实行绩效管理过程中,有相应的参考标准,以便进行绩效评价过程中的目标管理。

③ 利用所建立的物流绩效标准对现有的物流运作进行绩效评价与改善,一方面可以利用标准来规范绩效评价;另一方面,通过绩效改善,又可以反向来检验物流绩效标准与本企业的匹配性,进而通过信息反馈,检查物流绩效标准的适合性。

④ 进行完物流绩效改善后,通过对标准信息的反馈,才算是真正确立了物流绩效标准体系。最后,将物流绩效标准体系推广到相关部门,达到企业内外部的集成,形成企业一致的价值观念。

2. 物流绩效标准制定的要求

建立物流绩效标准时需要考虑很多因素(表 12.1)。制定物流和供应链衡量标准的重要指导方针包括:与企业总体战略保持一致;关注客户需要和期望;衡量指标的谨慎选取和排序;关注过程;平衡方法的使用;开发衡量标准的重点在于准确性等。为了保证所建标准的质量,企业应该权衡以下因素:

表 12.1 物流绩效标准关键因素

物流绩效标准(成功的关键)
• 物流绩效衡量标准必须与公司总体战略一致 • 衡量标准必须关注客户需求和期望 • 在制定物流绩效标准时要关注过程而非职能 • 为衡量标准排序 • 在选择和开发衡量标准时使用平衡方法 • 精确的成本衡量是对改进进行测量的重要方面 • 运用技术对物流绩效进行有效衡量

(1) 物流绩效衡量标准必须与公司的总体战略一致

与企业总体战略方向不相一致的物流绩效标准注定是要失败的。因此,我们应从战略的角度来考虑物流绩效标准的制定,在物流绩效标准制定时就把好关,监督物流绩效衡量标准与公司总体战略一致性,协调好企业各个关键业务目标,使物流绩效标准成为企业竞争优势的保证。

(2) 衡量标准必须关注客户的需求和期望

客户一般不会关心订单何时从仓库发出,他们更感兴趣的是订单何时到达预定的交付地点,以及交付的时间是否与他们的预期一致。因此,订单何时发送可能不是有效的衡量标准。同时,在制定物流绩效标准时要关注过程而非职能。物流绩效衡量标准应该将重点置于几个关键过程:计划、获取、制造和履行。所使用的衡量指标应该允许企业对这些关键过程进行监控。在理想状态下,这应该跨越供应链成员的边界,从而使得供应链的有效衡量得以发生。

(3) 为衡量标准排序

与物流管理相联系的绩效衡量标准有数百种之多,企业须要选出那些对企业意义重大的标准。在选择和开发衡量标准时可使用平衡方法,平衡计分卡的使用为物流绩效标准的建立带来了方便。在当今对供应链极其重视的全球环境中,需要进货和出货两个方面的标准来衡量绩效成功与否。

(4) 精确的成本衡量是对改进进行测量的重要方面

管理物流和供应链活动时需要对可能的情况进行评价,不同的情况下的交易成本不同。成本衡量的准确性是在企业内各种相互竞争的需求间分配资源的必要条件。

(5) 运用技术对物流绩效进行有效衡量

通过使用21世纪的物流技术,获取实时和高度完整的数据逐渐成为可能。在企业外部,客户是主要的关注点,但供应商也应该包括进来;在企业内部,只关注物流绩效是不够的,其他主要的职能领域绩效也必须包括进来,尤其是人力资源、运营和财务等绩效。

12.2.6.2 企业物流绩效标准的实施

1. 物流绩效标准实施的关键因素

成功的物流绩效标准实施的关键因素有很多。对实施的成功因素进行分析是物流绩效标准有效实施的保证,以下我们将讨论这些因素在实施中的重要意义。

① 拥有一支参与项目实施的团队对保证实施成功是很重要的。物流绩效标准在企业中的全面落实需要相当长的一段时间,因而时间的保证对实施来说也相当重要。同时,标准

的实施有必要得到高层管理者的支持。此外,营销和销售经理也应该参与进来,广泛的支持基础——包括销售管理者、市场研究部门、制造部门——是必要的,因此,当需要实施结果时,随时可以得到各方面的支持。

② 执行彻底、全面的物流绩效标准需要花上半年甚至半年以上的时间,因此管理者需要有耐心。为了避免失去信心,管理者必须谨记:标准的贯彻需要花费很长的时间,必须坚持到底才能取得预想的效果。

③ 标准建议必须转化为员工能够理解的操作细节。如果标准目标是想在客户服务的某个方面获得更好的绩效,那么需要确定为了实现目标必须改进哪些方面。正是在这一层次上,必须以物流绩效标准来规范行为。

④ 在物流绩效标准的实施过程中,来自高层领导的支持是必要的。没有高层领导的全力支持,整个物流绩效安排将变成一张毫无意义的白纸。物流绩效标准的设计、实施不应该被认为是一个物流问题,而应该是一个公司问题。一般来说,物流绩效标准对生产企业、销售企业的其他职能都具有许多建议,因此,如果高层管理者不致力于将物流绩效标准的建立看作是公司全局的事情的话,那么要有效地实施物流绩效标准是不大可能的。另外,许多任务也需要各部门协调完成,物流职能是无法单独实现的。

2. 物流绩效标准实施督察

物流绩效标准的督察要求对公司现行绩效管理标准的惯例进行检查。督察行为应该旨在明确以下问题:

① 目前公司内部是如何评价物流绩效标准的;
② 督察内容包含哪些方面的具体内容;
③ 物流绩效目标和标准是什么;
④ 目前达到了什么样的物流绩效水平——结果和目标;
⑤ 这些督察指标是如何从公司的物流运作系统中得到的;
⑥ 企业的其他职能领域(如生产和市场营销部门)是如何感受物流绩效标准的。

物流绩效标准督察的总体目的在于识别公司物流绩效管理与企业期望之间的矛盾。同时,检验客户的印象也是很重要的,因为客户可能会感觉服务绩效比实际情况要差。在这种情况下,公司应该改变客户的印象,而不是仅仅关注改变所提供的服务水平。

12.3 企业物流绩效管理方法

衡量企业物流绩效管理的方法多种多样,比较常用的方法有:目标管理法、关键绩效指标法、标杆管理法、平衡计分卡法和360度评价法。以下对这几种方法进行介绍。

12.3.1 目标管理法

目标管理(Management by Objective,MBO)通过一种专门设计的过程使目标具有可操作性,这种过程一级接一级地将目标分解到组织的各个单位。组织的整体目标被转换为每一级组织的具体目标,即从整体组织目标到经营单位目标,再到部门目标,最后到个人目标;

从年度目标到季度目标,最后分解到月度目标。①

【资料12.2 小知识】

目标管理(Management by Objectives,MBO)源于美国管理学家彼得·德鲁克,他在1954年出版的《管理的实践》一书中,首先提出了"目标管理和自我控制的主张",认为"企业的目的和任务必须转化为目标。企业如果无总目标及与总目标相一致的分目标,来指导职工的生产和管理活动,则企业规模越大,人员越多,发生内耗和浪费的可能性越大。"概括来说目标管理也即是让企业的管理人员和员工亲自参加工作目标的制订,在工作中实行"自我控制",并努力完成工作目标的一种管理制度。

(资料来源:http://baike.baidu.com/view/529288.htm.)

目标管理通过每环节成果的贡献,衡量各部门目标能得以实现的程度,那么组织整体目标的实现也将得到衡量和评价。因此,物流公司或部门不但要对所有物流工作业绩进行考核,同时也要对公司的各级组织和部门进行目标实现的评价。对团队和部门的考核将主要以目标管理为主,步骤如下:

① 制定组织的整体目标和战略。
② 在物流经营单位和部门之间分解主要的目标。
③ 各单位的管理者和他们的上级一起设定本部门的具体目标。
④ 部门的所有成员参与设定自己的具体目标。
⑤ 管理者与下级共同商定如何实现目标和行动计划。
⑥ 实施行动计划。
⑦ 定期检查实现目标的进展情况,并向有关单位和个人反馈。
⑧ 基于绩效的奖励将促进目标的成功实现。

为了保证目标管理的成功,应该注意:确立目标的程序必须准确严格,以实现目标管理项目的成功推行和完成;目标管理还应该与部门的年度和月度预算计划、工资等财务性指标相结合,同时还将对各个部门的非财务性指标进行严格的考核。

【资料12.3 小故事】

唐太宗贞观年间,有一匹马和一头驴子,它们是好朋友。贞观三年,这匹马被玄奘选中,前往印度取经。17年后,这匹马驮着佛经回到长安,便到磨坊会见它的朋友驴子。老马谈起这次旅途的经历:浩瀚无边的沙漠、高耸入云的山峰、炽热的火山、奇幻的波澜……神话般的境界,让驴子听了大为惊异。驴子感叹道:"你有多么丰富的见闻啊!那么遥远的路途,我连想都不敢想。"老马说:"其实,我们跨过的路程大体是相同的,当我向印度前进的时候,你也一刻没有停步。不同的是,我同玄奘大师有一个遥远的目标,按照始终如一的方向前行,所以我们走进了一个广阔的世界。而你被蒙住了眼睛,一直围着磨盘打转,所以永远也走不出狭隘的天地……"

(资料来源:世界经理人网,http://blog.ceconlinebbs.com/BLOG_ARTICLE_97349.htm.)

---

① 乔志强.现代企业物流管理实用教程[M].北京:北京大学出版社,2010:322-323.

12.3.2 关键绩效指标法

企业关键绩效指标(Key Performance Indicator,KPI)是通过对组织内部流程的输入端、输出端的关键参数进行设置、取样、计算、分析,衡量流程绩效的一种目标式量化管理指标,是把企业的战略目标分解为可操作的工作目标的工具,是企业绩效管理的基础。KPI可以使部门主管明确部门的主要责任,并以此为基础,明确部门人员的业绩衡量指标。建立明确的切实可行的KPI体系,是做好绩效管理的关键。

确定关键绩效指标有一个重要的SMART原则[①]。SMART是5个英文单词首字母的缩写:

S代表具体(Specific),指在绩效考核中将特定的工作指标细化,不能笼统。

M代表可度量(Measurable),指绩效指标是数量化或者行为化的,验证这些绩效指标的数据或者信息是可以获得的。

A代表可实现(Attainable),指绩效指标在付出努力的情况下可以实现,避免设立过高或过低的目标。

R代表现实性(Realistic),指绩效指标是实实在在的,可以证明和观察。

T代表有时限(Time Bound),注重完成绩效指标的特定期限。

建立KPI目标的要点在于流程性、计划性和系统性。首先明确企业的战略目标,并在企业会议上利用头脑风暴法和鱼骨分析法找出企业的业务重点,也就是企业价值评估的重点。然后,再用头脑风暴法找出这些关键业务领域的关键绩效指标(KPI),即企业级KPI。接下来,各部门的主管需要依据企业级KPI建立部门级KPI,并对相应部门的KPI进行分解,确定相关的要素目标,分析绩效驱动因素(技术、组织、人),确定实现目标的工作流程,分解出各部门级的KPI,以便确定评价指标体系。然后,各部门的主管和部门的KPI人员一起再将KPI进一步细分,分解为更细的KPI及各职位的业绩衡量指标。这些业绩衡量指标就是员工考核的要素和依据。这种对KPI体系的建立和测评过程本身就是统一全体员工朝着企业战略目标努力的过程,也必将对各部门管理者的绩效管理工作起到很大的促进作用。

指标体系确立之后,还需要设定评价标准。一般来说,指标指的是从哪些方面衡量或评价工作,解决"评价什么"的问题;而标准指的是在各个指标上分别应该达到什么样的水平,解决"被评价者怎样做,做多少"的问题。最后,必须对关键绩效指标进行审核。例如,审核这样的一些问题:多个评价者对同一个绩效指标进行评价,结果是否能取得一致,这些指标的总和是否可以解释被评估者80%以上的工作目标,跟踪和监控这些关键绩效指标是否可以操作等。审核主要是为了确保这些关键绩效指标能够全面、客观地反映被评价对象的绩效,而且易于操作。

善用KPI考评的企业,将有助于企业组织结构集成化,提高企业的效率,精简不必要的机构、不必要的流程和不必要的系统。

---

① 霍家震,周敏. 物流绩效管理[M]. 北京:清华大学出版社,2009:21-22.

【资料 12.4　小知识】

KPI 符合一个重要的管理原理——"二八原理"。在一个企业的价值创造过程中,存在着"80/20"的规律,即 20% 的骨干人员创造企业 80% 的价值;而且在每一位员工身上"八二原理"同样适用,即 80% 的工作任务是由 20% 的关键行为完成的。因此,必须抓住 20% 的关键行为,对之进行分析和衡量,这样就能抓住业绩评价的重心。

(资料来源:百度百科,http://baike.baidu.com/view/1764665.htm。)

12.3.3　标杆管理法

标杆管理法(Benchmarking)就是将本企业各项活动绩效与从事该项活动最佳者的绩效进行比较,从而提出行动方法,以弥补自身的不足。标杆法是将本企业经营的各方面状况和环节与竞争对手或行业内外一流的企业进行对照分析的过程,是一种评价自身企业和研究其他组织的手段,是将外部企业的持久业绩作为自身企业的内部发展目标并将外界的最佳做法移植到本企业的经营环节中去的一种方法。实施标杆法的公司必须不断对竞争对手或一流企业的产品、服务、经营业绩等进行评价来发现优势和不足。

总的来说,标杆法就是对企业所有能衡量的东西给出一个参考值,标杆法可以是一种管理体系、学习过程,它更着重于流程的研究分析。菲利普·科特勒解释说:"一个普通的公司和世界级的公司相比,在质量、速度和成本绩效上的差距高达 10 倍之多。标杆法是寻找在公司执行任务时如何比其他公司更出色的一门艺术。"其实中国古代战略名著《孙子兵法》也有提到"知己知彼,百战不殆;不知彼而知己,一胜一负;不知彼,不知己,每战必败"。其实这是很简单的道理。

标杆法起源于施乐(Xerox)公司,施乐曾是影印机的代名词。但日本公司在第二次世界大战以后,经过不懈的努力,在诸多方面模仿其管理、营销等操作方法,进而介入瓜分市场。在 1976～1982 年之间,施乐市场占有率从 80% 降至 13%。在危机之际,施乐于 1979 年在美国率先执行标杆法,总裁柯恩斯于 1982 年赴日学习竞争对手,买进日本的复印机,并通过"逆向工程",从外向内分析其零部件,并学习日本企业推动全面质量管理,从而在复印机上重新获得竞争优势。

标杆法的主要作用如下:

① 针对竞争对手做标杆分析,有助于确定和比较竞争对手经营战略的组成要素。

② 通过对行业内外一流企业的标杆分析,可以从任何行业中最佳的企业、公司那里得到有价值的情报,用于改进本企业的内部经营,建立起相应的赶超目标。

③ 做跨行业的技术性的标杆分析,有助于技术和工艺方面的跨行业渗透。

④ 通过对竞争对手的标杆分析,与对客户的需求作对比分析,可发现本公司的不足,从而将市场、竞争力和目标的设定结合在一起。

⑤ 通过对竞争对手的标杆分析,可进一步确定企业的竞争力、竞争情报、竞争决策及其相互关系,作为进行研究对比的三大基点。

一般的标杆法流程包括以下几个方面:

① 确定要执行标杆法的具体项目。

② 选择目标。通常,竞争对手和行业领先企业是标杆分析的首选对象。

③ 收集分析数据,包括本企业的情况和对比企业的情况。分析数据必须建立在充分了

解本公司目前的状况以及对比企业状况的基础之上，数据必须主要是针对企业的经营过程和活动，而不仅仅是针对经营结果。

④ 确定行动计划。找到差距后进一步要做的是确定缩短差距的行动目标和应采取的行动措施，这些目标和措施必须融合到企业的经营计划中。

⑤ 实施计划并跟踪结果。进行标杆分析是发现不足，改进经营并达到最佳效果的一种有效手段，整个过程必须包括定期衡量评估达到目标的程度。如果没有达到目标，就必须修正行动措施。

最后要注意的是，研究复杂流程需花费比较多的资源，且分散注意力容易失去重点，研究相对简单的流程则较为容易，但所能获得的改善成果相对有限。

【资料 12.5　小知识】

美国企业在 20 世纪 80 年代初期，面对日本产品以其高品质、低成本的优势进入市场而丧失自身的竞争力，因此想通过一套完整而有系统的过程，学习日本或世界级公司成功的经验并作为引导企业变革的基础，美国施乐公司即为其中最有代表性的公司。此种有系统而完整的学习卓越公司的过程即成为标杆管理的基础。

1985 年，美国生产力与品质中心正式提出标杆管理的定义：标杆管理是一项有系统、持续性的评估过程，通过不断地将企业流程与世界上居领导地位之企业相比较，以获得协助改善营运绩效的资讯。

（资料来源：百度百科，http://baike.baidu.com/view/529254.htm。）

【资料 12.6　小实例】

中国海洋石油公司 2001 年开始实施标杆管理，中海油的各项经济技术指标被详细分解，并一一对应地和五家海外石油公司进行了比较。其中挪威石油公司是最主要的一家。这家公司在《财富》全球 500 强中排名第 189 位，在世界石油公司中排名第 14 位。而中海油则在世界石油公司中排名第 50 位。中海油与之对照的主要是竞争力。在把有关竞争力的 6 个大项 18 个小项进行对照之后，中海油找到了自己与世界大中型石油公司之间的差距。中海油除了销售净利润这一项占优势外，其他各项指标全处于下风。其中，与挪威国家石油公司的资产规模之比为 1∶4，年产量之比也是 1∶4，营业收入之比为 1∶7，国际化程度为 1∶11，研发费用之比为 1∶3.5。

（资料来源：百度文库，http://wenku.baidu.com/view/7d63daccda38376baf1fae06.html。）

12.3.4　平衡计分卡法

平衡计分卡法（Balanced Scoreboard, BSC）是由哈佛大学商学院著名教授罗伯特·卡普兰创立的。这种方法的优点在于强调了绩效管理和企业战略之间的紧密关系，提出了一套具体的指标框架体系。

卡普兰和诺顿在 1992 年创建的平衡计分卡是一种能够有效反映并将无形资产转化为企业利益的真实价值的工具。卡普兰和诺顿认为：传统的财务测评方法在工业化时代是有效的，但对于今天公司力图掌握的技术和能力而言，已不适用了。平衡计分卡的出现，极大地拓宽了企业绩效评价理论的空间,具有划时代意义,成为20世纪最有影响的商业理念之一。[①]

平衡计分卡认为,传统的财务绩效指标虽然能够很好地描述企业的"过去",但对于当前企业依靠无形资产创造真实价值机制的描述却并不全面。财务指标可以称为结果指标(滞后指标),它们衡量的是企业过去经营行为的结果。而平衡计分卡用未来经济绩效动因或称为动因指标(先导指标)来补充这些滞后指标,其中所有的先导指标和滞后指标都来自于企业组织的愿景和战略。

在《第五项修炼》中,彼得·圣吉描述了员工行为无法与企业的战略目标相结合的困境,"很多领导人具有可以激励企业组织的个人愿景……,但是从未与大家分享过。"如果企业能够通过个人愿景的分享而最终建立企业组织的"共同愿景","工作将变成是在追求一项蕴含在组织的产品和服务之中,比工作本身更高的目的……",将会"孕育无限的创造力",从而改善并极大地提高企业绩效。平衡计分卡从企业的愿景和战略出发,通过构建由财务、顾客、内部业务流程,以及员工学习与发展这四个相联系的角度组成的绩效测评体系,对企业组织的战略适应性和当今商业环境制胜的必要因素进行实时监控,从而克服了以传统财务报表为基础的绩效测评制度的片面、静态和滞后性。这使得平衡计分卡成为一套能使高层经理快速而全面地考察企业的绩效测评指标。

平衡计分卡在保留以往财务指标的同时,引进了未来财务绩效动因,包括客户、内部业务流程、学习和成长层面。它们以明确和严谨的手法解释战略组织,形成特定的目标和指标。这些目标和指标从财务、客户、内部业务流程、学习和成长四个层面考察企业的绩效。

平衡计分卡的框架参见图12.8。

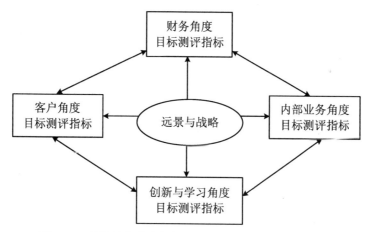

图12.8 平衡计分卡法与各种绩效测量指标的联系示意图

平衡计分卡把经营单位的一系列目标拓展到概括性的财务指标之外。企业管理者可以利用平衡计分卡衡量自己的经营单位如何为目前和将来的客户创造价值,如何提高内部能力并投资于必要的员工、系统和组织程序,以改进未来的业绩。平衡计分卡捕捉了技能高超的、有活力的企业员工创造价值的活动,一方面通过财务视角保持对短期业绩的关注,另一方面可明确解释获得卓越的长期财务和竞争绩效动因。

---

① 霍家震,周敏.物流绩效管理[M].北京:清华大学出版社,2009:25-28.

1. 财务层面

财务绩效指标可以显示企业的战略及其实施和执行是否对企业赢利做贡献。财务目标通常与获利能力有关,其衡量指标为营业收入、资本报酬率或经济增加值(EVA);财务目标也可能是销售额的迅速提高或创造现金流。

2. 客户层面

确定企业业务单元将要参与竞争的目标客户和市场。客户层面通常包括几个核心或概括性的指标,这些指标代表一个经过深思熟虑和确实执行的战略应该获得的成果。核心结果指标包括客户满意度、客户保持率、客户获得率、客户赢利率,以及目标市场占有率。但是,客户层面还应该包括特定的指标以衡量公司提供给目标客户的价值主张。客户层面使业务单元的管理者能够阐明客户和市场战略,从而创造出色的财务成果。

3. 内部业务流程层面

要辨认企业组织为了持续地增加客户和股东价值所必须擅长的关键流程,这些流程帮助业务单元提供价值主张,以吸引和留住目标细分市场的客户;并满足股东对卓越财务成果的期望。

内部业务流程指标重视的是对客户满意度和实现企业财务目标影响最大的那些流程。主要任务是辨认这些业务流程并制定尽可能好的指标追踪企业绩效的进展。为了满足顾客和股东的要求,可能要制定全新的业务流程,而不仅仅是对现有业务流程进行改造和完善。这些方面包括产品的设计、开发、生产/制造、营销、配送和售后服务。

如果企业还需要倚重供应商或第三方的协助来有效地服务客户,应在业务流程指标设计中体现这些关系。

4. 学习和成长层面

在平衡计分卡中,学习与成长层面是实现其他三个层面的"强心剂",它确立了企业要创造长期的成长和改善就必须奖励的基础框架。企业学习和成长主要有三个来源,即人、系统和组织程序。企业必须要投资于员工技能改造、信息技术和系统的加强,以及梳理组织程序和日常工作,这样才可以弥补企业中人、系统和组织程序的实际能力与企业所要实现的突破性绩效所必需的能力之间的巨大差距。

平衡计分卡法认为学习与成长性、内部管理性、客户价值、财务四个要素具有内在关系:学习和成长解决企业长期生命力的问题,是提高企业内部战略管理的素质与能力的基础;企业通过管理能力的提高为客户提供更大的价值;客户的满意导致企业良好的财务效益;认为财务性指标是结果性指标,而非财务性指标是决定结果性指标的驱动指标,强调指标的确定必须包含财务性和非财务性,强调对非财务性指标的管理。

【资料12.7 小知识】

科莱斯平衡计分卡(Careersmart Balanced Score Card),源自哈佛大学教授Robert Kaplan与诺朗顿研究院(Nolan Norton Institute)的执行长David Norton于1990年所从事的"未来组织绩效衡量方法"一种绩效评价体系,当时该计划的目的,在于找出超越传统以财务量度为主的绩效评价模式,以使组织的"策略"能够转变为"行动"。经过将近20年的发展,平衡计分卡已经发展为集团战略管理的工具,在集团战略规划与执行管理方面发挥非常重要的作用。

(资料来源:百度百科,http://baike.baidu.com/view/74591.htm。)

12.3.5　360度评价法

传统的绩效评价方法仅仅从一个角度对各项工作进行评价,这就导致过去的考核往往不够全面,在一定程度上失去了绩效评价原有的意义。360度评价法就是全方位、全面地对物流工作进行评价。

360度评价示意图如图12.9所示。

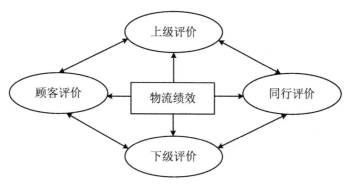

图 12.9　360度评价示意图

12.4　通过变革改善企业物流绩效

12.4.1　思维转变与绩效改进

企业绩效能否持续增长,关键看它能否满足顾客需求。也就是说,要有效改进企业绩效,就不能局限在企业自身或者被竞争对手所牵制,而要以顾客需求和市场分析为起点,以最大限度满足顾客和市场需求为目标,实现价值提供的最大化。[①]

(1) 竞争优势的获得关键在于能否提供创新的价值

绩效改进的传统思维往往让企业与自己的竞争对手进行优劣势的比较,通过强化优势、改进劣势,从而击败竞争对手。而新的绩效改进思维不应盲目地以竞争对手作为标杆,也不应盲目地模仿竞争对手,而应该总结出能够实现价值创新的主要因素,来制定绩效改进的目标。

(2) 关注顾客和市场的共性需求

企业一般会通过市场细分来识别顾客的个性化需求,然后通过提供产品和服务的方式来满足这些需求。而新思维则关注绝大多数顾客认为有价值的共性需求上。如何满足这些有价值的需求,构成了企业价值目标的核心内容。

(3) 重新配置企业资源

很多企业根据现有的资源和能力来确定绩效改进的目标。而新思维则勇于从零开始,为了满足顾客有价值的共性需求,突破现有资源的限制,通过创造性的活动来重新配置企业资源,激发企业内在潜力。

---

① 黄福华. 现代企业物流管理[M]. 北京:科学出版社,2010:319-322.

12.4.2 组织重构与绩效改进

1. 组织目标的重新建立

企业的组织目标应该反映企业的竞争优势、新服务和新市场的信息、市场和服务的重点取向、投入资源成本以及预期的回报。因此当企业制定组织目标时,应该遵循以下要求:

① 将组织目标建立在企业所在产业的关键成功因素的基础上。
② 组织目标来自竞争和环境监测信息。
③ 组织目标在任何情况下都是可以计量的。
④ 对于所要了解组织目标和以组织目标为导向的人都是清楚明确的。

2. 设计有效的组织结构

组织重组可以遵循以下两个阶段过程:

① 分析并重新设计企业的物流运行系统。绩效改进的最大机遇在职能部门的交叉点上,这些关键点包括新产品构思从营销到研发部门的信息传递、新产品从研发部门到生产部门的交接以及客户订单信息从销售部门到财务部门的传输等。

② 重新界定企业内部的物流报告关系,清晰彻底地在企业内部对第一职能的角色进行沟通,确保职能部门的产出不会发生重叠,保证所有流程产出和测评指标都在职能部门的责任中得到反映,体现责、权、利的结合,从而改善新运行系统的工作效果和效率。

3. 进行组织层次的管理

① 目标的设立要源于企业的战略,同时促进其他职能实现各自的目标。如果企业不能够建立目标体系以反映某项职能对整个企业的期望贡献,就会导致部门间无法沟通协调,不能共同提高企业的物流绩效。

② 定期获取客户反馈,通过目标体系中设定的衡量标准跟踪绩效的实际状况,对相关子系统反馈绩效方面的信息。当绩效水平脱离目标时,采取正确的纠偏行动并重新设定目标体系,以确保企业对内外部状况的适应性。

③ 要有充足的人员和资金来实现目标,并且资源要得以适当的分配,保证企业物流各项职能均能达到预先设定的目标,从而实现企业整体的期望绩效指标。

④ 意识到各职能部门间的有效协调沟通是实现企业物流目标的重要途径,管理人员要注意各个职能之间的输入和输出流,保证其运行顺畅。

12.4.3 价值增值与绩效改进

传统价值链管理认为,只有涉及产品形态转化的生产过程才是增值过程,而类似运输、仓储等供应链分销阶段的基本过程为非增值过程。但是,从价值形成的角度分析,价值链中所有价值的形成均经过一定的作业过程并消耗相应的资源,从而产生相应的成本。若使顾客价值最大化,就需要将整体意义上的产品销售给客户,即为顾客提供完善的服务过程,并从事相应的服务支持作业。这些过程形成的成本会以价格的形式转嫁给顾客,当顾客以适宜价格购买产品并获得相应的服务时,说明顾客认可了所有服务过程形成的价值(包括有形价值和无形价值),即这些过程创造了顾客价值,应为增值过程。

标杆法是促进绩效改进的有效方法。通过价值分析后,对物流过程进行分解,并明确物流各阶段的性质后,可以利用标杆方法进行绩效改进。标杆方法是以领先的企业或过程为标杆或基准,通过资料收集、分析比较、跟踪学习等一系列规范化活动,持续改进绩效。标杆对象分为三类:内部标杆、行业标杆、工艺标杆。在采购、运输、存储和销售等过程中,由于行业之间差异很大,应选择行业标杆,选择同行业中与本企业总体情况最为相似的领先企业为标杆,通过学习消除差距,改进绩效。在作业层和动作层,由于行业间差异较小,标准化程度较高,可以选择工艺标杆。工艺标杆是从具有相同工艺特点的所有先进工艺操作中选择的。

通过标杆学习改进绩效水平就是在保证顾客价值最大化的前提下,以标杆作为参照,消除非增值作业,提高增值作业过程的技术性和规范性,重组作业内容和顺序,使作业流程更为科学,减少作业的资源消耗,提高增值作业的增值能力。利用标杆学习改进绩效水平,不仅在于以标杆为参照减少资源消耗,规范作业过程,还在于以标杆为基础,能够创造新的增值过程。

本章主要介绍了企业物流绩效的内涵、企业物流绩效评价体系及物流绩效评价指标、企业物流绩效管理方法和通过变革改善企业物流绩效等有关问题。企业物流绩效是指在一定的经营期间内企业的物流经营效益和经营者的物流业绩,就是企业根据客户要求在组织物流运作过程中的劳动消耗和劳动占用与所创造的物流价值的对比关系。它是物流运作过程中投入的物流资源与创造的物流价值的对比。一个合理有效的企业物流绩效评价体系主要由评价主体、评价客体、评价目标、评价指标、评价标准五个基本要素所构成。企业物流绩效评价的指标体系按一级指标可分为:运输、库存、订单处理、包装、财务、信息,每个一级指标下面又可以设置若干二级指标。企业物流绩效管理的主要方法有:目标管理法、关键绩效指标管理法、标杆管理法、平衡计分卡法和360度管理法。可以通过思维转变、组织重构和价值增值等方面的变革来改善企业物流绩效。

【关键词】

绩效管理(Performance Management) 物流绩效(Logistics Performance) 企业物流绩效(Enterprise Logistics Performance) 企业物流绩效管理(Enterprise Logistics Performance Management) 企业物流绩效评价(Enterprise Logistics Performance Evaluation) 企业物流绩效评价指标体系(Enterprise Logistics Performance Evaluation Index System)

箭牌糖果公司的物流绩效管理

箭牌糖果(中国)有限公司,由全球最大的口香糖生产商——美国箭牌糖类公司于1989年在广州经济开发区设立,目前箭牌是中国口香糖市场的第一大品牌。2008年4月箭牌公司宣布与全球领先的糖果和消费品公司之一玛氏公司合并。

国内快速消费品市场面临的最大挑战是:地域宽广,地区差异大,在一些偏远地区或小城市物流基础设施不足,目前国内还没有一家第三方物流公司可以提供全国性的服务。在国内物流市场区域发展不均衡的情况下,越来越多的企业已经摈弃了原有不能带来太多增值服务的总包物流商,而选择了物流分包的策略。

箭牌物流管理部门也曾经尝试过将分销物流整体外包给一家或少数几家国内外著名的物流公司,但效果达不到期望。因此箭牌最终放弃了总包的思路,而选择了分包的物流外包策略,即将总仓到RDC的转仓按照运输方式分包给几家供应商,每个区域尽量选择一家本地化的中小型物流公司负责本区域RDC的仓储配送业务,这样箭牌可以确保自己是每个物流服务商的VIP客户,可以得到最好的服务。箭牌客户服务部负责人说:"希望把钱付给那些真正为我们服务的公司,希望挑选绩效优异、能力突出的物流供应商成为箭牌公司的策略合作伙伴,与箭牌共同成长。"选择分包策略的确可以带来比较高的性价比,但是相比只承包给三两家物流公司也加大了管理上的难度,如何应用IT手段对这些供应商进行统一管理和考核就是摆在箭牌物流管理管理部门所面临的突出问题。

万联亿通在为箭牌成功实施了仓库管理系统WMS后,于2007年开始为箭牌提供供应链绩效管理系统(Supply Chain Performance Management System,SPMS),SPMS是基于WMS的OLTP运作数据库,通过利用IT技术和创新的管理分析方法对供应链运作过程进行多角度、多方式的综合评估系统。SPMS包括供应商仓库表现、仓库作业分析、运输分析、存货分析、销售分析、物流成本分析等功能组近百个报表。

实施SPMS的目标是:利用财务业绩、生产率业绩、质量业绩等指标体系对物流供应链各操作环节如客户反应、存货计划和管理、运输、仓储进行电子化综合评估,通过持续的创新和实施不断提升物流绩效,推动箭牌向世界级的物流管理标杆水平迈进。

箭牌通过SPMS系统的导入,就像是提供了一把无形的"尺子",一方面给分供方提供了公平、公正、公开竞争的平台,一方面也加强并简化了对各地物流公司的有效监管和考核。利用SPMS的绩效评估结果,采取末位淘汰制度,对现有物流供应商进行优胜劣汰,培养了一批绩效优异、能力突出的物流合作伙伴,与箭牌共同成长。

(资料来源:万联网资讯中心,http://info.10000link.com/newsdetail.aspx? doc=2009040200028。)

思考:
(1) 物流绩效管理为箭牌公司带来了哪些优势?
(2) 箭牌公司的物流绩效管理对我们有哪些启示?

【思考与练习题】

1. 选择题

(1) (　　)是指在物流运作全过程中针对物流绩效的产生、形成所进行的计划、组织、指挥、控制和协调。
　　A. 绩效　　　　B. 物流绩效　　　　C. 绩效管理　　　　D. 物流绩效管理

(2) (　　)的显著特征是向业内或业外的最优企业学习。学习是手段,超越才是目的。通过学习,企业重新思考、定位、改善经营实践,不断完善自己,创造自己的最佳业绩,这实际上就是模仿创新的过程。
　　A. 360度评价法　　B. 平衡计分卡法　　C. 标杆管理　　D. 目标管理

(3) 360度评价主要包括以下哪些参与者的评价?(　　)。
　　A. 上级评价　　B. 下级评价　　C. 同行评价　　D. 客户评价

(4) 一个合理有效的企业物流绩效评价体系主要由以下哪些基本要素所构成?

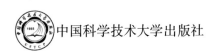中国科学技术大学出版社

教学资源索取单

尊敬的老师：

　　您好！

　　感谢您使用由王晓艳教授主编的《企业物流管理》一书。为了便于教学，本书配有相关的教学课件。如贵校已使用了本教材，您只要把下表中的相关信息以电子邮件或邮寄方式发至我社，经我社确认后，即可免费获取我们提供的教学资源。

　　我们的联系方式如下：

　　联系编辑：杨振宁　　　　　　　　电子邮件：yangzhn@ustc.edu.cn

　　办公电话：(0551)63606086－8755　　qq：2565683988

　　办公地址：合肥市金寨路70号　　　邮政编码：230022

姓　　名		性　　别		职　　务		职　　称	
学　　校			院/系			教研室	
研究领域			办公电话			手　　机	
E-mail						qq	
学校地址						邮　　编	
使用情况	用于_____专业教学，每学年使用_____册。						

您对本书的使用有什么意见和建议？

您还希望从我社获得哪些服务？

□教师培训　　　　　　　　　　　□教学研讨活动
□寄送样书　　　　　　　　　　　□获得相关图书出版信息
□其他_____